Chronicle
Career College & Technology
School Databook

2009-2010

Schools Offering Programs that Result in an Occupational Certificate/Diploma or a Technical Associate Degree

CGP

Chronicle Guidance Publications, Inc.
66 Aurora Street
Moravia, NY 13118-3569

1 800 622-7284

www.ChronicleGuidance.com

National Career Development Guidelines

Counselors who are setting up career development programs using the National Career Development Guidelines will find the **Chronicle Vocational School Manual** fits easily into Competencies IX and XII of the *High School Student Competencies and Indicators*, and Competencies III and VI of the *Young Adult Competencies and Indicators*. High school Competency IX emphasizes skills in making decisions and choosing alternatives in planning for and pursuing educational and career goals. High school Competency XII focuses on skills in career exploration and planning. Young adult Competency III centers on the ability to relate educational and occupational preparation to career opportunities. Young adult Competency VI relates to skills in making decisions about educational and career goals.

Editorial inquiries regarding this book should be addressed to

Chronicle Guidance Publications, Inc.,
66 Aurora Street, Moravia, NY 13118-3569.
Telephone (315) 497-0330; FAX (315) 497-0339.

Copies of this book may be ordered from Customer Service,
Chronicle Guidance Publications, Inc.,
66 Aurora Street, Moravia, NY 13118-3569.
Telephone (315) 497-0330; FAX (315) 497-3359.

© **Chronicle Guidance Publications, Inc.**

Chronicle Guidance Publications, Inc.
66 Aurora Street
Moravia, NY 13118-3569
(315) 497-0330

Dewey No. 378.1 CHR
International Standard Serial No. 0276-0371
International Standard Book No. 978-1-55631-358-5
Library of Congress Catalog Card No. 82-643014

Printed in the United States of America

Visit our Web Site at www.ChronicleGuidance.com

Most students attend a career college, technology school, or vocational school because they want to get a new job, learn new job skills, or advance in their present jobs. The schools listed in this manual can help students acquire new or improved job skills. Class size, course offerings, course duration, costs, staff qualifications, school size, and availability of equipment in these schools make up a learning environment for acquiring job skills.

The **CHRONICLE CAREER COLLEGE & TECHNOLOGY SCHOOL DATABOOK** gives you occupational education programs currently available in selected schools in the United States and Puerto Rico. These programs consist of study or training leading to definite occupations. The U.S. Department of Education describes occupational education as instruction that
1. Prepares people for employment in recognized occupations and in new and emerging occupations
2. Helps people make informed occupational choices
3. Helps people upgrade and update their occupational skills.

This manual has data on career colleges and technology schools offering postsecondary occupational education. Schools listed are accredited, approved, licensed, certified, or registered by one or more of the following organizations:

Accrediting Bureau of Health Education Schools
7777 Leesburg Pike, Suite 314 North
Falls Church, VA 22043-2416
Telephone (703) 917-9503 FAX (703) 917-4109
www.abhes.org

Accrediting Commission of Career Schools and
 Colleges of Technology
2101 Wilson Blvd, Suite 302
Arlington, VA 22201-3062
Telephone (703) 247-4212 FAX (703) 247-4533
www.accsct.org

Accrediting Council for Continuing Education and Training
1722 North Street NW
Washington, DC 20036-2907
Telephone (202) 955-1113 FAX (202) 955-1118
www.accet.org

Accrediting Council for Independent Colleges and Schools
750 First Street NE, Suite 980
Washington, DC 20002-4241
Telephone (202) 336-6780 FAX (202) 842-2593
www.acics.org

Alaska Commission on Postsecondary Education
P.O. BOX 110505 (3030 Vintage Blvd)
Juneau, AK 99801-0505
FAX (907) 465-5316
http://alaskaadvantage.state.ak.us/

American Association of Nurse Anesthetists, Council on
 Accreditation of Nurse Anesthesia Educational Programs
222 South Prospect Avenue, Suite 304
Park Ridge, IL 60068-4010
Telephone (847) 692-7050 FAX (847) 692-6968
www.aana.com/

American Board of Funeral Service Education
3432 Ashland Avenue, Suite U
Saint Joseph, MO 64506-1333
Telephone (816) 233-3747 FAX (816) 233-3793
www.abfse.org

American Culinary Federation, Inc.
180 Center Place Way
St Augustine, FL 32095
Telephone (800) 624-9458; (904) 824-4468
FAX (904) 825-4758
www.acfchefs.org

American Dental Association
212 East Chicago Avenue, 18th Floor
Chicago, IL 60611-2678
Telephone (800) 621-8099 FAX (312) 440-2915
www.ada.org

American Dietetic Association (CADE)
120 South Riverside Plaza, Suite 2000
Chicago, IL 60606-6995
Telephone (312) 899-4872 (Ex. 4872) FAX (312) 899-4817
www.eatright.org/cade

Arkansas Department of Education-Vocational & Technical
 Education Division
3 Capital Mall
Little Rock, AR 72201-1083
Telephone (501) 682-1500

Bureau for Private Postsecondary and Vocational Education
P.O. Box 980818
West Sacramento, CA 95798-0818
E-mail bppve@dca.ca.gov
www.bppve.ca.gov/

Commission on Accreditation of Allied Health Education
 Programs
1361 Park Street
Clearwater, FL 33756-6039
Telephone (727) 210-2350 FAX (727) 210-2354
www.caahep.org

Commission on Massage Therapy Accreditation
1007 Church St, Suite 302
Evanston, IL 60201-5912
Telephone (847) 869-5039 FAX (847) 869-6739
www.comta.org

Committee on Accreditation for Respiratory Care
1248 Harwood Road
Bedford, TX 76021-4244
Telephone (800) 874-5615 FAX (817) 354-8519
www.coarc.com

Committee on Educational Programs for EMS
1248 Harwood Road
Bedford, TX 76021-4244
Telephone (817) 283-9403 FAX (817) 354-8519
www.coaemsp.org

Council for Accreditation of Counseling & Related
 Educational Programs (CACREP)
1001 North Fairfax Street
Alexandria, VA 22314-1797
Telephone (703) 535-5990 E-mail cacrep@cacrep.org
www.cacrep.org

Council of Colleges of Acupuncture and Oriental Medicine
7501 Greenway Center Drive, Suite 820
Greenbelt, MD 20770-3553
Telephone (301) 313-0855 FAX (301) 313-0912
www.acaom.org

Council on Naturopathic Medical Education
PO Box 178
Great Barrington, MA 01230-0178
Telephone (413) 528-8877 FAX (413) 528-8880
www.cnme.org

Council on Occupational Education
41 Perimeter Center East, NE Suite 640
Atlanta, GA 30346
Telephone (800) 917-2081 FAX (770) 396-3790
www.council.org

Distance Education and Learning Council
1601 Eighteenth Street, NW
Washington, DC 20009-2529
Telephone (202) 234-5100 FAX (202) 332-1386
www.detc.org

Federal Aviation Administration
800 Independence Ave SW
Washington, DC 20591-0002
www.faa.gov

Foundation for Interior Design Education Research
146 Monroe Center, NW Suite 1318
Grand Rapids, MI 49503-2822
Telephone (616) 458-0400 FAX (616) 458-0460
www.accredit-id.org/

Integrative Massage & Somatic Therapies Accreditation
 Council Accreditation Division of Associated Bodywork and
 Massage Professionals
1271 Sugarbush Drive
Evergreen, CO 80439-9754

Telephone (800) 458-2267 FAX (800) 667-8260
www.abmp.com

Joint Review Committee on Educational Programs for the
 EMT-Paramedic
1248 Harwood Road
Bedford, TX 76021-4244
Telephone (817) 282-9403 FAX (817) 354-8519
www.coaemsp.org

Joint Review Committee on Educational Programs in
 Nuclear Medicine Technology
2000 West Danforth Road, Suite 130 #203
Edmond, OK 73003-4689
Telephone (405) 285-0546 FAX (405) 285-0579
www.jrcnmt.org

Joint Review Committee on Education in Cardiovascular
 Technology
1248 Harwood Road
Bedford, TX 76021-4244
Telephone (214) 206-3117 FAX (817) 354-8519

Joint Review Committee on Education in Diagnostic Medical
 Sonography
2025 Woodlane Drive
St. Paul, MN 55125-2998
Telephone (651) 731-1582
www.jrcdms.org

Joint Review Committee on Education in Radiologic
 Technology
20 North Wacker Drive, Suite 2850
Chicago, IL 60606-2901
Telephone (312) 704-5300 FAX (312) 704-5304
www.jrcert.org

Kansas State Department of Education Community Colleges
120 SE Tenth Street
Topeka, KS 66612-1182
Telephone (785) 296-2635 FAX (785) 296-7933
www.ksde.org

Middle States Association of Colleges and Schools
3624 Market Street
Philadelphia, PA 19104-2680
Telephone (267) 284-5000 FAX (215) 662-5501
www.msche.org

National Accrediting Agency for Clinical Laboratory Sciences
8410 West Bryn Mawr Avenue, Suite 670
Chicago, IL 60631-3415
Telephone (773) 714-8880 FAX (773) 714-8886
www.naacls.org

National Accrediting Commission of Cosmetology Arts and
 Sciences
4401 Ford Avenue, Suite 1300
Alexandria, VA 22302-1432

Telephone (703) 600-7600   FAX (703) 379-2200
www.naccas.org

National Association of Schools of Art and Design
11250 Roger Bacon Drive, Suite 21
Reston, VA 20190-5248
Telephone (703) 437-0700   FAX (703) 437-6312
www.arts-accredit.org

National Association of Schools of Dance
11250 Roger Bacon Drive, Suite 21
Reston, VA 20190-5248
Telephone (703) 437-0700   FAX (703) 437-6312
www.arts-accredit.org

National Association of Schools of Music
11250 Roger Bacon Drive, Suite 21
Reston, VA 20190-5248
Telephone (703) 437-0700   FAX (703) 437-6312
www.arts-accredit.org

National Association of Schools of Theatre
11250 Roger Bacon Drive, Suite 21
Reston, VA 20190-5248
Telephone (703) 437-0700   FAX (703) 437-6312
www.arts-accredit.org

National Certification Board for Therapeutic Massage and
 Bodywork
1901 South Meyers Road, Suite 240
Oakbrook Terrace, IL 60181-5243
Telephone (800) 296-0664   FAX (866) 402-1890
www.ncbtmb.com/

National Court Reporter Association
8224 Old Courthouse Road
Vienna, VA 22182-3808
Telephone (800) 272-6272   FAX (703) 556-6289
www.ncraonline.org

National Guild of Hypnotists
PO Box 308
Merrimack, NH 03054-0308
Telephone (603) 429-9438   FAX (603) 424-8066
www.ngh.net/

National League for Nursing
61 Broadway 33rd Floor
New York, NY 10006-2800
Telephone (800) 669-1656   FAX (212) 812-0390
www.nlnac.org

New England Association of Schools and Colleges
209 Burlington Road
Bedford, MA 01730-1433
Telephone (781) 271-0022   FAX (781) 271-0950
www.neasc.org

New York State Board of Regents, State Education
 Department, Office of the Professions
Albany, NY 12234
Telephone (518) 474-5844   FAX (518) 473-4909
E-mail rmills@mail.nysed.gov
www.nysed.gov

North Central Association of Colleges and Schools
30 North LaSalle Street, Suite 2400
Chicago, IL 60602-2504
Telephone (800) 621-7440   FAX (312) 263-7462
www.ncacihe.org

Northwest Commission on Colleges and Universities
8060 165th Avenue NE, Suite 100
Redmond, WA 98052-3981
Telephone (425) 558-4224   FAX (425) 376-0596
www.nwccu.org

Oklahoma Board of Career and Technology
 Education
1500 West Seventh Avenue
Stillwater, OK 74074-4364
Telephone (405) 743-5108   FAX (405) 743-5541
www.okcareertech.org/

Oklahoma State Regents for Higher Education
P.O. Box 108850
Oklahoma City, OK 73101-8850
Telephone (405) 225-9100   FAX (405) 225-9235
www.okhighered.org

Pennsylvania State Board of Vocational Education,
 Bureau of Career and Technical Education
333 Market Street
Harrisburg, PA 17126-0333
Telephone (717) 783-9780   FAX (717) 787-7222
www.pde.state.pa.us/career_edu

Puerto Rico State Agency for Vocational-Technical
 Education Institutions & Programs,
 Department of Labor and Human Resources
P.O. Box 190759
San Juan, PR 00919-0759
Telephone (787) 763-2171   FAX (787) 250-0275

Southern Association of Colleges and Schools
1866 Southern Lane
Decatur, GA 30033-4097
Telephone (800) 248-7701   FAX (404) 679-4558
www.sacscoc.org

State Accreditation, Approved, Certified, Licensed, or Registered

Western Association of Schools and Colleges
10 Commercial Boulevard, Suite 204
Novato, CA 94949-6107
Telephone (415) 506-0234   FAX (415) 506-0238
www.wascweb.org

Acknowledgements

Chronicle Guidance Publications acknowledges with thanks the assistance of all the school presidents, directors, and admissions officers who completed our annual information survey. Without their cooperation this publication would not be possible.

We also appreciate the assistance of the accrediting, approving, certifiying, licensing, or registering associations who provided our research staff with the current lists.

The **CHRONICLE CAREER COLLEGE & TECHNOLOGY SCHOOL DATABOOK** is the result of information compiled from telephone calls and questionnaires mailed to accredited, approved, certified, licensed, or registered vocational schools. Information in this manual is current through April 2009.

Our research staff welcomes comments or suggestions from students, parents, counselors, and school personnel for improving future editions of the **CHRONICLE CAREER COLLEGE & TECHNOLOGY SCHOOL DATABOOK.**

The **Chronicle Career College & Technology School Databook** has four sections. The first section is a program of study reference. The second section lists programs of study and the names of schools offering those programs. The third section, in chart format, has further information about the schools. The fourth section is an Appendix of additional information.

Look in the second section to find a program of study that interests you. Under that program of study is a list of schools offering that program. After choosing a school, turn to section three in chart format. Here you will find general information, admissions, costs, enrollment, government job training and financial aid, other financial aid, and student services.

You may want to write or telephone the school to get a brochure or catalog that will have information about the buildings, sites, equipment, resources, materials, staff, or other details not in this manual. If you can, visit the school. Before making a final choice, you should check the school standing with recent graduates, employers, state department of public instruction, or the accrediting agency; the enrollment agreement or contract between a student and the school; and the refund policy.

Programs of Study
This manual contains an alphabetical list of 940 programs of study. Under each program of study are career colleges and technology schools offering that program. The schools are listed by state alphabetically, and then listed alphabetically within the states.
Next to each school are the types of programs offered at that school. They are classified as:

(O) **Occupational-Technical Postsecondary Award, Certificate or Diploma.** An award for completion of an organized postsecondary program of study of at least 1 year but less than 4 years.

(A) **Associate Degree.** An award usually for completion of at least 2 years but less than 4 years of full-time equivalent college work.

(T) **Transfer.** 1 to 2 years of study transferable to a bachelor's degree program.

Example:

HUMAN RESOURCES MANAGEMENT

GA	Chattahoochee Tech C	O	A	
IN	Indiana Bus C, Downtown Indianapolis		A	
	Indiana Bus C, Elkhart		A	
	Indiana Bus C, Muncie		A	
	ndiana Bus C, Terre Haute		A	
NY	Bryant & Stratton C, Syracuse	O	A	
OH	Marion Tech C	O	A	T
	Rhodes State C	O	A	
SC	York Tech C	O		
WA	Bellingham Tech C	O		
WI	Western Tech C, La Crosse		A	T

The *Programs of Study Reference* beginning on page 3 will help you find a program of study. With this reference you can find a program of study listed under a different name. For example, if you want to find information on a program of study in Operating Room Technology, look in the reference. The listing for Operating Room Technology tells you to see Surgical Technology. Find the page number for Surgical Technology, and you will find under that listing schools that offer Operating Room Technology programs.

Career College & Technology School Charts

The chart section has 1,581 accredited, approved, certified, licensed, or registered career colleges, technology schools, (vocational/technical schools) listed alphabetically by state. Information consists of seven categories: general information, admissions, costs, enrollment, government job training and aid, other financial aid, and student services. An asterisk appearing in a column signifies that additional information about the schools appears in the Appendix beginning on page 135.

General Information: School name, address, zip code, telephone number, Fax, date of founding and location. Many schools began operation under other names. A founding date, therefore, may be the founding date of the school under the former name.

Location:
M–Metropolitan, located within a metropolitan area with total population over 500,0000;
L–Large, located within a metropolitan area with total population between 100,000 and 500,000;
U–Urban, in community between 50,000 and 100,000 population, and not part of a metropolitan area;
S–Small, in community between 10,000 and 50,000 population, and not part of a metropolitan area;
R–Rural, in community under 10,000 population, and not part of a metropolitan area.

Admissions: minimum education and admissions requirement, admissions exams, aptitude testing, references or letters of recommendation, interview, minimum age, registration fee, enrollment fee, or application fee, and the frequency with which courses start.

Many schools have other requirements, such as completion of prerequisite courses, minimum average, high school class ranks and transcripts of high school or postsecondary grades. Most allied health schools require mathematics and science backgrounds. Some medical laboratory technology schools have NAACLS (National Accrediting Agency for Clinical Laboratory Science) or CAHEA (Committee on Allied Health Education and Accreditation) transcript evaluation. Art and design schools usually require a portfolio examination. A student applying to a music school must audition. Some broadcasting schools require audition tapes. The Appendix of Additional Information, beginning on page 135 contains this supplemental information.

Costs: tuition for each program and fees. Fees may include enrollment fees, registration fees, application fees, laboratory fees, equipment fees, and charges for books and supplies. If a school offers more than one program, tuition may vary. For these schools, the manual gives the range of tuition. Some schools prefer to list the costs for a term, a day, a semester, a credit hour, or a year rather than the costs for the entire program(s).

Enrollment: include total full-time and part-time student enrollment.

Government Job Training & Aid: United States government agencies that use the school for job training and offer financial aid to students, among these agencies are the Bureau of Indian Affairs (BIA); Workforce Investment Act (WIA); Federal Aviation Administration (FAA); Immigration/Naturalization Service (INS); Social Security Administration (SSA); Veterans Administration (VA); and Vocational Rehabilitation (VR).

Other Financial Aid: availability of Federal Pell Grants, Federal Supplemental Educational Opportunity Grants (FSEOG), Federal Work-Study (FWS), Federal Perkins Loans, Federal Stafford Loans, Scholarships, and deferred payment plans.

Student Services: availability of job counseling, job placement assistance, personal counseling, housing and services and programs for mobility impaired. Many schools do not have student housing, but they help students find housing nearby.

STATE & TRUST TERRITORIES ABBREVIATIONS

AL	Alabama	KS	Kansas	OH	Ohio
AK	Alaska	KY	Kentucky	OK	Oklahoma
AS	American Samoa	LA	Louisiana	OR	Oregon
AZ	Arizona	ME	Maine	PA	Pennsylvania
AR	Arkansas	MD	Maryland	PR	Puerto Rico
CA	California	MA	Massachusetts	RI	Rhode Island
CO	Colorado	MI	Michigan	SC	South Carolina
CT	Connecticut	MN	Minnesota	SD	South Dakota
DE	Delaware	MS	Mississippi	TN	Tennessee
DC	District of Columbia	MO	Missouri	TX	Texas
FL	Florida	MT	Montana	UT	Utah
GA	Georgia	NE	Nebraska	VT	Vermont
GU	Guam	NV	Nevada	VA	Virginia
HI	Hawaii	NH	New Hampshire	VI	Virgin Islands
ID	Idaho	NJ	New Jersey	WA	Washington
IL	Illinois	NM	New Mexico	WV	West Virginia
IN	Indiana	NY	New York	WI	Wisconsin
IA	Iowa	NC	North Carolina	WY	Wyoming
		ND	North Dakota		

PROGRAMS OFFERED KEY

O   Occupational-Technical Postsecondary Award, Certificate or Diploma

A   Associates Degree

T   Transfer

ACCOUNTING

State	School	O	A	T
AL	Bishop State Comm C, Southwest Campus		A	
AR	Crowley's Ridge Tech Inst	O		
CA	49er ROP	O		
	Central Coast C			
	East San Gabriel Valley ROP & Tech	O		
	Hacienda La Puente Adult Ed, la Puente	O		
	Imperial Valley ROP	O		
	Los Angeles ORT Tech Inst	O		
	MTI C, Sacramento	O		
	North Orange Co ROP	O		
	Santa Barbara Bus C	O	A	
	West Valley Occ Ctr	O		
CO	Inst of Bus & Med Careers, Fort Collins	O	A	
FL	Atlantic Tech Ctr-Coconut Creek Caampus	O		
	Bradford-Union Area Career Tech Ctr	O		
	C of Bus & Tech, Miami		A	
	Erwin Tech Ctr	O		
	George Stone Vo-Tech Ctr	O		
	Lake Tech Ctr	O		
	Orlando Tech	O		
	Sarasota Co Tech Inst	O		
	Southwest Florida C, Tampa		A	
	Suwannee-Hamilton Tech Ctr	O		
	Withlacoochee Tech Inst	O		
GA	Altamaha Tech C, Jesup	O		
	Central Georgia Tech C	O	A	
	Columbus Tech C	O	A	
	Gwinnett C	O		
	Middle Georgia Tech C	O	A	
	Okefenokee Tech C	O	A	
	Savannah River C	O		
	Southeastern Tech C, Vidalia	O	A	
	Southwest Georgia Tech C	O	A	
	Swainsboro Tech C	O	A	
ID	Eastern Idaho Tech C	O	A	
IL	Brown Mackie C, Moline	O		
	Computer Sys Inst	O		
	Lake Land C	O	A	
	Solex Acad	O		
	Sparks C	O		
IN	Indiana Bus C, Anderson		A	
	Indiana Bus C, Columbus		A	
	Indiana Bus C, Downtown Indianapolis		A	
	Indiana Bus C, Elkhart		A	
	Indiana Bus C, Evansville	O	A	
	Indiana Bus C, Fort Wayne	O	A	
	Indiana Bus C, Lafayette		A	
	Indiana Bus C, Marion	O	A	
	Indiana Bus C, Muncie	O	A	
	Indiana Bus C, Northwest		A	
	Indiana Bus C, Terre Haute	O	A	
	Indian Bus C, Northwest		A	
KS	Johnson Co Comm C, Overland Park		A	
	Northwest Kansas Tech C	O	A	
KY	KY Tech-Harrison Area Tech Ctr	O		
	Ohio Co Area Tech Ctr	O		
	Spencerian C, Louisville	O		
LA	Louisiana Tech C, Baton Rouge Campus	O	A	
	Louisiana Technical C, Baton Rouge	O		
	Sowela Tech Comm C		A	
MA	Quincy C	O	A	T
MN	Alexandria Tech C, Alexandria		A	T
	Dakota Co Tech C	O	A	
	Hennepin Tech C, Brooklyn Park Campus	O	A	
	Minneapolis Bus C	O	A	
	Ridgewater C, Willmar & Hutchinson	O	A	T
	South Central C, Faribault		A	
	St Cloud Tech C	O	A	
MO	Bolivar Tech C	O	A	
	Branson Tech C	O		
	Texas Co Tech Inst	O		
NY	Bryant & Stratton C, Syracuse		A	
	Career Inst of Health & Tech, Garden City	O		
	The C of Westchester	O	A	
	Elmira Bus Inst	O	A	
	Elmira Bus Inst, Vestal		A	
	Long Island Bus Inst, Flushing		A	
	New York Inst of English and Bus	O		
	Olean Bus Inst		A	
	Ridley-Lowell Bus & Tech Inst, Poughkeepsie	O		
	Utica Sch of Commerce, Utica	O	A	T
NC	King's C, Charlotte	O	A	
OH	Brown Mackie C, Cincinnati	O	A	
	Gallipolis Career C	O	A	
	Marion Tech C	O	A	T
	Ohio Bus C, Sandusky	O	A	
	Rhodes State C		A	
	Trumbull Bus C		A	
OK	Francis Tuttle Tech Ctr	O		
	Indian Capital Tech Ctr -Tahlequah- Bill Willis Campus	O		T
	Southern Oklahoma Tech Ctr	O		T
	Tulsa Tech Ctr	O		
PA	Cambria-Rowe Bus C, Indiana	O		
	Cambria-Rowe Bus C, Johnstown		A	
	Commonwealth Tech Inst at H G Andrews Ctr		A	
	Lansdale Sch of Bus	O	A	
	Lehigh Valley C		A	
	Newport Bus Inst, Lower Burrell	O		
	Pace Inst	O	A	
	Penn Commercial, Inc	O		
	Schuylkill Inst of Bus & Tech	O	A	
	South Hills Sch of Bus & Tech, State College	O	A	
PR	Instituto de Banca y Comercio, San Juan	O	A	
	MBTI Bus Training Inst	O		
SC	Greenville Tech C		A	
	York Tech C		A	
SD	Mitchell Tech Inst		A	
	Southeast Tech Inst		A	
	Western Dakota Tech Inst		A	
TN	Tennessee Tech Ctr at Livingston	O		
	Tennessee Tech Ctr at McMinnville	O		
	Tennessee Tech Ctr at Newbern	O		
TX	American Commercial C, Odessa	O		
	Lamar Inst of Tech		A	
UT	Ogden-Weber Applied Tech C	O		
WA	Bates Tech C	O	A	
	Bellingham Tech C		A	
	Clover Park Tech C		A	
	Everest C, Vancouver	O	A	
	Renton Tech C	O	A	T
WV	Garnet Career Ctr	O		
	Marion Co Voc Tech Ctr	O		
	Mountain State C		A	
	West Virginia Bus C, Inc.	O	A	
WI	Blackhawk Tech C		A	
	Lakeshore Tech C		A	
	Western Tech C, La Crosse		A	T

ACCOUNTING ASSISTANT/CLERK TRAINING

State	School	O	A	T
CA	Central Coast C	O		
	Charles A Jones Skills & Bus Ed Ctr	O		
	Computer Tutor Bus & Tech Inst	O		
	Martinez Adult Ed	O		
	North Orange Co ROP	O		
	Opportunities Industrialization Ctr West	O		
	Premiere Career C	O		
	Sunnyvale-Cupertino Adult Ed Program	O		
	West Valley Occ Ctr	O		
FL	Angley C, Deland	O		T
	Pinellas Tech Ed Ctr, Clearwater	O		
GA	Chattahoochee Tech C	O	A	
	North Georgia Tech C, Clarkesville	O	A	
IL	Computer Sys Inst	O		
IN	Indiana Bus C, Anderson	O		
	Indiana Bus C, Columbus	O		
	Indiana Bus C, Downtown Indianapolis	O		
	Indiana Bus C, Elkhart	O		
	Indiana Bus C, Lafayette	O		
	Indiana Bus C, Northwest	O		
	Indian Bus C, Northwest	O		
KS	Kansas City Kansas Area Tech Sch	O		
	Manhattan Area Tech C	O	A	
KY	Ohio Co Area Tech Ctr	O		
MN	St Cloud Tech C	O		
MO	Rolla Tech Ctr/Inst	O		
NY	Elmira Bus Inst, Vestal	O		
	New York Inst of English and Bus	O		
	Wilson Tech C	O		
OH	Mahoning Co Career & Tech Ctr	O		
	Rhodes State C	O		
OK	Indian Capital Tech Ctr -Tahlequah - Bill Willis Campus	O		
	Moore-Norman Tech Ctr	O		
	Southern Oklahoma Tech Ctr	O		T
PA	Consolidated Sch of Bus, Lancaster	O	A	
	Consolidated Sch of Bus, York	O	A	
	Newport Bus Inst, Lower Burrell		A	
	Pace Inst	O		
	The PJA Sch	O	A	T
PR	Trinity C of Puerto Rico	O		
SC	York Tech C	O		
SD	Southeast Tech Inst	O		
TN	Tennessee Tech Ctr at Shelbyville	O		
TX	American Commercial C, Wichita Falls	O		
	Lamar Inst of Tech	O		
UT	Ogden-Weber Applied Tech C	O		
WA	Renton Tech C	O		
WV	Marion Co Voc Tech Ctr	O		
	Valley C, Beckley Campus	O		
	Valley C, Princeton	O		

ACCOUNTING, AUTOMATED OFFICE

State	School	O	A	T
AR	Northwest Tech Inst, Springdale	O		
CA	Central Coast C	O		
	Charles A Jones Skills & Bus Ed Ctr	O		
	Computer Tutor Bus & Tech Inst	O		
	LaPuente Valley ROP	O		
	Los Angeles ORT Tech Inst- Sherman Oaks Branch	O		
	Martinez Adult Ed	O		
	North Orange Co ROP	O		
	West Valley Occ Ctr	O		
FL	Miami Lakes Ed Ctr	O		
GA	Interactive C of Tech, Chamblee	O	A	
IL	The C of Office Tech	O		
	Computer Sys Inst	O		
KY	Ohio Co Area Tech Ctr	O		
LA	Louisiana Tech C, Northeast Louisiana Campus		A	
MI	Dorsey Bus Sch, Madison Heights	O		
MO	Bryan C, Springfield	O		
	Rolla Tech Ctr/Inst	O		
NJ	Star Tech Inst, Lakewood	O		
NY	Hunter Bus Sch, Levittown	O		
	New York Inst of English and Bus	O		
NC	Brookstone C of Bus, Greensboro	O		
OH	ATS Inst of Tech	O		
	Mahoning Co Career & Tech Ctr	O		
OK	Oklahoma Technology Inst	O		
	Southern Oklahoma Tech Ctr	O		T
	Tri County Tech Ctr	O		
PA	Cambria-Rowe Bus C, Indiana		A	
	Pace Inst	O		
SC	York Tech C	O		
TN	Tennessee Tech Ctr at McMinnville	O		
TX	American Commercial C, Wichita Falls	O		
	Bradford Sch of Bus	O	A	
	Computer Career Ctr, El Paso	O		
WA	Renton Tech C	O		
WV	Marion Co Voc Tech Ctr	O		

ACCOUNTING/BUSINESS ADMINISTRATION

State	School	O	A	T
CA	Maric C, Anaheim	O	A	T
	Martinez Adult Ed	O		
	North Orange Co ROP	O		
CO	Everest C, Aurora		A	
FL	Angley C, Deland		A	T
	C of Bus & Tech, Miami		A	
IL	Computer Sys Inst	O		
KS	Johnson Co Comm C, Overland Park		A	
KY	Ohio Co Area Tech Ctr	O		
	Southwestern C, Florence		A	
OH	ATS Inst of Tech	O	A	
	Ohio Bus C, Sandusky	O		
OK	Indian Capital Tech Ctr -Tahlequah - Bill Willis Campus	O		
	Southern Oklahoma Tech Ctr	O		T
OR	Abdill Career C, Inc	O		
PA	Career Training Acad, Pittsburgh	O		
	Erie Bus Ctr, South		A	
	Newport Bus Inst		A	
	Newport Bus Inst, Lower Burrell		A	
	Pittsburgh Tech Inst	O	A	
	The PJA Sch	O	A	T
	South Hills Sch of Bus & Tech, State College	O	A	
SC	York Tech C	O		
TN	Tennessee Tech Ctr at McMinnville	O		
WA	Renton Tech C	O		
WV	Marion Co Voc Tech Ctr	O		
	West Virginia Bus C, Inc.		A	

ACCOUNTING, MANAGEMENT

State	School	O	A	T
FL	Lee Co High Tech Central	O		
IL	Computer Sys Inst	O		
KY	Ohio Co Area Tech Ctr	O		
	Spencerian C, Louisville		A	
NY	Ridley-Lowell Bus & Tech Inst, Binghamton	O		
OH	Mahoning Co Career & Tech Ctr	O		
OK	Southern Oklahoma Tech Ctr	O		T
WV	Marion Co Voc Tech Ctr	O		
	West Virginia Bus C, Inc.	O	A	

ACTING

State	School	O	A	T
CA	The American Musical & Dramatic Acad, Los Angeles Campus	O		
KS	Johnson Co Comm C, Overland Park		A	
NY	The American Musical & Dramatic Acad	O		
	Circle in the Square Theatre Sch	O		
	Neighborhood Playhouse Sch of Theatre	O		

ACUPRESSURE

AZ	Southwest Inst of Healing Arts	O		
CA	American Inst of Massage Therapy	O		
	Healing Arts Inst, Roseville	O		
	Healing Hands Sch of Holistic Health	O		T
	The Inst of Professional Practical Therapy	O		
	IPPT Sch of Massage	O		
	Kali Inst for Massage & Somatic Therapies	O		
	Massage Sch of Santa Monica	O		
	McKinnon Inst of Massage, LLC	O		
	Mueller C of Holistic Studies	O		
	Twin Lakes C of the Healing Arts	O		
MA	Kripalu Ctr	O		
MI	Alternative Healing Inc	O		
NV	Baum Healing Arts Ctr, Carson City	O		
NH	North Eastern Inst of Whole Health	O		
OH	Ohio Acad of Holistic Health	O		
OK	Central State Acad	O		

ACUPUNCTURE

MA	Kripalu Ctr	O		
OH	American Inst of Alternative Med	O		

ADMINISTRATIVE ASSISTANT TRAINING

CA	California Learning Ctr	O		
	Central Coast C	O		
	Charles A Jones Skills & Bus Ed Ctr	O		
	Colton-Redlands-Yucaipa Reg Occ Program	O		
	Compton Adult Sch	O		
	Computer Tutor Bus & Tech Inst	O		
	Martinez Adult Ed	O		
	North Orange Co ROP	O		
	Opportunities Industrialization Ctr West	O		
	West Valley Occ Ctr	O		
FL	Angley C, Delapd	O		T
	Atlantic Tech Ctr-Coconut Creek Campus	O		
	Bradford-Union Area Career Tech Ctr	O		
	C of Bus & Tech, Miami	O		
	Erwin Tech Ctr	O		
	First Coast Tech Inst	O		
	Galiano Career Acad	O		
	George Stone Vo-Tech Ctr	O		
	Lee Co High Tech Central	O		
	Sarasota Co Tech Inst	O		
	Washington-Holmes Tech Ctr	O		
	Westside Tech	O		
GA	Interactive C of Tech, Chamblee	O		
IL	Computer Sys Inst	O		
	Everest C, Merrionette Park	O		
	Illinois Careerpath Inst	O		
IN	Indiana Bus C, Anderson		A	
	Indiana Bus C, Columbus	O	A	
	Indiana Bus C, Downtown Indianapolis		A	
	Indiana Bus C, Elkhart		A	
	Indiana Bus C, Evansville		A	
	Indiana Bus C, Fort Wayne		A	
	Indiana Bus C, Lafayette		A	
	Indiana Bus C, Marion		A	
	Indiana Bus C, Muncie		A	
	Indiana Bus C, Northwest		A	
	Indiana Bus C, Terre Haute		A	
	Indian Bus C, Northwest		A	
KS	Johnson Co Comm C, Overland Park	O	A	
MI	Detroit Bus Inst, Downriver	O		
	Dorsey Bus Sch, Madison Heights	O		
MN	Minneapolis Bus C	O		
	Ridgewater C, Willmar & Hutchinson	O	A	
MO	American C of Tech	O		
	Bolivar Tech C	O		
	Bryan C, Springfield	O		
	Metro Bus C, Cape Girardeau	O		
NJ	Central Career Sch	O		
NY	Elmira Bus Inst, Vestal	O		
	Hunter Bus Sch, Levittown	O		
	Long Island Bus Inst, Flushing	O		
	Olean Bus Inst		A	
	Ridley-Lowell Bus & Tech Inst, Poughkeepsie	O		
	Wilson Tech Ctr	O		
NC	Brookstone C of Bus, Greensboro	O		
	King's C, Charlotte	O	A	
OH	Gallipolis Career C	O		
	Mahoning Co Career & Tech Ctr	O		
	Ohio Bus C, Sandusky		A	
OK	Great Plains Tech Ctr, Frederick	O		
	Kiamichi Tech Ctr, Atoka	O		
	Southern Oklahoma Tech Ctr	O		T
PA	Pace Inst	O		
PR	Centro de Capacitaction y Asesocamiento, Caquas	O		
	Liceo de Arte y Tech, San Juan	O		
	Nova C de PR	O		
	Trinity C of Puerto Rico	O		
TN	Tennessee Tech Ctr at Covington	O		
TX	Anamarc Ed Inst, El Paso	O		
	Bilingual Ed Inst	O		
	Intl Bus C, Lubbock	O		
	Milan Inst, Amarillo	O		
UT	Ogden-Weber Applied Tech C	O		
WA	Bates Tech C	O	A	
	Everest C, Vancouver	O		
	Renton Tech C	O	A	
WV	Valley C, Beckley Campus	O		
	Valley C, Princeton	O		
WI	Blackhawk Tech C		A	
	Lakeshore Tech C		A	
	Western Tech C, La Crosse		A	T

ADMINISTRATIVE ASSISTANT TRAINING, DENTAL

CA	Colton-Redlands-Yucaipa Reg Occ Program	O		
	North Orange Co ROP	O		
	Opportunities Industrialization Ctr West	O		
	Sunnyvale-Cupertino Adult Ed Program	O		
NJ	Central Career Sch	O		
SC	Greenville Tech C	O		
TX	Milan Inst, Amarillo	O		
UT	Ogden-Weber Applied Tech C	O		

ADMINISTRATIVE ASSISTANT TRAINING, EXECUTIVE

CA	Martinez Adult Ed	O		
	North Orange Co ROP	O		
	Opportunities Industrialization Ctr West	O		
CO	Pickens Tech C	O		T
GA	Gwinnett C	O		
IL	Lake Land C		A	
KS	Manhattan Area Tech C	O	A	
KY	Southwestern C, Florence		A	
	Spencerian C, Louisville	O		
MI	Dorsey Bus Sch, Southgate	O		
MO	Bryan C, Springfield	O		
NY	Elmira Bus Inst, Vestal		A	
	Olean Bus Inst		A	
OH	Rhodes State C		A	
PA	Cambria-Rowe Bus C, Johnstown		A	
	Newport Bus Inst, Lower Burrell		A	
	Pace Inst	O		
RI	Gibbs C, Cranston		A	
WA	Bates Tech C		A	
	Everest C, Vancouver		A	
WV	Mountain State C		A	
WI	Milwaukee Career C	O		

ADMINISTRATIVE ASSISTANT TRAINING, FINANCIAL

CA	North Orange Co ROP	O		
MO	Bryan C, Springfield	O		

ADMINISTRATIVE ASSISTANT TRAINING, HEALTH

CA	Charles A Jones Skills & Bus Ed Ctr	O		
	LaPuente Valley ROP	O		
	North Orange Co ROP	O		
	Opportunities Industrialization Ctr West	O		
	San Mateo Adult Sch	O		
CO	IntelliTec Med Inst	O		
MA	Branford Hall Career Inst, Springfield	O		
NY	Elmira Bus Inst, Vestal		A	
	Wilson Tech Ctr	O		
OH	Gallipolis Career C	O	A	
	Ohio Bus C, Sandusky		A	
PR	J G Guaynabo Tech C	O		
UT	Ogden-Weber Applied Tech C	O		

ADMINISTRATIVE ASSISTANT TRAINING, LEGAL

CA	Charles A Jones Skills & Bus Ed Ctr	O		
	Compton Adult Sch	O		
	West Valley Occ Ctr	O		
FL	Sarasota Co Tech Inst	O		
GA	Gwinnett C	O		
IL	Lake Land C		A	
MI	Dorsey Bus Sch, Madison Heights	O		
	Dorsey Bus Sch, Southgate	O		
	Dorsey Bus Sch, Wayne	O		
NY	Elmira Bus Inst, Vestal		A	
	Olean Bus Inst		A	
OH	Gallipolis Career C		A	
	Ohio Bus C, Sandusky		A	
	Rhodes State C		A	
OK	Southern Oklahoma Tech Ctr	O		T
PA	Cambria-Rowe Bus C, Johnstown		A	
	Newport Bus Inst, Lower Burrell		A	
	Pace Inst	O		
	South Hills Sch of Bus & Tech, State College		A	
RI	Gibbs C, Cranston		A	
SC	York Tech C	O		
WA	Bates Tech C		A	
	Bellingham Tech C		A	
	Everest C, Vancouver	O		
WV	Valley C, Beckley Campus	O		
	Valley C, Princeton	O		

ADMINISTRATIVE ASSISTANT TRAINING, MEDICAL

AZ	Apollo C, Phoenix	O		
	Apollo C , Tri-City	O		
	Apollo C, Tucson	O		
CA	Central Coast C	O		
	Charles A Jones Skills & Bus Ed Ctr	O		
	C of Information Tech	O		
	Colton-Redlands-Yucaipa Reg Occ Program	O		
	Computer Tutor Bus & Tech Inst	O		
	Concorde Career C, San Bernardino	O		
	LaPuente Valley ROP	O		
	Martinez Adult Ed	O		
	North Orange Co ROP	O		
	Opportunities Industrialization Ctr West	O		
	Sacramento Job Corps Ctr	O		
	San Mateo Adult Sch	O		
	Sunnyvale-Cupertino Adult Ed Program	O		
	West Valley Occ Ctr	O		
CO	IntelliTec Med Inst	O	A	
FL	Angley C, Deland	O		T
	Lincoln C of Tech	O	A	
	Westside Tech	O		
GA	Gwinnett C	O	A	
IL	Computer Sys Inst	O		
	Everest C, Merrionette Park	O		
	Lake Land C		A	
KY	Southwestern C, Florence	O		
	Spencerian C, Louisville	O		
LA	Ascension C	O		
MA	Branford Hall Career Inst, Springfield	O		
MI	Carnegie Inst	O		
MO	Bolivar Tech C	O	A	
	Metro Bus C, Cape Girardeau	O		
	Metro Bus C, Jefferson City	O		
NE	Vatterott C, Spring Valley Campus	O	A	
NJ	Central Career Sch	O		
NY	Elmira Bus Inst, Vestal		A	
	Olean Bus Inst		A	
	Wilson Tech Ctr	O		
OH	Marion Tech C	O	A	T
	Ohio Bus C, Sandusky		A	
	Rhodes State C		A	
OK	Southern Oklahoma Tech Ctr	O		T
OR	Apollo C, Portland	O		
	Valley Med C, Inc.	O		
PA	Cambria-Rowe Bus C, Johnstown		A	
	Consolidated Sch of Bus, Lancaster	O	A	
	Consolidated Sch of Bus, York	O	A	
	Newport Bus Inst, Lower Burrell		A	
	Pace Inst	O		
RI	Gibbs C, Cranston		A	
SC	York Tech C	O		
TX	Bradford Sch of Bus	O		
	Career Quest	O		
	Milan Inst, Amarillo	O		
	PCI Health Training Ctr, Dallas	O		
	PCI Health Training Ctr, Richardson	O		
UT	Certified Careers Inst, Salt Lake City	O		
	Ogden-Weber Applied Tech C	O		
VA	Kee Bus C, Newport News	O		
	Virginia Career Inst, Richmond	O		
WA	Apollo C, Spokane	O		
	Bates Tech C	O		
	Everest C, Vancouver	O		
WV	Valley C, Beckley Campus	O		
	Valley C, Princeton	O		

ADULT EDUCATION

CA	Compton Adult Sch	O		
	East San Gabriel Valley ROP & Tech Ctr	O	A	
	Long Beach Sch for Adults	O		
	Martinez Adult Ed	O		
	Massage Sch of Santa Monica	O		
	Opportunities Industrialization Ctr West	O		
	Palo Alto Adult Sch	O		

	School	O	A	T
	Sacramento Job Corps Ctr	O		
	Twin Lakes C of the Healing Arts	O		
	West Valley Occ Ctr	O		
	The World Sch of Massage & Holistic Healing Arts	O		
FL	Bradford-Union Area Career Tech Ctr	O		
	First Coast Tech Inst	O		
	McFatter Tech Ctr	O		
	Sarasota Co Tech Inst	O		
	Suwannee-Hamilton Tech Ctr	O		
	Washington-Holmes Tech Ctr	O		
	Winter Park Tech	O		
	Withlacooshee Tech Inst	O		
HI	Windward Sch for Adults	O		T
IL	Spanish Coalition for Jobs, Inc.	O		
KS	Salina ATS	O		
LA	Central Louisiana Sch of Therapeutic Massage, Inc	O		
	Louisiana Technical C, Baton Rouge	O		
	Sowela Tech Comm C	O		
MA	New England Sch of Floral Design	O		
MO	American C of Tech	O		
NJ	Atlantic Co Inst of Tech	O		
	Cumberland Co Tech Ed Ctr	O		
NY	New York Inst of English and Bus	O		
	Wilson Tech Ctr	O		
OH	ETI Tech C, Niles	O		
	Mahoning Co Career & Tech Ctr	O		
OK	Indian Capital Tech Ctr - Tahlequah - Bill Willis Campus	O		
	Tri County Tech Ctr	O		
PA	Hazleton Area Career Ctr	O		T
SC	Greenville Tech C	O		
SD	Western Dakota Tech Inst	O		
TX	David L Carrasco Job Corps Ctr	O		
WV	Marion Co Voc Tech Ctr	O		
	Monongalia Co Tech Ed Ctr	O		

ADVANCED DIGITAL MEDIA

	School	O	A	T
CA	Sacramento Co ROP	O		

ADVANCED IMAGING TECHNOLOGY

	School	O	A	T
TX	Lamar Inst of Tech		A	

ADVERTISING & ADVERTISING TECHNOLOGY

	School	O	A	T
CA	North Orange Co ROP	O		
FL	Washington-Holmes Tech Ctr	O		
MN	St Cloud Tech C	O	A	
WV	Putnam Career & Tech Ctr	O		
WI	Madison Media Inst	O	A	

ADVERTISING ART & DESIGN

	School	O	A	T
CA	LaPuente Valley ROP	O		
	North Orange Co ROP	O		
FL	Sarasota Co Tech Inst	O		
KS	Salina ATS	O		
NJ	Ducret Sch of Arts	O		
OH	Sch of Advertising Art	O	A	
OK	Tulsa Tech Ctr	O		
WV	Putnam Career & Tech Ctr	O		

AGRICULTURAL BUSINESS ADMINISTRATION & MANAGEMENT

	School	O	A	T
IL	Lake Land C	O		
MN	Ridgewater C, Willmar & Hutchinson	O	A	
OK	Mid-America Tech Ctr	O		
SD	Lake Area Tech Inst		A	
	Mitchell Tech Inst	O	A	
	Western Dakota Tech Inst	O	A	
WI	Blackhawk Tech C	O		
	Lakeshore Tech C	O		
	Western Tech C, La Crosse	O	A	

AGRICULTURAL INDUSTRIAL EQUIPMENT TECHNOLOGY

	School	O	A	T
OH	Mahoning Co Career & Tech Ctr	O		

AGRICULTURAL MARKETING

	School	O	A	T
CA	Sacramento Co ROP	O		

AGRICULTURAL MECHANICS

	School	O	A	T
CA	Imperial Valley ROP	O		
OH	Mahoning Co Career & Tech Ctr	O		

AGRICULTURAL MECHANICS, DIESEL

	School	O	A	T
CA	Imperial Valley ROP	O		
FL	First Coast Tech Inst	O		
LA	Sowela Tech Comm C	O		
OK	Great Plains Tech Ctr, Frederick	O		

AGRICULTURAL POWER MACHINERY TECHNOLOGY

	School	O	A	T
IL	Lake Land C	O	A	
OH	Ohio Tech C	O		

AGRICULTURAL PRODUCTION

	School	O	A	T
IL	Lake Land C		A	
MN	Ridgewater C, Willmar & Hutchinson	O	A	
OH	Mahoning Co Career & Tech Ctr	O		
SD	Lake Area Tech Inst		A	
	Western Dakota Tech Inst	O	A	

AGRICULTURAL PRODUCTS/MEAT PROCESSING

	School	O	A	T
CA	Sacramento Co ROP	O		
WV	Marion Co Voc Tech Ctr	O		

AGRICULTURAL SCIENCE

	School	O	A	T
MA	Cape Cod Reg Tech HS	O		
MN	Ridgewater C, Willmar & Hutchinson			T
WV	Marion Co Voc Tech Ctr	O		
WI	Western Tech C, La Crosse		A	T

AGRICULTURAL SUPPLIES & SERVICES

	School	O	A	T
MN	Ridgewater C, Willmar & Hutchinson	O	A	

AGRICULTURAL TECHNOLOGY

	School	O	A	T
GA	Southwest Georgia Tech C		A	
WI	Western Tech C, La Crosse		A	

AGRONOMY

	School	O	A	T
MN	Ridgewater C, Willmar & Hutchinson	O	A	

AIR-CONDITIONING, HEATING, & REFRIGERATION INSTALLATION & REPAIR

	School	O	A	T
AL	Bishop State Comm C, Southwest Campus	O	A	
	Wallace Comm C, Wallace Campus	O	A	
AZ	Arizona Auto Inst	O		
	The Refrigeration Sch	O		
AR	Askins Vo-Tech, Inc	O		
	Crowley's Ridge Tech Inst	O		
CA	Charles A Jones Skills & Bus Ed Ctr	O		
	North Orange Co ROP	O		
	Sacramento Co ROP	O		
	West Valley Occ Ctr	O		
	WyoTech, Fremont	O	A	
CO	IntelliTec C, Colorado Springs		A	
CT	Connecticut Sch of Electronics	O		
	Porter & Chester Inst, Watertown	O		
FL	Atlantic Tech Ctr-Coconut Creek Campus	O		
	C of Bus & Tech, Miami	O	A	
	Erwin Tech Ctr	O		
	First Coast Tech Inst	O		
	George Stone Vo-Tech Ctr	O		
	Lee Co High Tech Central	O		
	Lincoln C of Tech	O	A	
	Miami Lakes Ed Ctr	O		
	Okaloosa Applied Tech Ctr	O		
	Sarasota Co Tech Inst	O		
	Washington-Holmes Tech Ctr	O		
	Westside Tech	O		
	Withlacoochee Tech Inst	O		
GA	Altamaha Tech C, Jesup	O		
	Central Georgia Tech C	O		
	Chattahoochee Tech C	O		
	Columbus Tech C	O		
	Interactive C of Tech, Chamblee	O		
	Middle Georgia Tech C	O		
	Okefenokee Tech C	O		
	Southeastern Tech C, Vidalia	O		
	Swainsboro Tech C	O		
HI	New York Tech Inst of Hawaii	O		
IL	Environmental Tech Inst, Blue Island	O		
	Environmental Tech Inst, Itasca	O		
	Vatterott C, Quincy	O	A	
KS	Johnson Co Comm C, Overland Park	O	A	
	Kansas City Kansas Area Tech Sch	O		
	KAW Area Tech Sch	O		
	Manhattan Area Tech C	O	A	
	North Central Kansas Tech C	O		
	Salina ATS	O		
	Wichita Area Tech C	O		
	Wichita Tech Inst, Wichita	O		
LA	Louisiana Tech C, Baton Rouge Campus	O		
	Louisiana Technical, Baton Rouge	O		
	Sowela Tech Comm C	O		
MD	North American Trade Sch	O		
MA	Bay State Sch of Tech	O		
	Branford Hall Career Inst, Springfield	O		
	Cape Cod Reg Tech HS	O		
	Southeastern Tech Inst	O		
MN	Dunwoody C of Tech		A	
	Hennepin Tech C, Brooklyn Park Campus	O	A	
MO	Rolla Tech Ctr/Inst	O		
NE	Vatterott C, Spring Valley Campus	O	A	
NJ	Cumberland Co Tech Ed Ctr	O		
	Tech Inst of Camden Co.	O		
NY	Wilson Tech Ctr	O		
OH	ETI Tech C, Niles	O		
OK	Great Plains Tech Ctr, Lawton	O		
	Indian Capital Tech Ctr -Tahlequah- Bill Willis Campus	O		
	Kiamichi Tech Ctr, McAlester	O		
	Meridian Tech Ctr	O		
	Mid-America Tech Ctr	O		
	Mid-Del Tech Ctr	O		
	Moore-Norman Tech Ctr	O		
	Southern Oklahoma Tech Ctr	O		T
	Vatterott C, Tulsa	O	A	
PA	Dean Inst of Tech		A	
	Forbes Rd Career & Tech Ctr	O		
	Greater Altoona Career & Tech Ctr	O		
	Penn Commercial, Inc		A	
	Triangle Tech, Pittsburgh		A	
PR	Instituto de Banca y Comercio, Mayaguez	O		
	Instituto de Banca y Comercio, San Juan	O		
	Liceo de Arte y Tecnologia, San Juan	O		
SC	Greenville Tech C	O		
	York Tech C	O		
SD	Mitchell Tech Inst	O	A	
TN	Tennessee Tech Ctr at Covington	O		
	Tennessee Tech Ctr at Crossville	O		
	Tennessee Tech Ctr at Dickson	O		
	Tennessee Tech Ctr at Livingston	O		
	Tennessee Tech Ctr at Morristown	O		
	Tennessee Tech Ctr at Murfreesboro	O		
	Tennessee Tech Ctr at Newbern	O		
	William R Moore C of Tech		A	
TX	Lamar Inst of Tech		A	
UT	Ogden-Weber Applied Tech C	O		
WA	Bates Tech C	O	A	
	Bellingham Tech C		A	
	Clover Park Tech C		A	
	Perry Tech Inst	O		
	Renton Tech C	O	A	
WV	Monongalia Co Tech Ed Ctr	O		
	Putnam Career & Tech Ctr	O		
WI	Blackhawk Tech C		A	
	Western Tech C, La Crosse		A	T

AIR-CONDITIONING INSTALLATION & REPAIR

	School	O	A	T
AR	Askins Vo-Tech, Inc	O		
CA	Charles A Jones Skills & Bus Ed Ctr	O		
	North Orange Co ROP	O		
	Sacramento Co ROP	O		
	West Valley Occ Ctr	O		
CO	IntelliTec C, Colorado Springs		A	
CT	Porter & Chester Inst, Watertown	O		
FL	C of Bus & Tech, Miami	O	A	
	Manatee Tech Inst	O		
GA	East Central Tech C	O		
	North Georgia Tech C, Clarksville	O	A	
	Southwest Georgia Tech C	O		
KS	Johnson Co Comm C, Overland Park	O		
MA	Branford Hall Career Inst, Springfield	O		
MN	St Cloud Tech C	O	A	
MO	Nichols Career Ctr	O		
	Rolla Tech Ctr/Inst	O		
NY	Apex Tech Sch	O		
	Wilson Tech Ctr	O		
OK	Tulsa Tech Ctr	O		
PA	Triangle Tech, Pittsburgh		A	
SC	Greenville Tech C	O		
	York Tech C	O		
TN	Tennessee Tech Ctr at Shelbyville	O		
TX	Lamar Inst of Tech	O		
WA	Renton Tech C	O		
WV	Putnam Career & Tech Ctr	O		

AIRCRAFT MAINTENANCE (AIRFRAME & POWER PLANT TECHNOLOGIES)

	School	O	A	T
CA	Palo Alto Adult Sch	O		
FL	George T Baker Aviation Sch	O		
GA	Central Georgia Tech C	O		
IL	Lake Land C		A	
LA	Sowela Tech Comm C		A	
NJ	Teterboro Sch of Aeronautics	O		
NY	Wilson Tech Ctr	O		
OH	Mahoning Co Career & Tech Ctr	O		
OK	Tulsa Tech Ctr	O		
PA	Aviation Inst of Maintenance, Philadelphia		A	

		O	A	T
SC	Greenville Tech C		A	
SD	Lake Area Tech Inst	O	A	
TN	Tennessee Tech Ctr at Memphis, Aviation Division	O		
VA	Aviation Inst of Maintenance, Manasses	O		
WA	Clover Park Tech C		A	
WI	Blackhawk Tech C	O		

AIRCRAFT OPERATIONS

		O	A	T
AK	Career Acad, Anchorage	O		

AIRCRAFT STRUCTURAL TECHNOLOGY

		O	A	T
GA	Middle Georgia Tech C	O		

AIRLINE COMPUTER TRAINING

		O	A	T
AK	Career Acad, Anchorage	O		
CA	Hospitality, Intl Trade, and Global Security Training	O	A	
HI	Travel Inst of the Pacific	O		
MO	Bryan C, Springfield	O		
PA	Newport Bus Inst, Lower Burrell	O		
TX	Career Quest	O		
WA	Intl Air & Hospitality Academy	O		

AIRLINE & TRAVEL CAREER TRAINING

		O	A	T
AK	Career Acad, Anchorage	O		
CA	Hospitality, Intl Trade, and Global Security Training	O	A	
	Tri-Cities ROP	O		
HI	Travel Inst of the Pacific	O		
MO	Bryan C, Springfield	O		
PA	Forbes Rd Career & Tech Ctr	O		
TX	Career Quest	O		
WA	Intl Air & Hospitality Academy	O		

ALLIED HEALTH ADMINISTRATION

		O	A	T
CA	Charles A Jones Skills & Bus Ed Ctr	O		
	North Orange Co ROP	O		
FL	C of Bus & Tech, Miami		A	
	Sarasota Co Tech Inst	O		
MA	Branford Hall Career Inst, Springfield	O		
PA	Career Training Acad, Pittsburgh	O		
VA	ACT C, Arlington		A	

ALLIED HEALTH ASSISTANT TRAINING

		O	A	T
CA	Charles A Jones Skills & Bus Ed Ctr	O		
FL	Angley C, Deland	O		T
	Washington-Holmes Tech Ctr	O		
KY	KY Tech-Harrison Area Tech Ctr	O		
MA	Branford Hall Career Inst, Springfield	O		
	Cape Cod Reg Tech HS	O		
OK	Francis Tuttle Tech Ctr	O		
	Great Plains Tech Ctr, Frederick	O		
	Indian Capital Tech Ctr - Tahlequah-Bill Willis Campus	O		
	Kiamichi Tech Ctr, McAlester	O		
	Mid-America Tech Ctr	O		
	Southern Oklahoma Tech Ctr	O		T
	Tri County Tech Ctr	O		
SC	York Tech C	O		
TX	Career Quest	O		
	David L Carrasco Job Corps Ctr	O		

ANATOMY

		O	A	T
CA	IPPT Sch of Massage	O		
CO	Guild for Structural Integration	O		
NJ	Ducret Sch of Arts	O		

ANIMAL CARETAKING

		O	A	T
NH	New Hampshire Ctr for Canine Studies	O		
NY	Wilson Tech Ctr	O		
WV	Marion Co Voc Tech Ctr	O		

ANIMAL HEALTH TECHNOLOGY

		O	A	T
CA	49er ROP	O		
	North Orange Co ROP	O		
WV	Marion Co Voc Tech Ctr	O		

ANIMAL HUSBANDRY

		O	A	T
OK	Mid-America Tech Ctr	O		

ANIMAL SCIENCE

		O	A	T
WV	Marion Co Voc Tech Ctr	O		

ANIMATION

		O	A	T
SD	Southeast Tech Inst		A	

APPAREL & ACCESSORIES (INCLUDES FASHION COORDINATION & SALES)

		O	A	T
CA	49er ROP	O		
	Colton-Redlands-Yucaipa Reg Occ Program	O		
KS	Johnson Co Comm C, Overland Park		A	
MA	The Sch of Fashion Design	O		
OK	Moore-Norman Tech Ctr	O		
	Tulsa Tech Ctr	O		

APPAREL MANUFACTURING MANAGEMENT

		O	A	T
FL	Orlando Tech	O		
KS	Johnson Co Comm C, Overland Park		A	
WA	Bates Tech C	O		

APPLIANCE REPAIR

		O	A	T
CA	Hacienda La Puente Adult Ed, La Puente	O		
FL	Manatee Tech Inst	O		
GA	Columbus Tech C	O		
MA	Bay State Sch of Tech	O		
MN	Dunwoody C of Tech	O		
OK	Tulsa Tech Ctr	O		
WA	Bellingham Tech C	O	A	
	Renton Tech C	O		

ARBORICULTURE

		O	A	T
AZ	Fleur De Lis Inst of Landscape Design	O		

ARCHITECTURAL DESIGN

		O	A	T
CA	49er ROP	O		
	LaPuente Valley ROP	O		
FL	Westside Tech	O		
OH	Rhodes State C	O		
PA	Triangle Tech, Pittsburgh		A	
TN	Tennessee Tech Ctr at Shelbyville	O		
WA	Bates Tech C	O	A	

ARCHITECTURAL TECHNOLOGY

		O	A	T
MN	Dakota Co Tech C	O	A	
NY	Island Drafting & Tech Inst		A	
PA	Triangle Tech, Pittsburgh		A	
SD	Mitchell Tech Inst	O	A	

AROMATHERAPY (ESSENTIAL OILS)

		O	A	T
AZ	Arizona Sch of Integrative Studies, Clarkdale	O		
MA	New England Inst of Reflexology & Universal Studies	O		
MI	Alternative Healing Inc	O		
NV	Baum Healing Arts Ctr, Carson City	O		
OH	Ohio Acad of Holistic Health	O		
OK	Central State Acad	O		
OR	Australasian C of Health Sci	O		
VA	Advanced Fuller Sch of Massage	O		
WA	Ashmead C-Massage Therapy, Seattle	O		

ART, COMMERCIAL

		O	A	T
CA	LaPuente Valley ROP	O		
	North Orange Co ROP	O		
FL	First Coast Tech Inst	O		
	McFatter Tech Ctr	O		
	Miami Lakes Ed Ctr	O		
	Pinellas Tech Ed Ctr, Clearwater	O		
	Sarasota Co Tech Inst	O		
KS	Johnson Co Comm C, Overland Park		A	
	Salina ATS	O		
LA	Sowela Tech Comm C		A	
MA	Butera Sch of Art	O		
MN	Hennepin Tech C, Brooklyn Park Campus	O	A	
MO	Nichols Career Ctr	O		
NJ	Ducret Sch of Arts	O		
OH	Sch of Advertising Art	O	A	
PA	Forbes Rd Career & Tech Ctr	O		
PR	Nova C de PR	O		

ASIAN BODYWORK THERAPY

		O	A	T
OH	Ohio Acad of Holistic Health	O		

ASSEMBLY PRODUCTION (INCLUDES TESTING, WIRING, & INSPECTION)

		O	A	T
MN	Alexandria Tech C, Alexandria	O		

ATHLETIC TRAINER TECHNICIAN TRAINING

		O	A	T
CA	49er ROP	O		
	North Orange Co ROP	O		

AUCTIONEERING

		O	A	T
MA	Intl Auction Sch	O		

AUDIO & RECORDING TECHNOLOGY

		O	A	T
AZ	Conservatory of Recording Arts & Sci	O		
FL	Audio Recording Tech Inst	O		
MD	Omega Studio's Sch of Applied Recordings Arts & Sci	O		
MN	Hennepin Tech C, Brooklyn Park Campus	O	A	
NY	Inst of Audio Research	O		
WA	Bates Tech C	O		

AUDIOVISUAL MEDIA PRODUCTION

		O	A	T
CA	49er ROP	O		
	North Orange Co ROP	O		
MN	Hennepin Tech C, Brooklyn Park Campus	O	A	
OH	Brown Mackie C, Cincinnati	O	A	
OK	Southern Oklahoma Tech Ctr	O		T
WA	Bates Tech C	O		

AUDIOVISUAL TECHNOLOGY

		O	A	T
CA	North Orange Co ROP	O		
OK	Southern Oklahoma Tech Ctr	O		T
WA	Bates Tech C		A	

AUTOMATED OFFICE SYSTEMS

		O	A	T
CA	Computer Tutor Bus & Tech Inst	O		
	North Orange Co ROP	O		
MO	Bryan C, Springfield	O		
SC	Greenville Tech C	O		

AUTOMATED PACKAGING

		O	A	T
MN	Dunwoody C of Tech		A	

AUTOMOTIVE BODY COLLISION TECHNOLOGY

		O	A	T
AL	Bishop State Comm C, Southwest Campus	O	A	
CA	North Orange Co ROP	O		
	Sacramento Co ROP	O		
	West Valley Occ Ctr	O		
CO	Pickens Tech C	O		T
FL	Atlantic Tech Ctr-Coconut Creek Campus	O		
	Lake Tech Ctr	O		
	Miami Lakes Ed Ctr	O		
	Washington-Holmes Tech Ctr	O		
	Withlacoochee Tech Inst	O		
GA	Central Georgia Tech C	O		
	North Georgia Tech C, Clarkesville	O		
	Okefenokee Tech C	O		
KS	Johnson Co Comm C, Overland Park	O	A	
	Kansas City Kansas Area Tech Sch	O		
	KAW Area Tech Sch	O		
	Manhattan Area Tech C	O	A	
	North Central Kansas Tech C	O		
	Northwest Kansas Tech C	O	A	
	Salina ATS	O		
	Wichita Area Tech C	O		
LA	Sowela Tech Comm C	O		
MN	Dakota Co Tech C	O	A	
	Hennepin Tech C, Brooklyn Park Campus	O	A	
MO	Nichols Career Ctr	O		
	Rolla Tech Ctr/Inst	O		
OH	Mahoning Co Career & Tech Ctr	O		
	Ohio Tech C	O		
OK	Francis Tuttle Tech Ctr	O		
	Great Plains Tech Ctr, Lawton	O		
	Meridian Tech Ctr	O		
	Mid-America Tech Ctr	O		
	Mid-Del Tech Ctr	O		
	Moore-Norman Tech Ctr	O		
	Southern Oklahoma Tech Ctr	O		T
	Tri County Tech Ctr	O		
	Tulsa Tech Ctr	O		
PA	Automotive Training Ctr	O		
	Automotive Training Ctr, Warminster	O		
	WyoTech, Blairsville	O		
SD	Southeast Tech Inst	O	A	
	Western Dakota Tech Inst	O		
TN	Tennessee Tech Ctr at Livingston	O		
	Tennessee Tech Ctr at Morristown	O		
	Tennessee Tech Ctr, Oneida/Huntsville	O		
	Tennessee Tech Ctr at Shelbyville	O		
WA	Bates Tech C	O	A	
	Bellingham Tech C	O	A	
	Clover Park Tech C	O		
	Renton Tech C	O	A	

AUTOMOTIVE TECHNOLOGY (INCLUDES AUTOMOTIVE DIAGNOSTIC TECHNOLOGY)

State	School	O	A	T
WV	Marion Co Voc Tech Ctr	O		
	Monongalia Co Tech Ed Ctr	O		

AUTOMOTIVE BODY REPAIR

State	School	O	A	T
AL	Wallace Comm C, Wallace Campus	O		
AR	Crowley's Ridge Tech Inst	O		
CA	Charles A Jones Skills & Bus Ed Ctr	O		
	Colton-Redlands-Yucaipa Reg Occ Program	O		
	Imperial Valley ROP	O		
	North Orange Co ROP	O		
	Sacramento Co ROP	O		
	West Valley Occ Ctr	O		
CO	Pickens Tech C	O		T
FL	George Stone Vo-Tech Ctr	O		
	Lee Co High Tech Central	O		
	Sarasota Co Tech Inst	O		
	Suwannee-Hamilton Tech Ctr	O		
KS	Johnson Co Comm C, Overland Park	O	A	
	Northwest Kansas Tech C	O	A	
MN	Dunwoody C of Tech	O	A	
	Ridgewater C, Willmar & Hutchinson	O	A	
	St Cloud Tech C	O	A	
MO	Rolla Tech Ctr/Inst	O		
NJ	Atlantic Co Inst of Tech	O		
	Cumberland Co Tech Ed Ctr	O		
	Tech Inst of Camden Co	O		
NY	Apex Tech Sch	O		
	Wilson Tech Ctr	O		
OH	Mahoning Co Career & Tech Ctr	O		
OK	Canadian Valley Tech Ctr, Chickasha	O		
	Northwest Tech Inst, Alva	O		
PA	Automotive Training Ctr, Warminster	O		
	Forbes Rd Career & Tech Ctr	O		
	Greater Altoona Career & Tech Ctr	O		
	Northern Tier Career Ctr	O		
	WyoTech, Blairsville	O		
SC	Greenville Tech C	O		
TN	Nashville Auto-Diesel C	O	A	
	Tennessee Tech Ctr at Athens	O		
	Tennessee Tech Ctr at Crossville	O		
	Tennessee Tech Ctr at Paris	O		
WA	Bates Tech C	O	A	
	Clover Park Tech C	O		
	Renton Tech C	O	A	
WV	Marion Co Voc Tech Ctr	O		
	Putnam Career & Tech Ctr	O		
WI	Lakeshore Tech C	O		

AUTOMOTIVE COLLISION ESTIMATOR

State	School	O	A	T
CA	Sacramento Co ROP	O		

AUTOMOTIVE & DIESEL TECHNOLOGY

State	School	O	A	T
AZ	Arizona Auto Inst	O		
	Universal Tech Inst, Phoenix	O	A	
CO	Pickens Tech C	O		T
FL	Bradford-Union Area Career Tech Ctr	O		
	First Coast Tech Inst	O		
	Washington-Holmes Tech Ctr	O		
GA	Southwest Georgia Tech C	O		
KS	KAW Area Tech Sch	O		
OH	Mahoning Co Career & Tech Ctr	O		
	Ohio Tech C	O	A	
OK	Southern Oklahoma Tech Ctr	O		T
PA	Automotive Training Ctr, Warminster	O		
	Forbes Rd Career & Tech Ctr	O		
	Greater Altoona Career & Tech Ctr	O		
	WyoTech, Blairsville	O		
PR	Liceo de Arte y Tecnologia, San Juan	O		
SD	Southeast Tech Inst	O	A	
TN	Nashville Auto-Diesel C	O	A	
TX	Lamar Inst of Tech	O	A	
	Sch of Automotive Machinists	O		
WA	Bates Tech C	O	A	

AUTOMOTIVE ELECTRONICS

State	School	O	A	T
AZ	Arizona Auto Inst	O		
FL	Installer Inst	O		
KS	Johnson Co Comm C, Overland Park	O	A	
KY	Ohio Co Area Tech Ctr	O		
NJ	Metro Auto Electronics Training Inst	O		
OK	Indian Capital Tech Ctr -Tahlequah- Bill Willis Campus	O		
PA	Automotive Training Ctr, Warminster	O		
	WyoTech, Blairsville	O		
PR	Automeca Tech C, Ponce Campus	O		
TN	Tennessee Tech Ctr at McMinnville	O		
WV	Marion Co Voc Tech Ctr	O		

AUTOMOTIVE MACHINIST

State	School	O	A	T
GA	Southwest Georgia Tech C	O		
OK	Indian Capital Tech Ctr -Tahlequah- Bill Willis Campus	O		

AUTOMOTIVE MECHANICS

State	School	O	A	T
PA	Automotive Training Ctr, Warminster	O		
	WyoTech, Blairsville	O		
AZ	Arizona Auto Inst	O		
	Universal Tech Inst, Phoenix	O	A	
CA	Hacienda La Puente Adult Ed, La Puente	O		
	LaPuente Valley ROP	O		
	North Orange Co ROP	O		
	Sacramento Co ROP	O		
	Tri-Cities ROP	O		
	West Valley Occ Ctr	O		
CO	Pickens Tech C	O		T
CT	Porter & Chester Inst, Stratford	O		
	Porter & Chester Inst, Watertown	O		
FL	First Coast Tech Inst	O		
	George Stone Vo-Tech Ctr	O		
	McFatter Tech Ctr	O		
	Miami Lakes Ed Ctr	O		
	Okaloosa Applied Tech Ctr	O		
	Sarasota Co Tech Inst	O		
	Washington-Holmes Tech Ctr	O		
	Withlacoochee Tech Inst	O		
GA	Chattahoochee Tech C	O	A	
	Middle Georgia Tech C	O		
	Okefenokee Tech C	O		
	Swainsboro Tech C	O		
HI	New York Tech Inst of Hawaii	O		
ID	Eastern Idaho Tech C	O	A	
IL	Lake Land C	O		
KS	Johnson Co Comm C, Overland Park	O	A	
	North Central Kansas Tech C	O	A	
	Northwest Kansas Tech C	O	A	
	Wichita Area Tech C		A	
KY	KY Tech-Harrison Area Tech Ctr	O		
	Ohio Co Area Tech Ctr	O		
LA	Louisiana Tech C, Baton Rouge Campus	O	A	
	Louisiana Technical C, Baton Rouge	O		
MA	Cape Cod Reg Tech HS	O		
MN	Dakota Tech C	O	A	
	Dunwoody C of Tech	O	A	
	Hennepin Tech C, Brooklyn Park Campus	O	A	
	Ridgewater C, Willmar & Hutchinson	O	A	
	St Cloud Tech C	O	A	
MO	Rolla Tech Ctr/Inst	O		
NJ	Cumberland Co Tech Ed Ctr	O		
NY	Wilson Tech Ctr	O		
OH	Mahoning Co Career & Tech Ctr	O		
OK	Canadian Valley Tech Ctr, Chickasha	O		
	Chisholm Trail Tech Ctr	O		
	Francis Tuttle Tech Ctr	O		
	Indian Capital Tech Ctr -Tahlequah- Bill Willis Campus	O		
	Kiamichi Tech Ctr, McAlester	O		
	Meridian Tech Ctr	O		
	Mid-America Tech Ctr	O		
	Southern Oklahoma Tech Ctr	O		T
	Tulsa Tech Ctr	O		
PA	Automotive Training Ctr	O		
	Automotive Training Ctr, Warminster	O		
	Commonwealth Tech Inst at H G Andrews Ctr	O		
	Forbes Rd Career & Tech Ctr	O		
	Greater Altoona Career & Tech Ctr	O		
	Northern Tier Career Ctr	O		
	WyoTech, Blairsville	O		
PR	Automeca Tech C, Ponce Campus	O		
	Liceo de Arte y Tech, San Juan	O		
RI	MotoRing Tech Training Inst	O		
SD	Lake Area Tech Inst		A	
	Southeast Tech Inst	O	A	
TN	Tennessee Tech Ctr at Athens	O		
	Tennessee Tech Ctr at Livingston	O		
	Tennessee Tech Ctr at McMinnville	O		
	Tennessee Tech Ctr at Morristown	O		
	Tennessee Tech Ctr at Shelbyville	O		
TX	David L Carrasco Job Corps Ctr	O		
VA	Advanced Tech Inst	O	A	
WA	Bates Tech C	O	A	
	Bellingham Tech C		A	
	Clover Park Tech C		A	
	Perry Tech Inst	O		
	Renton Tech C	O	A	
WV	Marion Co Voc Tech Ctr	O		
	Monongalia Co Tech Ed Ctr	O		
	Putnam Career & Tech Ctr	O		
WI	Blackhawk Tech C	O		
	Lakeshore Tech C	O		

AUTOMOTIVE PAINTING

State	School	O	A	T
CA	North Orange Co ROP	O		
	West Valley Occ Ctr	O		
CO	Pickens Tech C	O		T
FL	Washington-Holmes Tech Ctr	O		
PA	Automotive Training Ctr, Warminster	O		
	WyoTech, Blairsville	O		
WA	Bates Tech C	O	A	
WV	Marion Co Voc Tech Ctr	O		

AUTOMOTIVE PARTS SALES/MANAGEMENT

State	School	O	A	T
CA	North Orange Co ROP	O		
PA	WyoTech, Blairsville		A	
WA	Bates Tech C	O		

AUTOMOTIVE REFRIGERATION AND AIR-CONDITIONING PROGRAM

State	School	O	A	T
PR	Automeca Tech C, Ponce Campus	O		

AUTOMOTIVE SERVICES (INCLUDES MANAGEMENT)

State	School	O	A	T
AZ	Arizona Auto Inst		A	
AR	Crowley's Ridge Tech Inst	O		
	Northwest Tech Inst, Springdale	O		
CA	49er ROP	O		
	North Orange Co ROP	O		
FL	First Coast Tech Inst	O		
	Pinellas Tech Ed Ctr, Clearwater	O		
MN	Ridgewater C, Willmar & Hutchinson	O	A	
NJ	Atlantic Co Inst of Tech	O		
	Cumberland Co Tech Ed Ctr	O		
NY	Apex Tech Sch	O		
OK	Great Plains Tech Ctr, Lawton	O		
PA	Automotive Training Ctr	O		
	WyoTech, Blairsville		A	

AUTOMOTIVE SPECIALIZATION REPAIR (INCLUDES TUNE-UPS & BRAKE, TRANSMISSION OR RADIATOR REPAIR)

State	School	O	A	T
AZ	Arizona Auto Inst	O		
	Universal Tech Inst, Phoenix	O	A	
CA	Friedman C - California Inst of Locksmithing	O		
	LaPuente Valley ROP	O		
	North Orange Co ROP	O		
	Tri-Cities ROP	O		
	West Valley Occ Ctr	O		
CT	Porter & Chester Inst, Watertown	O		
FL	Atlantic Tech Ctr-Coconut Creek Campus	O		
	First Coast Tech Inst	O		
	Sarasota Co Tech Inst	O		
GA	Columbus Tech C	O		
	Swainsboro Tech C	O		
KS	Johnson Co Comm C, Overland Park	O		
KY	KY Tech-Harrison Area Tech Ctr	O		
	Ohio Co Area Tech Ctr	O		
MN	Ridgewater C, Willmar & Hutchinson	O	A	
OH	Ohio Tech C	O		
OK	Southern Oklahoma Tech Ctr	O		T
	Tulsa Tech Ctr	O		
PA	Automotive Training Ctr	O		
	Automotive Training Ctr, Warminster	O		
PR	Automeca Tech C, Ponce Campus	O		
TN	Tennessee Tech Ctr at McMinnville	O		
	Tennessee Tech Ctr, Oneida/Huntsville	O		
	Tennessee Tech Ctr at Shelbyville	O		
TX	Sch of Automotive Machinists	O		
WV	Marion Co Voc Tech Ctr	O		
	Putnam Career & Tech Ctr	O		

AUTOMOTIVE TECHNOLOGY (INCLUDES AUTOMOTIVE DIAGNOSTIC TECHNOLOGY)

State	School	O	A	T
AL	Bishop State Comm C, Southwest Campus	O	A	
	Wallace Comm C, Wallace Campus	O	A	
AZ	Arizona Auto Inst	O		
	Universal Tech Inst, Phoenix	O	A	
AR	UAM College of Tech, McGehee	O		
CA	49er ROP	O		
	Colton-Redlands-Yucaipa Reg Occ Program	O		
	Imperial Valley ROP	O		
	North Orange Co ROP	O		
	Sacramento Co ROP	O		
	Tri-Cities ROP	O		
	West Valley Occ Ctr	O		
	WyoTech, Fremont	O	A	
CO	IntelliTec C, Colorado Springs		A	
CT	Connecticut Sch of Electronics	O		
	Porter & Chester Inst, Watertown	O		
FL	Atlantic Tech Ctr-Coconut Creek Campus	O	A	

AUTOMOTIVE TECHNOLOGY (INCLUDES AUTOMOTIVE DIAGNOSTIC TECHNOLOGY)

State	School			
	Erwin Tech Ctr	O		
	First Coast Tech Inst	O		
	Lake Tech Ctr	O		
	Lee Co High Tech Central	O		
	Lincoln C of Tech	O	A	
	Manatee Tech Inst	O		
	Sarasota Co Tech Inst	O		
	Suwannee-Hamilton Tech Ctr	O		
	Washington-Holmes Tech Ctr	O		
	Withlacoochee Tech Inst	O		
GA	Altamaha Tech C, Jesup	O		
	Central Georgia Tech C	O		
	Columbus Tech C	O	A	
	East Central Tech C	O		
	North Georgia Tech C, Clarkesville	O		
	Southwest Georgia Tech C	O		
IL	Lake Land C		A	
KS	Johnson Co Comm C, Overland Park	O	A	
	Kansas City Kansas Area Tech Sch	O		
	Manhattan Area Tech C		A	
	Salina ATS	O		
KY	KY Tech-Harrison Area Tech Ctr	O		
	Ohio Co Area Tech Ctr	O		
LA	Sowela Tech Comm C	O		
MA	Cape Cod Reg Tech HS	O		
MN	Dunwoody C of Tech	O		
	Minnesota W Comm & Tech C, Canby	O	A	
	Ridgewater C, Willmar & Hutchinson	O	A	
	St Cloud Tech C	O	A	
MO	Nichols Career Ctr	O		
NJ	Atlantic Co Inst of Tech	O		
	Cumberland Co Tech Ed Ctr	O		
	Tech Inst of Camden Co	O		
NY	Career Inst of Health & Tech, Garden City	O		
OH	Mahoning Co Career & Tech Ctr	O		
	Ohio Tech C	O		
OK	Indian Capital Tech Ctr - Tahlequah-Bill Willis Campus	O		
	Kiamichi Tech Ctr, Atoka	O		
	Mid-Del Tech Ctr	O		
	Moore-Norman Tech Ctr	O		
	Northwest Tech Ctr, Alva	O		
	Southern Oklahoma Tech Ctr	O		T
	Tri County Tech Ctr	O		
PA	Automotive Training Ctr	O		
	Automotive Training Ctr, Warminster	O		
	WyoTech, Blairsville	O		
PR	Automeca Tech C, Ponce Campus	O		
	Liceo de Arte y Tecnologia, San Juan	O		
SC	Greenville Tech C		A	
SD	Western Dakota Tech Inst	O	A	
TN	Tennessee Tech Ctr at Covington	O		
	Tennessee Tech Ctr at Crossville	O		
	Tennessee Tech Ctr at Dickson	O		
	Tennessee Tech Ctr at Harriman	O		
	Tennessee Tech Ctr at Hartsville	O		
	Tennessee Tech Ctr at Hohenwald	O		
	Tennessee Tech Ctr at Murfreesboro	O		
	Tennessee Tech Ctr at Newbern	O		
	Tennessee Tech Ctr, Oneida/Huntsville	O		
	Tennessee Tech Ctr at Shelbyville	O		
TX	Sch of Automotive Machinists	O		
VA	Advanced Tech Inst	O	A	
WA	Renton Tech C	O	A	
WV	Garnet Career Ctr	O		
	Marion Co Voc Tech Ctr	O		
	Putnam Career & Tech Ctr	O		
WI	Western Tech C, La Crosse	O		

AVIATION MAINTENANCE TECHNOLOGY

State	School			
CA	Redstone C	O		
CT	Stratford Sch for Aviation Maintenance Tech	O		
FL	National Aviation Acad	O		T
GA	Middle Georgia Tech C	O	A	
LA	Sowela Tech Comm C		A	
MA	WyoTech, Bedford	O		
NY	Wilson Tech Ctr	O		
OH	Mahoning Co Career & Tech Ctr	O		
PA	Aviation Inst of Maintenance, Philadelphia	O		
TN	North Central Inst Sch of Aviation Maintenance		A	
	Tennessee Tech Ctr at Morristown	O		

AVIATION MANAGEMENT

State	School			
AK	Career Acad, Anchorage	O		
FL	Ctr for Management & Executive Leadership	O		

AVIATION TRAINING

State	School			
AK	Take Flight Alaska	O		T
FL	Delta Connection Acad	O		
	Helicopter Adventures	O		
OR	Airman's Proficiency Ctr	O		
TN	North Central Inst Sch of Aviation Maintenance	O		

AVIONICS (AIRCRAFT ELECTRONICS)

State	School			
FL	George T Baker Aviation Sch	O		
PA	Aviation Inst of Maintenance, Philadelphia	O		
TN	Tennessee Tech Ctr at Memphis, Aviation Division	O		

AYURVEDIC MEDICINE

State	School			
CA	California C of Ayurveda	O		
MA	Kripalu Ctr	O		

BAKER/PASTRY CHEF

State	School			
CA	California Culinary Acad	O		
	Charles A Jones Skills & Bus Ed Ctr	O		
	North Orange Co ROP	O		
	Opportunities Industrialization Ctr West	O		
	Sacramento Co ROP	O		
	West Valley Occ Ctr	O		
CT	Connecticut Culinary Inst, Farmington	O		
FL	Lincoln C of Tech	O	A	
	Withlacoochee Tech Inst	O		
IN	Indiana Bus C, Downtown Indianapolis		A	
KS	Johnson Co Comm C, Overland Park	O	A	
MA	Cape Cod Reg Tech HS	O		
NJ	Atlantic Co Inst of Tech	O		
NY	Culinary Acad of Long Island	O		
	Wilson Tech Ctr	O		
PA	JNA Inst of Culinary Arts	O		
PR	Instituto de Banca y Comercio, Mayaguez	O		
	Instituto de Banca y Comercio, San Juan	O		
TX	Culinary Acad of Austin	O		
	Culinary Inst Alain & Marie Lenorte	O	A	
VT	New England Culinary Inst		A	
WA	Bellingham Tech C	O		
	Intl Air & Hospitality Academy	O		
	Renton Tech C	O		

BAKERY & DELICATESSEN TRAINING

State	School			
CA	North Orange Co ROP	O		
	Opportunities Industrialization Ctr West	O		
	West Valley Occ Ctr	O		
TX	Culinary Acad of Austin	O		
	Culinary Inst Alain & Marie Lenorte	O		
VT	New England Culinary Inst		A	
WA	Renton Tech C	O		

BAND INSTRUMENT REPAIR

State	School			
WA	Renton Tech C	O	A	

BANKING

State	School			
CA	49er ROP	O		
	Hacienda La Puente Adult Ed, La Puente	O		
	North Orange Co ROP	O		
	Sacramento Co ROP	O		
	Tri-Cities ROP	O		
GA	East Central Tech C	O		
KY	Ohio Co Area Tech Ctr	O		
OH	Rhodes State C	O	A	
OK	Tri County Tech Ctr	O		
PA	Pace Inst	O		
PR	Instituto de Banca y Comercio, Mayaguez	O		
	Instituto de Banca y Comercio, San Juan	O		
	MBTI Bus Training Inst	O		
	Nova C de PR	O		
SD	Lake Area Tech Inst		A	
	Southeast Tech Inst		A	

BANKING SERVICES REPRESENTATIVE TRAINING

State	School			
CA	North Orange Co ROP	O		
	West Valley Occ Ctr	O		
KY	Ohio Co Area Tech Ctr	O		
PR	Nova C de PR	O		

BANK TELLER TRAINING

State	School			
CA	North Orange Co ROP	O		
	Sacramento Co ROP	O		
	Tri-Cities ROP	O		
	West Valley Occ Ctr	O		
KY	Ohio Co Area Tech Ctr	O		
MA	Cape Cod Reg Tech HS	O		
OK	Mid-Del Tech Ctr	O		
PR	Nova C de PR	O		
WA	Renton Tech C	O		

BARBERING/HAIRSTYLING

State	School			
AL	Bishop State Comm C, Southwest Campus	O	A	
	Scientific Beauty Acad	O		
AR	Arkadelphia Beauty C	O		
	Arkansas C of Barbering & Hair Design			T
CA	49er ROP	O		
	Mojave Barber C	O		
	Moler Barber C	O		
CO	Cuttin Up Beauty Acad	O		
	Int Beauty Acad, Colorado Springs	O		
	Pickens Tech C			T
	Xenon Intl	O		
CT	Intl Inst of Cosmetology	O		
	New England Sch of Hairdressing, Inc.	O		
FL	Acad of Professional Careers, Winter Park	O		
	ASM Beauty World Acad	O		
	Bene's Intl Sch of Beauty, inc	O		
	Erwin Tech Ctr	O		
	Margate Sch of Beauty	O		
	Maya's Sch of Beaute, Inc	O		
	North Florida Cosmetology Inst, Inc	O		
	Trendsetters Florida Sch of Beauty & Barbering	O		
GA	Central Georgia Tech C	O		
	Garmon Beauty C	O		
	Pro Way Hair Sch	O		
	Rivertown Inst of Beauty, Barber, Skin Care, Nails	O		
	Roffler-Moler Hairstyling C	O		
	Southeastern Beauty Sch	O		
HI	Hawaii Inst of Hair Design	O		
IL	Cain's Barber C	O		
	Pivot Point Intl Acad-Bloomingdale	O		
IN	Merrillville Beauty C	O		
	Ravenscroft Beauty C	O		
IA	American C of Hairstyling, Cedar Rapids	O		
	C of Hair Design, Waterloo	O		
KS	Old Town Barber & Beauty C	O		
KY	Madisonville Beauty C	O		
LA	Louisiana Tech C, Baton Rouge Campus	O		
	Louisiana Technical C, Baton Rouge	O		
MD	The Fila Acad Inc	O		
MA	Cape Cod Reg Tech HS	O		
	Massachusetts Sch of Barbering & Men's Hairstyling	O		
	Rob Roy Acad, Fall River Campus	O		
	Rob Roy Acad, Worcester Campus	O		
MI	Barber/Styling C of Lansing	O		
	Flint Inst of Barbering, Inc	O		
MS	Chris' Beauty C	O		
	Traxler's Hair Sch	O		
MO	Missouri Sch of Barbering & Hairstyling	O		
NE	Joseph's C of Beauty, Lincoln	O		
NJ	Capri Inst/Cosmetology Training Ctr, Kenilworth	O		
NM	Albuquerque Barber C	O		
	Olympian U of Cosmetology, Alamogordo	O		
	Olympian U of Cosmetology, Las Cruces	O		
NY	Shear Ego Intl Sch of Hair Design	O		
	Wilson Tech Ctr	O		
NC	Hairstyling Inst of Charlotte	O		
	Winston-Salem Barber Sch	O		
ND	Moler Barber C of Hairstyling	O		
OH	Salon Schs Group	O		
OK	State Barber & Hair Design C	O		
OR	Acad of Hair Design, Salem	O		
	C of Cosmetology, Klamath Falls	O		
	Phagan's Central Oregon Beauty C	O		
	Phagan's Sch of Beauty, Salem	O		
	Portland Beauty Sch	O		
PR	Instituto de Banca y Comercio, Mayaguez	O		
	Instituto de Banca y Comercio, San Juan	O		
	Quality Tech & Beauty C	O		
TN	Knoxville Inst of Hair Design	O		
	Queen City C	O		
	Shear Acad	O		
TX	Mid-Cities Barber C	O		
UT	Evan's Hairstyling C, Cedar City	O		
	Ogden-Weber Applied Tech C	O		
VT	O'Briens Training Ctr	O		
VA	Cosmetology Training Ctr, Fredericksburg	O		
	Virginia Sch of Hair Design	O		

State	School	O	A	T
WA	Bates Tech C	O		
	B.J.'s Beauty & Barber C, Tacoma	O		
	Cascade Beauty C, LLC	O		
	Clare's Beauty C	O		
	Evergreen Beauty & Barber C	O		
	The Hair Sch	O		
	Vancouver Sch of Beauty	O		
	Yakima Beauty Sch Beauty Works	O		
WV	Morgantown Beauty C, Inc	O		
WI	Gill-Tech Acad	O		
	Scientific C of Beauty & Barbering	O		
	State C of Beauty Culture, Inc	O		
	Wisconsin C of Cosmetology	O		

BARBER INSTRUCTOR TRAINING

State	School	O	A	T
AR	Arkadelphia Beauty C	O		
	Arkansas C of Barbering & Hair Design	O		T
CA	Intl Acad/Precision Haircutting, San Francisco	O		
CT	Intl Inst of Cosmetology	O		
FL	Acad of Professional Careers, Winter Park	O		
	Maya's Sch of Beaute, Inc	O		
GA	Rivertown Sch of Beauty, Barber, Skin Care, Nails	O		
	Southeastern Beauty Sch	O		
IL	Pivot Point Intl Acad-Bloomingdale	O		
IN	Merrillville Beauty C	O		
KS	Old Town Barber & Beauty C	O		
MI	Barber/Styling C of Lansing	O		
MS	Traxler's Hair Sch	O		
NM	Albuquerque Barber C	O		
	Olympian U of Cosmetology, Las Cruces	O		
OH	Salon Schs Group	O		
OK	State Barber & Hair Design C	O		
OR	Phagan's Central Oregon Beauty C	O		
	Portland Beauty Sch	O		
TN	Knoxville Inst of Hair Design	O		
	Shear Acad	O		
TX	Mid-Cities Barber C	O		
UT	Ogden-Weber Applied Tech C	O		
VA	Cosmetology Training Ctr, Fredericksburg	O		
WA	Cascade Beauty C, LLC	O		
	Clare's Beauty C	O		
	Evergreen Beauty & Barber C	O		
	The Hair Sch	O		
	Vancouver Sch of Beauty	O		

BARTENDING

State	School	O	A	T
CA	Bartenders Sch of Santa Rosa	O		
IL	Professional Bartenders Sch	O		
ME	Northeast Tech Inst	O		
NV	Reno Tahoe Job Training Acad	O		
NJ	White Horse Bartending Sch	O		
TX	Aims Acad, Carrollton	O		

BEHAVIORAL STUDIES

State	School	O	A	T
FL	Ctr for Management & Executive Leadership	O		

BIBLICAL & THEOLOGICAL STUDIES

State	School	O	A	T
IL	The Hadley Sch for the Blind	O		
TN	Seminary Extension Independent Study Inst	O		

BILINGUAL MEDICAL ASSISTANT

State	School	O	A	T
IL	Spanish Coalition for Jobs, Inc.	O		

BIOFEEDBACK TECHNOLOGY

State	School	O	A	T
WA	North American Inst of Neuro-Therapy	O		

BIOLOGICAL TECHNOLOGY

State	School	O	A	T
MN	Dakota Co Tech C	O	A	
OK	Southern Oklahoma Tech Ctr	O		

BIOMEDICAL ELECTRONICS

State	School	O	A	T
WI	Western Tech C, La Crosse		A	T

BIOMEDICAL EQUIPMENT TECHNOLOGY

State	School	O	A	T
PA	Erie Inst of Tech		A	
SC	Greenville Tech C	O		
SD	Southeast Tech Inst		A	
UT	Ogden-Weber Applied Tech C	O		

BLOOD BANK TECHNOLOGY

State	School	O	A	T
MD	National Inst of Health, Blood Bank Specialty Programs	O		

BLUEPRINT READING

State	School	O	A	T
CA	North Orange Co ROP	O		
NJ	Hohokus Sch of Trades & Tech Studies	O		

State	School	O	A	T
NY	Wilson Tech Ctr	O		
TN	Tennessee Tech Ctr at Livingston	O		
WV	Marion Co Voc Tech Ctr	O		

BOAT BUILDING AND BOAT REPAIR

State	School	O	A	T
FL	Manatee Tech Inst	O		

BOOKBINDING

State	School	O	A	T
MA	North Bennet Street Sch	O		

BOOKKEEPING

State	School	O	A	T
CA	Central Coast C	O		
	Compton Adult Sch	O		
	Computer Tutor Bus & Tech Inst	O		
	Martinez Adult Ed	O		
	North Orange Co ROP	O		
FL	Sarasota Co Tech Inst	O		
IL	Computer Sys Inst	O		
NY	Elmira Bus Inst	O		
	New York Inst of English and Bus	O		
PA	Lansdale Sch of Bus	O		
	Pace Inst	O		
	South Hills Sch of Bus & Tech, State College	O		
SC	Greenville Tech C	O		
TN	Tennessee Tech Ctr at Athens	O		
	Tennessee Tech Ctr at Covington	O		
	Tennessee Tech Ctr at Hartsville	O		
	Tennessee Tech Ctr at Livingston	O		
	Tennessee Tech Ctr at McMinnville	O		
	Tennessee Tech Ctr at Newbern	O		
	Tennessee Tech Ctr, Oneida/Huntsville	O		
	Tennessee Tech Ctr at Shelbyville	O		
TX	American Commercial C, Odessa	O		
	American Commercial C, Wichita Falls	O		
WA	Bates Tech C	O	A	
	Bellingham Tech C	O		
	Clover Park Tech C	O		
	Everest C, Vancouver	O		
	Renton Tech C	O		
WV	Marion Co Voc Tech Ctr	O		
	Valley C, Beckley Campus	O		
	Valley C, Princeton	O		

BOOKKEEPING, DATA ENTRY & COMPUTERIZED

State	School	O	A	T
CA	California Learning Ctr	O		
	Central Coast C	O		
	Compton Adult Sch	O		
	Computer Tutor Bus & Tech Inst	O		
	LaPuente Valley ROP	O		
	MTI Bus C	O		
	North Orange Co ROP	O		
	Premiere Career C	O		
FL	Bradford-Union Area Career Tech Ctr	O		
GA	Gwinnett C	O		
IL	Computer Sys Inst	O		
	Solex Acad	O		
LA	Louisiana Tech C, Northeast Louisiana Campus		A	
MO	Bryan C, Springfield	O		
	Rolla Tech Ctr/Inst	O		
NY	Ridley-Lowell Bus & Tech Inst, Poughkeepsie	O		
OH	ATS Inst of Tech	O		
OK	Indian Capital Tech Ctr - Tahlequah-Bill Willis Campus	O		
OR	Abdill Career C, Inc	O		
PA	Pace Inst	O		
TN	Tennessee Tech Ctr at Hohenwald	O		
	Tennessee Tech Ctr at McMinnville	O		
	Tennessee Tech Ctr at Shelbyville	O		
TX	American Commercial C, Wichita Falls	O		
WA	Bates Tech C	O	A	
	Renton Tech C	O		
WV	Marion Co Voc Tech Ctr	O		
	Valley C, Beckley Campus	O		
	Valley C, Princeton	O		

BRAILLE READING & WRITING

State	School	O	A	T
CA	Compton Adult Sch	O		
IL	The Hadley Sch for the Blind	O		

BRICKLAYING

State	School	O	A	T
AL	Bishop State Comm C, Southwest Campus	O		
AR	Cass Civilian Conservation Job Corps Ctr	O		
CA	North Orange Co ROP	O		
FL	Bradford-Union Area Career Tech Ctr	O		
KS	North Central Kansas Tech C	O		

State	School	O	A	T
MD	Intl Masonry Inst	O		
MA	Cape Cod Reg Tech HS	O		
MS	Mississippi Job Corps Ctr	O		
MO	Rolla Tech Ctr/Inst	O		
OK	Indian Capital Tech Ctr - Tahlequah-Bill Willis Campus	O		
	Meridian Tech Ctr	O		
PA	Williamson Free Sch of Mechanical Trades	O	A	
TN	Tennessee Tech Ctr at Morristown	O		
UT	Ogden-Weber Applied Tech C	O		
WV	Marion Co Voc Tech Ctr	O		

BROADCAST CAPTIONING/CART

State	School	O	A	T
GA	Brown C of Court Reporting & Med Transcription		A	

BROADCAST COMMUNICATIONS

State	School	O	A	T
CA	Tri-Cities ROP	O		
KS	Johnson Co Comm C, Overland Park		A	
MA	Connecticut Sch of Broadcasting	O		
OH	Cleveland Inst of Electronics	O		
	Intl C of Broadcasting	O		
WA	Bates Tech C	O	A	

BROADCAST ELECTRONICS

State	School	O	A	T
MA	Connecticut Sch of Broadcasting	O		
OH	Cleveland Inst of Electronics	O		

BROADCASTING TRAINING

State	School	O	A	T
IL	Lake Land C	O		
MA	Connecticut Sch of Broadcasting	O		
OH	Intl C of Broadcasting	O		
	Ohio Ctr for Broadcasting, Valley View	O		
WA	Bates Tech C	O	A	

BROADCAST TECHNICIAN TRAINING

State	School	O	A	T
CA	LaPuente Valley ROP	O		
MA	Connecticut Sch of Broadcasting	O		
OH	Cleveland Inst of Electronics	O		
	Intl C of Broadcasting	O		
WA	Bates Tech C	O	A	

BUILDING DESIGN TECHNOLOGY

State	School	O	A	T
CA	North Orange Co ROP	O		
	West Valley Occ Ctr	O		
CO	IntelliTec C, Colorado Springs		A	
IL	Lake Land C		A	
PA	Triangle Tech, Pittsburgh		A	

BUILDING EQUIPMENT MAINTENANCE TECHNOLOGY

State	School	O	A	T
AZ	North American Tech C	O		
MO	Rolla Tech Ctr/Inst	O		
WA	Bates Tech C	O	A	

BUILDING ESTIMATING

State	School	O	A	T
CA	Martinez Adult Ed	O		
	North Orange Co ROP	O		
PA	Triangle Tech, Pittsburgh		A	

BUILDING & MAINTENANCE TECHNOLOGY (CUSTODIAL SERVICES)

State	School	O	A	T
AR	Cass Civilian Conservation Job Corps Ctr	O		
CA	Sacramento Co ROP	O		
	Sacramento Job Corps Ctr	O		
	Sunnyvale-Cupertino Adult Ed Program	O		
FL	Erwin Tech Ctr	O		
	Westside Tech	O		
GA	Central Georgia Tech C	O		
KS	Kansas City Kansas Area Tech Sch	O		
OH	Mahoning Co Career & Tech Ctr	O		
OK	Great Plains Tech Ctr, Lawton	O		
	Kiamichi Tech Ctr, McAlester	O		
	Moore-Norman Tech Ctr	O		
PA	Commonwealth Tech Inst at H G Andrews Ctr	O		
RI	MotoRing Tech Training Inst	O		
WA	Bates Tech C	O	A	
WV	Marion Co Voc Tech Ctr	O		

BUILDING TRADES & SERVICES

State	School	O	A	T
CA	North Orange Co ROP	O		
	West Valley Occ Ctr	O		
CO	Pickens Tech C	O		T
FL	Washington-Holmes Tech Ctr	O		
KS	Kansas City Kansas Area Tech Sch	O		
	Manhattan Area Tech C	O	A	
KY	KY Tech-Harrison Area Tech Ctr	O		

		O	A	T
MD	Intl Masonry Inst	O		
	North American Trade Sch	O		
NJ	Atlantic Co Inst of Tech	O		
	Hohokus Sch of Trades & Tech Studies	O		
	Hudson Electrical Inst, Inc	O		
OH	Mahoning Co Career & Tech Ctr	O		
OK	Indian Capital Tech Ctr - Tahlequah-Bill Willis Campus	O		
PA	Triangle Tech, Pittsburgh		A	
TX	David L Carrasco Job Corps Ctr	O		
WV	Marion Co Voc Tech Ctr	O		
	Putnam Career & Tech Ctr	O		

BURGLAR & FIRE ALARM TECHNOLOGY

		O	A	T
CA	Friedman C - California Inst of Locksmithing	O		
	West Valley Occ Ctr	O		
WA	Clover Park Tech C	O		

BUS DRIVING

		O	A	T
CA	Charles A Jones Skills & Bus Ed Ctr	O		

BUSINESS ADMINISTRATION & MANAGEMENT

		O	A	T
CA	49er ROP	O		
	Colton-Redlands-Yucaipa Reg Occ Program	O		
	Santa Barbara Bus C	O	A	
CO	Denver Career C		A	
	Everest C, Aurora		A	
FL	Angley C, Deland		A	T
	C of Bus & Tech, Miami		A	
	First Coast Tech Inst	O		
	Southwest Florida C, Tampa		A	
IL	Computer Sys Inst	O		
	Illinois Careerpath Inst	O		
	Solex Acad	O		
IN	Indiana Bus C, Anderson		A	
	Indiana Bus C, Columbus		A	
	Indiana Bus C, Downtown Indianapolis		A	
	Indiana Bus C, Elkhart		A	
	Indiana Bus C, Evansville		A	
	Indiana Bus C, Fort Wayne		A	
	Indiana Bus C, Lafayette		A	
	Indiana Bus C, Marion		A	
	Indiana Bus C, Muncie		A	
	Indiana Bus C, Northwest		A	
	Indiana Bus C, Terre Haute		A	
	Indian Bus C, Northwest		A	
KS	Bryan C, Topeka	O		
	Johnson Co Comm C, Overland Park			T
	North Central Kansas Tech C	O	A	
KY	Ohio Co Area Tech Ctr	O		
	Southwestern C, Florence		A	
	Spencerian C, Louisville	O		
LA	Remington C - Lafayette Campus		A	
MA	Quincy C	O	A	T
MN	Alexandria Tech C, Alexandria		A	T
MO	American C of Tech		A	T
	Metro Bus C, Jefferson City		A	
NJ	Tech Inst of Camden Co	O		
NY	Bryant & Stratton C, Syracuse		A	
	The C of Westchester		A	
	Elmira Bus Inst	O		
	Elmira Bus Inst, Vestal		A	
	Long Island Bus Inst, Flushing		A	
	Olean Bus Inst		A	
	Utica Sch of Commerce, Utica	O	A	T
OH	Gallipolis Career C		A	
	Marion Tech C	O	A	T
	Ohio Bus C, Sandusky		A	
	Rhodes State C	O	A	
	Trumbull Bus C		A	
OK	Comm Care C		A	
PA	Cambria-Rowe Bus C, Indiana		A	
	Cambria-Rowe Bus C, Johnstown		A	
	Lansdale Sch of Bus	O	A	
	Newport Bus Inst, Lower Burrell		A	
	Pace Inst		A	
	Penn Commercial, Inc		A	
	Pittsburgh Tech Inst		A	
	South Hills Sch of Bus & Tech, State College		A	
PR	MBTI Bus Training Inst	O		
SC	York Tech C		A	
SD	Southeast Tech Inst		A	
	Western Dakota Tech Inst		A	
TX	Computer Career Ctr, El Paso		A	
VA	Tidewater Tech, Chesapeake		A	
WA	Bellingham Tech C	O		
	Everest C, Vancouver	O		
WV	Valley C, Beckley Campus	O	A	
	Valley C, Princeton	O		
	West Virginia Bus C, Inc.		A	
WI	Blackhawk Tech C		A	
	Lakeshore Tech C		A	
	Western Tech C, La Crosse		A	

BUSINESS ADMINISTRATION/SALES & MARKETING

		O	A	T
FL	Southwest Florida C, Tampa		A	
	Washington-Holmes Tech Ctr	O		
IN	Indiana Bus C, Anderson		A	
	Indiana Bus C, Columbus		A	
	Indiana Bus C, Elkhart		A	
	Indiana Bus C, Evansville		A	
	Indiana Bus C, Fort Wayne		A	
	Indiana Bus C, Lafayette		A	
	Indiana Bus C, Marion		A	
	Indiana Bus C, Muncie		A	
	Indiana Bus C, Northwest		A	
	Indiana Bus C, Terre Haute		A	
	Indian Bus C, Northwest		A	
MO	Rolla Tech Ctr/Inst	O		
PA	Erie Bus Ctr, South		A	
SD	Southeast Tech Inst		A	
	Western Dakota Tech Inst		A	
UT	Image Works Acad of Hair Design	O		
WA	Bellingham Tech C	O	A	
WV	Valley C, Beckley Campus		A	
	Valley C, Princeton	O		

BUSINESS AUTOMATION

		O	A	T
CA	LaPuente Valley ROP	O		
PA	Pace Inst	O		

BUSINESS & COMMERCE

		O	A	T
CA	MTI C, Sacramento	O	A	
NY	The C of Westchester	O		
PA	The PJA Sch	O	A	T

BUSINESS COMMUNICATIONS

		O	A	T
KS	Johnson Co Comm C, Overland Park			T
KY	KY Tech-Harrison Area Tech Ctr	O		
NY	New York Inst of English and Bus	O		
OH	Mahoning Co Career & Tech Ctr	O		
PA	Pace Inst	O		

BUSINESS COMPUTER OPERATIONS

		O	A	T
CA	Central Coast C	O		
	East San Gabriel Valley ROP & Tech Ctr	O	A	T
	Imperial Valley ROP	O		
	LaPuente Valley ROP	O		
	North Orange Co ROP	O		
	Opportunities Industrialization Ctr West	O		
	Sacramento Co ROP	O		
	Sacramento Job Corps Ctr	O		
	Tri-Cities ROP	O		
	West Valley Occ Ctr	O		
CO	Pickens Tech C	O		T
FL	Angley C, Deland	O		T
IL	Brown Mackie C, Moline	O		
KY	Ohio Co Area Tech Ctr	O		
ME	Northeast Tech Inst	O		
MO	American C of Tech	O		
	Bryan C, Springfield	O		
OH	Mahoning Co Career & Tech Ctr	O		
OK	Great Plains Tech Ctr, Frederick	O		
	Indian Capital Tech Ctr - Tahlequah-Bill Willis Campus	O		
	Mid-America Tech Ctr	O		
	Southern Oklahoma Tech Ctr	O		T
TN	Tennessee Tech Ctr at McMinnville	O		
TX	American Commercial C, Wichita Falls	O		
	Career Quest	O		
UT	Ogden-Weber Applied Tech C	O		
VA	Kee Bus C, Newport News	O		
WV	Marion Co Voc Tech Ctr	O		
	West Virginia Bus C, Inc.		A	

BUSINESS COMPUTER SYSTEMS & ADMINISTRATION

		O	A	T
CA	Charles A Jones Skills & Bus Ed Ctr	O		
	North Orange Co ROP	O		
	Opportunities Industrialization Ctr West	O		
	West Valley Occ Ctr	O		
IL	Computer Sys Inst	O		
KS	Johnson Co Comm C, Overland Park			T
	Salina ATS	O		
ME	Northeast Tech Inst	O		
MO	American C of Tech		A	T

BUSINESS COMPUTING

		O	A	T
	Bryan C, Springfield	O		
	Rolla Tech Ctr/Inst	O		
OK	Southern Oklahoma Tech Ctr	O		T
PA	Pace Inst	O		
TN	Tennessee Tech Ctr at Paris	O		
TX	Lamar Inst of Tech		A	
WA	Renton Tech C	O		

(BUSINESS COMPUTING heading)

		O	A	T
CA	Computer Tutor Bus & Tech Inst	O		
	LaPuente Valley ROP	O		
	North Orange Co ROP	O		
	Opportunities Industrialization Ctr West	O		
	Tri-Cities ROP	O		
	West Valley Occ Ctr	O		
FL	Angley C, Deland	O		T
	ATI Career Training Ctr, Fort Lauderdale	O	A	
IL	Computer Sys Inst	O		
KS	Johnson Co Comm C, Overland Park	O	A	
KY	KY Tech-Harrison Area Tech Ctr	O		
MO	Bryan C, Springfield	O		
OK	Great Plains Tech Ctr, Lawton	O		
TN	Tennessee Tech Ctr at McMinnville	O		
TX	Career Quest	O		
WA	Renton Tech C	O		

BUSINESS DATA SPECIALIST TRAINING

		O	A	T
CA	Opportunities Industrialization Ctr West	O		
	Sunnyvale-Cupertino Adult Ed Program	O		
MO	Bryan C, Springfield	O		
PA	Pace Inst	O		

BUSINESS FINANCE

		O	A	T
IN	Indiana Bus C, Anderson		A	
	Indiana Bus C, Columbus		A	
	Indiana Bus C, Downtown Indianapolis		A	
	Indiana Bus C, Elkhart		A	
	Indiana Bus C, Evansville		A	
	Indiana Bus C, Fort Wayne		A	
	Indiana Bus C, Lafayette		A	
	Indiana Bus C, Marion		A	
	Indiana Bus C, Muncie		A	
	Indiana Bus C, Northwest		A	
	Indiana Bus C, Terre Haute		A	
	Indian Bus C, Northwest		A	

BUSINESS, GENERAL

		O	A	T
CA	Charles A Jones Skills & Bus Ed Ctr	O		
	East San Gabriel Valley ROP & Tech Ctr	O	A	T
	LaPuente Valley ROP	O		
	Opportunities Industrialization Ctr West	O		
	West Valley Occ Ctr	O		
FL	Maya's Sch of Beaute, Inc	O		
IL	The Hadley Sch for the Blind	O		
KS	Johnson Co Comm C, Overland Park			T
KY	Ohio Co Area Tech Ctr	O		
MA	New England Sch of Floral Design	O		
MN	The Salon Professional Acad-New Hope (4411 Winnetka Ave N)	O		
MO	Bryan C, Springfield	O		
NY	New York Inst of English and Bus	O		
	Olean Bus Inst	O		
	Ridley-Lowell Bus & Tech Inst, Poughkeepsie	O		
OH	Mahoning Co Career & Tech Ctr	O		
OK	Canadian Valley Tech Ctr, Chickasha	O		
	Great Plains Tech Ctr, Frederick	O		
PA	Pace Inst	O		
	South Hills Sch of Bus & Tech, State College	O		
SD	Southeast Tech Inst		A	
TX	American Commercial C, Wichita Falls	O		
	SW Sch of Bus & Tech Careers, Eagle Pass	O		
WV	Valley C, Beckley Campus	O	A	
	Valley C, Princeton	O		
WI	Western Tech C, La Crosse		A	T

BUSINESS INFORMATION SYSTEMS

		O	A	T
AL	Wallace Comm C, Wallace Campus	O	A	
CA	North Orange Co ROP	O		
KS	Johnson Co Comm C, Overland Park		A	
MO	American C of Tech		A	T
	Bryan C, Springfield	O		
OK	Chisholm Trail Tech Ctr	O		
	Great Plains Tech Ctr, Frederick	O		
	Mid-America Tech Ctr	O		
	Southern Oklahoma Tech Ctr	O		
PA	Newport Bus Inst, Lower Burrell		A	
	Pace Inst	O		
TN	Tennessee Tech Ctr at Crossville	O		

Tennessee Tech Ctr at Dickson — O
Tennessee Tech Ctr at Morristown — O
TX Lamar Inst of Tech — A

BUSINESS LAW

FL Angley C, Deland — O　T
KY KY Tech-Harrison Area Tech Ctr — O
　 Ohio Co Area Tech Ctr — O
PA Pace Inst — O
WV Marion Co Voc Tech Ctr — O

BUSINESS MACHINES MAINTENANCE

MO Rolla Tech Ctr/Inst — O
OK Mid-America Tech Ctr — O
WA Clover Park Tech C — A

BUSINESS MACHINES TECHNOLOGY

IL Computer Sys Inst — O
　 Illinois Careerpath Inst — O

BUSINESS OPERATIONS

KY Ohio Co Area Tech Ctr — O
RI Gibbs C, Cranston — A

BUSINESS STUDIES (INCLUDES APPLIED BUSINESS STUDIES)

FL Manatee Tech Inst — O
GA Southwest Georgia Tech C — O A
MO American C of Tech — A　T
TN Tennessee Tech Ctr at Shelbyville — O

BUSINESS TECHNOLOGY

AR UAM College of Tech, McGehee — O
CA Charles A Jones Skills & Bus Ed Ctr — O
　 LaPuente Valley ROP — O
　 North Orange Co ROP — O
　 Sacramento Job Corps Ctr — O
　 West Valley Occ Ctr — O
GA Altamaha Tech C, Jesup — O A
　 Central Georgia Tech C — O
　 Columbus Tech C — O
　 East Central Tech C — O A
　 Okefenokee Tech C — O A
　 Southwest Georgia Tech C — A
ID Eastern Idaho Tech C — O
MA Cape Cod Reg Tech HS — O
MO American C of Tech — A　T
　 Bryan C, Springfield — O
　 Nichols Career Ctr — O
　 Rolla Tech Ctr/Inst — O
NJ The Stuart Sch of Bus — O
　 Tech Inst of Camden Co — O
OH Brown Mackie C, Cincinnati — O A
　 Mahoning Co Career & Tech Ctr — O
OK Great Plains Tech Ctr, Frederick — O
　 Kiamichi Tech Ctr, Atoka — O
　 Kiamichi Tech Ctr, McAlester — O
　 Mid-Del Tech Ctr — O
TN Tennessee Tech Ctr at Harriman — O
　 Tennessee Tech Ctr at McMinnville — O
TX Bradford Sch of Bus — O
　 MTI C of Bus & Tech, Houston — A
UT Ogden-Weber Applied Tech C — O

CABINETMAKING

AL Bishop State Comm C, Southwest Campus — O
　 Wallace Comm C, Wallace Campus — O
CA Colton-Redlands-Yucaipa Reg Occ Program — O
　 North Orange Co ROP — O
CO Pickens Tech C — O　T
FL Washington-Holmes Tech Ctr — O
GA Central Georgia Tech C — O A
　 Columbus Tech C — O
IL Greater West Town Training Partnership — O
KS KAW Area Tech Sch — O
NJ Tech Inst of Camden Co — O
NY Wilson Tech Ctr — O
OK Chisholm Trail Tech Ctr — O
PA Greater Altoona Career & Tech Ctr — O
　 Triangle Tech, Pittsburgh — A
SD Western Dakota Tech Inst — O
UT Ogden-Weber Applied Tech C — O
WA Bates Tech C — O A

CABLE TELEVISION TECHNOLOGY

CA Opportunities Industrialization Ctr West — O

CAD/CADD DRAFTING/DESIGN TECHNOLOGY/TECHNICIAN

CA Brownson Tech Sch — O
　 Martinez Adult Ed — O
　 North Orange Co ROP — O
FL Washington-Holmes Tech Ctr — O
KS KAW Area Tech Sch — O
PA ITT Tech Inst, Pittsburgh — A
UT Ogden-Weber Applied Tech C — O

CALL CENTER TRAINING

CA Sacramento Co ROP — O

CANINE SCIENCE

NH New Hampshire Ctr for Canine Studies — O

CARDIOVASCULAR PERFUSIONIST TRAINING (EXTRACORPOREAL TECHNOLOGY)

CA Pacific C — O
FL Central Florida Inst, Palm Harbor (30522 US Hwy 19 N) — O A
　 Central Florida Inst, Palm Harbor (30522 US Hwy 19 N Ste 300) — O A
GA Central Georgia Tech C — O A
KY Spencerian C, Louisville — A
MI Carnegie Inst — O
MN St Cloud Tech C — A
NY Career Inst of Health & Tech, Garden City — O
OH Christ Hosp, Sch of Perfusion Sci — O
SD Southeast Tech Inst — A

CARPENTRY

AL Bishop State Comm C, Southwest Campus — O
CA North Orange Co ROP — O
　 Opportunities Industrialization Ctr West — O
　 Sacramento Co ROP — O
　 Sacramento Job Corps Ctr — O
CO Pickens Tech C — O　T
FL Bradford-Union Area Career Tech Ctr — O
　 Erwin Tech Ctr — O
　 First Coast Tech Inst — O
　 Washington-Holmes Tech Ctr — O
GA Altamaha Tech C, Jesup — O
　 Central Georgia Tech C — O A
　 Columbus Tech C — O
KY Ohio Co Area Tech Ctr — O
MN Alexandria Tech C, Alexandria — O
MS Mississippi Job Corps Ctr — O
NJ Cumberland Co Tech Ed Ctr — O
　 Hohokus Sch of Trades & Tech Studies — O
　 Tech Inst of Camden Co — O
NY Wilson Tech Ctr — O
OH Mahoning Co Career & Tech Ctr — O
OK Chisholm Trail Tech Ctr — O
　 Indian Capital Tech Ctr Tahlequah-Bill Willis Campus — O
　 Kiamichi Tech Ctr, Atoka — O
　 Kiamichi Tech Ctr, McAlester — O
　 Mid-Del Tech Ctr — O
　 Southern Oklahoma Tech Ctr — O　T
PA Greater Altoona Career & Tech Ctr — O
　 Triangle Tech, Pittsburgh — A
　 Williamson Free Sch of Mechanical Trades — O A
SC Greenville Tech C — O
SD Western Dakota Tech Inst — O
UT Ogden-Weber Applied Tech C — O
WA Bates Tech C — O A

CARPENTRY, CONSTRUCTION

AZ North American Tech C — O
AR Cass Civilian Conservation Job Corps Ctr — O
CA 49er ROP — O
　 LaPuente Valley ROP — O
　 North Orange Co ROP — O
　 Opportunities Industrialization Ctr West — O
FL George Stone Vo-Tech Ctr — O
　 Lee Co High Tech Central — O
　 Manatee Tech Inst — O
　 Okaloosa Applied Tech Ctr — O
　 Sarasota Co Tech Inst — O
　 Washington-Holmes Tech Ctr — O
　 Withlacoochee Tech Inst — O
GA Chattahoochee Tech C — O
KS KAW Area Tech Sch — O
　 Manhattan Area Tech C — O A
　 North Central Kansas Tech C — O

Northwest Kansas Tech C — O A
KY KY Tech-Harrison Area Tech Ctr — O
　 Ohio Co Area Tech Ctr — O
MA Cape Cod Reg Tech HS — O
　 North Bennet Street Sch — O
MN Hennepin Tech C, Brooklyn Park Campus — O
　 Ridgewater C, Willmar & Hutchinson — O A
　 South Central C, Faribault — O A
　 St Cloud Tech C — O A
NJ Atlantic Co Inst of Tech — O
OH Mahoning Co Career & Tech Ctr — O
OK Francis Tuttle Tech Ctr — O
　 Great Plains Tech Ctr, Lawton — O
　 Meridian Tech Ctr — O
　 Mid-America Tech Ctr — O
　 Moore-Norman Tech Ctr — O
　 Southern Oklahoma Tech Ctr — O　T
　 Tri County Tech Ctr — O
　 Tulsa Tech Ctr — O
PA Greater Altoona Career & Tech Ctr — O
　 Northern Tier Career Ctr — O
　 Triangle Tech, Pittsburgh — A
SD Lake Area Tech Inst — A
TN Tennessee Tech Ctr at Livingston — O
TX David L Carrasco Job Corps Ctr — O
WA Bates Tech C — O A
　 Renton Tech C — O
WV Marion Co Voc Tech Ctr — O
　 Putnam Career & Tech Ctr — O

CARPENTRY, PRESERVATION

MA North Bennet Street Sch — O

CARTOONING/ANIMATION

CA 49er ROP — O
　 LaPuente Valley ROP — O
　 West Valley Occ Ctr — O
GA Southwest Georgia Tech C — O
NJ Ducret Sch of Arts — O

CASHIER/CHECKER TRAINING

CA Colton-Redlands-Yucaipa Reg Occ Program — O
　 LaPuente Valley ROP — O
　 Sacramento Job Corps Ctr — O
　 Tri-Cities ROP — O
　 West Valley Occ Ctr — O
WA Clover Park Tech C — O

CASINO OPERATIONS (TRAINING & MANAGEMENT)

AZ Mundus Inst — O
NV Reno Tahoe Job Training Acad — O
PR Colegio de Cinematografia, Artes y Television, Bauamon — O

CAT GROOMING

NH New Hampshire Ctr for Canine Studies — O

CENTRAL SUPPLY TECHNOLOGY

CA Premiere Career C — O

CERAMICS

NJ Ducret Sch of Arts — O

CERAMIC TILE INSTALLATION

MD Intl Masonry Inst — O
OK Meridian Tech Ctr — O

CHAIR MASSAGE

CA Charles A Jones Skills & Bus Ed Ctr — O
MN Sister Rosalind Gefre Sch & Clinics of Massage, West Saint Paul — O
PA Computer Learning Network – Resident Sch — O

CHEMICAL DEPENDENCY SPECIALIST TRAINING

MN Ridgewater C, Willmar & Hutchinson — A　T
OH Carnegie Inst of Integrative Med & Massotherapy — A

CHILD CARE

CA 49er ROP — O
　 American C of California — O
　 Colton-Redlands-Yucaipa Reg Occ Program — O
　 LaPuente Valley ROP — O

State	Institution	O	A	T
	North Orange Co ROP	O		
	Rowland Adult & Comm Ed	O		T
	Sacramento Co ROP	O		
	Tri-Cities ROP	O		
	West Valley Occ Ctr	O		
CO	Pickens Tech C	O		T
FL	Coral Ridge Training Sch	O		
	First Coast Tech Inst	O		
	Lee Co High Tech Central	O		
	Manatee Tech Inst	O		
	Orlando Tech	O		
	Sarasota Co Tech Inst	O		
	Suwannee-Hamilton Tech Ctr	O		
	Withlacoochee Tech Inst	O		
GA	Chattahoochee Tech C	O	A	
	Okefenokee Tech C	O	A	
	Swainsboro Tech C	O	A	
IL	Lake Land C		A	
KS	Kansas City Kansas Area Tech Sch	O		
	KAW Area Tech Sch	O		
LA	Louisiana Tech C, Baton Rouge Campus	O	A	
	Louisiana Technical C, Baton Rouge	O	A	
MN	Alexandria Tech C, Alexandria	O	A	
	Dakota Co Tech C	O	A	T
	Hennepin Tech C, Brooklyn Park Campus	O	A	
	St Cloud Tech C	O	A	
OH	Mahoning Co Career & Tech Ctr	O		
OK	Canadian Valley Tech Ctr, Chickasha	O		
	Francis Tuttle Tech Ctr	O		
	Kiamichi Tech Ctr, Atoka	O		
	Kiamichi Tech Ctr, McAlester	O		
	Mid-Del Tech Ctr	O		
	Moore-Norman Tech Ctr	O		
	Tri County Tech Ctr	O		
	Tulsa Tech Ctr	O		
OR	Northwest Nannies Inst	O		
PA	Forbes Rd Career & Tech Ctr	O		
	Keystone Tech Inst		A	
	Laurel Bus Inst		A	
PR	Liceo de Arte y Disenos	O		
	Ponce Paramedical C, Coto Laurel	O		
	Ponce Paramedical C, Ponce	O		
SC	Greenville Tech C	O		
	York Tech C	O		
TN	Tennessee Tech Ctr at Paris	O		
TX	Anamarc Ed Inst, El Paso	O		
	Lamar Inst of Tech	O	A	
WA	Bates Tech C	O	A	
	Clover Park Tech C		A	
	Renton Tech C	O	A	T
WV	Monongalia Co Tech Ed Ctr	O		
WI	Lakeshore Tech C	O	A	

CHILD DEVELOPMENT

State	Institution	O	A	T
AL	Wallace Comm C, Wallace Campus	O	A	
AR	Crowley's Ridge Tech Inst	O		
	UAM College of Tech, McGehee	O		
CA	American C of California	O		
	Hacienda La Puente Adult Ed, La Puente	O		
	North Orange Co ROP	O		
	Rowland Adult & Comm Ed	O		T
	Tri-Cities ROP	O		
FL	First Coast Tech Inst	O		
GA	Altamaha Tech C, Jesup	O	A	
	Central Georgia Tech C	O	A	
	Southwest Georgia Tech C	O		
	Swainsboro Tech C	O	A	
KS	Johnson Co Comm C, Overland Park		A	
MA	Cape Cod Reg Tech HS	O		
MN	South Central C, Faribault	O	A	
OR	Northwest Nannies Inst	O		
SC	York Tech C	O		
TX	Lamar Inst of Tech	O		
WA	Bates Tech C	O		
	Bellingham Tech C	O		

CHINESE HERBOLOGY

State	Institution	O
MA	Blazing Star Herbal Sch	O

CHINESE MASSAGE THERAPY

State	Institution	O
OH	American Inst of Alternative Med	O

CHINESE MEDICINE, TRADITIONAL

State	Institution	O
PA	Central Pennsylvania Sch of Massage, Inc	O

CHIROPRACTIC ASSISTING

State	Institution	O	A
AZ	Arizona Sch of Integrative Studies, Clarkdale	O	
CA	The Inst of Professional Practical Therapy	O	
	IPPT Sch of Massage	O	
	Sacramento Co ROP	O	
PA	Career Training Acad, Pittsburgh		A
	Central Pennsylvania Sch of Massage, Inc	O	

CHRISTIAN EDUCATION STUDIES

State	Institution	O
TN	Seminary Extension Independent Study Inst	O

CISCO NETWORKING

State	Institution	O	A
AR	Northwest Tech Inst, Springdale	O	A
CA	49er ROP	O	
	C of Information Tech	O	
	Colton-Redlands-Yucaipa Reg Occ Program	O	
	Rowland Adult & Comm Ed	O	
	Sacramento Job Corps Ctr	O	
	Tri-Cities ROP	O	
GA	Columbus Tech C	O	
	Okefenokee Tech C	O	A
	Southwest Georgia Tech C	O	
IL	Lake Land C	O	
IN	Indiana Bus C, Downtown Indianapolis		A
NY	Wilson Tech Ctr	O	
PA	Computer Learning Network – Resident Sch	O	

CIVIL SERVICE EXAM PREPARATION

State	Institution	O
NY	Wilson Tech Ctr	O

CIVIL TECHNOLOGY

State	Institution	O	A
GA	Altamaha Tech C, Jesup	O	
MN	Dunwoody C of Tech		A
SD	Southeast Tech Inst		A
WA	Bates Tech C	O	A

CLERK-TYPIST TRAINING

State	Institution	O	A
CA	Central Coast C	O	
	Charles A Jones Skills & Bus Ed Ctr	O	
	Colton-Redlands-Yucaipa Reg Occ Program	O	
	LaPuente Valley ROP	O	
	North Orange Co ROP	O	
	Opportunities Industrialization Ctr West	O	
	Sacramento Job Corps Ctr	O	
	Sunnyvale-Cupertino Adult Ed Program	O	
	West Valley Occ Ctr	O	
FL	First Coast Tech Inst	O	
	Sarasota Co Tech Inst	O	
	Winter Park Tech	O	
KS	Kansas City Kansas Area Tech Sch	O	
	Manhattan Area Tech C	O	A
KY	Ohio Co Area Tech Ctr	O	
MN	St Cloud Tech C	O	
MO	Bryan C, Springfield	O	
	Rolla Tech Ctr/Inst	O	
NY	Wilson Tech Ctr	O	
OH	Trumbull Bus C	O	
OK	Indian Capital Tech Ctr - Tahlequah-Bill Willis Campus	O	
	Mid-America Tech Ctr	O	
PA	Commonwealth Tech Inst at H G Andrews Ctr	O	
	Consolidated Sch of Bus, Lancaster	O	
	Consolidated Sch of Bus, York	O	
	Newport Bus Inst, Lower Burrell	O	
	Pace Inst	O	
SC	Greenville Tech C	O	
TN	Tennessee Tech Ctr at Athens	O	
	Tennessee Tech Ctr at Livingston	O	
	Tennessee Tech Ctr, Oneida/Huntsville	O	
	Tennessee Tech Ctr at Shelbyville	O	
TX	American Commercial C, Odessa	O	
	American Commercial C, Wichita Falls	O	
	David L Carrasco Job Corps Ctr	O	
WV	Marion Co Voc Tech Ctr	O	
	Valley C, Beckley Campus	O	
	Valley C, Princeton	O	

CLINICAL ASSISTING

State	Institution	O
CA	American U of Health Sci	O
	North Orange Co ROP	O
	Palo Alto Adult Sch	O
	Tri-Cities ROP	O
GA	Southwest Georgia Tech C	O
KS	Bryan C, Topeka	O
KY	KY Tech-Harrison Area Tech Ctr	O
	Spencerian C, Louisville	O

CLINICAL SPECIALIST, MEDICAL

State	Institution	O
CA	Charles A Jones Skills & Bus Ed Ctr	O
	LaPuente Valley ROP	O
	Sunnyvale-Cupertino Adult Ed Program	O

CLOTHING CONSTRUCTION/PRODUCTION

State	Institution	O
CA	Sacramento Co ROP	O
FL	Orlando Tech	O
WA	Bates Tech C	O

COLLISION & PROPERTY DAMAGE APPRAISAL

State	Institution	O
CA	West Valley Occ Ctr	O

COLON HYDROTHERAPY TECHNICIAN

State	Institution	O
OH	Intl Acad of Naturopathy	O

COLOR THEORY & ANALYSIS

State	Institution	O
NJ	Ducret Sch of Arts	O
TX	Behold! Beauty Acad	O

COMMERCIAL FOODS MANAGEMENT

State	Institution	O
CA	LaPuente Valley ROP	O
FL	First Coast Tech Inst	O
	Lee Co High Tech Central	O
	Sarasota Co Tech Inst	O
	Washington-Holmes Tech Ctr	O
WV	Putnam Career & Tech Ctr	O

COMMUNICATIONS

State	Institution	O	A	T
FL	Ctr for Management & Executive Leadership	O		
KS	Johnson Co Comm C, Overland Park			T
UT	Image Works Acad of Hair Design	O		
WA	Bates Tech C	O	A	
WV	Marion Co Voc Tech Ctr	O		

COMMUNICATIONS ARTS

State	Institution	O	A
CA	North Orange Co ROP	O	
MN	Alexandria Tech C, Alexandria	O	A
PR	Colegio de Cinematografia, Artes y Television, Bauamon	O	

COMMUNICATIONS ELECTRONICS

State	Institution	O	A
FL	ATI Career Training Ctr, Fort Lauderdale	O	A
OH	Cleveland Inst of Electronics	O	
PA	Pace Inst	O	
TN	Tennessee Tech Ctr at Morristown	O	
WA	Bates Tech C	O	A

COMMUNICATIONS EQUIPMENT TECHNOLOGY

State	Institution	O	A
KS	Johnson Co Comm C, Overland Park	O	A
OH	Cleveland Inst of Electronics	O	
OK	Tulsa Tech Ctr	O	
PA	ITT Tech Inst, Pittsburgh		A
PR	Colegio de Cinematografia, Artes y Television, Bauamon	O	
WA	Clover Park Tech C		A

COMMUNICATIONS TECHNOLOGY/ TELEPHONY

State	Institution	O	A
KS	Northwest Kansas Tech C	O	A
NJ	Hudson Electrical Inst, Inc	O	

COMPOSITES (SHIPBUILDING & BOATBUILDING)

State	Institution	O
ME	Landing Sch of Boatbuilding & Design	O

COMPUTER ACCOUNTING

State	Institution	O	A
CA	Central Coast C	O	
	Charles A Jones Skills & Bus Ed Ctr	O	
	Computer Tutor Bus & Tech Inst	O	
	LaPuente Valley ROP	O	
	Los Angeles ORT Tech Inst- Sherman Oaks Branch	O	
	Martinez Adult Ed	O	
	North Orange Co ROP	O	
	West Valley Occ Ctr	O	
FL	C of Bus & Tech, Miami		A
	Sarasota Co Tech Inst	O	
HI	Travel Inst of the Pacific	O	
KS	Northwest Kansas Tech C	O	A
KY	Ohio Co Area Tech Ctr	O	
	Southwestern C, Florence	O	
MI	Dorsey Bus Sch, Southgate	O	
	Dorsey Bus Sch, Wayne	O	
MO	Branson Tech C	O	

		O	A	T
	Texas Co Tech Inst	O		
NY	Hunter Bus Sch, Levittown	O		
	New York Inst of English and Bus	O		
	Ridley-Lowell Bus & Tech Inst, Binghamton	O		
NC	Brookstone C of Bus, Greensboro	O		
OH	ATS Inst of Tech	O		
	ETI Tech C, Niles		A	
OK	Oklahoma Technology Inst	O		
	Southern Oklahoma Tech Ctr	O		T
PA	Cambria-Rowe Bus C, Johnstown		A	
	Pace Inst	O		
TN	Tennessee Tech Ctr at Livingston	O		
	Tennessee Tech Ctr at McMinnville	O		
TX	American Commercial C, Odessa	O		
	American Commercial C, Wichita Falls	O		
	Intl Bus C, Lubbock	O		
	South Texas Vo-Tech	O		
WV	West Virginia Bus C, Inc.	O	A	
WI	Western Tech C, La Crosse	O		

COMPUTER ACCOUNTING ASSISTANT TRAINING

		O	A	T
CA	Central Coast C	O		
	Computer Tutor Bus & Tech Inst	O		
	Martinez Adult Ed	O		
	North Orange Co ROP	O		
	Premiere Career C	O		
	West Valley Occ Ctr	O		
IL	Computer Sys Inst	O		
OK	Oklahoma Technology Inst	O		
PA	Consolidated Sch of Bus, Lancaster		A	
	Consolidated Sch of Bus, York		A	
	Pace Inst	O		
WV	Valley C, Beckley Campus	O		
	Valley C, Princeton	O		

COMPUTER ANIMATION

		O	A	T
CA	49er ROP	O		
	North Orange Co ROP	O		
	Sacramento Co ROP	O		
	West Valley Occ Ctr	O		
MO	Bryan C, Springfield	O		
OK	Mid-Del Tech Ctr	O		
UT	Ogden-Weber Applied Tech C	O		

COMPUTER APPLICATIONS

		O	A	T
CA	Associated Tech C, San Diego	O		
	California Learning Ctr	O		
	Charles A Jones Skills & Bus Ed Ctr	O		
	Computer Tutor Bus & Tech Inst	O		
	Imperial Valley ROP	O		
	LaPuente Valley ROP	O		
	Martinez Adult Ed	O		
	North Orange Co ROP	O		
	Opportunities Industrialization Ctr West	O		
	Palo Alto Adult Sch	O		
	Premiere Career C	O		
	Tri-Cities ROP	O		
	West Valley Occ Ctr	O		
CO	IntelliTec C, Colorado Springs		A	
	Pickens Tech C	O		T
CT	Branford Hall Career Inst, Windsor	O		
FL	Angley C, Deland	O		T
	C of Bus & Tech, Miami	O	A	
	Sarasota Co Tech Inst	O		
GA	Altamaha Tech C, Jesup	O		
IL	Brown Mackie C, Moline	O		
	Computer Sys Inst	O		
	Illinois Careerpath Inst	O		
KS	Bryan C, Topeka	O		
	Johnson Co Comm C, Overland Park	O	A	
KY	Spencerian C, Louisville	O		
LA	Sowela Tech Comm C		A	
ME	Northeast Tech Inst	O		
MD	Acad of Computer Ed (ACE)	O		
MA	Branford Hall Career Inst, Springfield	O		
	Cape Cod Reg Tech HS	O		
	Quincy C	O	A	
MI	Dorsey Bus Sch, Southgate	O		
MN	Minneapolis Bus C	O		
MO	Branson Tech C	O		
	Bryan C, Springfield	O		
	Texas Co Tech Inst	O		
NJ	Central Career Sch	O		
	Cumberland Co Tech Ed Ctr	O		
	The Stuart Sch of Bus	O		
NY	New York Inst of English and Bus	O		
	Wilson Tech Ctr	O		
OH	Brown Mackie C, Cincinnati	O	A	
	Mahoning Co Career & Tech Ctr	O		
	Ohio Bus C, Sandusky	O		

		O	A	T
	Trumbull Bus C		A	
OK	Kiamichi Tech Ctr, McAlester	O		
	Oklahoma Technology Inst	O		
PA	Cambria-Rowe Bus C, Johnstown		A	
	Computer Learning Network – Resident Sch	O		
	Forbes Rd Career & Tech Ctr	O		
	ITT Tech Inst, Pittsburgh		A	
	Lansdale Sch of Bus	O	A	
	South Hills Sch of Bus & Tech, State College		A	
SC	York Tech C	O		
TN	Tennessee Tech Ctr at Covington	O		
TX	American Commercial C, Wichita Falls	O		
	Career Quest	O		
	Milan Inst, Amarillo	O		
	SW Sch of Bus & Tech Careers, Eagle Pass	O		
	TechSkills	O		
WV	Monongalia Co Tech Ed Ctr	O		
	Valley C, Beckley Campus	O		
	Valley C, Princeton	O		

COMPUTER/BUSINESS MANAGEMENT

		O	A	T
CA	North Orange Co ROP	O		
	Simi Valley Adult Sch	O		
FL	Florida Career C		A	
GA	Columbus Tech C	O	A	
MO	American C of Tech		A	T
	Metro Bus C, Cape Girardeau	O		
NY	The C of Westchester		A	
OH	Cleveland Inst of Electronics	O		
OK	Tri County Tech Ctr	O		
PA	Consolidated Sch of Bus, Lancaster		A	
	Consolidated Sch of Bus, York		A	
	Pace Inst	O		
SC	York Tech C	O		
VA	Tidewater Tech, Chesapeake		A	
WV	Valley C, Beckley Campus	O	A	
	Valley C, Princeton	O		

COMPUTER DATA MANAGEMENT

		O	A	T
CA	North Orange Co ROP	O		
FL	Florida Career C	O		
KS	Johnson Co Comm C, Overland Park	O	A	
MA	Quincy C	O	A	T
MO	American C of Tech		A	T
	Bryan C, Springfield	O		
NY	Career Inst of Health & Tech, Garden City	O		
PA	Computer Learning Network – Resident Sch	O		
	Laurel Bus Inst		A	
	Pace Inst	O		
TN	Tennessee Tech Ctr at McMinnville	O		
TX	TechSkills	O		
WA	Bates Tech C	O	A	T

COMPUTER ELECTRONICS

		O	A	T
CA	LaPuente Valley ROP	O		
	Opportunities Industrialization Ctr West	O		
	Sunnyvale-Cupertino Adult Ed Program	O		
	West Valley Occ Ctr	O		
CO	IntelliTec C, Colorado Springs		A	
CT	Connecticut Sch of Electronics	O		
FL	ATI Career Training Ctr, Fort Lauderdale	O	A	
	Bradford-Union Area Career Tech Ctr	O		
	Florida Career C	O		
	Lake Tech Ctr	O		
	Miami Lakes Ed Ctr	O		
	Sarasota Co Tech Inst	O		
	Washington-Holmes Tech Ctr	O		
KS	Johnson Co Comm C, Overland Park	O		
MD	Acad of Computer Ed (ACE)	O		
MA	Bay State Sch of Tech	O		
MO	Bryan C, Springfield	O		
NY	Wilson Tech Ctr	O		
OH	Cleveland Inst of Electronics	O		
OK	Mid-America Tech Ctr	O		
PA	Erie Inst of Tech	O	A	
	ITT Tech Inst, Pittsburgh		A	
	Pace Inst	O		
SC	York Tech C	O		
SD	Western Dakota Tech Inst		A	
TN	Tennessee Tech Ctr at McMinnville	O		
	Tennessee Tech Ctr at Morristown	O		
TX	MTI C of Bus & Tech, Houston	O		
	TechSkills	O		
WA	Bates Tech C	O	A	
	Renton Tech C	O		

COMPUTER ENGINEERING

		O	A	T
FL	C of Bus & Tech, Miami		A	
	Florida Career C		A	

		O	A	T
ME	Northeast Tech Inst	O		
NE	Vatterott C, Spring Valley Campus	O	A	
NY	Career Inst of Health & Tech, Garden City	O		
OH	Cleveland Inst of Electronics	O		
	ETI Tech C, Niles	O		
	Mahoning Co Career & Tech Ctr	O		
OK	Oklahoma Technology Inst	O		
SC	York Tech C	O		
TX	TechSkills	O		
WI	Western Tech C, La Crosse		A	T

COMPUTER FORENSICS

		O	A	T
FL	Southwest Florida C, Tampa		A	
MD	Acad of Computer Ed (ACE)	O		
MA	Branford Hall Career Inst, Springfield	O		
PA	Computer Learning Network – Resident Sch	O		

COMPUTER GRAPHICS & DESIGN

		O	A	T
AZ	Fleur De Lis Inst of Landscape Design	O		
CA	49er ROP	O		
	Imperial Valley ROP	O		
	LaPuente Valley ROP	O		
	Los Angeles ORT Tech Inst	O		
	Los Angeles ORT Tech Inst- Sherman Oaks Branch	O		
	Martinez Adult Ed	O		
	North Orange Co ROP	O		
	Sacramento Co ROP	O		
	Simi Valley Adult Sch	O		
	Sunnyvale-Cupertino Adult Ed Program	O		
	West Valley Occ Ctr	O		
FL	C of Bus & Tech, Miami		A	
	McFatter Tech Ctr	O		
	Sarasota Co Tech Inst	O		
	Washington-Holmes Tech Ctr	O		
IL	Computer Sys Inst	O		
KS	Johnson Co Comm C, Overland Park	O	A	
	Northwest Kansas Tech C	O	A	
MA	Cape Cod Reg Tech HS	O		
	Quincy C	O		
MO	Bryan C, Springfield	O		
NJ	Ducret Sch of Arts	O		
NY	Wilson Tech Ctr	O		
OH	Mahoning Co Career & Tech Ctr	O		
	Rhodes State C	O		
	Sch of Advertising Art	O	A	
OK	Canadian Valley Tech Ctr, Chickasha	O		
	Great Plains Tech Ctr, Lawton	O		
	Mid-America Tech Ctr	O		
PA	ITT Tech Inst, Pittsburgh		A	
	Lansdale Sch of Bus	O	A	
SC	York Tech C	O		
UT	Ogden-Weber Applied Tech C	O		
WV	Marion Co Voc Tech Ctr	O		

COMPUTER GRAPHICS/VIDEO ANIMATION

		O	A	T
CA	49er ROP	O		
	North Orange Co ROP	O		
	West Valley Occ Ctr	O		
KS	Johnson Co Comm C, Overland Park	O	A	
MO	Bryan C, Springfield	O		
PR	Colegio de Cinematografia, Artes y Television, Bauamon	O		

COMPUTER INFORMATION SPECIALIST

		O	A	T
AL	Wallace Comm C, Wallace Campus	O	A	
CA	Martinez Adult Ed	O		
	Opportunities Industrialization Ctr West	O		
FL	First Coast Tech Inst	O		
	Florida Career C	O		
	Washington-Holmes Tech Ctr	O		
IL	Computer Sys Inst	O		
KS	Johnson Co Comm C, Overland Park	O	A	
KY	Southwestern C, Florence	O	A	
ME	Northeast Tech Inst	O		
MD	Acad of Computer Ed (ACE)	O		
MA	Branford Hall Career Inst, Springfield	O		
MO	American C of Tech	O	A	T
	Bryan C, Springfield	O		
NJ	Central Career Sch	O		
OH	Cleveland Inst of Electronics	O		
	Mahoning Co Career & Tech Ctr	O		
PA	Computer Learning Network – Resident Sch	O		
	Pittsburgh Tech Inst		A	
SD	Southeast Tech Inst		A	
TX	TechSkills	O		
UT	Ogden-Weber Applied Tech C	O		
WV	Mountain State C		A	

COMPUTER INFORMATION SYSTEMS

State	School	O	A	T
AL	Bishop State Comm C, Southwest Campus		A	
CA	C of Information Tech	O		
	Maric C, Anaheim	O	A	T
	Martinez Adult Ed	O		
FL	C of Bus & Tech, Miami		A	
GA	Central Georgia Tech C	O	A	
	Columbus Tech C	O	A	
	East Central Tech C	O	A	
	Gwinnett C	O	A	
	Interactive C of Tech, Chamblee	O	A	
	Southeastern Tech C, Vidalia	O	A	
IL	Computer Sys Inst	O		
	Lake Land C	O	A	
KS	Johnson Co Comm C, Overland Park	O	A	
ME	Northeast Tech Inst	O		
MD	Acad of Computer Ed (ACE)	O		
MA	Cape Cod Reg Tech HS	O		
MN	Alexandria Tech C, Alexandria		A	T
MO	American C of Tech	O	A	T
	Bryan C, Springfield	O		
NY	Career Inst of Health & Tech, Garden City	O		
OH	Mahoning Co Career & Tech Ctr	O		
OK	Canadian Valley Tech Ctr, Chickasha	O		
	Great Plains Tech Ctr, Frederick	O		
	Moore-Norman Tech Ctr	O		
PA	Computer Learning Network – Resident Sch	O		
	Pace Inst	O		
SD	Southeast Tech Inst		A	
TN	Tennessee Tech Ctr at McMinnville	O		
TX	American Commercial C, Odessa	O		
	TechSkills	O		
UT	Ogden-Weber Applied Tech C	O		
WV	Monongalia Co Tech Ed Ctr	O		
	Mountain State C		A	
	Putnam Career & Tech Ctr	O		
WI	Lakeshore Tech C		A	
	Western Tech C, La Crosse		A	

COMPUTER INTEGRATED MANUFACTURING

State	School	O	A	T
CA	North Orange Co ROP	O		
SC	York Tech C	O		

COMPUTER NETWORKING

State	School	O	A	T
AL	Wallace Comm C, Wallace Campus		A	
CA	49er ROP	O		
	California Learning Ctr	O		
	Charles A Jones Skills & Bus Ed Ctr	O		
	Compton Adult Sch	O		
	Computer Tutor Bus & Tech Inst	O		
	LaPuente Valley ROP	O		
	Los Angeles ORT Tech Inst	O		
	Martinez Adult Ed	O		
	MTI C, Sacramento	O	A	
	Opportunities Industrialization Ctr West	O		
	Sacramento Job Corps Ctr	O		
	Santa Barbara Bus C	O	A	
	Tri-Cities ROP	O		
	West Valley Occ Ctr	O		
CO	IntelliTec C, Colorado Springs		A	
	Pickens Tech C	O		T
CT	Branford Hall Career Inst, Windsor	O		
	Connecticut Sch of Electronics	O		
	Porter & Chester Inst, Stratford	O		
	Porter & Chester Inst, Watertown	O		
FL	ATI Career Training Ctr, Fort Lauderdale	O	A	
	Atlantic Tech Ctr-Coconut Creek Campus	O		
	C of Bus & Tech, Miami		A	
	First Coast Tech Inst	O		
	Florida Career C		A	
	George Stone Vo-Tech Ctr	O		
	Manatee Tech Inst	O		
	Southwest Florida C, Tampa	O	A	
	Washington-Holmes Tech Ctr	O		
GA	Altamaha Tech C, Jesup	O	A	
	Columbus Tech C	O	A	
	Okefenokee Tech C	O	A	
	Savannah River C	O	A	
	Southeastern Tech C, Vidalia	O	A	
	Southwest Georgia Tech C	O	A	
	Swainsboro Tech C	O	A	
ID	Eastern Idaho Tech C	O	A	
IL	Brown Mackie C, Moline	O		
	Computer Sys Inst	O		
	Illinois Careerpath Inst	O		
IA	Vatterott C, Des Moines	O	A	
KS	Bryan C, Topeka	O		
	Johnson Co Comm C, Overland Park	O	A	
	North Central Kansas Tech C	O		
	Wichita Tech Inst, Wichita	O		
KY	Ohio Co Area Tech Ctr	O		
LA	Louisiana Tech C, Baton Rouge Campus	O		
	Remington C - Lafayette Campus		A	
	Sowela Tech Comm C		A	
ME	Northeast Tech Inst	O		
MD	Acad of Computer Ed (ACE)	O		
MA	Branford Hall Career Inst, Springfield	O		
	Quincy C		A	T
MN	Alexandria Tech C, Alexandria	O	A	
	Dunwoody C of Tech		A	
	Minneapolis Bus C		A	
MO	American C of Tech		A	T
	Bryan C, Springfield	O		
NE	Vatterott C, Spring Valley Campus	O	A	
NJ	Cumberland Co Tech Ed Ctr	O		
NY	Career Inst of Health & Tech, Garden City	O		
	The C of Westchester	O	A	
	Hunter Bus Sch, Levittown	O		
	Ridley-Lowell Bus & Tech Inst, Binghamton	O		
	Ridley-Lowell Bus & Tech Inst, Poughkeepsie	O		
	Wilson Tech Ctr	O		
NC	King's C, Charlotte		A	
OH	Akron Inst	O		
	Brown Mackie C, Cincinnati	O	A	
	Cleveland Inst of Electronics	O		
	ETI Tech C, Niles		A	
	Mahoning Co Career & Tech Ctr	O	A	T
	Marion Tech C		A	
	Rhodes State C		A	
OK	Chisholm Trail Tech Ctr	O		
	Great Plains Tech Ctr, Lawton	O		
	Northwest Tech Ctr, Alva	O		
	Oklahoma Technology Inst	O		
	Southern Oklahoma Tech Ctr	O		T
PA	Computer Learning Network – Resident Sch	O		
	Erie Inst of Tech		A	
	Greater Altoona Career & Tech Ctr		A	
	ITT Tech Inst, Pittsburgh		A	
	Lansdale Sch of Bus	O	A	
	Laurel Bus Inst		A	
	Lehigh Valley C		A	
	Pittsburgh Tech Inst		A	
	Schuylkill Inst of Bus & Tech	O	A	
PR	Instituto de Banca y Comercio, Mayaguez	O		
	Trinity C of Puerto Rico	O		
RI	MotoRing Tech Training Inst	O		
SC	Greenville Tech C		A	
	York Tech C	O		
SD	Southeast Tech Inst		A	
	Western Dakota Tech Inst	O		
TX	Computer Career Ctr, El Paso	O		
	Intl Bus C, Lubbock	O		
	Lamar Inst of Tech	O	A	
	Milan Inst, Amarillo	O		
	TechSkills	O		
UT	Ogden-Weber Applied Tech C	O		
WA	Bates Tech C	O	A	
	Bellingham Tech C	O	A	
WV	Putnam Career & Tech Ctr	O		
WI	Blackhawk Tech C		A	
	Milwaukee Career C	O		
	Western Tech C, La Crosse		A	

COMPUTER NETWORK SECURITY

State	School	O	A	T
IN	Indiana Bus C, Downtown Indianapolis		A	
SD	Southeast Tech Inst		A	

COMPUTER NUMERICAL CONTROL MACHINING

State	School	O	A	T
CA	North Orange Co ROP	O		
KS	Kansas City Kansas Area Tech Sch	O		
NJ	Tech Inst of Camden Co	O		
SC	York Tech C	O		
TN	Tennessee Tech Ctr at McMinnville	O		
WA	Bellingham Tech C	O	A	
	Renton Tech C	O	A	
WI	Blackhawk Tech C	O		
	Lakeshore Tech C	O		

COMPUTER NUMERICAL CONTROL PROGRAMMING

State	School	O	A	T
KS	Kansas City Kansas Area Tech Sch	O		
NJ	Tech Inst of Camden Co	O		
OH	Rhodes State C	O		
OK	Francis Tuttle Tech Ctr	O		

		O	A	T
PA	Forbes Rd Career & Tech Ctr	O		
TN	Tennessee Tech Ctr at McMinnville	O		
	Tennessee Tech Ctr at Morristown	O		
WA	Renton Tech C	O		

COMPUTER OFFICE APPLICATIONS

State	School	O	A	T
CA	California Learning Ctr	O		
	Charles A Jones Skills & Bus Ed Ctr	O		
	C of Information Tech	O		
	Compton Adult Sch	O		
	Computer Tutor Bus & Tech Inst	O		
	LaPuente Valley ROP	O		
	Martinez Adult Ed	O		
	MTI Bus C	O		
	North Orange Co ROP	O		
	Opportunities Industrialization Ctr West	O		
	San Mateo Adult Sch	O		
	Sunnyvale-Cupertino Adult Ed Program	O		
	Tri-Cities ROP	O		
	West Valley Occ Ctr	O		
CT	Porter & Chester Inst, Watertown	O		
FL	Angley C, Deland	O		T
	C of Bus & Tech, Miami	O	A	
	Florida Career C	O		
	Sarasota Co Tech Inst	O		
	Washington-Holmes Tech Ctr	O		
IL	Computer Sys Inst	O		
	Illinois Careerpath Inst	O		
	Spanish Coalition for Jobs, Inc.	O		
KS	Johnson Co Comm C, Overland Park	O	A	
	Kansas City Kansas Area Tech Sch	O		
	Manhattan Area Tech C	O	A	
KY	KY Tech-Harrison Area Tech Ctr	O		
	Ohio Co Area Tech Ctr	O		
LA	Ascension C	O		
ME	Northeast Tech Inst	O		
MD	Acad of Computer Ed (ACE)	O		
MO	American C of Tech	O		
	Bryan C, Springfield	O		
	Rolla Tech Ctr/Inst	O		
NJ	Central Career Sch	O		
	Star Tech Inst, Lakewood	O		
NY	New York Inst of English and Bus	O		
OH	ETI Tech C, Niles	O	A	
	Mahoning Co Career & Tech Ctr	O		
	Trumbull Bus C		A	
OK	Indian Capital Tech Ctr - Tahlequah-Bill Willis Campus	O		
	Northwest Tech Ctr, Alva	O		
	Oklahoma Technology Inst	O		
	Southern Oklahoma Tech Ctr	O		T
PA	Cambria-Rowe Bus C, Indiana		A	
	Career Training Acad, Pittsburgh		A	
	Consolidated Sch of Bus, Lancaster	O	A	
	Consolidated Sch of Bus, York	O	A	
	Pace Inst	O		
	The PJA Sch	O		
	South Hills Sch of Bus & Tech, State College		A	
TN	Tennessee Tech Ctr at Livingston	O		
	Tennessee Tech Ctr at McMinnville	O		
TX	American Commercial C, Wichita Falls	O		
	David L Carrasco Job Corps Ctr	O		
	Faris Computer Sch	O		
	Milan Inst, Amarillo	O		
	SW Sch of Bus & Tech Careers, Eagle Pass	O		
	TechSkills	O		
WV	Valley C, Beckley Campus	O		
	Valley C, Princeton	O		

COMPUTER OFFICE TECHNOLOGY

State	School	O	A	T
CA	Charles A Jones Skills & Bus Ed Ctr	O		
	Computer Tutor Bus & Tech Inst	O		
	Martinez Adult Ed	O		
	North Orange Co ROP	O		
	Opportunities Industrialization Ctr West	O		
	San Mateo Adult Sch	O		
	Tri-Cities ROP	O		
	West Valley Occ Ctr	O		
FL	C of Bus & Tech, Miami	O	A	
	Florida Career C	O		
	Washington-Holmes Tech Ctr	O		
GA	Chattahoochee Tech C	O		
IL	Computer Sys Inst	O		
	Illinois Careerpath Inst	O		
	Spanish Coalition for Jobs, Inc.	O		
	Vatterott C, Quincy		A	
KS	Johnson Co Comm C, Overland Park	O	A	
ME	Northeast Tech Inst	O		
MD	Acad of Computer Ed (ACE)	O		
MO	American C of Tech	O		
	Bryan C, Springfield	O		

State	School	O	A	T
	Rolla Tech Ctr/Inst	O		
NJ	Central Career Sch	O		
NY	Hunter Bus Sch, Levittown	O		
	Wilson Tech Ctr	O		
OH	Cleveland Inst of Electronics	O		
	ETI Tech C, Niles	O		
	Mahoning Co Career & Tech Ctr	O		
OK	Great Plains Tech Ctr, Frederick	O		
	Indian Capital Tech Ctr -			
	Tahlequah-Bill Willis Campus	O		
	Oklahoma Technology Inst	O		
	Southern Oklahoma Tech Ctr	O		T
PA	Career Training Acad, Pittsburgh		A	
TX	American Commercial C, Wichita Falls	O		
	Lamar Inst of Tech		A	
	Milan Inst, Amarillo	O		
	TechSkills	O		
WV	Marion Co Voc Tech Ctr	O		
	Valley C, Beckley Campus	O		
	Valley C, Princeton	O		

COMPUTER & PERIPHERAL EQUIPMENT OPERATIONS

State	School	O	A	T
CA	49er ROP	O		
	MTI C, Sacramento	O		
CO	IntelliTec C, Colorado Springs		A	
CT	Porter & Chester Inst, Stratford	O		
	Porter & Chester Inst, Watertown	O		
FL	Lee Co High Tech Central	O		
	Washington-Holmes Tech Ctr	O		
GA	Chattahoochee Tech C	O		
	Middle Georgia Tech C	O	A	
	Savannah River C	O	A	
IL	Illinois Careerpath Inst	O		
ME	Northeast Tech Inst	O		
MD	Acad of Computer Ed (ACE)	O		
MI	Dorsey Bus Sch, Madison Heights	O		
MN	Dakota Co Tech C	O	A	
	South Central C, Faribault	O	A	
MO	Bryan C, Springfield	O		
	Metro Bus C, Cape Girardeau		A	
NY	Utica Sch of Commerce, Utica	O	A	T
	Wilson Tech Ctr	O		
OK	Oklahoma Technology Inst	O		
	Tulsa Tech Ctr	O		
PA	Pace Inst	O		
TN	Tennessee Tech Ctr at Crossville	O		
	Tennessee Tech Ctr at Harriman	O		
	Tennessee Tech Ctr at Hartsville	O		
	Tennessee Tech Ctr at Murfreesboro	O		
	Tennessee Tech Ctr, Oneida/Huntsville	O		
	William R Moore C of Tech	O		
TX	MTI C of Bus & Tech, Houston	O	A	
	TechSkills	O		
WA	Bates Tech C	O	A	
	Clover Park Tech C		A	

COMPUTER PROGRAMMING

State	School	O	A	T
AR	Northwest Tech Inst, Springdale		A	
CA	C of Information Tech	O		
	Colton-Redlands-Yucaipa Reg Occ Program	O		
	LaPuente Valley ROP	O		
	West Valley Occ Ctr	O		
FL	Florida Career C	O	A	
	Lake Tech Ctr	O		
	Washington-Holmes Tech Ctr	O		
GA	Altamaha Tech C, Jesup	O	A	
	Chattahoochee Tech C	O	A	
	Interactive C of Tech, Chamblee	O		
	Middle Georgia Tech C	O		
IL	Computer Sys Inst	O		
	Solex Acad	O		
IA	Vatterott C, Des Moines	O	A	
KS	Bryan C, Topeka	O		
	Johnson Co Comm C, Overland Park	O	A	
	Vatterott C, Wichita	O		
KY	Ohio Co Area Tech Ctr	O		
LA	Sowela Tech Comm C		A	
MN	Alexandria Tech C, Alexandria	O	A	
	Minneapolis Bus C		A	
	St Cloud Tech C	O	A	
MO	American C of Tech		A	T
	Bryan C, Springfield	O		
	Nichols Career Ctr	O		
NC	King's C, Charlotte		A	
OH	ATS Inst of Tech	O	A	
	Cleveland Inst of Electronics	O		
	Mahoning Co Career & Tech Ctr	O		
	Ohio Bus C, Sandusky		A	
	Rhodes State C		A	
OK	Vatterott C, Tulsa	O	A	
PA	Pace Inst	O		
	Pittsburgh Tech Inst		A	
PR	Instituto de Banca y Comercio, San Juan	O	A	
	Liceo de Arte y Disenos	O		
SC	York Tech C	O		
SD	Southeast Tech Inst		A	
TX	TechSkills	O		
UT	Ogden-Weber Applied Tech C	O		
WA	Bates Tech C	O	A	
	Clover Park Tech C		A	
WI	Lakeshore Tech C		A	
	Western Tech C, La Crosse		A	T

COMPUTER PROGRAMMING, BUSINESS

State	School	O	A	T
CA	West Valley Occ Ctr	O		
FL	Atlantic Tech Ctr-Coconut Creek Campus	O		
	Florida Career C		A	
	Miami Lakes Ed Ctr	O		
	Washington-Holmes Tech Ctr	O		
	Winter Park Tech	O		
IL	Computer Sys Inst	O		
	Solex Acad	O		
KS	Johnson Co Comm C, Overland Park	O	A	
MO	American C of Tech		A	T
	Bryan C, Springfield	O		
PA	Forbes Rd Career & Tech Ctr	O		
	Pace Inst		A	
PR	Instituto de Banca y Comercio, Mayaguez	O		
TX	TechSkills	O		

COMPUTER REPAIR (INCLUDES BUSINESS & PERSONAL COMPUTER REPAIR)

State	School	O	A	T
AR	Crowley's Ridge Tech Inst	O		
CA	Associated Tech C, San Diego	O		
	California Learning Ctr	O		
	Colton-Redlands-Yucaipa Reg Occ Program	O		
	Compton Adult Sch	O		
	Computer Tutor Bus & Tech Inst	O		
	Imperial Valley ROP	O		
	LaPuente Valley ROP	O		
	Opportunities Industrialization Ctr West	O		
	Sacramento Co ROP	O		
	Simi Valley Adult Sch	O		
	Tri-Cities ROP	O		
	West Valley Occ Ctr	O		
CO	IntelliTec C, Colorado Springs		A	
	Pickens Tech C	O		T
CT	Porter & Chester Inst, Watertown	O		
FL	ATI Career Training Ctr, Fort Lauderdale	O	A	
	Bradford-Union Area Career Tech Ctr	O		
	C of Bus & Tech, Miami		A	
	Erwin Tech Ctr	O		
	Florida Career C	O		
	Pinellas Tech Ed Ctr, Clearwater	O		
	Washington-Holmes Tech Ctr	O		
GA	Altamaha Tech C, Jesup	O		
IL	Computer Sys Inst	O		
	Illinois Careerpath Inst	O		
KS	Johnson Co Comm C, Overland Park	O	A	
	Kansas City Kansas Area Tech Sch	O		
	KAW Area Tech Sch	O		
	Manhattan Area Tech C		A	
KY	Ohio Co Area Tech Ctr	O		
LA	Louisiana Technical C, Baton Rouge	O		
ME	Northeast Tech Inst	O		
MD	Acad of Computer Ed (ACE)	O		
MI	Dorsey Bus Sch, Madison Heights	O		
	Dorsey Bus Sch, Wayne	O		
MO	American C of Tech	O	A	T
	Bryan C, Springfield	O		
NJ	Tech Inst of Camden Co	O		
NY	Career Inst of Health & Tech, Garden City	O		
	Hunter Bus Sch, Levittown	O		
	Island Drafting & Tech Inst	O		
	Wilson Tech Ctr	O		
OH	Cleveland Inst of Electronics	O		
	Rhodes State C		A	
OK	Chisholm Trail Tech Ctr	O		
	Kiamichi Tech Ctr, Atoka	O		
	Mid-America Tech Ctr	O		
	Mid-Del Tech Ctr	O		
	Northwest Tech Ctr, Alva	O		
	Oklahoma Technology Inst	O		
	Southern Oklahoma Tech Ctr	O		T
PA	Computer Learning Network – Resident Sch	O		
	Forbes Rd Career & Tech Ctr	O		
	Greater Altoona Career & Tech Ctr	O		
	Northern Tier Career Ctr	O		
	Pace Inst		A	
PR	Instituto de Banca y Comercio, San Juan	O		
	Ponce Paramedical C, Coto Laurel	O		
	Ponce Paramedical C, Ponce	O		
RI	MotoRing Tech Training Inst	O		
SC	York Tech C	O		
SD	Mitchell Tech Inst		A	
TN	Tennessee Tech Ctr at Livingston	O		
	Tennessee Tech Ctr at McMinnville	O		
	William R Moore C of Tech	O		
TX	Milan Inst, Amarillo	O		
	MTI C of Bus & Tech, Houston	O		
	TechSkills	O		
UT	Ogden-Weber Applied Tech C	O		
WV	Marion Co Voc Tech Ctr	O		
	Putnam Career & Tech Ctr	O		
WI	Blackhawk Tech C	O		
	Lakeshore Tech C	O		
	Milwaukee Career C	O		

COMPUTER SCIENCE

State	School	O	A	T
AZ	High-Tech Inst, Phoenix		A	
CA	Hacienda La Puente Adult Ed, La Puente	O		
FL	Florida Career C	O		
	Webster C, Pasco Campus		A	
KS	Johnson Co Comm C, Overland Park			T
MA	Quincy C	O	A	T
MO	Bryan C, Springfield	O		
OK	Great Plains Tech Ctr, Frederick	O		
	Mid-America Tech Ctr	O		
PA	Erie Bus Ctr, South		A	
	Penn Commercial, Inc		A	
PR	Globelle Tech Inst	O		
SC	Greenville Tech C		A	
	York Tech C	O		
WA	Renton Tech C	O	A	

COMPUTER SKILLS & LITERACY

State	School	O	A	T
CA	Charles A Jones Skills & Bus Ed Ctr	O		
	Compton Adult Sch	O		
	Computer Tutor Bus & Tech Inst	O		
	Ladera Career Paths Training Ctrs	O		
	Opportunities Industrialization Ctr West	O		
	Tri-Cities ROP	O		
	West Valley Occ Ctr	O		
FL	Angley C, Deland	O		T
	First Coast Tech Inst	O		
	McFatter Tech Ctr	O		
	Sarasota Co Tech Inst	O		
IL	Computer Sys Inst	O		
	The Hadley Sch for the Blind	O		
	Solex Acad	O		
KY	Ohio Co Area Tech Ctr	O		
ME	Northeast Tech Inst	O		
MD	Acad of Computer Ed (ACE)	O		
MO	Bryan C, Springfield	O		
NY	New York Inst of English and Bus	O		
	Wilson Tech Ctr	O		
OH	Mahoning Co Career & Tech Ctr	O		
OK	Mid-Del Tech Ctr	O		
PA	Career Training Acad, Pittsburgh		A	
SC	York Tech C	O		
TN	Tennessee Tech Ctr at McMinnville	O		
TX	American Commercial C, Wichita Falls	O		
	Career Quest	O		
WA	Bates Tech C	O		
WV	Marion Co Voc Tech Ctr	O		

COMPUTER SOFTWARE SPECIALIST TRAINING

State	School	O	A	T
AZ	Tucson C	O		
CA	Computer Tutor Bus & Tech Inst	O		
	Martinez Adult Ed	O		
	MTI Bus C	O		
	West Valley Occ Ctr	O		
CO	IntelliTec C, Colorado Springs		A	
CT	Porter & Chester Inst, Watertown	O		
FL	First Coast Tech Inst	O		
	Lee Co High Tech Central	O		
GA	Southwest Georgia Tech C	O	A	
IL	Brown Mackie C, Moline	O		
	Computer Sys Inst	O		
	Illinois Careerpath Inst	O		
	Solex Acad	O		
KS	Bryan C, Topeka	O		
	Johnson Co Comm C, Overland Park	O	A	
KY	Ohio Co Area Tech Ctr	O		
ME	Northeast Tech Inst	O		
MD	Acad of Computer Ed (ACE)	O		
MA	Branford Hall Career Inst, Springfield	O		
MO	Bryan C, Springfield	O		

		O	A	T
NC	King's C, Charlotte	O		
OH	Mahoning Co Career & Tech Ctr	O		
	Rhodes State C	O		
PA	Erie Inst of Tech	O		
TN	Tennessee Tech Ctr at McMinnville	O		
TX	Career Quest	O		
	Milan Inst, Amarillo	O		
WA	Bates Tech C	O	A	T

COMPUTER SUPPORT SPECIALIST

		O	A	T
CA	LaPuente Valley ROP	O		
	Martinez Adult Ed	O		
	Opportunities Industrialization Ctr West	O		
CT	Porter & Chester Inst, Watertown	O		
	Sawyer Sch, Hartford	O		
FL	First Coast Tech Inst	O		
	George Stone Vo-Tech Ctr	O		
	Lee Co High Tech Central	O		
	Manatee Tech Inst	O		
	McFatter Tech Ctr	O		
	Washington-Holmes Tech Ctr	O		
IL	Computer Sys Inst	O		
KS	Johnson Co Comm C, Overland Park	O	A	
ME	Northeast Tech Inst	O		
MD	Acad of Computer Ed (ACE)	O		
MA	Branford Hall Career Inst, Springfield	O		
MN	Alexandria Tech C, Alexandria		A	
MO	Bryan C, Springfield	O		
NY	Career Inst of Health & Tech, Garden City	O		
	Ridley-Lowell Bus & Tech Inst, Poughkeepsie	O		
OH	Cleveland Inst of Electronics	O		
	Mahoning Co Career & Tech Ctr	O		
	Ohio Bus C, Sandusky	O		
OK	Oklahoma Technology Inst	O		
PA	Computer Learning Network – Resident Sch	O		
TX	David L Carrasco Job Corps Ctr	O		
WA	Bellingham Tech C	O	A	
WI	Western Tech C, La Crosse		A	T

COMPUTER TECHNOLOGY (INCLUDES DIGITAL/COMPUTER TECHNOLOGY)

		O	A	T
CA	49er ROP	O		
	California Learning Ctr	O		
	Martinez Adult Ed	O		
	MTI C, Sacramento	O		
	North Orange Co ROP	O		
	Opportunities Industrialization Ctr West	O		
CO	IntelliTec C, Colorado Springs		A	
CT	Porter & Chester Inst, Stratford	O		
	Porter & Chester Inst, Watertown	O		
	Sawyer Sch, Hartford	O		
FL	Atlantic Tech Ctr-Coconut Creek Campus	O		
	Bradford-Union Area Career Tech Ctr	O		
	Lincoln C of Tech	O	A	
	Washington-Holmes Tech Ctr	O		
	Winter Park Tech	O		
IL	Lake Land C	O		
	Vatterott C, Quincy	O	A	
KS	Vatterott C, Wichita	O		
LA	Sowela Tech Comm C		A	
ME	Northeast Tech Inst	O		
MD	Acad of Computer Ed (ACE)	O		
MN	Alexandria Tech C, Alexandria	O		
MO	Bryan C, Springfield	O		
NY	Career Inst of Health & Tech, Garden City	O		
	Island Drafting & Tech Inst		A	
	Ridley-Lowell Bus & Tech Inst, Binghamton	O		
OH	Cleveland Inst of Electronics	O		
OK	Indian Capital Tech Ctr - Tahlequah-Bill Willis Campus	O		
	Mid-Del Tech Ctr	O		
	Moore-Norman Tech Ctr	O		
	Oklahoma Technology Inst	O		
	Tulsa Tech Ctr	O		
	Vatterott C, Tulsa	O	A	
PA	Commonwealth Tech Inst at H G Andrews Ctr		A	
	Computer Learning Network – Resident Sch	O		
	Pace Inst	O		
SC	York Tech C	O		
SD	Lake Area Tech Inst		A	
TN	Tennessee Tech Ctr at Dickson	O		
	Tennessee Tech Ctr at Hohenwald	O		
	Tennessee Tech Ctr at McMinnville	O		
	Tennessee Tech Ctr at Morristown	O		
	Tennessee Tech Ctr at Paris	O		
TX	Milan Inst, Amarillo	O		
VA	Tidewater Tech, Chesapeake		A	
WA	Bates Tech C	O	A	
WI	Western Tech C, La Crosse		A	T

COMPUTER TECHNOLOGY, MEDICAL

		O	A	T
CA	Pacific C	O		
IL	Computer Sys Inst	O		
	Solex Acad	O		
ME	Northeast Tech Inst	O		
NY	The C of Westchester	O	A	
OK	Oklahoma Technology Inst	O		
PA	Career Training Acad, Pittsburgh	O		
TN	Tennessee Tech Ctr at McMinnville	O		

CONSTRUCTION & BUILDING TECHNOLOGIES

		O	A	T
AR	Crowley's Ridge Tech Inst	O		
CA	Colton-Redlands-Yucaipa Reg Occ Program	O		
	East San Gabriel Valley ROP & Tech Ctr	O	A	
	Imperial Valley ROP	O		
	Martinez Adult Ed	O		
	North Orange Co ROP	O		
	Opportunities Industrialization Ctr West	O		
	Sacramento Co ROP	O		
	West Valley Occ Ctr	O		
FL	Sarasota Co Tech Inst	O		
	Washington-Holmes Tech Ctr	O		
GA	Altamaha Tech C, Jesup	O		
KS	Manhattan Area Tech C	O	A	
MD	North American Trade Sch	O		
MN	St Cloud Tech C	O	A	
MO	Nichols Career Ctr	O		
NJ	Tech Inst of Camden Co	O		
OK	Great Plains Tech Ctr, Lawton	O		
	Southern Oklahoma Tech Ctr	O		T
PA	Forbes Rd Career & Tech Ctr	O		
	Triangle Tech, Pittsburgh		A	
	Williamson Free Sch of Mechanical Trades		A	
WA	Bellingham Tech C	O	A	
	Renton Tech C	O		
WV	Marion Co Voc Tech Ctr	O		
	Monongalia Co Tech Ed Ctr	O		

CONSTRUCTION EQUIPMENT MAINTENANCE

		O	A	T
CA	West Valley Occ Ctr	O		
FL	Washington-Holmes Tech Ctr	O		
MN	Dakota Co Tech C	O	A	

CONSTRUCTION EQUIPMENT OPERATION

		O	A	T
CA	North Orange Co ROP	O		
	Opportunities Industrialization Ctr West	O		
FL	Washington-Holmes Tech Ctr	O		
NJ	Comm Inst for Career Advancement	O		

CONSTRUCTION MANAGEMENT

		O	A	T
CA	North Orange Co ROP	O		
	Redstone C		A	
MN	Dunwoody C of Tech		A	
OK	Great Plains Tech Ctr, Frederick	O		
PA	Williamson Free Sch of Mechanical Trades		A	I
SD	Southeast Tech Inst		A	
UT	Ogden-Weber Applied Tech C	O		

CONSUMER ELECTRONICS SERVICE TECHNOLOGY

		O	A	T
CA	Rowland Adult & Comm Ed	O		
FL	Washington-Holmes Tech Ctr	O		
OH	Cleveland Inst of Electronics	O		

CORRECTION OFFICER TRAINING

		O	A	T
FL	George Stone Vo-Tech Ctr	O		
	Lake Tech Ctr	O		
	Sarasota Co Tech Inst	O		
	Washington-Holmes Tech Ctr	O		
	Withlacoochee Tech Inst	O		
IL	Lake Land C		A	
OH	Rhodes State C		A	
OR	C of Legal Arts	O		
SD	Western Dakota Tech Inst		A	
TX	Lamar Inst of Tech	O		

COSMETICS & FRAGRANCE MARKETING

		O	A	T
FL	Maya's Sch of Beaute, Inc	O		
NY	New York Inst of Beauty	O		

COSMETOLOGY (INCLUDES BEAUTY CULTURE, HAIRSTYLING, SHOP MGT.)

		O	A	T
AL	Bishop State Comm C, Southwest Campus	O	A	
	Scientific Beauty Acad	O		T
	Wallace Comm C, Wallace Campus	O		
AZ	Carsten Inst of Hair & Beauty	O		
	Earl's Acad of Beauty	O		
	Intl Acad of Hair Design, Tempe	O		
	Turning Point Beauty C, Inc	O		
AR	Arkadelphia Beauty C	O		
	Arkansas Acad of Hair Design II, Paragould	O		
	Arkansas Acad of Hair Design, Jonesboro	O		
	Arkansas Acad of Hair Design, Paragould	O		
	Arkansas Beauty C	O		
	Arkansas Beauty Sch, Conway	O		
	Arkansas Beauty Sch, Little Rock	O		
	Bee Jay's Hairstyling Acad, Little Rock	O		
	Career Acad of Hair Design	O		
	Crowley's Ridge Tech Inst	O		
	Eaton Beauty Stylist C, Inc	O		
	Lynndale's Fundamentals-Beauty	O		
	Mellie's Beauty C	O		
	Searcy Beauty C	O		
CA	Advance Beauty C	O		
	Alameda Beauty C	O		
	American Beauty Acad, Brawley	O		
	Asian American Intl Beauty C	O		
	Bridges Acad of Beauty	O		
	California Cosmetology C	O		
	Career Acad of Beauty, Anaheim	O		
	Career Acad of Beauty, Garden Grove	O		
	Career C of Cosmetology	O		
	Champion Inst of Cosmetology	O		
	Chico Beauty C	O		
	Citrus Heights Beauty C	O		
	COBA Acad	O		
	Federico Beauty Inst	O		
	Fredrick & Charles Beauty C	O		
	Hacienda La Puente Adult Ed, La Puente	O		
	Intl Acad of Cosmetology	O		
	Intl Sch of Cosmetology	O		
	Lancaster Beauty Sch	O		
	LaPuente Valley ROP	O		
	Lola Beauty C	O		
	Marinello Sch of Beauty, City of Industry	O		
	Marinello Sch of Beauty, Inglewood	O		
	Marinello Sch of Beauty, Los Angeles (6111 Wilshire Blvd)	O		
	Marinello Sch of Beauty, Los Angeles (2700 Colorado Blvd Ste 266)	O		
	Marinello Sch of Beauty, Reseda	O		
	Marinello Sch of Beauty, San Bernardino	O		
	Miss Marty's Hair Acad & Esthetic Inst	O		
	Monterey Acad of Hair Design	O		
	My-Le's Beauty C	O		
	Northern California Inst of Cosmetology	O		
	North Orange Co ROP	O		
	Rosemead Beauty Sch	O		
	Royale C of Beauty	O		
	Salon Success Acad, Upland	O		
	San Francisco Inst of Esthetics & Cosmetology, Inc	O		
	San Luis Obispo Beauty C	O		
	Santa Maria Beauty C	O	A	T
	Sierra C of Beauty	O		
	Simi Valley Adult Sch	O		
	Universal C of Beauty, Compton	O		
	Victor Valley Beauty C	O		
	West Valley Occ Ctr	O		
CO	Acad of Beauty Culture, Grand Junction	O		
	Cuttin Up Beauty Acad	O		
	Int Beauty Acad, Colorado Springs	O		
	Pickens Tech C	O		T
	Toni & Guy Hairdressing Acad, Colorado Springs	O		
	Xenon Intl	O		
CT	Intl Inst of Cosmetology	O		
	Leon's Inst of Hair Design, Bridgeport	O		
	New England Sch of Hairdressing, Inc.	O		
DE	Schilling-Douglas Sch of Hair Design	O		
FL	Acad of Healing Arts Massage & Facial Skin Care	O		
	Acad of Professional Careers, Winter Park	O		
	American Inst	O		
	ASM Beauty World Acad	O		
	Atlantic Tech Ctr-Coconut Creek Campus	O		
	Aveda Inst, St Petersburg	O		

COSMETOLOGY (INCLUDES BEAUTY CULTURE, HAIRSTYLING, SHOP MGT.)

State	School			
	Bene's Intl Sch of Beauty, inc	O		
	Bradford-Union Area Career Tech Ctr	O		
	Erwin Tech Ctr	O		
	Fashion Focus Hair Acad	O		
	First Coast Tech Inst	O		
	George Stone Vo-Tech Ctr	O		
	Hollywood Inst of Beauty Careers	O		
	Intl Acad, South Daytona	O		
	Intl Sch of Health & Beauty	O		
	La Belle Beauty Sch	O		
	Lake Tech Ctr	O		
	Lee Co High Tech Central	O		
	Lincoln C of Tech	O	A	
	Loraine's Acad	O		
	Manatee Tech Inst	O		
	Margate Sch of Beauty	O		
	Maya's Sch of Beaute, Inc	O		
	Melbourne Beauty Sch	O		
	Miami Lakes Ed Ctr	O		
	North Florida Cosmetology Inst, Inc	O		
	Okaloosa Applied Tech Ctr	O		
	Pinellas Tech Ed Ctr, Clearwater	O		
	Riverside Hairstyling Acad	O		
	Sarasota Co Tech Inst	O		
	Suwannee-Hamilton Tech Ctr	O		
	Trendsetters Florida Sch of Beauty & Barbering	O		
	Washington-Holmes Tech Ctr	O		
	Westside Tech	O		
	Withlacoochee Tech Inst	O		
GA	Acad of Hair Arts & Design	O		
	Altamaha Tech C, Jesup	O		
	Central Georgia Tech C	O		
	Cobb Beauty C, Inc	O		
	Columbus Tech C	O		
	East Central Tech C	O		
	Empire Beauty Sch, Dunwoody	O		
	Empire Beauty S, Gwinnett Co	O		
	Empire Beauty Sch, Kennesaw	O		
	Garmon Beauty C	O		
	Georgia Inst of Cosmetology	O		
	Michael's Sch of Beauty	O		
	Michael's Sch of Beauty - Augusta Campus	O		
	Middle Georgia Tech C	O		
	North Georgia Tech C, Clarkesville	O		
	Okefenokee Tech C	O		
	Pro Way Hair Sch	O		
	Rivertown Sch of Beauty, Barber Skin Care, Nails	O		
	Roffler-Moler Hairstyling C	O		
	Southeastern Beauty, Barber Sch	O		
	Southeastern Beauty Sch	O		
	Southeastern Tech C, Vidalia	O		
	Southwest Georgia Tech C	O		
	Swainsboro Tech C	O		
	Vogue Beauty Sch, Hiram	O		
ID	Cosmetology Sch of Arts & Sci	O		
	D & L Acad of Hair Design	O		
	Headmasters Sch of Hair Design, Boise	O		
	The Headmasters Sch of Hair Design, Coeur d' Alene	O		
	The Headmasters Sch of Hair Design II	O		
	Headmasters Sch of Hair Design, Lewiston	O		
	Mr Juan's C of Hair Design	O		
	Razzle Dazzle C of Hair Design	O		
	Sch of Hairstyling/Pocatello Beauty Acad	O		
IL	AAAAA Beauty Acad	O		
	Alvareita's C of Cosmetology, Belleville	O		
	Alvareita's C of Cosmetology, Edwardsville	O		
	Alvareita's C of Cosmetology, Godfrey	O		
	Cannella Sch of Hair Design, Blue Island	O		
	Career Logics Inst of Hairdesign	O		
	Concept C of Cosmetology	O		
	Cosmetology & Spa Inst	O		
	Dorothy Chrysler Sch, Beauty Culture	O		
	Du Quion Beauty C	O		
	EDUCATORS of Beauty, La Salle	O		
	EDUCATORS of Beauty, Rockford	O		
	EDUCATORS of Beauty, Sterling	O		
	Empire Beauty Sch, Arlington Heights	O		
	Empire Beauty Sch, Hanover Park	O		
	Empire Beauty Sch, Lisle	O		
	Hairmasters Inst of Cosmetology	O		
	Hair Professionals Acad of Cosmetology, Wheaton	O		
	Hair Professionals Career C, Palos Hills	O		
	Hair Professionals Career C, Sycamore	O		
	Hair Professionals Sch of Cosmetology	O		
	La'James C of Hairstyling, East Moline	O		
	Lake Land C	O		
	Mr John's Sch of Cosmetology, Esthetics & Nails	O		
	Mr John's Sch of Cosmetology & Nails	O		
	New Image Cosmetology Tech Ctr	O		
	Niles Sch of Cosmetology	O		
	Oehrlein Sch of Cosmetology	O		
	Pivot Point Intl Acad-Bloomingdale	O		
	Pivot Point Intl Acad-Evanston	O		
	Professional's Choice Hair Design Acad	O		
	Steven Papageorge Hair Academy	O		
	Tri-County Beauty Acad	O		
	Vee's Sch of Beauty Culture	O		
IN	Apex Acad of Hair Design	O		
	CHT Inst for Hair	O		
	Creative Hair Styling Acad	O		
	Crown C of Cosmetology	O		
	Hair Arts Acad	O		
	Knox Beauty C	O		
	The Masters of Cosmetology C	O		
	Merrillville Beauty C	O		
	Ravenscroft Beauty C	O		
	Roger's Acad of Hair Design, Evansville (East Branch)	O		
	Roger's Acad of Hair Design, Evansville (Mt Vernon Ave)	O		
	Rudae's Beauty C	O		
	Vincennes Beauty C	O		
IA	Bill Hill's C of Cosmetology	O		
	Capri C, Cedar Rapids	O		
	Capri C, Davenport	O		
	Capri C, Dubuque	O		
	E Q Sch of Hair Design	O		
	Faust Inst of Cosmetology, Storm Lake	O		
	Iowa Sch of Beauty, Des Moines	O		
	Iowa Sch of Beauty, Marshalltown	O		
	La'James C of Hairstyling, Cedar Falls	O		
	La'James C of Hairstyling, Davenport	O		
	La'James C of Hairstyling, Mason City	O		
	La'James Intl C, Fort Dodge	O		
	La'James Intl C, Iowa City	O		
	La'James Intl C, Johnston	O		
	The Salon Professional Academy	O		
	Total Look Sch of Cosmetology & Massage Therapy	O		
KS	Acad of Hair Design, Salina	O		
	American Acad of Hair Design	O		
	B-Street Design Sch of Intl Hair Styling, Overland Park	O		
	B-Street Design Sch of Intl Hair Styling, Wichita	O		
	Crum's Beauty C	O		T
	Johnson Co Comm C, Overland Park	O	A	
	Kansas City Kansas Area Tech Sch	O		
	LaBaron Hairdressing Acad, Overland Park	O		
	Northwest Kansas Tech C	O	A	
	Old Town Barber & Beauty C	O		
	Vernon's of Emporia	O		
	Vernon's Kansas Sch of Cosmetology, Wichita	O		
	Xenon Intl Acad	O		
KY	Appalachian Beauty Sch	O		
	Appalachian Beauty Sch, South Williamson	O		
	Collins Sch of Cosmetology	O		
	Eastern Sch of Hair Design	O		
	Hair Design Sch, Florence	O		
	Hair Design Sch, Louisville (5120 Dixie Hwy)	O		
	Hair Design Sch, Louisville (5314 Bardstown Rd)	O		
	Hair Design Sch, Louisville (1049 Bardstown Rd)	O		
	Jenny Lea Acad of Cosmetology, Harlan	O		
	J & M Acad of Cosmetology	O		
	Madisonville Beauty C	O		
	Nu-Tek Acad of Beauty	O		
	Pat Wilson Beauty C	O		
	Salen Professional Academy	O		
	Trend Setters Acad of Beauty Culture, Elizabethtown	O		
	Trend Setter's Acad of Beauty Culture, Louisville	O		
LA	Aveda Inst, Baton Rouge	O		
	Aveda Inst New Orleans	O		
	Cosmetology Trainiing Ctr, Lafayette	O		
	Demmon Sch of Beauty	O		
	Denham Springs Beauty C	O		
	Guy's Acad	O		
	Louisiana Acad of Beauty	O		
	Louisiana Tech C, Baton Rouge Campus	O		
	Opelousas Sch of Cosmetology	O		
	Pat Goins Monroe Beauty Sch	O		
	Pat Goins Ruston Beauty Sch	O		
	Ronnie & Dorman's Sch of Hair Design	O		
ME	Bernard's Sch of Hair Fashion	O		
	Mr Bernard's Sch of Hair Fashion	O		
	Pierre's Sch of Cosmetology, Portland	O		
MD	Aaron's Acad of Beauty	O		
	Aspen Beauty Acad, Laurel	O		
	Aspen Beauty Acad, Silver Springs	O		
	Baltimore Studio of Hair Design	O		
	Blades Sch of Hair Design	O		
	Empire Beauty Schs, Inc, Owings Mills	O		
	Intl Beauty Sch, Bel Air	O		
	Maryland Beauty Acad	O		
	Maryland Beauty Acad of Essex	O		
MA	Beauty Creator's Acad	O		
	Blue Hills Reg Tech Sch	O		
	Bojack Acad of Beauty Culture	O		
	Cape Cod Reg Tech HS	O		
	Empire Beauty Sch,, Malden	O		
	Henri's Sch of Hair Design	O		
	Kay-Harvey Hairdressing Acad	O		
	LaBaron Hairdressing Acad, New Bedford	O		
	Lowell Acad Hairstyling Inst	O		
	Mansfield Beauty Sch, Quincy	O		
	McCann Tech Sch	O		
	Rob Roy Acad, Fall River Campus	O		
	Rob Roy Acad, New Bedford Campus	O		
	Rob Roy Acad, Taunton Campus	O		
	Rob Roy Acad, Worcester Campus	O		
MI	Bayshire Beauty Acad	O		
	Brighton Inst of Cosmetology	O		
	Chic Univ of Cosmetology, Portage	O		
	David Pressley Professional Sch of Cosmetology	O		
	Douglas J Aveda Inst, Ann Arbor	O		
	Douglas J Aveda Inst, East Lansing	O		
	Excel Acad of Cosmetology, Kentwood	O		
	Excel Acad of Cosmetology, Lansing	O		
	Fiser's C of Cosmetology	O		
	French Acad of Cosmetology, Inc	O		
	The Gallery C of Beauty	O		
	Houghton Lake Inst of Cosmetology	O		
	Michigan C of Beauty, Monroe	O		
	Mr David's Sch of Cosmetology	O		
	Nuvo C of Cosmetology	O		
	Sharps Acad of Hairstyling, Grand Blanc	O		
	Taylortown Sch of Beauty	O		
	Traverse City Beauty C	O		
	Wright Beauty Acad, Battle Creek	O		
	Wright Beauty Acad, Portage	O		
MN	Central Beauty Sch	O		
	Minnesota Sch of Cosmetology	O		
	Regency Beauty Inst, Blaine	O		
	Regency Beauty Inst, Burnsville	O		
	Regency Beauty Inst, Maplewood	O		
	Regency Beauty Inst, Waite Park	O		
	Ridgewater C, Willmar & Hutchinson	O		
	The Salon Professional Acad- New Hope (4411 Winnetka Ave N)	O		
	The Salon Professional Acad- New Hope (4411 Winnetka Ave N)	O		
	Scot Lewis Empire Ed Group, Bloomington	O		
MS	Chris' Beauty C	O		
	Creations C of Cosmetology	O		
	Magnolia C of Cosmetology	O		
	Mississippi C of Beauty Culture	O		
MO	Abbott Acad of Cosmetology Arts & Sci	O		
	Adam & Eve C of Cosmetology	O		
	Chillicothe Beauty Acad, Inc	O		
	Class Act I Sch of Cosmetology	O		
	Cosmetology Concepts Inst	O		
	Dillard's Hair & Nail Sch	O		
	House of Heavilin Beauty C-Blue Springs	O		
	House of Heavilin Beauty C-Grandview	O		
	House of Heavilin, Kansas City	O		
	Independence C of Cosmetology	O		
	Merrell U of Beauty Arts & Sci	O		
	Neosho Beauty C	O		
	New Dimensions Sch of Hair Design	O		
	Paris II Ed Ctr	O		
	Patsy & Rob's Acad of Beauty, Cottleville	O		
	Patsy & Rob's Acad of Beauty, St Ann	O		
	Salem C of Hairstyling Acad	O		
	St Louis Hair Acad, Inc	O		
MT	Acad of Cosmetology, Inc	O		

	School		
	Acad of Nail, Skin & Hair, Inc	O	
	Blanco, Blanco Cosmetology Sch	O	
	Butte Acad of Beauty Culture	O	
	Crevier's Sch of Cosmetology	O	
NE	Capitol Sch of Hairstyling & Esthetics	O	
	Joseph's C of Beauty, Beatrice	O	
	Joseph's C of Beauty, Grand Island	O	
	Joseph's C of Beauty, Hastings	O	
	Joseph's C of Beauty, Lincoln	O	
	Joseph's of Kearney, Sch of Hair Design	O	
	La'James Intl C, Fremont	O	
	North Platte Beauty Acad	O	
	Vatterott C, Spring Valley Campus	O	
	Xenon Intl Academy	O	
NV	Acad of Hair Design, Las Vegas	O	
	Carson City Beauty Acad	O	
NH	Continental Acad of Hair Design	O	
	Contintental Acad of Hair Design, Hudson	O	
	Keene Beauty Acad	O	
	New England Sch of Hair Design	O	
	Portsmouth Beauty Sch of Hair Design	O	T
NJ	Artistic Acad	O	
	Atlantic Co Inst of Tech	O	
	Capri Inst/Cosmetology Training Ctr, Bricktown	O	
	Capri Inst/Cosmetology Training Ctr, Kenilworth	O	
	Cumberland Co Tech Ed Ctr	O	
	Empire Beauty Sch, Bordentown	O	
	Empire Beauty Sch, Cherry Hill	O	
	Empire Beauty Sch, Laurel Springs	O	
	European Acad of Cosmetology	O	
	Natural Motion Inst of Hair Design	O	
	Orange Beauty Sch	O	
	Parisian Beauty Acad	O	
	Reignbow Beauty Acad, North Plainfield	O	
	Reignbow Beauty Acad, Perth Amboy	O	
	Shore Beauty Sch	O	
	Tech Inst of Camden Co	O	
NM	New Mexico Aveda Inst de Belles Artes	O	
	Olympian U of Cosmetology, Alamogordo	O	
	Olympian U of Cosmetology, Las Cruces	O	
NY	American Beauty Inst, Inc, New York	O	
	Brittany Beauty Sch, Bronx	O	
	CAPRI Cosmetology Learning Ctr	O	
	Continental Sch of Beauty Culture, Rochester	O	
	Empire Beauty Sch, Brooklyn	O	
	Empire Beauty Sch, Manhattan	O	
	Empire Beauty Sch, Queens	O	
	Gloria Francis Beauty Inst	O	
	Hair Design Inst at 5th Ave	O	
	John Paul's Hair, Nails, & Skin Care Inst, Ballston Spa	O	
	Learning Inst for Beauty Sci, Hauppauge	O	
	Leon Studio One Sch of Hair Design	O	
	Long Island Beauty Sch, Hempstead	O	
	MarJon Sch of Beauty Culture	O	
	Mid Way Paris Beauty Sch	O	
	New York Inst of Beauty	O	
	New York Intl Beauty Sch LTD	O	
	Northern Westchester Sch of Hairdressing & Cosmetology	O	
	The Orlo Sch of Hair Design	O	
	Phillips Hairstyling Inst	O	
	Shear Ego Intl Sch of Hair Design	O	
	Wilson Tech Ctr	O	
NC	American Acad of Hair Styling Inc	O	
	Cheveux Sch of Hair Design	O	
	Dudley Cosmetology U	O	
	Empire Beauty Sch, Concord	O	
	Empire Beauty Sch, Matthews	O	
	Hairstyling Inst of Charlotte	O	
	Leon's Beauty Sch	O	
	Mr David's Sch of Hair Design	O	
ND	Josef's Sch of Hair Design, Grand Forks	O	
	R.D. Hairstyling C	O	
OH	Aveda Fredric's Inst	O	
	Beatrice Acad of Beauty Corp	O	
	Casal Aveda Inst, Austintown	O	
	Eastern Hills Acad of Hair Design	O	
	Gerber's Akron Beauty Sch	O	
	Inner State Beauty Sch	O	
	Intl Acad of Hair Design, Cincinnati	O	
	Mahoning Co Career & Tech Ctr	O	
	Moler, Hollywood Beauty C	O	
	National Beauty C, Canton	O	
	Nationwide Beauty Acad	O	
	Ohio Acad A Paul Mitchell Partner Sch	O	
	Paramount Beauty Acad/Paramount Inst of Esthetics	O	

	School		
	Salon Schs Group	O	
	Tiffin Acad of Hair Design	O	
	Toledo Acad of Beauty Culture, East	O	
	Toledo Acad of Beauty Culture, North	O	
	Toledo Acad of Beauty Culture, South	O	
	Tri County Beauty C	O	
	Western Hills Sch of Beauty & Hair Design	O	
	Wooster Beauty C	O	
OK	Ardmore Intl C of Beauty	O	
	Broken Arrow Beauty C	O	
	Central State Acad	O	
	Central State Beauty Acad	O	
	Claremore Beauty C	O	
	Clary Sage C	O	
	Enid Beauty C, Inc	O	
	Francis Tuttle Tech Ctr	O	
	Hollywood Cosmetology Ctr	O	
	Jenks Beauty C	O	
	Kiamichi Tech Ctr, Atoka	O	
	Meridian Tech Ctr	O	
	Mid-America Tech Ctr	O	
	Mid-Del Tech Ctr	O	
	Moore-Norman Tech Ctr	O	
	Sand Springs Beauty C	O	
	Southern Oklahoma Tech Ctr	O	
	Tri County Tech Ctr	O	
	Tulsa Tech Ctr	O	
	Woodward Beauty C	O	
OR	Acad of Hair Design, Salem	O	
	C of Cosmetology, Klamath Falls	O	
	C of Hair Design Careers	O	
	Cosmetology Careers Unlimited	O	
	Phagan's Central Oregon Beauty C	O	
	Phagan's Sch of Beauty, Salem	O	
	Portland Beauty Sch	O	
	Roseburg Beauty C	O	
PA	Altoona Beauty Sch, Inc	O	
	Beaver Falls Beauty Acad	O	
	Bucks Co Sch of Beauty Culture, Inc.	A	
	Butler Beauty Sch	O	
	DeRielle Cosmetology Acad	O	
	Empire Beauty Sch, City Center Philadelphia	O	
	Empire Beauty Sch, Exton	O	
	Empire Beauty Sch, Hanover	O	
	Empire Beauty Sch, Harrisburg	O	
	Empire Beauty Sch, Lancaster	O	
	Empire Beauty Sch, Lebanon	O	
	Empire Beauty Sch, Lehigh Valley	O	
	Empire Beauty Sch, Monroeville	O	
	Empire Beauty Sch, North Hills	O	
	Empire Beauty Sch, Philadelphia	O	
	Empire Beauty Sch, Pottsville	O	
	Empire Beauty Sch, Reading	O	
	Empire Beauty Sch, Shamokin Dam	O	
	Empire Beauty Sch, State College	O	
	Empire Beauty Sch, Warminster	O	
	Empire Beauty Sch, West Mifflin	O	
	Empire Beauty Sch, Williamsport	O	
	Empire Beauty Sch, Wyoming Valley	O	
	Empire Beauty Sch, York	O	
	Forbes Rd Career & Tech Ctr	O	
	Great Lakes Inst of Tech	O	
	Kittanning Beauty Inst	O	
	Lancaster Sch of Cosmetology	O	
	Lansdale Sch of Cosmetology	O	
	Laurel Bus Inst	O	A
	Levittown Beauty Acad, LLC	O	
	New Castle Beauty Sch	O	
	Northern Tier Career Ctr	O	
	Penn Commercial, Inc	O	
	Pennsylvania Acad of Cosmetology Arts & Sci, DuBois	O	
	Pruonto's Hair Design Inst, Inc	O	
	PSC Acad	O	
	The Vision Academy - Paul Mitchell Partner Sch	O	
PR	Instituto de Banca y Comercio, Mayaguez	O	
	Instituto de Banca y Comercio, San Juan	O	
	Quality Tech & Beauty C	O	
RI	Arthur Angelo Sch of Cosmetology & Hair Design, Providence	O	
	Paul Mitchell, The Sch, Cranston	O	
SC	Acad of Cosmetology, Charleston	O	
	Acad of Hair Tech	O	
	Columbia Beauty Sch	O	
	LeGrand Inst of Cosmetology, Inc	O	
	Royal Acad	O	
SD	Headlines Acad	O	
	Lake Area Tech Inst	O	
TN	Arnold's Beauty Sch	O	
	Austin's Beauty C	O	

	School		
	Buchanan Beauty C	O	
	East Tennessee Sch of Cosmetology	O	
	Hamblen Sch of Beauty, Inc	O	
	Jenny Lea Acad of Cosmetology, Johnson City	O	
	Knoxville Inst of Hair Design	O	
	Queen City C	O	
	Tennessee Acad of Cosmetology, I, LLC	O	
	Tennessee Acad of Cosmetology, Memphis (7041 Stage Rd, Ste 101)		
	Tennessee Acad of Cosmetology, Memphis (7020 E Shelby Dr 104)	O	
	Tennessee Tech Ctr at Dickson	O	
	Tennessee Tech Ctr at Hohenwald	O	
	Tennessee Tech Ctr at Livingston	O	
	Tennessee Tech Ctr, Oneida/Huntsville	O	
	Tennessee Tech Ctr at Paris	O	
TX	Behold! Beauty Acad	O	
	Career Acad, Texarkana	O	
	Clark Inst of Cosmetology	O	
	Conlee's C of Cosmetology	O	
	Cosmetology Career Ctr, A Paul Mitchell Sch	O	
	Exposito Sch of Hair Design	O	
	Fort Worth Beauty Sch	O	
	Franklin Beauty Sch	O	
	I.T.S. Acad of Beauty, Odessa	O	
	Laredo Beauty C	O	
	Manuel & Theresa's Sch of Hair Design	O	
	Metroplex Beauty Sch	O	
	Milan Inst of Cosmetology, San Antonio (605 SW Military Dr)	O	
	Mims Classic Beauty C	O	
	Ogle Sch of Hair Design, Arlington	O	
	Ogle Sch of Hair Design, Dallas	O	
	Ogle Sch of Hair Design, Fort Worth	O	
	Ogle Sch of Hair Design, Hurst	O	
	San Antonio Beauty C #3	O	
	Star C of Cosmetology, Tyler	O	T
	SW Sch of Bus & Tech Careers, Eagle Pass	O	
	Texas C of Cosmetology, Abilene	O	
	Texas C of Cosmetology, San Angelo	O	
UT	Dallas Roberts Acad of Hair & Aesthetics	O	
	Evan's Hairstyling C, Cedar City	O	
	Image Works Acad of Hair Design	O	
	New Horizons Beauty C	O	
	Ogden-Weber Applied Tech C	O	
	Sherman Kendall's Acad	O	
	Sherman Kendall's Acad of Beauty Arts & Sci, Midvale	O	
VT	O'Briens Training Ctr	O	
	Vermont C of Cosmetology dba The Salon Professional Acad	O	
VA	BarPalma Beauty Careers Acad	O	
	Cosmetology Training Ctr, Fredericksburg	O	
	Culpepper Cosmetology Training Ctr	O	
	Empire Beauty C, Midlothian	O	
	Empire Beauty Sch, Richmond	O	
	Graham Webb Intl Acad of Hair	O	T
	Heritage Inst, Manassas		A
	Hick's Acad of Beauty Culture	O	
	Staunton Sch of Cosmetology	O	
	Suffolk Beauty Acad	O	
	Summit Sch of Cosmetology	O	
	Virginia Sch of Hair Design	O	
WA	Bates Tech C	O	A
	Bellevue Beauty Sch	O	
	Bellingham Beauty Sch, Inc	O	
	B.J.'s Beauty & Barber C, Tacoma	O	
	Cascade Beauty C, LLC	O	
	Chetta's Acad of Hair & Nails, Port Angeles	O	
	Clare's Beauty C	O	
	Clover Park Tech C	O	
	Evergreen Beauty & Barber C	O	
	Glen Dow Acad of Hair Design	O	
	Greenwood Acad of Hair	O	
	The Hair Sch	O	
	Kirkland Beauty Sch	O	
	Milan Inst of Cosmetology, Everett	O	
	Renton Tech C	O	
	Stylemasters C of Hair Design	O	
	Vancouver Sch of Beauty	O	
	Yakima Beauty Sch Beauty Works	O	
WV	Beckley Beauty Acad	O	
	Clarksburg Beauty Acad & Sch of Massage Therapy	O	
	Huntington Sch of Beauty Culture	O	
	Marion Co Voc Tech Ctr	O	

	Morgantown Beauty C, Inc	O
	Mountaineer Beauty C	O
	Scott C of Cosmetology	O
WI	Gill-Tech Acad	O
	Martin's C of Cosmetology, Appleton	O
	Martin's Sch of Hair Design, Green Bay	O
	Martin's Sch of Hair Design, Manitowoc	O
	Professional Hair Design Acad	O
	Scientific C of Beauty & Barbering	O
	State C of Beauty Culture, Inc	O
	Wisconsin C of Cosmetology	O
WY	Acad of Hair Design, Casper	O
	C of Cosmetology, Gillette	O
	Rocky Mountain Acad of Hair Design	O

COSMETOLOGY INSTRUCTOR TRAINING

AL	Bishop State Comm C, Southwest Campus	O
	Scientific Beauty Acad	O
	Wallace Comm C, Wallace Campus	O
AZ	Carsten Inst of Hair & Beauty	O
	Earl's Acad of Beauty	O
	Intl Acad of Hair Design, Tempe	O
	Turning Point Beauty C, Inc	O
AR	Arkadelphia Beauty C	O
	Arkansas Acad of Hair Design II, Paragould	O
	Arkansas Acad of Hair Design, Jonesboro	O
	Arkansas Acad of Hair Design, Paragould	O
	Arkansas Beauty C	O
	Arkansas Beauty Sch, Little Rock	O
	Bee Jay's Hairstyling Acad, Little Rock	O
	Career Acad of Hair Design	O
	Crowley's Ridge Tech Inst	O
	Eaton Beauty Stylist C, Inc	O
	Mellie's Beauty C	O
	Searcy Beauty C	O
CA	Advance Beauty C	O
	American Beauty Acad, Brawley	O
	Asian American Intl Beauty C	O
	Bridges Acad of Beauty	O
	Career Acad of Beauty, Anaheim	O
	Career C of Cosmetology	O
	Champion Inst of Cosmetology	O
	Chico Beauty C	O
	Citrus Heights Beauty C	O
	COBA Acad	O
	Federico Beauty Inst	O
	Fredrick & Charles Beauty C	O
	Intl Acad of Cosmetology	O
	Marinello Sch of Beauty, City of Industry	O
	Miss Marty's Hair Acad & Esthetic Inst	O
	Monterey Acad of Hair Design	O
	My-Le's Beauty C	O
	Royale C of Beauty	O
	Universal C of Beauty, Compton	O
	Victor Valley Beauty C	O
CO	Xenon Intl	O
CT	Intl Inst of Cosmetology	O
DE	Schilling-Douglas Sch of Hair Design	O
FL	Acad of Professional Careers, Winter Park	O
	ASM Beauty World Acad	O
	Intl Sch of Health & Beauty	O
	Loraine's Acad	O
	Margate Sch of Beauty	O
	Maya's Sch of Beaute, Inc	O
GA	Acad of Hair Arts & Design	O
	Cobb Beauty C, Inc	O
	Georgia Inst of Cosmetology	O
	Michael's Sch of Beauty	O
	Michael's Sch of Beauty - Augusta Campus	O
	Rivertown Sch of Beauty, Barber, Skin Care, Nails	O
	Southeastern Beauty, Barber Sch	O
	Southeastern Beauty Sch	O
	Vogue Beauty Sch, Hiram	O
ID	Cosmetology Sch of Arts & Sci	O
	D & L Acad of Hair Design	O
	Headmasters Sch of Hair Design, Boise	O
	The Headmasters Sch of Hair Design, Coeur d' Alene	O
	The Headmasters Sch of Hair Design II	O
	Headmasters Sch of Hair Design, Lewiston	O
	Razzle Dazzle C of Hair Design	O
	Sch of Hairstyling/Pocatello Beauty Acad	O
IL	AAAAA Beauty Acad	O

	Alvareita's C of Cosmetology, Belleville	O
	Alvareita's C of Cosmetology, Edwardsville	O
	Alvareita's C of Cosmetology, Godfrey	O
	Cannella Sch of Hair Design, Blue Island	O
	Career Logics Inst of Hairdesign	O
	Concept C of Cosmetology	O
	Cosmetology & Spa Inst	O
	Dorothy Chrysler Sch, Beauty Culture	O
	Du Quion Beauty C	O
	EDUCATORS of Beauty, La Salle	O
	EDUCATORS of Beauty, Rockford	O
	EDUCATORS of Beauty, Sterling	O
	Hairmasters Inst of Cosmetology	O
	Hair Professionals Career C, Palos Hills	O
	Hair Professionals Career C, Sycamore	O
	La'James C of Hairstyling, East Moline	O
	Mr John's Sch of Cosmetology, Esthetics & Nails	O
	Mr John's Sch of Cosmetology & Nails	O
	New Image Cosmetology Tech Ctr	O
	Niles Sch of Cosmetology	O
	Oehrlein Sch of Cosmetology	O
	Pivot Point Intl Acad-Bloomingdale	O
	Professional's Choice Hair Design Acad	O
	Steven Papageorge Hair Academy	O
	Vee's Sch of Beauty Culture	O
IN	Crown C of Cosmetology	O
	Knox Beauty C	O
	Merrillville Beauty C	O
	Ravenscroft Beauty C	O
	Rudae's Beauty C	O
	Vincennes Beauty C	O
IA	Capri C, Cedar Rapids	O
	Capri C, Dubuque	O
	Iowa Sch of Beauty, Des Moines	O
	Iowa Sch of Beauty, Marshalltown	O
	La'James C of Hairstyling, Cedar Falls	O
	La'James C of Hairstyling, Davenport	O
	La'James C of Hairstyling, Mason City	O
	La'James Intl C, Fort Dodge	O
	La'James Intl C, Iowa City	O
	La'James Intl C, Johnston	O
	Total Look Sch of Cosmetology & Massage Therapy	O
KS	B-Street Design Sch of Intl Hair Styling, Overland Park	O
	B-Street Design Sch of Intl Hair Styling, Wichita	O
	Crum's Beauty C	O
	Old Town Barber & Beauty C	O
	Vernon's of Emporia	O
	Xenon Intl Acad	O
KY	Eastern Sch of Hair Design	O
	Hair Design Sch, Florence	O
	Hair Design Sch, Louisville (5120 Dixie Hwy)	O
	Hair Design Sch, Louisville (1049 Bardstown Rd)	O
	J & M Acad of Cosmetology	O
	Madisonville Beauty C	O
	Nu-Tek Acad of Beauty	O
	Pat Wilson Beauty C	O
	Salen Professional Academy	O
	Trend Setters Acad of Beauty Culture, Elizabethtown	O
LA	Aveda Inst New Orleans	O
	Cosmetology Trainiing Ctr, Lafayette	O
	Denham Springs Beauty C	O
	Guy's Acad	O
	Louisiana Acad of Beauty	O
	Opelousas Sch of Cosmetology	O
	Pat Goins Monroe Beauty Sch	O
	Pat Goins Ruston Beauty Sch	O
ME	Bernard's Sch of Hair Fashion	O
	Mr Bernard's Sch of Hair Fashion	O
	Pierre's Sch of Cosmetology, Portland	O
MD	Maryland Beauty Acad	O
MI	Bayshire Beauty Acad	O
	Brighton Inst of Cosmetology	O
	Chic Univ of Cosmetology, Portage	O
	Douglas J Aveda Inst, Ann Arbor	O
	Douglas J Aveda Inst, East Lansing	O
	Excel Acad of Cosmetology, Kentwood	O
	Excel Acad of Cosmetology, Lansing	O
	French Acad of Cosmetology, Inc	O
	The Gallery C of Beauty	O
	Houghton Lake Inst of Cosmetology	O
	Michigan C of Beauty, Monroe	O
	Mr David's Sch of Cosmetology	O
	Nuvo C of Cosmetology	O

	Sharps Acad of Hairstyling, Grand Blanc		O
	Taylortown Sch of Beauty		O
	Traverse City Beauty C		O
	Wright Beauty Acad, Battle Creek		O
MN	Central Beauty Sch		O
	The Salon Professional Acad-New Hope (4411 Winnetka Ave N)		O
MS	Chris' Beauty C		O
	Creations C of Cosmetology		O
	Magnolia C of Cosmetology		O
	Mississippi C of Beauty Culture		O
MO	Abbott Acad of Cosmetology Arts & Sci		O
	Adam & Eve C of Cosmetology		O
	Chillicothe Beauty Acad, Inc		O
	Dillard's Hair & Nail Sch		O
	House of Heavilin Beauty C-Blue Springs		O
	House of Heavilin Beauty C-Grandview		O
	Independence C of Cosmetology		O
	Merrell U of Beauty Arts & Sci		O
	Neosho Beauty C		O
	New Dimensions Sch of Hair Design		O
	Paris II Ed Ctr		O
	Patsy & Rob's Acad of Beauty, Cottleville		O
	Patsy & Rob's Acad of Beauty, St Ann		O
	Salem C of Hairstyling Acad		O
	St Louis Hair Acad, Inc		O
MT	Blanco, Blanco Cosmetology Sch		O
NE	Capitol Sch of Hairstyling & Esthetics		O
	La'James Intl C, Fremont		O
	North Platte Beauty Acad		O
	Xenon Intl Academy		O
NV	Carson City Beauty Acad		O
NH	New England Sch of Hair Design		O
NJ	Artistic Acad		O
	Capri Inst/Cosmetology Training Ctr, Bricktown		O
	Capri Inst/Cosmetology Training Ctr, Kenilworth		O
	Reignbow Beauty Acad, North Plainfield		O
NM	New Mexico Aveda Inst de Belles Artes		O
	Olympian U of Cosmetology, Alamogordo		O
NY	John Paul's Hair, Nails, & Skin Care Inst, Ballston Spa		O
NC	American Acad of Hair Styling Inc		O
	Cheveux Sch of Hair Design		O
	Dudley Cosmetology U		O
	Leon's Beauty Sch		O
	Mr David's Sch of Hair Design		O
ND	R.D. Hairstyling C	T	O
OH	Casal Aveda Inst, Austintown		O
	Intl Acad of Hair Design, Cincinnati		O
	Moler, Hollywood Beauty C		O
	Salon Schs Group		O
OK	Ardmore Intl C of Beauty		O
	Broken Arrow Beauty C		O
	Central State Acad		O
	Central State Beauty Acad		O
	Claremore Beauty C		O
	Clary Sage C		O
	Enid Beauty C, Inc		O
	Hollywood Cosmetology Ctr		O
	Jenks Beauty C		O
	Kiamichi Tech Ctr, Atoka		O
	Sand Springs Beauty C		O
	Tri County Tech Ctr		O
	Woodward Beauty C		O
OR	C of Cosmetology, Klamath Falls		O
	C of Hair Design Careers		O
	Cosmetology Careers Unlimited		O
	Phagan's Central Oregon Beauty C		O
	Phagan's Sch of Beauty, Salem		O
	Portland Beauty Sch		O
PA	Altoona Beauty Sch, Inc		O
	Beaver Falls Beauty Acad		O
	Butler Beauty Sch		O
	DeRielle Cosmetology Acad		O
	Empire Beauty Sch, Lancaster		O
	Kittanning Beauty Sch		O
	Lancaster Sch of Cosmetology		O
	Lansdale Sch of Cosmetology		O
	Levittown Beauty Acad, LLC		O
	New Castle Beauty Sch		O
	Pruonto's Hair Design Inst, Inc		O
	PSC Acad		O
	The Vision Academy - Paul Mitchell Partner Sch		O
RI	Arthur Angelo Sch of Cosmetology & Hair Design, Providence		O
	Paul Mitchell, The Sch, Cranston		O
SC	Royal Acad		O
TN	Arnold's Beauty Sch		O

	School	O	A	T
	Austin's Beauty C	O		
	Buchanan Beauty C	O		
	East Tennessee Sch of Cosmetology	O		
	Jenny Lea Acad of Cosmetology, Johnson City	O		
	Knoxville Inst of Hair Design	O		
	Queen City C	O		
	Tennessee Acad of Cosmetology, I, LLC	O		
	Tennessee Acad of Cosmetology, Memphis (7041 Stage Rd, Ste 101)	O		
	Tennessee Acad of Cosmetology, Memphis (7020 E Shelby Dr 104)	O		
TX	Behold! Beauty Acad	O		
	Career Acad, Texarkana	O		
	Clark Inst of Cosmetology	O		
	Conlee's C of Cosmetology	O		
	Cosmetology Career Ctr, A Paul Mitchell Sch	O		
	Exposito Sch of Hair Design	O		
	Fort Worth Beauty Sch	O		
	Franklin Beauty Sch	O		
	I.T.S. Acad of Beauty, Odessa	O		
	Laredo Beauty C	O		
	Manuel & Theresa's Sch of Hair Design	O		
	Metroplex Beauty Sch	O		
	Milan Inst of Cosmetology, SanAntonio (605 SW Military Dr)	O		
	Mims Classic Beauty C	O		
	Ogle Sch of Hair Design, Arlington	O		
	Ogle Sch of Hair Design, Dallas	O		
	Ogle Sch of Hair Design, Fort Worth	O		
	Ogle Sch of Hair Design, Hurst	O		
	San Antonio Beauty C #3	O		
	Star C of Cosmetology, Tyler	O		T
	SW Sch of Bus & Tech Careers, Eagle Pass	O		
	Texas C of Cosmetology, Abilene	O		
	Texas C of Cosmetology, San Angelo	O		
UT	Ogden-Weber Applied Tech C	O		
	Sherman Kendall's Acad	O		
VA	Cosmetology Training Ctr, Fredericksburg	O		
	Culpepper Cosmetology Training Ctr	O		
	Suffolk Beauty Acad	O		
	Summit Sch of Cosmetology	O		
	Virginia Sch of Hair Design	O		
WA	Aesthetics NW Inst	O		
	Bellingham Beauty Sch, Inc	O		
	B.J.'s Beauty & Barber C, Tacoma	O		
	Cascade Beauty C, LLC	O		
	Chetta's Acad of Hair & Nails, Port Angeles	O		
	Clare's Beauty C	O		
	Evergreen Beauty & Barber C	O		
	Glen Dow Acad of Hair Design	O		
	The Hair Sch	O		
	Milan Inst of Cosmetology, Everett	O		
	Stylemasters C of Hair Design	O		
	Vancouver Sch of Beauty	O		
	Yakima Beauty Sch Beauty Works	O		
WV	Morgantown Beauty C, Inc	O		
WI	Gill-Tech Acad	O		
	Martin's C of Cosmetology, Appleton	O		
	Martin's Sch of Hair Design, Green Bay	O		
	Martin's Sch of Hair Design, Manitowoc	O		
	Professional Hair Design Acad	O		
WY	Acad of Hair Design, Casper	O		
	C of Cosmetology, Gillette	O		
	Rocky Mountain Acad of Hair Design	O		

COURT REPORTING (INCLUDES COMPUTER OPERATIONS)

	School	O	A	T
CA	Charles A Jones Skills & Bus Ed Ctr	O		
	Sage C, Moreno Valley	O	A	
	Sage C, San Diego	O		
	Sierra Valley Bus C	O		
FL	Atlantic Tech Ctr-Coconut Creek Campus	O		
	Erwin Tech Ctr	O		
	Key C		A	
	Sarasota Co Tech Inst	O		
	Stenotype Inst of Jacksonville, Orlando	O		
	Winter Park Tech	O		
GA	Brown C of Court Reporting & Med Transcription	O	A	
IL	Sparks C	O		
IN	C of Court Reporting		A	
NY	Long Island Bus Inst, Commack	O	A	
	Long Island Bus Inst, Flushing		A	
OH	Stautzenberger C, Strongsville	O	A	
OR	C of Legal Arts	O		

	School	O	A	T
TX	Intl Bus C, Lubbock	O		
WI	Lakeshore Tech C		A	

COURT REPORTING (VOICE WRITING)

	School	O	A	T
FL	Atlantic Tech Ctr-Coconut Creek Campus	O		
	Winter Park Tech	O		
OH	Stautzenberger C, Strongsville	O	A	

COURT TRANSCRIPTION (INCLUDES COMPUTER-AIDED TRANSCRIPTION)

	School	O	A	T
CA	Charles A Jones Skills & Bus Ed Ctr	O		
FL	Key C		A	
	Sarasota Co Tech Inst	O		
	Stenotype Inst of Jacksonville, Orlando	O		
IN	C of Court Reporting		A	
OH	Stautzenberger C, Strongsville	O	A	
WA	Bates Tech C	O		

CRANIOSACRAL THERAPY

	School	O	A	T
CA	Kali Inst for Massage & Somatic Therapies	O		
CO	Colorado Sch of Energy Studies	O		
MA	Kripalu Ctr	O		
MI	Alternative Healing Inc	O		

CREDIT & COLLECTIONS

	School	O	A	T
MN	St Cloud Tech C	O	A	T

CRIMINAL JUSTICE

	School	O	A	T
AZ	Tucson C	O		
AR	Remington C - Little Rock Campus		A	
CA	Antelope Valley Med C	O	A	
	Friedman C - Nick Harris Detective Acad	O		
	Imperial Valley ROP	O		
	LaPuente Valley ROP	O		
	Maric C, Bakersfield		A	
	Maric C, Sacramento		A	
	Maric C, Salida		A	
	Martinez Adult Ed	O		
	North Orange Co ROP	O		
	Santa Barbara Bus C	O	A	
CO	Denver Career C		A	
	Everest C, Aurora		A	
FL	Sarasota Co Tech Inst	O		
	Southwest Florida C, Tampa		A	
	Washington-Holmes Tech Ctr	O		
GA	Altamaha Tech C, Jesup	O	A	
	Central Georgia Tech C	O	A	
	Chattahoochee Tech C	O	A	
	East Central Tech C	O	A	
	Okefenokee Tech C	O	A	
	Southeastern Tech C, Vidalia	O	A	
	Southwest Georgia Tech C	O	A	
	Swainsboro Tech C	O	A	
IN	Indiana Bus C, Anderson		A	
	Indiana Bus C, Downtown Indianapolis		A	
	Indiana Bus C, Elkhart		A	
	Indiana Bus C, Evansville		A	
	Indiana Bus C, Fort Wayne		A	
	Indiana Bus C, Marion		A	
	Indiana Bus C, Muncie		A	
KS	Johnson Co Comm C, Overland Park			T
LA	Remington C - Lafayette Campus		A	
	Sowela Tech Comm C		A	
MA	Quincy C		A	T
MO	Allied C, S		A	
NY	Bryant & Stratton C, Syracuse		A	
	Ridley-Lowell Bus & Tech Inst, Binghamton	O		
	Ridley-Lowell Bus & Tech Inst, Poughkeepsie	O		
NC	American Inst of Applied Sci	O		
OH	Brown Mackie C, Cincinnati	O	A	
	Mahoning Co Career & Tech Ctr	O		
	Marion Tech C	O	A	T
	Ohio Inst of Photography & Tech	O	A	
	Tech Ed C		A	
PA	Computer Learning Network – Resident Sch	O		
	Lansdale Sch of Bus	O		
	Lehigh Valley C		A	
	The PJA Sch	O	A	T
RI	Gibbs C, Cranston		A	
SC	Greenville Tech C		A	
WI	Blackhawk Tech C	O		
	Lakeshore Tech C		A	
	Western Tech C, La Crosse		A	T

CRUISE RESERVATIONS

	School	O	A	T
MO	Bryan C, Springfield	O		

CULINARY ARTS (CHEF & COOK TRAINING)

	School	O	A	T
CA	Antelope Valley Med C	O	A	
	California Culinary Acad		A	
	Charles A Jones Skills & Bus Ed Ctr	O		
	LaPuente Valley ROP	O		
	North Orange Co ROP	O		
	Opportunities Industrialization Ctr West	O		
	Sacramento Co ROP	O		
	Sacramento Job Corps Ctr	O		
	Sunnyvale-Cupertino Adult Ed Program	O		
	West Valley Occ Ctr	O		
CT	Connecticut Culinary Inst, Farmington	O		
FL	Atlantic Tech Ctr-Coconut Creek Campus	O		
	Erwin Tech Ctr	O		
	First Coast Tech Inst	O		
	Lake Tech Ctr	O		
	Lee Co High Tech Central	O		
	Lincoln C of Tech	O	A	
	Manatee Tech Inst	O		
	McFatter Tech Ctr	O		
	Miami Lakes Ed Ctr	O		
	Pinellas Tech Ed Ctr, Clearwater	O		
	Sarasota Co Tech Inst	O		
	Suwannee-Hamilton Tech Ctr	O		
	Washington-Holmes Tech Ctr	O		
	Withlacoochee Tech Inst	O		
GA	Altamaha Tech C, Jesup	O		
	Chattahoochee Tech C	O	A	
	North Georgia Tech C, Clarkesville		A	
HI	Travel Inst of the Pacific	O		
IN	Indiana Bus C, Downtown Indianapolis		A	
KS	Johnson Co Comm C, Overland Park	O	A	
	Kansas City Kansas Area Tech Sch	O		
	North Central Kansas Tech C	O		
LA	Louisiana Culinary Inst	O	A	
	Louisiana Tech C, Baton Rouge Campus	O		
	Louisiana Technical C, Baton Rouge	O		
	Sowela Tech Comm C	O		
MA	Branford Hall Career Inst, Springfield	O		
	Cape Cod Reg Tech HS	O		
MN	Hennepin Tech C, Brooklyn Park Campus	O	A	
	St Cloud Tech C	O		
MS	Mississippi Job Corps Ctr	O		
NJ	Atlantic Co Inst of Tech	O		
	Tech Inst of Camden Co	O		
NY	Culinary Acad of Long Island	O		
	Wilson Tech Ctr	O		
OH	Carnegie Inst of Integrative Med & Massotherapy		A	
	Mahoning Co Career & Tech Ctr	O		
OK	Francis Tuttle Tech Ctr	O		
	Great Plains Tech Ctr, Lawton	O		
	Platt C, Oklahoma City		A	
	Tri County Tech Ctr	O		
	Tulsa Tech Ctr	O		
PA	Commonwealth Tech Inst at H GAndrews Ctr	O	A	
	Forbes Rd Career & Tech Ctr	O		
	JNA Inst of Culinary Arts	O	A	
	Keystone Tech Inst		A	
	Northern Tier Career Ctr	O		
PR	Globelle Tech Inst	O		
	Instituto de Banca y Comercio, Mayaguez	O		
	Instituto de Banca y Comercio, San Juan	O		
	Monteclaro Sch of Hosp & Culinary Arts	O		
	Ponce Paramedical C, Coto Laurel	O		
	Ponce Paramedical C, Ponce	O		
SC	Greenville Tech C		A	
SD	Mitchell Tech Inst	O		
TX	Aims Acad, Carrollton	O		
	Culinary Acad of Austin	O		
	Culinary Inst Alain & Marie Lenorte	O		
	David L Carrasco Job Corps Ctr	O		
	Lamar Inst of Tech	O	A	
UT	Ogden-Weber Applied Tech C	O	A	
VT	New England Culinary Inst		A	
WA	Bates Tech C	O	A	
	Bellingham Tech C	O	A	
	Intl Air & Hospitality Academy	O		
	Renton Tech C	O	A	T
WV	Monongalia Co Tech Ed Ctr	O		
WI	Blackhawk Tech C		A	
	Western Tech C, La Crosse		A	

CUSTOM CAR ACCESSORIES DESIGN

	School	O	A	T
NJ	Metro Auto Electronics Training Inst	O		

CUSTOMER SERVICES

State	School	O	A	T
CA	Charles A Jones Skills & Bus Ed Ctr	O		
	Martinez Adult Ed	O		
	Sacramento Job Corps Ctr	O		
FL	Maya's Sch of Beaute, Inc	O		
	Washington-Holmes Tech Ctr	O		
GA	Altamaha Tech C, Jesup	O		
	Southwest Georgia Tech C	O		
IL	Spanish Coalition for Jobs, Inc.	O		
MO	Bryan C, Springfield	O		
NY	Career Inst of Health & Tech, Garden City	O		
TX	Career Quest	O		
UT	Ogden-Weber Applied Tech C	O		
WI	Milwaukee Career C	O		

CUSTOM FABRICATION AND ENCLOSURE DESIGN

State	School	O	A	T
NJ	Metro Auto Electronics Training Inst	O		

CYTOTECHNOLOGY & CYTOLOGY

State	School	O	A	T
NY	Memorial Sloan-Kettering Cancer Ctr, Sch of Cytotechnology	O		
WI	State Lab of Hygiene, Cytotechnology	O		

DAIRY HERD MANAGEMENT

State	School	O	A	T
WI	Lakeshore Tech C	O		

DANCE

State	School	O	A	T
CA	LaPuente Valley ROP	O		
CT	The Hartford Conservatory	O		
MI	Interlochen Arts Acad	O		
NY	Dance Theatre of Harlem	O		
	Martha Graham Sch of Contemporary Dance	O		
	Merce Cunningham Dance Studio	O		

DATA BASE MANAGEMENT

State	School	O	A	T
CA	C of Information Tech	O		
	Sacramento Co ROP	O		
	West Valley Occ Ctr	O		
GA	Altamaha Tech C, Jesup	O		
KS	Johnson Co Comm C, Overland Park	O	A	
ME	Northeast Tech Inst	O		
MN	Dakota Co Tech C	O	A	
MO	American C of Tech		A	T
	Bryan C, Springfield	O		
OH	Brown Mackie C, Cincinnati		A	
OK	Oklahoma Technology Inst	O		
TN	Tennessee Tech Ctr at McMinnville	O		
TX	American Commercial C, Wichita Falls	O		

DATA COMMUNICATIONS

State	School	O	A	T
CA	Applied Professional Training, Inc	O		
MO	Bryan C, Springfield	O		
OH	Cleveland Inst of Electronics	O		
PA	Pace Inst	O		

DATA ENTRY (INCLUDES TERMINAL & KEYPUNCH OPERATIONS)

State	School	O	A	T
CA	Compton Adult Sch	O		
	Martinez Adult Ed	O		
	MTI Bus C	O		
	Opportunities Industrialization Ctr West	O		
	Premiere Career C	O		
GA	Chattahoochee Tech C	O		
IL	The C of Office Tech	O		
KS	Johnson Co Comm C, Overland Park	O	A	
ME	Northeast Tech Inst	O		
MN	St Cloud Tech C	O		
MO	Bryan C, Springfield	O		
OK	Indian Capital Tech Ctr - Tahlequah-Bill Willis Campus	O		
PA	Pace Inst	O		
PR	Centro de Capacitacion y Asesocamiento, Caquas	O		
	Instituto de Banca y Comercio, San Juan	O		
	MBTI Bus Training Inst	O		
	Trinity C of Puerto Rico	O		
TN	Tennessee Tech Ctr at McMinnville	O		
TX	American Commercial C, Wichita Falls	O		
	David L Carrasco Job Corps Ctr	O		
WA	Bellingham Tech C	O		

DATA PROCESSING

State	School	O	A	T
CA	Opportunities Industrialization Ctr West	O		
	Premiere Career C	O		
FL	Pinellas Tech Ed Ctr, Clearwater	O		
GA	Okefenokee Tech C	O	A	
KS	Johnson Co Comm C, Overland Park	O	A	
	North Central Kansas Tech C	O		
KY	Ohio Co Area Tech Ctr	O		
LA	Louisiana Tech C, Northeast Louisiana Campus	O		
MA	Quincy C	O		
MO	Bolivar Tech C	O	A	
	Branson Tech C	O		
	Bryan C, Springfield	O		
	Metro Bus C, Jefferson City	O		
	Texas Co Tech Inst	O		
OH	Gallipolis Career C	O	A	
	Mahoning Co Career & Tech Ctr	O		
OK	Mid-America Tech Ctr	O		
PA	Consolidated Sch of Bus, Lancaster	O	A	
	Consolidated Sch of Bus, York	O	A	
	Pace Inst	O		
TN	Tennessee Tech Ctr at McMinnville	O		
TX	American Commercial C, Odessa	O		
	American Commercial C, Wichita Falls	O		
	David L Carrasco Job Corps Ctr	O		
WV	Garnet Career Ctr	O		

DATA PROCESSING, ACCOUNTING

State	School	O	A	T
IL	Solex Acad	O		
KS	Northwest Kansas Tech C	O	A	
KY	Ohio Co Area Tech Ctr	O		
MO	Bryan C, Springfield	O		
PA	Laurel Bus Inst		A	
	Pace Inst	O		
TN	Tennessee Tech Ctr at McMinnville	O		
TX	American Commercial C, Wichita Falls	O		
	MTI C of Bus & Tech, Houston	O	A	

DATA PROCESSING, BUSINESS

State	School	O	A	T
CA	Opportunities Industrialization Ctr West	O		
KS	Johnson Co Comm C, Overland Park	O	A	
	North Central Kansas Tech C	O		
KY	KY Tech-Harrison Area Tech Ctr	O		
	Ohio Co Area Tech Ctr	O		
MN	South Central C, Faribault	O		
MO	Bryan C, Springfield	O		
NY	Utica Sch of Commerce, Utica	O	A	T
OH	Ohio Bus C, Sandusky	O		
PA	Pace Inst	O		
TN	Tennessee Tech Ctr at McMinnville	O		
TX	American Commercial C, Wichita Falls	O		

DATA PROCESSING EQUIPMENT MAINTENANCE

State	School	O	A	T
MO	Bryan C, Springfield	O		
PA	Pace Inst	O		
TN	Tennessee Tech Ctr at McMinnville	O		
TX	Lamar Inst of Tech	O		
WA	Clover Park Tech C	O		

DATA PROCESSING, MANAGEMENT

State	School	O	A	T
MO	Bryan C, Springfield	O		
NY	The C of Westchester	O		
PA	Pace Inst	O		
TN	Tennessee Tech Ctr at McMinnville	O		

DATA PROCESSING, MEDICAL

State	School	O	A	T
CA	Opportunities Industrialization Ctr West	O		
IL	Computer Sys Inst	O		
	Solex Acad	O		
ME	Northeast Tech Inst	O		
PA	Pace Inst	O		
TN	Tennessee Tech Ctr at McMinnville	O		
TX	American Commercial C, Wichita Falls	O		

DAY CARE MANAGEMENT

State	School	O	A	T
CA	LaPuente Valley ROP	O		
	West Valley Occ Ctr	O		
FL	First Coast Tech Inst	O		
	Sarasota Co Tech Inst	O		
TX	Lamar Inst of Tech		A	
WA	Bates Tech C	O	A	

DENTAL ASSISTING

State	School	O	A	T
AZ	Apollo C, Phoenix	O		
	Apollo C, Tri-City	O		
	Apollo C, Tucson	O		
	Arizona C of Allied Health	O		
	Pima Med Inst, Mesa	O		
	Pima Med Inst, Tucson	O		
CA	49er ROP	O		
	California C of Voc Careers	O		
	Clarita Career C	O		
	C of Information Tech	O		
	Concorde Career C, San Bernardino	O		
	Concorde Career C, San Diego	O		
	DVS C, Los Angeles	O		
	Galen C of Med & Dental Assist, Fresno	O		
	Galen C of Med & Dental Assist, Modesto	O		
	Maric C, Bakersfield	O		
	Maric C, Salida	O		
	Maric C, Stockton	O		
	North Orange Co ROP	O		
	Sacramento Co ROP	O		
	Tri-Cities ROP	O		
CO	Concorde Career C, Aurora	O		
	IntelliTec C, Grand Junction	O		
	IntelliTec Med Inst	O		
	Pickens Tech C	O		T
CT	Windham Tech High Sch	O		
FL	Angley C, Deland	O		T
	Atlantic Tech Ctr-Coconut Creek Campus	O		
	Central Florida Inst, Palm Harbor (30522 US Hwy 19 N)	O		
	Central Florida Inst, Palm Harbor (30522 US Hwy 19 N Ste 300)	O		
	Erwin Tech Ctr	O		
	Intl Sch of Health & Beauty	O		
	Lincoln C of Tech	O	A	
	Manatee Tech Inst	O		
	Orlando Tech	O		
GA	Columbus Tech C	O	A	
	Medix Sch, Smyrna	O		
ID	Apollo C, Boise	O		
	Eastern Idaho Tech C	O		
IL	Illinois Sch of Health Careers, Chicago	O		
IN	Kaplan C, Indianapolis	O		
IA	Vatterott C, Des Moines	O	A	
KS	Salina ATS	O		
	Wichita Area Tech C	O		
LA	Ascension C	O		
MA	Cape Cod Reg Tech HS	O		
	McCann Tech Sch	O		
	Southeastern Tech Inst	O		
MN	Dakota Co Tech C	O	A	
	Hennepin Tech C, Brooklyn Park Campus	O	A	
	Minnesota W Comm & Tech C, Canby	O	A	
	St Cloud Tech C	O	A	
MO	Allied C, S	O	A	
	Nichols Career Ctr	O		
NE	Vatterott C, Spring Valley Campus	O		
NV	Northwest Health Careers	O		
	Pima Medical Inst, Las Vegas	O		
NJ	Atlantic Co Inst of Tech	O		
	Central Career Sch	O		
	Cumberland Co Tech Ed Ctr	O		
	Tech Inst of Camden Co	O		
NM	Pima Med Inst, Albuquerque	O		
NY	New York Sch for Med & Dental Asst	O		
OH	Akron Inst	O		
	Choffin Sch of Accredited Dental Assisting	O		
	Cleveland Inst of Dental-Medical Asst, Cleveland	O		
	Cleveland Inst of Dental-Medical Asst, Mentor	O		
	Inst of Med & Dental Tech	O		
OK	Comm Care C	O	A	
	Indian Capital Tech Ctr - Tahlequah-Bill Willis Campus	O		
	Moore-Norman Tech Ctr	O		
	Platt C, Oklahoma City	O		
	Southern Oklahoma Tech Ctr	O		T
	Tri County Tech Ctr	O		
	Tulsa Tech Ctr	O		
OR	Abdill Career C, Inc	O		
	Apollo C, Portland	O		
	Concorde Career Inst, Portland	O		
PA	Allied Med & Tech Inst, Scranton	O		
	Career Training Acad, New Kensington	O		
	Career Training Acad, Pittsburgh	O		
	Commonwealth Tech Inst at H G Andrews Ctr	O		
	Delaware Valley Acad of Med & Dental Asst	O		
	Forbes Rd Career & Tech Ctr	O		
	Greater Altoona Career & Tech Ctr	O		
	Great Lakes Inst of Tech	O		
	Keystone Tech Inst		A	
PR	Antilles Sch of Tech Careers, San Juan	O		
	Antilles Sch of Tech Careers, Santurce	O		
	Instituto de Banca y Comercio, San Juan	O		
	Ponce Paramedical C, Coto Laurel	O		
	Ponce Paramedical C, Ponce	O		
SC	Greenville Tech C	O		
SD	Lake Area Tech Inst	O	A	
TN	Tennessee Tech Ctr at Dickson	O		

	Tennessee Tech Ctr at Murfreesboro	O		
	Tennessee Tech Ctr at Shelbyville	O		
TX	Allied Health Careers	O		
	Concorde Career Inst, Arlington	O		
	National Inst of Tech, Houston	O		
	Pinnacle Career Ctr	O		
UT	American Inst of Med & Dental Tech, Provo	O		
	AmeriTech C, Draper	O		
	Certified Careers Inst, Salt Lake City	O		
	Ogden-Weber Applied Tech C	O		
VA	ACT C, Arlington	O		
WA	Apollo C, Spokane	O		
	Bates Tech C	O	A	
	Bellingham Tech C	O		
	Clover Park Tech C	O		
	Pima Med Inst, Renton	O		
	Pima Med Inst, Seattle	O		
	Renton Tech C	O	A	T
WV	Monongalia Co Tech Ed Ctr	O		
	Putnam Career & Tech Ctr	O		
WI	Blackhawk Tech C	O		
	Lakeshore Tech C	O		
	Western Tech C, La Crosse	O		

DENTAL HYGIENE

GA	Middle Georgia Tech C		A	
ID	Apollo C, Boise		A	
KS	Johnson Co Comm C, Overland Park	O	A	
MN	St Cloud Tech C		A	
MO	Rolla Tech Ctr/Inst	O		
OH	Rhodes State C		A	
SC	Greenville Tech C		A	
TX	Lamar Inst of Tech		A	
WI	Lakeshore Tech C		A	
	Western Tech C, La Crosse		A	

DENTAL LABORATORY TECHNOLOGY

CA	North Orange Co ROP	O		
	Simi Valley Adult Sch	O		
FL	McFatter Tech Ctr	O		
OK	Moore-Norman Tech Ctr	O		
PA	Commonwealth Tech Inst at H GAndrews Ctr		A	
UT	American Inst of Med & Dental Tech, Provo	O		
	AmeriTech C, Draper	O		
WA	Bates Tech C	O	A	

DENTURIST TRAINING

WA	Bates Tech C	O	A	

DEPENDENCY DISORDERS TECHNOLOGY

WV	Mountain State C		A	

DESIGN & PRODUCTION ART

CA	Imperial Valley ROP	O		
	North Orange Co ROP	O		
	West Valley Occ Ctr	O		
MN	Art Instruction Schs	O		
NJ	Ducret Sch of Arts	O		

DESIGN TECHNOLOGY

CA	LaPuente Valley ROP	O		
	North Orange Co ROP	O		

DESKTOP PUBLISHING

CA	Charles A Jones Skills & Bus Ed Ctr	O		
	Colton-Redlands-Yucaipa Reg Occ Program	O		
	Computer Tutor Bus & Tech Inst	O		
	Imperial Valley ROP	O		
	LaPuente Valley ROP	O		
	Los Angeles ORT Tech Inst	O		
	Los Angeles ORT Tech Inst- Sherman Oaks Branch	O		
	Martinez Adult Ed	O		
	North Orange Co ROP	O		
	Simi Valley Adult Sch	O		
	West Valley Occ Ctr	O		
CO	Pickens Tech C	O		T
FL	Washington-Holmes Tech Ctr	O		
	Westside Tech	O		
IL	Lake Land C	O	A	
KS	Johnson Co Comm C, Overland Park	O	A	
KY	Ohio Co Area Tech Ctr	O		
LA	Louisiana Technical C, Baton Rouge	O		
MA	Cape Cod Reg Tech HS	O		
	Quincy C	O		
MO	American C of Tech		A	
	Bryan C, Springfield	O		
NJ	Cumberland Co Tech Ed Ctr	O		
	Ducret Sch of Arts	O		
NY	Wilson Tech Ctr	O		

OH	Mahoning Co Career & Tech Ctr	O	
	Rhodes State C	O	
OK	Indian Capital Tech Ctr - Tahlequah-Bill Willis Campus	O	
	Mid-America Tech Ctr	O	
	Moore-Norman Tech Ctr	O	
TN	Tennessee Tech Ctr at McMinnville	O	
TX	American Commercial C, Wichita Falls	O	
	Computer Career Ctr, El Paso	O	
WV	Marion Co Voc Tech Ctr	O	
WI	Lakeshore Tech C	O	

DIAGNOSTIC CARDIAC SONOGRAPHY

CA	Maric C, North Hollywood	O	
OK	American Inst of Med Tech	O	

DIAGNOSTIC MEDICAL SONOGRAPHY (ULTRASOUND TECHNOLOGY)

CA	Maric C, North Hollywood	O	
	Pacific C	O	
FL	Central Florida Inst, Palm Harbor (30522 US Hwy 19 N)		A
GA	Grady Health Sys, Sch of Radiation & Imaging Tech	O	
IL	Med Careers Inst, Chicago	O	
MI	Henry Ford Hosp, Sch of Diagnostic Med Sonography	O	
	Providence Hosp-Southfield, Sch of Diagnostic Med Sonography	O	
MN	St Cloud Tech C		A
MO	Rolla Tech Ctr/Inst	O	
NY	Wilson Tech Ctr	O	
OK	American Inst of Med Tech	O	
PA	Great Lakes Inst of Tech	O	
	South Hills Sch of Bus & Tech, State College		A
SC	Greenville Tech C	O	
TX	Baptist Health Sys Sch of Health Professions	O	
	Lamar Inst of Tech		A
	Sanford Brown Inst, Dallas	O	
WI	Blackhawk Tech C		A
	Columbia/St Mary's, Sch of Diagnostic Ultrasound	O	
	St Luke's Med Ctr-Milwaukee, Diagnostic Med Sonography Program	O	

DIAGNOSTIC VASCULAR SONOGRAPHY

CA	Maric C, North Hollywood	O	
IL	Med Careers Inst, Chicago	O	
PR	Ponce Paramedical C, Coto Laurel	O	
WI	Blackhawk Tech C		A
	Columbia/St Mary's, Sch of Diagnostic Ultrasound	O	

DIALYSIS TECHNICIAN TRAINING

FL	Atlantic Tech Ctr-Coconut Creek Campus	O	
	First Coast Tech Inst	O	
	Manatee Tech Inst	O	
NJ	Tech Inst of Camden Co	O	
NY	Wilson Tech Ctr	O	
TX	Anamarc Ed Inst, El Paso	O	

DIESEL MECHANICS

AZ	Arizona Auto Inst	O		
AR	Northwest Tech Inst, Springdale	O		
CA	Charles A Jones Skills & Bus Ed Ctr	O		
	Imperial Valley ROP	O		
CO	Pickens Tech C	O		T
FL	Bradford-Union Area Career Tech Ctr	O		
	Lee Co High Tech Central	O		
	Pinellas Tech Ed Ctr, Clearwater	O		
	Washington-Holmes Tech Ctr	O		
ID	Eastern Idaho Tech C	O	A	
KS	KAW Area Tech Sch	O		
	North Central Kansas Tech C	O	A	
	Northwest Kansas Tech C	O	A	
	Salina ATS	O		
LA	Sowela Tech Comm C	O		
MD	North American Trade Sch	O		
MN	Alexandria Tech C, Alexandria	O	A	
	Dakota Co Tech C	O		
	Hennepin Tech C, Brooklyn Park Campus	O	A	
	St Cloud Tech C	O	A	
NJ	Atlantic Co Inst of Tech	O		
OH	Mahoning Co Career & Tech Ctr	O		
	Ohio Tech C	O		
OK	Mid-America Tech Ctr	O		
	Tulsa Tech Ctr	O		
PA	Greater Altoona Career & Tech Ctr	O		

	Northern Tier Career Ctr	O		
	WyoTech, Blairsville	O		
PR	Automeca Tech C, Ponce Campus	O		
SC	Greenville Tech C	O		
SD	Lake Area Tech Inst		A	
	Southeast Tech Inst		A	
	Western Dakota Tech Inst			
TN	Nashville Auto-Diesel C	O	A	
	Tennessee Tech Ctr at Dickson	O		
	Tennessee Tech Ctr at Harriman	O		
TX	Lamar Inst of Tech	O		
VA	Advanced Tech Inst	O	A	
WI	Blackhawk Tech C	O		

DIESEL TECHNOLOGY

AL	Bishop State Comm C, Southwest Campus	O	A	
AZ	Arizona Auto Inst	O		
GA	Altamaha Tech C, Jesup	O		
MN	Minnesota W Comm & Tech C, Canby	O	A	
OH	TDDS Tech Inst	O		
OK	Southern Oklahoma Tech Ctr	O		T
PA	Automotive Training Ctr	O		
	Forbes Rd Career & Tech Ctr	O		
	WyoTech, Blairsville	O		
SD	Southeast Tech Inst		A	
	Western Dakota Tech Inst	O		
TN	Nashville Auto-Diesel C	O	A	
WA	Bellingham Tech C	O	A	
WI	Western Tech C, La Crosse	O		

DIETETICS

KS	Wichita Area Tech C	O	
OH	MetroHealth Med Ctr, Dietetic Internship	O	

DIGITAL ELECTRONIC MUSIC TECHNOLOGY

MD	Omega Studio's Sch of Applied Recordings Arts & Sci	O	

DIGITAL ELECTRONICS

CA	Imperial Valley ROP	O	
CO	IntelliTec C, Colorado Springs		A
FL	ATI Career Training Ctr, Fort Lauderdale	O	A
MA	Bay State Sch of Tech	O	
NY	Island Drafting & Tech Inst	O	
PA	Pace Inst		A
SD	Western Dakota Tech Inst		A
TN	Tennessee Tech Ctr at McMinnville	O	
	Tennessee Tech Ctr at Shelbyville	O	

DINING ROOM SERVICES (WAITER/WAITRESS TRAINING)

CA	LaPuente Valley ROP	O	
OK	Tri County Tech Ctr	O	

DISTRIBUTIVE EDUCATION

CA	LaPuente Valley ROP	O	
	North Orange Co ROP	O	

DIVING, COMMERCIAL

NJ	Divers Acad Intl	O	
TX	The Ocean Corp	O	
WA	Divers Inst of Tech	O	

DIVING, MEDICAL TECHNICIAN

TX	The Ocean Corp	O	

DIVING, RECREATIONAL (SCUBA INSTRUCTOR)

CA	North Orange Co ROP	O	

DOG GROOMING

CA	Hacienda La Puente Adult Ed, La Puente	O	
MD	Baltimore Sch of Dog Grooming	O	
NH	New Hampshire Ctr for Canine Studies	O	
OH	Mahoning Co Career & Tech Ctr	O	

DOG TRAINING

NH	New Hampshire Ctr for Canine Studies	O	

DRAFTING

AL	Wallace Comm C, Wallace Campus	O	A	
AZ	High-Tech Inst, Phoenix		A	
AR	Crowley's Ridge Tech Inst	O		
CA	East San Gabriel Valley ROP & Tech Ctr	O	A	T
	Los Angeles ORT Tech Inst	O		
	North Orange Co ROP	O		

State	School	O	A	T
CO	IntelliTec C, Colorado Springs		A	
	Pickens Tech C	O		T
CT	Porter & Chester Inst, Watertown	O		
FL	Manatee Tech Inst	O		
	Washington-Holmes Tech Ctr	O		
GA	Central Georgia Tech C	O		
	Middle Georgia Tech C	O		
	Okefenokee Tech C	O	A	
	Southwest Georgia Tech C	O		
	Swainsboro Tech C	O	A	
KS	Johnson Co Comm C, Overland Park	O		
	Manhattan Area Tech C		A	
LA	Louisiana Tech C, Northeast Louisiana Campus	O		
	Louisiana Technical C, Baton Rouge	O		
	Sowela Tech Comm C		A	
MN	Ridgewater C, Willmar & Hutchinson	O	A	
	St Cloud Tech C	O	A	
NY	Island Drafting & Tech Inst	O		
OH	Rhodes State C	O		
OK	Canadian Valley Tech Ctr, Chickasha	O		
	Great Plains Tech Ctr, Lawton	O		
	Meridian Tech Ctr	O		
	Mid-America Tech Ctr	O		
	Mid-Del Tech Ctr	O		
	Moore-Norman Tech Ctr	O		
	Southern Oklahoma Tech Ctr	O		T
	Tulsa Tech Ctr	O		
PR	Instituto de Banca y Comercio, Mayaguez	O		
	Instituto de Banca y Comercio, San Juan	O	A	
	Liceo de Arte y Tecnologia, San Juan	O		
SC	Greenville Tech C		A	
TN	Tennessee Tech Ctr at Morristown	O		
	Tennessee Tech Ctr at Shelbyville	O		
TX	Lamar Inst of Tech		A	
UT	Ogden-Weber Applied Tech C	O		
WV	Putnam Career & Tech Ctr	O		

DRAFTING, ARCHITECTURAL

State	School	O	A	T
AR	Northwest Tech Inst, Springdale	O		
CO	IntelliTec C, Colorado Springs		A	
	IntelliTec C, Grand Junction		A	
CT	Porter & Chester Inst, Watertown	O		
FL	Lake Tech Ctr	O		
	Lee Co High Tech Central	O		
	Lincoln C of Tech	O	A	
	McFatter Tech Ctr	O		
	Miami Lakes Ed Ctr	O		
	Pinellas Tech Ed Ctr, Clearwater	O		
	Washington-Holmes Tech Ctr	O		
	Westside Tech	O		
MN	Dakota Co Tech C	O	A	
	Dunwoody C of Tech		A	
	Hennepin Tech C, Brooklyn Park Campus	O	A	
	St Cloud Tech C	O	A	
NY	Island Drafting & Tech Inst		A	
OK	Southern Oklahoma Tech Ctr	O		
PA	Greater Altoona Career & Tech Ctr	O		
	Schuylkill Inst of Bus & Tech	O	A	
	Triangle Tech, Pittsburgh		A	
SD	Southeast Tech Inst		A	
	Western Dakota Tech Inst		A	
TN	Tennessee Tech Ctr at Hartsville	O		
	Tennessee Tech Ctr at Hohenwald	O		
	Tennessee Tech Ctr at Shelbyville	O		
WA	Bates Tech C	O	A	
WV	Putnam Career & Tech Ctr	O		

DRAFTING, CIVIL

State	School	O	A	T
CT	Porter & Chester Inst, Watertown	O		
FL	Sarasota Co Tech Inst	O		
	Washington-Holmes Tech Ctr	O		
KS	Johnson Co Comm C, Overland Park	O	A	
	Northwest Kansas Tech C	O	A	
NY	Island Drafting & Tech Inst		A	
SD	Southeast Tech Inst		A	
TN	Tennessee Tech Ctr at Hartsville	O		
	Tennessee Tech Ctr at Hohenwald	O		
WA	Bates Tech C	O	A	
	Renton Tech C	O	A	

DRAFTING, COMPUTER & COMPUTER-AIDED DESIGN (CAD)

State	School	O	A	T
AL	Bishop State Comm C, Southwest Campus		A	
CA	Colton-Redlands-Yucaipa Reg Occ Program	O		
	Imperial Valley ROP	O		
	LaPuente Valley ROP	O		
	Los Angeles ORT Tech Inst-Sherman Oaks Branch	O		
	Martinez Adult Ed	O		
	North Orange Co ROP	O		
	West Valley Occ Ctr	O		
CO	IntelliTec C, Colorado Springs		A	
	IntelliTec C, Grand Junction		A	
	Pickens Tech C	O		T
CT	Porter & Chester Inst, Stratford	O		
	Porter & Chester Inst, Watertown	O		
FL	ATI Career Training Ctr, Fort Lauderdale	O	A	
	Atlantic Tech Ctr-Coconut Creek Campus	O		
	Erwin Tech Ctr	O		
	George Stone Vo-Tech Ctr	O		
	Key C		A	
	McFatter Tech Ctr	O		
	Sarasota Co Tech Inst	O		
	Southwest Florida C, Tampa		A	
	Washington-Holmes Tech Ctr	O		
GA	North Georgia Tech C, Clarkesville	O	A	
IL	Solex Acad	O		
	Vatterott C, Quincy	O		
IA	Vatterott C, Des Moines	O	A	
KS	Johnson Co Comm C, Overland Park	O	A	
	Northwest Kansas Tech C	O	A	
	Wichita Area Tech C		A	
LA	Louisiana Tech C, Baton Rouge Campus	O	A	
	Louisiana Technical C, Baton Rouge	O		
MN	Hennepin Tech C, Brooklyn Park Campus	O		
	St Cloud Tech C	O	A	
NJ	Tech Inst of Camden Co	O		
NY	Island Drafting & Tech Inst		A	
OH	Mahoning Co Career & Tech Ctr	O		
	Marion Tech C	O	A	
	Rhodes State C	O		
OK	Kiamichi Tech Ctr, McAlester	O		
	Moore-Norman Tech Ctr	O		
	Southern Oklahoma Tech Ctr	O		T
	Tri County Tech Ctr	O		
PA	Greater Altoona Career & Tech Ctr	O		
	ITT Tech Inst, Pittsburgh		A	
	Penn Commercial, Inc		A	
	Triangle Tech, Pittsburgh		A	
PR	Instituto de Banca y Comercio, San Juan	O	A	
	Liceo de Arte y Tech, San Juan	O		
SC	York Tech C	O		
SD	Southeast Tech Inst		A	
	Western Dakota Tech Inst		A	
TN	Tennessee Tech Ctr at Crossville	O		
	Tennessee Tech Ctr at Hohenwald	O		
	Tennessee Tech Ctr at Murfreesboro	O		
	Tennessee Tech Ctr at Newbern	O		
	Tennessee Tech Ctr, Oneida/Huntsville	O		
	Tennessee Tech Ctr at Shelbyville	O		
TX	Faris Computer Sch	O		
UT	Ogden-Weber Applied Tech C	O	A	
WA	Bates Tech C	O	A	
	Renton Tech C	O	A	
WV	Marion Co Voc Tech Ctr	O		

DRAFTING, CONSTRUCTION

State	School	O	A	T
CT	Porter & Chester Inst, Stratford	O		
	Porter & Chester Inst, Watertown	O		
FL	Washington-Holmes Tech Ctr	O		
KS	Johnson Co Comm C, Overland Park	O	A	
PA	Commonwealth Tech Inst at H G Andrews Ctr		A	
	Triangle Tech, Pittsburgh		A	
WA	Bates Tech C	O	A	

DRAFTING, ELECTRICAL

State	School	O	A	T
CT	Porter & Chester Inst, Stratford	O		
	Porter & Chester Inst, Watertown	O		
NY	Island Drafting & Tech Inst	O		
WA	Bates Tech C	O	A	

DRAFTING, ELECTROMECHANICAL

State	School	O	A	T
CT	Porter & Chester Inst, Stratford	O		
	Porter & Chester Inst, Watertown	O		

DRAFTING, ELECTRONICS

State	School	O	A	T
CT	Porter & Chester Inst, Watertown	O		
NY	Island Drafting & Tech Inst	O		
WA	Bates Tech C	O		

DRAFTING, ENGINEERING

State	School	O	A	T
CA	North Orange Co ROP	O		
CT	Porter & Chester Inst, Stratford	O		
	Porter & Chester Inst, Watertown	O		
FL	Washington-Holmes Tech Ctr	O		
GA	Chattahoochee Tech C	O	A	
KS	Johnson Co Comm C, Overland Park			T
MN	Dunwoody C of Tech		A	
NY	Island Drafting & Tech Inst	O		
OH	Marion Tech C	O	A	
OK	Tulsa Tech Ctr	O		
WA	Bates Tech C	O	A	
	Clover Park Tech C		A	

DRAFTING, HEATING & VENTILATION & AIR-CONDITIONING

State	School	O	A	T
CT	Porter & Chester Inst, Stratford	O		
	Porter & Chester Inst, Watertown	O		
MN	Dunwoody C of Tech	O	A	
WA	Bates Tech C	O	A	

DRAFTING, INDUSTRIAL

State	School	O	A	T
CT	Porter & Chester Inst, Stratford	O		
NY	Island Drafting & Tech Inst	O		
OK	Tulsa Tech Ctr	O		
SD	Lake Area Tech Inst		A	
WA	Renton Tech C	O		

DRAFTING, LANDSCAPE ARCHITECTURE

State	School	O	A	T
AZ	Fleur De Lis Inst of Landscape Design	O		
CT	Porter & Chester Inst, Stratford	O		
	Porter & Chester Inst, Watertown	O		

DRAFTING, MACHINE

State	School	O	A	T
NJ	Tech Inst of Camden Co	O		
TN	Tennessee Tech Ctr at Shelbyville	O		

DRAFTING, MECHANICAL

State	School	O	A	T
CO	IntelliTec C, Colorado Springs		A	
	IntelliTec C, Grand Junction		A	
CT	Porter & Chester Inst, Watertown	O		
FL	Atlantic Tech Ctr-Coconut Creek Campus	O		
	McFatter Tech Ctr	O		
	Washington-Holmes Tech Ctr	O		
MN	Dunwoody C of Tech		A	
	Hennepin Tech C, Brooklyn Park Campus	O	A	
	Ridgewater C, Willmar & Hutchinson	O	A	
NY	Island Drafting & Tech Inst		A	
OK	Tulsa Tech Ctr	O		
PA	Commonwealth Tech Inst at H G Andrews Ctr		A	
	Greater Altoona Career & Tech Ctr	O		
SD	Western Dakota Tech Inst		A	
TN	Tennessee Tech Ctr at Hartsville	O		
	Tennessee Tech Ctr at Newbern	O		
WA	Bates Tech C	O	A	
WV	Putnam Career & Tech Ctr	O		

DRAFTING, PIPING

State	School	O	A	T
CT	Porter & Chester Inst, Stratford	O		
	Porter & Chester Inst, Watertown	O		

DRAFTING, PRINTED CIRCUIT BOARD

State	School	O	A	T
CT	Porter & Chester Inst, Watertown	O		

DRAFTING, STRUCTURAL

State	School	O	A	T
CT	Porter & Chester Inst, Stratford	O		
	Porter & Chester Inst, Watertown	O		

DRAFTING, TECHNICAL ILLUSTRATIONS

State	School	O	A	T
CT	Porter & Chester Inst, Stratford	O		
FL	Washington-Holmes Tech Ctr	O		
WA	Renton Tech C	O		

DRAFTING, TOPOGRAPHICAL

State	School	O	A	T
CT	Porter & Chester Inst, Stratford	O		

DRAWING

State	School	O	A	T
MN	Art Instruction Schs	O		
NJ	Fashion Design Training Studio	O		

DRESSMAKING & DESIGN (INCLUDES TAILORING & ALTERATIONS)

State	School	O	A	T
CA	Compton Adult Sch	O		
MA	The Sch of Fashion Design	O		
NJ	Fashion Design Training Studio	O		
PR	Instituto Chaviano de Mayaguez	O		
	Liceo de Arte y Disenos	O		
WA	Bates Tech C	O		

DRIVER EDUCATION

CA	Sacramento Job Corps Ctr	O	
PA	Commonwealth Tech Inst at		
	H G Andrews Ctr	O	
TX	David L Carrasco Job Corps Ctr	O	

DRUG ABUSE COUNSELING

NE	Vatterott C, Spring Valley Campus	O	A

DRYWALL INSTALLATION, CONSTRUCTION

CA	North Orange Co ROP	O	
	West Valley Occ Ctr	O	
KS	Manhattan Area Tech C	O	A
KY	KY Tech-Harrison Area Tech Ctr	O	
TX	David L Carrasco Job Corps Ctr	O	

EARLY CHILDHOOD EDUCATION

AL	Bishop State Comm C, Southwest			
	Campus	O		
AR	UAM College of Tech, McGehee	O		
CA	Compton Adult Sch	O		
	Imperial Valley ROP	O		
	Intl Christian Ed C	O		T
	North Orange Co ROP	O		
	Tri-Cities ROP	O		
FL	First Coast Tech Inst	O		
	Lake Tech Ctr	O		
	Miami Lakes Ed Ctr	O		
	Sarasota Co Tech Inst	O		
	Southwest Florida C, Tampa		A	
GA	Altamaha Tech C, Jesup	O	A	
	Columbus Tech C	O	A	
	East Central Tech C	O	A	
	Southeastern Tech C, Vidalia	O	A	
	Southwest Georgia Tech C	O	A	
IL	Lake Land C		A	
LA	Louisiana Tech C, Northeast			
	Louisiana Campus	O		
	Louisiana Technical C, Baton Rouge	O		
MA	Cape Cod Reg Tech HS	O		
	Quincy C	O	A	T
OH	Mahoning Co Career & Tech Ctr	O	A	
	Rhodes State C	O	A	
OK	Kiamichi Tech Ctr, Atoka	O		
PA	Lehigh Valley C		A	
SC	Greenville Tech C	O		
	York Tech C		A	
TN	Tennessee Tech Ctr at Hohenwald	O		
WA	Bates Tech C	O	A	
WI	Blackhawk Tech C	O		
	Western Tech C, La Crosse		A	T

ECHOCARDIOGRAPHY TECHNOLOGY

CA	C of Information Tech	O	
FL	Central Florida Inst, Palm Harbor		
	(30522 US Hwy 19 N)		A
IL	Med Careers Inst, Chicago	O	
MI	Carnegie Inst	O	
	Henry Ford Hosp, Sch of Diagnostic		
	Med Sonography	O	
MN	St Cloud Tech C		A
NY	Wilson Tech Ctr	O	

EDUCATION

CA	American Inst of Massage Therapy	O	
	Compton Adult Sch	O	
	West Valley Occ Ctr	O	
CO	Ctr of Advanced Therapeutics, Inc	O	
HI	Intercultural Communications C		T
MS	Mississippi Job Corps Ctr	O	
NJ	Acad of Professional Hypnosis	O	
TX	Southwestern Montessori Training Ctr	O	
	TechSkills	O	

ELECTRICAL TECHNOLOGY

AL	Bishop State Comm C, Southwest			
	Campus	O	A	
	Wallace Comm C, Wallace Campus	O	A	
AZ	The Refrigeration Sch	O		
CA	East San Gabriel Valley ROP & Tech Ctr	O	A	T
	North Orange Co ROP	O		
CT	Porter & Chester Inst, Watertown	O		
FL	First Coast Tech Inst	O		
GA	Altamaha Tech C, Jesup	O		
	Southeastern Tech C, Vidalia	O		
	Swainsboro Tech C	O		
IL	Vatterott C, Quincy	O	A	
KS	Johnson Co Comm C, Overland Park	O	A	
	Kansas City Kansas Area Tech Sch	O		
	North Central Kansas Tech C	O	A	
	Northwest Kansas Tech C	O	A	

	Vatterott C, Wichita	O		
KY	Ohio Co Area Tech Ctr	O		
MD	North American Trade Sch	O		
MN	Dakota Co Tech C	O	A	
	Ridgewater C, Willmar & Hutchinson	O	A	
	St Cloud Tech C	O	A	
NJ	Atlantic Co Inst of Tech	O		
	Tech Inst of Camden Co	O		
NY	Career Inst of Health & Tech, Garden City	O		
	Ridley-Lowell Bus & Tech Inst,			
	Binghamton	O		
OH	Cleveland Inst of Electronics		A	
	Mahoning Co Career & Tech Ctr	O		
	Marion Tech C		A	
OK	Great Plains Tech Ctr, Lawton	O		
	Mid-America Tech Ctr	O		
	Tulsa Tech Ctr	O		
	Vatterott C, Tulsa	O	A	
PA	Dean Inst of Tech		A	
	Forbes Rd Career & Tech Ctr	O		
	Triangle Tech, Pittsburgh		A	
PR	Instituto de Banca y Comercio,			
	Mayaguez	O		
	Instituto de Banca y Comercio, San Juan	O		
	Liceo de Arte y Tecnologia, San Juan	O		
SD	Western Dakota Tech Inst		A	
UT	Ogden-Weber Applied Tech C	O		
WA	Bellingham Tech C		A	
	Perry Tech Inst	O		
WV	Marion Co Voc Tech Ctr	O		
	Monongalia Co Tech Ed Ctr	O		
	Putnam Career & Tech Ctr	O		

ELECTRICITY, CONSTRUCTION

CA	Redwood Empire Electrical Joint			
	Apprenticeship & Training	O		
CT	Porter & Chester Inst, Watertown	O		
FL	Atlantic Tech Ctr-Coconut Creek			
	Campus	O		
	George Stone Vo-Tech Ctr	O		
	Okaloosa Applied Tech Ctr	O		
	Sarasota Co Tech Inst	O		
	Washington-Holmes Tech Ctr	O		
	Westside Tech	O		
	Withlacoochee Tech Inst	O		
GA	East Central Tech C	O		
	North Georgia Tech C, Clarkesville	O	A	
	Southeastern Tech C, Vidalia	O		
	Swainsboro Tech C	O		
KY	KY Tech-Harrison Area Tech Ctr	O		
	Ohio Co Area Tech Ctr	O		
MA	Cape Cod Reg Tech HS	O		
MN	Dunwoody C of Tech	O	A	
	Minnesota W Comm & Tech C, Canby	O	A	
	St Cloud Tech C	O	A	
MS	Mississippi Job Corps Ctr	O		
NJ	Cumberland Co Tech Ed Ctr	O		
	Hudson Electrical Inst, Inc	O		
NY	Wilson Tech Ctr	O		
OK	Moore-Norman Tech Ctr	O		
	Tulsa Tech Ctr	O		
PA	Greater Altoona Career & Tech Ctr	O		
	Northern Tier Career Ctr	O		
	Penn Commercial, Inc	O		
	Triangle Tech, Pittsburgh		A	
WA	Bates Tech C	O	A	
WV	Marion Co Voc Tech Ctr	O		

ELECTRICITY, INDUSTRIAL

AZ	North American Tech C	O	
CO	Pickens Tech C	O	
CT	Porter & Chester Inst, Watertown	O	
FL	Erwin Tech Ctr	O	
	Sarasota Co Tech Inst	O	
	Washington-Holmes Tech Ctr	O	
	Westside Tech	O	
GA	Central Georgia Tech C	O	
	Southeastern Tech C, Vidalia	O	
	Southwest Georgia Tech C	O	
	Swainsboro Tech C	O	
KY	KY Tech-Harrison Area Tech Ctr	O	
	Ohio Co Area Tech Ctr	O	
LA	Louisiana Tech C, Baton Rouge		
	Campus	O	
	Sowela Tech Comm C	O	
OH	Cleveland Inst of Electronics	O	
	Mahoning Co Career & Tech Ctr	O	
OK	Meridian Tech Ctr	O	
	Mid-Del Tech Ctr	O	
	Moore-Norman Tech Ctr	O	
PA	Greater Altoona Career & Tech Ctr	O	
	Triangle Tech, Pittsburgh		A
PR	Liceo de Arte y Tech, San Juan	O	

SD	Western Dakota Tech Inst		A
TN	Tennessee Tech Ctr at Crossville	O	
	Tennessee Tech Ctr at Hohenwald	O	
	Tennessee Tech Ctr at Morristown	O	
	Tennessee Tech Ctr at Murfreesboro	O	
	Tennessee Tech Ctr at Shelbyville	O	
	William R Moore C of Tech		A
WA	Bates Tech C	O	A
	Clover Park Tech C		A
WV	Marion Co Voc Tech Ctr	O	

ELECTRICITY, MAINTENANCE

CT	Porter & Chester Inst, Watertown	O	
FL	Lee Co High Tech Central	O	
GA	Altamaha Tech C, Jesup	O	
	East Central Tech C	O	
	Southeastern Tech C, Vidalia	O	
KY	KY Tech-Harrison Area Tech Ctr	O	
	Ohio Co Area Tech Ctr	O	
MN	St Cloud Tech C	O	A
NJ	Hohokus Sch of Trades & Tech		
	Studies	O	
OH	Cleveland Inst of Electronics		A
	Mahoning Co Career & Tech Ctr	O	
OK	Tulsa Tech Ctr	O	
PA	Triangle Tech, Pittsburgh		A
SD	Mitchell Tech Inst	O	A
TN	Tennessee Tech Ctr at Shelbyville	O	
TX	David L Carrasco Job Corps Ctr	O	
WA	Bates Tech C	O	A
	Clover Park Tech C	O	
WV	Marion Co Voc Tech Ctr	O	

ELECTRICITY, RESIDENTIAL

CA	Imperial Valley ROP	O	
CT	Porter & Chester Inst, Watertown	O	
FL	Manatee Tech Ctr	O	
	Sarasota Co Tech Inst	O	
	Washington-Holmes Tech Ctr	O	
	Westside Tech	O	
GA	Chattahoochee Tech C	O	
	Southeastern Tech C, Vidalia	O	
	Southwest Georgia Tech C	O	
KY	Ohio Co Area Tech Ctr	O	
NY	Berk Trade & Bus Sch	O	
OH	Mahoning Co Career & Tech Ctr	O	
PA	Greater Altoona Career & Tech Ctr	O	
	Penn Commercial, Inc	O	
	Triangle Tech, Pittsburgh		A
SC	Greenville Tech C	O	
WA	Bates Tech C	O	A
WV	Marion Co Voc Tech Ctr	O	

ELECTRIC MOTOR REPAIR

CT	Porter & Chester Inst, Watertown	O	
KS	Johnson Co Comm C, Overland Park	O	A
KY	Ohio Co Area Tech Ctr	O	
NY	Wilson Tech Ctr	O	
OH	Cleveland Inst of Electronics		A
	Mahoning Co Career & Tech Ctr	O	
PA	Triangle Tech, Pittsburgh		A

ELECTROCARDIOGRAPHIC (EKG) LAB ASSISTANT

CA	DVS C, Los Angeles	O	
	Premiere Career C	O	
FL	Angley C, Deland	O	T
	Orlando Tech	O	
	Washington-Holmes Tech Ctr	O	
OH	Ohio Acad of Holistic Health	O	

ELECTROCARDIOGRAPHIC (EKG) TECHNOLOGY

CA	North Orange Co ROP	O	
	Premiere Career C	O	
FL	Angley C, Deland	O	T
	Atlantic Tech Ctr-Coconut Creek		
	Campus	O	
	Washington-Holmes Tech Ctr	O	
IL	Med Careers Inst, Chicago	O	
	Solex Acad	O	
MA	Med Professional Inst	O	
MI	Carnegie Inst	O	
NJ	Star Tech Inst, Lakewood	O	
NY	New York Inst of English and Bus	O	
	Wilson Tech Ctr	O	
PA	Keystone Tech Inst	O	
TX	PCI Health Training Ctr, Dallas	O	
	PCI Health Training Ctr,		
	Richardson	O	
	Sanford Brown Inst, Dallas	O	

ELECTROENCEPHALOGRAPHIC (EEG) TECHNOLOGY

		O	A	T
FL	Washington-Holmes Tech Ctr	O		

ELECTROLYSIS

		O	A	T
AR	Bee Jay's Hairstyling Acad, Little Rock	O		
CA	American Inst of Ed	O		
FL	Hollywood Inst of Beauty Careers	O		
MA	E.I.N.E., Inc	O		
NY	Continental Sch of Beauty Culture, Rochester	O		
PA	Bucks Co Sch of Beauty Culture, Inc.	O		

ELECTROMECHANICAL TECHNOLOGY

		O	A	T
AZ	The Refrigeration Sch	O		
MN	Hennepin Tech C, Brooklyn Park Campus	O		
OH	Marion Tech C		A	
PA	Schuylkill Tech Ctrs	O		
WI	Blackhawk Tech C		A	
	Lakeshore Tech C		A	
	Western Tech C, La Crosse		A	

ELECTRONEURODIAGNOSTIC TECHNOLOGY

		O	A	T
FL	Erwin Tech Ctr	O		
IL	Med Careers Inst, Chicago	O		
MI	Carnegie Inst	O		
PA	Crozer-Chester Med Ctr, Sch of Clinical Neurophysiology	O		
SD	Southeast Tech Inst		A	
WI	Western Tech C, La Crosse		A	

ELECTRONIC DESIGN TECHNOLOGY

		O	A	T
OH	Cleveland Inst of Electronics		A	

ELECTRONIC MUSIC TECHNOLOGY

		O	A	T
KS	Johnson Co Comm C, Overland Park	O	A	

ELECTRONIC PUBLISHING

		O	A	T
CA	North Orange Co ROP	O		
MN	Hennepin Tech C, Brooklyn Park Campus	O	A	
	Ridgewater C, Willmar & Hutchinson	O	A	
WI	Western Tech C, La Crosse		A	

ELECTRONICS ASSEMBLY

		O	A	T
CA	Opportunities Industrialization Ctr West	O		
CO	IntelliTec C, Colorado Springs		A	
OH	Cleveland Inst of Electronics		A	
PA	Pace Inst	O		

ELECTRONICS REPAIR

		O	A	T
CA	Associated Tech C, San Diego	O		
	Opportunities Industrialization Ctr West	O		
CO	IntelliTec C, Colorado Springs		A	
	Pickens Tech C	O		T
FL	Sarasota Co Tech Inst	O		
GA	Chattahoochee Tech C	O		
MN	Ridgewater C, Willmar & Hutchinson	O	A	
MO	Rolla Tech Ctr/Inst	O		
OH	Cleveland Inst of Electronics		A	
PA	Forbes Rd Career & Tech Ctr	O		
	Pace Inst	O		
SD	Mitchell Tech Inst		A	
	Southeast Tech Inst		A	
TN	Tennessee Tech Ctr at Livingston	O		
	Tennessee Tech Ctr at Shelbyville	O		
WA	Bates Tech C	O	A	
	Renton Tech C	O		

ELECTRONICS SERVICE ENGINEERING

		O	A	T
NJ	Tech Inst of Camden Co	O		
OH	Cleveland Inst of Electronics		A	
WA	Bates Tech C	O	A	

ELECTRONICS TECHNOLOGY

		O	A	T
AZ	High-Tech Inst, Phoenix		A	
AR	Crowley's Ridge Tech Inst	O		
	Northwest Tech Inst, Springdale		A	
CA	Applied Professional Training, Inc	O		
	Colton-Redlands-Yucaipa Reg Occ Program	O		
	Hacienda La Puente Adult Ed, La Puente	O		
	West Valley Occ Ctr	O		
CO	IntelliTec C, Colorado Springs		A	
	Pickens Tech C	O		
FL	ATI Career Training Ctr, Fort Lauderdale	O	A	
	George T Baker Aviation Sch	O		
	Lee Co High Tech Central	O		
	Lincoln C of Tech	O	A	

		O	A	T
	Manatee Tech Inst	O		
	Miami Lakes Ed Ctr	O		
	Okaloosa Applied Tech Ctr	O		
	Pinellas Tech Ed Ctr, Clearwater	O		
GA	Altamaha Tech C, Jesup	O		
	Central Georgia Tech C	O		
	Middle Georgia Tech C	O		
	Okefenokee Tech C	O	A	
	Southeastern Tech C, Vidalia	O	A	
KS	KAW Area Tech Sch	O		
	North Central Kansas Tech C	O	A	
	Northwest Kansas Tech C	O	A	
	Pinnacle Career Inst, Lawrence	O		
	Salina ATS	O		
	Wichita Tech Inst, Wichita	O		
LA	Remington C - Lafayette Campus	O		
	Sowela Tech Comm C		A	
MN	Dunwoody C of Tech		A	
	Hennepin Tech C, Brooklyn Park Campus	O	A	
MO	Nichols Career Ctr	O		
	Rolla Tech Ctr/Inst	O		
NJ	Tech Inst of Camden Co	O		
NY	Island Drafting & Tech Inst		A	
OH	Cleveland Inst of Electronics		A	
	ETI Tech C, Niles	O		
	Mahoning Co Career & Tech Ctr	O		
OK	Mid-Del Tech Ctr	O		
PA	Erie Inst of Tech	O		
	Pace Inst		A	
	Schuylkill Inst of Bus & Tech	O	A	
PR	Instituto de Banca y Comercio, San Juan	O		
SD	Lake Area Tech Inst		A	
	Western Dakota Tech Inst		A	
TN	Tennessee Tech Ctr at Crossville	O		
	Tennessee Tech Ctr at Harriman	O		
	Tennessee Tech Ctr at Hohenwald	O		
	Tennessee Tech Ctr at McMinnville	O		
	Tennessee Tech Ctr at Newbern	O		
	Tennessee Tech Ctr, Oneida/Huntsville	O		
TX	Southwest Inst of Tech		A	
UT	Ogden-Weber Applied Tech C	O		
WA	Bates Tech C	O	A	
	Bellingham Tech C		A	
WV	Putnam Career & Tech Ctr	O		
WI	Western Tech C, La Crosse		A	

ELECTRONIC TECHNICIAN TRAINING

		O	A	T
CA	Opportunities Industrialization Ctr West	O		
	Rowland Adult & Comm Ed	O		
CO	IntelliTec C, Colorado Springs	O		
FL	ATI Career Training Ctr, Fort Lauderdale	O	A	
	Sarasota Co Tech Inst	O		
	Withlacoochee Tech Inst	O		
GA	East Central Tech C	O		
	Southeastern Tech C, Vidalia	O		
KS	Johnson Co Comm C, Overland Park	O	A	
MO	Rolla Tech Ctr/Inst	O		
OH	Cleveland Inst of Electronics		A	
OK	Mid-America Tech Ctr	O		
PA	ITT Tech Inst, Pittsburgh		A	
	Pace Inst	O		
	Pittsburgh Tech Inst		A	
SD	Western Dakota Tech Inst		A	
TN	Tennessee Tech Ctr at Athens	O		
	Tennessee Tech Ctr at Livingston	O		
	Tennessee Tech Ctr at Shelbyville	O		
TX	MTI C of Bus & Tech, Houston	O		
WA	Bates Tech C	O	A	
WI	Western Tech C, La Crosse	O		

EMERGENCY MANAGEMENT SPECIALIST

		O	A	T
WI	Lakeshore Tech C		A	

EMERGENCY MEDICAL DISPATCHER

		O	A	T
CA	Antelope Valley Med C	O	A	
MO	IHM Health Studies Ctr	O		
SD	Western Dakota Tech Inst	O		

ENERGY MANAGEMENT

		O	A	T
KS	Johnson Co Comm C, Overland Park	O	A	

ENERGY SYSTEMS

		O	A	T
KS	Johnson Co Comm C, Overland Park	O	A	
MA	New England Inst of Reflexology & Universal Studies	O		

ENERGY THERAPY

		O	A	T
CA	HCH Inst for Hypnotherapy & Psychospiritual Trainings	O		

ENERGY WORK

		O	A	T
CA	Kali Inst for Massage & Somatic Therapies	O		
CO	Rocky Mountain Inst of Healing Arts	O		
MA	Kripalu Ctr	O		
	New England Inst of Reflexology & Universal Studies	O		
	Spa Tech Inst, Westboro	O		
MO	Massage Therapy Training Inst, Kansas City	O		
SD	Lake Area Tech Inst		A	

ENGINEERING, GENERAL

		O	A	T
CA	North Orange Co ROP	O		

ENGINEERING GRAPHICS

		O	A	T
WV	Marion Co Voc Tech Ctr	O		

ENGINEERING TECHNOLOGY

		O	A	T
CA	North Orange Co ROP	O		
KS	Johnson Co Comm C, Overland Park			T
OH	Cleveland Inst of Electronics		A	
	Mahoning Co Career & Tech Ctr	O		
	Marion Tech C	O	A	T
	Rhodes State C		A	
PA	Laurel Bus Inst	O		
	South Hills Sch of Bus & Tech, State College		A	

ENGINEERING TECHNOLOGY, ARCHITECTURAL

		O	A	T
OH	Marion Tech C	O		
SD	Southeast Tech Inst		A	

ENGINEERING TECHNOLOGY, CIVIL

		O	A	T
AL	Bishop State Comm C, Southwest Campus		A	
KS	Johnson Co Comm C, Overland Park			T
MN	St Cloud Tech C	O	A	T
OH	Rhodes State C		A	
SD	Southeast Tech Inst		A	
WA	Bates Tech C		A	
	Bellingham Tech C		A	

ENGINEERING TECHNOLOGY, COMPUTER

		O	A	T
CA	Computer Tutor Bus & Tech Inst	O		
IL	Computer Sys Inst	O		
KS	Johnson Co Comm C, Overland Park			T
ME	Northeast Tech Inst	O		
SC	York Tech C		A	

ENGINEERING TECHNOLOGY, ELECTRICAL

		O	A	T
KS	Johnson Co Comm C, Overland Park			T
SC	York Tech C		A	
WA	Bates Tech C	O	A	
WI	Western Tech C, La Crosse		A	T

ENGINEERING TECHNOLOGY, ELECTRONICS

		O	A	T
AL	Bishop State Comm C, Southwest Campus		A	
IL	Lake Land C		A	
KS	Johnson Co Comm C, Overland Park			T
MN	Ridgewater C, Willmar & Hutchinson	O	A	
OH	Rhodes State C		A	
PA	Erie Inst of Tech		A	
SC	York Tech C		A	
WA	Bates Tech C	O	A	

ENGINEERING TECHNOLOGY, INDUSTRIAL

		O	A	T
OH	Rhodes State C		A	
WI	Blackhawk Tech C		A	

ENGINEERING TECHNOLOGY, MANUFACTURING

		O	A	T
CA	LaPuente Valley ROP	O		
MN	Alexandria Tech C, Alexandria	O	A	
OH	Marion Tech C	O	A	T
	Rhodes State C	O	A	
PA	Erie Inst of Tech	O		
WA	Bates Tech C	O	A	

ENGINEERING TECHNOLOGY, MECHANICAL

		O	A	T
AZ	The Refrigeration Sch		A	
OH	Marion Tech C	O	A	T
	Rhodes State C		A	
WA	Bates Tech C	O	A	
	Bellingham Tech C	O	A	

ENGLISH

		O	A	T
CA	Rowland Adult & Comm Ed		A	
FL	Westside Tech	O		
IL	The Hadley Sch for the Blind	O		

State	School			
KS	Johnson Co Comm C, Overland Park			T
MA	Quincy C		A	T
MO	American C of Tech	O		
NY	New York Inst of English and Bus	O		
PR	MBTI Bus Training Inst	O		

ENGLISH AS A SECOND LANGUAGE

State	School			
CA	American Acad of English	O		
	Brandon C	O		
	California Learning Ctr	O		
	Charles A Jones Skills & Bus Ed Ctr	O		
	Los Angeles ORT Tech Inst	O		
	Los Angeles ORT Tech Inst-Sherman Oaks Branch	O		
	Opportunities Industrialization Ctr West	O		
	Rowland Adult & Comm Ed		A	
	Sacramento Job Corps Ctr	O		
FL	ASM Beauty World Acad	O		
	C of Bus & Tech, Miami	O		
	First Coast Tech Inst	O		
	Westside Tech	O		
	Winter Park Tech	O		
GA	Interactive C of Tech, Chamblee	O		
IL	Solex Acad	O		
	Spanish Coalition for Jobs, Inc.	O		
KS	Johnson Co Comm C, Overland Park	O		
MA	New England Sch of English	O		
MO	American C of Tech	O		
NJ	ELS Language Ctrs	O		
NY	Apex Tech Sch	O		
	New York Inst of English and Bus	O		
	Wilson Tech Ctr	O		
OH	ATS Inst of Tech	O		
	Mahoning Co Career & Tech Ctr	O		
TX	Bilingual Ed Inst	O		
	MTI C of Bus & Tech, Houston	O		
WA	Bates Tech C	O		

ENTREPRENEURSHIP

State	School			
CA	North Orange Co ROP	O		
	West Valley Occ Ctr	O		
GA	Southeastern Tech C, Vidalia	O		
KS	Johnson Co Comm C, Overland Park	O	A	
OH	Mahoning Co Career & Tech Ctr	O		
WV	Marion Co Voc Tech Ctr	O		

ENVIRONMENTAL CONTROL TECHNOLOGY

State	School			
GA	North Georgia Tech C, Clarkesville	O		
SD	Lake Area Tech Inst	O	A	
WA	Clover Park Tech C		A	

ENVIRONMENTAL SCIENCE

State	School			
CO	Pickens Tech C	O		T
GA	Okefenokee Tech C	O		
KS	Johnson Co Comm C, Overland Park			T

EQUESTRIAN STUDIES

State	School			
NY	Wilson Tech Ctr	O		
OK	Mid-America Tech Ctr	O		
WV	Meredith Manor Intl Equestrain Ctr	O		

ESTHETICS (COSMETICS & SKIN CARE)

State	School			
AL	Scientific Beauty Acad	O		
AZ	Carsten Inst of Hair & Beauty	O		
	Intl Acad of Hair Design, Tempe	O		
AR	Arkansas Acad of Hair Design II, Paragould	O		
	Arkansas Acad of Hair Design, Jonesboro	O		
	Arkansas Acad of Hair Design, Paragould	O		
	Bee Jay's Hairstyling Acad, Little Rock	O		
	Mellie's Beauty C	O		
CA	Advance Beauty C	O		
	American Beauty Acad, Brawley	O		
	Asian American Intl Beauty C	O		
	Bridges Acad of Beauty	O		
	Career Acad of Beauty, Anaheim	O		
	Career Acad of Beauty, Garden Grove	O		
	Champion Inst of Cosmetology	O		
	Chico Beauty C	O		
	Citrus Heights Beauty C	O		
	COBA Acad	O		
	Colton-Redlands-Yucaipa Reg Occ Program	O		
	Federico Beauty Inst	O		
	Fredrick & Charles Beauty C	O		
	Intl Sch of Cosmetology	O		
	Marinello Sch of Beauty, City of Industry	O		
	Marinello Sch of Beauty, Los Angeles (6111 Wilshire Blvd)	O		
	Miss Marty's Hair Acad & Esthetic Inst	O		
	My-Le's Beauty C	O		
	Northern California Inst of Cosmetology	O		
	North Orange Co ROP	O		
	Rosemead Beauty Sch	O		
	Royale C of Beauty	O		
	Salon Success Acad, Upland	O		
	San Francisco Inst of Esthetics & Cosmetology, Inc	O		
	Victor Valley Beauty C	O		
	West Valley Occ Ctr	O		
CO	Acad of Beauty Culture, Grand Junction	O		
	Pickens Tech C	O		T
	Xenon Intl	O		
CT	Inst of Aesthetic Arts & Sci	O		
	Intl Inst of Cosmetology	O		
	New England Sch of Hairdressing, Inc.	O		
FL	Acad of Healing Arts Massage & Facial Skin Care	O		
	Acad of Professional Careers, Winter Park	O		
	ASM Beauty World Acad	O		
	Aveda Inst, St Petersburg	O		
	Bene's Intl Sch of Beauty, inc	O		
	Dynasty Acad	O		
	Fashion Focus Hair Acad	O		
	Florida Acad of Massage & Skin Care	O		
	Intl Acad, South Daytona	O		
	Intl Sch of Health & Beauty	O		
	La Belle Beauty Sch	O		
	Lake Tech Ctr	O		
	Loraine's Acad	O		
	Manatee Tech Inst	O		
	Margate Sch of Beauty	O		
	Maya's Sch of Beaute, Inc	O		
	North Florida Cosmetology Inst, Inc	O		
	Palm Beach Nail Sch	O		
	Sarasota Co Tech Inst	O		
	Soothing Arts Healing Therapies Career Training	O		
GA	Intl Sch of Skin & Nails	O		
	Rivertown Sch of Beauty, Barber, Skin Care, Nails	O		
	Southwest Georgia Tech C	O		
ID	American Acad of Nail Tech & Esthetics	O		
	Cosmetology Sch of Arts & Sci	O		
	Headmasters Sch of Hair Design, Boise	O		
	Razzle Dazzle C of Hair Design	O		
IL	Cosmetology & Spa Inst	O		
	Hair Professionals Career C, Palos Hills	O		
	Hair Professionals Career C, Sycamore	O		
	La'James C of Hairstyling, East Moline	O		
	Midwest Inst of Massage Therapy	O		
	Mr John's Sch of Cosmetology, Esthetics & Nails	O		
	New Image Cosmetology Tech Ctr	O		
	Pivot Point Intl Acad-Evanston	O		
	Steven Papageorge Hair Academy	O		
IN	Creative Hair Styling Acad	O		
	Hair Arts Acad	O		
	Ravenscroft Beauty C	O		
IA	Capri C, Cedar Rapids	O		
	Capri C, Davenport	O		
	Capri C, Dubuque	O		
	Iowa Sch of Beauty, Des Moines	O		
	La'James C of Hairstyling, Cedar Falls	O		
	La'James C of Hairstyling, Davenport	O		
	La'James C of Hairstyling, Mason City	O		
	La'James Intl C, Fort Dodge	O		
	La'James Intl C, Iowa City	O		
	La'James Intl C, Johnston	O		
	The Salon Professional Academy	O		
KS	Acad of Hair Design, Salina	O		
	B-Street Design Sch of Intl Hair Styling, Overland Park	O		
	B-Street Design Sch of Intl Hair Styling, Wichita	O		
	Crum's Beauty C	O		T
LA	Aveda Inst New Orleans	O		
	Guy's Acad	O		
ME	Pierre's Sch of Cosmetology, Portland	O		
MD	The Fila Acad Inc	O		
MA	Bojack Acad of Beauty Culture	O		
	Catherine Hinds Inst of Esthetics	O		
	E.I.N.E., Inc	O		
	Rob Roy Acad, Fall River Campus	O		
	Rob Roy Acad, Worcester Campus	O		
	Spa Tech Inst, Westboro	O		
MI	Brighton Inst of Cosmetology	O		
	Douglas J Aveda Inst, Ann Arbor	O		
	Douglas J Aveda Inst, East Lansing	O		
	Fiser's C of Cosmetology	O		
	French Acad of Cosmetology, Inc	O		
	Michigan C of Beauty, Monroe	O		
	Nuvo C of Cosmetology	O		
	Traverse City Beauty C	O		
MN	Regency Beauty Inst, Blaine	O		
	The Salon Professional Acad-New Hope (4411 Winnetka Ave N)	O		
	Scot Lewis Empire Ed Group, Bloomington	O		
MS	Magnolia C of Cosmetology	O		
MO	Abbott Acad of Cosmetology Arts & Sci	O		
	Class Act I Sch of Cosmetology	O		
	Cosmetology Concepts Inst	O		
	House of Heavilin Beauty C-Blue Springs	O		
	Independence C of Cosmetology	O		
	Merrell U of Beauty Arts & Sci	O		
	Neosho Beauty C	O		
	Paris II Ed Ctr	O		
MT	Acad of Nail, Skin & Hair, Inc	O		
NE	Capitol Sch of Hairstyling & Esthetics	O		
	La'James Intl C, Fremont	O		
	Xenon Intl Academy	O		
NV	Acad of Hair Design, Las Vegas	O		
	Carson City Beauty Acad	O		
NH	Keene Beauty Acad	O		
NJ	Artistic Acad	O		
	Capri Inst/Cosmetology Training Ctr, Bricktown	O		
	Capri Inst/Cosmetology Training Ctr, Kenilworth	O		
	European Acad of Cosmetology	O		
	Natural Motion Inst of Hair Design	O		
	Parisian Beauty Acad	O		
NM	New Mexico Aveda Inst de Belles Artes	O		
	Olympian U of Cosmetology, Las Cruces	O		
NY	American Beauty Inst, Inc, New York	O		
	CAPRI Cosmetology Learning Ctr	O		
	Continental Sch of Beauty Culture, Rochester	O		
	Gloria Francis Beauty Inst	O		
	Hudson Valley Sch of Advanced Aesthetic Skin Care	O		
	John Paul's Hair, Nails, & Skin Care Inst, Ballston Spa	O		
	New York Inst of Beauty	O		
	New York Intl Beauty Sch LTD	O		
	The Orlo Sch of Hair Design	O		
	Shear Ego Intl Sch of Hair Design	O		
	Wilson Tech Ctr	O		
NC	Dudley Cosmetology U	O		
	Leon's Beauty Sch	O		
	Natural Touch Sch of Esthetics & Massage, Hickory	O		
OH	Aveda Fredric's Inst	O		
	Casal Aveda Inst, Austintown	O		
	Eastern Hills Acad of Hair Design	O		
	Gerber's Akron Beauty Sch	O		
	Inner State Beauty Sch	O		
	Intl Acad of Hair Design, Cincinnati	O		
	National Beauty C, Canton	O		
	Paramount Beauty Acad/Paramount Inst of Esthetics	O		
	Salon Schs Group	O		
	The Spa Sch	O		
	Toledo Acad of Beauty Culture, East	O		
	Toledo Acad of Beauty Culture, North	O		
	Toledo Acad of Beauty Culture, South	O		
	Tri County Beauty C	O		
	Western Hills Sch of Beauty & Hair Design	O		
OK	Broken Arrow Beauty C	O		
	Central State Acad	O		
	Central State Beauty Acad	O		
	Clary Sage C	O		
	Hollywood Cosmetology Ctr	O		
	Sand Springs Beauty C	O		
OR	C of Cosmetology, Klamath Falls	O		
	C of Hair Design Careers	O		
	Cosmetology Careers Unlimited	O		
	Phagan's Central Oregon Beauty C	O		
	Phagan's Sch of Beauty, Salem	O		
	Portland Beauty Sch	O		
PA	Altoona Beauty Sch, Inc	O		
	Bucks Co Sch of Beauty Culture, Inc.	O		
	DeRielle Cosmetology Acad	O		
	Lancaster Sch of Cosmetology	O		
	Lansdale Sch of Cosmetology	O		
	PSC Acad	O		
	The Vision Academy - Paul Mitchell Partner Sch	O		
PR	Ponce Paramedical C, Coto Laurel	O		
	Ponce Paramedical C, Ponce	O		
RI	Arthur Angelo Sch of Cosmetology & Hair Design, Providence	O		

SC	Acad of Cosmetology, Charleston	O		
	Acad of Hair Tech	O		
TN	Austin's Beauty C	O		
	Buchanan Beauty C	O		
	Jenny Lea Acad of Cosmetology, Johnson City	O		
	Knoxville Inst of Hair Design	O		
	Queen City C	O		
	Tennessee Acad of Cosmetology, I, LLC	O		
	Tennessee Acad of Cosmetology, Memphis (7041 Stage Rd, Ste 101)	O		
TX	Behold! Beauty Acad	O		
	Clark Inst of Cosmetology	O		
	Cosmetology Career Ctr, A Paul Mitchell Sch	O		
	Mims Classic Beauty C	O		
	Ogle Sch of Hair Design, Arlington	O		
	Ogle Sch of Hair Design, Dallas	O		
	Ogle Sch of Hair Design, Fort Worth	O		
	Ogle Sch of Hair Design, Hurst	O		
	Star C of Cosmetology, Tyler	O		T
	Texas C of Cosmetology, Abilene	O		
	Texas C of Cosmetology, San Angelo	O		
UT	Dallas Roberts Acad of Hair & Aesthetics	O		
	Evan's Hairstyling C, Cedar City	O		
	Image Works Acad of Hair Design	O		
	The Skin Inst, LLC	O		
VA	Virginia Sch of Massage, Charlottesville	O		
WA	Aesthetics NW Inst	O		
	Cascade Beauty C, LLC	O		
	Clover Park Tech C	O		
	Evergreen Beauty & Barber C	O		
	Glen Dow Acad of Hair Design	O		
	The Hair Sch	O		
	Milan Inst of Cosmetology, Everett	O		
	Vancouver Sch of Beauty	O		
	Yakima Beauty Sch Beauty Works	O		
WV	Morgantown Beauty C, Inc	O		
WI	Martin's C of Cosmetology, Appleton	O		
	Martin's Sch of Hair Design, Green Bay	O		
	Martin's Sch of Hair Design, Manitowoc	O		
	State C of Beauty Culture, Inc	O		
WY	Acad of Hair Design, Casper	O		
	C of Cosmetology, Gillette	O		
	Rocky Mountain Acad of Hair Design	O		

ESTHETICS INSTRUCTOR (COSMETICS & SKIN CARE)

AL	Scientific Beauty Acad	O	
AZ	Carsten Inst of Hair & Beauty	O	
CA	Advance Beauty C	O	
	Bridges Acad of Beauty	O	
	Champion Inst of Cosmetology	O	
	West Valley Occ Ctr	O	
CT	Intl Inst of Cosmetology	O	
FL	Acad of Professional Careers, Winter Park	O	
	Intl Sch of Health & Beauty	O	
	Maya's Sch of Beaute, Inc	O	
GA	Intl Sch of Skin & Nails	O	
ID	Cosmetology Sch of Arts & Sci	O	
	Headmasters Sch of Hair Design, Boise	O	
IL	Midwest Inst of Massage Therapy	O	
	Mr John's Sch of Cosmetology, Esthetics & Nails	O	
	New Image Cosmetology Tech Ctr	O	
IN	Creative Hair Styling Acad	O	
KS	B-Street Design Sch of Intl Hair Styling, Overland Park	O	
LA	Aveda Inst New Orleans	O	
MI	Brighton Inst of Cosmetology	O	
	Douglas J Aveda Inst, Ann Arbor	O	
	French Acad of Cosmetology, Inc	O	
	Traverse City Beauty C	O	
MN	The Salon Professional Acad-New Hope (4411 Winnetka Ave N)	O	
MO	Abbott Acad of Cosmetology Arts & Sci	O	
NV	Carson City Beauty Acad	O	
NM	New Mexico Aveda Inst de Belles Artes	O	
NY	John Paul's Hair, Nails, & Skin Care Inst, Ballston Spa	O	
	New York Inst of Beauty	O	
NC	Dudley Cosmetology U	O	
OH	Salon Schs Group	O	
OK	Central State Acad	O	
	Jenks Beauty C	O	
OR	C of Hair Design Careers	O	
	Cosmetology Careers Unlimited	O	
	Phagan's Central Oregon Beauty C	O	
	Portland Beauty Sch	O	

PA	DeRielle Cosmetology Acad	O		
	PSC Acad	O		
TN	Buchanan Beauty C	O		
	Jenny Lea Acad of Cosmetology, Johnson City	O		
	Tennessee Acad of Cosmetology, I, LLC	O		
	Tennessee Acad of Cosmetology, Memphis (7041 Stage Rd, Ste 101)	O		
TX	Behold! Beauty Acad	O		
	Clark Inst of Cosmetology	O		
	Ogle Sch of Hair Design, Arlington	O		
	Ogle Sch of Hair Design, Dallas	O		
	Ogle Sch of Hair Design, Fort Worth	O		
	Ogle Sch of Hair Design, Hurst	O		
	Texas C of Cosmetology, San Angelo	O		
UT	The Skin Inst, LLC	O		
WA	Aesthetics NW Inst	O		
	Cascade Beauty C, LLC	O		
	Evergreen Beauty & Barber C	O		
	Glen Dow Acad of Hair Design	O		
	The Hair Sch	O		
	Milan Inst of Cosmetology, Everett	O		
	Vancouver Sch of Beauty	O		
WI	Martin's C of Cosmetology, Appleton	O		
	Martin's Sch of Hair Design, Green Bay	O		
	Martin's Sch of Hair Design, Manitowoc	O		
WY	Acad of Hair Design, Casper	O		

EXERCISE PHYSIOLOGY

MA	Quincy C	O	A

EXTREMITY DOPPLER

MI	Carnegie Inst	O

FARM EQUIPMENT MECHANICS

KS	North Central Kansas Tech C	O	A
OK	Great Plains Tech Ctr, Frederick	O	

FARM & RANCH MANAGEMENT

MN	Alexandria Tech C, Alexandria	O	
	St Cloud Tech C	O	A
OK	Canadian Valley Tech Ctr, Chickasha	O	
	Mid-America Tech Ctr	O	
SD	Western Dakota Tech Inst	O	A
WI	Western Tech C, La Crosse	O	

FARRIER TRAINING (HORSESHOEING)

WV	Meredith Manor Intl Equestrain Ctr	O

FASHION DESIGN

CA	Fashion Careers C	O	A	T
	Sacramento Co ROP	O		
	West Valley Occ Ctr	O		
MA	The Sch of Fashion Design	O		
NJ	Fashion Design Training Studio	O		
OK	Tulsa Tech Ctr	O		
PR	Liceo de Arte y Disenos	O		

FASHION ILLUSTRATION

CA	West Valley Occ Ctr	O
MA	The Sch of Fashion Design	O
NJ	Ducret Sch of Arts	O

FASHION MERCHANDISING (INCLUDES MANAGEMENT & MARKETING)

CA	Colton-Redlands-Yucaipa Reg Occ Program	O		
	East San Gabriel Valley ROP & Tech Ctr	O	A	T
	Fashion Careers C	O	A	T
IN	Indiana Bus C, Downtown Indianapolis		A	
KS	Johnson Co Comm C, Overland Park		A	
MN	Alexandria Tech C, Alexandria	O	A	
	Ridgewater C, Willmar & Hutchinson	O	A	
OK	Mid-America Tech Ctr	O		
	Moore-Norman Tech Ctr	O		
PA	Lehigh Valley C		A	
	Pace Inst		A	

FASHION RETAILING

KS	Johnson Co Comm C, Overland Park	O	A

FASHION STUDIES

CA	West Valley Occ Ctr	O
MA	The Sch of Fashion Design	O
NJ	Atlantic Co Inst of Tech	O

FCC LICENSING

WA	Clover Park Tech C	O

FIBER-OPTIC TECHNOLOGY

CA	Applied Professional Training, Inc	O
	Opportunities Industrialization Ctr West	O

FINANCE

CA	Colton-Redlands-Yucaipa Reg Occ Program	O		
GA	East Central Tech C	O		
MN	St Cloud Tech C	O	A	T
OH	Rhodes State C		A	
PR	MBTI Bus Training Inst	O		
SC	Greenville Tech C	O		
WI	Western Tech C, La Crosse		A	T

FINANCE & CREDIT SERVICES MARKETING

MN	Alexandria Tech C, Alexandria	O	A
SD	Lake Area Tech Inst		A

FINANCIAL PLANNING

SD	Southeast Tech Inst	A

FINE ARTS

MA	Quincy C		A	T
MI	Interlochen Arts Acad	O		
NJ	Ducret Sch of Arts	O		

FIRE FIGHTER TRAINING

CA	49er ROP	O	
FL	First Coast Tech Inst	O	
	Lake Tech Ctr	O	
	McFatter Tech Ctr	O	
ID	Eastern Idaho Tech C	O	A
IL	Lake Land C		A
KS	Johnson Co Comm C, Overland Park	O	A
NJ	Cumberland Co Tech Ed Ctr	O	
OH	Mahoning Co Career & Tech Ctr	O	
OK	Great Plains Tech Ctr, Lawton	O	
SD	Western Dakota Tech Inst		A
TX	Lamar Inst of Tech	O	
WA	Bates Tech C		A
WI	Blackhawk Tech C		A

FIRE & FIRE PROTECTION TECHNOLOGIES

CA	North Orange Co ROP	O	
	Sacramento Co ROP	O	
FL	First Coast Tech Inst	O	
	Sarasota Co Tech Inst	O	
GA	East Central Tech C	O	
MA	Quincy C		A
TX	Lamar Inst of Tech		A
WI	Lakeshore Tech C		A
	Western Tech C, La Crosse		A

FISHERIES TECHNOLOGY

WA	Bellingham Tech C	O	A

FITNESS & NUTRITION

CO	Colorado Inst of Massage Therapy	O	
MN	Alexandria Tech C, Alexandria	O	A
OK	Comm Care C	O	
WA	Ashmead C-Massage Therapy, Seattle	O	
	Bellingham Tech C	O	

FLIGHT ATTENDANT TRAINING

MO	Bryan C, Springfield	O

FLORISTRY & FLORICULTURE (INCLUDES FLORAL DESIGN & SALES)

CA	Colton-Redlands-Yucaipa Reg Occ Program	O	
	LaPuente Valley ROP	O	
	North Orange Co ROP	O	
	Rowland Adult & Comm Ed	O	
	South California Sch of Floral Design	O	
FL	Erwin Tech Ctr	O	
MA	New England Sch of Floral Design	O	
MN	Hennepin Tech C, Brooklyn Park Campus	O	A
NY	Wilson Tech Ctr	O	
OH	Mahoning Co Career & Tech Ctr	O	
PR	Instituto Chaviano de Mayaguez	O	
	Liceo de Arte y Disenos	O	
WA	Clover Park Tech C	O	

FLUID POWER TECHNOLOGY

MN	Alexandria Tech C, Alexandria	O	A
	Hennepin Tech C, Brooklyn Park Campus	O	A

FOOD & BEVERAGE MANAGEMENT

		O	A	T
CA	American C of California	O		
FL	Lincoln C of Tech	O	A	
KS	Johnson Co Comm C, Overland Park	O	A	
PA	JNA Inst of Culinary Arts			

FOOD MARKETING

		O	A	T
CA	American C of California	O		

FOOD SCIENCE

		O	A	T
CA	North Orange Co ROP	O		
	Opportunities Industrialization Ctr West	O		
SC	Greenville Tech C		A	

FOOD SERVICE TECHNOLOGY (INCLUDES CATERING)

		O	A	T
AL	Bishop State Comm C, Southwest Campus	O	A	
AR	Cass Civilian Conservation Job Corps Ctr	O		
CA	Imperial Valley ROP	O		
	LaPuente Valley ROP	O		
	North Orange Co ROP	O		
	Opportunities Industrialization Ctr West	O		
	West Valley Occ Ctr	O		
FL	Washington-Holmes Tech Ctr	O		
GA	Chattahoochee Tech C	O	A	
MN	Dunwoody C of Tech		A	
NJ	Tech Inst of Camden Co	O		
OH	Mahoning Co Career & Tech Ctr	O		
OK	Meridian Tech Ctr	O		
PA	Commonwealth Tech Inst at H GAndrews Ctr	O		
	Greater Altoona Career & Tech Ctr	O		
	JNA Inst of Culinary Arts	O		
WV	Marion Co Voc Tech Ctr	O		
	Putnam Career & Tech Ctr	O		
WI	Western Tech C, La Crosse	O		

FOREIGN LANGUAGES

		O	A	T
IL	The Hadley Sch for the Blind	O		
NY	Wilson Tech Ctr	O		
TX	Bilingual Ed Inst	O		
	Language Plus & Language Unlimited	O		

FORENSIC SCIENCE

		O	A	T
CA	North Orange Co ROP	O		
NC	American Inst of Applied Sci	O		
OH	Carnegie Inst of Integrative Med & Massotherapy	O	A	
	Marion Tech C	O		

FORESTRY & FORESTRY TECHNOLOGY

		O	A	T
GA	Okefenokee Tech C	O	A	
	Swainsboro Tech C	O	A	
WV	Marion Co Voc Tech Ctr	O		

FORKLIFT OPERATIONS

		O	A	T
CA	Anthony Soto Employment Training Ctr, Marysville	O		
	Charles A Jones Skills & Bus Ed Ctr	O		
	Opportunities Industrialization Ctr West	O		
	Sacramento Co ROP	O		
	Western Pacific Truck Sch, Modesto	O		
	Western Pacific Truck Sch, Stockton	O		
OH	Mahoning Co Career & Tech Ctr	O		
OK	Mid-Del Tech Ctr	O		
UT	Ogden-Weber Applied Tech C	O		
WA	Bates Tech C	O		
WI	Lakeshore Tech C	O		

FURNITURE DESIGN

		O	A	T
MA	Furniture Inst of Massachusetts	O		
	North Bennet Street Sch	O		

GENEALOGICAL RESEARCH

		O	A	T
OH	Mahoning Co Career & Tech Ctr	O		

GENERAL EDUCATION DEVELOPMENT (GED)

		O	A	T
CA	Compton Adult Sch	O		
	Martinez Adult Ed	O		
	Opportunities Industrialization Ctr West	O		
	Rowland Adult & Comm Ed			T
	Sacramento Job Corps Ctr	O		
FL	McFatter Tech Ctr	O		
	Suwannee-Hamilton Tech Ctr	O		
	Washington-Holmes Tech Ctr	O		
	Winter Park Tech	O		
	Withlacoochee Tech Inst	O		
GA	Southeastern Tech C, Vidalia	O		
IL	The C of Office Tech	O		
	Spanish Coalition for Jobs, Inc.	O		
KS	Johnson Co Comm C, Overland Park	O		
LA	Louisiana Tech C, Northeast Louisiana Campus	O		
MN	Minnesota W Comm & Tech C, Canby	O		
MS	Mississippi Job Corps Ctr	O		
NY	New York Inst of English and Bus	O		
	Wilson Tech Ctr	O		
OH	ETI Tech C, Niles	O		
	Mahoning Co Career & Tech Ctr	O		
OK	Mid-Del Tech Ctr	O		
PA	Keystone Natl HS	O		
SD	Southeast Tech Inst	O		
TN	Tennessee Tech Ctr at Morristown	O		
	Tennessee Tech Ctr at Murfreesboro	O		
TX	David L Carrasco Job Corps Ctr	O		
WA	Bates Tech C	O		
	Renton Tech C	O		
WV	Monongalia Co Tech Ed Ctr	O		
WI	Lakeshore Tech C	O		

GENERAL STUDIES

		O	A	T
CA	Rowland Adult & Comm Ed			T
KS	Johnson Co Comm C, Overland Park		A	T
MA	Quincy C		A	T
NY	New York Inst of English and Bus	O		
SC	York Tech C	O		

GENERAL TECHNOLOGY

		O	A	T
AR	UAM College of Tech, McGehee		A	

GEOGRAPHIC INFORMATION SYSTEMS

		O	A	T
AL	Bishop State Comm C, Southwest Campus	O		

GERONTOLOGY (INCLUDES GERIATRIC ASSISTING)

		O	A	T
CA	Compton Adult Sch	O		
GA	Southwest Georgia Tech C	O		
MN	Ridgewater C, Willmar & Hutchinson			T
PR	Antilles Sch of Tech Careers, San Juan	O		

GOLF COURSE MANAGEMENT

		O	A	T
AZ	Mundus Inst	O		
SD	Southeast Tech Inst		A	

GOLF INSTRUCTION

		O	A	T
CA	Rowland Adult & Comm Ed	O		

GRAPHIC ARTS

		O	A	T
CA	North Orange Co ROP	O		
	West Valley Occ Ctr	O		
FL	First Coast Tech Inst	O		
	Washington-Holmes Tech Ctr	O		
LA	Louisiana Tech C, Baton Rouge Campus	O		
	Louisiana Technical C, Baton Rouge	O		
MA	Butera Sch of Art	O		
MN	Dunwoody C of Tech		A	
	Hennepin Tech C, Brooklyn Park Campus	O	A	
	St Cloud Tech C	O		
NJ	Ducret Sch of Arts	O		
OH	Mahoning Co Career & Tech Ctr	O		
OK	Mid-America Tech Ctr	O		
	Moore-Norman Tech Ctr	O		
	Tri County Tech Ctr	O		
PA	Greater Altoona Career & Tech Ctr	O		
	Keystone Tech Inst	O		
TN	Tennessee Tech Ctr at Morristown	O		
WA	Perry Tech Inst	O		

GRAPHIC COMMUNICATIONS

		O	A	T
AL	Bishop State Comm C, Southwest Campus	O	A	
NJ	Ducret Sch of Arts	O		
OH	Mahoning Co Career & Tech Ctr	O		

GRAPHIC DESIGN

		O	A	T
CA	Colton-Redlands-Yucaipa Reg Occ Program	O		
	Imperial Valley ROP	O		
	LaPuente Valley ROP	O		
	Martinez Adult Ed	O		
	North Orange Co ROP	O		
	West Valley Occ Ctr	O		
CO	Pickens Tech C			T
FL	C of Bus & Tech, Miami		A	
	Lake Tech Ctr	O		
	Southwest Florida C, Tampa		A	
	Washington-Holmes Tech Ctr	O		
IL	Computer Sys Inst	O		
KS	Johnson Co Comm C, Overland Park	O	A	
	KAW Area Tech Sch	O		
MA	Quincy C	O		
MN	Art Instruction Schs	O		
	Dakota Co Tech C	O	A	
	Minneapolis Bus C	O	A	
MO	Rolla Tech Ctr/Inst	O		
NE	Vatterott C, Spring Valley Campus	O	A	
NJ	Ducret Sch of Arts	O		
	Tech Inst of Camden Co	O		
NC	King's C, Charlotte	O		
OH	Mahoning Co Career & Tech Ctr	O		
	Ohio Inst of Photography & Tech	O	A	
OK	Mid-America Tech Ctr	O		
PA	Allied Med & Tech Inst, Scranton	O		
	Erie Inst of Tech		A	
	Pittsburgh Tech Inst		A	
	Schuylkill Inst of Bus & Tech	O	A	
PR	Nova C de PR	O		
SD	Southeast Tech Inst		A	
TX	Bradford Sch of Bus	O		
	Computer Career Ctr, El Paso	O		
WI	Lakeshore Tech C		A	
	Western Tech C, La Crosse		A	

GREENHOUSE MANAGEMENT & PRODUCTION

		O	A	T
CO	Pickens Tech C	O		T
FL	Washington-Holmes Tech Ctr	O		
OH	Mahoning Co Career & Tech Ctr	O		
OK	Mid-America Tech Ctr	O		
SD	Southeast Tech Inst		A	

GUNSMITHING (INCLUDES GUN REPAIR)

		O	A	T
AZ	Sonoran Desert Inst	O		
CO	Colorado Sch of Trades		A	
PA	Pennsylvania Gunsmith Sch	O		

HAIR BRAIDING ADVANCED

		O	A	T
FL	Maya's Sch of Beaute, Inc	O		
OR	Portland Beauty Sch	O		
UT	Image Works Acad of Hair Design	O		

HAIR STYLING/STYLIST AND HAIR DESIGN

		O	A	T
PR	Instituto de Banca y Comercio, Mayaguez	O		

HAZARDOUS MATERIALS TECHNOLOGY

		O	A	T
CA	East San Gabriel Valley ROP & Tech Ctr	O	A	T
SC	Greenville Tech C		A	

HEALING ARTS

		O	A	T
AZ	Arizona Sch of Integrative Studies, Clarkdale	O		
CA	American Inst of Massage Therapy	O		
	Ctr for Hypnotherapy Certification	O		
	Twin Lakes C of the Healing Arts	O		
	The World Sch of Massage & Holistic Healing Arts	O		
CO	Colorado Sch of Healing Arts	O		
	Guild for Structural Integration	O		
IN	Acad of Reflexology & Health Therapy Intl	O		
KS	Kansas C of Chinese Med	O		
KY	Sun Touch Massage Sch	O		
MA	Blazing Star Herbal Sch	O		
	Kripalu Ctr	O		
	New England Inst of Reflexology & Universal Studies	O		
MO	Massage Therapy Training Inst, Kansas City	O		
MT	Big Sky Somatic Inst	O		
NJ	New Jersey Inst of Reflexology	O		
	Seashore Healing Arts Ctr	O		
NM	The Ayurvedic Inst	O		
	New Mexico Acad of Healing Arts	O		
NC	Southeastern Sch of Neuromuscular Massage	O		
OH	Integrated Touch Therapy, Inc for Animals	O		
	Ohio Acad of Holistic Health	O		
OR	Oregon Sch of Massage, Portland	O		
PA	Career Training Acad, Pittsburgh	O		
	Central Pennsylvania Sch of Massage, Inc	O		
	Lehigh Valley Healing Arts Acad	O		T

HEALTH AIDE TRAINING, COMMUNITY

		O	A	T
CA	LaPuente Valley ROP	O		
	North Orange Co ROP	O		
	Tri-Cities ROP	O		

	West Valley Occ Ctr	O
FL	First Coast Tech Inst	O
	Washington-Holmes Tech Ctr	O
KS	Manhattan Area Tech C	O
KY	Bowling Green Tech C, Glasgow	O
	KY Tech-Harrison Area Tech Ctr	O
	Ohio Co Area Tech Ctr	O
NJ	Cumberland Co Tech Ed Ctr	O
OH	Mahoning Co Career & Tech Ctr	O
OK	Great Plains Tech Ctr, Frederick	O
WV	Putnam Career & Tech Ctr	O

HEALTH CARE ADMINISTRATION

MA	Branford Hall Career Inst, Springfield	O	
OH	Brown Mackie C, Cincinnati		A
	Marion Tech C	O	

HEALTH CARE ASSISTANT TRAINING

CA	Central Coast C	O
	LaPuente Valley ROP	O
	Martinez Adult Ed	O
	North Orange Co ROP	O
	Opportunities Industrialization Ctr West	O
	Tri-Cities ROP	O
	West Valley Occ Ctr	O
FL	Bradford-Union Area Career Tech Ctr	O
	Sarasota Co Tech Inst	O
	Suwannee-Hamilton Tech Ctr	O
	Washington-Holmes Tech Ctr	O
GA	Southwest Georgia Tech C	O
KS	Johnson Co Comm C, Overland Park	O
KY	KY Tech-Harrison Area Tech Ctr	O
	Ohio Co Area Tech Ctr	O
MA	Cape Cod Reg Tech HS	O
MS	Mississippi Job Corps Ctr	O
MO	Bolivar Tech C	O
	Branson Tech C	O
	Texas Co Tech Inst	O
OK	Mid-Del Tech Ctr	O
	Oklahoma Technology Inst	O
PA	Forbes Rd Career & Tech Ctr	O
	Northern Tier Career Ctr	O
PR	Trinity C of Puerto Rico	O
TX	Career Quest	O
	David L Carrasco Job Corps Ctr	O
WV	Marion Co Voc Tech Ctr	O
	Putnam Career & Tech Ctr	O

HEALTH CLAIMS EXAMINER

CA	Ladera Career Paths Training Ctrs	O	
CT	Branford Hall Career Inst, Windsor	O	
KY	Spencerian C, Louisville		A
MA	The Salter Sch, Fall River	O	
NJ	Star Tech Inst, Lakewood	O	
OR	Apollo C, Portland	O	
PA	Career Training Acad, New Kensington	O	A
	Career Training Acad, Pittsburgh		A

HEALTH AND FITNESS TRAINER, PROFESSIONAL

CA	Antelope Valley Med C	O	A

HEALTH INFORMATION TECHNOLOGY

AL	Bishop State Comm C, Southwest Campus		A
AZ	Arizona C of Allied Health	O	A
MA	Branford Hall Career Inst, Springfield	O	
OH	Ohio Inst of Photography & Tech	O	
OK	Oklahoma Technology Inst	O	
PA	Computer Learning Network – Resident Sch	O	
	South Hills Sch of Bus & Tech, State College		A
RI	Gibbs C, Cranston		A
WV	Monongalia Co Tech Ed Ctr	O	
WI	Western Tech C, La Crosse		A

HEALTH SCIENCE

CA	North Orange Co ROP	O	
KY	Ohio Co Area Tech Ctr	O	
NH	North Eastern Inst of Whole Health	O	
OK	Canadian Valley Tech Ctr, Chickasha	O	
	Great Plains Tech Ctr, Frederick	O	
	Meridian Tech Ctr	O	
	Mid-Del Tech Ctr	O	
	Northwest Tech Ctr, Alva	O	
	Southern Oklahoma Tech Ctr		T
WV	Marion Co Voc Tech Ctr	O	

HEALTH SERVICES MANAGEMENT

OK	Comm Care C		A

HEALTH UNIT CLERK TRAINING

CA	Central Coast C	O
	North Orange Co ROP	O
	Sunnyvale-Cupertino Adult Ed Program	O
FL	Sarasota Co Tech Inst	O
WV	Garnet Career Ctr	O

HEALTH UNIT COORDINATION

AZ	Pima Med Inst, Tucson	O
CA	North Orange Co ROP	O
CO	IntelliTec Med Inst	O
FL	Coral Ridge Training Sch	O
	Orlando Tech	O
KY	Spencerian C, Louisville	O
NJ	Omega Inst - Therapeutic Massage Program	O
SD	Western Dakota Tech Inst	O
WI	Lakeshore Tech C	O

HEATING INSTALLATION & REPAIR

AR	Askins Vo-Tech, Inc	O	
CA	North Orange Co ROP	O	
	West Valley Occ Ctr	O	
	WyoTech, Fremont	O	
CT	Porter & Chester Inst, Watertown	O	
KS	Johnson Co Comm C, Overland Park	O	A
	Vatterott C, Wichita	O	
MN	Dunwoody C of Tech	O	A
	St Cloud Tech C	O	A
NJ	Hohokus Sch of Trades & Tech Studies	O	
NY	Wilson Tech Ctr	O	
PA	Triangle Tech, Pittsburgh		A
VA	Advanced Tech Inst	O	A
WV	Putnam Career & Tech Ctr	O	

HEATING, PROPANE & NATURAL GAS

AR	Askins Vo-Tech, Inc	O	
CT	Porter & Chester Inst, Watertown	O	
PA	Triangle Tech, Pittsburgh		A
SD	Mitchell Tech Inst	O	A

HEAVY EQUIPMENT OPERATION

AR	Cass Civilian Conservation Job Corps Ctr	O
CA	Sacramento Job Corps Ctr	O
FL	Washington-Holmes Tech Ctr	O
KS	North Central Kansas Tech C	O
OK	Indian Capital Tech Ctr - Tahlequah-Bill Willis Campus	O
PA	Schuylkill Tech Ctrs	O
SD	Southeast Tech Inst	O

HEAVY EQUIPMENT REPAIR

CA	Sacramento Job Corps Ctr	O	
FL	Miami Lakes Ed Ctr	O	
OK	Indian Capital Tech Ctr - Tahlequah-Bill Willis Campus	O	
	Mid-America Tech Ctr	O	
SD	Southeast Tech Inst		A
WA	Bates Tech C	O	A

HELP DESK ADMINISTRATION

IN	Indiana Bus C, Downtown Indianapolis		A
	Indiana Bus C, Evansville		A
	Indiana Bus C, Fort Wayne		A
	Indiana Bus C, Terre Haute		A

HERBAL MEDICINE

KS	Kansas C of Chinese Med	O
OH	Ohio Acad of Holistic Health	O
OR	Australasian C of Health Sci	O
PA	Lehigh Valley Healing Arts Acad	O

HISTOLOGIC TECHNOLOGY, HISTOTECHNOLOGY, & HISTOLOGY

AR	Baptist Health - Sch of Histotechnology	O
	Baptist Health Sch Little Rock	O
IL	OSF St Francis, Sch of Histotechnology	O
TX	U Hosp, Sch of Histologic Tech	O
WI	St Joseph's Hosp/Marshfield Clinic, Histotechnician Program	O

HOLISTIC PRACTITIONER

CA	Healing Hands Sch of Holistic Health	O	T
	Mueller C of Holistic Studies	O	
	Sky Hill Inst, Sch of Wholistic Healing Arts	O	
MA	Kripalu Ctr	O	

OH	Ohio Acad of Holistic Health	O
OR	Australasian C of Health Sci	O

HOME ECONOMICS

OK	Kiamichi Tech Ctr, McAlester	O

HOME HEALTH AIDE TRAINING

CA	Charles A Jones Skills & Bus Ed Ctr	O	
	Colton-Redlands-Yucaipa Reg Occ Program	O	
	Compton Adult Sch	O	
	East San Gabriel Valley ROP & Tech Ctr	O	T
	Hacienda La Puente Adult Ed, La Puente	O	
	Opportunities Industrialization Ctr West	O	
	Sacramento Co ROP	O	
	San Mateo Adult Sch	O	
	Tri-Cities ROP	O	
FL	Angley C, Deland	O	T
	Coral Ridge Training Sch	O	
	First Coast Tech Inst	O	
	Intl Sch of Health & Beauty	O	
	Lake Tech Ctr	O	
	Orlando Tech	O	
	Washington-Holmes Tech Ctr	O	
KS	Johnson Co Comm C, Overland Park	O	
	KAW Area Tech Sch	O	
MA	Med Professional Inst	O	
OH	Ohio Acad of Holistic Health	O	
OK	Indian Capital Tech Ctr - Tahlequah-Bill Willis Campus	O	
	Kiamichi Tech Ctr, McAlester	O	
	Mid-Del Tech Ctr	O	
PR	Centro de Capacitaction y Asesocamiento, Caquas	O	
TX	Career Quest	O	
	Computer Career Ctr, El Paso	O	

HOME HEALTH CARE SPECIALIST

CA	North Orange Co ROP	O
	Opportunities Industrialization Ctr West	O
	Sunnyvale-Cupertino Adult Ed Program	O
FL	Sarasota Co Tech Inst	O
	Washington-Holmes Tech Ctr	O
KS	Johnson Co Comm C, Overland Park	O
OK	Southern Oklahoma Tech Ctr	O

HOME INSPECTION

AZ	Sonoran Desert Inst	O
CA	West Valley Occ Ctr	O
NY	Wilson Tech Ctr	O

HOMELAND SECURITY

CA	Friedman C - Nick Harris Detective Acad	O	
	Sunnyvale-Cupertino Adult Ed Program	O	
GA	East Central Tech C	O	
TX	Lamar Inst of Tech	O	A
VA	Kee Bus C, Newport News	O	

HOMEOPATHY

CA	Valley Hypnosis Ctr	O
OR	Australasian C of Health Sci	O

HORTICULTURE

AZ	Fleur De Lis Inst of Landscape Design	O	
CO	Pickens Tech C	O	T
FL	First Coast Tech Inst	O	
	Washington-Holmes Tech Ctr	O	
GA	Chattahoochee Tech C	O	A
	North Georgia Tech C, Clarkesville	O	A
IL	Lake Land C	O	A
KS	Johnson Co Comm C, Overland Park	O	A
	KAW Area Tech Sch	O	
MA	Cape Cod Reg Tech HS	O	
NJ	Tech Inst of Camden Co	O	
OH	Mahoning Co Career & Tech Ctr	O	
OK	Indian Capital Tech Ctr - Tahlequah-Bill Willis Campus	O	
	Mid-America Tech Ctr	O	
	Tulsa Tech Ctr	O	
PA	Greater Altoona Career & Tech Ctr	O	
	Williamson Free Sch of Mechanical Trades		A
SD	Southeast Tech Inst		A
WA	Clover Park Tech C		A
WV	Marion Co Voc Tech Ctr	O	
WI	Western Tech C, La Crosse		A

HORTICULTURE, ENVIRONMENTAL

		O	A	T
GA	Columbus Tech C	O	A	
PA	Williamson Free Sch of Mechanical Trades		A	

HOSPITALITY, ADMINISTRATIVE ASSISTANT

		O		
AK	Career Acad, Anchorage	O		
CA	American C of California	O		
IL	Illinois Careerpath Inst	O		
OH	Mahoning Co Career & Tech Ctr	O		

HOSPITALITY MANAGEMENT

		O	A	
AK	Career Acad, Anchorage	O		
CA	American C of California	O		
	California Culinary Acad		A	
IL	Illinois Careerpath Inst	O		
KS	Johnson Co Comm C, Overland Park	O	A	
MA	Cape Cod Reg Tech HS	O		
NJ	Atlantic Co Inst of Tech	O		
PA	JNA Inst of Culinary Arts		A	
	Pittsburgh Tech Inst		A	
VT	New England Culinary Inst		A	
WA	Intl Air & Hospitality Academy	O		

HOTEL & CONFERENCE PLANNING

		O		
CA	American C of California	O		
	North Orange Co ROP	O		
IL	Illinois Careerpath Inst	O		

HOTEL & FOOD SERVICE

		O		
CA	American C of California	O		
	North Orange Co ROP	O		

HOTEL & MOTEL MANAGEMENT

		O	A	
AK	Career Acad, Anchorage	O		
AZ	Mundus Inst	O		
CA	American C of California	O		
	Hospitality, Intl Trade, and Global Security Training	O	A	
HI	Travel Inst of the Pacific	O		
IL	Illinois Careerpath Inst	O		
KS	Johnson Co Comm C, Overland Park		A	
NY	Culinary Acad of Long Island	O		
SC	Greenville Tech C		A	

HOTEL & MOTEL OPERATIONS SPECIALIST TRAINING

		O	A	
AK	Career Acad, Anchorage	O		
CA	American C of California	O		
	Hospitality, Intl Trade, and Global Security Training	O	A	
IL	Illinois Careerpath Inst	O		
PR	Monteclaro Sch of Hosp & Culinary Arts	O		

HOTEL & RESTAURANT MANAGEMENT

		O	A	
AK	Career Acad, Anchorage	O		
CA	American C of California	O		
GA	North Georgia Tech C, Clarkesville	O		
HI	Travel Inst of the Pacific	O		
IL	Illinois Careerpath Inst	O		
KS	Johnson Co Comm C, Overland Park	O	A	
MN	Alexandria Tech C, Alexandria	O	A	
NY	Bryant & Stratton C, Syracuse		A	
TX	Lamar Inst of Tech	O	A	
WV	Putnam Career & Tech Ctr	O		

HOUSEKEEPING, COMMERCIAL

		O		
CA	American C of California	O		
IL	Illinois Careerpath Inst	O		
PA	Commonwealth Tech Inst at H GAndrews Ctr	O		

HUMAN RESOURCES

		A	
IN	Indiana Bus C, Anderson	A	
	Indiana Bus C, Lafayette	A	

HUMAN RESOURCES MANAGEMENT

		O	A	T
GA	Chattahoochee Tech C	O	A	
IN	Indiana Bus C, Downtown Indianapolis		A	
	Indiana Bus C, Elkhart		A	
	Indiana Bus C, Muncie		A	
	Indiana Bus C, Terre Haute		A	
NY	Bryant & Stratton C, Syracuse		A	
OH	Marion Tech C	O	A	T
	Rhodes State C	O	A	
SC	York Tech C	O		
WA	Bellingham Tech C	O		
WI	Western Tech C, La Crosse		A	T

HUMAN SERVICES

		O	A	T
MA	Quincy C		A	T
MN	Alexandria Tech C, Alexandria	O	A	
	Ridgewater C, Willmar & Hutchinson		A	T
OH	Rhodes State C		A	
SC	Greenville Tech C		A	
SD	Lake Area Tech Inst	O	A	

HYDRAULICS & PNEUMATICS

		O		
OK	Indian Capital Tech Ctr - Tahlequah-Bill Willis Campus	O		
	Meridian Tech Ctr	O		
TN	Tennessee Tech Ctr at Hohenwald	O		
	Tennessee Tech Ctr at McMinnville	O		
	Tennessee Tech Ctr at Shelbyville	O		

HYDROTHERAPY

		O		
AZ	Arizona Sch of Integrative Studies, Clarkdale	O		
MA	Kripalu Ctr	O		

HYPNOSIS

		O		
AZ	Southwest Inst of Healing Arts	O		
CA	Ctr for Hypnotherapy Certification	O		
	HCH Inst for Hypnotherapy & Psychospiritual Trainings	O		
	Hypnotherapy Training Inst	O		
	Valley Hypnosis Ctr	O		
IL	The Leidecker Inst - Alternative Practioner Acad	O		
IN	Midwest Training Inst of Hypnosis	O		
NJ	Acad of Professional Hypnosis	O		
	The Inst of Hypnotherapy	O		
OH	Ohio Acad of Holistic Health	O		
TX	Anne King's Hypnosis Training	O		
WA	Inst for Therapeutic Learning	O		

HYPNOTHERAPY

		O		
OH	Ohio Acad of Holistic Health	O		
WA	Bellingham Tech C	O		
	North American Inst of Neuro-Therapy	O		

ILLUSTRATION

		O		
MA	Butera Sch of Art	O		
MN	Art Instruction Schs	O		
NJ	Ducret Sch of Arts	O		

INCOME TAX

		O	A	T
CA	Rowland Adult & Comm Ed	O		
PA	The PJA Sch	O	A	T
SC	York Tech C	O		

INDUSTRIAL AUTOMATION TECHNOLOGY

		O	A	
FL	ATI Career Training Ctr, Fort Lauderdale	O	A	
GA	North Georgia Tech C, Clarkesville	O		
MO	Rolla Tech Ctr/Inst	O		
PA	Erie Inst of Tech	O		
SD	Lake Area Tech Inst		A	
UT	Ogden-Weber Applied Tech C	O		

INDUSTRIAL ELECTRONICS

		O	A	
AL	Wallace Comm C, Wallace Campus	O	A	
GA	Central Georgia Tech C	O		
	Southeastern Tech C, Vidalia	O		
MO	Rolla Tech Ctr/Inst	O		
OH	Cleveland Inst of Electronics	O		
OK	Meridian Tech Ctr	O		
	Mid-Del Tech Ctr	O		
SD	Southeast Tech Inst		A	
	Western Dakota Tech Inst		A	
TN	Tennessee Tech Ctr at Hartsville	O		
	Tennessee Tech Ctr at Hohenwald	O		
	Tennessee Tech Ctr at Livingston	O		
	Tennessee Tech Ctr at Morristown	O		
	Tennessee Tech Ctr at Murfreesboro	O		
	Tennessee Tech Ctr at Shelbyville	O		

INDUSTRIAL EQUIPMENT MECHANICS

		O		
GA	Chattahoochee Tech C	O		
WI	Blackhawk Tech C	O		

INDUSTRIAL MAINTENANCE

		O	A	
AL	Wallace Comm C, Wallace Campus	O		
AR	Crowley's Ridge Tech Inst	O		
	Northwest Tech Inst, Springdale	O		
FL	Pinellas Tech Ed Ctr, Clearwater	O		
GA	Central Georgia Tech C	O	A	
	Columbus Tech C	O		
	Middle Georgia Tech C	O		
	Okefenokee Tech C	O	A	
MO	Rolla Tech Ctr/Inst	O		

		O	A	
OH	Marion Tech C	O		
OK	Great Plains Tech Ctr, Lawton	O		
	Meridian Tech Ctr	O		
TN	Tennessee Tech Ctr at Athens	O		
	Tennessee Tech Ctr at Covington	O		
	Tennessee Tech Ctr at Crossville	O		
	Tennessee Tech Ctr at Dickson	O		
	Tennessee Tech Ctr at Harriman	O		
	Tennessee Tech Ctr at Hartsville	O		
	Tennessee Tech Ctr at Hohenwald	O		
	Tennessee Tech Ctr at McMinnville	O		
	Tennessee Tech Ctr at Morristown	O		
	Tennessee Tech Ctr at Murfreesboro	O		
	Tennessee Tech Ctr at Newbern	O		
	Tennessee Tech Ctr at Paris	O		
TX	Lamar Inst of Tech	O	A	
WA	Bellingham Tech C		A	
WV	Marion Co Voc Tech Ctr	O		

INDUSTRIAL MANAGEMENT

		O		
OH	Rhodes State C	O		

INDUSTRIAL TECHNOLOGY

		O	A	T
GA	Altamaha Tech C, Jesup	O		
	East Central Tech C	O		
KS	Johnson Co Comm C, Overland Park	O	A	
	KAW Area Tech Sch	O		
MN	Alexandria Tech C, Alexandria		A	T
MO	Rolla Tech Ctr/Inst	O		
OH	Rhodes State C	O		
OK	Meridian Tech Ctr	O		
	Tulsa Tech Ctr	O		

INDUSTRIAL TECHNOLOGY, COMPUTER

		O		
GA	Columbus Tech C	O		
PA	Schuylkill Tech Ctrs	O		
TX	TechSkills	O		

INFORMATION COMMUNICATION

		O		
FL	Ctr for Management & Executive Leadership	O		

INFORMATION MANAGEMENT

		O	A	T
FL	Southwest Florida C, Tampa		A	
MO	American C of Tech	O	A	T

INFORMATION MANAGEMENT, LEGAL

		O		
TX	Computer Career Ctr, El Paso	O		

INFORMATION MANAGEMENT, MEDICAL

		O	A	
MN	Ridgewater C, Willmar & Hutchinson	O	A	
TX	American Commercial C, Wichita Falls	O		
	Career Quest	O		

INFORMATION PROCESSING

		O	A	
CO	Pickens Tech C	O		
FL	Orlando Tech	O		
GA	Brown C of Court Reporting & Med Transcription	O		
IL	Sparks C	O		
NY	Island Drafting & Tech Inst	O		
	New York Inst of English and Bus	O		
NC	Brookstone C of Bus, Greensboro	O		
OH	Mahoning Co Career & Tech Ctr	O		
TN	Tennessee Tech Ctr at McMinnville	O		
WI	Lakeshore Tech C		A	

INFORMATION PROCESSING, BUSINESS

		O	A	
CA	North Orange Co ROP	O		
CT	Porter & Chester Inst, Watertown	O		
	Sawyer Sch, Hartford	O		
FL	ATI Career Training Ctr, Fort Lauderdale	O	A	
NY	New York Inst of English and Bus	O		
TN	Tennessee Tech Ctr at McMinnville	O		

INFORMATION SUPPORT SPECIALIST

		O		
CA	Opportunities Industrialization Ctr West	O		
CT	Porter & Chester Inst, Watertown	O		
ME	Northeast Tech Inst	O		
MI	Dorsey Bus Sch, Wayne	O		
NY	Career Inst of Health & Tech, Garden City	O		

INFORMATION SYSTEMS

		O	A	
CA	Opportunities Industrialization Ctr West	O		
	Sacramento Co ROP	O		
CT	Porter & Chester Inst, Watertown	O		
FL	ATI Career Training Ctr, Fort Lauderdale	O	A	
	C of Bus & Tech, Miami		A	
GA	Central Georgia Tech C	O		
	Southwest Georgia Tech C	O	A	
IL	Computer Sys Inst	O		

		O	A	T
KY	Ohio Co Area Tech Ctr	O		
ME	Northeast Tech Inst	O		
MO	American C of Tech		A	T
NE	Vatterott C, Spring Valley Campus	O		
OK	Tri County Tech Ctr	O		
TX	TechSkills	O		

INFORMATION TECHNOLOGY - MULTIMEDIA

		O	A	T
CA	Martinez Adult Ed	O		
MO	American C of Tech		A	T
OH	Brown Mackie C, Cincinnati		A	
PA	ITT Tech Inst, Pittsburgh		A	
UT	Ogden-Weber Applied Tech C	O	A	

INFORMATION TECHNOLOGY - WEB DEVELOPMENT

		O	A	T
CA	Martinez Adult Ed	O		
CT	Porter & Chester Inst, Watertown	O		
MO	American C of Tech		A	T
PA	ITT Tech Inst, Pittsburgh		A	
UT	Ogden-Weber Applied Tech C	O	A	

INSTRUMENTATION TECHNOLOGY

		O	A	T
AL	Bishop State Comm C, Southwest Campus		A	
GA	Altamaha Tech C, Jesup	O		
LA	Sowela Tech Comm C		A	
MN	St Cloud Tech C	O	A	
OK	Francis Tuttle Tech Ctr	O		
PA	Pace Inst	O		
SC	York Tech C	O		
TX	Lamar Inst of Tech	O	A	
WA	Bellingham Tech C		A	
	Perry Tech Inst	O		

INSURANCE (INCLUDES MANAGEMENT & SALES)

		O	A	T
FL	Coral Ridge Training Sch	O		
NY	Utica Sch of Commerce, Utica	O		T
	Wilson Tech Ctr	O		

INSURANCE (PROPERTY AND CASUAL CLAIMS)

		O	A	T
IN	Indiana Bus C, Indianapolis Medical		A	

INTERIOR DESIGN & DECORATION

		O	A	T
CA	Colton-Redlands-Yucaipa Reg Occ Program	O		
	Imperial Valley ROP	O		
	Maric C, Sacramento		A	
FL	Erwin Tech Ctr	O		
	Winter Park Tech	O		
MA	Rhodec Intl (US)		A	
MN	Alexandria Tech C, Alexandria	O	A	
	Dakota Co Tech C	O	A	
	Dunwoody C of Tech		A	
NY	Wilson Tech Ctr	O		
PA	Greater Altoona Career & Tech Ctr	O		
WA	Clover Park Tech C		A	
WI	Western Tech C, La Crosse		A	

INTERIOR SPACE DESIGN & PLANNING

		O	A	T
KS	Johnson Co Comm C, Overland Park	O	A	
UT	Ogden-Weber Applied Tech C	O		

INTERNATIONAL TRADE (INCLUDES IMPORT-EXPORT MANAGEMENT & SALES)

		O	A	T
CA	Hospitality, Intl Trade, and Global Security Training	O	A	

INTERNET PROGRAMMING

		O	A	T
CA	West Valley Occ Ctr	O		
CT	Porter & Chester Inst, Watertown	O		
FL	McFatter Tech Ctr	O		
IL	Computer Sys Inst	O		
ME	Northeast Tech Inst	O		
MN	St Cloud Tech C	O	A	
MO	Bryan C, Springfield	O		
OH	ATS Inst of Tech	O	A	
	Cleveland Inst of Electronics	O		

INTERNET TECHNOLOGY

		O	A	T
CA	Martinez Adult Ed	O		
	West Valley Occ Ctr	O		
CT	Porter & Chester Inst, Watertown	O		
IL	Computer Sys Inst	O		
KY	Ohio Co Area Tech Ctr	O		
ME	Northeast Tech Inst	O		
MO	Bryan C, Springfield	O		

INTERNET WEB PAGE DESIGN

		O	A	T
CA	LaPuente Valley ROP	O		
	Martinez Adult Ed	O		
	West Valley Occ Ctr	O		
FL	Atlantic Tech Ctr-Coconut Creek Campus	O		
	George Stone Vo-Tech Ctr	O		
	Lee Co High Tech Central	O		
	Manatee Tech Inst	O		
	Sarasota Co Tech Inst	O		
	Winter Park Tech	O		
GA	East Central Tech C	O		
IL	Computer Sys Inst	O		
KS	Johnson Co Comm C, Overland Park	O		
KY	Ohio Co Area Tech Ctr	O		
ME	Northeast Tech Inst	O		
MN	Alexandria Tech C, Alexandria	O	A	
	Dakota Co Tech C		A	
	Dunwoody C of Tech		A	
	St Cloud Tech C	O	A	
MO	Bryan C, Springfield	O		
NJ	Cumberland Co Tech Ed Ctr	O		
	Ducret Sch of Arts	O		
NY	Ridley-Lowell Bus & Tech Inst, Binghamton	O		
	Wilson Tech Ctr	O		
OH	ATS Inst of Tech	O	A	
	Mahoning Co Career & Tech Ctr	O		
	Rhodes State C	O		
OK	Canadian Valley Tech Ctr, Chickasha	O		
	Chisholm Trail Tech Ctr	O		
	Indian Capital Tech Ctr - Tahlequah-Bill Willis Campus	O		
	Moore-Norman Tech Ctr	O		
	Oklahoma Technology Inst	O		
PA	ITT Tech Inst, Pittsburgh		A	
	Lehigh Valley C		A	
SC	York Tech C	O		

INTERPRETER FOR DEAF TRAINING

		O	A	T
KS	Johnson Co Comm C, Overland Park		A	

INVESTIGATION SPECIALIST TRAINING

		O	A	T
CA	Friedman C - Nick Harris Detective Acad	O		

INVESTMENTS & SECURITIES

		O	A	T
SD	Southeast Tech Inst		A	

IRIDOLOGY

		O	A	T
CA	Valley Hypnosis Ctr	O		
MI	Alternative Healing Inc	O		

JEWELER TRAINING

		O	A	T
NY	Studio Jewelers, Ltd	O		

JEWELRY DESIGN

		O	A	T
AL	Bishop State Comm C, Southwest Campus	O		
FL	First Coast Tech Inst	O		
MA	North Bennet Street Sch	O		
NJ	Ducret Sch of Arts	O		
NY	Studio Jewelers, Ltd	O		

JEWELRY MANUFACTURING

		O	A	T
FL	Winter Park Tech	O		
NY	Studio Jewelers, Ltd	O		
PA	Commonwealth Tech Inst at H G Andrews Ctr	O		

JEWELRY REPAIR

		O	A	T
FL	Winter Park Tech	O		
MA	North Bennet Street Sch	O		
NY	Studio Jewelers, Ltd	O		
PA	Commonwealth Tech Inst at H G Andrews Ctr	O		

JOURNALISM

		O	A	T
KS	Johnson Co Comm C, Overland Park			T
TX	David L Carrasco Job Corps Ctr	O		

KITCHEN AND BATH DESIGN

		O	A	T
CA	Palo Alto Adult Sch	O		

LAND RECLAMATION

		O	A	T
AZ	Fleur De Lis Inst of Landscape Design	O		

LANDSCAPE DESIGN

		O	A	T
FL	Okaloosa Applied Tech Ctr	O		
	Washington-Holmes Tech Ctr	O		
NY	Wilson Tech Ctr	O		

		O	A	T
PA	Williamson Free Sch of Mechanical Trades		A	
SD	Southeast Tech Inst	O	A	
WI	Blackhawk Tech C	O		

LANDSCAPING & GARDENING

		O	A	T
AZ	Fleur De Lis Inst of Landscape Design	O		
CA	Palo Alto Adult Sch	O		
	Sacramento Job Corps Ctr	O		
CO	Pickens Tech C	O		
FL	First Coast Tech Inst	O		
	Washington-Holmes Tech Ctr	O		
MA	Cape Cod Reg Tech HS	O		
MN	Dakota Co Tech C	O	A	
	Hennepin Tech C, Brooklyn Park Campus	O	A	
NY	Wilson Tech Ctr	O		
OH	Mahoning Co Career & Tech Ctr	O		
OK	Tulsa Tech Ctr	O		
PA	Williamson Free Sch of Mechanical Trades		A	
SD	Southeast Tech Inst		A	
WV	Monongalia Co Tech Ed Ctr	O		

LASER TECHNOLOGY

		O	A	T
FL	Hollywood Inst of Beauty Careers	O		

LAW ENFORCEMENT (INCLUDES CORRECTIONS OFFICER TRAINING)

		O	A	T
CA	Colton-Redlands-Yucaipa Reg Occ Program	O		
	Imperial Valley ROP	O		
	Martinez Adult Ed	O		
	North Orange Co ROP	O		
FL	George Stone Vo-Tech Ctr	O		
	Lake Tech Ctr	O		
	Manatee Tech Inst	O		
	Withlacoochee Tech Inst	O		
MN	Alexandria Tech C, Alexandria	O	A	
	Ridgewater C, Willmar & Hutchinson		A	T
OH	Mahoning Co Career & Tech Ctr	O	A	
	Rhodes State C		A	
OK	Great Plains Tech Ctr, Lawton	O		
	Mid-America Tech Ctr	O		
PA	Computer Learning Network - Resident Sch	O		
SC	Greenville Tech C		A	
SD	Western Dakota Tech Inst		A	
WI	Blackhawk Tech C	O		

LEGAL ASSISTING

		O	A	T
CA	Clarita Career C	O		
	Kensington C	O		
	Santa Barbara Bus C	O	A	
GA	Gwinnett C	O	A	
ID	Eastern Idaho Tech C	O	A	
LA	Baton Rouge C	O		
MN	Ridgewater C, Willmar & Hutchinson	O	A	
NY	Elmira Bus Inst, Vestal		A	
	Wilson Tech Ctr	O		
OH	ETI Tech C, Niles		A	
	Rhodes State C	O	A	
OR	Abdill Career C, Inc	O		
PA	Computer Learning Network - Resident Sch	O		
	Pace Inst	O	A	
PR	Ponce Paramedical C, Ponce	O		
SC	Greenville Tech C		A	
TX	Faris Computer Sch	O		
VA	Tidewater Tech, Chesapeake		A	
WA	Renton Tech C	O		

LEGAL RESEARCH

		O	A	T
CA	Friedman C - Nick Harris Detective Acad	O		
	Kensington C	O		
LA	Baton Rouge C	O		
PA	Computer Learning Network - Resident Sch	O		

LEGAL STUDIES

		O	A	T
CA	Kensington C	O		
FL	Westside Tech	O		
LA	Baton Rouge C	O		
MA	Quincy C		A	T
PA	Computer Learning Network - Resident Sch	O		
WV	Garnet Career Ctr	O		

LEGAL TRANSCRIPTION

		O	A	T
CA	Kensington C	O		
ME	Northeast Tech Inst	O		

State	School	O	A	T
MI	Dorsey Bus Sch, Madison Heights	O		
	Dorsey Bus Sch, Southgate	O		
PA	Computer Learning Network – Resident Sch	O		
	Pace Inst	O		
TN	Tennessee Tech Ctr at Hohenwald	O		

LIBERAL STUDIES

State	School	O	A	T
MA	Quincy C		A	T

LINEWORKER TECHNOLOGY

State	School	O	A	T
CA	Northwest Lineman C, Oroville	O		
ID	Northwest Lineman C, Meridian	O		
MN	Dakota Co Tech C	O	A	
TX	Lamar Inst of Tech	O		

LIVESTOCK PRODUCTION

State	School	O	A	T
FL	Sarasota Co Tech Inst			
IL	Lake Land C			

LOAN ADMINISTRATION & COLLECTIONS

State	School	O	A	T
IL	Solex Acad	O		

LOCKSMITHING

State	School	O	A	T
CA	Friedman C - California Inst of Locksmithing	O		
	Sch of Security Tech	O		
MA	North Bennet Street Sch	O		
NJ	New Jersey Sch of Locksmithing	O		
NY	Wilson Tech Ctr	O		

LYMPHATIC DECONGESTIVE TECHNICIAN

State	School	O	A	T
OH	Intl Acad of Naturopathy	O		

MACHINE SHOP TRAINING

State	School	O	A	T
AR	Crowley's Ridge Tech Inst	O		
CA	Hacienda La Puente Adult Ed, La Puente	O		
	Simi Valley Adult Sch	O		
CO	Pickens Tech C	O		
GA	Columbus Tech C	O		
KS	Kansas City Kansas Area Tech Sch	O		
	Salina ATS	O		
	Wichita Area Tech C	O		
KY	KY Tech-Harrison Area Tech Ctr	O		
LA	Louisiana Tech C, Baton Rouge Campus	O		
	Sowela Tech Comm C	O		
MN	Alexandria Tech C, Alexandria	O		
	Hennepin Tech C, Brooklyn Park Campus	O		
	Ridgewater C, Willmar & Hutchinson	O	A	
	South Central C, Faribault		A	
	St Cloud Tech C	O	A	
MO	Rolla Tech Ctr/Inst	O		
NJ	Hohokus Sch of Trades & Tech Studies	O		
	Tech Inst of Camden Co	O		
OH	Mahoning Co Career & Tech Ctr	O		
OK	Canadian Valley Tech Ctr, Chickasha	O		
	Francis Tuttle Tech Ctr	O		
	Meridian Tech Ctr	O		
	Moore-Norman Tech Ctr	O		
	Tri County Tech Ctr	O		
PA	Forbes Rd Career & Tech Ctr	O		
	Greater Altoona Career & Tech Ctr	O		
	Northern Tier Career Ctr	O		
TN	Tennessee Tech Ctr at Athens	O		
	Tennessee Tech Ctr at Crossville	O		
	Tennessee Tech Ctr at Dickson	O		
	Tennessee Tech Ctr at Harriman	O		
	Tennessee Tech Ctr at Hartsville	O		
	Tennessee Tech Ctr at Hohenwald	O		
	Tennessee Tech Ctr at Livingston	O		
	Tennessee Tech Ctr at McMinnville	O		
	Tennessee Tech Ctr at Morristown	O		
	Tennessee Tech Ctr at Newbern	O		
	Tennessee Tech Ctr, Oneida/Huntsville	O		
	Tennessee Tech Ctr at Paris	O		
	Tennessee Tech Ctr at Shelbyville	O		
TX	Lamar Inst of Tech		A	
UT	Ogden-Weber Applied Tech C	O		
WA	Clover Park Tech C		A	
	Renton Tech C	O	A	
WV	Marion Co Voc Tech Ctr	O		

MACHINE TOOL OPERATIONS

State	School	O	A	T
KY	KY Tech-Harrison Area Tech Ctr	O		
LA	Louisiana Technical C, Baton Rouge	O		
MN	Alexandria Tech C, Alexandria	O		
	Ridgewater C, Willmar & Hutchinson	O	A	
	South Central C, Faribault		A	
	St Cloud Tech C	O	A	
MO	Rolla Tech Ctr/Inst	O		
OK	Mid-America Tech Ctr	O		
	Tulsa Tech Ctr	O		
PA	Greater Altoona Career & Tech Ctr	O		
	Williamson Free Sch of Mechanical Trades		A	
SD	Lake Area Tech Inst		A	
	Southeast Tech Inst	O		
TN	Tennessee Tech Ctr at McMinnville	O		
	Tennessee Tech Ctr at Newbern	O		
	Tennessee Tech Ctr at Shelbyville	O		
	William R Moore C of Tech		A	
TX	Lamar Inst of Tech	O		
UT	Ogden-Weber Applied Tech C	O		
WA	Perry Tech Inst	O		
	Renton Tech C	O		
WI	Western Tech C, La Crosse	O		

MACHINE TOOL TECHNOLOGY

State	School	O	A	T
AL	Wallace Comm C, Wallace Campus	O	A	
AR	Northwest Tech Inst, Springdale	O	A	
GA	Altamaha Tech C, Jesup	O	A	
	Central Georgia Tech C	O	A	
	Columbus Tech C	O	A	
	Middle Georgia Tech C	O		
	North Georgia Tech C, Clarkesville	O	A	
KS	KAW Area Tech Sch	O		
KY	Ohio Co Area Tech Ctr	O		
MN	Alexandria Tech C, Alexandria	O		
MO	Rolla Tech Ctr/Inst	O		
OK	Kiamichi Tech Ctr, McAlester	O		
PA	Erie Inst of Tech	O		
	Williamson Free Sch of Mechanical Trades		A	
SC	York Tech C	O		
SD	Southeast Tech Inst		A	
TN	Tennessee Tech Ctr at Covington	O		
	Tennessee Tech Ctr at McMinnville	O		
	Tennessee Tech Ctr at Murfreesboro	O		
	Tennessee Tech Ctr at Paris	O		
TX	Lamar Inst of Tech	O		
WA	Bates Tech C	O	A	
WV	Marion Co Voc Tech Ctr	O		

MACHINE TRANSCRIPTION

State	School	O	A	T
MN	Alexandria Tech C, Alexandria	O		
NY	Ridley-Lowell Bus & Tech Inst, Poughkeepsie	O		
TX	American Commercial C, Wichita Falls	O		

MAINTENANCE MECHANICS

State	School	O	A	T
MO	Rolla Tech Ctr/Inst	O		
PA	Erie Inst of Tech	O		
TN	Tennessee Tech Ctr at Livingston	O		
UT	Ogden-Weber Applied Tech C	O		

MAINTENANCE TECHNOLOGY

State	School	O	A	T
MS	Mississippi Job Corps Ctr	O		
MO	Rolla Tech Ctr/Inst	O		
NJ	Tech Inst of Camden Co	O		
PA	Dean Inst of Tech	O		
	Erie Inst of Tech	O		

MAKEUP ARTISTRY

State	School	O	A	T
CA	Bridges Acad of Beauty	O		
	Career Acad of Beauty, Garden Grove	O		
	Marinello Sch of Beauty, Los Angeles (6111 Wilshire Blvd)	O		
	Northern California Inst of Cosmetology	O		
	Universal C of Beauty, Compton	O		
CT	Inst of Aesthetic Arts & Sci	O		
	New England Sch of Hairdressing, Inc.	O		
FL	ASM Beauty World Acad	O		
	Aveda Inst, St Petersburg	O		
	Dynasty Acad	O		
	Space Coast Health Inst	O		
MO	Abbott Acad of Cosmetology Arts & Sci	O		
NY	Gloria Francis Beauty Inst	O		
	New York Inst of Beauty	O		
OK	Central State Acad	O		
PR	Globelle Tech Inst	O		
	Quality Tech & Beauty C	O		
UT	Dallas Roberts Acad of Hair & Aesthetics	O		
	Image Works Acad of Hair Design	O		
WA	Evergreen Beauty & Barber C	O		
WY	Acad of Hair Design, Casper	O		

MANAGEMENT

State	School	O	A	T
AL	Bishop State Comm C, Southwest Campus	O		
FL	Ctr for Management & Executive Leadership	O		
IL	Lake Land C	O	A	
KS	Johnson Co Comm C, Overland Park			T
MD	Acad of Computer Ed (ACE)	O		
OH	Brown Mackie C, Cincinnati		A	
	Rhodes State C	O	A	
PA	WyoTech, Blairsville		A	
TX	Lamar Inst of Tech		A	
WA	Bellingham Tech C	O	A	

MANAGEMENT CAREER TRAINING

State	School	O	A	T
CA	Dale Carnegie Training, Oakland	O		
FL	Ctr for Management & Executive Leadership	O		
GA	Southeastern Tech C, Vidalia	O	A	
MO	Metro Bus C, Cape Girardeau		A	
WA	Bellingham Tech C	O		

MANICURING

State	School	O	A	T
AL	Scientific Beauty Acad	O		T
AZ	Acad of Nail Tech, Phoenix	O		
	Intl Acad of Hair Design, Tempe	O		
AR	Arkansas Acad of Hair Design II, Paragould	O		
	Arkansas Acad of Hair Design, Jonesboro	O		
	Arkansas Acad of Hair Design, Paragould	O		
	Arkansas Beauty C	O		
	Arkansas Beauty Sch, Little Rock	O		
	Bee Jay's Hairstyling Acad, Little Rock	O		
	Mellie's Beauty C	O		
	Searcy Beauty C	O		
CA	American Beauty Acad, Brawley	O		
	Asian American Intl Beauty C	O		
	Bridges Acad of Beauty	O		
	California Cosmetology C	O		
	Career Acad of Beauty, Anaheim	O		
	Career Acad of Beauty, Garden Grove	O		
	Career C of Cosmetology	O		
	Champion Inst of Cosmetology	O		
	Chico Beauty C	O		
	COBA Acad	O		
	Colton-Redlands-Yucaipa Reg Occ Program	O		
	Fredrick & Charles Beauty C	O		
	Intl Sch of Cosmetology	O		
	Lola Beauty C	O		
	Marinello Sch of Beauty, City of Industry	O		
	Marinello Sch of Beauty, Inglewood	O		
	Marinello Sch of Beauty, Los Angeles (6111 Wilshire Blvd)	O		
	Marinello Sch of Beauty, LosAngeles (2700 Colorado Blvd Ste 266)	O		
	Marinello Sch of Beauty, Reseda	O		
	Marinello Sch of Beauty, San Bernardino	O		
	Miss Marty's Hair Acad & Esthetic Inst	O		
	My-Le's Beauty C	O		
	Northern California Inst of Cosmetology	O		
	Rosemead Beauty Sch	O		
	Royale C of Beauty	O		
	Salon Success Acad, Upland	O		
	San Luis Obispo Beauty C	O		
	Santa Maria Beauty C	O		
	Sierra C of Beauty	O		
	Universal C of Beauty, Compton	O		
	Victor Valley Beauty C	O		
	West Valley Occ Ctr	O		
CO	Acad of Beauty Culture, Grand Junction	O		
	Int Beauty Acad, Colorado Springs	O		
	Xenon Intl	O		
CT	Inst of Aesthetic Arts & Sci	O		
	New England Sch of Hairdressing, Inc.	O		
FL	Acad of Professional Careers, Winter Park	O		
	Bene's Intl Sch of Beauty, inc	O		
	Dynasty Acad	O		
	Intl Acad, South Daytona	O		
	Loraine's Acad	O		
	Margate Sch of Beauty	O		
	Melbourne Beauty Sch	O		
	Washington-Holmes Tech Ctr	O		
	Withlacoochee Tech Inst	O		
GA	Intl Sch of Skin & Nails	O		
	Vogue Beauty Sch, Hiram	O		
ID	Sch of Hairstyling/Pocatello Beauty Acad	O		
IN	Crown C of Cosmetology	O		
	Hair Arts Acad	O		
	Merrillville Beauty C	O		
	Ravenscroft Beauty C	O		
	Rudae's Beauty C	O		
KS	American Acad of Hair Design	O		

	B-Street Design Sch of Intl Hair Styling, Wichita	O	
	Crum's Beauty C	O	T
	LaBaron Hairdressing Acad, Overland Park	O	
	Vernon's of Emporia	O	
	Vernon's Kansas Sch of Cosmetology, Wichita	O	
	Xenon Intl Acad	O	
KY	Eastern Sch of Hair Design	O	
	Hair Design Sch, Florence	O	
	J & M Acad of Cosmetology	O	
	Nu-Tek Acad of Beauty	O	
	Pat Wilson Beauty C	O	
	Salen Professional Academy	O	
	Trend Setters Acad of Beauty Culture, Elizabethtown	O	
	Trend Setter's Acad of Beauty Culture, Louisville	O	
LA	Guy's Acad	O	
	Louisiana Acad of Beauty	O	
	Pat Goins Monroe Beauty Sch	O	
	Pat Goins Ruston Beauty Sch	O	
ME	Pierre's Sch of Cosmetology, Portland	O	
MD	Intl Beauty Sch, Bel Air	O	
MA	Bojack Acad of Beauty Culture	O	
	Cape Cod Reg Tech HS	O	
	Henri's Sch of Hair Design	O	
	LaBaron Hairdressing Acad, New Bedford	O	
	Lowell Acad Hairstyling Inst	O	
	Mansfield Beauty Sch, Quincy	O	
	Rob Roy Acad, Fall River Campus	O	
	Rob Roy Acad, New Bedford Campus	O	
	Rob Roy Acad, Taunton Campus	O	
	Rob Roy Acad, Worcester Campus	O	
MI	Bayshire Beauty Acad	O	
	Brighton Inst of Cosmetology	O	
	Excel Acad of Cosmetology, Lansing	O	
	Fiser's C of Cosmetology	O	
	The Gallery C of Beauty	O	
	Michigan C of Beauty, Monroe	O	
	Sharps Acad of Hairstyling, Grand Blanc	O	
	Taylortown Sch of Beauty	O	
	Traverse City Beauty C	O	
	Wright Beauty Acad, Battle Creek	O	
MN	Central Beauty Sch	O	
	Minnesota Sch of Cosmetology	O	
	Scot Lewis Empire Ed Group, Bloomington	O	
MS	Chris' Beauty C	O	
	Creations C of Cosmetology	O	
	Magnolia C of Cosmetology	O	
MO	Abbott Acad of Cosmetology Arts & Sci	O	
	Adam & Eve C of Cosmetology	O	
	Chillicothe Beauty Acad, Inc	O	
	Class Act I Sch of Cosmetology	O	
	Cosmetology Concepts Inst	O	
	House of Heavilin Beauty C-Blue Springs	O	
	House of Heavilin Beauty C-Grandview	O	
	Merrell U of Beauty Arts & Sci	O	
	Neosho Beauty C	O	
	New Dimensions Sch of Hair Design	O	
	Paris II Ed Ctr	O	
	Patsy & Rob's Acad of Beauty, Cottleville	O	
	Patsy & Rob's Acad of Beauty, St Ann	O	
	St Louis Hair Acad, Inc	O	
MT	Crevier's Sch of Cosmetology	O	
NV	Acad of Hair Design, Las Vegas	O	
	Carson City Beauty Acad	O	
NH	Contintental Acad of Hair Design, Hudson	O	
NJ	Capri Inst/Cosmetology Training Ctr, Bricktown	O	
	Capri Inst/Cosmetology Training Ctr, Kenilworth	O	
	European Acad of Cosmetology	O	
	Natural Motion Inst of Hair Design	O	
	Parisian Beauty Acad	O	
	Reignbow Beauty Acad, North Plainfield	O	
NM	New Mexico Aveda Inst de Belles Artes	O	
	Olympian U of Cosmetology, Alamogordo	O	
	Olympian U of Cosmetology, Las Cruces	O	
NY	CAPRI Cosmetology Learning Ctr	O	
	Wilson Tech Ctr	O	
NC	American Acad of Hair Styling Inc	O	
	Cheveux Sch of Hair Design	O	
	Leon's Beauty Sch	O	
	Mr David's Sch of Hair Design	O	
OH	Casal Aveda Inst, Austintown	O	
	Eastern Hills Acad of Hair Design	O	
	Gerber's Akron Beauty Sch	O	

	Inner State Beauty Sch	O	
	Moler, Hollywood Beauty C	O	
	National Beauty C, Canton	O	
	Paramount Beauty Acad/Paramount Inst of Esthetics	O	
	Salon Schs Group	O	
	Toledo Acad of Beauty Culture, East	O	
	Toledo Acad of Beauty Culture, North	O	
	Toledo Acad of Beauty Culture, South	O	
	Tri County Beauty C	O	
	Western Hills Sch of Beauty & Hair Design	O	
OK	Broken Arrow Beauty C	O	
	Central State Acad	O	
	Central State Beauty Acad	O	
	Hollywood Cosmetology Ctr	O	
	Jenks Beauty C	O	
	Moore-Norman Tech Ctr	O	
	Sand Springs Beauty C	O	
	Woodward Beauty C	O	
OR	Acad of Hair Design, Salem	O	
	C of Cosmetology, Klamath Falls	O	
	Cosmetology Careers Unlimited	O	
	Phagan's Sch of Beauty, Salem	O	
PA	Altoona Beauty Sch, Inc	O	
	Beaver Falls Beauty Acad	O	
	Bucks Co Sch of Beauty Culture, Inc.	O	
	Butler Beauty Sch	O	
	DeRielle Cosmetology Acad	O	
	Empire Beauty Sch, Lancaster	O	
	Forbes Rd Career & Tech Ctr	O	
	Great Lakes Inst of Tech	O	
	Lancaster Sch of Cosmetology	O	
	Lansdale Sch of Cosmetology	O	
	New Castle Beauty Sch	O	
	Pruonto's Hair Design Inst, Inc	O	
PR	Quality Tech & Beauty C	O	
RI	Arthur Angelo Sch of Cosmetology & Hair Design, Providence	O	
SC	Acad of Cosmetology, Charleston	O	
TN	Hamblen Sch of Beauty, Inc	O	
	Jenny Lea Acad of Cosmetology, Johnson City	O	
	Knoxville Inst of Hair Design	O	
	Queen City C	O	
	Tennessee Acad of Cosmetology, I, LLC	O	
	Tennessee Acad of Cosmetology, Memphis (7041 Stage Rd, Ste 101)	O	
	Tennessee Acad of Cosmetology, Memphis (7020 E Shelby Dr 104)	O	
TX	Behold! Beauty Acad	O	
	Career Acad, Texarkana	O	
	Clark Inst of Cosmetology	O	
	Conlee's C of Cosmetology	O	
	Cosmetology Career Ctr, A Paul Mitchell Sch	O	
	Exposito Sch of Hair Design	O	
	Fort Worth Beauty Sch	O	
	I.T.S. Acad of Beauty, Odessa	O	
	Laredo Beauty C	O	
	Manuel & Theresa's Sch of Hair Design	O	
	Metroplex Beauty Sch	O	
	Mid-Cities Barber C	O	
	Mims Classic Beauty C	O	
	Ogle Sch of Hair Design, Arlington	O	
	Ogle Sch of Hair Design, Dallas	O	
	Ogle Sch of Hair Design, Fort Worth	O	
	Ogle Sch of Hair Design, Hurst	O	
	Star C of Cosmetology, Tyler	O	T
	SW Sch of Bus & Tech Careers, Eagle Pass	O	
	Texas C of Cosmetology, Abilene	O	
	Texas C of Cosmetology, San Angelo	O	
UT	Evan's Hairstyling C, Cedar City	O	
VT	O'Briens Training Ctr	O	
VA	Summit Sch of Cosmetology	O	
	Virginia Sch of Hair Design	O	
WA	Bates Tech C	O	
	Bellingham Beauty Sch, Inc	O	
	Cascade Beauty C, LLC	O	
	Chetta's Acad of Hair & Nails, Port Angeles	O	
	Glen Dow Acad of Hair Design	O	
	The Hair Sch	O	
	Stylemasters C of Hair Design	O	
	Vancouver Sch of Beauty	O	
	Yakima Beauty Sch Beauty Works	O	
WV	Beckley Beauty Acad	O	
	Huntington Sch of Beauty Culture	O	
	Mountaineer Beauty C	O	
	Scott C of Cosmetology	O	
WI	Martin's C of Cosmetology, Appleton	O	
	Martin's Sch of Hair Design, Green Bay	O	
	Martin's Sch of Hair Design, Manitowoc	O	

WY	Acad of Hair Design, Casper	O	
	C of Cosmetology, Gillette	O	

MANICURING INSTRUCTOR TRAINING

AL	Scientific Beauty Acad	O	
AZ	Acad of Nail Tech, Phoenix	O	
AR	Arkansas Beauty C	O	
CA	Bridges Acad of Beauty	O	
	California Cosmetology C	O	
	Champion Inst of Cosmetology	O	
	Universal C of Beauty, Compton	O	
GA	Intl Sch of Skin & Nails	O	
	Vogue Beauty Sch, Hiram	O	
IN	Merrillville Beauty C	O	
KS	Vernon's of Emporia	O	
	Xenon Intl Acad	O	
MI	Brighton Inst of Cosmetology	O	
	Excel Acad of Cosmetology, Lansing	O	
	The Gallery C of Beauty	O	
	Traverse City Beauty C	O	
MN	Central Beauty Sch	O	
MO	Abbott Acad of Cosmetology Arts & Sci	O	
	Adam & Eve C of Cosmetology	O	
	Chillicothe Beauty Acad, Inc	O	
	House of Heavilin Beauty C-Grandview	O	
	Patsy & Rob's Acad of Beauty, Cottleville	O	
	Patsy & Rob's Acad of Beauty, St Ann	O	
NV	Carson City Beauty Acad	O	
NM	New Mexico Aveda Inst de Belles Artes	O	
	Olympian U of Cosmetology, Alamogordo	O	
NC	American Acad of Hair Styling Inc	O	
OH	Salon Schs Group	O	
OK	Central State Acad	O	
OR	Cosmetology Careers Unlimited	O	
PA	DeRielle Cosmetology Acad	O	
TN	Jenny Lea Acad of Cosmetology, Johnson City	O	
	Tennessee Acad of Cosmetology, I, LLC	O	
TX	Behold! Beauty Acad	O	
	Clark Inst of Cosmetology	O	
	Franklin Beauty Sch	O	
	Texas C of Cosmetology, Abilene	O	
	Texas C of Cosmetology, San Angelo	O	
WA	Bellingham Beauty Sch, Inc	O	
	Cascade Beauty C, LLC	O	
	Chetta's Acad of Hair & Nails, Port Angeles	O	
	Glen Dow Acad of Hair Design	O	
	The Hair Sch	O	
	Vancouver Sch of Beauty	O	
WI	Martin's C of Cosmetology, Appleton	O	
	Martin's Sch of Hair Design, Green Bay	O	
	Martin's Sch of Hair Design, Manitowoc	O	

MANUFACTURING TECHNOLOGY

CA	LaPuente Valley ROP	O	
GA	Altamaha Tech C, Jesup		A
	Central Georgia Tech C	O	A
	East Central Tech C	O	
	Southwest Georgia Tech C	O	
MO	Rolla Tech Ctr/Inst	O	
NJ	Hohokus Sch of Trades & Tech Studies	O	
OH	Marion Tech C	O	
	Rhodes State C		A
OK	Francis Tuttle Tech Ctr	O	
PA	Erie Inst of Tech	O	
TN	Tennessee Tech Ctr at Paris	O	
WA	Bates Tech C	O	A

MARINE MECHANICS

FL	George Stone Vo-Tech Ctr	O	
	Lee Co High Tech Central	O	
	Manatee Tech Inst	O	
	McFatter Tech Ctr	O	
	Miami Lakes Ed Ctr	O	
	Okaloosa Applied Tech Ctr	O	
	Pinellas Tech Ed Ctr, Clearwater	O	
	Sarasota Co Tech Inst	O	
	Withlacoochee Tech Inst	O	
GA	North Georgia Tech C, Clarkesville	O	
MA	Cape Cod Reg Tech HS	O	
MN	Alexandria Tech C, Alexandria	O	
	Hennepin Tech C, Brooklyn Park Campus	O	
NY	Wilson Tech Ctr	O	
PR	Automeca Tech C, Ponce Campus	O	
RI	Intl Yacht Restoration Sch	O	
	MotoRing Tech Training Inst	O	

MARINE TECHNOLOGY

State	School	O	A	T
CT	Westlawn Inst of Marine Tech	O		
GA	Central Georgia Tech C	O		
ME	Landing Sch of Boatbuilding & Design	O		

MARKETING & MARKETING MANAGEMENT

State	School	O	A	T
GA	Altamaha Tech C, Jesup	O	A	
	Central Georgia Tech C	O		
	East Central Tech C	O		
	Middle Georgia Tech C	O	A	
	Southeastern Tech C, Vidalia	O	A	
IL	Lake Land C		A	
IN	Indiana Bus C, Downtown Indianapolis		A	
KS	Johnson Co Comm C, Overland Park			T
MN	Alexandria Tech C, Alexandria	O	A	T
	Ridgewater C, Willmar & Hutchinson	O	A	
NY	The C of Westchester		A	
OH	Marion Tech C	O	A	T
	Rhodes State C	O	A	
OK	Tri County Tech Ctr	O		
PA	Lansdale Sch of Bus		A	
	Lehigh Valley C		A	
	Pittsburgh Tech Inst		A	
	South Hills Sch of Bus & Tech, State College		A	
WA	Bates Tech C	O	A	
WV	Marion Co Voc Tech Ctr	O		
WI	Blackhawk Tech C		A	
	Lakeshore Tech C		A	
	Western Tech C, La Crosse		A	T

MASONRY, CONSTRUCTION

State	School	O	A	T
AL	Wallace Comm C, Wallace Campus	O		
AR	Cass Civilian Conservation Job Corps Ctr	O		
CA	North Orange Co ROP	O		
	Sacramento Co ROP	O		
	Sacramento Job Corps Ctr	O		
FL	Suwannee-Hamilton Tech Ctr	O		
GA	Altamaha Tech C, Jesup	O		
MD	Intl Masonry Inst	O		
MA	Cape Cod Reg Tech HS	O		
MN	Alexandria Tech C, Alexandria	O		
	Dakota Co Tech C	O	A	
NJ	Tech Inst of Camden Co	O		
OK	Francis Tuttle Tech Ctr	O		
	Indian Capital Tech Ctr - Tahlequah-Bill Willis Campus	O		
	Mid-Del Tech Ctr	O		
	Tulsa Tech Ctr	O		
PA	Greater Altoona Career & Tech Ctr	O		
	Williamson Free Sch of Mechanical Trades		A	
TN	Tennessee Tech Ctr at Crossville	O		
	Tennessee Tech Ctr at Morristown	O		
WV	Marion Co Voc Tech Ctr	O		
	Putnam Career & Tech Ctr	O		

MASSAGE & EXERCISE TECHNOLOGY

State	School	O	A	T
CA	American Inst of Massage Therapy	O		
	Healing Hands Sch of Holistic Health	O		T
	Kali Inst for Massage & Somatic Therapies	O		
	Massage Sch of Santa Monica	O		
CO	Massage Therapy Inst of Colorado	O		
	Rolf Inst	O		
FL	Maya's Sch of Beaute, Inc	O		
HI	Maui Sch of Therapeutic Massage	O		
ID	American Inst of Clinical Massage	O		
IL	Midwest Inst of Massage Therapy	O		
	Soma Inst Natl Sch of Clinical Massage Therapy	O		
IN	Teresa's Sch of Therapeutic Massage	O		
KS	Kansas C of Chinese Med	O		
	Kansas Massage Inst Inc	O		
MA	Central Massachusetts Sch of Massage & Therapy, Inc	O		
	Kripalu Ctr	O		
MN	Central Beauty Sch	O		
NH	North Eastern Inst of Whole Health	O		
NM	Crystal Mtn Sch of Therapeutic Massage	O		
NY	Hudson Valley Sch of Massage Therapy	O		
OR	Portland Beauty Sch	O		
PA	Career Training Acad, Monroeville	O	A	
	Career Training Acad, Pittsburgh	O		
	Computer Learning Network - Resident Sch	O		
VA	The Greater Washington Inst of Massage, Inc	O		

MASSAGE & HOLISTIC HEALTHCARE

State	School	O	A	T
CO	Massage Therapy Inst of Colorado	O		
FL	Maya's Sch of Beaute, Inc	O		
HI	Maui Sch of Therapeutic Massage	O		
ID	A Gift of Health Sch of Massage	O		
IN	Teresa's Sch of Therapeutic Massage	O		
KS	Kansas C of Chinese Med	O		
	Kansas Massage Inst Inc	O		
MA	Kripalu Ctr	O		
	New England Inst of Reflexology & Universal Studies	O		
	Spa Tech Inst, Westboro	O		
MI	Spring Renewal Holistic Wellness Ctr	O		
MN	Central Beauty Sch	O		
NV	Baum Healing Arts Ctr, Carson City	O		
NY	Hudson Valley Sch of Massage Therapy	O		
	New York Inst of Beauty	O		
OH	Ohio Acad of Holistic Health	O		
PA	Computer Learning Network - Resident Sch	O		
	Laurel Bus Inst	O	A	
VA	The Greater Washington Inst of Massage, Inc	O		

MASSAGE TEACHER TRAINER

State	School	O	A	T
AZ	Arizona Sch of Integrative Studies, Clarkdale	O		
NY	Hudson Valley Sch of Massage Therapy	O		

MASSAGE THERAPY

State	School	O	A	T
AL	Massage Therapy Inst, Inc	O		
AK	Career Acad, Anchorage	O		
AZ	Apollo C, Phoenix	O	A	
	Apollo C , Tri-City	O		
	Apollo C, Tucson	O	A	
	Arizona C of Allied Health	O		
	Arizona Sch of Integrative Studies, Clarkdale	O		
	Arizona Sch of Integrative Studies, Prescott	O		
	Mundus Inst	O		
	Northern Arizona Massage Therapy Inst, Prescott	O		
	Pima Med Inst, Mesa	O		
	The Providence Inst	O		
	Southwest Inst of Healing Arts	O		
AR	Blue Cliff Clg	O		
CA	A2Z Health Net, Inc.	O		
	Advance Beauty C	O		
	American Inst of Massage Therapy	O		
	Antelope Valley Med C	O		
	California C of Physical Arts	O		
	California Healing Arts C	O		
	Calistoga Massage Therapy Sch	O		
	Calveras C of Therapeutic Massage	O		
	Clarita Career C	O		
	Concorde Career C, San Bernardino	O		
	Concorde Career C, San Diego	O		
	DVS C, Los Angeles	O		
	Glendale Career C, Oceanside	O		
	Healing Arts Inst, Roseville	O		
	Healing Hands Sch of Holistic Health	O		T
	The Inst of Professional Practical Therapy	O		
	Inst of Psycho-Structural Balancing	O		
	IPPT Sch of Massage	O		
	Kali Inst for Massage & Somatic Therapies	O		
	Los Angeles Vocational Inst	O		
	Maric C, North Hollywood	O		
	Massage Ctr, Chatsworth	O		
	Massage Ctr, Thousand Oaks	O		
	Massage Sch of Santa Monica	O		
	Massage Sch of Santa Monica, Ext	O		
	McKinnon Inst of Massage, LLC	O		
	Meridian Inst	O		
	Miss Marty's Hair Acad & Esthetic Inst	O		
	Monterey Inst of Touch	O		
	Mueller C of Holistic Studies	O		
	National Holistic Inst, Emeryville	O		
	Natl Holistic Inst, Encino	O		
	Natl Holistic Inst, Petaluma	O		
	Natl Holistic Inst, San Francisco	O		
	Pacific Sch of Massage & Healing Arts	O		
	San Francisco Sch of Massage	O		
	Santa Barbara Bus C	O		
	Sch of Healing Touch	O		
	Sch of Shiatsu & Massage	O		
	Sky Hill Inst, Sch of Wholistic Healing Arts	O		
	South Bay Massage C	O		
	Therapeutic Learning Ctr	O		
	Twin Lakes C of the Healing Arts	O		
	The World Sch of Massage & Holistic Healing Arts	O		
CO	Acad of Natural Therapy	O		
	Boulder C of Massage Therapy	O	A	
	Ctr of Advanced Therapeutics, Inc	O		
	Collinson Sch of Therapeutics & Massage	O		
	Colorado Inst of Massage Therapy	O		
	Colorado Sch of Healing Arts	O	A	
	Denver Career C	O		
	Guild for Structural Integration	O		
	The Holistic Learning Ctr	O		
	Inst of Bus & Med Careers, Fort Collins	O	A	
	Inst of Therapeutic Massage of Western Colorado	O		T
	IntelliTec C, Grand Junction	O		
	IntelliTec Med Inst	O		
	Massage Therapy Inst of Colorado	O		
	MountainHeart Sch of Bodywork	O		
	Rocky Mountain Inst of Healing Arts	O		
	Rolf Inst	O		
	Stone Clan Ed Ctr Sch of Massage		A	
DC	Potomac Massage Training Inst	O		
FL	Acad of Healing Arts Massage & Facial Skin Care	O		
	Acad of Professional Careers, Winter Park	O		
	American Inst	O		
	ASM Beauty World Acad	O		
	Atlantic Tech Ctr-Coconut Creek Campus	O		
	Aveda Inst, St Petersburg	O		
	Bene's Intl Sch of Beauty, inc	O		
	Bhakti Academe Sch of Intuitive Massage & Healing	O		
	Cortiva Inst/Humanities Ctr Sch of Massage	O		
	Educating Hands Sch of Massage	O		
	Erwin Tech Ctr	O		
	Florida Acad of Massage & Skin Care	O		
	Florida Career C	O		
	Florida Sch of Massage	O		
	Intl Acad, South Daytona	O		
	Lake Tech Ctr	O		
	Lee Co High Tech Central	O		
	Loraine's Acad	O		
	Manatee Tech Inst	O		
	Margate Sch of Beauty	O		
	Maya's Sch of Beaute, Inc	O		
	Sarasota Sch of Massage Therapy	O		
	Soothing Arts Healing Therapies Career Training	O		
	Southwest Florida C, Tampa	O		
	Space Coast Health Inst	O		
	Westside Tech	O		
	Withlacooshee Tech Inst	O		
GA	ASHA Sch of Massage	O		
	Lake Lanier Sch of Massage	O		
	Medix Sch, Smyrna	O		
	Rising Spirit Inst of Natural Health	O		
HI	Maui Acad of the Healing Arts	O		
	Maui Sch of Therapeutic Massage	O		
ID	American Inst of Clinical Massage	O		
	A Gift of Health Sch of Massage	O		
	Moscow Sch of Massage	O		
IL	Alvareita's C of Cosmetology, Godfrey	O		
	American Acad of Massage Therapy	O		
	Everest C, Merrionette Park	O		
	Illinois Sch of Health Careers, Chicago	O		
	La'James C of Hairstyling, East Moline	O		
	Midwest Inst of Massage Therapy	O		
	Solex Acad	O		
	Soma Inst Natl Sch of Clinical Massage Therapy	O		
	Wellness & Massage Training Inst		A	
IN	Acad of Reflexology & Health Therapy Intl	O		
	Alexandria Sch of Scientific Therapeutics	O	A	
	American C Massage Sch	O		
	Kaplan C, Indianapolis	O		
	Teresa's Sch of Therapeutic Massage	O		
IA	Ancient Wisdom C - Massage Therapy	O		
	Capri C, Cedar Rapids	O		
	Capri C, Davenport	O		
	Capri C, Dubuque	O		
	Carlson C of Massage Therapy	O		
	C of Hair Design, Waterloo	O		
	La'James C of Hairstyling, Cedar Falls	O		
	La'James C of Hairstyling, Davenport	O		
	La'James C of Hairstyling, Mason City	O		

State	School	O	A	T
	La'James Intl C, Fort Dodge	O		
	La'James Intl C, Iowa City	O		
	La'James Intl C, Johnston	O		
	The Salon Professional Academy	O		
	Total Look Sch of Cosmetology & Massage Therapy	O		
KS	BMSI Inst	O		
	Johnson Co Comm C, Overland Park	O		
	Kansas C of Chinese Med	O		
	Kansas Massage Inst Inc	O		
	Pinnacle Career Inst, Lawrence	O		
KY	Spencerian C, Louisville	O		
	Sun Touch Massage Sch	O		
LA	Central Louisiana Sch of Therapeutic Massage, Inc	O		
ME	Downeast Sch of Massage	O		
	Pierre's Sch of Cosmetology, Portland	O		
	Seacoast Career Sch	O		
MD	Accu Tech Career Inst	O		
	Holistic Massage Training Inst	O		
	Massage Inst of Maryland, Inc	O		
MA	Bancroft Sch of Massage Therapy	O		
	Branford Hall Career Inst, Springfield	O		
	Central Massachusetts Sch of Massage & Therapy, Inc	O		
	Cortiva - MTI	O		
	Kripalu Ctr	O		
	Massachusetts Inst of Therapeutic Massage	O		
	Massage Inst of New England	O		
	New England Inst of Reflexology & Universal Studies	O		
	The Salter Sch, Fall River	O		
MI	Alternative Healing Inc	O		
	Ann Arbor Inst of Massage Therapy	O		
	Bayshire Beauty Acad	O		
	Carnegie Inst	O		
	Irene's Myomassology Inst	O		
	Kalamazoo Ctr for the Healing Arts	O		
	Michigan Sch of Myomassology	O		
	Spring Renewal Holistic Wellness Ctr	O		
MN	Center Point Massage & Shiatsu Sch & Clinic	O		
	Center Point Massage & Shiatsu Therapy Sch & Clinic	O		
	Central Beauty Sch	O		
	Sister Rosalind Gefre Sch & Clinics of Massage, Mankato	O		
	Sister Rosalind Gefre Sch & Clinics of Massage, West Saint Paul	O		
MS	Blue Cliff C	O		
MO	Allied C, S	O	A	
	Massage Therapy Training Inst, Kansas City	O		
	Metro Bus C, Jefferson City	O		
	St Charles Sch of Massage Therapy	O		
MT	Big Sky Somatic Inst	O		
	Health Works Inst	O		
NE	Omaha Sch of Massage Therapy	O		
NV	Baum Healing Arts Ctr, Carson City	O		
	European Massage Therapy Sch	O		
	Nevada Career Inst, East Campus	O		
	Nevada Sch of Massage Therapy	O		
	Northwest Health Careers	O		
	Ralson Sch of Massage	O		
NH	New Hampshire Inst for Therapeutic Arts	O		
	North Eastern Inst of Whole Health	O		
NJ	Acad of Massage Therapy	O		
	Body, Mind & Spirit Learning Alliance	O		
	Dahn Healing Inst of Massage Therapy	O		
	Essex Group Inst for Massage & Bodywork	O		
	Healing Hands Inst for Massage Therapy	O		
	Health Choices Holistic Massage Sch	O		
	Helma Inst of Massage Therapy	O		
	North Jersey Massage Training Ctr	O		
	Star Tech Inst, Lakewood	O		
	Therapeutic Massage Training Ctr	O		
NM	Crystal Mtn Sch of Therapeutic Massage	O		
	Massage Therapy Training Inst, Las Cruces	O		
	The Medicine Wheel-A Sch of Holistic Therapies	O		
	New Mexico Acad of Healing Arts	O		
	New Mexico Sch of Natural Therapeutics	O		
	Pima Med Inst, Albuquerque	O		
NY	Finger Lakes Sch of Massage	O		T
	Hudson Valley Sch of Massage Therapy	O		
	Onondaga Sch of Therapeutic Massage, Rochester	O		
NC	Natural Touch Sch of Esthetics & Massage, Hickory	O		

State	School	O	A	T	
	Natural Touch Sch of Massage, Greensboro	O			
	Southeastern Sch of Neuromuscular Massage	O			
	Therapeutic Massage Training Inst	O			
	The Whole You Sch of Massage & Bodywork	O			
ND	Sister Rosalind Gefre Schs & Clinics of Massage, Fargo	O			
OH	American Inst of Alternative Med	O			
	Carnegie Inst of Integrative Med & Massotherapy	O			
	Healing Arts Inst, Perrysburg	O			
	Integrated Touch Therapy, Inc for Animals	O			
	National Inst of Massotherapy, Akron	O	A		
	Ohio Acad of Holistic Health	O			
	The Youngstown C of Massotherapy	O	A		
OK	Central State Acad	O			
	Central State Beauty Acad	O			
	Clary Sage C	O			
	Comm Care C	O	A		
	Oklahoma Technology Inst	O			
	Praxis C of Health Arts & Sci	O			
OR	Concorde Career Inst, Portland	O			
	Intl Loving Touch Foundation, Inc	O			
	Oregon Sch of Massage, Portland	O			
PA	Allied Med & Tech Inst, Scranton	O			
	Baltimore Sch of Massage, York Campus	O			
	Career Training Acad, New Kensington	O	A		
	Career Training Acad, Pittsburgh		A		
	Central Pennsylvania Sch of Massage, Inc	O			
	Computer Learning Network – Resident Sch	O			
	Great Lakes Inst of Tech	O			
	Health Options Inst	O			
	Keystone Tech Inst		A		
	Lancaster Sch of Cosmetology	O			
	Lehigh Valley C		A		
	Lehigh Valley Healing Arts Acad	O		T	
	Massage Therapy Inst of Western Pennsylvania	O			
	Natl Acad of Massage Therapy Healing Sci	O			&
	Penn Commercial, Inc	O			
	Pittsburgh Sch of Massage Therapy	O			
	Professional Sch of Massage	O			
	Schuylkill Inst of Bus & Tech	O			
	Synergy Healing Arts Ctr & Massage Sch	O	A		
PR	Antilles Sch of Tech Careers, San Juan	O			
	Instituto de Banca y Comercio, San Juan	O			
	Ponce Paramedical C, Coto Laurel	O			
	Ponce Paramedical C, Ponce	O			
SC	Charleston Sch of Massage, Inc	O			
	Greenville Tech C	O			
SD	Headlines Acad	O			
TN	Bodyworks Sch of Massage	O			
	High-Tech Inst, Memphis		A		
	The Massage Inst of Memphis	O			
TX	Fort Worth Sch of Massage	O			
	Phoenix Ctr for Holistic Studies	O			
	Sterling Health Ctr	O			
	Texas Massage Inst, Dallas	O			
	Texas Massage Inst, Fort Worth	O			
UT	Certified Careers Inst, Salt Lake City	O			
	Myotherapy C of Utah	O			
VA	Advanced Fuller Sch of Massage	O			
	AKS Massage Sch	O			
	The Greater Washington Inst of Massage, Inc	O			
	Heritage Inst, Manassas	O			
	Kee Bus C, Newport News	O			
	Natural Touch Sch of Massage Therapy, Danville	O			
	Richmond Acad of Massage	O			
	Tidewater Tech, Chesapeake	O	A		
	Virginia Career Inst, Richmond	O			
	Virginia Sch of Massage, Charlottesville	O			
WA	Ancient Arts Massage Sch & Clinic	O			
	Ashmead C-Massage Therapy, Seattle	O			
	Bodymechanics Sch of Myotherapy & Massage	O			
	Brenneke Sch of Massage	O			
	Cortiva Inst - Brian Utting Sch of Massage	O			
	Inland Massage Inst, Inc.	O			
	Renton Tech C	O	A	T	
	Tri City Sch of Massage	O			
WV	Morgantown Beauty C, Inc	O			

State	School	O	A
	Mountain State Sch of Massage	O	A
WI	Lakeside Sch of Massage Therapy, Milwaukee	O	A
	Martin's Sch of Hair Design, Green Bay	O	
	Professional Hair Design Acad	O	
	Wisconsin Inst of Natural Wellness	O	
	Wisconsin Sch of Massage Therapy	O	

MASS MEDIA

State	School	O
OK	Great Plains Tech Ctr, Frederick	O

MATERIALS HANDLING

State	School	O
IL	Greater West Town Training Partnership	O

MATERIALS MANAGEMENT

State	School	O	A
GA	Central Georgia Tech C	O	A
PA	Greater Altoona Career & Tech Ctr	O	
SC	Greenville Tech C		A
WI	Lakeshore Tech C		A

MATERIALS SCIENCE TECHNOLOGY

State	School	O
UT	Ogden-Weber Applied Tech C	O

MATHEMATICS

State	School	O	A	T
CA	Compton Adult Sch	O		
	Opportunities Industrialization Ctr West	O		
	Rowland Adult & Comm Ed			T
	Sacramento Job Corps Ctr	O		
	West Valley Occ Ctr	O		
FL	Suwannee-Hamilton Tech Ctr	O		
IL	The Hadley Sch for the Blind	O		
KS	Johnson Co Comm C, Overland Park			T
MA	Quincy C		A	T
TX	David L Carrasco Job Corps Ctr	O		

MEATCUTTING

State	School	O
CA	North Orange Co ROP	O
	Sacramento Co ROP	O
PR	Centro de Capacitacion y Asesocamiento, Caguas	O
WV	Marion Co Voc Tech Ctr	O

MEAT PROCESSING & MARKETING

State	School	O
WV	Marion Co Voc Tech Ctr	O

MECHANICAL DESIGN

State	School	O	A	T
CA	Imperial Valley ROP	O		
MN	Alexandria Tech C, Alexandria	O	A	
	Ridgewater C, Willmar & Hutchinson	O	A	
NY	Island Drafting & Tech Inst		A	
OH	Rhodes State C		A	
WI	Blackhawk Tech C		A	
	Lakeshore Tech C		A	
	Western Tech C, La Crosse		A	T

MECHANICAL TECHNOLOGY

State	School	O
GA	Altamaha Tech C, Jesup	O
NJ	Tech Inst of Camden Co	O
NY	Island Drafting & Tech Inst	O
WA	Clover Park Tech C	O

MEDIA MANAGEMENT

State	School	A
WA	Clover Park Tech C	A

MEDIA PRODUCTION

State	School	O
CA	North Orange Co ROP	O
	West Valley Occ Ctr	O

MEDICAL ADMINISTRATION

State	School	O	A	T
CA	Antelope Valley Med C	O		
	Charles A Jones Skills & Bus Ed Ctr	O		
	LaPuente Valley ROP	O		
	Maric C, Salida	O		
	MTI Bus C	O		
	Opportunities Industrialization Ctr West	O		
CO	Denver Career C	O		
	IntelliTec Med Inst		A	
CT	Porter & Chester Inst, Watertown	O		
FL	Angley C, Deland		A	T
	ATI Career Training Ctr, Fort Lauderdale	O	A	
	C of Bus & Tech, Miami		A	
	Galiano Career Acad	O		
	Key C		A	
	Southwest Florida C, Tampa		A	
IL	Computer Sys Inst	O		
	Midwest Inst of Massage Therapy	O		
IN	Kaplan C, Indianapolis	O		
KY	Spencerian C, Louisville	O	A	
NJ	Central Career Sch	O		

State	School	O	A	T
	Omega Inst - Therapeutic Massage Program	O		
	The Stuart Sch of Bus	O		
NY	Elmira Bus Inst, Vestal		A	
OK	Great Plains Tech Ctr, Lawton	O		
OR	Abdill Career C, Inc	O		
PA	Cambria-Rowe Bus C, Indiana		A	
	Career Training Acad, Pittsburgh	O		
	Computer Learning Network – Resident Sch	O		
	Newport Bus Inst, Lower Burrell		A	
	Pittsburgh Tech Inst		A	
TX	North Texas Professional Career Inst	O		
VA	ACT C, Arlington	O		
WI	Blackhawk Tech C	O		

MEDICAL ASSISTANT TRAINING

State	School	O	A	T
AL	Capps C, Foley	O		
	Wallace Comm C, Wallace Campus		A	
AK	Career Acad, Anchorage	O		
AZ	Apollo C, Phoenix	O		
	Apollo C, Tri-City	O		
	Apollo C, Tucson	O		
	Arizona C of Allied Health	O	A	
	Pima Med Inst, Mesa	O		
	Pima Med Inst, Tucson	O		
	Tucson C	O		
AR	Remington C - Little Rock Campus	O		
CA	Antelope Valley Med C	O		
	California C of Voc Careers	O		
	California Learning Ctr	O		
	Central Coast C	O		
	Charles A Jones Skills & Bus Ed Ctr	O		
	Clarita Career C	O		
	C of Information Tech	O		
	Colton-Redlands-Yucaipa Reg Occ Program	O		
	Compton Adult Sch	O		
	Concorde Career C, San Bernardino	O		
	Concorde Career C, San Diego	O		
	DVS C, Los Angeles	O		
	Galen C of Med & Dental Assist, Fresno	O		
	Galen C of Med & Dental Assist, Modesto	O		
	Glendale Career C, Oceanside	O		
	LaPuente Valley ROP	O		
	Los Angeles ORT Tech Inst	O		
	Los Angeles ORT Tech Inst- Sherman Oaks Branch	O		
	Los Angeles Vocational Inst	O		
	Maric C, Anaheim	O		
	Maric C, Bakersfield	O		
	Maric C, North Hollywood	O		
	Maric C, Sacramento	O		
	Maric C, Salida	O		
	Maric C, Stockton	O		
	Martinez Adult Ed	O		
	MTI Bus C	O		
	MTI C, Sacramento	O		
	North Orange Co ROP	O		
	Premiere Career C	O		
	Sacramento Co ROP	O		
	Sacramento Job Corps Ctr	O		
	Santa Barbara Bus C	O	A	
	Simi Valley Adult Sch	O		
	Tri-Cities ROP	O		
	West Valley Occ Ctr	O		
CO	Concorde Career C, Aurora	O		
	Denver Career C	O		
	Everest C, Aurora	O		
	Inst of Bus & Med Careers, Fort Collins	O	A	
	IntelliTec C, Grand Junction		A	
	IntelliTec Med Inst		A	
CT	Branford Hall Career Inst. Windsor	O		
	Connecticut Sch of Electronics	O		
	Porter & Chester Inst, Stratford	O		
	Porter & Chester Inst, Watertown	O		
	Sawyer Sch, Hartford	O		
FL	Angley C, Deland		A	T
	ATI Career Training Ctr, Fort Lauderdale	O	A	
	Central Florida Inst, Palm Harbor (30522 US Hwy 19 N)	O		
	C of Bus & Tech, Miami	O		
	Erwin Tech Ctr	O		
	First Coast Tech Inst	O		
	Florida Career C	O	A	
	Galiano Career Acad	O		
	Intl Sch of Health & Beauty	O		
	Manatee Tech Inst	O		
	McFatter Tech Ctr	O		
	Miami Lakes Ed Ctr	O		
	Sarasota Co Tech Inst	O		
	Southwest Florida C, Tampa	O	A	
	Webster C, Pasco Campus	O		
	Winter Park Tech	O		
GA	Central Georgia Tech C	O		
	Chattahoochee Tech C	O		
	Columbus Tech C	O		
	East Central Tech C	O		
	Gwinnett C	O	A	
	Medix Sch, Smyrna	O		
	North Georgia Tech C, Clarkesville	O		
	Okefenokee Tech C	O		
	Savannah River C	O	A	
	Southeastern Tech C, Vidalia	O		
	Southwest Georgia Tech C	O	A	
	Swainsboro Tech C	O		
HI	Med-Assist Sch of Hawaii	O		
ID	Apollo C, Boise	O		
	Eastern Idaho Tech C	O	A	
IL	Brown Mackie C, Moline	O		
	The C of Office Tech	O		
	Illinois Sch of Health Careers, Chicago	O		
	Solex Acad	O		
	Vatterott C, Quincy	O	A	
IN	Indiana Bus C, Anderson		A	
	Indiana Bus C, Columbus		A	
	Indiana Bus C, Downtown Indianapolis		A	
	Indiana Bus C, Elkhart	O	A	
	Indiana Bus C, Evansville		A	
	Indiana Bus C, Fort Wayne		A	
	Indiana Bus C, Indianapolis Medical		A	
	Indiana Bus C, Lafayette		A	
	Indiana Bus C, Marion		A	
	Indiana Bus C, Muncie		A	
	Indiana Bus C, Northwest	O	A	
	Indiana Bus C, Terre Haute		A	
	Indian Bus C, Northwest		A	
	Kaplan C, Indianapolis	O		
IA	Vatterott C, Des Moines	O	A	
KS	Kansas City Kansas Area Tech Sch	O		
	Northwest Kansas Tech C	O	A	
	Pinnacle Career Inst, Lawrence	O		
	Vatterott C, Wichita	O	A	
	Wichita Area Tech C	O		
	Wichita Tech Inst, Wichita	O		
KY	Southwestern C, Florence	O	A	
	Spencerian C, Louisville	O		
LA	Ascension C	O		
	Louisiana Tech C, Northeast Louisiana Campus	O		
	Remington C - Lafayette Campus	O		
ME	Seacoast Career Sch	O		
MA	Branford Hall Career Inst, Springfield	O		
	McCann Tech Sch	O		
	Med Professional Inst	O		
	Quincy C	O		
	The Salter Sch, Fall River	O		
	Southeastern Tech Inst	O		
MI	Carnegie Inst	O		
	Detroit Bus Inst, Downriver	O		
	Detroit Bus Inst, Southfield	O		
	Dorsey Bus Sch, Southgate	O		
	Ross Med Ed Ctr, Lansing	O		
	Ross Med Ed Ctr, Port Huron	O		
MN	Dakota Co Tech C	O	A	
	Minneapolis Bus C	O	A	
MS	Blue Cliff C	O		
MO	Allied C, S	O	A	
	Metro Bus C, Jefferson City	O		
NE	Alegent Health Sch of Med Assisting	O		
	Vatterott C, Spring Valley Campus	O	A	
NV	Nevada Career Inst, East Campus	O		
	Nevada Career Inst, West Campus	O		
	Northwest Health Careers	O		
	Pima Medical Inst, Las Vegas	O		
NJ	Atlantic Co Inst of Tech	O		
	Omega Inst - Therapeutic Massage Program	O		
	Star Tech Inst, Lakewood	O		
	Tech Inst of Camden Co	O		
NM	Pima Med Inst, Albuquerque	O		
NY	Allen Sch, Brooklyn Campus	O		
	Allen Sch, Jamaica Campus	O		
	Bryant & Stratton C, Syracuse		A	
	Career Inst of Health & Tech, Garden City	O		
	The C of Westchester	O	A	
	Elmira Bus Inst, Vestal		A	
	Hunter Bus Sch, Levittown	O		
	New York Inst of English and Bus	O		
	New York Sch for Med & Dental Asst	O		
	Ridley-Lowell Bus & Tech Inst, Binghamton	O		
	Ridley-Lowell Bus & Tech Inst, Poughkeepsie	O		
	Wilson Tech Ctr	O		
NC	Brookstone C of Bus, Greensboro	O		
	King's C, Charlotte	O	A	
OH	Akron Inst	O		
	ATS Inst of Tech	O		
	Brown Mackie C, Cincinnati	O	A	
	Carnegie Inst of Integrative Med & Massotherapy	O		
	Cleveland Inst of Dental-Medical Asst, Cleveland	O		
	Cleveland Inst of Dental-Medical Asst, Lyndhurst	O		
	Cleveland Inst of Dental-Medical Asst, Mentor	O		
	ETI Tech C, Niles	O	A	
	Inst of Med & Dental Tech	O		
	Mahoning Co Career & Tech Ctr	O		
	Marion Tech C	O		
	Ohio Acad of Holistic Health	O		
	Ohio Inst of Photography & Tech	O		
	Rhodes State C		A	
	Tech Ed C	O	A	
OK	American Inst of Med Tech	O		
	Comm Care C	O	A	
	Kiamichi Tech Ctr, McAlester	O		
	Oklahoma Technology Inst	O		
	Platt C, Oklahoma City	O		
	Southern Oklahoma Tech Ctr	O		
	Tulsa Tech Ctr	O		
	Vatterott C, Tulsa	O	A	
OR	Abdill Career C, Inc	O		
	Apollo C, Portland	O		
	Concorde Career Inst, Portland	O		
	Valley Med C, Inc.	O		
PA	Allied Med & Tech Inst, Scranton	O	A	
	Antonelli Med & Prof Inst	O		
	Career Training Acad, Monroeville		A	
	Career Training Acad, New Kensington	O	A	
	Career Training Acad, Pittsburgh		A	
	Computer Learning Network – Resident Sch	O		
	Consolidated Sch of Bus, Lancaster		A	
	Consolidated Sch of Bus, York		A	
	Delaware Valley Acad of Med & Dental Asst	O		
	Greater Altoona Career & Tech Ctr	O		
	Great Lakes Inst of Tech		A	
	Keystone Tech Inst		A	
	Lansdale Sch of Bus	O	A	
	Laurel Bus Inst		A	
	Penn Commercial, Inc		A	
	Pittsburgh Tech Inst	O	A	
	Schuylkill Inst of Bus & Tech	O	A	
RI	Gibbs C, Cranston	O	A	
SD	Lake Area Tech Inst	O	A	
	Mitchell Tech Inst		A	
TN	High-Tech Inst, Memphis		A	
	Nashville C of Med Careers	O		
	Tennessee Tech Ctr at McMinnville	O		
TX	Allied Health Careers	O	A	
	American Commercial C, Odessa	O		
	American Commercial C, Wichita Falls	O		
	Anamarc Ed Inst, El Paso	O		
	Bradford Sch of Bus	O		
	Computer Career Ctr, El Paso		A	
	Concorde Career Inst, Arlington	O		
	Intl Bus C, Lubbock	O		
	Milan Inst, Amarillo	O		
	National Inst of Tech, Houston	O		
	PCI Health Training Ctr, Dallas	O		
	PCI Health Training Ctr, Richardson	O		
	Sanford Brown Inst, Dallas	O		
UT	American Inst of Med & Dental Tech, Provo	O		
	AmeriTech C, Draper	O		
	Certified Careers Inst, Salt Lake City	O		
	Ogden-Weber Applied Tech C	O	A	
VA	ACT C, Arlington	O		
	Kee Bus C, Newport News	O		
	Tidewater Tech, Chesapeake		A	
	Virginia Career Inst, Richmond	O		
WA	Apollo C, Spokane	O		
	Clover Park Tech C	O		
	Everest C, Vancouver	O	A	
	Pima Med Inst, Renton	O		
	Pima Med Inst, Seattle	O		
WV	Marion Co Voc Tech Ctr	O		
	Monongalia Co Tech Ed Ctr	O		
	Mountain State C		A	
	West Virginia Bus C, Inc.		A	
WI	Blackhawk Tech C	O		
	Lakeshore Tech C	O		
	Milwaukee Career C	O		
	Western Tech C, La Crosse	O		

MEDICAL ASSISTANT WITH FUNCTIONAL SPANISH

IN	Indiana Bus C, Indianapolis Medical	A

MEDICAL BILLING CLERK TRAINING

AZ	Apollo C, Phoenix Westside	O	
	Apollo C , Tri-City	O	
	Apollo C, Tucson	O	
	Arizona C of Allied Health	O	
	Mundus Inst	O	
CA	Antelope Valley Med C	O	
	California Learning Ctr	O	
	Central Coast C	O	
	Charles A Jones Skills & Bus Ed Ctr	O	
	C of Information Tech	O	
	Computer Tutor Bus & Tech Inst	O	
	Concorde Career C, San Diego	O	
	Imperial Valley ROP	O	
	Ladera Career Paths Training Ctrs	O	
	Los Angeles Vocational Inst	O	
	Meridian Inst	O	
	North Orange Co ROP	O	
	Opportunities Industrialization Ctr West	O	
	Premiere Career C	O	
	Sunnyvale-Cupertino Adult Ed Program	O	
	West Valley Occ Ctr	O	
CO	Concorde Career C, Aurora	O	
	Inst of Bus & Med Careers, Fort Collins	O	A
	IntelliTec Med Inst	O	
CT	Porter & Chester Inst, Watertown	O	
FL	C of Bus & Tech, Miami	O	
	Erwin Tech Ctr	O	
	Florida Career C	O	
	Southwest Florida C, Tampa	O	
IL	Computer Sys Inst	O	
	Midwest Inst of Massage Therapy	O	
	Solex Acad	O	
IN	Indiana Bus C, Anderson		A
	Indiana Bus C, Columbus		A
	Indiana Bus C, Evansville		A
	Indiana Bus C, Fort Wayne		A
	Indiana Bus C, Indianapolis Medical		A
	Indiana Bus C, Lafayette		A
	Indiana Bus C, Northwest		A
	Indiana Bus C, Terre Haute		A
	Indian Bus C, Northwest		A
KY	Southwestern C, Florence	O	
ME	Seacoast Career Sch	O	
MA	Branford Hall Career Inst, Springfield	O	
MI	Dorsey Bus Sch, Madison Heights	O	
	Dorsey Bus Sch, Southgate	O	
MO	Allied C, S	O	A
NV	Northwest Health Careers	O	
NJ	Central Career Sch	O	
NY	Elmira Bus Inst		A
	Elmira Bus Inst, Vestal		A
	Long Island Bus Inst, Flushing	O	
	New York Inst of English and Bus	O	
	Ridley-Lowell Bus & Tech Inst, Binghamton	O	
	Wilson Tech Ctr	O	
OH	Akron Inst	O	
	Ohio Acad of Holistic Health	O	
OR	Apollo C, Portland	O	
PA	Blackstone Career Inst	O	
	Career Training Acad, Pittsburgh	O	
	Computer Learning Network – Resident Sch	O	
	Pace Inst	O	
PR	Ponce Paramedical C, Coto Laurel	O	
	Ponce Paramedical C, Ponce	O	
TN	Tennessee Tech Ctr at McMinnville	O	
TX	American Commercial C, Wichita Falls	O	
	Milan Inst, Amarillo	O	
UT	AmeriTech C, Draper	O	
VA	ACT C, Arlington	O	
WA	Apollo C, Spokane	O	
	Bellingham Tech C	O	
	Renton Tech C	O	A
WV	Valley C, Beckley Campus	O	
	Valley C, Princeton	O	
WI	Milwaukee Career C	O	

MEDICAL CENTRAL SERVICE TECHNOLOGY

CA	Premiere Career C	O
CT	Porter & Chester Inst, Watertown	O
MO	Branson Tech C	O
	Texas Co Tech Inst	O
WA	Clover Park Tech C	O

MEDICAL CODING

AZ	Apollo C, Phoenix Westside	O	
	Apollo C , Tri-City	O	
	Apollo C, Tucson	O	
	Arizona C of Allied Health	O	
	Mundus Inst	O	
	Sonoran Desert Inst	O	
	Tucson C	O	
AR	Remington C - Little Rock Campus	O	
CA	Antelope Valley Med C	O	
	Charles A Jones Skills & Bus Ed Ctr	O	
	C of Information Tech	O	
	Computer Tutor Bus & Tech Inst	O	
	Concorde Career C, San Diego	O	
	East San Gabriel Valley ROP & Tech Ctr	O	
	Ladera Career Paths Training Ctrs	O	
	LaPuente Valley ROP	O	
	Los Angeles Vocational Inst	O	
	Martinez Adult Ed	O	
	North Orange Co ROP	O	
	Opportunities Industrialization Ctr West	O	
	Pacific C	O	
	Premiere Career C	O	
	Sunnyvale-Cupertino Adult Ed Program	O	
	West Valley Occ Ctr	O	
CO	Concorde Career C, Aurora	O	
	Everest C, Aurora	O	
	Inst of Bus & Med Careers, Fort Collins	O	A
	IntelliTec Med Inst	O	
CT	Porter & Chester Inst, Stratford	O	
	Porter & Chester Inst, Watertown	O	
FL	Angley C, Deland	O	T
	ATI Career Training Ctr, Fort Lauderdale	O	A
	Atlantic Tech Ctr-Coconut Creek Campus	O	
	C of Bus & Tech, Miami	O	
	Erwin Tech Ctr	O	
	Florida Career C	O	
	Manatee Tech Inst	O	
	Sarasota Co Tech Inst	O	
	Southwest Florida C, Tampa	O	
	Winter Park Tech	O	
GA	Altamaha Tech C, Jesup	O	
	Southwest Georgia Tech C	O	
IL	Computer Sys Inst	O	
	Everest C, Merrionette Park	O	
	Illinois Sch of Health Careers, Chicago	O	
	Med Careers Inst, Chicago	O	
	Midwest Inst of Massage Therapy	O	
	Solex Acad	O	
IN	Indiana Bus C, Anderson		A
	Indiana Bus C, Columbus		A
	Indiana Bus C, Elkhart		A
	Indiana Bus C, Evansville		A
	Indiana Bus C, Indianapolis Medical		A
	Indiana Bus C, Lafayette		A
	Indiana Bus C, Marion		A
	Indiana Bus C, Muncie		A
	Indiana Bus C, Northwest		A
	Indiana Bus C, Terre Haute		A
	Indian Bus C, Northwest		A
KS	Wichita Tech Inst, Wichita	O	
KY	Southwestern C, Florence	O	
	Spencerian C, Louisville	O	
LA	Ascension C	O	
	Louisiana Technical C, Baton Rouge	O	
ME	Northeast Tech Inst	O	
	Seacoast Career Sch	O	
MA	Branford Hall Career Inst, Springfield	O	
MN	Alexandria Tech C, Alexandria	O	
	Dakota Co Tech C	O	
	Ridgewater C, Willmar & Hutchinson	O	A
	South Central C, Faribault	O	
MO	Allied C, S	O	A
NJ	Central Career Sch	O	
	The Stuart Sch of Bus	O	
NY	Allen Sch, Brooklyn Campus	O	
	Elmira Bus Inst		A
	Elmira Bus Inst, Vestal	O	
	New York Inst of English and Bus	O	
	Ridley-Lowell Bus & Tech Inst, Binghamton	O	
	Ridley-Lowell Bus & Tech Inst, Poughkeepsie	O	
	Wilson Tech Ctr	O	
OH	Marion Tech C	O	
	Ohio Acad of Holistic Health	O	
	Rhodes State C	O	
PA	Blackstone Career Inst	O	
	Career Training Acad, Pittsburgh	O	

(continued at right)

	Computer Learning Network – Resident Sch	O	
	Erie Bus Ctr, South	O	
TN	High-Tech Inst, Memphis	O	A
	Nashville C of Med Careers	O	
	Tennessee Tech Ctr at McMinnville	O	
TX	American Commercial C, Wichita Falls	O	
	Anamarc Ed Inst, El Paso	O	
	Career Quest	O	
	Milan Inst, Amarillo	O	
	National Inst of Tech, Houston	O	
	North Texas Professional Career Inst	O	
	Sanford Brown Inst, Dallas	O	
	TechSkills	O	
UT	Ogden-Weber Applied Tech C	O	
VA	ACT C, Arlington	O	
WA	Apollo C, Spokane	O	
	Bellingham Tech C	O	
WI	Blackhawk Tech C	O	
	Milwaukee Career C	O	
	Western Tech C, La Crosse	O	

MEDICAL & DENTAL INSURANCE BILLING

CA	Ladera Career Paths Training Ctrs	O
	Martinez Adult Ed	O
	North Orange Co ROP	O
	Sunnyvale-Cupertino Adult Ed Program	O
CO	IntelliTec Med Inst	O
CT	Porter & Chester Inst, Watertown	O
LA	Ascension C	O
NJ	Central Career Sch	O
NY	Career Inst of Health & Tech, Garden City	O
	Ridley-Lowell Bus & Tech Inst, Poughkeepsie	O
OH	Marion Tech C	O
PA	Career Training Acad, Pittsburgh	O
	Computer Learning Network – Resident Sch	O
	Pace Inst	O
TX	Milan Inst, Amarillo	O
UT	AmeriTech C, Draper	O
VA	ACT C, Arlington	O
	Kee Bus C, Newport News	O
WA	Renton Tech C	O

MEDICAL EMERGENCY TECHNICIAN TRAINING (EMT)

AL	Bishop State Comm C, Southwest Campus	O	
	Wallace Comm C, Wallace Campus	O	A
AR	UAM College of Tech, McGehee	O	
CA	Charles A Jones Skills & Bus Ed Ctr	O	
	LaPuente Valley ROP	O	
	North Orange Co ROP	O	
	Sacramento Co ROP	O	
	Simi Valley Adult Sch	O	
	UCLA-Daniel Freeman Paramedic Ed	O	
	West Valley Occ Ctr	O	
FL	First Coast Tech Inst	O	
	Florida Med Training Inst, Coconut Creek	O	
	Lake Tech Ctr	O	
	Manatee Tech Inst	O	
	Sarasota Co Tech Inst	O	
GA	Central Georgia Tech C	O	
	Chattahoochee Tech C	O	
	Columbus Tech C	O	
	East Central Tech C	O	
	Medix Sch, Smyrna	O	
	North Georgia Tech C, Clarkesville	O	
	Okefenokee Tech C	O	
	Southeastern Tech C, Vidalia	O	
	Southwest Georgia Tech C	O	
	Swainsboro Tech C	O	
ID	Apollo C, Boise	O	
IN	Clarian Health Paramedic	O	
KS	Manhattan Area Tech C	O	
KY	Bowling Green Tech C, Glasgow	O	
LA	Louisiana Tech C, Baton Rouge Campus	O	
	Louisiana Tech C, Northeast Louisiana Campus	O	
MO	Bolivar Tech C	O	
	Branson Tech C	O	
	IHM Health Studies Ctr	O	
	Sikeston Public Sch, Dept of Health Occ	O	
	Texas Co Tech Inst	O	
OH	Parma Comm Gen Hosp, Emergency Med Tech-Paramedic	O	
	Rhodes State C		A
OK	Great Plains Tech Ctr, Lawton	O	
	Indian Capital Tech Ctr - Tahlequah-Bill Willis Campus	O	

State	School	O	A	T
	Kiamichi Tech Ctr, Atoka	O		
	Kiamichi Tech Ctr, McAlester	O		
	Tri County Tech Ctr	O		
PR	Instituto de Banca y Comercio, Mayaguez	O		
	Instituto de Banca y Comercio, San Juan	O		
	Ponce Paramedical C, Coto Laurel	O		
	Ponce Paramedical C, Ponce	O		
SC	Greenville Tech C		A	
TX	Lamar Inst of Tech	O	A	
WI	Blackhawk Tech C	O		
	Lakeshore Tech C	O		

MEDICAL INSURANCE BILLING

State	School	O	A	T
AK	Career Acad, Anchorage	O		
AZ	Tucson C	O		
AR	Remington C - Little Rock Campus	O		
CA	Antelope Valley Med C	O	A	
	Clarita Career C	O		
	Colton-Redlands-Yucaipa Reg Occ Program	O		
	Compton Adult Sch	O		
	Concorde Career C, San Diego	O		
	Ladera Career Paths Training Ctrs	O		
	Maric C, North Hollywood	O		
	Martinez Adult Ed	O		
	North Orange Co ROP	O		
	Opportunities Industrialization Ctr West	O		
	Pacific C	O		
	Premiere Career C	O		
	Sunnyvale-Cupertino Adult Ed Program	O		
	West Valley Occ Ctr	O		
CO	Concorde Career C, Aurora	O		
	Everest C, Aurora	O		
	IntelliTec Med Inst	O		
FL	Angley C, Deland	O		T
	Lincoln C of Tech	O	A	
	Manatee Tech Inst	O		
	Southwest Florida C, Tampa	O		
IL	Computer Sys Inst	O		
	Everest C, Merrionette Park	O		
KS	Wichita Tech Inst, Wichita	O		
LA	Ascension C	O		
ME	Northeast Tech Inst	O		
MA	Branford Hall Career Inst, Springfield	O		
MI	Carnegie Inst	O		
	Detroit Bus Inst, Southfield	O		
	Ross Med Ed Ctr, Lansing	O		
NJ	Central Career Sch	O		
	Omega Inst - Therapeutic Massage Program	O		
NY	Allen Sch, Brooklyn Campus	O		
	Allen Sch, Jamaica Campus	O		
	Elmira Bus Inst, Vestal	O		
	New York Inst of English and Bus	O		
	Wilson Tech Ctr	O		
OH	Ohio Acad of Holistic Health	O		
OR	Concorde Career Inst, Portland	O		
PA	Allied Med & Tech Inst, Scranton	O		
	Career Training Acad, Monroeville		A	
	Career Training Acad, Pittsburgh	O		
	Computer Learning Network - Resident Sch	O		
	Laurel Bus Inst		A	
TN	High-Tech Inst, Memphis		A	
	Tennessee Tech Ctr at McMinnville	O		
TX	American Commercial C, Wichita Falls	O		
	Career Quest	O		
	Concorde Career Inst, Arlington	O		
	Milan Inst, Amarillo	O		
	MTI C of Bus & Tech, Houston	O		
	National Inst of Tech, Houston	O		
	Sanford Brown Inst, Dallas	O		
	TechSkills	O		
VA	ACT C, Arlington	O		
WA	Renton Tech C	O		
WV	Garnet Career Ctr	O		

MEDICAL LABORATORY ASSISTANT TRAINING

State	School	O	A	T
CA	Santa Barbara Cottage Hosp, Sch of Med Tech	O		
CT	Porter & Chester Inst, Stratford	O		
FL	Orlando Tech	O		
	Sarasota Co Tech Inst	O		
NY	Wilson Tech Ctr	O		
OH	Mahoning Co Career & Tech Ctr	O		
	Ohio Acad of Holistic Health	O		
PA	Allied Med & Tech Inst, Scranton	O		
	Computer Learning Network - Resident Sch	O		

State	School	O	A	T
TX	Milan Inst, Amarillo	O		
UT	Ogden-Weber Applied Tech C	O		
WA	Clover Park Tech C	O		

MEDICAL LABORATORY TECHNOLOGY

State	School	O	A	T
AZ	Apollo C, Phoenix Westside		A	
	Apollo C, Tucson	O		
CO	IntelliTec Med Inst		A	
CT	Porter & Chester Inst, Stratford	O		
FL	Erwin Tech Ctr	O		
GA	Central Georgia Tech C	O	A	
	North Georgia Tech C, Clarkesville		A	
	Okefenokee Tech C		A	
	Southeastern Tech C, Vidalia		A	
	Southwest Georgia Tech C		A	
IL	Blessing-Rieman C of Nursing & Allied Health Sch of Med Lab Tech	O	A	
IN	Indiana Bus C, Indianapolis Medical		A	
KS	Wichita Area Tech C		A	
KY	Spencerian C, Louisville	O	A	
MN	Alexandria Tech C, Alexandria		A	
	South Central C, Faribault		A	
NC	Maria Parham Med Ctr Sch of Med Tech	O	A	T
OH	Marion Tech C	O	A	T
OR	Apollo C, Portland	O		
PA	Computer Learning Network - Resident Sch	O		
SC	Greenville Tech C		A	
SD	Lake Area Tech Inst		A	
	Mitchell Tech Inst		A	
WA	Bates Tech C	O	A	
WV	Bluefield Reg Med Ctr, Med Lab Tech Program	O	A	
WI	St Joseph's Hosp/Marshfield Clinic, Histotechnician Program			
	Western Tech C, La Crosse		A	

MEDICAL RECORDS TECHNOLOGY

State	School	O	A	T
CA	Los Angeles ORT Tech Inst	O		
	MTI Bus C	O		
	West Valley Occ Ctr	O		
CT	Porter & Chester Inst, Stratford	O		
	Porter & Chester Inst, Watertown	O		
FL	Atlantic Tech Ctr-Coconut Creek Campus	O		
GA	Southwest Georgia Tech C	O		
IL	Computer Sys Inst	O		
ME	Northeast Tech Inst	O		
MI	Carnegie Inst	O		
NY	Hunter Bus Sch, Levittown	O		
PA	Computer Learning Network - Resident Sch	O		
	Northern Tier Career Ctr	O		
	Pace Inst	O		
PR	Instituto Chaviano de Mayaguez	O		
	Trinity C of Puerto Rico	O		
TX	Computer Career Ctr, El Paso	O		
	Lamar Inst of Tech		A	
	North Texas Professional Career Inst	O		
WA	Renton Tech C	O		

MEDICAL STENOSCRIPTION

State	School	O	A	T
PA	Computer Learning Network - Resident Sch	O		

MEDICAL TECHNOLOGY (CLINICAL LABORATORY SCIENCES)

State	School	O	A	T
CA	American U of Health Sci	O		
	Santa Barbara Cottage Hosp, Sch of Med Tech	O		
CT	Porter & Chester Inst, Watertown	O		
FL	Tampa Gen Hosp-Sch of Med Tech	O		
IL	St Elizabeth Hosp-Belleville, Sch of Med Tech	O		
IN	Parkview Hosp Lab, Clinical Lab Sci	O		
	St Margaret Mercy Hosp & Health Ctr, Med Tech Program	O		
IA	St Luke's C, Sioux City	O		
MI	Hurley Med Ctr, Sch of Med Tech	O		
MS	Mississippi Baptist Med Ctr, Sch of Med Tech	O		
MO	Cox Med Ctr, Sch of Clinical Lab Tech	O		
	Metro Bus C, Jefferson City		A	
NJ	Jersey Shore Med Ctr, Sch of Clinical Lab Sci	O		
TX	Christus Hosp - St Elizabeth Sch of Med Tech	O		
	The Methodist Hosp, Houston, Clinical Lab Sci/Med Tech Program	O		
WI	Sacred Heart Hosp-Eau Claire, Med Tech Program	O		

MEDICAL TERMINOLOGY

State	School	O	A	T
CA	Charles A Jones Skills & Bus Ed Ctr	O		
	Colton-Redlands-Yucaipa Reg Occ Program	O		
	Compton Adult Sch	O		
	Computer Tutor Bus & Tech Inst	O		
	Ladera Career Paths Training Ctrs	O		
	Martinez Adult Ed	O		
	North Orange Co ROP	O		
	Opportunities Industrialization Ctr West	O		
	Pacific C	O		
	Premiere Career C	O		
	Sunnyvale-Cupertino Adult Ed Program	O		
	Tri-Cities ROP	O		
	West Valley Occ Ctr	O		
CO	IntelliTec Med Inst	O		
CT	Porter & Chester Inst, Stratford	O		
	Porter & Chester Inst, Watertown	O		
FL	Angley C, Deland	O		T
	C of Bus & Tech, Miami	O		
	First Coast Tech Inst	O		
	Westside Tech	O		
IL	Computer Sys Inst	O		
	Solex Acad	O		
KS	Johnson Co Comm C, Overland Park		A	
KY	KY Tech-Harrison Area Tech Ctr	O		
LA	Ascension C	O		
ME	Northeast Tech Inst	O		
NH	North Eastern Inst of Whole Health	O		
NJ	Central Career Sch	O		
NY	New York Inst of English and Bus	O		
	Wilson Tech Ctr	O		
OH	Mahoning Co Career & Tech Ctr	O		
OK	Indian Capital Tech Ctr - Tahlequah-Bill Willis Campus	O		
	Meridian Tech Ctr	O		
PA	Career Training Acad, Monroeville	O		
	Computer Learning Network - Resident Sch	O		
	Pace Inst	O		
TN	Tennessee Tech Ctr at Hohenwald	O		
TX	American Commercial C, Wichita Falls	O		

MEDICAL TRANSCRIPTION

State	School	O	A	T
AL	Wallace Comm C, Wallace Campus	O		
CA	Compton Adult Sch	O		
	Hacienda La Puente Adult Ed, La Puente	O		
	Ladera Career Paths Training Ctrs	O		
	Los Angeles ORT Tech Inst	O		
	Martinez Adult Ed	O		
	North Orange Co ROP	O		
	Premiere Career C	O		
	West Valley Occ Ctr	O		
CO	IntelliTec Med Inst	O		
CT	Porter & Chester Inst, Watertown	O		
FL	Angley C, Deland	O		T
	ATI Career Training Ctr, Fort Lauderdale	O	A	
	First Coast Tech Inst	O		
	Sarasota Co Tech Inst	O		
	Winter Park Tech	O		
GA	Altamaha Tech C, Jesup	O		
	Brown C of Court Reporting & Med Transcription	O	A	
	Southeastern Tech C, Vidalia	O		
	Southwest Georgia Tech C	O		
	Swainsboro Tech C	O		
ID	Apollo C, Boise	O		
IL	Computer Sys Inst	O		
	Lake Land C	O		
	Midwest Inst of Massage Therapy	O		
	Sparks C	O		
KS	Johnson Co Comm C, Overland Park	O		
KY	Spencerian C, Louisville	O		
ME	Northeast Tech Inst	O		
MI	Dorsey Bus Sch, Madison Heights	O		
	Dorsey Bus Sch, Southgate	O		
	Dorsey Bus Sch, Wayne	O		
MO	Rolla Tech Ctr/Inst	O		
NY	Elmira Bus Inst, Vestal		A	
	New York Inst of English and Bus	O		
	Wilson Tech Ctr	O		
OH	Cleveland Inst of Dental-Medical Asst, Cleveland	O		
	Mahoning Co Career & Tech Ctr	O		
	Rhodes State C	O		
OK	Meridian Tech Ctr	O		
OR	Abdill Career C, Inc	O		
	C of Legal Arts	O		
PA	Allied Med & Tech Inst, Scranton	O		
	Blackstone Career Inst	O		
	Computer Learning Network - Resident Sch	O		

State	Institution			
	Erie Bus Ctr, South		A	
	Laurel Bus Inst		A	
	Pace Inst	O		
SD	Southeast Tech Inst		A	
	Western Dakota Tech Inst		A	
TN	Tennessee Tech Ctr at Hohenwald	O		
TX	American Commercial C, Wichita Falls	O		
	Lamar Inst of Tech	O		
	MTI C of Bus & Tech, Houston	O		
	TechSkills	O		
UT	Ogden-Weber Applied Tech C	O		
WA	Bates Tech C	O		
	Bellingham Tech C	O		
WV	Garnet Career Ctr	O		
	Mountain State C		A	
WI	Lakeshore Tech C	O		

MEDICATION TECHNICIAN TRAINING

State	Institution		
CA	West Valley Occ Ctr	O	
CT	Porter & Chester Inst, Stratford	O	
KY	Bowling Green Tech C, Glasgow	O	
OH	Ohio Acad of Holistic Health	O	
PA	Computer Learning Network – Resident Sch	O	

MENTAL HEALTH TECHNOLOGY

State	Institution		
PA	Computer Learning Network – Resident Sch	O	
TX	PCI Health Training Ctr, Dallas	O	
	PCI Health Training Ctr, Richardson	O	

MENTAL RETARDATION STUDIES

State	Institution		
OH	Rhodes State C	O	

MERCHANDISING (BUYING, SELLING, & DEMONSTRATING)

State	Institution		
CA	Colton-Redlands-Yucaipa Reg Occ Program	O	
	North Orange Co ROP	O	
MN	Ridgewater C, Willmar & Hutchinson	O	A

MICROBIOLOGY

State	Institution	
KS	Johnson Co Comm C, Overland Park	T

MICROCOMPUTER ACCOUNTING/ BOOKKEEPING

State	Institution		
CA	Central Coast C	O	
	Colton-Redlands-Yucaipa Reg Occ Program	O	
	Computer Tutor Bus & Tech Inst	O	
	Los Angeles ORT Tech Inst-Sherman Oaks Branch	O	
	MTI Bus C	O	
	Santa Barbara Bus C	O	A
	West Valley Occ Ctr	O	
FL	C of Bus & Tech, Miami	O	A
IL	Computer Sys Inst	O	
KS	Kansas City Kansas Area Tech Sch	O	
KY	KY Tech-Harrison Area Tech Ctr	O	
MN	St Cloud Bus C	O	
PA	Newport Bus Inst, Lower Burrell		A
	Pace Inst	O	

MICROCOMPUTER BUSINESS APPLICATIONS

State	Institution		
CA	LaPuente Valley ROP	O	
	Los Angeles ORT Tech Inst-Sherman Oaks Branch	O	
	MTI Bus C	O	
	West Valley Occ Ctr	O	
FL	C of Bus & Tech, Miami	O	A
IL	Computer Sys Inst	O	
KY	KY Tech-Harrison Area Tech Ctr	O	
MO	Bryan C, Springfield	O	
OH	Marion Tech C	O	
OK	Francis Tuttle Tech Ctr	O	
PA	Newport Bus Inst, Lower Burrell		A
	Pace Inst	O	

MICROCOMPUTER ELECTRONIC TECHNOLOGY

State	Institution		
CA	Rowland Adult & Comm Ed	O	
FL	C of Bus & Tech, Miami	O	A
OH	Cleveland Inst of Electronics	O	
PA	Pace Inst	O	

MICROCOMPUTER LITERACY

State	Institution		
CA	MTI C, Sacramento	O	
	West Valley Occ Ctr	O	
FL	C of Bus & Tech, Miami	O	A
KS	Kansas City Kansas Area Tech Sch	O	
KY	KY Tech-Harrison Area Tech Ctr	O	
MO	Bryan C, Springfield	O	
PA	Pace Inst	O	

MICROCOMPUTER MANAGEMENT

State	Institution		
PA	Cambria-Rowe Bus C, Johnstown		A
	Pace Inst	O	

MICROCOMPUTER OPERATION

State	Institution		
CA	Computer Tutor Bus & Tech Inst	O	
	West Valley Occ Ctr	O	
FL	C of Bus & Tech, Miami	O	A
KS	Johnson Co Comm C, Overland Park	O	
MO	Bryan C, Springfield	O	
	Rolla Tech Ctr/Inst	O	
OH	Cleveland Inst of Electronics	O	

MICROCOMPUTER PROGRAMMING

State	Institution		
CA	Colton-Redlands-Yucaipa Reg Occ Program	O	
	LaPuente Valley ROP	O	
	West Valley Occ Ctr	O	
IL	Computer Sys Inst	O	
KS	Johnson Co Comm C, Overland Park	O	
MO	Bryan C, Springfield	O	
OH	Cleveland Inst of Electronics	O	
PA	Pace Inst	O	
SD	Southeast Tech Inst		A
WI	Western Tech C, La Crosse	O	A

MICROCOMPUTER REPAIR

State	Institution		
CA	West Valley Occ Ctr	O	
CT	Porter & Chester Inst, Stratford	O	
FL	ATI Career Training Ctr, Fort Lauderdale	O	A
IL	The C of Office Tech	O	
	Computer Sys Inst	O	
KS	Johnson Co Comm C, Overland Park	O	
MO	Bryan C, Springfield	O	
OH	Cleveland Inst of Electronics	O	
OK	Great Plains Tech Ctr, Lawton	O	
	Mid-America Tech Ctr	O	
PA	Pace Inst	O	

MICROCOMPUTER SOFTWARE APPLICATIONS

State	Institution		
CA	Colton-Redlands-Yucaipa Reg Occ Program	O	
	Computer Tutor Bus & Tech Inst	O	
	West Valley Occ Ctr	O	
FL	C of Bus & Tech, Miami	O	A
	Winter Park Tech	O	
IL	Computer Sys Inst	O	
KS	Johnson Co Comm C, Overland Park	O	
MO	Bryan C, Springfield	O	
OH	Rhodes State C	O	
OK	Mid-Del Tech Ctr	O	

MICROCOMPUTER SPECIALIST TRAINING

State	Institution		
CA	Computer Tutor Bus & Tech Inst	O	
GA	Altamaha Tech C, Jesup	O	A
	Central Georgia Tech C	O	A
	Middle Georgia Tech C	O	A
	North Georgia Tech C, Clarkesville	O	A
	Southeastern Tech C, Vidalia	O	A
	Southwest Georgia Tech C	O	A
	Swainsboro Tech C	O	A
MO	Bryan C, Springfield	O	
	Rolla Tech Ctr/Inst	O	
PA	Pace Inst	O	
TX	Intl Bus C, Lubbock	O	
WI	Lakeshore Tech C		A

MICROCOMPUTER SYSTEMS TECHNOLOGY

State	Institution		
CA	Computer Tutor Bus & Tech Inst	O	
	West Valley Occ Ctr	O	
IL	The C of Office Tech	O	
	Computer Sys Inst	O	
KS	Johnson Co Comm C, Overland Park	O	
MN	St Cloud Tech C	O	A
MO	Bryan C, Springfield	O	
	Rolla Tech Ctr/Inst	O	A
NY	Bryant & Stratton C, Syracuse		A
PA	Pace Inst	O	
TX	MTI C of Bus & Tech, Houston		A

MICROELECTRONICS TECHNOLOGY

State	Institution	
PA	Pace Inst	O

MICROPROCESSOR TECHNOLOGY

State	Institution		
FL	ATI Career Training Ctr, Fort Lauderdale	O	A
OH	Cleveland Inst of Electronics	O	
	Rhodes State C	O	
PA	Pace Inst	O	

MICROSOFT SYSTEM ENGINEER

State	Institution	
CA	Martinez Adult Ed	O
GA	Columbus Tech C	O

State	Institution	
IL	Computer Sys Inst	O
KS	Johnson Co Comm C, Overland Park	O
ME	Northeast Tech Inst	O
MI	Dorsey Bus Sch, Madison Heights	O
OH	Rhodes State C	O
PA	Pittsburgh Tech Inst	O

MICROWAVE TECHNICIAN TRAINING

State	Institution	
CA	Sunnyvale-Cupertino Adult Ed Program	O
WA	Renton Tech C	O

MIDWIFERY (CERTIFIED PROFESSIONAL)

State	Institution	
ME	Birthwise Midwifery Sch	O
VT	National Midwifery Inst	O

MILLINERY

State	Institution	
MA	The Sch of Fashion Design	O

MOBILE COMMUNICATIONS

State	Institution	
NJ	Metro Auto Electronics Training Inst	O

MORTUARY SCIENCE (FUNERAL SERVICE EDUCATION)

State	Institution		
AL	Bishop State Comm C, Southwest Campus		A
PR	Antilles Sch of Tech Careers, Santurce	O	
TX	Dallas Inst of Funeral Svc	O	A

MOTION PICTURES

State	Institution	
MI	Interlochen Arts Acad	O

MOTORBOAT MECHANICS

State	Institution	
FL	WyoTech, Daytona	O

MOTORCYCLE MECHANICS

State	Institution			
CA	WyoTech, Fremont	O		
CO	Pickens Tech C	O		T
FL	WyoTech, Daytona	O		
MN	Hennepin Tech C, Brooklyn Park Campus	O		
OH	Ohio Tech C	O		
OK	Tulsa Tech Ctr	O		
RI	MotoRing Tech Training Inst	O		
WA	Bates Tech C	O	A	

MULTIMEDIA DESIGN TECHNOLOGY

State	Institution			
FL	Atlantic Tech Ctr-Coconut Creek Campus	O		
MO	American C of Tech		A	T
NJ	Ducret Sch of Arts	O		
PA	Allied Med & Tech Inst, Scranton	O		
	Erie Inst of Tech		A	
UT	Ogden-Weber Applied Tech C	O		

MULTIMEDIA PROGRAMMING

State	Institution			
CA	C of Information Tech	O		
	North Orange Co ROP	O		
KS	Kansas City Kansas Area Tech Sch	O		
MO	American C of Tech		A	T
NY	The C of Westchester	O	A	
PA	ITT Tech Inst, Pittsburgh	O	A	
	Pittsburgh Tech Inst		A	

MUSIC

State	Institution		
AZ	Conservatory of Recording Arts & Sci	O	
CT	The Hartford Conservatory	O	
KS	Johnson Co Comm C, Overland Park		T
MI	Interlochen Arts Acad	O	

MUSICAL INSTRUMENT TECHNOLOGY

State	Institution	
AZ	Roberto-Venn Sch of Luthiery	O

MUSIC ENTERTAINMENT MANAGEMENT

State	Institution	
MD	Omega Studio's Sch of Applied Recordings Arts & Sci	O

MUSIC PRODUCTION & RECORD TECHNOLOGIES

State	Institution		
AZ	Conservatory of Recording Arts & Sci	O	
CT	The Hartford Conservatory	O	
MD	Omega Studio's Sch of Applied Recordings Arts & Sci	O	
WI	Madison Media Inst	O	A

MUSIC & VIDEO BUSINESS

State	Institution	
MD	Omega Studio's Sch of Applied Recordings Arts & Sci	O

MYOFASCIAL RELEASE THERAPY

MA	Kripalu Ctr	O
PA	Massage Therapy Inst of Western Pennsylvania	O

NAIL ART TECHNOLOGY

AL	Scientific Beauty Acad	O
AZ	Acad of Nail Tech, Phoenix	O
CA	Advance Beauty C	O
	Bridges Acad of Beauty	O
	San Francisco Inst of Esthetics & Cosmetology, Inc	O
	West Valley Occ Ctr	O
CO	Cuttin Up Beauty Acad	O
CT	Intl Inst of Cosmetology	O
	New England Sch of Hairdressing, Inc.	O
FL	Acad of Professional Careers, Winter Park	O
	Angels Nail & Skincare Acad, Inc	O
	Intl Sch of Health & Beauty	O
	Maya's Sch of Beaute, Inc	O
	Sarasota Co Tech Inst	O
ID	Headmasters Sch of Hair Design, Boise	O
IL	EDUCATORS of Beauty, La Salle	O
	EDUCATORS of Beauty, Rockford	O
	Image Designer Sch of Nail Tech	O
	Pivot Point Intl Acad-Bloomingdale	O
MI	Mr David's Sch of Cosmetology	O
	Wright Beauty Acad, Battle Creek	O
MN	Central Beauty Sch	O
	The Salon Professional Acad-New Hope (4411 Winnetka Ave N)	O
NE	Xenon Intl Academy	O
NJ	Reignbow Beauty Acad, North Plainfield	O
NY	New York Inst of Beauty	O
	Phillips Hairstyling Inst	O
OK	Central State Acad	O
OR	Portland Beauty Sch	O
PA	Kittanning Beauty Sch	O
	Levittown Beauty Acad, LLC	O
TX	Clark Inst of Cosmetology	O
UT	Evan's Hairstyling C, Cedar City	O
	Image Works Acad of Hair Design	O
WA	Aesthetics NW Inst	O
	Clare's Beauty C	O
	Evergreen Beauty & Barber C	O
	The Hair Sch	O
	Vancouver Sch of Beauty	O

NAIL CARE

AL	Scientific Beauty Acad	O
AZ	Acad of Nail Tech, Phoenix	O
	Earl's Acad of Beauty	O
CA	Advance Beauty C	O
	Bridges Acad of Beauty	O
	LaPuente Valley ROP	O
	Monterey Acad of Hair Design	O
	San Francisco Inst of Esthetics & Cosmetology, Inc	O
	San Luis Obispo Beauty C	O
	West Valley Occ Ctr	O
CT	Intl Inst of Cosmetology	O
	New England Sch of Hairdressing, Inc.	O
DE	Schilling-Douglass Sch of Hair Design	O
FL	Acad of Professional Careers, Winter Park	O
	Angels Nail & Skincare Acad, Inc	O
	Atlantic Tech Ctr-Coconut Creek Campus	O
	Aveda Inst, St Petersburg	O
	First Coast Tech Inst	O
	Intl Sch of Health & Beauty	O
	La Belle Beauty Sch	O
	Maya's Sch of Beaute, Inc	O
	Withlacoochee Tech Inst	O
GA	Acad of Hair Arts & Design	O
	Cobb Beauty C, Inc	O
ID	Headmasters Sch of Hair Design, Boise	O
	Razzle Dazzle C of Hair Design	O
IL	EDUCATORS of Beauty, Rockford	O
	Image Designer Sch of Nail Tech	O
	Pivot Point Intl Acad-Bloomingdale	O
IA	Capri C, Dubuque	O
	La'James C of Hairstyling, Mason City	O
KS	Xenon Intl Acad	O
LA	Aveda Inst New Orleans	O
MA	Cape Cod Reg Tech HS	O
MI	Mr David's Sch of Cosmetology	O
	Wright Beauty Acad, Battle Creek	O
MN	Central Beauty Sch	O
	The Salon Professional Acad-New Hope (4411 Winnetka Ave N)	O
MO	Abbott Acad of Cosmetology Arts & Sci	O
MT	Acad of Nail, Skin & Hair, Inc	O

NH	New England Sch of Hair Design	O
NY	John Paul's Hair, Nails, & Skin Care Inst, Ballston Spa	O
	New York Inst of Beauty	O
	The Orlo Sch of Hair Design	O
	Shear Ego Intl Sch of Hair Design	O
	Wilson Tech Ctr	O
OK	Ardmore Intl C of Beauty	O
	Central State Acad	O
	Woodward Beauty C	O
OR	Portland Beauty Sch	O
PR	Quality Tech & Beauty C	O
RI	Paul Mitchell, The Sch, Cranston	O
SC	Acad of Hair Tech	O
TX	Behold! Beauty Acad	O
	Clark Inst of Cosmetology	O
	SW Sch of Bus & Tech Careers, Eagle Pass	O
UT	Evan's Hairstyling C, Cedar City	O
	Image Works Acad of Hair Design	O
WA	Aesthetics NW Inst	O
	Clare's Beauty C	O
	Evergreen Beauty & Barber C	O
	The Hair Sch	O
	Vancouver Sch of Beauty	O
WY	Acad of Hair Design, Casper	O

NAIL INSTRUCTOR TRAINING

AL	Scientific Beauty Acad	O
AZ	Acad of Nail Tech, Phoenix	O
CA	Advance Beauty C	O
	Bridges Acad of Beauty	O
CT	Intl Inst of Cosmetology	O
FL	Acad of Professional Careers, Winter Park	O
	Maya's Sch of Beaute, Inc	O
	Palm Beach Nail Sch	O
GA	Cobb Beauty C, Inc	O
	Rivertown Sch of Beauty, Barber, Skin Care, Nails	O
ID	Cosmetology Sch of Arts & Sci	O
	D & L Acad of Hair Design	O
	Headmasters Sch of Hair Design, Boise	O
IL	EDUCATORS of Beauty, La Salle	O
	EDUCATORS of Beauty, Rockford	O
	EDUCATORS of Beauty, Sterling	O
	Image Designer Sch of Nail Tech	O
	Mr John's Sch of Cosmetology, Esthetics & Nails	O
	New Image Cosmetology Tech Ctr	O
	Pivot Point Intl Acad-Bloomingdale	O
LA	Aveda Inst New Orleans	O
MI	French Acad of Cosmetology, Inc	O
	Houghton Lake Inst of Cosmetology	O
	Mr David's Sch of Cosmetology	O
	Traverse City Beauty C	O
	Wright Beauty Acad, Battle Creek	O
MN	Central Beauty Sch	O
	The Salon Professional Acad-New Hope (4411 Winnetka Ave N)	O
MO	Abbott Acad of Cosmetology Arts & Sci	O
NY	John Paul's Hair, Nails, & Skin Care Inst, Ballston Spa	O
	New York Inst of Beauty	O
NC	Dudley Cosmetology U	O
OK	Central State Acad	O
OR	C of Hair Design Careers	O
	Phagan's Central Oregon Beauty C	O
	Portland Beauty Sch	O
PA	PSC Acad	O
RI	Paul Mitchell, The Sch, Cranston	O
TN	Buchanan Beauty C	O
TX	Behold! Beauty Acad	O
	Clark Inst of Cosmetology	O
UT	Ogden-Weber Applied Tech C	O
WA	Aesthetics NW Inst	O
	Clare's Beauty C	O
	Evergreen Beauty & Barber C	O
	The Hair Sch	O
WY	Acad of Hair Design, Casper	O

NAIL TECHNOLOGY

AL	Bishop State Comm C, Southwest Campus	O
	Scientific Beauty Acad	O
AZ	Acad of Nail Tech, Phoenix	O
AR	Career Acad of Hair Design	O
CA	Advance Beauty C	O
	Bridges Acad of Beauty	O
	Citrus Heights Beauty C	O
	Hacienda La Puente Adult Ed, La Puente	O
	Intl Acad of Cosmetology	O
	San Francisco Inst of Esthetics & Cosmetology, Inc	O

	San Luis Obispo Beauty C	O	
CO	Pickens Tech C	O	T
CT	Intl Inst of Cosmetology	O	
	New England Sch of Hairdressing, Inc.	O	
FL	Acad of Healing Arts Massage & Facial Skin Care	O	
	Acad of Professional Careers, Winter Park	O	
	Angels Nail & Skincare Acad, Inc	O	
	ASM Beauty World Acad	O	
	Dynasty Acad	O	
	Fashion Focus Hair Acad	O	
	First Coast Tech Inst	O	
	Hollywood Inst of Beauty Careers	O	
	Intl Sch of Health & Beauty	O	
	Lake Tech Ctr	O	
	Manatee Tech Inst	O	
	Maya's Sch of Beaute, Inc	O	
	North Florida Cosmetology Inst, Inc	O	
	Palm Beach Nail Sch	O	
	Sarasota Co Tech Inst	O	
	Washington-Holmes Tech Ctr	O	
GA	Altamaha Tech C, Jesup	O	
	Cobb Beauty C, Inc	O	
	Swainsboro Tech C	O	
ID	American Acad of Nail Tech & Esthetics	O	
	American Inst of Clinical Massage	O	
	Cosmetology Sch of Arts & Sci	O	
	D & L Acad of Hair Design	O	
	Headmasters Sch of Hair Design, Boise	O	
	The Headmasters Sch of Hair Design, Coeur d' Alene	O	
IL	EDUCATORS of Beauty, Sterling	O	
	Hair Professionals Career C, Palos Hills	O	
	Hair Professionals Career C, Sycamore	O	
	Image Designer Sch of Nail Tech	O	
	La'James C of Hairstyling, East Moline	O	
	Mr John's Sch of Cosmetology, Esthetics & Nails	O	
	New Image Cosmetology Tech Ctr	O	
	Pivot Point Intl Acad-Bloomingdale	O	
	Steven Papageorge Hair Academy	O	
	Vee's Sch of Beauty Culture	O	
IN	Creative Hair Styling Acad	O	
	Hair Arts Acad	O	
IA	Capri C, Cedar Rapids	O	
	Capri C, Davenport	O	
	Capri C, Dubuque	O	
	Iowa Sch of Beauty, Des Moines	O	
	Iowa Sch of Beauty, Marshalltown	O	
	La'James C of Hairstyling, Cedar Falls	O	
	La'James C of Hairstyling, Davenport	O	
	La'James Intl C, Fort Dodge	O	
	La'James Intl C, Iowa City	O	
	La'James Intl C, Johnston	O	
	The Salon Professional Academy	O	
KS	Johnson Co Comm C, Overland Park	O	
	Kansas City Kansas Area Tech Sch	O	
LA	Aveda Inst New Orleans	O	
MD	Aaron's Acad of Beauty	O	
	Fame Sch of Nail Design	O	
	The Fila Acad Inc	O	
	Maryland Beauty Acad	O	
	Maryland Beauty Acad of Essex	O	
MA	Beauty Creator's Acad	O	
MI	French Acad of Cosmetology, Inc	O	
	Houghton Lake Inst of Cosmetology	O	
	Mr David's Sch of Cosmetology	O	
	Nuvo C of Cosmetology	O	
	Traverse City Beauty C	O	
	Wright Beauty Acad, Battle Creek	O	
	Wright Beauty Acad, Portage	O	
MN	Central Beauty Sch	O	
	The Salon Professional Acad-New Hope (4411 Winnetka Ave N)	O	
MO	Abbott Acad of Cosmetology Arts & Sci	O	
	Paris II Ed Ctr	O	
NH	Keene Beauty Acad	O	
NY	American Beauty Inst, Inc, New York	O	
	Brittany Beauty Sch, Bronx	O	
	Continental Sch of Beauty Culture, Rochester	O	
	Gloria Francis Beauty Inst	O	
	New York Inst of Beauty	O	
	New York Intl Beauty Sch LTD	O	
	Northern Westchester Sch of Hairdressing & Cosmetology	O	
	The Orlo Sch of Hair Design	O	
NC	Dudley Cosmetology U	O	
ND	Josef's Sch of Hair Design, Grand Forks	O	
	R.D. Hairstyling C	O	
OH	Aveda Fredric's Inst	O	

	Intl Acad of Hair Design, Cincinnati	O	
OK	Central State Acad	O	
	Clary Sage C	O	
OR	C of Hair Design Careers	O	
	Phagan's Central Oregon Beauty C	O	
	Portland Beauty Sch	O	
PA	PSC Acad	O	
	The Vision Academy - Paul Mitchell Partner Sch	O	
PR	Instituto de Banca y Comercio, Mayaguez	O	
SD	Headlines Acad	O	
TN	Buchanan Beauty C	O	
UT	Dallas Roberts Acad of Hair & Aesthetics	O	
	Image Works Acad of Hair Design	O	
	Ogden-Weber Applied Tech C	O	
VA	BarPalma Beauty Careers Acad	O	
	Hick's Acad of Beauty Culture	O	
WA	Aesthetics NW Inst	O	
	Clare's Beauty C	O	
	Evergreen Beauty & Barber C	O	
	The Hair Sch	O	
	Vancouver Sch of Beauty	O	
WV	Clarksburg Beauty Acad & Sch of Massage Therapy	O	
	Morgantown Beauty C, Inc	O	
WI	Professional Hair Design Acad	O	
	State C of Beauty Culture, Inc	O	
WY	Acad of Hair Design, Casper	O	
	Rocky Mountain Acad of Hair Design	O	

NANNY TRAINING

WA	Evergreen Beauty & Barber C	O

NANOSCIENCE TECHNICIAN

MN	Dakota Co Tech C	A

NATURAL RESOURCES CONSERVATION

CA	Sacramento Co ROP	O

NATUROPATHIC ELECTRONIC TECHNICIAN

OH	Intl Acad of Naturopathy	O

NATUROPATHIC PHYSICIAN ASSISTANT

OH	Intl Acad of Naturopathy	O

NATUROPATHIC THERAPY

NM	The Medicine Wheel-A Sch of Holistic Therapies	O

NEUROMUSCULAR THERAPY

CO	Colorado Inst of Massage Therapy	O
	MountainHeart Sch of Bodywork	O
MA	Kripalu Ctr	O
	New England Inst of Reflexology & Universal Studies	O
NC	Southeastern Sch of Neuromuscular Massage	O
OK	Central State Acad	O
PA	Massage Therapy Inst of Western Pennsylvania	O
TX	Sterling Health Ctr	O

NONDESTRUCTIVE TESTING TECHNOLOGY

TX	The Ocean Corp	O

NOTARY PUBLIC

CA	Compton Adult Sch	O
	Martinez Adult Ed	O
	Rowland Adult & Comm Ed	O
	Sunnyvale-Cupertino Adult Ed Program	O
UT	Ogden-Weber Applied Tech C	O

NUCLEAR MEDICINE TECHNOLOGY

AR	Baptist Health-Sch of Nuclear Med Tech	O	A	
ME	Central Maine Med Ctr, Sch of Radiologic Tech			
MI	William Beaumont Hosp, Sch of Nuclear Med Tech	O		
MO	Research Med Ctr, Sch of Nuclear Med Tech	O		
NJ	Muhlenberg Reg Med Ctr, Med Imaging & Therapeutic Sci-Nuclear Medicine	O	A	T
OK	American Inst of Med Tech	O		
PA	Lancaster Gen C of Nursing & Health Sci, Sch of Nuclear Med Tech	O		
RI	Rhode Island Hosp, Sch of Diagnostic Med Sonography	O		

	Rhode Island Hosp, Sch of Nuclear Med Tech	O	
SD	Southeast Tech Inst		A

NURSE AIDE/NURSING ASSISTANT TRAINING

AL	Bishop State Comm C, Southwest Campus	O	
AZ	Pima Med Inst, Mesa	O	
	Tucson C	O	
AR	Crowley's Ridge Tech Inst	O	
	UAM College of Tech, McGehee	O	
CA	Antelope Valley Med C	O	
	Charles A Jones Skills & Bus Ed Ctr	O	
	Colton-Redlands-Yucaipa Reg Occ Program	O	
	Hacienda La Puente Adult Ed, La Puente	O	
	Imperial Valley ROP	O	
	Los Angeles Vocational Inst	O	
	Martinez Adult Ed	O	
	North Orange Co ROP	O	
	Opportunities Industrialization Ctr West	O	
	Pacific C	O	
	Sacramento Co ROP	O	
	Simi Valley Adult Sch	O	
	Sunnyvale-Cupertino Adult Ed Program	O	
	Tri-Cities ROP	O	
	West Valley Occ Ctr	O	
FL	Angley C, Deland	O	T
	Central Florida Inst, Palm Harbor (30522 US Hwy 19 N Ste 300)	O	
	Coral Ridge Training Sch	O	
	First Coast Tech Inst	O	
	Intl Sch of Health & Beauty	O	
	Lee Co High Tech Central	O	
	Orlando Tech	O	
	Suwannee-Hamilton Tech Ctr	O	
	Washington-Holmes Tech Ctr	O	
GA	Altamaha Tech C, Jesup	O	
	Medix Sch, Smyrna	O	
	Savannah River C	O	
	Southeastern Tech C, Vidalia	O	
KS	KAW Area Tech Sch	O	
	Manhattan Area Tech C	O	
	Wichita Area Tech C	O	
KY	Bowling Green Tech C, Glasgow	O	
	KY Tech-Harrison Area Tech Ctr	O	
	Ohio Co Area Tech Ctr	O	
LA	Louisiana Tech C, Northeast Louisiana Campus	O	
	Sowela Tech Comm C	O	
MA	Med Professional Inst	O	
MN	Ridgewater C, Willmar & Hutchinson	O	
MO	Bolivar Tech C	O	
	Branson Tech C	O	
	Sikeston Public Sch, Dept of Health Occ	O	
	Texas Co Tech Inst	O	
NJ	Cumberland Co Tech Ed Ctr	O	
NY	Wilson Tech Ctr	O	
NC	Carolinas C of Health Sci	O	
OH	Marion Tech C	O	
	Ohio Acad of Holistic Health	O	
OK	Great Plains Tech Ctr, Lawton	O	
	Indian Capital Tech Ctr - Tahlequah-Bill Willis Campus	O	
	Kiamichi Tech Ctr, McAlester	O	
	Meridian Tech Ctr	O	
	Mid-Del Tech Ctr	O	
	Southern Oklahoma Tech Ctr	O	
	Tulsa Tech Ctr	O	
PA	Antonelli Med & Prof Inst	O	
	Commonwealth Tech Inst at H G Andrews Ctr	O	
	Forbes Rd Career & Tech Ctr	O	
	Greater Altoona Career & Tech Ctr	O	
	Schuylkill Tech Ctrs	O	
TN	Tennessee Tech Ctr at Athens	O	
	Tennessee Tech Ctr at Morristown	O	
	Tennessee Tech Ctr at Newbern	O	
	Tennessee Tech Ctr at Shelbyville	O	
TX	Anamarc Ed Inst, El Paso	O	
	Baptist Health Sys Sch of Health Professions	O	
	Computer Career Ctr, El Paso	O	
	Intl Bus C, Lubbock	O	
	SW Sch of Bus & Tech Careers, Eagle Pass	O	
UT	Ogden-Weber Applied Tech C	O	
VA	Riverside Sch of Health Careers	O	
WA	Bellingham Tech C	O	
	Clover Park Tech C	O	
WV	Garnet Career Ctr	O	
	Marion Co Voc Tech Ctr	O	

	Monongalia Co Tech Ed Ctr	O	
WI	Blackhawk Tech C	O	
	Lakeshore Tech C	O	
	Western Tech C, La Crosse	O	

NURSE ASSISTING, GERIATRIC

CA	Compton Adult Sch	O	
	Opportunities Industrialization Ctr West	O	
	Pacific C	O	
FL	Angley C, Deland	O	T
	Lake Tech Ctr	O	
KY	Bowling Green Tech C, Glasgow	O	
NY	Allen Sch, Brooklyn Campus	O	
	Allen Sch, Jamaica Campus	O	
PA	Commonwealth Tech Inst a H G Andrews Ctr		t
TX	David L Carrasco Job Corps Ctr	O	
WV	Marion Co Voc Tech Ctr	O	

NURSE ASSISTING, REHABILITATION

CA	Opportunities Industrialization Ctr West	O	
	Pacific C	O	
FL	Angley C, Deland	O	T
NY	Allen Sch, Brooklyn Campus	O	
	Allen Sch, Jamaica Campus	O	
PA	Commonwealth Tech Inst at H G Andrews Ctr	O	

NURSE PRACTITIONER, NEONATAL

CA	West Valley Occ Ctr	O

NURSERY OPERATIONS

FL	First Coast Tech Inst	O
	Okaloosa Applied Tech Ctr	O

NURSE TECHNOLOGY

CT	Porter & Chester Inst, Watertown	O	
GA	Columbus Tech C	O	A
PR	Instituto de Banca y Comercio, San Juan	O	A

NURSING, PRACTICAL OR VOCATIONAL

AL	Bishop State Comm C, Southwest Campus	O	
	Wallace Comm C, Wallace Campus	O	
AR	Baptist Health Sch Little Rock	O	
	Crowley's Ridge Tech Inst	O	
	Northwest Tech Inst, Springdale	O	
	UAM College of Tech, McGehee	O	
CA	Antelope Valley Med C	O	
	Concorde Career C, San Bernardino	O	
	Concorde Career C, San Diego	O	
	Hacienda La Puente Adult Ed, La Puente	O	
	North Orange Co ROP	O	
	Pacific C	O	
	Premiere Career C	O	
	Simi Valley Adult Sch	O	
	West Valley Occ Ctr	O	
CO	Concorde Career C, Aurora	O	
	Pickens Tech C	O	
CT	Porter & Chester Inst, Watertown	O	
	Windham Tech High Sch	O	
FL	Atlantic Tech Ctr-Coconut Creek Campus	O	
	Bradford-Union Area Career Tech Ctr	O	
	Erwin Tech Ctr	O	
	First Coast Tech Inst	O	
	Galen Health Inst Inc., Tampa Campus	O	A
	Lake Tech Ctr	O	
	Lee Co High Tech Central	O	
	Manatee Tech Inst	O	
	McFatter Tech Ctr	O	
	Mercy Hospital-Miami, Sch of Practical Nursing	O	
	Miami Lakes Ed Ctr	O	
	Okaloosa Applied Tech Ctr	O	
	Orlando Tech	O	
	Pinellas Tech Ed Ctr, Clearwater	O	
	Sarasota Co Tech Inst	O	
	Suwannee-Hamilton Tech Ctr	O	
	Washington-Holmes Tech Ctr	O	
	Withlacoochee Tech Inst	O	
GA	Altamaha Tech C, Jesup	O	
	Central Georgia Tech C	O	
	Chattahoochee Tech C	O	
	Columbus Tech C	O	
	East Central Tech C	O	
	Middle Georgia Tech C	O	
	North Georgia Tech C, Clarkesville	O	
	Okefenokee Tech C	O	
	Southeastern Tech C, Vidalia	O	
	Southwest Georgia Tech C	O	

State	School	O	A	Other
	Swainsboro Tech C	O		
ID	Eastern Idaho Tech C	O		
IL	Solex Acad	O		
KS	Hutchinson Comm C, Practical Nursing Program	O		
	Johnson Co Comm C, Overland Park	O		
	Kansas City Kansas Area Tech Sch	O		
	KAW Area Tech Sch	O		
	Manhattan Area Tech C	O		
	North Central Kansas Tech C	O	A	
	Wichita Area Tech C	O		
KY	Bowling Green Tech C, Glasgow	O	A	
	Galen C of Nursing	O		
	Spencerian C, Louisville	O		
LA	Ascension C	O		
	Louisiana Tech C, Baton Rouge Campus	O		
	Louisiana Tech C, Northeast Louisiana Campus	O		
	Louisiana Technical C, Baton Rouge	O		
	Sowela Tech Comm C	O		
MA	Blue Hills Reg Tech Sch	O		
	Med Professional Inst	O		
	Quincy C	O		T
	Southeastern Tech Inst	O		
MN	Alexandria Tech C, Alexandria	O		
	Dakota Co Tech C	O		
	Hennepin Tech C, Brooklyn Park Campus	O	A	
	Ridgewater C, Willmar & Hutchinson	O		
	South Central C, Faribault	O	A	
	St Cloud Tech C	O	A	
MO	Bolivar Tech C	O		
	Branson Tech C	O		
	Nichols Career Ctr	O		
	Sikeston Public Sch, Dept of Health Occ	O		
	Texas Co Tech Inst	O		
NJ	Atlantic Co Inst of Tech	O		
	Cumberland Co Tech Ed Ctr	O		
	Holy Name Hosp-Sch of Nursing	O		
	Tech Inst of Camden Co	O		
NY	Marion S Whelan Sch of Practical Nursing, Geneva Gen Hosp			I
	Wilson Tech Ctr	O		
NC	Carolinas C of Health Sci		A	
OH	ATS Inst of Tech	O	A	
	Brown Mackie C, Cincinnati	O		
	Central Sch of Practical Nursing, Cleveland	O		
	Choffin Sch of Accredited Dental Assisting	O		
	Hannah E Mullins Sch of Practical Nursing	O		
	Marymount Sch of Practical Nursing	O		
	Ohio Acad of Holistic Health	O		
	Rhodes State C	O		
OK	Canadian Valley Tech Ctr, Chickasha	O		
	Chisholm Trail Tech Ctr	O		
	Francis Tuttle Tech Ctr	O		
	Great Plains Tech Ctr, Frederick	O		
	Great Plains Tech Ctr, Lawton	O		
	Indian Capital Tech Ctr - Tahlequah-Bill Willis Campus	O		
	Kiamichi Tech Ctr, Atoka	O		
	Kiamichi Tech Ctr, McAlester	O		
	Meridian Tech Ctr	O		
	Mid-Del Tech Ctr	O		
	Moore-Norman Tech Ctr	O		
	Platt C, Oklahoma City	O	A	
	Southern Oklahoma Tech Ctr	O		
	Tri County Tech Ctr	O		
	Tulsa Tech Ctr	O		
OR	Valley Med C, Inc.	O		
PA	Ctr for Arts & Tech, Brandywine Campus	O		
	Central Susquehanna LPN Career Ctr	O		
	Clarion Co Career Ctr, Sch of Practical Nursing	O		
	Clearfield Co Career & Tech Ctr, Sch of Practical Nursing	O		
	Eastern Ctr for Arts & Tech, Practical Nursing	O		
	Episcopal Sch of Nursing	O		
	Franklin Co Career & Tech Ctr, Practical Nursing Program	O		
	Greater Altoona Career & Tech Ctr	O		
	Hazleton Area Career Ctr	O		T
	Lancaster Co Career Tech Ctr, Practical Nursing	O		
	Lawrence Co Career &Tech Ctr - Practical Nursing Prgm	O		
	Lenape Area Voc, Tech Sch of Practical Nursing	O		
	Miffin-Juniata Career & Tech Ctr, Practical Nursing	O		
	Northern Tier Career Ctr	O		
	Schuylkill Tech Ctrs	O		
	St Margaret, Sch of Nursing	O		
	Western Area Career & Tech Ctr, Sch of Practical Nursing	O		
PR	Antilles Sch of Tech Careers, San Juan	O		
	Antilles Sch of Tech Careers, Santurce	O		
	Centro de Capacitaction y Asesocamiento, Caguas	O		
	Instituto de Banca y Comercio, Mayaguez	O		
	Ponce Paramedical C, Coto Laurel		A	
	Ryder Mem Hosp, Inc - Sch of Practical Nursing	O		
	Trinity C of Puerto Rico	O		
SD	Lake Area Tech Inst	O	A	
	Southeast Tech Inst	O		
	Western Dakota Tech Inst	O		
TN	Tennessee Tech Ctr at Athens	O		
	Tennessee Tech Ctr at Covington	O		
	Tennessee Tech Ctr at Crossville	O		
	Tennessee Tech Ctr at Dickson	O		
	Tennessee Tech Ctr at Harriman	O		
	Tennessee Tech Ctr at Hartsville	O		
	Tennessee Tech Ctr at Hohenwald	O		
	Tennessee Tech Ctr at Livingston	O		
	Tennessee Tech Ctr at McMinnville	O		
	Tennessee Tech Ctr at Morristown	O		
	Tennessee Tech Ctr at Murfreesboro	O		
	Tennessee Tech Ctr at Newbern	O		
	Tennessee Tech Ctr, Oneida/Huntsville	O		
	Tennessee Tech Ctr at Paris	O		
	Tennessee Tech Ctr at Shelbyville	O		
TX	Anamarc Ed Inst, El Paso	O		
	Baptist Health Sys Sch of Health Professions	O		
	Computer Career Ctr, El Paso	O		
	Concorde Career Inst, Arlington	O		
	North Texas Professional Career Inst	O		
UT	Ogden-Weber Applied Tech C	O		
VA	Central Sch of Practical Nursing, Norfolk	O		
	Henrico Co Sch-St Mary's Hosp, Sch of Practical Nursing	O		
	Riverside Sch of Health Careers	O		
	Suffolk Public Sch, Obici Hosp, Sch of Practical Nursing	O		
	Virginia Beach Tech & Career Ed Ctr, Practical Nursing	O		
WA	Bates Tech C	O	A	
	Bellingham Tech C	O		
	Clover Park Tech C	O		
	Renton Tech C	O	A	
WV	Garnet Career Ctr	O		
	Monongalia Co Tech Ed Ctr	O		
	Putnam Career & Tech Ctr	O		
WI	Lakeshore Tech C	O		
	Western Tech C, La Crosse	O		

NURSING, REGISTERED

State	School	O	A	Other
AL	Bishop State Comm C, Southwest Campus		A	
AZ	Pima Med Inst, Mesa		A	
AR	Baptist Health Sch Little Rock	O		
	Jefferson Regional Med Ctr Sch of Nursing	O		
CA	West Valley Occ Ctr	O		
CO	Concorde Career C, Aurora		A	
CT	Bridgeport Hosp, Sch of Nursing	O	A	
	Porter & Chester Inst, Watertown	O		
DE	Beebe Med Ctr, Sch of Nursing	O		
GA	Southwest Georgia Tech C		A	
ID	Eastern Idaho Tech C		A	
IL	Graham Hosp, Sch of Nursing		A	
	Trinity C of Nursing & Health Sci		A	
IN	Indiana Bus C, Indianapolis Medical		A	
IA	St Luke's C, Sioux City		A	
KS	Johnson Co Comm C, Overland Park		A	T
	Manhattan Area Tech C		A	
KY	Bowling Green Tech C, Glasgow		A	
	Spencerian C, Louisville		A	
LA	Baton Rouge Gen Sch of Nursing	O		
ME	Central Maine Med Ctr C of Nursing & Health Professions		A	
MA	Brockton Hosp, Sch of Nursing	O	A	
	Quincy C		A	T
MN	Ridgewater C, Willmar & Hutchinson		A	T
MO	Bolivar Tech C		A	
	Branson Tech C		A	
	Lutheran Med Ctr, Sch of Nursing	O		
	Texas Co Tech Inst		A	
NJ	Helene Fuld Sch of Nursing in Camden County	O	A	T
	Holy Name Hosp-Sch of Nursing	O	A	
NM	Pima Med Inst, Albuquerque		A	
NY	Arnot-Ogden Med Ctr, Sch of Nursing	O		
NC	Carolinas C of Health Sci		A	
	Mercy Sch of Nursing	O		
	Watts Sch of Nursing	O		
OH	Akron Inst	O		
	Firelands Reg Med Ctr, Sch of Nursing	O		
	Good Samaritan C of Nursing & Health Sci	O	A	
	Marion Tech C	O	A	T
	Ohio Acad of Holistic Health		A	
	Rhodes State C		A	
OK	Platt C, Oklahoma City	O	A	
PA	Brandywine Sch of Nursing (Brandywine Hospital)	O		
	Citizens Sch of Nursing	O		
	Conemaugh Valley Mem Hosp, Sch of Nursing	O		
	Episcopal Sch of Nursing	O		
	Frankford Hosp, Sch of Nursing	O	A	
	Jameson Mem Hosp, Sch of Nursing	O		
	Northeastern Hosp, Sch of Nursing	O		
	Ohio Valley Gen Hosp, Sch of Nursing	O		
	Pottsville Hosp & Warne Clinic, Sch of Nursing	O		
	Sewickley Valley Hosp, Sch of Nursing	O		
	St Luke's Sch of Nursing, Diploma Program	O		
	St Margaret, Sch of Nursing	O		
	UPMC Shadyside Sch of Nursing	O		
	Washington Hosp, Sch of Nursing	O		
	West Penn Hosp, Sch of Nursing	O		
PR	Ponce Paramedical C, Ponce		A	
TX	Anamarc Ed Inst, El Paso	O		
	Baptist Health Sys Sch of Health Professions	O		
	Covenant Sch of Nursing	O		
UT	AmeriTech C, Draper		A	
VA	Danville Reg Med Ctr, Sch of Nursing	O		
	Riverside Sch of Health Careers	O		
	Southside Reg Med Ctr, Sch of Nursing	O		
WA	Bellingham Tech C		A	
WI	Blackhawk Tech C		A	
	Lakeshore Tech C		A	
	Western Tech C, La Crosse		A	T

NURSING, SURGICAL

State	School	O
MA	Quincy C	O
TN	Tennessee Tech Ctr at McMinnville	O
TX	Baptist Health Sys Sch of Health Professions	O

NURSING, WHOLISTIC (HOLISTIC)

State	School	O	A
CA	Mueller C of Holistic Studies	O	
	The World Sch of Massage & Holistic Healing Arts	O	
OH	Ohio Acad of Holistic Health	O	A

NUTRITION

State	School	O	A
AZ	Southwest Inst of Healing Arts		A
CA	North Orange Co ROP	O	
	The World Sch of Massage & Holistic Healing Arts	O	
OR	Australasian C of Health Sci	O	

OCCUPATIONAL EXPLORATION

State	School	O
KS	KAW Area Tech Sch	O
TX	David L Carrasco Job Corps Ctr	O

OCCUPATIONAL HEALTH & SAFETY

State	School	O	A
TX	Lamar Inst of Tech	O	A

OCCUPATIONAL SKILLS

State	School	O
CA	West Valley Occ Ctr	O
GA	Interactive C of Tech, Chamblee	O
MN	Ridgewater C, Willmar & Hutchinson	O
OK	Northwest Tech Ctr, Alva	O

OCCUPATIONAL THERAPY ASSISTANT

State	School	A
AR	Baptist Health Sch Little Rock	A
GA	Central Georgia Tech C	A
ID	Apollo C, Boise	A
OH	Rhodes State C	A
SC	Greenville Tech C	A
SD	Lake Area Tech Inst	A
WI	Western Tech C, La Crosse	A

OCCUPATIONAL TRAINING

CA	Friedman C - California Inst of Locksmithing	O		
	Friedman C - Nick Harris Detective Acad	O		
	West Valley Occ Ctr	O		
OK	Canadian Valley Tech Ctr, Chickasha	O		
	Mid-Del Tech Ctr	O		

OFFICE ADMINISTRATION, COMPUTERIZED

AL	Bishop State Comm C, Southwest Campus		A	
CA	Central Coast C	O		
	Hacienda La Puente Adult Ed, La Puente	O		
	Los Angeles ORT Tech Inst	O		
	Martinez Adult Ed	O		
	North Orange Co ROP	O		
	Tri-Cities ROP	O		
	West Valley Occ Ctr	O		
FL	Lincoln C of Tech	O	A	
GA	Southwest Georgia Tech C		A	
IL	Computer Sys Inst	O		
	Solex Acad	O		
MN	Minneapolis Bus C		A	
MO	American C of Tech	O	A	T
	Bryan C, Springfield	O		
	Rolla Tech Ctr/Inst	O		
NJ	Central Career Sch	O		
NY	The C of Westchester	O	A	
	Elmira Bus Inst	O		
	New York Inst of English and Bus	O		
OH	Tech Ed C	O		
OK	Indian Capital Tech Ctr - Tahlequah-Bill Willis Campus	O		
	Oklahoma Technology Inst	O		
WV	Valley C, Beckley Campus	O		
	Valley C, Princeton	O		

OFFICE ASSISTANT TRAINING

CA	Central Coast C	O		
	Charles A Jones Skills & Bus Ed Ctr	O		
	Martinez Adult Ed	O		
	MTI Bus C	O		
	North Orange Co ROP	O		
	Opportunities Industrialization Ctr West	O		
	West Valley Occ Ctr	O		
FL	Bradford-Union Area Career Tech Ctr	O		
	Okaloosa Applied Tech Ctr	O		
	Sarasota Co Tech Inst	O		
	Washington-Holmes Tech Ctr	O		
GA	Southwest Georgia Tech C	O	A	
IL	Computer Sys Inst	O		
	Lake Land C			
IN	Indiana Bus C, Anderson	O		
	Indiana Bus C, Columbus	O		
	Indiana Bus C, Downtown Indianapolis	O		
	Indiana Bus C, Elkhart	O		
	Indiana Bus C, Evansville	O		
	Indiana Bus C, Fort Wayne	O		
	Indiana Bus C, Lafayette	O		
	Indiana Bus C, Marion	O		
	Indiana Bus C, Muncie	O		
	Indiana Bus C, Northwest	O		
	Indiana Bus C, Terre Haute	O		
	Indian Bus C, Northwest	O		
KS	Johnson Co Comm C, Overland Park	O	A	
	KAW Area Tech Sch	O		
	Manhattan Area Tech C	O	A	
KY	KY Tech-Harrison Area Tech Ctr	O		
LA	Ascension C	O		
MI	Dorsey Bus Sch, Southgate	O		
MO	American C of Tech	O		
	Bryan C, Springfield	O		
NY	Elmira Bus Inst, Vestal	O		
	New York Inst of English and Bus	O		
	Ridley-Lowell Bus & Tech Inst, Binghamton	O		
	Wilson Tech Ctr	O		
OK	Southern Oklahoma Tech Ctr	O		
OR	Abdill Career C, Inc	O		
PA	Pace Inst	O		
	South Hills Sch of Bus & Tech, StateCollege	O		
RI	MotoRing Tech Training Inst	O		
TX	American Commercial C, Odessa	O		
	Bilingual Ed Inst	O		
WA	Bellingham Tech C	O		
	Renton Tech C	O		
WI	Lakeshore Tech C	O		

OFFICE ASSISTANT TRAINING, CHIROPRACTIC

CA	Opportunities Industrialization Ctr West	O	
PA	Pace Inst	O	

OFFICE ASSISTANT TRAINING, DENTAL

CA	North Orange Co ROP	O	
	Opportunities Industrialization Ctr West	O	
	Sunnyvale-Cupertino Adult Ed Program	O	
NJ	Central Career Sch	O	
PA	Blackstone Career Inst	O	
	Commonwealth Tech Inst at H G Andrews Ctr	O	
	Pace Inst	O	

OFFICE ASSISTANT TRAINING, EXECUTIVE

CA	Martinez Adult Ed	O	
	MTI Bus C	O	
	North Orange Co ROP	O	
	Opportunities Industrialization Ctr West	O	
MI	Dorsey Bus Sch, Madison Heights	O	
	Dorsey Bus Sch, Southgate	O	
MO	Bryan C, Springfield	O	
NY	Elmira Bus Inst, Vestal		A
	Hunter Bus Sch, Levittown	O	
PA	Forbes Rd Career & Tech Ctr	O	
	Pace Inst	O	
TX	American Commercial C, Odessa	O	

OFFICE ASSISTANT TRAINING, INSURANCE

PA	Pace Inst	O	
TN	Tennessee Tech Ctr at McMinnville	O	

OFFICE ASSISTANT TRAINING, LEGAL

CA	Charles A Jones Skills & Bus Ed Ctr	O	
	Kensington C	O	
	MTI Bus C	O	
	Sage C, Moreno Valley	O	A
	Sage C, San Diego	O	
	West Valley Occ Ctr	O	
FL	Winter Park Tech	O	
KS	Johnson Co Comm C, Overland Park	O	
	KAW Area Tech Sch	O	
MI	Dorsey Bus Sch, Madison Heights	O	
NY	Elmira Bus Inst, Vestal		A
	Ridley-Lowell Bus & Tech Inst, Binghamton	O	
	Ridley-Lowell Bus & Tech Inst, Poughkeepsie	O	
OK	Southern Oklahoma Tech Ctr	O	
PA	Pace Inst	O	
PR	Centro de Capacitaction y Asesocamiento, Caguas	O	
WA	Bates Tech C	O	A
	Renton Tech C	O	
WV	Valley C, Beckley Campus	O	
	Valley C, Princeton	O	
	West Virginia Bus C, Inc.	O	A

OFFICE ASSISTANT TRAINING, MEDICAL

AR	Northwest Tech Inst, Springdale	O	
CA	Central Coast C	O	
	Charles A Jones Skills & Bus Ed Ctr	O	
	LaPuente Valley ROP	O	
	Los Angeles ORT Tech Inst	O	
	Martinez Adult Ed	O	
	MTI Bus C	O	
	North Orange Co ROP	O	
	Opportunities Industrialization Ctr West	O	
	Tri-Cities ROP	O	
	West Valley Occ Ctr	O	
FL	Winter Park Tech	O	
GA	Medix Sch, Smyrna	O	
IL	The C of Office Tech	O	
	Computer Sys Inst	O	
IN	Indiana Bus C, Anderson	O	
	Indiana Bus C, Downtown Indianapolis	O	
	Indiana Bus C, Evansville	O	
	Indiana Bus C, Fort Wayne	O	
	Indiana Bus C, Indianapolis Medical	O	
	Indiana Bus C, Lafayette	O	
	Indiana Bus C, Marion	O	
	Indiana Bus C, Muncie	O	
	Indiana Bus C, Terre Haute	O	
	Indian Bus C, Northwest	O	
KS	Johnson Co Comm C, Overland Park	O	
	Kansas City Kansas Area Tech Sch	O	
	KAW Area Tech Sch	O	
	Pinnacle Career Inst, Lawrence	O	
	Vatterott C, Wichita	O	
MA	Branford Hall Career Inst, Springfield	O	
MO	Bryan C, Springfield	O	
	Metro Bus C, Jefferson City	O	
NV	Nevada Career Inst, East Campus	O	
	Nevada Career Inst, West Campus	O	
NJ	Central Career Sch	O	
	Star Tech Inst, Lakewood	O	
	Tech Inst of Camden Co	O	
NY	Elmira Bus Inst	O	A
	Elmira Bus Inst, Vestal		A
	New York Inst of English and Bus	O	
	Ridley-Lowell Bus & Tech Inst, Binghamton	O	
	Ridley-Lowell Bus & Tech Inst, Poughkeepsie	O	
NC	King's C, Charlotte	O	
OH	Ohio Bus C, Sandusky	O	
OK	Southern Oklahoma Tech Ctr	O	
PA	Blackstone Career Inst	O	
	Commonwealth Tech Inst at H G Andrews Ctr	O	A
	Forbes Rd Career & Tech Ctr	O	
	Newport Bus Inst, Lower Burrell	O	
	Pace Inst	O	
	South Hills Sch of Bus & Tech, State College		A
PR	Centro de Capacitaction y Asesocamiento, Caguas	O	
TN	Tennessee Tech Ctr at McMinnville	O	
WA	Bates Tech C	O	
	Renton Tech C	O	
WV	Garnet Career Ctr	O	
	Valley C, Beckley Campus	O	
	Valley C, Princeton	O	
	West Virginia Bus C, Inc.	O	A

OFFICE ASSISTANT TRAINING, OPTICAL

CA	Opportunities Industrialization Ctr West	O	
PA	Pace Inst	O	

OFFICE ASSISTANT TRAINING, WORD PROCESSING

CA	Computer Tutor Bus & Tech Inst	O	
	Martinez Adult Ed	O	
	North Orange Co ROP	O	
	Opportunities Industrialization Ctr West	O	
	Tri-Cities ROP	O	
	West Valley Occ Ctr	O	
FL	ATI Career Training Ctr, Fort Lauderdale	O	A
	C of Bus & Tech, Miami	O	
IL	Computer Sys Inst	O	
KS	Kansas City Kansas Area Tech Sch	O	
LA	Ascension C	O	
MO	American C of Tech	O	
	Bryan C, Springfield	O	
NY	Wilson Tech Ctr	O	
PA	Consolidated Sch of Bus, Lancaster	O	
	Consolidated Sch of Bus, York	O	
	Pace Inst	O	
RI	MotoRing Tech Training Inst	O	
TX	David L Carrasco Job Corps Ctr	O	

OFFICE AUTOMATION

CA	Computer Tutor Bus & Tech Inst	O	
	LaPuente Valley ROP	O	
	North Orange Co ROP	O	
	West Valley Occ Ctr	O	
MO	Bryan C, Springfield	O	
	Rolla Tech Ctr/Inst	O	
NJ	Central Career Sch	O	
NY	New York Inst of English and Bus	O	
PA	Pace Inst	O	
TX	American Commercial C, Wichita Falls	O	

OFFICE CLERK TRAINING, GENERAL

CA	Central Coast C	O	
	Charles A Jones Skills & Bus Ed Ctr	O	
	Compton Adult Sch	O	
	Computer Tutor Bus & Tech Inst	O	
	LaPuente Valley ROP	O	
	Martinez Adult Ed	O	
	North Orange Co ROP	O	
	Opportunities Industrialization Ctr West	O	
	West Valley Occ Ctr	O	
FL	C of Bus & Tech, Miami	O	
	Orlando Tech	O	
GA	Swainsboro Tech C	O	
KS	Kansas City Kansas Area Tech Sch	O	
LA	Ascension C	O	
MI	Dorsey Bus Sch, Madison Heights	O	
	Dorsey Bus Sch, Southgate	O	
MS	Mississippi Job Corps Ctr	O	
MO	Bryan C, Springfield	O	
	Rolla Tech Ctr/Inst	O	
NY	Elmira Bus Inst	O	
	Elmira Bus Inst, Vestal	O	
	New York Inst of English and Bus	O	

State	School	O	A	T
	Ridley-Lowell Bus & Tech Inst, Poughkeepsie	O		
	Wilson Tech Ctr	O		
PA	Commonwealth Tech Inst at H G Andrews Ctr	O		
	Newport Bus Inst, Lower Burrell	O		
	Pace Inst	O		
TN	Tennessee Tech Ctr at Athens	O		
	Tennessee Tech Ctr at Murfreesboro	O		
TX	American Commercial C, Odessa	O		
	American Commercial C, Wichita Falls	O		
	David L Carrasco Job Corps Ctr	O		
	Lamar Inst of Tech	O		
	SW Sch of Bus & Tech Careers, Eagle Pass	O		
WA	Bellingham Tech C	O		
WV	Valley C, Beckley Campus	O		
	Valley C, Princeton	O		

OFFICE INFORMATION SPECIALIST TRAINING

State	School	O	A	T
CA	Computer Tutor Bus & Tech Inst	O		
	North Orange Co ROP	O		
	Opportunities Industrialization Ctr West	O		
	Pacific C	O		
	West Valley Occ Ctr	O		
CT	Sawyer Sch, Hartford	O		
GA	Middle Georgia Tech C	O	A	
	North Georgia Tech C, Clarkesville	O		
MO	American C of Tech	O		
	Bryan C, Springfield	O		
OH	Marion Tech C		A	
PA	Pace Inst	O		

OFFICE MACHINES OPERATIONS

State	School	O	A	T
CA	Computer Tutor Bus & Tech Inst	O		
	North Orange Co ROP	O		
	Opportunities Industrialization Ctr West	O		
	West Valley Occ Ctr	O		
NY	New York Inst of English and Bus	O		
PA	Pace Inst	O		
TN	Tennessee Tech Ctr at Athens	O		
	Tennessee Tech Ctr at Hohenwald	O		
	Tennessee Tech Ctr at McMinnville	O		
TX	American Commercial C, Odessa	O		
	David L Carrasco Job Corps Ctr	O		

OFFICE MACHINES REPAIR

State	School	O	A	T
CA	West Valley Occ Ctr	O		
PA	Erie Inst of Tech	O		
	Pace Inst	O		

OFFICE MANAGEMENT

State	School	O	A	T
CO	Inst of Bus & Med Careers, Fort Collins	O	A	
IL	Computer Sys Inst	O		
KS	Pinnacle Career Inst, Lawrence	O		
KY	Spencerian C, Louisville		A	
MN	Alexandria Tech C, Alexandria		A	
MO	American C of Tech	O		
NJ	Central Career Sch	O		
OH	Rhodes State C		A	
PA	Pace Inst	O		
	The PJA Sch	O	A	T
WA	Renton Tech C	O	A	

OFFICE MANAGEMENT, ADMINISTRATIVE

State	School	O	A	T
CA	Central Coast C	O		
	Charles A Jones Skills & Bus Ed Ctr	O		
	North Orange Co ROP	O		
	Opportunities Industrialization Ctr West	O		
GA	Altamaha Tech C, Jesup		A	
IL	Computer Sys Inst	O		
NJ	Central Career Sch	O		
NY	Elmira Bus Inst, Vestal		A	
	New York Inst of English and Bus	O		

OFFICE MANAGEMENT, COMPUTER

State	School	O	A	T
CA	Opportunities Industrialization Ctr West	O		
	West Valley Occ Ctr	O		
IL	Computer Sys Inst	O		
MO	American C of Tech	O	A	T
	Bryan C, Springfield	O		
NJ	Central Career Sch	O		
NY	New York Inst of English and Bus	O		
PA	Consolidated Sch of Bus, Lancaster		A	
	Consolidated Sch of Bus, York		A	
	Pace Inst	O		

OFFICE MANAGEMENT, COMPUTERIZED MEDICAL

State	School	O	A	T
CA	West Valley Occ Ctr	O		
IL	Computer Sys Inst	O		
PA	Pace Inst	O		

OFFICE MANAGEMENT, DENTAL

State	School	O	A	T
NJ	Central Career Sch	O		
PA	Pace Inst	O		

OFFICE MANAGEMENT, EXECUTIVE

State	School	O	A	T
NJ	The Stuart Sch of Bus	O		
NY	The C of Westchester		A	
	Utica Sch of Commerce, Utica	O	A	T
PA	Lansdale Sch of Bus	O	A	
	Pace Inst	O		
	Penn Commercial, Inc		A	
WV	West Virginia Bus C, Inc.	O	A	

OFFICE MANAGEMENT, LEGAL

State	School	O	A	T
CA	Charles A Jones Skills & Bus Ed Ctr	O		
	Kensington C	O		
	MTI C, Sacramento	O		
FL	Angley C, Deland	O		T
MN	Ridgewater C, Willmar & Hutchinson	O	A	
NJ	The Stuart Sch of Bus	O		
NY	Elmira Bus Inst, Vestal		A	
PA	Lansdale Sch of Bus	O	A	
	Pace Inst	O		
WV	West Virginia Bus C, Inc.		A	

OFFICE MANAGEMENT, MEDICAL

State	School	O	A	T
AZ	Tucson C	O		
CA	Central Coast C	O		
	Charles A Jones Skills & Bus Ed Ctr	O		
	Glendale Career C, Oceanside	O		
	Maric C, Sacramento	O		
	MTI C, Sacramento	O		
	Pacific C	O		
	West Valley Occ Ctr	O		
CO	Inst of Bus & Med Careers, Fort Collins	O	A	
FL	Angley C, Deland		A	T
	ATI Career Training Ctr, Fort Lauderdale	O	A	
	Webster C, Pasco Campus		A	
ID	Apollo C, Boise		A	
IL	Computer Sys Inst	O		
MA	Med Professional Inst	O		
MI	Carnegie Inst	O		
	Ross Med Ed Ctr, Lansing	O		
MN	Ridgewater C, Willmar & Hutchinson	O	A	
NJ	Central Career Sch	O		
	The Stuart Sch of Bus	O		
NY	Elmira Bus Inst	O	A	
	Elmira Bus Inst, Vestal		A	
OH	Marion Tech C	O		
	Ohio Inst of Photography & Tech	O	A	
PA	Computer Learning Network – Resident Sch	O		
	Lansdale Sch of Bus	O	A	
	Pace Inst	O		
TX	Career Quest	O		
	TechSkills	O		

OFFICE SERVICES

State	School	O	A	T
CA	Charles A Jones Skills & Bus Ed Ctr	O		
	Computer Tutor Bus & Tech Inst	O		
	Maric C, Anaheim	O		
	Simi Valley Adult Sch	O		
FL	Suwannee-Hamilton Tech Ctr	O		
PA	Pace Inst	O		

OFFICE SYSTEMS TECHNOLOGY

State	School	O	A	T
CA	Opportunities Industrialization Ctr West	O		
FL	Bradford-Union Area Career Tech Ctr	O		
GA	Okefenokee Tech C	O	A	
IL	Computer Sys Inst	O		
LA	Louisiana Tech C, Baton Rouge Campus	O	A	
	Louisiana Tech C, Northeast Louisiana Campus		A	
	Louisiana Technical C, Baton Rouge	O		
	Sowela Tech Comm C		A	
NJ	Tech Inst of Camden Co	O		
PA	The PJA Sch	O		T
SD	Southeast Tech Inst	O		

OFFICE TECHNOLOGY, ADMINISTRATIVE

State	School	O	A	T
CA	Central Coast C	O		
	Charles A Jones Skills & Bus Ed Ctr	O		
	Computer Tutor Bus & Tech Inst	O		
	North Orange Co ROP	O		
	Opportunities Industrialization Ctr West	O		
FL	C of Bus & Tech, Miami	O		
	Washington-Holmes Tech Ctr	O		
GA	Southwest Georgia Tech C		A	
ID	Eastern Idaho Tech C	O	A	
IL	Computer Sys Inst	O		

State	School	O	A	T
MO	American C of Tech	O		
NJ	The Stuart Sch of Bus	O		
NY	Long Island Bus Inst, Flushing	O		
	Wilson Tech Ctr	O		
PA	Cambria-Rowe Bus C, Indiana		A	
WV	Valley C, Beckley Campus	O		
	Valley C, Princeton	O		
WI	Western Tech C, La Crosse		A	

OFFICE TECHNOLOGY, COMPUTER

State	School	O	A	T
AR	Cass Civilian Conservation Job Corps Ctr	O		
CA	Central Coast C	O		
	Computer Tutor Bus & Tech Inst	O		
	LaPuente Valley ROP	O		
	North Orange Co ROP	O		
	Opportunities Industrialization Ctr West	O		
	Tri-Cities ROP	O		
	West Valley Occ Ctr	O		
FL	C of Bus & Tech, Miami	O		
IL	Computer Sys Inst	O		
	Solex Acad	O		
KY	KY Tech-Harrison Area Tech Ctr	O		
MA	Southeastern Tech Inst	O		
MO	American C of Tech	O		
	Rolla Tech Ctr/Inst	O		
OH	Akron Inst	O		
	Tech Ed C	O		
	Trumbull Bus C	O		
OK	Oklahoma Technology Inst	O		
PA	Pace Inst	O		
TX	Career Quest	O		
	Computer Career Ctr, El Paso	O		
	Language Plus & Language Unlimited	O		

OFFICE TECHNOLOGY, LEGAL

State	School	O	A	T
WV	Mountain State C		A	
	Valley C, Beckley Campus	O		
	Valley C, Princeton	O		

OFFICE TECHNOLOGY, MEDICAL

State	School	O	A	T
CA	Computer Tutor Bus & Tech Inst	O		
	Maric C, Stockton	O		
	Opportunities Industrialization Ctr West	O		
	Tri-Cities ROP	O		
IL	Computer Sys Inst	O		
	Solex Acad	O		
KS	Bryan C, Topeka	O		
MI	Detroit Bus Inst, Downriver	O		
MO	Rolla Tech Ctr/Inst	O	A	
NY	Career Inst of Health & Tech, Garden City	O		
NC	Brookstone C of Bus, Greensboro	O		
SD	Western Dakota Tech Inst	O		
WV	Valley C, Beckley Campus	O		
	Valley C, Princeton	O		

OFFICE TECHNOLOGY (SPECIALIST)

State	School	O	A	T
AK	Career Acad, Anchorage	O		
CA	Computer Tutor Bus & Tech Inst	O		
	North Orange Co ROP	O		
	Opportunities Industrialization Ctr West	O		
GA	East Central Tech C	O		
	North Georgia Tech C, Clarkesville	O	A	
	Savannah River C	O	A	
	Southwest Georgia Tech C	O		
IL	Computer Sys Inst	O		
KY	KY Tech-Harrison Area Tech Ctr	O		
MO	American C of Tech	O		
	Bolivar Tech C	O	A	
NJ	The Stuart Sch of Bus	O		
OK	Francis Tuttle Tech Ctr	O		
PA	Pace Inst	O		

OFFICE TECHNOLOGY, WORD PROCESSING

State	School	O	A	T
CA	Computer Tutor Bus & Tech Inst	O		
	LaPuente Valley ROP	O		
	Los Angeles ORT Tech Inst- Sherman Oaks Branch	O		
	North Orange Co ROP	O		
	Opportunities Industrialization Ctr West	O		
	West Valley Occ Ctr	O		
FL	Washington-Holmes Tech Ctr	O		
IL	Computer Sys Inst	O		
	Solex Acad	O		
KY	KY Tech-Harrison Area Tech Ctr	O		
MO	American C of Tech	O		
	Branson Tech C	O		
	Texas Co Tech Inst	O		
OH	Mahoning Co Career & Tech Ctr	O		
OK	Indian Capital Tech Ctr - Tahlequah-Bill Willis Campus	O		
PA	Pace Inst	O		
TN	Tennessee Tech Ctr at Athens	O		

	Tennessee Tech Ctr at McMinnville	O
	Tennessee Tech Ctr at Murfreesboro	O
TX	Lamar Inst of Tech	O
WV	Valley C, Beckley Campus	O
	Valley C, Princeton	O

ONYCHOLOGY (PROFESSIONAL NAIL TECHNOLOGY)

CA	North Orange Co ROP	O
KS	Xenon Intl Acad	O

OPHTHALMIC MEDICAL ASSISTANT TRAINING

NM	Pima Med Inst, Albuquerque	O

OPHTHALMIC TECHNOLOGY

KY	Spencerian C, Louisville	O
NY	New York Eye & Ear Infirmary Allied Health Program in Ophthalmology/ Orthoptics	O

OPTICAL TECHNOLOGY

CA	Hacienda La Puente Adult Ed, La Puente	O

OPTICIAN TRAINING

CA	Martinez Adult Ed	O

OPTOMETRIC ASSISTING

FL	Manatee Tech Inst	O
	McFatter Tech Ctr	O

ORGANIZATIONAL COMMUNICATIONS MANAGEMENT

IN	Indiana Bus C, Anderson	A

ORIENTAL MEDICINE

AZ	Southwest Inst of Healing Arts	A
CA	Kali Inst for Massage & Somatic Therapies	O
MT	Big Sky Somatic Inst	O

ORNAMENTAL HORTICULTURE

AZ	Fleur De Lis Inst of Landscape Design	O
CA	North Orange Co ROP	O

ORTHOPEDIC TECHNOLOGY

CA	Martinez Adult Ed	O
	North Orange Co ROP	O
PR	Ponce Paramedical C, Ponce	O

ORTHOPTICS

NY	New York Eye & Ear Infirmary Allied Health Program in Ophthalmology/ Orthoptics	O

PAINTING (ART)

KS	Johnson Co Comm C, Overland Park	T
MN	Art Instruction Schs	O
NJ	Ducret Sch of Arts	O

PAINTING & DECORATING, CONSTRUCTION

AR	Cass Civilian Conservation Job Corps Ctr	O

PARALEGAL ASSISTING (STUDIES)

CA	Kensington C	O	
CO	Denver Career C	O	A
	Everest C, Aurora		A
FL	Key C		A
IL	Brown Mackie C, Moline	O	
LA	Baton Rouge C	O	
NY	Wilson Tech Ctr	O	
PA	Pace Inst	O	A
	The PJA Sch	O A	T
SC	Greenville Tech C		A
SD	Western Dakota Tech Inst		A
WA	Everest C, Vancouver		A

PARALEGAL STUDIES

AZ	Arizona C of Allied Health		A
CA	Antelope Valley Med C	O	A
	Kensington C	O	
	Maric C, Anaheim	O A	T
	Maric C, Bakersfield		A
	Maric C, Sacramento		A
	MTI C, Sacramento	O	A
	Santa Barbara Bus C	O	A
CO	Denver Career C		A
	Inst of Bus & Med Careers, Fort Collins		A
CT	Branford Hall Career Inst, Windsor	O	

FL	Key C			A
	Southwest Florida C, Tampa			A
GA	Gwinnett C		O	A
KS	Johnson Co Comm C, Overland Park		O	A
LA	Baton Rouge C		O	
MA	Quincy C		O	A	T
MN	Alexandria Tech C, Alexandria			A
NJ	Horizon Inst of Paralegal Studies		O	
	Tech Inst of Camden Co		O	
NC	King's C, Charlotte			A
OH	Brown Mackie C, Cincinnati		O	A
	Marion Tech C		O A	T
	Stautzenberger C, Strongsville		O	A
OR	C of Legal Arts		O	
PA	Blackstone Career Inst		O	
	Keystone Tech Inst			A
	Lansdale Sch of Bus			A
	Lehigh Valley C			A
	Schuylkill Inst of Bus & Tech		O	A
PR	Ponce Paramedical C, Coto Laurel		O	
WV	West Virginia Bus C, Inc.			A
WI	Lakeshore Tech C			A
	Western Tech C, La Crosse			A	T

PARAMEDIC TRAINING

AR	UAM College of Tech, McGehee	O	
CA	Antelope Valley Med C	O	
	UCLA-Daniel Freeman Paramedic Ed	O	
FL	First Coast Tech Inst	O	
	Florida Med Training Inst, Coconut Creek	O	
	Lake Tech Ctr	O	
	Manatee Tech Inst	O	
	Sarasota Co Tech Inst	O	
GA	Altamaha Tech C, Jesup	O	
	Central Georgia Tech C	O	
	Columbus Tech C	O	A
	East Central Tech C	O	
	Medix Sch, Smyrna	O	
	North Georgia Tech C, Clarkesville	O	
	Okefenokee Tech C	O	
	Southwest Georgia Tech C	O	
	Swainsboro Tech C	O	
IL	Lake Land C		A
	Trinity C of Nursing & Health Sci	O	A
IN	Clarian Health Paramedic	O	A
KS	Johnson Co Comm C, Overland Park		A
MN	St Cloud Tech C		A
MO	Bolivar Tech C	O	A
	Branson Tech C	O	
	IHM Health Studies Ctr		A
	Rolla Tech Ctr/Inst		A
	Texas Co Tech Inst	O	
OH	Parma Comm Gen Hosp, Emergency Med Tech-Paramedic	O	
	Rhodes State C	O	A
OK	Great Plains Tech Ctr, Lawton	O	
	Kiamichi Tech Ctr, Atoka	O	
WI	Lakeshore Tech C		A
	Western Tech C, La Crosse	O	A

PARAPSYCHOLOGICAL STUDIES

CA	HCH Inst for Hypnotherapy & Psychospiritual Trainings	O

PARENTING EDUCATION

CA	Compton Adult Sch	O
	Palo Alto Adult Sch	O
OR	Intl Loving Touch Foundation, Inc	O
TX	David L Carrasco Job Corps Ctr	O

PARTS MANAGEMENT

CA	North Orange Co ROP	O
WA	Bates Tech C	O

PARTS MARKETING

WA	Bates Tech C	O

PASTORAL MINISTRIES STUDIES

TN	Seminary Extension Independent Study Inst	O

PATIENT CARE ASSISTING

AZ	Tucson C	O
CA	LaPuente Valley ROP	O
	North Orange Co ROP	O
	Opportunities Industrialization Ctr West	O
FL	Atlantic Tech Ctr-Coconut Creek Campus	O
	Coral Ridge Training Sch	O
	George Stone Vo-Tech Ctr	O
	Manatee Tech Inst	O
	McFatter Tech Ctr	O
	Miami Lakes Ed Ctr	O

	Pinellas Tech Ed Ctr, Clearwater	O
	Suwannee-Hamilton Tech Ctr	O
	Washington-Holmes Tech Ctr	O
GA	Central Georgia Tech C	O
	Medix Sch, Smyrna	O
	Southwest Georgia Tech C	O
	Swainsboro Tech C	O
NJ	Omega Inst - Therapeutic Massage Program	O
SD	Western Dakota Tech Inst	O
TX	PCI Health Training Ctr, Dallas	O
	PCI Health Training Ctr, Richardson	O
WA	Renton Tech C	O

PATTERNMAKING TECHNOLOGY (CLOTHING)

CA	West Valley Occ Ctr	O
MA	The Sch of Fashion Design	O
WA	Bates Tech C	O

PATTERNMAKING TECHNOLOGY (TEXTILES)

CA	West Valley Occ Ctr	O
NJ	Fashion Design Training Studio	O
WA	Bates Tech C	O

PBX SWITCHBOARD TRAINING

CA	Martinez Adult Ed	O
TX	David L Carrasco Job Corps Ctr	O

PC MANAGEMENT

CA	West Valley Occ Ctr	O
FL	Atlantic Tech Ctr-Coconut Creek Campus	O
ME	Northeast Tech Inst	O
MO	American C of Tech	O
OH	Cleveland Inst of Electronics	O

PC SKILLS & CONCEPTS

CA	LaPuente Valley ROP	O	
	Palo Alto Adult Sch	O	
	Sunnyvale-Cupertino Adult Ed Program	O	
	West Valley Occ Ctr	O	
GA	Swainsboro Tech C	O	
IL	Computer Sys Inst	O	
KY	Ohio Co Area Tech Ctr	O	
ME	Northeast Tech Inst	O	
MO	American C of Tech	O	
OH	Cleveland Inst of Electronics	O	
	Ohio Bus C, Sandusky	O	
PA	Erie Bus Ctr, South	O	
	Schuylkill Inst of Bus & Tech	O	A
RI	Gibbs C, Cranston	O	
WV	Marion Co Voc Tech Ctr	O	

PEDICURING

AL	Scientific Beauty Acad	O	
CA	Miss Marty's Hair Acad & Esthetic Inst	O	
	West Valley Occ Ctr	O	
CO	Pickens Tech C	O	T
FL	Acad of Professional Careers, Winter Park	O	
	Melbourne Beauty Sch	O	
	Washington-Holmes Tech Ctr	O	
GA	Intl Sch of Skin & Nails	O	
KS	Xenon Intl Acad	O	
NY	Gloria Francis Beauty Inst	O	
OK	Central State Acad	O	
TX	Behold! Beauty Acad	O	
WY	C of Cosmetology, Gillette	O	

PERFUSION TECHNOLOGY

TX	Texas Heart Inst at St Luke's Episcopal Hosp, Sch of Perfusion Tech	O

PERMANENT MAKEUP

CA	American Inst of Ed	O
FL	North Florida Cosmetology Inst, Inc	O
UT	Image Works Acad of Hair Design	O

PERSONAL TRAINER

AZ	The Providence Inst	O
CA	Santa Barbara Bus C	O
KS	Pinnacle Career Inst, Lawrence	O
NE	Vatterott C, Spring Valley Campus	O
NY	Wilson Tech Ctr	O
VA	Heritage Inst, Manassas	A

PEST CONTROL

FL	First Coast Tech Inst	O

PET GROOMING

FL	Florida Inst of Animal Arts	O

PHARMACEUTICAL ASSISTING

CA	Charles A Jones Skills & Bus Ed Ctr	O
	DVS C, Los Angeles	O
	West Valley Occ Ctr	O
PA	Computer Learning Network – Resident Sch	O
PR	Nova C de PR	O
SD	Western Dakota Tech Inst	O

PHARMACEUTICAL TECHNICIAN TRAINING

AZ	Apollo C, Phoenix	O	
	Arizona C of Allied Health	O	
	Pima Med Inst, Mesa	O	
	Pima Med Inst, Tucson	O	
	Tucson C	O	
AR	Remington C - Little Rock Campus	O	
CA	American U of Health Sci	O	
	Central Coast C	O	
	Clarita Career C	O	
	Colton-Redlands-Yucaipa Reg Occ Program	O	
	Los Angeles ORT Tech Inst	O	
	Los Angeles ORT Tech Inst- Sherman Oaks Branch	O	
	Maric C, North Hollywood	O	
	North Orange Co ROP	O	
	Palo Alto Adult Sch	O	
	San Mateo Adult Sch	O	
	Santa Barbara Bus C	O	A
	Simi Valley Adult Sch	O	
	West Valley Occ Ctr	O	
CO	Inst of Bus & Med Careers, Fort Collins	O	A
	IntelliTec Med Inst	O	
FL	Coral Ridge Training Sch	O	
	Sarasota Co Tech Inst	O	
GA	Columbus Tech C	O	
	North Georgia Tech C, Clarkesville	O	
	Southeastern Tech C, Vidalia	O	
ID	Apollo C, Boise	O	
IL	Everest C, Merrionette Park	O	
NE	Vatterott C, Spring Valley Campus	O	A
NV	Pima Medical Inst, Las Vegas	O	
NJ	Omega Inst - Therapeutic Massage Program	O	
NM	Pima Med Inst, Albuquerque	O	
NC	Brookstone C of Bus, Greensboro	O	
OH	Cleveland Inst of Dental-Medical Asst, Cleveland	O	
	Cleveland Inst of Dental-Medical Asst, Lyndhurst	O	
	Cleveland Inst of Dental-Medical Asst, Mentor	O	
	Ohio Inst of Photography & Tech	O	
OR	Apollo C, Portland	O	
PA	Computer Learning Network – Resident Sch	O	
	Great Lakes Inst of Tech	O	
	Lansdale Sch of Bus	O	
	Laurel Bus Inst	O	
PR	Antilles Sch of Tech Careers, San Juan	O	
	Antilles Sch of Tech Careers, Santurce	O	
	Ponce Paramedical C, Coto Laurel	O	
	Ponce Paramedical C, Ponce	O	
SD	Southeast Tech Inst	O	
TN	High-Tech Inst, Memphis		A
	Tennessee Tech Ctr at Athens	O	
	Tennessee Tech Ctr at Murfreesboro	O	
TX	Allied Health Careers	O	
	National Inst of Tech, Houston	O	
	North Texas Professional Career Inst	O	
	TechSkills	O	
UT	American Inst of Med & Dental Tech, Provo	O	
VA	ACT C, Arlington	O	
WA	Clover Park Tech C	O	
	Pima Med Inst, Renton	O	
	Pima Med Inst, Seattle	O	
WV	Garnet Career Ctr	O	
WI	Lakeshore Tech C	O	
	Milwaukee Career C	O	
	Western Tech C, La Crosse	O	

PHARMACY TECHNOLOGY

AZ	Apollo C , Tri-City	O
	Apollo C, Tucson	O
CA	Antelope Valley Med C	O
	Compton Adult Sch	O
	Martinez Adult Ed	O
	West Valley Occ Ctr	O
CO	Denver Career C	O
	Everest C, Aurora	O

FL	Atlantic Tech Ctr-Coconut Creek Campus	O	
	Southwest Florida C, Tampa		A
GA	Central Georgia Tech C	O	
	Southwest Georgia Tech C	O	
KS	Wichita Area Tech C	O	
MO	Allied C, S	O	A
OH	Brown Mackie C, Cincinnati		A
OK	Comm Care C	O	
	Platt C, Oklahoma City	O	
TX	North Texas Professional Career Inst	O	
UT	AmeriTech C, Draper	O	
	Ogden-Weber Applied Tech C	O	
WA	Apollo C, Spokane	O	
	Renton Tech C	O	A

PHLEBOTOMY

AL	Wallace Comm C, Wallace Campus	O		
AK	Career Acad, Anchorage	O		
AZ	Arizona C of Allied Health	O		
	Pima Med Inst, Mesa	O		
	Pima Med Inst, Tucson	O		
CA	Compton Adult Sch	O		
	DVS C, Los Angeles	O		
	Meridian Inst	O		
	Pacific C	O		
	Palo Alto Adult Sch	O		
	Sacramento Co ROP	O		
CO	IntelliTec Med Inst	O		
FL	Angley C, Deland	O		T
	Atlantic Tech Ctr-Coconut Creek Campus	O		
	Central Florida Inst, Palm Harbor (30522 US Hwy 19 N Ste 300)	O		
	Coral Ridge Training Sch	O		
	First Coast Tech Inst	O		
	Intl Sch of Health & Beauty	O		
	Orlando Tech	O		
	Sarasota Co Tech Inst	O		
	Washington-Holmes Tech Ctr	O		
GA	Medix Sch, Smyrna	O		
	Southwest Georgia Tech C	O		
	Swainsboro Tech C	O		
IL	The C of Office Tech	O		
	Solex Acad	O		
KS	Wichita Area Tech C	O		
KY	Southwestern C, Florence	O		
	Spencerian C, Louisville	O		
MA	Med Professional Inst	O		
	Quincy C	O		A
MN	Alexandria Tech C, Alexandria	O		
NV	Northwest Health Careers	O		
	Pima Medical Inst, Las Vegas	O		
NJ	Star Tech Inst, Lakewood	O		
NY	Wilson Tech Ctr	O		
OH	Mahoning Co Career & Tech Ctr	O		
	Marion Tech C	O		
	Ohio Acad of Holistic Health	O		
OK	Mid-America Tech Ctr	O		
	Platt C, Oklahoma City	O		
OR	Abdill Career C, Inc	O		
	Valley Med C, Inc.	O		
PA	Allied Med & Tech Inst, Scranton	O		
	Career Training Acad, Monroeville	O		
	Computer Learning Network – Resident Sch	O		
SD	Western Dakota Tech Inst	O		
TX	Anamarc Ed Inst, El Paso	O		
UT	Ogden-Weber Applied Tech C	O		
VA	ACT C, Arlington	O		
WA	Pima Med Inst, Renton	O		
	Pima Med Inst, Seattle	O		
WV	Garnet Career Ctr	O		
WI	St Joseph's Hosp/Marshfield Clinic, Histotechnician Program	O		
	Western Tech C, La Crosse	O		

PHOTOGRAPHIC TECHNOLOGY

CA	West Valley Occ Ctr	O		
KS	KAW Area Tech Sch	O		
MN	Dakota Co Tech C	O	A	T
	Ridgewater C, Willmar & Hutchinson	O	A	
OH	Ohio Inst of Photography & Tech	O	A	

PHOTOGRAPHY, APPLIED

CA	North Orange Co ROP	O		
	Palo Alto Adult Sch	O		
CO	Pickens Tech C	O		T
GA	North Georgia Tech C, Clarkesville	O		
KS	Johnson Co Comm C, Overland Park			T
NJ	Ducret Sch of Arts	O		
NC	American Inst of Applied Sci			

OH	Mahoning Co Career & Tech Ctr	O	
	Ohio Inst of Photography & Tech	O	A

PHOTOGRAPHY, COLOR

CA	North Orange Co ROP	O
	West Valley Occ Ctr	O

PHOTOGRAPHY, COMMERCIAL & PROFESSIONAL

CA	North Orange Co ROP	O	
	West Valley Occ Ctr	O	
CO	Pickens Tech C	O	
FL	McFatter Tech Ctr	O	
MA	Hallmark Inst of Photography	O	
MN	Hennepin Tech C, Brooklyn Park Campus	O	A
	Ridgewater C, Willmar & Hutchinson	O	A
NJ	Ducret Sch of Arts	O	
OH	Ohio Inst of Photography & Tech	O	A
OK	Tulsa Tech Ctr	O	

PHOTOGRAPHY, DIGITAL IMAGING

CA	North Orange Co ROP	O
	West Valley Occ Ctr	O
NJ	Ducret Sch of Arts	O
OK	Great Plains Tech Ctr, Lawton	O

PHOTOGRAPHY, FINE ARTS

KS	Johnson Co Comm C, Overland Park		T
NJ	Ducret Sch of Arts	O	

PHOTOGRAPHY, ILLUSTRATIVE

NJ	Ducret Sch of Arts	O

PHOTOGRAPHY, MEDICAL

OH	Ohio Inst of Photography & Tech	O

PHOTOGRAPHY, PORTRAIT

CA	West Valley Occ Ctr	O
NJ	Ducret Sch of Arts	O
OH	Ohio Inst of Photography & Tech	O

PHOTOTYPESETTING/ COMPUTER TYPESETTING

OH	Mahoning Co Career & Tech Ctr	O

PHYSICAL DAMAGE APPRAISAL & CLAIM ADJUSTMENT

MN	Ridgewater C, Willmar & Hutchinson	O

PHYSICAL FITNESS

FL	Lincoln C of Tech	O	A

PHYSICAL REHABILITATION ASSISTANT TRAINING

AZ	Apollo C, Phoenix Westside	O
	Apollo C, Tucson	O
CA	Maric C, Salida	O

PHYSICAL SCIENCES TECHNOLOGY

KY	KY Tech-Harrison Area Tech Ctr	O

PHYSICAL THERAPY ASSISTING

AL	Bishop State Comm C, Southwest Campus		A	
	Wallace Comm C, Wallace Campus		A	
AZ	Pima Med Inst, Tucson		A	
CA	The Inst of Professional Practical Therapy	O		
	IPPT Sch of Massage	O		
	LaPuente Valley ROP	O		
	Meridian Inst	O		
	Pacific C	O		
	Simi Valley Adult Sch	O		
GA	Central Georgia Tech C		A	
OH	Marion Tech C	O	A	T
	Rhodes State C		A	
SD	Lake Area Tech Inst		A	
TX	David L Carrasco Job Corps Ctr	O		
WI	Blackhawk Tech C		A	
	Western Tech C, La Crosse		A	

PHYSICAL THERAPY TECHNOLOGY

AZ	Pima Med Inst, Mesa	O
CA	Los Angeles Vocational Inst	O
	Pacific C	O
NM	Pima Med Inst, Albuquerque	O

PIANO TUNING & REPAIR

MA	North Bennet Street Sch	

PILOT TRAINING, COMMERCIAL

AK	Take Flight Alaska	O	T
FL	Delta Connection Acad	O	
	Flight Safety Acad	O	
	Phoenix East Aviation, Inc	O	
OR	Airman's Proficiency Ctr	O	
WA	Clover Park Tech C		A

PILOT TRAINING, PRIVATE

AK	Take Flight Alaska	O	T
FL	Delta Connection Acad	O	
	Phoenix East Aviation, Inc	O	
OR	Airman's Proficiency Ctr	O	

PILOT TRAINING, TRANSPORT

AK	Take Flight Alaska	O	T
FL	Delta Connection Acad	O	

PLASTERING, CONSTRUCTION

CA	North Orange Co ROP	O
	Sacramento Job Corps Ctr	O
	West Valley Occ Ctr	O

PLASTICS MOLD DESIGN

PA	Erie Inst of Tech	O

PLASTICS TECHNOLOGY

MN	Hennepin Tech C, Brooklyn Park Campus	O
PA	Erie Inst of Tech	O

PLUMBING & PIPE FITTING, CONSTRUCTION

AL	Wallace Comm C, Wallace Campus	O	
AZ	North American Tech C	O	
CA	North Orange Co ROP	O	
	WyoTech, Fremont	O	
FL	Erwin Tech Ctr	O	
	Lee Co High Tech Central	O	
	Manatee Tech Inst	O	
	Okaloosa Applied Tech Ctr	O	
	Sarasota Co Tech Inst	O	
GA	Altamaha Tech C, Jesup	O	
KS	North Central Kansas Tech C	O	
MA	Cape Cod Reg Tech HS	O	
MN	St Cloud Tech C	O	A
MS	Mississippi Job Corps Ctr	O	
NJ	Atlantic Co Inst of Tech	O	
	Hohokus Sch of Trades & Tech Studies	O	
	Hudson Electrical Inst, Inc	O	
	Tech Inst of Camden Co	O	
NY	Berk Trade & Bus Sch	O	
OK	Mid-Del Tech Ctr	O	
	Tulsa Tech Ctr	O	
PA	Greater Altoona Career & Tech Ctr	O	
PR	Instituto de Banca y Comercio, Mayaguez	O	
	Instituto de Banca y Comercio, San Juan	O	
UT	Ogden-Weber Applied Tech C	O	

POLARITY THERAPY

CO	Colorado Sch of Energy Studies	O
MA	Kripalu Ctr	O
	Spa Tech Inst, Westboro	O
OH	Reflexology Sci Inst	O

POLICE SCIENCE

CA	Friedman C - Nick Harris Detective Acad	O	
	Martinez Adult Ed	O	
SD	Western Dakota Tech Inst		A
WI	Western Tech C, La Crosse		A

POLYSOMNOGRAPHIC TECHNOLOGY

FL	Central Florida Inst, Palm Harbor (30522 US Hwy 19 N)		A

POULTRY SCIENCE

MN	Ridgewater C, Willmar & Hutchinson	O

POWER LINE TECHNOLOGY

KS	Manhattan Area Tech C	O	A
MS	Mississippi Job Corps Ctr	O	
SD	Mitchell Tech Inst	O	A
WI	Blackhawk Tech C	O	

POWER MECHANICS

OH	Mahoning Co Career & Tech Ctr	O

POWER PLANT OPERATIONS

KS	Johnson Co Comm C, Overland Park	O	
MN	Alexandria Tech C, Alexandria	O	A
PA	Williamson Free Sch of Mechanical Trades		A

PRECISION MACHINING

CO	Pickens Tech C	O	T
FL	Atlantic Tech Ctr-Coconut Creek Campus	O	
	Manatee Tech Inst	O	
	Pinellas Tech Ed Ctr, Clearwater	O	
KY	KY Tech-Harrison Area Tech Ctr	O	
PA	Erie Inst of Tech	O	
TX	Lamar Inst of Tech		A

PRINTING & LITHOGRAPHY TECHNOLOGIES

CA	West Valley Occ Ctr	O	
FL	First Coast Tech Inst	O	
	McFatter Tech Ctr	O	
	Washington-Holmes Tech Ctr	O	
MA	Cape Cod Reg Tech HS	O	
MN	Dunwoody C of Tech	O	A
MO	Nichols Career Ctr	O	
OK	Francis Tuttle Tech Ctr	O	
	Mid-America Tech Ctr	O	
	Mid-Del Tech Ctr	O	
	Tri County Tech Ctr	O	
	Tulsa Tech Ctr	O	
PA	Commonwealth Tech Inst at H G Andrews Ctr	O	

PRIVATE INVESTIGATION

CA	Friedman C - Nick Harris Detective Acad	O
NY	Wilson Tech Ctr	O
PA	Blackstone Career Inst	O
	Computer Learning Network – Resident Sch	O

PRIVATE SECURITY

CA	Friedman C - Nick Harris Detective Acad	O
	LaPuente Valley ROP	O
OK	Mid-America Tech Ctr	O
PA	Computer Learning Network – Resident Sch	O

PROCESS INDUSTRIES TECHNOLOGY (PULP/PAPER/CHEMICAL)

TX	Lamar Inst of Tech	A

PROCESS TECHNOLOGY

AL	Bishop State Comm C, Southwest Campus	A
LA	Sowela Tech Comm C	A
TX	Lamar Inst of Tech	A

PROFESSIONAL DEVELOPMENT

LA	Sowela Tech Comm C	A

PROOFREADING

CA	Martinez Adult Ed	O
	Opportunities Industrialization Ctr West	O

PROPERTY MANAGEMENT

MN	Dakota Co Tech C	O	A

PSYCHIATRIC TECHNICIAN TRAINING

FL	Coral Ridge Training Sch	O
	Manatee Tech Inst	O
TX	PCI Health Training Ctr, Dallas	O
	PCI Health Training Ctr, Richardson	O

PSYCHOLOGY

AZ	Southwest Inst of Healing Arts		A
CO	Guild for Structural Integration	O	
IL	The Hadley Sch for the Blind	O	
KS	Johnson Co Comm C, Overland Park		T

PUBLIC HEALTH TECHNOLOGY

GA	Altamaha Tech C, Jesup	O

PUBLIC SAFETY COMMUNICATIONS

PA	Computer Learning Network – Resident Sch	O

PUBLIC SERVICE TECHNOLOGY

FL	Sarasota Co Tech Inst	O

PUBLIC SPEAKING TRAINING

CA	Dale Carnegie Training, Oakland	O

QUALITY CONTROL TECHNOLOGY

OH	Marion Tech C	O	
	Rhodes State C	O	A
PA	Erie Inst of Tech	O	
WI	Lakeshore Tech C	O	

RADIATION SAFETY TECHNOLOGY

ID	Eastern Idaho Tech C	O	
WI	Lakeshore Tech C		A

RADIATION THERAPY TECHNOLOGY

CA	City of Hope Natl Med Ctr-Sch of Radiation Therapy Tech	O
GA	Grady Health Sys, Sch of Radiation & Imaging Tech	O
MI	William Beaumont Hosp, Sch of Radiation Therapy	O

RADIO BROADCASTING

CA	Tri-Cities ROP	O	
OH	Ohio Ctr for Broadcasting, Valley View	O	
OK	American Broadcasting Sch, Tulsa	O	
WA	Clover Park Tech C		A

RADIOLOGIC (X-RAY) TECHNOLOGY, RADIOGRAPHY

AL	Wallace Comm C, Wallace Campus		A
AZ	Apollo C, Phoenix Westside		A
	Pima Med Inst, Mesa		A
	Pima Med Inst, Tucson		A
AR	Baptist Health Sch Little Rock	O	
CA	Maric C, North Hollywood	O	
	Mills-Peninsula Health Svcs, Radiologic Tech	O	
	San Joaquin Co Gen Hosp, Sch of Radiologic Tech	O	
	Simi Valley Adult Sch	O	
CO	Concorde Career C, Aurora	O	A
CT	Danbury Hosp-Sch of Radiologic Tech	O	
FL	Halifax Med Ctr, Sch of Radiologic Tech	O	A
	Marion Co Sch of Radiologic Tech	O	
	Suwannee-Hamilton Tech Ctr	O	
	West Boca Med Ctr, Sch of Radiologic Tech	O	
GA	Columbus Tech C		A
	DeKalb Med Ctr-Decatur, Sch of Radiography	O	
	Grady Health Sys, Sch of Radiation & Imaging Tech	O	
	Okefenokee Tech C	O	
	Southeastern Tech C, Vidalia	O	
	Southwest Georgia Tech C		A
	U Hosp, Sch of Radiography	O	
IL	Advocate Trinity Hosp, Sch of Radiologic Tech	O	
	Bloomington-Normal Sch of Radiography	O	
	Rockford Mem Hosp, Sch of Radiologic Tech	O	
	St Francis Med Ctr, Sch of Radiologic Tech	O	
	Trinity C of Nursing & Health Sci		A
IN	Comm Hospital E Sch of Radiologic Tech	O	
	Good Samaritan Hosp, Radiography Program	O	
	Hancock Reg Hosp, Sch of Radiologic Tech	O	
	King's Daughter's Hosp, Sch of Radiologic Tech	O	
IA	Covenant Med Ctr, Sch of Radiologic Tech	O	
	Jennie Edmundson Mem Hosp, Sch Radiologic Tech	O	
	Mercy Med Ctr-N Iowa, Sch of Radiologic Tech	O	
	Mercy/St Luke's Hosp, Sch of Radiologic Tech	O	
	St Luke's C, Sioux City		A
KS	Johnson Co Comm C, Overland Park		A
KY	Spencerian C, Louisville	O	A
	St Joseph Healthcare, Sch of Radiologic Tech	O	
LA	Lafayette Gen Med Ctr, Sch of Radiologic Tech	O	
	North Oaks Sch of Radiologic Tech	O	A
ME	Central Maine Med Ctr, Sch of Radiologic Tech	O	A
	Mercy Hosp-Portland, Sch of Radiologic Tech	O	
MD	Holy Cross Hosp of Silver Spring, Sch of Radiography	O	
	Washington Adventist Hosp, Sch of Radiography	O	
MI	Henry Ford Hosp, Sch of Radiologic Tech	O	
	Hurley Med Ctr, Sch of Radiologic Tech	O	
	Marquette Gen Hosp, Sch of Radiography	O	A
	Providence Hosp-Southfield, Sch of Radiologic Tech	O	

	William Beaumont Hosp, Sch of Radiologic Tech	O		
MN	Rice Mem Hosp, Sch of Radiologic Tech	O	A	
	Ridgewater C, Willmar & Hutchinson		A	T
	St Cloud Hosp, Sch of Radiologic Tech	O		
MO	Mineral Area Reg Med Ctr, Sch of Radiologic Tech		A	
	Nichols Career Ctr	O		
	Research Med Ctr, Sch of Radiologic Tech	O		
	Rolla Tech Ctr/Inst	O	A	
	St John's Reg Health Ctr, Sch of Radiologic Tech	O		
NE	Alegent Health Sch of Radiologic Tech	O	A	
NV	Pima Medical Inst, Las Vegas		A	
NJ	The Cooper Health Sys, Sch of Radiologic Tech	O		
	Hudson Area Sch of Radiologic Tech	O		
	Pascack Valley Hosp, Sch of Radiography	O		
	Shore Mem Hosp, Sch of Radiologic Tech	O		
	St Francis Med Ctr-Trenton, Sch of Radiologic Tech	O		
NM	Pima Med Inst, Albuquerque		A	
NY	Arnot-Ogden Med Ctr, Sch of Radiologic Tech	O		
	Champlain Valley Physicians Hosp Med Ctr, Radiologic Tech Prog	O	A	
	Faxton-St Luke's Healthcare, Sch of Radiography	O		
	Long Island C Hosp, Sch of Radiologic Tech	O		
	St Elizabeth Med Ctr, Sch of Radiography	O		
	St James Mercy Hosp, Sch of Radiologic Sci	O		
	Winthrop U Hosp, Program/Radiography	O		
NC	Carolinas C of Health Sci		A	
	Moses Cone Health Sys, Sch of Radiologic Tech	O		
	Presbyterian Hosp, Sch of Radiologic Tech	O		
	Wilkes Reg Med Ctr, Radiologic Tech	O		
ND	Trinity Hosp Sch of Radiologic Tech	O		
OH	Cleveland Clinic Health Sys, Diagnostic Imaging	O		
	Marion Tech C	O	A	T
	Rhodes State C		A	
OK	Great Plains Tech Ctr, Lawton	O		
	Meridian Tech Ctr	O		
	Metro Tech Radiography Program	O	A	
	Tulsa Tech Ctr	O		
OR	Abdill Career C, Inc	O		
PA	Albert Einstein Med Ctr, Sch of Radiologic Tech	O		
	Armstrong Ctr for Med & Health, Sch of Radiologic Tech	O		
	Bradford Reg Med Ctr, Sch of Radiography	O		
	Clearfield Hosp, Sch of Radiologic Tech	O		
	Conemaugh Mem Med Ctr, Sch of Radiologic Tech	O		
	Reading Hosp & Med Ctr, Sch of Radiologic Tech	O		
	Sharon Reg Health Sys, Sch of Radiography	O		
	UPMC-Sch of Radiologic Tech	O		
	Washington Hosp, Radiologic Program	O		
RI	Rhode Island Hosp, Sch of Diagnostic Imaging, RT Program	O		
SC	AnMed Health Med Ctr, Sch of Radiologic Tech	O		
	Greenville Tech C		A	
SD	McKennan Hosp, Sch of Radiologic Tech	O		
	Mitchell Tech Inst		A	
	Rapid City Reg Hosp, Med Radiography Program	O		
	Sanford USD Med Ctr, Sch of Radiologic Tech	O		
TN	Nashville Gen Hosp, Sch of Radiologic Tech	O	A	
TX	Baptist Health Sys Sch of Health Professions	O		
	Citizens Med Ctr-S of Radiologic Tech	O		
	Covenant Sch of Radiologic Tech	O		
	Harris Co Hosp District, Sch of Med Radiography	O		
	Hendrick Med Ctr, Sch of Radiography	O		
	Lamar Inst of Tech		A	
	Memorial Hermann Baptist-Beaumont, Sch of Radiologic Tech	O		
	Memorial Hermann, Radiologic Program	O		

VA	ACT C, Arlington		A	
	Bon Secours Sch of Med Imaging	O		
	Medical Radiography Program, Winchester Med Ctr	O		
	Riverside Sch of Health Careers	O		
	Southside Reg Med Ctr-Sch of Radiation Sciences	O	A	T
WA	Apollo C, Spokane	O		
	Bellingham Tech C		A	
	Pima Med Inst, Seattle		A	
WV	Ohio Valley Med Ctr, Radiologic Tech Program	O	A	
	SMMC, Sch of Radiography	O	A	
	United Hosp Ctr-Sch of Radiologic Tech	O	A	
	Wheeling Hosp, Radiology Program	O		
WI	Affinity Health Sys Program of Radiologic Tech	O		
	Aurora St Luke's Med Ctr Sch of Radiologic Tech	O		
	Bellin Hosp, Sch of Radiologic Tech	O		
	Blackhawk Tech C		A	
	Columbia/St Mary's Sch of Radiologic Tech	O		
	Froedtert Hosp, Radiologic Tech	O		
	Lakeshore Tech C		A	
	Western Tech C, La Crosse		A	T
	Wheaton Franciscan Healthcare - All Saints Sch of Radiologic Tech	O		
	Wheaton Franciscan Healthcare - Saint Joseph, Sch of Radiologic Tech	O		

RADIO & TELEVISION BROADCASTING (INCLUDES ANNOUNCING)

CA	Tri-Cities ROP	O	
IL	Lake Land C	O	A
MI	Specs Howard Sch of Broadcast Arts	O	
OK	American Broadcasting Sch, Tulsa	O	
PR	Colegio de Cinematografia, Artes y Television, Bauamon	O	
WA	Bates Tech C	O	A

RADIO & TELEVISION COMMERCIAL COPYWRITING

OK	American Broadcasting Sch, Tulsa	O

RADIO & TELEVISION COMMUNICATIONS

OK	American Broadcasting Sch, Tulsa	O	
PR	Colegio de Cinematografia, Artes y Television, Bauamon	O	
WA	Bates Tech C	O	A

RADIO, TELEVISION, & ELECTRONICS REPAIR

NY	Island Drafting & Tech Inst	O	
PA	Pace Inst	O	A
WA	Bates Tech C	O	A
WI	Lakeshore Tech C	O	

RADIO & TELEVISION TIME SALES

OK	American Broadcasting Sch, Tulsa	O

RANGE SCIENCE

SD	Western Dakota Tech Inst	O	A

REAL ESTATE (INCLUDES MANAGEMENT & SALES)

CA	Hacienda La Puente Adult Ed, La Puente	O		
	Rowland Adult & Comm Ed	O		
	West Valley Occ Ctr	O		
FL	First Coast Tech Inst	O		
	Orlando Tech	O		
	Washington-Holmes Tech Ctr	O		
IL	Solex Acad	O		
NV	American Career Inst	O		
NY	Wilson Tech Ctr	O		
OH	Marion Tech C	O	A	T
	Rhodes State C	O		
OK	Tri County Tech Ctr	O		
OR	Abdill Career C, Inc	O		
TX	Lamar Inst of Tech	O	A	

RECEPTIONIST TRAINING

CA	Central Coast C	O
	Compton Adult Sch	O
	Computer Tutor Bus & Tech Inst	O
	Kensington C	O
	LaPuente Valley ROP	O
	Martinez Adult Ed	O
	MTI Bus C	O
	North Orange Co ROP	O
	Opportunities Industrialization Ctr West	O

FL	Maya's Sch of Beaute, Inc	O	
	Westside Tech	O	
	Winter Park Tech	O	
GA	Savannah River C	O	A
KY	KY Tech-Harrison Area Tech Ctr	O	
MI	Dorsey Bus Sch, Madison Heights	O	
MN	St Cloud Tech C	O	
MO	Bryan C, Springfield	O	
	Rolla Tech Ctr/Inst	O	
OK	Meridian Tech Ctr	O	
	Southern Oklahoma Tech Ctr	O	
PA	Pace Inst	O	
RI	MotoRing Tech Training Inst	O	
TN	Tennessee Tech Ctr at Athens	O	
	Tennessee Tech Ctr at Hohenwald	O	
	Tennessee Tech Ctr at McMinnville	O	
TX	David L Carrasco Job Corps Ctr	O	
	Milan Inst, Amarillo	O	
UT	Image Works Acad of Hair Design	O	
WA	Renton Tech C	O	
WV	Valley C, Beckley Campus	O	
	Valley C, Princeton	O	

RECEPTIONIST TRAINING, DENTAL

CA	Opportunities Industrialization Ctr West	O	
	Sunnyvale-Cupertino Adult Ed Program	O	
OH	Cleveland Inst of Dental-Medical Asst, Cleveland	O	
PA	Pace Inst	O	
TX	Milan Inst, Amarillo	O	
WA	Clover Park Tech C		A

RECEPTIONIST TRAINING, EXECUTIVE

CA	Computer Tutor Bus & Tech Inst	O
	Kensington C	O
	Opportunities Industrialization Ctr West	O
	Pacific C	O
NY	Olean Bus Inst	O
PA	Pace Inst	O
TX	Milan Inst, Amarillo	O
WA	Bellingham Tech C	O

RECEPTIONIST TRAINING, LEGAL

CA	Kensington C	O
MI	Detroit Bus Inst, Downriver	O
NY	Olean Bus Inst	O
PA	Pace Inst	O
WV	Valley C, Beckley Campus	O
	Valley C, Princeton	O

RECEPTIONIST TRAINING, MEDICAL

CA	Central Coast C	O	
	Computer Tutor Bus & Tech Inst	O	
	MTI Bus C	O	
	Opportunities Industrialization Ctr West	O	
	Pacific C	O	
	Sunnyvale-Cupertino Adult Ed Program	O	
	West Valley Occ Ctr	O	
CO	IntelliTec Med Inst	O	
GA	Savannah River C	O	A
LA	Ascension C	O	
MI	Carnegie Inst	O	
MO	Rolla Tech Ctr/Inst	O	
NY	Olean Bus Inst	O	
OH	Cleveland Inst of Dental-Medical Asst, Cleveland	O	
OR	Valley Med C, Inc.	O	
PA	Career Training Acad, Monroeville	O	
	Keystone Tech Inst		A
	Pace Inst	O	
TN	Tennessee Tech Ctr at McMinnville	O	
TX	Milan Inst, Amarillo	O	
WA	Bellingham Tech C	O	
WV	Valley C, Beckley Campus	O	
	Valley C, Princeton	O	

RECEPTIONIST TRAINING, WORD PROCESSING

CA	Computer Tutor Bus & Tech Inst	O
	Kensington C	O
	Martinez Adult Ed	O
	MTI Bus C	O
	Opportunities Industrialization Ctr West	O
	West Valley Occ Ctr	O
KY	KY Tech-Harrison Area Tech Ctr	O
LA	Ascension C	O
ME	Northeast Tech Inst	O
MI	Dorsey Bus Sch, Madison Heights	O
MO	Rolla Tech Ctr/Inst	O
PA	Pace Inst	O
TN	Tennessee Tech Ctr at McMinnville	O

TX	David L Carrasco Job Corps Ctr	O
	Milan Inst, Amarillo	O

RECORD ENGINEER TRAINING
MD	Omega Studio's Sch of Applied Recordings Arts & Sci	O

RECORDING ARTS
MD	Omega Studio's Sch of Applied Recordings Arts & Sci	O

RECORDING ENGINEER TRAINING
AZ	Conservatory of Recording Arts & Sci	O
MD	Omega Studio's Sch of Applied Recordings Arts & Sci	O
NY	Inst of Audio Research	O

RECORDS MANAGEMENT
CA	West Valley Occ Ctr	O
KS	Johnson Co Comm C, Overland Park	O
MI	Carnegie Inst	O
MN	Ridgewater C, Willmar & Hutchinson	O
PA	Lansdale Sch of Bus	O

RECREATION LEADERSHIP
CA	North Orange Co ROP	O

RECREATION & TOURISM
CA	North Orange Co ROP	O

RECREATION VEHICLE MECHANICS
CO	Pickens Tech C	O
GA	East Central Tech C	O

REFLEXOLOGY
CA	American Acad of Reflexology	O
	Digits Intl-Reflexology Inst	O
	Healing Hands Sch of Holistic Health	O
	Kali Inst for Massage & Somatic Therapies	O
	Massage Sch of Santa Monica	O
	Pacific C	O
	Therapeutic Learning Ctr	O
	Twin Lakes C of the Healing Arts	O
CO	Modern Inst of Reflexology	O
FL	Intl Inst of Reflexology	O
GA	Lake Lanier Sch of Massage	O
IL	Wellness & Massage Training Inst	O
IN	Acad of Reflexology & Health Therapy Intl	O
ME	Downeast Sch of Massage	O
MA	Central Massachusetts Sch of Massage & Therapy, Inc	O
	New England Inst of Reflexology & Universal Studies	O
MI	Alternative Healing Inc	O
MN	Sister Rosalind Gefre Sch & Clinics of Massage, West Saint Paul	O
NJ	New Jersey Inst of Reflexology	O
NY	Long Island Reflexology Ctr	O A
	New York Inst of Beauty	O
OH	Ohio Acad of Holistic Health	O
	Reflexology Sci Inst	O
OK	Central State Acad	O
PA	Central Pennsylvania Sch of Massage, Inc	O
	Computer Learning Network – Resident Sch	O
	Lehigh Valley Healing Arts Acad	O
	Natl Acad of Massage Therapy & Healing Sci	O
	Professional Sch of Massage	O
TX	Sterling Health Ctr	O

REFLEX PRACTITIONER
OH	Intl Acad of Naturopathy	O
	Ohio Acad of Holistic Health	O

REFRIGERATION INSTALLATION & REPAIR
AR	Askins Vo-Tech, Inc	O
	Northwest Tech Inst, Springdale	O
CA	Brownson Tech Sch	O
	North Orange Co ROP	O
FL	Miami Lakes Ed Ctr	O
GA	Southwest Georgia Tech C	O
MA	Cape Cod Reg Tech HS	O
MN	St Cloud Tech C	O A
NY	Wilson Tech Ctr	O
OK	Tulsa Tech Ctr	O
PA	Forbes Rd Career & Tech Ctr	O
PR	Instituto de Banca y Comercio, San Juan	O

	Liceo de Arte y Tech, San Juan	O
SD	Southeast Tech Inst	O A
TN	Tennessee Tech Ctr at Shelbyville	O
VA	Advanced Tech Inst	O A
WA	Bates Tech C	O A
	Bellingham Tech C	A
WI	Western Tech C, La Crosse	O

REHABILITATION MASSAGE THERAPY
OH	Carnegie Inst of Integrative Med & Massotherapy	A

REHABILITATION SERVICES
WA	Clover Park Tech C	O

REIKI
CA	Valley Hypnosis Ctr	O
MA	Kripalu Ctr	O
NV	Baum Healing Arts Ctr, Carson City	O
NC	American Holistic U	O
OH	Ohio Acad of Holistic Health	O
	Reflexology Sci Inst	O
PA	Central Pennsylvania Sch o Massage, Inc	O f
	Computer Learning Network – Resident Sch	O
	Natl Acad of Massage Therapy & Healing Sci	O

RESILIENT FLOORING INSTALLATION
OK	Meridian Tech Ctr	O

RESPIRATORY CARE
CO	Pickens Tech C	O T
IL	Trinity C of Nursing & Health Sci	A
MO	Rolla Tech Ctr/Inst	O A
PR	Centro de Capacitacion y Asesocamiento, Caquas	O
	Ponce Paramedical C, Ponce	O A
TX	Lamar Inst of Tech	A
WI	Western Tech C, La Crosse	A

RESPIRATORY CARE TECHNOLOGY
AZ	Pima Med Inst, Mesa	A
	Pima Med Inst, Tucson	A
CA	Simi Valley Adult Sch	O
GA	Southwest Georgia Tech C	A
IL	St John's Hosp/Lincoln Land Com C	O A
IA	St Luke's C, Sioux City	A
MO	Rolla Tech Ctr/Inst	O A
NM	Pima Med Inst, Albuquerque	A
OH	Rhodes State C	A
OK	Francis Tuttle Tech Ctr	O
	Great Plains Tech Ctr, Lawton	O
PR	Instituto de Banca y Comercio, San Juan	O
SC	Greenville Tech C	A
TX	Lamar Inst of Tech	A
WA	Bellingham Tech C	O

RESPIRATORY THERAPY
AL	Wallace Comm C, Wallace Campus	O A
AZ	Apollo C, Phoenix Westside	A
	Apollo C, Tri-City	O
CA	Concorde Career C, San Bernardino	O
	Concorde Career C, San Diego	A
	Hacienda La Puente Adult Ed, La Puente	O
	Maric C, Salida	A
CO	Concorde Career C, Aurora	A
GA	Okefenokee Tech C	A
KS	Johnson Co Comm C, Overland Park	A
	Northwest Kansas Tech C	A
MO	Rolla Tech Ctr/Inst	O A
NV	Pima Medical Inst, Las Vegas	A
PA	Laurel Bus Inst	O
PR	Ponce Paramedical C, Coto Laurel	O A
TX	Lamar Inst of Tech	A

RESTAURANT MANAGEMENT
CA	California Culinary Acad	A
FL	First Coast Tech Inst	O
HI	Travel Inst of the Pacific	O
KS	Johnson Co Comm C, Overland Park	A
NY	Culinary Acad of Long Island	O
PA	JNA Inst of Culinary Arts	A
TX	Lamar Inst of Tech	A
UT	Ogden-Weber Applied Tech C	O
VT	New England Culinary Inst	A
WA	Clover Park Tech C	O

RETAIL TRADES (INCLUDES MANAGEMENT & SALES)
CA	Imperial Valley ROP	O
	LaPuente Valley ROP	O
GA	Altamaha Tech C, Jesup	O
MN	Ridgewater C, Willmar & Hutchinson	O
PA	Commonwealth Tech Inst at H G Andrews Ctr	O
	Newport Bus Inst, Lower Burrell	A
	South Hills Sch of Bus & Tech, State College	O
WA	Clover Park Tech C	A

ROBOTICS
OH	Rhodes State C	O
SD	Lake Area Tech Inst	A
TN	Tennessee Tech Ctr at McMinnville	O
	Tennessee Tech Ctr at Shelbyville	O

ROOFING, CONSTRUCTION
KY	KY Tech-Harrison Area Tech Ctr	O
	Ohio Co Area Tech Ctr	O
MA	Cape Cod Reg Tech HS	O
PA	Triangle Tech, Pittsburgh	A
WV	Marion Co Voc Tech Ctr	O

SALES MANAGEMENT & TRAINING (WHOLESALE & RETAIL)
CA	Dale Carnegie Training, Oakland	O
	Truck Marketing Inst	O
IL	Spanish Coalition for Jobs, Inc.	O
MN	Alexandria Tech C, Alexandria	O A
	Dakota Co Tech C	O A
	Ridgewater C, Willmar & Hutchinson	O A
	St Cloud Tech C	O A
MS	Mississippi Job Corps Ctr	O
PA	Pittsburgh Tech Inst	A
SD	Lake Area Tech Inst	A
UT	Image Works Acad of Hair Design	O
WA	Clover Park Tech C	O

SALON MANAGEMENT
FL	Dynasty Acad	O
GA	Intl Sch of Skin & Nails	O
NY	The Orlo Sch of Hair Design	O
OH	Eastern Hills Acad of Hair Design	O
	Tri County Beauty C	O
	Western Hills Sch of Beauty & Hair Design	O
OK	Central State Acad	O
UT	Image Works Acad of Hair Design	O

SATELLITE COMMUNICATIONS
SD	Mitchell Tech Inst	A

SCOPIST (COURT REPORTING)
OH	Stautzenberger C, Strongsville	O A

SCULPTURE
NJ	Ducret Sch of Arts	O

SECRETARIAL STUDIES
AR	Crowley's Ridge Tech Inst	O
CA	Charles A Jones Skills & Bus Ed Ctr	O
	Hacienda La Puente Adult Ed, La Puente	O
	Los Angeles ORT Tech Inst	O
	MTI Bus C	O
FL	Sarasota Co Tech Inst	O
GA	Gwinnett C	O
IL	Sparks C	O
IN	C of Court Reporting	O
KS	Johnson Co Comm C, Overland Park	A
	Kansas City Kansas Area Tech Sch	O
	KAW Area Tech Sch	O
	North Central Kansas Tech C	O
KY	KY Tech-Harrison Area Tech Ctr	O
LA	Ascension C	O
MI	Dorsey Bus Sch, Madison Heights	O
	Dorsey Bus Sch, Southgate	O
MN	Alexandria Tech C, Alexandria	O
	St Cloud Tech C	O
MO	American C of Tech	O
	Metro Bus C, Cape Girardeau	O
	Rolla Tech Ctr/Inst	O
NY	Elmira Bus Inst, Vestal	O
	Olean Bus Inst	O
OK	Indian Capital Tech Ctr - Tahlequah-Bill Willis Campus	O
	Meridian Tech Ctr	O
	Mid-America Tech Ctr	O
PA	Cambria-Rowe Bus C, Indiana	O

		O	A	T
	Cambria-Rowe Bus C, Johnstown	O		
	Consolidated Sch of Bus, Lancaster	O		
	Consolidated Sch of Bus, York	O		
	Laurel Bus Inst	O		
	Pace Inst	O		
PR	Instituto de Banca y Comercio, San Juan	O	A	
	MBTI Bus Training Inst	O		
SD	Southeast Tech Inst	O		
	Western Dakota Tech Inst	O		
TN	Tennessee Tech Ctr at Athens	O		
	Tennessee Tech Ctr at Hohenwald	O		
	Tennessee Tech Ctr at Livingston	O		
	Tennessee Tech Ctr at McMinnville	O		
	Tennessee Tech Ctr at Murfreesboro	O		
	Tennessee Tech Ctr, Oneida/Huntsville	O		
	Tennessee Tech Ctr at Shelbyville	O		
TX	American Commercial C, Odessa	O		
WA	Clover Park Tech C	O		
	Renton Tech C	O		

SECRETARIAL STUDIES, ADMINISTRATIVE

		O	A	T
AR	Northwest Tech Inst, Springdale	O		
CA	Central Coast C	O		
	Charles A Jones Skills & Bus Ed Ctr	O		
	Computer Tutor Bus & Tech Inst	O		
	Martinez Adult Ed	O		
	MTI Bus C	O		
	Opportunities Industrialization Ctr West	O		
	West Valley Occ Ctr	O		
CO	IntelliTec C, Grand Junction		A	
FL	Sarasota Co Tech Inst	O		
	Washington-Holmes Tech Ctr	O		
GA	Southeastern Tech C, Vidalia	O	A	
IL	Computer Sys Inst	O		
MN	Alexandria Tech C, Alexandria	O		
	St Cloud Tech C	O	A	
MO	American C of Tech	O		
NY	Elmira Bus Inst, Vestal		A	
PA	Greater Altoona Career & Tech Ctr	O		
	Pace Inst	O	A	
	The PJA Sch	O		T
SC	Greenville Tech C		A	
TN	Tennessee Tech Ctr at McMinnville	O		
TX	American Commercial C, Odessa	O		
	Faris Computer Sch	O		
WA	Renton Tech C	O		
WV	Valley C, Beckley Campus	O		
	Valley C, Princeton	O		
	West Virginia Bus C, Inc.		A	

SECRETARIAL STUDIES, BILINGUAL

		O	A	T
CA	Compton Adult Sch	O		
IL	Spanish Coalition for Jobs, Inc.	O		
PR	Instituto Chaviano de Mayaguez	O		

SECRETARIAL STUDIES, BUSINESS

		O	A	T
CA	Charles A Jones Skills & Bus Ed Ctr	O		
	Compton Adult Sch	O		
	LaPuente Valley ROP	O		
	Martinez Adult Ed	O		
	MTI Bus C	O		
	West Valley Occ Ctr	O		
FL	Sarasota Co Tech Inst	O		
GA	Columbus Tech C	O	A	
	Swainsboro Tech C	O	A	
KS	Johnson Co Comm C, Overland Park		A	
LA	Sowela Tech Comm C		A	
MO	American C of Tech	O		
	Rolla Tech Ctr/Inst	O		
OH	Gallipolis Career C		A	
OK	Great Plains Tech Ctr, Frederick	O		
	Indian Capital Tech Ctr - Tahlequah-Bill Willis Campus	O		
PA	Greater Altoona Career & Tech Ctr	O		
	Newport Bus Inst		A	
	Pace Inst	O		
TN	Tennessee Tech Ctr at McMinnville	O		
	Tennessee Tech Ctr at Newbern	O		

SECRETARIAL STUDIES, COMPUTER

		O	A	T
CA	Compton Adult Sch	O		
	Computer Tutor Bus & Tech Inst	O		
	Martinez Adult Ed	O		
	North Orange Co ROP	O		
	Opportunities Industrialization Ctr West	O		
IL	Computer Sys Inst	O		
ME	Northeast Tech Inst	O		
MO	Rolla Tech Ctr/Inst	O		
PA	Consolidated Sch of Bus, Lancaster	O	A	
	Consolidated Sch of Bus, York	O	A	
	Pace Inst	O		
TN	Tennessee Tech Ctr at McMinnville	O		

SECRETARIAL STUDIES, DENTAL

		O	A	T
CA	North Orange Co ROP	O		
OH	Cleveland Inst of Dental-Medical Asst, Cleveland	O		
OK	Tulsa Tech Ctr	O		
PA	Pace Inst	O		
UT	American Inst of Med & Dental Tech, Provo	O		

SECRETARIAL STUDIES, ENGINEERING

		O	A	T
PA	Pace Inst	O		

SECRETARIAL STUDIES, EXECUTIVE

		O	A	T
CA	Central Coast C	O		
	Martinez Adult Ed	O		
	MTI Bus C	O		
	Opportunities Industrialization Ctr West	O		
GA	Savannah River C	O	A	
KS	Northwest Kansas Tech C	O	A	
MI	Dorsey Bus Sch, Madison Heights	O		
	Dorsey Bus Sch, Southgate	O		
	Dorsey Bus Sch, Wayne	O		
MN	Dakota Co Tech C		A	
	Ridgewater C, Willmar & Hutchinson	O	A	
	South Central C, Faribault	O	A	
NY	Bryant & Stratton C, Syracuse		A	
	Elmira Bus Inst	O		
	Elmira Bus Inst, Vestal		A	
	Hunter Bus Sch, Levittown	O		
	Ridley-Lowell Bus & Tech Inst, Binghamton	O		
	Ridley-Lowell Bus & Tech Inst, Poughkeepsie	O		
	Utica Sch of Commerce, Utica	O	A	T
OH	Cleveland Inst of Dental-Medical Asst, Cleveland	O		
	Rhodes State C		A	
	Trumbull Bus C	O		
PA	Erie Bus Ctr, South		A	
	Lansdale Sch of Bus	O	A	
	Laurel Bus Inst	O	A	
	Newport Bus Inst		A	
	Pace Inst	O	A	
	Penn Commercial, Inc		A	
TN	Tennessee Tech Ctr at Hartsville	O		
TX	American Commercial C, Odessa	O		
WA	Renton Tech C	O	A	
WV	West Virginia Bus C, Inc.	O		

SECRETARIAL STUDIES, HEALTH SERVICES

		O	A	T
CA	Martinez Adult Ed	O		
	North Orange Co ROP	O		
CO	IntelliTec Med Inst	O		
FL	Withlacoochee Tech Inst	O		
GA	Southeastern Tech C, Vidalia	O		
MO	Rolla Tech Ctr/Inst	O		
PA	Pace Inst	O		
PR	Ponce Paramedical C, Coto Laurel	O		

SECRETARIAL STUDIES, HOSPITAL UNIT

		O	A	T
CA	Central Coast C	O		
CO	IntelliTec Med Inst	O		
FL	Atlantic Tech Ctr-Coconut Creek Campus	O		
PA	Pace Inst	O	A	

SECRETARIAL STUDIES, INFORMATION PROCESSING

		O	A	T
CA	Computer Tutor Bus & Tech Inst	O		
FL	Suwannee-Hamilton Tech Ctr	O		
GA	Southeastern Tech C, Vidalia	O		
MO	Rolla Tech Ctr/Inst	O		
OK	Moore-Norman Tech Ctr	O		
PA	Pace Inst	O		
TN	Tennessee Tech Ctr at McMinnville	O		
WA	Renton Tech C	O		
WV	Monongalia Co Tech Ed Ctr	O		

SECRETARIAL STUDIES, INTENSIVE

		O	A	T
PA	Pace Inst	O		

SECRETARIAL STUDIES, LEGAL

		O	A	T
CA	Compton Adult Sch	O		
	Kensington C	O		
	MTI Bus C	O		
	West Valley Occ Ctr	O		
FL	Lake Tech Ctr	O		
	Sarasota Co Tech Inst	O		
	Winter Park Tech	O		
ME	Northeast Tech Inst	O		
MI	Detroit Bus Inst, Downriver	O		
	Dorsey Bus Sch, Madison Heights	O		
	Dorsey Bus Sch, Southgate	O		
	Dorsey Bus Sch, Wayne	O		
MN	Alexandria Tech C, Alexandria	O	A	
	Minneapolis Bus C	O	A	
	Ridgewater C, Willmar & Hutchinson	O	A	
	St Cloud Tech C	O	A	
NY	Bryant & Stratton C, Syracuse		A	
	Elmira Bus Inst	O		
	Elmira Bus Inst, Vestal		A	
	Utica Sch of Commerce, Utica	O	A	T
NC	King's C, Charlotte	O	A	
OH	Rhodes State C		A	
	Trumbull Bus C	O		
PA	Consolidated Sch of Bus, Lancaster		A	
	Consolidated Sch of Bus, York		A	
	Erie Bus Ctr, South		A	
	Forbes Rd Career & Tech Ctr	O		
	Keystone Tech Inst		A	
	Lansdale Sch of Bus	O		
	Laurel Bus Inst	O		
	Newport Bus Inst		A	
	Pace Inst	O	A	
	Penn Commercial, Inc		A	
	The PJA Sch	O		T
TN	Tennessee Tech Ctr at Livingston	O		
	Tennessee Tech Ctr at McMinnville	O		
	Tennessee Tech Ctr at Newbern	O		
TX	Bradford Sch of Bus		A	
	South Texas Vo-Tech	O		
WA	Bellingham Tech C		A	
	Clover Park Tech C		A	
WV	Valley C, Beckley Campus	O		
	Valley C, Princeton	O		
	West Virginia Bus C, Inc.	O		
WI	Blackhawk Tech C		A	

SECRETARIAL STUDIES, MEDICAL

		O	A	T
AZ	Pima Med Inst, Mesa	O		
	Pima Med Inst, Tucson	O		
CA	Central Coast C	O		
	Computer Tutor Bus & Tech Inst	O		
	Hacienda La Puente Adult Ed, La Puente	O		
	LaPuente Valley ROP	O		
	Los Angeles ORT Tech Inst	O		
	Los Angeles ORT Tech Inst- Sherman Oaks Branch	O		
	Maric C, Bakersfield	O		
	MTI Bus C	O		
	North Orange Co ROP	O		
	Sacramento Job Corps Ctr	O		
	West Valley Occ Ctr	O		
CO	IntelliTec Med Inst	O		
FL	Atlantic Tech Ctr-Coconut Creek Campus	O		
	First Coast Tech Inst	O		
	George Stone Vo-Tech Ctr	O		
	Sarasota Co Tech Inst	O		
	Winter Park Tech	O		
GA	Savannah River C	O	A	
	Southeastern Tech C, Vidalia	O		
ID	Apollo C, Boise	O		
IL	Computer Sys Inst	O		
KS	Johnson Co Comm C, Overland Park		A	
LA	Ascension C	O		
ME	Northeast Tech Inst	O		
MI	Dorsey Bus Sch, Madison Heights	O		
	Dorsey Bus Sch, Southgate	O		
MN	Alexandria Tech C, Alexandria	O	A	
	Dakota Co Tech C	O	A	
	Hennepin Tech C, Brooklyn Park Campus	O		
	Ridgewater C, Willmar & Hutchinson	O	A	
	St Cloud Tech C	O	A	
MO	Metro Bus C, Cape Girardeau	O		
	Rolla Tech Ctr/Inst	O		
NV	Pima Medical Inst, Las Vegas	O		
NM	Pima Med Inst, Albuquerque	O		
NY	Bryant & Stratton C, Syracuse		A	
	Elmira Bus Inst	O		
	Elmira Bus Inst, Vestal		A	
	Utica Sch of Commerce, Utica	O	A	T
OH	Cleveland Inst of Dental-Medical Asst, Cleveland	O		
	Cleveland Inst of Dental-Medical Asst, Lyndhurst	O		
	ETI Tech C, Niles		A	
	Rhodes State C		A	
	Trumbull Bus C		A	
OK	Tulsa Tech Ctr	O		
PA	Antonelli Med & Prof Inst	O		
	Cambria-Rowe Bus C, Indiana	O		
	Cambria-Rowe Bus C, Johnstown	O		
	Career Training Acad, Monroeville	O		

	School	O	A	T
	Computer Learning Network – Resident Sch	O		
	Consolidated Sch of Bus, Lancaster	O	A	
	Consolidated Sch of Bus, York	O	A	
	Erie Bus Ctr, South		A	
	Forbes Rd Career & Tech Ctr	O		
	Greater Altoona Career & Tech Ctr	O		
	Great Lakes Inst of Tech	O		
	Keystone Tech Inst		A	
	Lansdale Sch of Bus	O	A	
	Laurel Bus Inst	O		
	Lehigh Valley C		A	
	Newport Bus Inst		A	
	Northern Tier Career Ctr	O		
	Pace Inst	O	A	
	Penn Commercial, Inc		A	
PR	Instituto de Banca y Comercio, Mayaguez	O		
	Liceo de Arte y Disenos	O		
	Ponce Paramedical C, Ponce	O		
SD	Mitchell Tech Inst		A	
TN	Nashville C of Med Careers	O		
	Tennessee Tech Ctr at Livingston	O		
	Tennessee Tech Ctr at McMinnville	O		
TX	American Commercial C, Odessa	O		
	South Texas Vo-Tech	O		
UT	American Inst of Med & Dental Tech, Provo	O		
WA	Bellingham Tech C	O		
	Pima Med Inst, Renton	O		
	Pima Med Inst, Seattle	O		
WV	Mountain State C	O		
	Valley C, Beckley Campus	O		
	Valley C, Princeton	O		
	West Virginia Bus C, Inc.	O		

SECRETARIAL STUDIES, WORD PROCESSING

	School	O	A	T
CA	Compton Adult Sch	O		
	Computer Tutor Bus & Tech Inst	O		
	LaPuente Valley ROP	O		
	Martinez Adult Ed	O		
	MTI Bus C	O		
	Opportunities Industrialization Ctr West	O		
	West Valley Occ Ctr	O		
FL	Sarasota Co Tech Inst	O		
GA	Southeastern Tech C, Vidalia	O		
IL	The C of Office Tech	O		
	Computer Sys Inst	O		
KS	Northwest Kansas Tech C	O	A	
LA	Ascension C	O		
ME	Northeast Tech Inst	O		
MI	Dorsey Bus Sch, Madison Heights	O		
MN	St Cloud Tech C	O		
MO	American C of Tech	O		
	Rolla Tech Ctr/Inst	O		
NY	Ridley-Lowell Bus & Tech Inst, Poughkeepsie	O		
OH	Trumbull Bus C		A	
OK	Moore-Norman Tech Ctr	O		
PA	Consolidated Sch of Bus, Lancaster	O	A	
	Consolidated Sch of Bus, York	O	A	
	Pace Inst	O		
PR	Instituto de Banca y Comercio, Mayaguez	O		
	Trinity C of Puerto Rico	O		
TN	Tennessee Tech Ctr at Athens	O		
	Tennessee Tech Ctr at McMinnville	O		
	Tennessee Tech Ctr at Murfreesboro	O		
	Tennessee Tech Ctr, Oneida/Huntsville	O		
	Tennessee Tech Ctr at Shelbyville	O		
WV	Valley C, Beckley Campus	O		
	Valley C, Princeton	O		

SECURITY & COMMUNICATIONS INSTALLATION

	School	O	A	T
MN	Dunwoody C of Tech		A	

SECURITY MANAGEMENT (INCLUDES PROTECTIVE & INVESTIGATIVE MGT)

	School	O	A	T
CA	Friedman C - Nick Harris Detective Acad	O		
PA	Pittsburgh Tech Inst		A	
RI	Gibbs C, Cranston		A	

SECURITY OFFICER TRAINING

	School	O	A	T
CA	Friedman C - Nick Harris Detective Acad	O		
	LaPuente Valley ROP	O		
	Martinez Adult Ed	O		
	Sacramento Job Corps Ctr	O		
FL	Sarasota Co Tech Inst	O		
MS	Mississippi Job Corps Ctr	O		
OK	Tri County Tech Ctr	O		

	School	O	A	T
PA	Computer Learning Network – Resident Sch	O		

SEWING

	School	O	A	T
CA	Compton Adult Sch	O		
	Palo Alto Adult Sch	O		
	West Valley Occ Ctr	O		
MA	The Sch of Fashion Design	O		
NJ	Fashion Design Training Studio	O		
NY	Wilson Tech Ctr	O		
OK	Mid-Del Tech Ctr	O		

SEWING MACHINE OPERATIONS

	School	O	A	T
CA	West Valley Occ Ctr	O		
FL	Winter Park Tech	O		
MA	The Sch of Fashion Design	O		

SHAMPOO TECHNOLOGY

	School	O	A	T
FL	Margate Sch of Beauty	O		
TN	Tennessee Acad of Cosmetology, Memphis (7041 Stage Rd, Ste 101)	O		
	Tennessee Acad of Cosmetology, Memphis (7020 E Shelby Dr 104)	O		
TX	Behold! Beauty Acad	O		
	Clark Inst of Cosmetology	O		

SHEET-METAL TRADES

	School	O	A	T
CA	North Orange Co ROP	O		
GA	Middle Georgia Tech C	O		
NJ	Hohokus Sch of Trades & Tech Studies	O		
UT	Ogden-Weber Applied Tech C	O		
WA	Bates Tech C	O	A	

SHIATSU THERAPY

	School	O	A	T
AZ	Arizona Sch of Integrative Studies, Clarkdale	O		
	The Providence Inst	O		
	Southwest Inst of Healing Arts	O		
CA	American Inst of Massage Therapy	O		
	Kali Inst for Massage & Somatic Therapies	O		
	Therapeutic Learning Ctr	O		
	Twin Lakes C of the Healing Arts	O		
FL	Educating Hands Sch of Massage	O		
ME	Downeast Sch of Massage	O		
MA	Kripalu C	O		
MN	Center Point Massage & Shiatsu Sch & Clinic	O		
	Center Point Massage & Shiatsu Therapy Sch & Clinic	O		
NJ	North Jersey Massage Training Ctr	O		
OR	Oregon Sch of Massage, Portland	O		
PA	Computer Learning Network – Resident Sch	O		
	Health Options Inst	O		
	Lehigh Valley Healing Arts Acad	O		
	Professional Sch of Massage	O		

SHIPBUILDING & BOATBUILDING

	School	O	A	T
ME	Landing Sch of Boatbuilding & Design	O		
WA	Bates Tech C	O	A	

SIGN LANGUAGE

	School	O	A	T
AL	Bishop State Comm C, Southwest Campus	O		
CA	Martinez Adult Ed	O		
	Palo Alto Adult Sch	O		
OH	Mahoning Co Career & Tech Ctr	O		

SIGN PAINTING

	School	O	A	T
CA	West Valley Occ Ctr	O		
MA	Butera Sch of Art	O		

SMALL BUSINESS MANAGEMENT

	School	O	A	T
CA	LaPuente Valley ROP	O		
KS	Johnson Co Comm C, Overland Park	O		
MN	Dakota Co Tech C	O		
OK	Kiamichi Tech Ctr, McAlester	O		
	Mid-America Tech Ctr	O		
	Tri County Tech Ctr	O		
PA	Laurel Bus Inst		A	
TX	Lamar Inst of Tech	O		
UT	Ogden-Weber Applied Tech C	O		

SMALL BUSINESS OPERATIONS

	School	O	A	T
GA	Altamaha Tech C, Jesup	O		

SMALL ENGINE REPAIR

	School	O	A	T
AL	Wallace Comm C, Wallace Campus	O		
FL	Lee Co High Tech Central	O		
GA	Southwest Georgia Tech C	O		

	School	O	A	T
KS	Johnson Co Comm C, Overland Park	O		
MN	Alexandria Tech C, Alexandria	O		
NY	Wilson Tech Ctr	O		
OK	Francis Tuttle Tech Ctr	O		
	Mid-Del Tech Ctr	O		
	Tri County Tech Ctr	O		
	Tulsa Tech Ctr	O		
PA	Commonwealth Tech Inst at H G Andrews Ctr	O		
	Greater Altoona Career & Tech Ctr	O		
RI	MotoRing Tech Training Inst	O		
WA	Bates Tech C	O	A	
WV	Putnam Career & Tech Ctr	O		

SOCIAL SERVICES TECHNOLOGY

	School	O	A	T
OH	Marion Tech C		A	

SOFTWARE APPLICATIONS

	School	O	A	T
CA	Compton Adult Sch	O		
	Computer Tutor Bus & Tech Inst	O		
	Martinez Adult Ed	O		
	North Orange Co ROP	O		
	Opportunities Industrialization Ctr West	O		
	West Valley Occ Ctr	O		
FL	Orlando Tech	O		
	Suwannee-Hamilton Tech Ctr	O		
	Washington-Holmes Tech Ctr	O		
IL	Computer Sys Inst	O		
ME	Northeast Tech Inst	O		
MO	American C of Tech		A	T
	Bryan C, Springfield	O		
NY	Wilson Tech Ctr	O		
OH	Rhodes State C	O		
PA	ITT Tech Inst, Pittsburgh	O	A	
	Newport Bus Inst, Lower Burrell	O		
SD	Mitchell Tech Inst		A	
TX	Career Quest	O		
WA	Bates Tech C	O	A	T

SOFTWARE DEVELOPMENT

	School	O	A	T
CA	West Valley Occ Ctr	O		
IL	The C of Office Tech	O		
	Computer Sys Inst	O		
ME	Northeast Tech Inst	O		
MO	American C of Tech		A	T

SOFTWARE MANAGEMENT

	School	O	A	T
ME	Northeast Tech Inst	O		
MO	American C of Tech	O	A	T

SOMATIC THERAPY

	School	O	A	T
CA	Kali Inst for Massage & Somatic Therapies	O		

SPANISH (CONVERSATIONAL)

	School	O	A	T
CA	Compton Adult Sch	O		
	Martinez Adult Ed	O		
	Palo Alto Adult Sch	O		
	Rowland Adult & Comm Ed	O		
	West Valley Occ Ctr	O		
KS	Johnson Co Comm C, Overland Park			T
OK	Mid-Del Tech Ctr	O		

SPANISH (FOR THE MEDICAL COMMUNITY)

	School	O	A	T
IN	Indiana Bus C, Indianapolis Medical	O		

SPA THERAPY

	School	O	A	T
AZ	Arizona Sch of Integrative Studies, Clarkdale	O		
	Southwest Inst of Healing Arts	O		
CT	Inst of Aesthetic Arts & Sci	O		
ID	American Inst of Clinical Massage	O		
ME	Downeast Sch of Massage	O		
MA	Catherine Hinds Inst of Esthetics	O		
	Central Massachusetts Sch of Massage & Therapy, Inc	O		
MI	Alternative Healing Inc	O		
NV	Baum Healing Arts Ctr, Carson City	O		
OK	Central State Acad	O		
PA	Central Pennsylvania Sch of Massage, Inc	O		
	Computer Learning Network – Resident Sch	O		
SC	Charleston Sch of Massage, Inc	O		
TX	Sterling Health Ctr	O		
UT	Image Works Acad of Hair Design	O		
WA	Ashmead C-Massage Therapy, Seattle	O		

SPORTS MANAGEMENT

	School	O	A	T
CA	Pacific C	O		
MN	Dakota Co Tech C		A	
PR	Ponce Paramedical C, Ponce	O		

SPORTS MEDICINE TECHNOLOGY

State	School	O	A	T
CA	Colton-Redlands-Yucaipa Reg Occ Program	O		
	Kali Inst for Massage & Somatic Therapies	O		
	North Orange Co ROP	O		
	Pacific C	O		
PR	Ponce Paramedical C, Coto Laurel	O		
WA	Ashmead C-Massage Therapy, Seattle	O		

STENOGRAPHY

State	School	O	A	T
PA	Newport Bus Inst, Lower Burrell	O		

STRUCTURAL COATINGS TECHNOLOGY

State	School	O	A	T
PA	Williamson Free Sch of Mechanical Trades		A	

STRUCTURAL INTEGRATION

State	School	O	A	T
CO	Guild for Structural Integration	O		
MA	Kripalu Ctr	O		

STRUCTURAL TECHNOLOGY

State	School	O	A	T
GA	Southwest Georgia Tech C	O		

STRUCTURAL WELDING

State	School	O	A	T
OH	Hobart Inst of Welding Tech	O		

SUPERVISION & MANAGEMENT TECHNOLOGY

State	School	O	A	T
FL	Ctr for Management & Executive Leadership	O		
GA	Central Georgia Tech C	O	A	
	Chattahoochee Tech C	O	A	
	Southwest Georgia Tech C	O	A	
MN	Alexandria Tech C, Alexandria		A	
	Dakota Co Tech C	O	A	T
WI	Blackhawk Tech C		A	
	Lakeshore Tech C		A	
	Western Tech C, La Crosse		A	T

SURGICAL TECHNOLOGY (OPERATING ROOM TECHNOLOGY)

State	School	O	A	T
AR	Baptist Health Sch Little Rock	O		
	Northwest Tech Inst, Springdale	O		
CA	Concorde Career C, San Bernardino	O		
	Concorde Career C, San Diego	O		
	Glendale Career C, Oceanside	O		
	Premiere Career C	O		
	Simi Valley Adult Sch	O		
CO	Concorde Career C, Aurora	O		
CT	Bridgeport Hosp, Sch of Nursing	O		
FL	Central Florida Inst, Palm Harbor (30522 US Hwy 19 N)		A	
	Erwin Tech Ctr	O		
	Orlando Tech	O		
	Sarasota Co Tech Inst	O		
	Southwest Florida C, Tampa		A	
GA	Central Georgia Tech C	O		
	Chattahoochee Tech C	O		
	Columbus Tech C	O	A	
	Middle Georgia Tech C	O		
	Okefenokee Tech C	O	A	
	Southeastern Tech C, Vidalia	O		
	Southwest Georgia Tech C	O	A	
ID	Eastern Idaho Tech C		A	
IL	C of DuPage Sch of Surgical Tech	O	A	
	Trinity C of Nursing & Health Sci		A	
IN	Bloomington Hosp, Sch of Surgical Tech	O		
	Indiana Bus C, Fort Wayne		A	
	Indiana Bus C, Indianapolis Medical		A	
	Indiana Bus C, Northwest		A	
	Indian Bus C, Northwest		A	
KS	KAW Area Tech Sch	O		
	Wichita Area Tech C	O		
KY	Spencerian C, Louisville	O		
MA	McCann Tech Sch	O		
MN	St Cloud Tech C	O	A	
NV	Nevada Career Inst, East Campus	O		
NJ	Star Tech Inst, Lakewood	O		
NY	Wilson Tech Ctr	O		
NC	Carolinas C of Health Sci	O		
	Presbyterian Hosp, Sch of Surgical Tech	O		
OH	Brown Mackie C, Cincinnati		A	
	Choffin Sch of Accredited Dental Assisting	O		
	Choffin Sch of Surgical Tech	O		
OK	Canadian Valley Tech Ctr, Chickasha	O		
	Comm Care C	O	A	
	Great Plains Tech Ctr, Lawton	O		
	Moore-Norman Tech Ctr	O		
	Platt C, Oklahoma City	O		
	Tulsa Tech Ctr	O		
OR	Concorde Career Inst, Portland	O		
PA	Conemaugh Valley Mem Hosp, Program for Surgical Tech	O	A	
	Great Lakes Inst of Tech	O		
PR	Antilles Sch of Tech Careers, San Juan	O		
	Instituto de Banca y Comercio, Mayaguez	O		
	Ponce Paramedical C, Coto Laurel	O		
	Ponce Paramedical C, Ponce	O		
SD	Southeast Tech Inst	O		
TN	High-Tech Inst, Memphis		A	
	Tennessee Tech Ctr at Crossville	O		
	Tennessee Tech Ctr at Dickson	O		
	Tennessee Tech Ctr at Hohenwald	O		
	Tennessee Tech Ctr at McMinnville	O		
	Tennessee Tech Ctr at Murfreesboro	O		
	Tennessee Tech Ctr at Paris	O		
TX	Baptist Health Sys Sch of Health Professions	O		
	Concorde Career Inst, Arlington	O		
	Sanford Brown Inst, Dallas	O		
UT	American Inst of Med & Dental Tech, Provo	O		
	AmeriTech C, Draper	O		
VA	Riverside Sch of Health Careers	O		
	Virginia Career Inst, Richmond	O		
WA	Bellingham Tech C	O		
	Clover Park Tech C	O		
	Renton Tech C	O	A	
WV	Monongalia Co Tech Ed Ctr	O		
WI	Lakeshore Tech C	O		
	Western Tech C, La Crosse	O		

SURVEYING & MAPPING

State	School	O	A	T
FL	Atlantic Tech Ctr-Coconut Creek Campus	O		
	Erwin Tech Ctr	O		
OH	Rhodes State C	O		
WA	Bellingham Tech C		A	
	Renton Tech C	O	A	

SYSTEMS ANALYSIS

State	School	O	A	T
AR	Remington C - Little Rock Campus		A	
IN	Indiana Bus C, Terre Haute		A	
LA	Louisiana Tech C, Northeast Louisiana Campus	O		
MO	American C of Tech	O	A	T

TAILORING

State	School	O	A	T
AL	Bishop State Comm C, Southwest Campus	O		
FL	Orlando Tech	O		
PR	Instituto Chaviano de Mayaguez	O		

TANNING

State	School	O	A	T
MA	Central Massachusetts Sch of Massage & Therapy, Inc	O		

TATTOOING

State	School	O	A	T
UT	Image Works Acad of Hair Design	O		

TAXIDERMY/TAXIDERMIST

State	School	O	A	T
CO	Colorado Inst of Taxidermy	O		
PA	Pennsylvania Inst of Taxidermy	O		

TEACHER'S ASSISTING/TEACHER AIDE TRAINING

State	School	O	A	T
CA	Compton Adult Sch	O		
	North Orange Co ROP	O		
FL	Maya's Sch of Beaute, Inc	O		
IL	Lake Land C		A	
PR	Ponce Paramedical C, Coto Laurel	O		
WA	Clover Park Tech C		A	
	Renton Tech C	O	A	
WI	Western Tech C, La Crosse	O	A	T

TECHNICAL ART & ILLUSTRATION

State	School	O	A	T
MN	Art Instruction Schs	O		

TELECOMMUNICATIONS ELECTRONICS

State	School	O	A	T
CA	Applied Professional Training, Inc	O		
	Opportunities Industrialization Ctr West	O		
SC	York Tech C	O		

TELECOMMUNICATIONS INSTALLATION

State	School	O	A	T
CA	Applied Professional Training, Inc	O		
	Opportunities Industrialization Ctr West	O		
GA	Southeastern Tech C, Vidalia	O		
RI	MotoRing Tech Training Inst	O		

TELECOMMUNICATIONS MANAGEMENT

State	School	O	A	T
CA	Applied Professional Training, Inc	O		

TELECOMMUNICATIONS TECHNOLOGY

State	School	O	A	T
CA	Applied Professional Training, Inc	O	A	T
	Imperial Valley ROP	O		
	Opportunities Industrialization Ctr West	O		
GA	East Central Tech C	O		
KS	Johnson Co Comm C, Overland Park	O	A	
	North Central Kansas Tech C	O		
OH	Marion Tech C	O	A	
OK	Francis Tuttle Tech Ctr	O		
	Tri County Tech Ctr	O		
RI	MotoRing Tech Training Inst	O		
WA	Perry Tech Inst	O		
WI	Western Tech C, La Crosse	O		

TELEPHONE EQUIPMENT INSTALLATION & MAINTENANCE TECHNOLOGY

State	School	O	A	T
CA	Associated Tech C, San Diego	O		
	Opportunities Industrialization Ctr West	O		
WA	Clover Park Tech C	O		

TELEVISION BROADCASTING/PRODUCTION

State	School	O	A	T
CA	LaPuente Valley ROP	O		
FL	Orlando Tech	O		
GA	Chattahoochee Tech C		A	
KS	Johnson Co Comm C, Overland Park			T
MI	Specs Howard Sch of Broadcast Arts	O		
OH	Ohio Ctr for Broadcasting, Valley View	O		
PR	Colegio de Cinematografia, Artes y Television, Bauamon	O		
WA	Bates Tech C	O	A	

TELEVISION & ELECTRONICS REPAIR

State	School	O	A	T
PA	Pace Inst	O	A	

TELEVISION OCCUPATIONS

State	School	O	A	T
CA	Sacramento Co ROP	O		

TELEVISION STUDIO OPERATIONS

State	School	O	A	T
FL	Miami Lakes Ed Ctr	O		
SC	York Tech C	O		
WA	Bates Tech C	O	A	

TEXTILE DESIGN

State	School	O	A	T
MA	The Sch of Fashion Design	O		

THAI MASSAGE

State	School	O	A	T
PA	Computer Learning Network – Resident Sch	O		

THEATER ARTS

State	School	O	A	T
CA	Imperial Valley ROP	O		
KS	Johnson Co Comm C, Overland Park			T
MI	Interlochen Arts Acad	O		
NY	Neighborhood Playhouse Sch of Theatre	O		

THEATER COSTUME

State	School	O	A	T
KS	Johnson Co Comm C, Overland Park		A	
MA	The Sch of Fashion Design	O		

THEATER, MUSICAL

State	School	O	A	T
CA	The American Musical & DramaticAcad, Los Angeles Campus	O		
CT	The Hartford Conservatory	O		
NY	The American Musical & Dramatic Acad	O		

THERAPEUTIC MASSAGE

State	School	O	A	T
AZ	Mundus Inst	O		
CA	California Healing Arts C	O		
	The Inst of Professional Practical Therapy	O		
	IPPT Sch of Massage	O		
	Kali Inst for Massage & Somatic Therapies	O		
	Massage Sch of Santa Monica	O		
	Pacific C	O		
	Twin Lakes C of the Healing Arts	O		
FL	Angley C, Deland	O		T
IN	Indiana Bus C, Indianapolis Medical	O	A	
IA	Carlson C of Massage Therapy	O		
MA	Central Massachusetts Sch of Massage & Therapy, Inc	O		
	Kripalu Ctr	O		
MI	Alternative Healing Inc	O		
	Michigan Sch of Myomassology	O		
NV	Baum Healing Arts Ctr, Carson City	O		
NC	The Whole You Sch of Massage & Bodywork	O		
OH	Integrated Touch Therapy, Inc for Animals	O		
OK	Central State Acad	O		
	Oklahoma Technology Inst	O		

PA	Computer Learning Network – Resident Sch	O
PR	Antilles Sch of Tech Careers, Santurce	O
RI	Arthur Angelo Sch of Cosmetology &Hair Design, Providence	O
WA	Ashmead C-Massage Therapy, Seattle	O
WI	Western Tech C, La Crosse	O

TITLE, ESCROW, & MORTGAGE ASSISTING

PR	Instituto de Banca y Comercio, San Juan	O

TOOL & DIE DESIGN

KY	Ohio Co Area Tech Ctr	O
MN	Hennepin Tech C, Brooklyn Park Campus	O
	Ridgewater C, Willmar & Hutchinson	O A
MO	Rolla Tech Ctr/Inst	O

TOOLMAKING & DIEMAKING

FL	Sarasota Co Tech Inst	O
KY	Ohio Co Area Tech Ctr	O
MN	Dunwoody C of Tech	O A
	Ridgewater C, Willmar & Hutchinson	O A
	South Central C, Faribault	A

TOUR ESCORTING & DIRECTING

CA	Hospitality, Intl Trade, and Global Security Training	O A

TRACTOR TRAILER DRIVING

CA	Anthony Soto Employment Training Ctr, Marysville	O
CT	New England Tractor Trailer Training Sch	O
FL	Washington-Holmes Tech Ctr	O
NY	National Tractor Trailer Sch, Liverpool	O

TRAVEL AGENCY OPERATIONS

AK	Career Acad, Anchorage	
CA	Hospitality, Intl Trade, and Global Security Training	O A
HI	Travel Inst of the Pacific	O
MO	Bryan C, Springfield	O
PA	Forbes Rd Career & Tech Ctr	O
TX	Career Quest	O

TRAVEL & CONFERENCE PLANNING

AK	Career Acad, Anchorage	O
CA	Hospitality, Intl Trade, and Global Security Training	O A
MO	Bryan C, Springfield	O

TRAVEL & HOSPITALITY

AK	Career Acad, Anchorage	O
CA	Hospitality, Intl Trade, and Global Security Training	O A
CT	Sawyer Sch, Hartford	O
HI	Travel Inst of the Pacific	O
IL	Illinois Careerpath Inst	O
MN	Minneapolis Bus C	O A
MO	Bryan C, Springfield	O
NC	King's C, Charlotte	O A
PA	Forbes Rd Career & Tech Ctr	O
	Lehigh Valley C	A
	Newport Bus Inst, Lower Burrell	A

TRAVEL PERSONNEL TRAINING

AK	Career Acad, Anchorage	O
CA	Hospitality, Intl Trade, and Global Security Training	O A
FL	Galiano Career Acad	O
MN	Dakota Co Tech C	O A
MO	Bryan C, Springfield	O
PA	Newport Bus Inst, Lower Burrell	A

TRAVEL & TOURISM CAREER TRAINING

AK	Career Acad, Anchorage	O
CA	Hospitality, Intl Trade, and Global Security Training	O A
CT	Sawyer Sch, Hartford	O
FL	Galiano Career Acad	O
	Manatee Tech Inst	O
	Webster C, Pasco Campus	A
GA	North Georgia Tech C, Clarkesville	O
HI	Travel Inst of the Pacific	O
MO	Bryan C, Springfield	O
NY	Bryant & Stratton C, Syracuse	A
PA	Erie Bus Ctr, South	A
	Newport Bus Inst, Lower Burrell	O A
	Pace Inst	O A

	Pittsburgh Tech Inst	A
PR	Instituto de Banca y Comercio, Mayaguez	O
	Instituto de Banca y Comercio, San Juan	O
	MBTI Bus Training Inst	O
TX	Career Quest	O

TRUCK & BUS MECHANICS

FL	Lake Tech Ctr	O
	Miami Lakes Ed Ctr	O
	Washington-Holmes Tech Ctr	O
MN	Dakota Co Tech C	O A
	Hennepin Tech C, Brooklyn Park Campus	O
OH	Mahoning Co Career & Tech Ctr	O
	TDDS Tech Inst	O
RI	New England Tractor Trailer Training Sch	O
SD	Southeast Tech Inst	A

TRUCK DRIVING

AL	Bishop State Comm C, Southwest Campus	O
AZ	American Inst of Tech, Phoenix	O
AR	Northwest Tech Inst, Springdale	O
CA	Charles A Jones Skills & Bus Ed Ctr	O
	Imperial Valley ROP	O
	Opportunities Industrialization Ctr West	O
	Sacramento Co ROP	O
	Western Pacific Truck Sch, Modesto	O
	Western Pacific Truck Sch, Stockton	O
CT	Allstate Commercial Driver Training Sch	O
FL	McFatter Tech Ctr	O
	Miami Lakes Ed Ctr	O
	Washington-Holmes Tech Ctr	O
GA	Altamaha Tech C, Jesup	O
	Southeastern Tech C, Vidalia	O
ID	Eastern Idaho Tech C	O
KS	Wichita Area Tech C	O
ME	Northeast Tech Inst	O
MD	North American Trade Sch	O
MN	Alexandria Tech C, Alexandria	O
	Dakota Co Tech C	O
MT	Sage Tech Services, Billings	O
NM	Intl Sch, Sunland Park	O
NY	Commercial Driver Training	O
	National Tractor Trailer Sch, Liverpool	O
OH	Ohio Tech C	O
	TDDS Tech Inst	O
	Tri-State Semi Driver Training, Inc, Middletown	O
PA	Greater Altoona Career & Tech Ctr	O
	Schuylkill Tech Ctrs	O
RI	New England Tractor Trailer Training Sch	O
SD	Southeast Tech Inst	A
	Western Dakota Tech Inst	O
TN	Tennessee Tech Ctr at Morristown	O
	Tennessee Tech Ctr at Shelbyville	O
TX	Lamar Inst of Tech	O
VA	Advanced Tech Inst	O
WA	Bates Tech C	O
	Bellingham Tech C	O

TRUCK & HEAVY EQUIPMENT REPAIR

FL	Washington-Holmes Tech Ctr	O
KS	Northwest Kansas Tech C	O A
MN	St Cloud Tech C	O A
MT	Sage Tech Services, Billings	O
OK	Great Plains Tech Ctr, Lawton	O
SD	Southeast Tech Inst	A

TURF MANAGEMENT

AZ	Mundus Inst	O
FL	First Coast Tech Inst	O
	Washington-Holmes Tech Ctr	O
GA	North Georgia Tech C, Clarkesville	O
MA	Cape Cod Reg Tech HS	O
SC	Greenville Tech C	A
SD	Southeast Tech Inst	A
WA	Clover Park Tech C	A
WI	Blackhawk Tech C	O

TYPING/KEYBOARDING

CA	Charles A Jones Skills & Bus Ed Ctr	O
	East San Gabriel Valley ROP & Tech Ctr	O
	LaPuente Valley ROP	O
	MTI Bus C	O
	Opportunities Industrialization Ctr West	O
	Sunnyvale-Cupertino Adult Ed Program	O
	West Valley Occ Ctr	O
IL	The Hadley Sch for the Blind	O
KY	KY Tech-Harrison Area Tech Ctr	O

ME	Northeast Tech Inst	O
MN	St Cloud Tech C	O
MO	Bryan C, Springfield	O
NY	Ridley-Lowell Bus & Tech Inst, Poughkeepsie	O
OH	Rhodes State C	O
PR	MBTI Bus Training Inst	O
TN	Tennessee Tech Ctr at Hohenwald	O
	Tennessee Tech Ctr at Livingston	O
	Tennessee Tech Ctr at Shelbyville	O
TX	American Commercial C, Wichita Falls	O
	Career Quest	O
WA	Clover Park Tech C	O
WV	Marion Co Voc Tech Ctr	O
	Valley C, Princeton	O

UPHOLSTERING

AL	Wallace Comm C, Wallace Campus	O
CA	Charles A Jones Skills & Bus Ed Ctr	O
	Compton Adult Sch	O
	Simi Valley Adult Sch	O
	West Valley Occ Ctr	O
FL	Washington-Holmes Tech Ctr	O
	Westside Tech	O
NY	Wilson Tech Ctr	O
OK	Tri County Tech Ctr	O
PR	Instituto Chaviano de Mayaguez	O

VCR REPAIR

WA	Bates Tech C	O A

VETERINARIAN ASSISTING

AZ	Apollo C, Phoenix	O
	Apollo C , Tri-City	O
	Apollo C, Tucson	O
	Pima Med Inst, Mesa	O
	Pima Med Inst, Tucson	O
CA	Colton-Redlands-Yucaipa Reg Occ Program	O
FL	Florida Inst of Animal Arts	O
NE	Vatterott C, Spring Valley Campus	A
NV	Pima Medical Inst, Las Vegas	O
NM	Pima Med Inst, Albuquerque	O
NY	Wilson Tech Ctr	O
OR	Apollo C, Portland	O
PA	Great Lakes Inst of Tech	O
WA	Apollo C, Spokane	O
	Bellingham Tech C	O
	Pima Med Inst, Renton	O
	Pima Med Inst, Seattle	O
WV	Marion Co Voc Tech Ctr	O

VETERINARY TECHNOLOGY

IN	Indiana Bus C, Northwest	A
	Indian Bus C, Northwest	A
MN	Ridgewater C, Willmar & Hutchinson	A
NV	Pima Medical Inst, Las Vegas	A
OH	Stautzenberger C, Strongsville	O A
PA	Vet Tech Inst,	A
SC	Greenville Tech C	A
TX	Bradford Sch of Bus	A
WA	Pima Med Inst, Renton	A
	Pima Med Inst, Seattle	A

VIDEO & AUDIO ELECTRONICS TECHNOLOGY

CA	North Orange Co ROP	O
PA	Pace Inst	O
WA	Bates Tech C	O A

VIDEOCASSETTE RECORDER REPAIR

PA	Pace Inst	O

VIDEO & FILM PRODUCTION

CA	49er ROP	O
	LaPuente Valley ROP	O
NJ	Tech Inst of Camden Co	O
OH	Intl C of Broadcasting	O

VIDEOTAPE PRODUCTION

KS	Kansas City Kansas Area Tech Sch	O
OH	Intl C of Broadcasting	O
WA	Bates Tech C	O A

VIDEO & TELEVISION TECHNOLOGY

CA	LaPuente Valley ROP	O
	North Orange Co ROP	O
FL	McFatter Tech Ctr	O
OH	Intl C of Broadcasting	O
WA	Bates Tech C	O A

VIOLIN MAKING & RESTORATION

MA	North Bennet Street Sch	O

VISUAL COMMUNICATIONS

ST	School	O	A	T
CA	Sacramento Co ROP	O		
NJ	Ducret Sch of Arts	O		
PA	Lehigh Valley C		A	
RI	Gibbs C, Cranston	O		
WI	Western Tech C, La Crosse		A	T

VOCATIONAL EDUCATION FOR PERSONS WITH DISABILITIES

ST	School	O	A	T
CA	American C of California	O		
	Friedman C - California Inst of Locksmithing	O		
	Friedman C - Nick Harris Detective Acad	O		
	North Orange Co ROP	O		
	Sacramento Job Corps Ctr	O		
	West Valley Occ Ctr	O		
IL	Illinois Careerpath Inst	O		
MO	Rolla Tech Ctr/Inst	O		
NV	Reno Tahoe Job Training Acad	O		
OK	Central State Acad	O		
WV	Marion Co Voc Tech Ctr	O		

VOCATIONAL REHABILITATION FOR PERSONS WITH DISABILITIES

ST	School	O	A	T
CA	American C of California	O		
	Friedman C - California Inst of Locksmithing	O		
	Friedman C - Nick Harris Detective Acad	O		
	Sunnyvale-Cupertino Adult Ed Program	O		
	West Valley Occ Ctr	O		
NV	Reno Tahoe Job Training Acad	O		
NY	Gloria Francis Beauty Inst	O		
OK	Central State Acad	O		
WV	Marion Co Voc Tech Ctr	O		

WARD CLERK TRAINING

ST	School	O	A	T
OK	Meridian Tech Ctr	O		
	Mid-Del Tech Ctr	O		
WA	Clover Park Tech C	O		

WAREHOUSE DISTRIBUTION

ST	School	O	A	T
KS	KAW Area Tech Sch	O		
PA	Commonwealth Tech Inst at H G Andrews Ctr	O		

WASTE MANAGEMENT

ST	School	O	A	T
MN	St Cloud Tech C	O	A	T

WATCH REPAIR

ST	School	O	A	T
AL	Bishop State Comm C, Southwest Campus	O		

WATER HARVESTING

ST	School	O	A	T
AZ	Fleur De Lis Inst of Landscape Design	O		

WATER & WASTEWATER TECHNOLOGIES

ST	School	O	A	T
KS	Salina ATS	O		

WEBMASTER

ST	School	O	A	T
CA	Martinez Adult Ed	O		
	West Valley Occ Ctr	O		
FL	C of Bus & Tech, Miami		A	
KS	Johnson Co Comm C, Overland Park	O		
ME	Northeast Tech Inst	O		
MO	American C of Tech	O	A	T
NY	Ridley-Lowell Bus & Tech Inst, Poughkeepsie	O		
OH	ETI Tech C, Niles		A	
OK	Great Plains Tech Ctr, Lawton	O		
	Northwest Tech Ctr, Alva	O		
	Oklahoma Technology Inst	O		
WI	Blackhawk Tech C		A	

WEB PAGE, DIGITAL/MULTIMEDIA AND INFORMATION RESOURCES DESIGN

ST	School	O	A	T
ID	Eastern Idaho Tech C		A	

WELDING

ST	School	O	A	T
AL	Bishop State Comm C, Southwest Campus	O		
	Wallace Comm C, Wallace Campus	O		
AR	Cass Civilian Conservation Job Corps Ctr	O		
	Crowley's Ridge Tech Inst	O		
	Northwest Tech Inst, Springdale	O		
	UAM College of Tech, McGehee	O		
CA	Anthony Soto Employment Training Ctr, Marysville	O		
	Colton-Redlands-Yucaipa Reg Occ Program	O		
	Hacienda La Puente Adult Ed, La Puente	O		
	Imperial Valley ROP	O		
	Sacramento Co ROP	O		
	Simi Valley Adult Sch	O		
CO	Pickens Tech C	O		T
FL	Atlantic Tech Ctr-Coconut Creek Campus	O		
	Bradford-Union Area Career Tech Ctr	O		
	Erwin Tech Ctr	O		
	First Coast Tech Inst	O		
	George Stone Vo-Tech Ctr	O		
	Lake Tech Ctr	O		
	Lee Co High Tech Central	O		
	Manatee Tech Inst	O		
	McFatter Tech Ctr	O		
	Okaloosa Applied Tech Ctr	O		
	Pinellas Tech Ed Ctr, Clearwater	O		
	Sarasota Co Tech Inst	O		
	Tulsa Welding Sch, Jacksonville	O		
	Washington-Holmes Tech Ctr	O		
	Westside Tech	O		
	Withlacoochee Tech Inst	O		
GA	Altamaha Tech C, Jesup	O		
	Central Georgia Tech C	O		
	Columbus Tech C	O		
	East Central Tech C	O		
	Middle Georgia Tech C	O		
	North Georgia Tech C, Clarkesville	O	A	
	Okefenokee Tech C	O		
	Southeastern Tech C, Vidalia	O		
	Southwest Georgia Tech C	O		
ID	Eastern Idaho Tech C	O	A	
KS	Johnson Co Comm C, Overland Park	O	A	
	Kansas City Kansas Area Tech Sch	O		
	KAW Area Tech Sch	O		
	Manhattan Area Tech C	O	A	
	North Central Kansas Tech C	O		
	Northwest Kansas Tech C	O	A	
	Salina ATS	O		
	Wichita Area Tech C	O		
KY	KY Tech-Harrison Area Tech Ctr	O		
	Ohio Co Area Tech Ctr	O		
LA	Louisiana Tech C, Baton Rouge Campus	O		
	Louisiana Tech C, Northeast Louisiana Campus	O		
	Louisiana Technical C, Baton Rouge	O		
	Sowela Tech Comm C	O		
MA	Cape Cod Reg Tech HS	O		
MN	Alexandria Tech C, Alexandria	O		
	Dakota Co Tech C	O		
	Dunwoody C of Tech	O		
	Hennepin Tech C, Brooklyn Park Campus	O		
	Ridgewater C, Willmar & Hutchinson	O	A	
	St Cloud Tech C	O		
MS	Mississippi Job Corps Ctr	O		
MO	Nichols Career Ctr	O		
NJ	Cumberland Co Tech Ed Ctr	O		
	Hohokus Sch of Trades & Tech Studies	O		
	Tech Inst of Camden Co	O		
NY	Apex Tech Sch	O		
	Modern Welding Sch	O		
	Wilson Tech Ctr	O		
OH	Hobart Inst of Welding Tech	O		
OK	Canadian Valley Tech Ctr, Chickasha	O		
	Francis Tuttle Tech Ctr	O		
	Great Plains Tech Ctr, Lawton	O		
	Indian Capital Tech Ctr - Tahlequah-Bill Willis Campus	O		
	Kiamichi Tech Ctr, Atoka	O		
	Kiamichi Tech Ctr, McAlester	O		
	Meridian Tech Ctr	O		
	Mid-America Tech Ctr	O		
	Mid-Del Tech Ctr	O		
	Moore-Norman Tech Ctr	O		
	Southern Oklahoma Tech Ctr	O		T
	Tri County Tech Ctr	O		
	Tulsa Tech Ctr	O		
	Tulsa Welding Sch, Tulsa	O	A	
PA	Dean Inst of Tech	O		
	Greater Altoona Career & Tech Ctr	O		
	Triangle Tech, Pittsburgh		A	
SD	Lake Area Tech Inst	O	A	
	Western Dakota Tech Inst	O		
TN	Tennessee Tech Ctr at Athens	O		
	Tennessee Tech Ctr at Covington	O		
	Tennessee Tech Ctr at Crossville	O		
	Tennessee Tech Ctr at Harriman	O		
	Tennessee Tech Ctr at Hartsville	O		
	Tennessee Tech Ctr at Hohenwald	O		
	Tennessee Tech Ctr at Livingston	O		
	Tennessee Tech Ctr at McMinnville	O		
	Tennessee Tech Ctr at Morristown	O		
	Tennessee Tech Ctr at Newbern	O		
	Tennessee Tech Ctr, Oneida/Huntsville	O		
	Tennessee Tech Ctr at Paris	O		
	Tennessee Tech Ctr at Shelbyville	O		
	William R Moore C of Tech	O		
TX	David L Carrasco Job Corps Ctr	O		
	Lamar Inst of Tech	O	A	
UT	Ogden-Weber Applied Tech C	O		
WA	Bates Tech C	O	A	
	Bellingham Tech C	O	A	
	Clover Park Tech C	O		
	Renton Tech C	O	A	
WV	Marion Co Voc Tech Ctr	O		
	Monongalia Co Tech Ed Ctr	O		
	Putnam Career & Tech Ctr	O		
WI	Blackhawk Tech C	O		
	Lakeshore Tech C	O		
	Western Tech C, La Crosse	O		

WELDING EQUIPMENT REPAIR

ST	School	O	A	T
GA	Southwest Georgia Tech C	O		
KS	Johnson Co Comm C, Overland Park	O		

WELDING, MARITIME

ST	School	O	A	T
VA	Advanced Tech Inst	O	A	

WESTERN HERBOLOGY

ST	School	O	A	T
AZ	Southwest Inst of Healing Arts	O		

WILDLIFE TECHNOLOGY

ST	School	O	A	T
GA	Swainsboro Tech C	O	A	

WIND ENERGY

ST	School	O	A	T
MN	Minnesota W Comm & Tech C, Canby	O	A	

WOODWORKING (INCLUDES CARPENTRY, CABINETMAKING, & WOOD FINISHING)

ST	School	O	A	T
CA	Imperial Valley ROP	O		
	North Orange Co ROP	O		
	Palo Alto Adult Sch	O		
FL	Pinellas Tech Ed Ctr, Clearwater	O		
	Washington-Holmes Tech Ctr	O		
GA	Central Georgia Tech C	O		
	Columbus Tech C	O		
KS	Wichita Area Tech C	O		
KY	KY Tech-Harrison Area Tech Ctr	O		
MA	Furniture Inst of Massachusetts	O		
	North Bennet Street Sch	O		
MN	Dakota Co Tech C	O		
	Hennepin Tech C, Brooklyn Park Campus	O	A	
	St Cloud Tech C	O	A	
MO	Rolla Tech Ctr/Inst	O		
OK	Mid-Del Tech Ctr	O		
	Tulsa Tech Ctr	O		
TN	Tennessee Tech Ctr at Morristown	O		
WA	Bates Tech C	O	A	
WV	Marion Co Voc Tech Ctr	O		
WI	Western Tech C, La Crosse	O		

WORD PROCESSING

ST	School	O	A	T
CA	Compton Adult Sch	O		
	Computer Tutor Bus & Tech Inst	O		
	Hacienda La Puente Adult Ed, La Puente	O		
	LaPuente Valley ROP	O		
	Los Angeles ORT Tech Inst	O		
	Opportunities Industrialization Ctr West	O		
	San Mateo Adult Sch	O		
	Santa Barbara Bus C	O	A	
	Sunnyvale-Cupertino Adult Ed Program	O		
	West Valley Occ Ctr	O		
FL	Angley C, Deland	O		T
	C of Bus & Tech, Miami	O		
	Sarasota Co Tech Inst	O		
GA	Swainsboro Tech C	O		
IL	Computer Sys Inst	O		
	Illinois Careerpath Inst	O		
KY	KY Tech-Harrison Area Tech Ctr	O		
LA	Ascension C	O		
ME	Northeast Tech Inst	O		
MI	Dorsey Bus Sch, Southgate	O		
	Dorsey Bus Sch, Wayne	O		
MN	Hennepin Tech C, Brooklyn Park Campus	O		
MO	American C of Tech	O		
	Branson Tech C	O		
	Bryan C, Springfield	O		
	Rolla Tech Ctr/Inst	O		

	Texas Co Tech Inst	O		
NJ	Tech Inst of Camden Co	O		
NY	The C of Westchester	O		
	Island Drafting & Tech Inst	O		
	New York Inst of English and Bus	O		
	Utica Sch of Commerce, Utica	O	A	T
	Wilson Tech Ctr	O		
OH	Cleveland Inst of Dental-Medical Asst, Cleveland	O		
	Rhodes State C	O		
OK	Indian Capital Tech Ctr - Tahlequah-Bill Willis Campus	O		
	Meridian Tech Ctr	O		
	Mid-America Tech Ctr	O		
	Moore-Norman Tech Ctr	O		
	Oklahoma Technology Inst	O		
PA	Lansdale Sch of Bus	O	A	
	Pace Inst	O		
SC	York Tech C	O		
TN	Tennessee Tech Ctr at Athens	O		
	Tennessee Tech Ctr at Hohenwald	O		
	Tennessee Tech Ctr at McMinnville	O		
	Tennessee Tech Ctr at Newbern	O		
	Tennessee Tech Ctr at Shelbyville	O		
TX	American Commercial C, Wichita Falls	O		
	SW Sch of Bus & Tech Careers, Eagle Pass	O		
WV	Garnet Career Ctr	O		
	Marion Co Voc Tech Ctr	O		

WORD PROCESSING, ADMINISTRATIVE

CA	Compton Adult Sch	O
	Computer Tutor Bus & Tech Inst	O
	Martinez Adult Ed	O
	Opportunities Industrialization Ctr West	O
	West Valley Occ Ctr	O
FL	C of Bus & Tech, Miami	O
	Washington-Holmes Tech Ctr	O
IL	Computer Sys Inst	O
	Illinois Careerpath Inst	O
ME	Northeast Tech Inst	O
MI	Detroit Bus Inst, Southfield	O
MO	American C of Tech	O
	Bryan C, Springfield	O
NY	Hunter Bus Sch, Levittown	O
	New York Inst of English and Bus	O
PA	Pace Inst	O
TN	Tennessee Tech Ctr at McMinnville	O
TX	American Commercial C, Wichita Falls	O

WORD PROCESSING, DENTAL

CA	Opportunities Industrialization Ctr West	O
PA	Pace Inst	O

WORD PROCESSING, EXECUTIVE

CA	Compton Adult Sch	O
	Computer Tutor Bus & Tech Inst	O
	Martinez Adult Ed	O
	Opportunities Industrialization Ctr West	O
	West Valley Occ Ctr	O
MO	Bryan C, Springfield	O
PA	Pace Inst	O

WORD PROCESSING, LEGAL

CA	Compton Adult Sch	O
	West Valley Occ Ctr	O
ME	Northeast Tech Inst	O
PA	Pace Inst	O

WORD PROCESSING, MEDICAL

CA	Compton Adult Sch	O
	Computer Tutor Bus & Tech Inst	O
	Martinez Adult Ed	O
	Opportunities Industrialization Ctr West	O
	West Valley Occ Ctr	O
IL	Computer Sys Inst	O
LA	Ascension C	O
ME	Northeast Tech Inst	O
MO	Rolla Tech Ctr/Inst	O
OK	Oklahoma Technology Inst	O
PA	Career Training Acad, Monroeville	O
	Pace Inst	O
PR	Instituto de Banca y Comercio, Mayaguez	O
TN	Tennessee Tech Ctr at McMinnville	O
TX	American Commercial C, Wichita Falls	O

WORD PROCESSING SPECIALIST TRAINING

CA	Computer Tutor Bus & Tech Inst	O
	Martinez Adult Ed	O
	Opportunities Industrialization Ctr West	O
MO	American C of Tech	O
NY	Ridley-Lowell Bus & Tech Inst, Poughkeepsie	O
PA	Pace Inst	O
TX	American Commercial C, Wichita Falls	O
	Intl Bus C, Lubbock	O

WORD PROCESSING, TRANSCRIPTION

CA	Compton Adult Sch	O
	Martinez Adult Ed	O
	West Valley Occ Ctr	O

FL	Sarasota Co Tech Inst	O	
ME	Northeast Tech Inst	O	
PA	Pace Inst	O	
SC	York Tech C	O	
TX	American Commercial C, Wichita Falls	O	
	David L Carrasco Job Corps Ctr	O	

WRITING, CREATIVE

CA	Palo Alto Adult Sch	O		
KS	Johnson Co Comm C, Overland Park			T
MI	Interlochen Arts Acad	O		

WRITING, TECHNICAL

KS	Johnson Co Comm C, Overland Park			T

X-RAY MACHINE OPERATIONS

MO	Rolla Tech Ctr/Inst	O	A
OR	Concorde Career Inst, Portland	O	

X-RAY TECHNICIAN

CA	Maric C, North Hollywood	O	
TX	Lamar Inst of Tech		A
VA	Heritage Inst, Manassas		A

YACHT REPAIR

FL	McFatter Tech Ctr	O
RI	Intl Yacht Restoration Sch	O

YACHT & SMALL CRAFT DESIGN

CT	Westlawn Inst of Marine Tech	O
ME	Landing Sch of Boatbuilding & Design	O

YOGA

AZ	Arizona Sch of Integrative Studies, Clarkdale	O
	Southwest Inst of Healing Arts	O
CA	Martinez Adult Ed	O
	Palo Alto Adult Sch	O
	Sunnyvale-Cupertino Adult Ed Program	O
MA	Kripalu Ctr	O
NM	The Ayurvedic Inst	O
PA	Central Pennsylvania Sch of Massage, Inc	O

YOGA TEACHER INSTRUCTOR

AZ	Arizona Sch of Integrative Studies, Clarkdale	O
	The Providence Inst	O
	Southwest Inst of Healing Arts	O
MA	Kripalu Ctr	O

NOTES

KEY TO ABBREVIATIONS

GENERAL

AA	Associate of Arts degree
AAS	Associate Degree in Applied Science
Acad	Academy
ACE	Admissions Survey
ACT	American College Testing Program
AD in Sciences	Associate Degree in Science
AOS	Associate Occupational Studies
AS	Associate of Science
ASSET	Assessment of Skills for Successful Entry and Transfer
ATB	Ability to Benefit (Wonderlic Test)
Ave	Avenue
AVTS	Area Vocational Education School
BA	Bachelor of Arts
BFA	Bachelor of Fine Arts
Bio-lab	Biology Laboratory
Blvd	Boulevard
BS	Bachelor of Science
BS/BA	Bachelor of Science or Bachelor of Arts
BS in MT	Bachelor of Science in Medical Technology
BSN	Bachelor of Science in Nursing
Bus	Business
C	College
CAD	Computer-aided design
CAT	California Achievement Test
CDL	Commercial Driver's License
CEEB	College Board Testing Program
CLT	California Training License
CNA	Certified Nurse Assistant
CPA	Certified Public Accountant
CPAT	Career Programs Assessment Test
CPP	Career Planning Profile Test
CPR	Cardiopulmonary Resuscitation
Cr Hr	Credit hour or credit hours
CTBS	Comprehensive Tests of Basic Skills
CTR	Center
DMV	Department of Motor Vehicles
DOE	Department of Energy
DOT	Department of Transportation
Dr	Drive
E	East
EMT	Emergency medical technologist or emergency medical technology
EKG	Electrocardiogram
ER	Emergency Room
FCC	Federal Communications Commission
GATB	General Aptitude Test Battery
GED	General Educational Development Test
GPA	Grade point average
GRE	Graduate record examination
Hosp	Hospital
HS	High School
Hwy	Highway
JTPA	Job Training Partnership Act
Ln	Lane
LPN	Licensed Practical Nursing
LVN	Licensed Vocational Nursing
N	North
Occ	Occupational or occupations
PAR	Program Achievement Test in Reading
PN	Practical Nursing
Pl	Place
Plz	Plaza
Rd	Road
Rm	Room
RN	Registered nurse
S	South
SAT	Scholastic Assessment Test
Sch	School
St	Saint or Street
Ste	Suite
TABE	Test of Adult Basic Education
Tech	Technical or technology
TOEFL	Test of English as a Foreign Language
W	West
WIA	Workforce Investment Act

LOCATION

M—Metropolitan	Located within a metropolitan area with total population over 500,000
L—Large	Located within a metropolitan area with total population between 100,000 and 500,000
U—Urban	In community between 50,000 and 100,000 population, and not part of a metropolitan area
S—Small	In community between 10,000 and 50,000 population, and not part of a metropolitan area
R—Rural	In community under 10,000 population, and not part of a metropolitan area

	GENERAL INFORMATION					ADMISSIONS					
Line Number	Institution Name and Address	Phone	Fax	Founded	Location	Minimum Education & Admission Requirements	Admissions Exam	Aptitude Testing	References/Letters of Recommendation	Interview	Minimum Age
1	**ALABAMA (AL)**										
2	Bishop State Comm C, Southwest Campus, 925 Dauphin Island Pkwy,										
3	Mobile 36605	251-690-6801		1927	M	HS/GED	N	Y	N	N	16
4	Capps C, Foley, 914 N McKenzie St, Foley 36535	251-970-1460	251-970-1660	1996	U		N	N	Y	Y	17
5	Massage Therapy Inst, Inc, 1408 5th Ave SE Ste 3, Decatur 35601	256-306-0444		1993	S	HS/GED	N	N	N	Y	18
6	Scientific Beauty Acad, 3115-A Drake Ave , Huntsville 35805	256-883-6901		1978	M	10th Grade	N	N	N	Y	16
7	Wallace Comm C, Wallace Campus, 1141 Wallace Dr, Dothan 36303	334-983-3521		1949	U	HS/GED	N	Y	N	N	16
8	**ALASKA (AK)**										
9	Alaska Flying Network, 135 N Willow St, Kenai 99611	907-283-5700	907-283-5799	1984	S	None	N	N	N	N	16
10	Career Acad, Anchorage, 1415 E Tudor Rd, Anchorage 99507	907-563-7575	907-563-8330	1985	L	HS/GED	N	N	N	Y	17
11	Take Flight Alaska, 1740 E 5th Ave, Anchorage 99501	907-274-9943	907-272-3486	1993	L	None	N	N	N	Y	None
12	**ARIZONA (AZ)**										
13	Acad of Nail Tech, Phoenix, 3553 W Northern Ave, Phoenix 85051	602-995-5666		1985	L	HS/GED*	N	N	N	Y	None
14	American Inst of Tech, Phoenix, 440 S 54th Ave, Phoenix 85043	602-233-2222	602-233-1699	1981	M	HS/GED/ATB	N	N	N	N	21
15	Apollo C, Phoenix, 8503 N 27th Ave, Phoenix 85051	800-368-7246		1976	M	HS/GED/ATB	Y	N	N	Y	18
16	Apollo C, Phoenix Westside, 2701 W Bethany Home Rd, Phoenix 85017	602-433-1333		1976	M	HS/GED/ATB	N	N	N	Y	17
17	Apollo C , Tri-City, 630 W Southern Ave, Mesa 85210	480-831-6585		1979			N	N	N	N	
18	Apollo C, Tucson, 3550 N Oracle Rd, Tucson 85705	520-888-5885		1984	M	HS/GED/ATB*	N	N	N	Y	17
19	Arizona Auto Inst, 6829 N 46th Ave, Glendale 85301	623-934-7273	623-937-5000	1968	M	HS/GED/ATB	N	N	Y	Y	None
20	Arizona C of Allied Health, 4425 W Olive Ave Ste 300, Glendale 85302	602-222-9300	623-298-1329	1992	M	HS/GED	Y	N	Y	Y	None
21	Arizona Sch of Integrative Studies, Clarkdale, 701 S Broadway, Clarkdale										
22	86324	928-639-3455	928-639-3694	1995	S	HS/GED	N	N	Y	Y	18
23	Arizona Sch of Integrative Studies, Prescott, 115 S McCormick #4, Prescott										
24	86303	928-639-3455	928-639-3694		S	HS/GED	N	N	Y	Y	18
25	Carsten Inst of Hair & Beauty, 3345 S Rural Rd, Tempe 85282	480-491-0449	480-820-3157	1989	M	HS/GED	Y	N	Y	Y	None
26	Conservatory of Recording Arts & Sci, 2300 E Broadway Rd, Tempe 85282	800-562-6383	480-829-1332	1980	L	HS/GED	N	N	N	N	18
27	Earl's Acad of Beauty, 2111 S Alma School Rd 21, Mesa 85210	480-897-1688	480-897-6735	1967	L	HS/GED	N	N	Y	Y	16-1/2
28	Fleur De Lis Inst of Landscape Design, 1133 S Swan Rd, Tucson 85711	520-747-8200		2003	L	HS/GED	N	N	N	Y	
29	High-Tech Inst, Phoenix, 1515 E Indian School Rd, Phoenix 85014	602-279-9700		1965	M	HS/GED/ATB	Y	N	N	Y	16
30	Intl Acad of Hair Design, Tempe, 4812 S Mill Ave, Tempe 85282	480-964-8675	480-964-5528	1963	M	HS/GED	N	N	Y	Y	16
31	Mundus Inst, 2001 W Camelback Rd Ste 140, Phoenix 85015	800-835-3727	602-246-7222	1979	M	HS/GED	Y	N	N	Y	18
32	North American Tech C, 3906 E Broadway Ste 104, Phoenix 85040	480-829-1903	602-453-3667	1992	L	HS/GED/ATB	N	N	N	Y	18
33	Northern Arizona Massage Therapy Inst, Prescott, 1300 W Gurley, Prescott										
34	86305	928-771-9180			S	HS/GED	N	N	N	Y	18
35	Pima Med Inst, Mesa, 941 S Dobson Rd Ste 302, Mesa 85202	888-898-9048		1986	M	HS/GED/ATB	Y	Y	*	Y	18*
36	Pima Med Inst, Tucson, 3350 E Grant Rd Ste 200, Tucson 85716	888-898-9048	480-898-0689	1972	M	HS/GED/ATB	Y	Y	*	Y	18*
37	The Providence Inst, 3400 E Speedway Ste 114, Tucson 85716	520-323-0203	520-323-4237	2000	M	HS/GED	N	N	Y	Y	18
38	The Refrigeration Sch, 4210 E Washington St, Phoenix 85034	602-275-7133	602-267-4805	1965	U	HS/GED/ATB	N	N	N	Y	17
39	Roberto-Venn Sch of Luthiery, 4011 S 16th St, Phoenix 85040	602-243-1179		1974	M	HS/GED	N	N	N	N	None
40	Sonoran Desert Inst, 10245 E Via Linda Ste 102, Scottsdale 85258	480-314-2102	480-314-2138	1921		HS/GED	N	N	N	N	18
41	Southwest Inst of Healing Arts, 1100 E Apache Blvd, Tempe 85281	480-994-9244		1992	S	HS/GED/ATB	N	N	N	Y	18
42	Tucson C, 7310-10 E 22nd St, Tucson 85710	520-296-3261	520-296-3484	1977	M	HS/GED	*	N	N	Y	17
43	Turning Point Beauty C, Inc, PO Box 3, 1226 E Florence Ave, Casa Grande										
44	85222	520-836-1476	520-836-3006	2000	S	HS/GED*	N	N	N	Y	16
45	Universal Tech Inst, Phoenix, 10695 W Pierce St, Avondale 85323	623-245-4600	623-245-4601	1965	M	HS/GED	N	N	N	Y	
46	**ARKANSAS (AR)**										
47	Arkadelphia Beauty C, 2708 Pine St, Arkadelphia 71923	870-246-6726	870-246-6363	1930	S	HS/GED	N	N	N	N	17
48	Arkansas Acad of Hair Design II, Paragould, 917 E Kingshighway,										
49	Paragould 72450	870-236-4410	870-236-0098	2001	S	HS/GED	Y	Y	Y	Y	16
50	Arkansas Acad of Hair Design, Jonesboro, 3512 E Nettleton Ave,										
51	Jonesboro 72401	870-935-3531	870-935-6944	1962	L	HS/GED	Y	Y	Y	Y	16
52	Arkansas Acad of Hair Design, Paragould, 917 E Kingshighway, Paragould										
53	72450	870-236-4410	870-236-0098	2001	U	HS/GED	Y	Y	Y	Y	16
54	Arkansas Beauty C, 109 N Commerce Ave, Russelville 72801	479-968-3075	479-968-3556		S	HS/GED/ATB	Y	N	Y	Y	18
55	Arkansas Beauty Sch, Conway, 1061 Markham St, Conway 72032	501-329-8303	501-329-8370		U	HS/GED	N	N	N	Y	
56	Arkansas Beauty Sch, Little Rock, 5108 Baseline Rd, Little Rock 72209	501-562-5673	501-562-6037	1959	L	HS/GED	N	Y	N	Y	18
57	Arkansas C of Barbering & Hair Design, 200 Washington Ave,										
58	North Little Rock 72114	501-376-9696		1974	L	HS/GED/ATB	N	N	Y	Y	16-1/2
59	Askins Vo-Tech, Inc, 7716 Hwy 271 S, Fort Smith 72908	479-646-4803	479-646-4803	1991	U	HS/GED	N	N	N	Y	17
60	Baptist Health - Sch of Histotechnology, 11900 Col Glenn Rd Ste 1000,										
61	Little Rock 72210	501-202-6700	501-202-7712	1976	L	HS/GED*	N	N	Y	Y	18
62	Baptist Health Sch Little Rock , 11900 Col Glenn Rd, Little Rock 72210	501-202-6200	501-202-6220	1921	L	HS/GED	Y	N	N	Y	18

*Additional information in Appendix

Line Number	Regis/Enrollment Application Fee	Courses Start	Tuition for Each Program	Mandatory Fees	Full-time	Part-time	Bureau of Indian Affairs	JTPA/WIA	Fed. Aviation Admin.	Immigration/Naturalization Service	Social Security Admin.	Veterans Admin.	Voc. Rehab.	Fed. Pell Grants	FSEOG	FWS	Fed. Perkins Loans	Fed. Stafford Loans	Scholarships	Deferred Payment	Job Counseling	Job Placement	Personal Counseling	Housing	Mobility Impaired Services	Mobility Impaired Programs
1	ALABAMA (AL)																									
2																										
3	No	Aug/Jan/May	90/Cr Hr*	40*	3000	1700	N	Y	N	N	Y	Y	Y	Y	Y	N	N	N	Y	N	Y	Y	Y	N	N	Y
4	25	Every 5 Wks	7990	585	69	0	N	Y	N	N	N	Y	Y	Y	Y	N	N	N	N	Y	Y	Y	N	N	Y	N
5	550*	*	7300	900	40	No	Y	Y	N	N	N	N	Y	N	N	N	N	N	N	Y	Y	N	N	N	N	N
6	100	Monthly	6000	615	40	20	N	N	N	N	N	Y	Y	N	N	N	N	N	Y	Y	Y	Y	N	N	N	N
7	No	Aug/Jan/May	72/Sem Hr	18/Sem Hr	1964	1637	N	Y	N	N	N	Y	Y	Y	Y	N	N	N	Y	N	Y	Y	Y	N	Y	N
8	ALASKA (AK)																									
9	No	Open	6000-9500	None	5	10	N	N	N	N	N	Y	Y	N	N	N	N	N	Y	Y	N	N	N	N	N	N
10	50	Monthly	6795-9995	None	300	100	Y	Y	Y	Y	Y	Y	Y	Y	N	N	N	N	Y	Y	Y	Y	Y	N	Y	N
11		Open	3500-25000	200	60	150	N	Y	N	N	N	Y	Y	Y	Y	Y	Y	Y	Y	Y	Y	N	Y	N	N	N
12	ARIZONA (AZ)																									
13	200*	Bimonthly	3895	None	20	20	Y	Y	N	N	Y	Y	Y	N	N	N	N	N	Y	Y	Y	Y	N	Y	N	N
14	100	Every 2 Wks	3595-7730	None	612	No	Y	Y	N	Y	Y	Y	Y	N	N	N	N	N	Y	Y	Y	Y	Y	N	N	N
15	75	Open	5000-26000	None	3200	No	Y	Y	N	Y	Y	Y	Y	N	N	N	N	N	Y	N	Y	Y	Y	Y	Y	Y
16	75	Open	5000-26000	None	3200	No	Y	Y	N	Y	Y	Y	Y	N	N	N	N	N	Y	N	Y	Y	Y	Y	Y	N
17							N	N	N	N	N	N	N	N	N	N	N	N	N	N	N	N	N	N	N	N
18	75	Monthly	*	*	453	No	Y	Y	N	Y	Y	Y	Y	Y	Y	Y	Y	Y	Y	Y	Y	Y	Y	Y	Y	Y
19	100	Every 10 Wks	14000-23010	None	740	No	Y	Y	N	N	N	Y	Y	Y	Y	Y	Y	Y	Y	Y	Y	Y	Y	N	Y	Y
20	25	Every 5 Wks	11200-22100	None	237	No	N	Y	N	N	N	Y	Y	Y	Y	Y	Y	Y	Y	Y	Y	Y	Y	N	Y	N
21																										
22	50	May/Sept*	7000		18	2	Y	Y	N	Y	N	Y	Y	N	N	N	N	N	N	Y	Y	N	Y	N	Y	Y
23																										
24	50	Jan/July	7000		12	2	Y	Y	N	Y	N	Y	Y	N	N	N	N	N	N	Y	Y	Y	N	N	N	N
25	100	Every 8 Wks	7500-12700	1300	130	No	Y	Y	N	N	Y	Y	Y	Y	Y	Y	Y	Y	Y	Y	Y	Y	N	N	Y	N
26	No	Every 3 Wks	17000	None	800	No	Y	Y	N	Y	Y	Y	Y	Y	Y	Y	Y	Y	Y	N	Y	Y	Y	Y	N	N
27	100*	Every 3-6 Wks	4293-12084	None	60	48	Y	Y	N	Y	Y	Y	Y	Y	Y	Y	Y	Y	N	N	Y	Y	Y	N	N	N
28	50*	Every 10 Wks	195/Cr Hr	50 registration	25	4	N	N	N	N	N	N	Y	N	N	N	N	N	N	Y	Y	Y	Y	N	N	N
29	50*	Every 6 Wks	28150	None	1300	No	Y	Y	Y	Y	Y	Y	Y	Y	Y	Y	Y	Y	Y	Y	Y	Y	Y	Y	Y	N
30	100	Bimonthly	12500-13750	100	95	50	Y	Y	Y	Y	Y	Y	Y	Y	Y	Y	Y	Y	Y	Y	Y	Y	Y	Y	Y	N
31	100	Every 2 Wks	400-13500	None	200	No	Y	Y	N	Y	N	Y	Y	Y	N	N	N	N	N	N	Y	Y	N	N	Y	Y
32	100	Open	9495	None	90	No	Y	Y	N	N	N	Y	Y	Y	N	N	N	N	N	Y	Y	Y	N	N	N	N
33																										
34	50	Jan/Apr/Sept	6795	*	14		N	N	N	N	N	N	N	N	N	N	N	N	N	Y	Y	Y	N	N	N	N
35	150	*	2985-39050	*	1254	No	N	Y	N	N	N	Y	Y	Y	N	Y	Y	Y	Y	N	Y	Y	Y	N	Y	Y
36	150	Monthly	2338-21711	*			N	Y	N	N	N	Y	Y	Y	Y	Y	Y	Y	Y	N	Y	Y	Y	N	Y	Y
37	50	*	2750-7950		*	*	N	N	N	N	N	N	N	N	N	N	N	N	Y	N	Y	Y	Y	N	Y	N
38	150	Monthly	6500-19800	None	230	170	Y	Y	N	Y	Y	Y	Y	Y	Y	Y	Y	Y	Y	Y	Y	Y	Y	N	Y	Y
39	250	Feb/Aug	8950*	2054*	35	No	Y	Y	N	Y	Y	Y	Y	Y	N	N	N	N	N	Y	Y	Y	N	*	N	N
40	0	Open	500-5000	20-100	450		Y	Y	N	Y	N	Y	Y	N	N	N	N	N	Y	N	Y	N	N	N	N	N
41	100	Open	800-10280	75-300	300	500	Y	Y	N	Y	Y	Y	Y	Y	N	Y	Y	Y	Y	Y	Y	Y	N	N	Y	N
42	75*	Monthly	2450-11150	0	460	No	Y	Y	N	Y	Y	Y	Y	Y	N	Y	Y	Y	N	Y	Y	Y	Y	Y	Y	N
43																										
44	50	First Mon/Mo	5843-14557*	694-1237*	30	20	N	N	N	N	N	N	N	Y	N	N	N	N	N	Y	Y	N	N	N	Y	Y
45	150	Every 3 Wks			2700		Y	Y	N	N	N	Y	Y	Y	N	N	Y	Y	Y	N	Y	Y	Y	N	Y	Y
46	ARKANSAS (AR)																									
47	100	1st Tues/Mo	4895-8025	None	25	0	Y	Y	N	Y	Y	Y	Y	Y	N	N	N	N	Y	N	Y	Y	Y	N	Y	Y
48																										
49	10	*	1600-3900	175-500	20	5	Y	Y	N	N	Y	Y	Y	N	N	N	N	N	N	Y	Y	Y	Y	Y	N	N
50																										
51	No	*	1600-3900	510	35	15	Y	Y	N	N	N	Y	Y	N	N	N	N	N	N	Y	Y	Y	N	N	N	N
52																										
53	No	*	1600-3900	510	20	5	Y	Y	N	N	N	Y	Y	N	N	N	N	N	Y	Y	Y	Y	Y	Y	N	N
54	150		7335	580	20	83	Y	N	Y	N	Y	Y	Y	Y	N	N	N	N	N	N	Y	N	N	N	N	N
55	150	Monthly	7000	40	35	2	N	Y	N	N	N	N	Y	Y	N	N	N	N	Y	Y	Y	Y	Y	N	N	N
56	150	Monthly	2500-7100	None	30	13	N	N	N	N	N	N	Y	Y	N	N	N	N	Y	Y	Y	Y	Y	N	N	N
57																										
58	200	Every Tues	8700	640	51	17	N	N	N	N	N	Y	Y	N	N	N	N	N	Y	N	N	Y	Y	N	N	N
59	100	Open	3850	500	No	25	N	Y	N	N	N	Y	Y	N	N	N	N	N	N	N	Y	Y	N	N	N	N
60																										
61	100	July	4000	250	5	No	Y	Y	N	N	Y	Y	Y	Y	N	N	N	N	Y	N	Y	Y	N	N	N	N
62	100	Fall/Spring	2500-3500/Sem		900	100	N	Y	N	N	N	Y	Y	Y	N	N	N	N	Y	Y	Y	Y	Y	N	N	N

Baptist Health-Sch of Nuclear Med Tech (ARKANSAS)

Line Number	Institution Name and Address	Phone	Fax	Founded	Location	Minimum Education & Admission Requirements	Admissions Exam	Aptitude Testing	References/Letters of Recommendation	Interview	Minimum Age
1	Baptist Health-Sch of Nuclear Med Tech, 11900 Col Glenn Rd, Little Rock										
2	72210	501-202-7447	501-202-7712	1980	L	*	N	N	Y	Y	18
3	Bee Jay's Hairstyling Acad, Little Rock, 1907 Hinson Loop, Little Rock										
4	72212	501-224-2442		1973	U	HS/GED	N	N	N	Y	16
5	Blue Cliff Clg, 2503 Hiram Davis Pl, Fayetteville 72703	479-521-2550	479-521-2558	1991	U	HS/GED	Y	N	Y	Y	18
6	Career Acad of Hair Design, 200 Holcomb St, Springdale 72764	479-756-6060	479-756-0465	1978	S	GED	N	N	N	Y	16
7	Cass Civilian Conservation Job Corps Ctr, 21424 N Hwy 23, Ozark 72949	479-667-3686		1965	R		N	N	N	N	16
8	Crowley's Ridge Tech Inst, PO Box 925, 1620 Newcastle Rd, Forrest City										
9	72336	870-633-5411	870-633-9328	1966	S	HS/GED*	Y	Y	N	N	18
10	Eaton Beauty Stylist C, Inc, 814 W Seventh St, Little Rock 72201	501-375-0211	501-275-3595	1933	M		Y	N	N	Y	16
11	Jefferson Regional Med Ctr Sch of Nursing, 1600 W 40th Ave, Pine Bluff										
12	71603	870-541-7850		1981	U	HS/GED*	Y	N	Y	Y	None
13	Lynndale's Fundamentals-Beauty, 1729 Champagnolle Rd, El Dorado										
14	71730	870-863-3919	870-863-6135	1998	S	HS/GED	N	N	Y	Y	17
15	Mellie's Beauty C, 311 S 16th St, Fort Smith 72901	479-782-5059	479-782-0568	1955	U	HS/GED	N	N	N	Y	16
16	Northwest Tech Inst, Springdale, PO Box 2000, Springdale 72765	479-751-8824	479-751-7780	1975	U	HS/GED	Y	Y	N	N	17
17	Remington C - Little Rock Campus, 19 Remington Rd, Little Rock 72204	501-312-0007	501-235-2819		L	HS	Y	N	N	Y	
18	Searcy Beauty C, 1004 S Main St, Searcy 72143	501-268-6300		1983	S	HS/GED	N	N	N	Y	16
19	UAM College of Tech, McGehee, PO Box 747, McGehee 71654	870-222-5360	870-222-4709	1974	R	*	Y	N	N	Y	17
20	**CALIFORNIA (CA)**										
21	49er ROP, 360 Nevada St, Auburn 95603	530-889-5949	530-887-1704	1975	R		N	N	N	N	16
22	A2Z Health Net, Inc., 22280 Del Valle St, Woodland Hills 91364	805-241-4194		1998	U		N	N	N	N	18
23	Advance Beauty C, 10121 Westminister Ave, Garden Grove 92843	714-530-2131	714-530-7701	1999	U		Y	N	N	N	16
24	Alameda Beauty C, 2318 Central Ave, Alameda 94501	510-523-1050	510-523-3247	1960	M	10th Grade	Y	Y	N	Y	16
25	American Acad of English, 530 Golden Gate Ave, San Francisco 94102	415-567-0189	415-567-1475	1982	M	*	N	N	N	N	18
26	American Acad of Reflexology, 725 E Santa Anita Ave Ste B, Burbank										
27	91501	818-841-7741	818-841-2346	1982	M		N	N	N	N	18
28	American Beauty Acad, Brawley, 558 Main St, Brawley 92227	760-344-0445	760-344-6550	1999	U	HS/GED	Y	N	N	Y	17
29	American C of California, 760 Market St #1100, San Francisco 94102	415-677-9717	415-677-9810	1991	M	HS/ATB	Y	N	N	Y	18
30	American Inst of Ed, 4204 Atlantic Ave, Long Beach 90807	562-595-9091	562-595-0975	1986	M	HS/GED	Y	N	N	Y	17
31	American Inst of Massage Therapy, 1570 E Warner Ave, Ste 200,										
32	Santa Ana 92705	714-432-7879		1983	M	HS	N	N	Y	Y	18
33	The American Musical & Dramatic Acad, Los Angeles Campus,										
34	6305 Yucca St, Los Angeles 90028	866-374-5300	323-469-3350	2003	M	HS*	Y	N	*	Y	*
35	American U of Health Sci, 3501 Atlantic Ave, Long Beach 90807	562-988-2278	562-988-1791	1994		*	Y	Y	Y	Y	18
36	Antelope Valley Med C, 44201 10th St W, Lancaster 93534	661-726-1911	661-726-5158	2000	R	HS/GED/ATB	Y	N	N	N	18
37	Anthony Soto Employment Training Ctr, Marysville, 1468-G Sky Harbor Dr,										
38	Olivehurst 95961	530-741-2924	530-741-8435		U		Y	Y	N	Y	18
39	Applied Professional Training, Inc, PO Box 131717, 5731 Palmer Way Ste F,										
40	Carlsbad 92013	800-431-8488	888-431-8588	1995	R		N	Y	N	N	
41	Asian American Intl Beauty C, 7871 Westminster Blvd, Westminister 92683	714-891-0508	714-891-4604	1986	M	10th Grade	Y	N	N	N	16
42	Associated Tech C, San Diego, 1445 6th Ave, San Diego 92101	619-234-2181		1984	M	HS/GED/ATB	Y	Y	Y	Y	18
43	Bartenders Sch of Santa Rosa, 1731 King St, Santa Rosa 95404	707-523-1611	707-569-9855	1979	U	*	N	N	N	N	21
44	Brandon C, 25 Kearny St Fl 2, San Francisco 94108	415-391-5711	415-391-3918	1938	M	None	Y	N	N	N	16
45	Bridges Acad of Beauty, 423 E Main St, Barstow 92311	760-256-0515	760-256-5379	1950	S	10th Grade	Y	Y	N	Y	17
46	Brownson Tech Sch, 1110 S Technology Cir, Ste D, Anaheim 92805	714-774-9443	714-774-5025	1984	M	HS/GED	N	N	Y	N	18
47	California C of Ayurveda, 1117A E Main St, Grass Valley 95945	530-274-9100	530-274-7350	1995	S	HS/GED	N	N	N	N	18
48	California C of Physical Arts, 18582 Beach Blvd Ste 11, Huntington Beach										
49	92648	714-964-7744	714-962-3934	1980	L	HS/GED	N	N	N	N	18
50	California C of Voc Careers, 2822 F St Ste L, Bakersfield 93301	661-323-6791	661-323-6792	1999	L		N	Y	N	N	18
51	California Cosmetology C, 955 Monroe St, Santa Clara 95050	408-247-2200		1968	L	HS	Y	N	N	Y	16
52	California Culinary Acad, 625 Polk St, San Francisco 94102	415-771-3500		1977	M	HS/GED	N	N	N	Y	18
53	California Healing Arts C, 12217 Santa Monica Blvd Ste 206,										
54	West Los Angeles 90025	310-826-7622	310-826-4913	1988	M	HS/GED/ATB	N	N	Y	N	18
55	California Learning Ctr, 222 S Harbor Blvd Ste 200, Anaheim 92805	714-956-5656		1997	M		Y	N	N	N	18
56	Calistoga Massage Therapy Sch, 2801 Yulupa Ave B, Santa Rosa 95405	707-542-4577		1981	L		N	N	N	N	18*
57	Calveras C of Therapeutic Massage, Box 274, 96 Court St, San Andreas										
58	95249	209-754-4876	209-754-4876	1996	R	HS/GED	N	N	N	Y	18
59	Career Acad of Beauty, Anaheim, 663 N Euclid, Anaheim 92801	714-776-8400		1986	U	10th Grade	Y	N	N	Y	16
60	Career Acad of Beauty, Garden Grove, 12471 Valley View St,										
61	West Garden Grove 92845	714-897-3010	714-898-8019	1967	S	10th/GED	N	N	N	Y	16
62	Career C of Cosmetology, 651 N Palora Ave, Yuba City 95991	530-673-3265	530-673-9102	1990	U	10th Grade	N	Y	N	N	16

Additional information in Appendix

Line Number	ADMISSIONS		COSTS		ENROLLMENT		GOVERNMENT JOB TRAINING & AID							OTHER FINANCIAL AID							STUDENT SERVICES					
	Regis/Enrollment Application Fee	Courses Start	Tuition for Each Program	Mandatory Fees	Full-time	Part-time	Bureau of Indian Affairs	JTPA/WIA	Fed. Aviation Admin.	Immigration/Naturalization Service	Social Security Admin.	Veterans Admin.	Voc. Rehab.	Fed. Pell Grants	FSEOG	FWS	Fed. Perkins Loans	Fed. Stafford Loans	Scholarships	Deferred Payment	Job Counseling	Job Placement	Personal Counseling	Housing	Mobility Impaired Services	Mobility Impaired Programs
1																										
2	0	July	4590/Yr	1145/Yr	6	No	N	Y	N	N	N	N	Y	N	N	N	N	N	Y	N	Y	Y	Y	N	Y	N
3																										
4	200	Monthly	5670	530	25	No	Y	N	N	N	Y	Y	Y	Y	N	N	N	N	N	Y	Y	Y	Y	N	Y	N
5	25	Jan/April/July/Oct	10600	425*	24	24	Y	Y	N	N	Y	Y	Y	Y	N	N	N	Y	Y	Y	Y	Y	Y	Y	Y	Y
6	175	Jan/May/Sept	7050	500	120	No	N	N	N	N	N	Y	Y	Y	N	N	N	N	Y	Y	Y	Y	Y	N	Y	Y
7	No	Open	None	None	234	No	N	Y	N	N	N	N	N	N	N	N	N	N	N	N	Y	Y	Y	Y	Y	Y
8																										
9	No	16 Wks/Sem	480	None	257		Y	N	N	N	Y	Y	Y	N	N	N	N	N	N	N	Y	Y	Y	N	Y	Y
10	50	Monthly	6375	440	25		N	N	N	N	N	Y	Y	N	N	N	N	N	N	N	Y	Y	N	N	N	N
11																										
12	100	Aug	7000	500	102	No	Y	Y	N	N	N	Y	Y	N	N	N	N	Y	Y	N	N	Y	N	N	Y	N
13																										
14	200	Monthly	6750	*	16	2	N	Y	N	N	N	Y	Y	N	N	N	N	N	Y	N	Y	Y	N	N	N	N
15	100	Monthly	4000-9000	0	70	5	Y	Y	N	Y	Y	Y	Y	N	N	N	N	Y	Y	Y	Y	Y	Y	N	N	N
16	No	Aug/Jan	2500-5000	160	483	4251	Y	Y	N	Y	Y	Y	Y	Y	Y	Y	N	Y	Y	Y	Y	Y	Y	N	Y	Y
17	50	Monthly	13000-32000		360		N	N	N	N	N	Y	Y	Y	Y	Y	Y	Y	Y	Y	Y	Y	Y	Y	N	N
18	150	Every Tues	7150-3200	250	51	49	Y	Y	N	N	Y	Y	Y	Y	Y	N	Y	Y	Y	Y	Y	Y	Y	N	Y	N
19	No	Aug/Jan	2352-3584	100	125	2000	N	Y	N	N	Y	Y	Y	Y	Y	N	N	Y	Y	Y	Y	Y	Y	N	Y	Y
20	CALIFORNIA (CA)																									
21	75/se	Aug/Jan	None				N	N	N	N	N	N	Y	N	N	N	N	N	N	N	Y	N	N	N	N	N
22	95*	Monthly	1800-5000		No	70	N	N	N	N	N	N	Y	N	N	N	N	N	N	Y	N	N	N	N	N	N
23	75	Weekly	460-6800	None			N	Y	N	Y	N	Y	Y	Y	Y	N	N	N	Y	N	Y	Y	N	N	N	N
24	100	Monthly	11900	800	90	No	Y	Y	Y	Y	Y	Y	Y	Y	Y	Y	N	Y	N	Y	Y	Y	Y	N	N	N
25	75	Open	1050/3 Mos		270		N	N	N	N	N	N	N	N	N	N	N	N	N	N	N	N	N	N	N	N
26																										
27	95	Quarterly	100-1800	None	No	15	N	N	N	N	N	N	N	N	N	N	N	N	N	N	N	N	N	N	Y	N
28	75	Open	4159-8920*	*	36	6	Y	Y	N	N	N	Y	Y	N	N	N	N	N	N	Y	Y	Y	Y	Y	N	N
29	100	Weekly	2700-15000		200	15	N	Y	N	Y	Y	Y	Y	Y	Y	Y	Y	Y	Y	Y	Y	Y	Y	N	Y	Y
30	75	Open	3995-8700*	None	15	18	Y	Y	N	N	N	Y	Y	N	N	N	N	N	N	Y	N	N	Y	N	N	N
31																										
32	25	Bimonthly	6000-10000	125-160	50		N	Y	N	N	N	Y	Y	Y	Y	N	N	Y	Y	N	Y	Y	Y	N	Y	N
33																										
34	50	Jan/Aug	24240		800	No	N	N	N	N	N	N	N	Y	Y	Y	N	Y	Y	Y	Y	N	Y	N	N	N
35	75	Open	12250-35000	920	60	40	N	Y	N	N	N	Y	Y	Y	Y	N	Y	Y	Y	Y	Y	Y	N	N	Y	N
36	75	Open	1200-38000	None	700	100	N	Y	N	Y	N	Y	Y	Y	Y	Y	Y	Y	Y	Y	Y	Y	Y	N	N	N
37																										
38		Open	3000-5300	200			Y	Y	N	N	N	Y	Y	N	N	N	N	N	N	N	Y	Y	Y	N	Y	N
39																										
40	25	Varies	995-2245		None	1400	N	N	N	N	N	N	N	N	N	N	N	N	N	N	N	N	N	N	N	N
41	75	*	800-7200	75	No	No	N	N	N	N	N	N	N	Y	Y	N	N	N	N	Y	Y	Y	N	N	N	N
42	100	Weekly	7500	100	120	No	Y	Y	N	N	N	N	Y	Y	Y	N	N	N	N	Y	Y	Y	N	N	N	N
43	100	Open	495	30	9	No	N	N	N	N	N	N	N	N	N	N	N	N	N	N	Y	N	N	N	N	N
44	100	Every Mon	690-880	50-100	85	55	N	N	N	N	N	N	N	N	N	N	N	N	N	N	N	Y	N	N	N	N
45	75	Monthly	2000-8000	800-1000	45	10	Y	Y	N	N	Y	Y	Y	Y	Y	N	Y	Y	Y	Y	Y	Y	Y	N	Y	N
46	No	Monthly	6000-10000	None	85	25	Y	Y	N	N	Y	Y	Y	Y	Y	N	N	N	Y	Y	Y	Y	Y	N	Y	N
47	55*	*	3900-7200	601	40	85	N	N	N	N	N	N	Y	N	N	N	N	N	Y	Y	N	N	Y	N	N	N
48																										
49	100	*	975-10000	130-490	40	50	N	Y	N	N	N	N	N	N	N	N	N	N	N	N	N	Y	Y	N	N	N
50	75		10935-13300	None	60		N	Y	N	N	N	N	Y	Y	Y	N	N	Y	Y	Y	Y	Y	Y	N	N	Y
51	75	Every 6 Wks	10000	None	55	0	N	N	N	N	Y	N	Y	Y	Y	N	N	N	N	N	Y	Y	N	N	N	N
52	65	Open	*	*	1500	No	Y	Y	N	N	Y	Y	Y	Y	Y	Y	Y	Y	Y	Y	Y	Y	N	N	Y	N
53																										
54	50	Monthly	1845-12500			100	N	Y	N	N	N	Y	Y	Y	Y	Y	N	Y	Y	Y	N	N	N	N	N	N
55	75	Monthly	2900-10875	None	250	0	N	Y	N	N	Y	Y	Y	Y	Y	Y	N	Y	Y	Y	N	N	N	N	Y	Y
56		Bimonthly	1195	None	No	85	N	N	N	N	N	N	N	N	N	N	N	N	N	N	N	N	N	N	N	N
57																										
58	100	Monthly	975	None	No	12	N	N	N	N	N	N	N	N	N	N	N	N	N	N	N	N	N	N	N	N
59	125	Monthly	1800-17500	495-1150	75	50	Y	Y	N	Y	N	Y	Y	Y	Y	N	N	Y	Y	Y	Y	Y	Y	N	Y	Y
60																										
61	125	Monthly	1300-10000	495-850	95	60	N	Y	N	Y	N	Y	Y	Y	Y	N	Y	N	Y	Y	Y	Y	Y	N	Y	N
62		Bimonthly			60	20	N	N	N	N	N	N	N	N	N	N	N	N	N	N	N	N	N	N	N	N

Ctr for Hypnotherapy Certification (CALIFORNIA)

Line	Institution Name and Address	Phone	Fax	Founded	Location	Minimum Education & Admission Requirements	Admissions Exam	Aptitude Testing	References/Letters of Recommendation	Interview	Minimum Age
1	Ctr for Hypnotherapy Certification, 351 Wayne Ave, Oakland 94606	510-839-4800	510-836-0477	1995	M	*	Y	N	N	Y	18
2	Central Coast C, 480 S Main St, Salinas 93901	831-424-6767	831-753-6405	1983	L	HS/GED	Y	Y	Y	Y	None
3	Champion Inst of Cosmetology, 611 S Palm Canyon Dr #205, Palm Springs										
4	92264	760-322-2227		1988	S	HS/GED/ATB	Y	Y	N	Y	17 1/2
5	Charles A Jones Skills & Bus Ed Ctr, 5451 Lemon Hill Ave, Sacramento										
6	95824	916-433-2600	916-433-2640		M		N	N	N	N	
7	Chico Beauty C, 1356 Longfellow Ave, Chico 95926	530-343-4201	530-343-4231	1958	U	HS/GED	N	Y	N	Y	17
8	Citrus Heights Beauty C, 7518 Baird Way, Citrus Heights 95610	916-725-6861	916-725-7838	1969	U	10th Grade	Y	Y	N	Y	16
9	City of Hope Natl Med Ctr-Sch of Radiation Therapy Tech,										
10	1500 E Duarte Rd, Duarte 91010	626-301-8247		1975	L	ARRT*	N	N	Y	Y	18
11	Clarita Career C, 27125 Sierra Hwy Ste 329, Canyon Country 91351	661-252-1864	661-252-2153	1995	M	HS/GED/ATB	Y	N	N	Y	18
12	COBA Acad, 102 N Glassell St, Orange 92866	714-633-5950	714-633-4139	1982	U	HS/GED/ATB	Y	Y	N	Y	17
13	C of Information Tech, 2701 E Chapman Ave Ste 101, Fullerton 92831	714-879-5100	714-879-2272	1999	M	HS/GED	N	N	N	Y	18
14	Colton-Redlands-Yucaipa Reg Occ Program, PO Box 8640,										
15	1214 Indiana Court, Redlands 92375	909-793-3115	909-793-6901	1971	L	None	N	N	N	N	16
16	Compton Adult Sch, 1104 E 148th St, Compton 90220	310-898-6470	310-898-6477	1963	U		Y	Y	N	Y	18
17	Computer Tutor Bus & Tech Inst, 4306 Sisk Rd, Modesto 95356	209-545-5200		1986	L	HS/GED/ATB	Y	N	N	Y	18
18	Concorde Career C, San Bernardino, 201 E Airport Dr Ste A,										
19	San Bernardino 92408	909-884-8891		1967	L	HS/ATB*	Y	N	Y	Y	17-1/2
20	Concorde Career C, San Diego, 4393 Imperial Ave Ste 100, San Diego										
21	92113	619-688-0800	619-220-4177	1966	M		Y	Y	Y	Y	17
22	Dale Carnegie Training, Oakland, 304 Pendleton Way, Oakland 94621	510-635-8598	510-635-8269	1912	M	*	N	N	N	Y	15
23	Digits Intl-Reflexology Inst, 27636 Ynez Rd L-7 Ste 232, Temecula 92591	951-694-0225	951-694-5910	1985	U		N	N	N	N	None
24	DVS C, Los Angeles, 3325 Wilshire Blvd Ste 200, Los Angeles 90010	213-639-1470	213-639-1475	1990	R	No HS	Y	Y	Y	Y	18
25	East San Gabriel Valley ROP & Tech Ctr, 1501 W Del Norte Ave Rm 17,										
26	West Covina 91790	626-472-5195	626-472-5125		U	HS/GED	N	N	N	N	18
27	Fashion Careers C, 1923 Morena Blvd, San Diego 92110	619-275-4700	619-275-0635	1979	M	HS/GED	Y	N	N	Y	18
28	Federico Beauty Inst, 1515 Sports Dr, Sacramento 95834	916-929-4242	916-929-5033	1946	M	HS/GED*	Y	Y	N	Y	17
29	Fredrick & Charles Beauty C, 831 F Street, Eureka 95501	707-443-2733	707-443-1245	1955	S	HS/GED	Y	Y	Y	Y	16
30	Friedman C - California Inst of Locksmithing, 14721 1/2 Oxnard St,										
31	Van Nuys 91411	818-994-7425	818-994-7427	1972	M	HS/GED	Y	N	N	Y	
32	Friedman C - Nick Harris Detective Acad, 14721 Oxnard St, Van Nuys										
33	91411	818-989-6360	818-994-7427	1906	M	HS/GED	Y	N	N	Y	
34	Galen C of Med & Dental Assist, Fresno, 1325 N Wishon, Fresno 93728	559-264-9700	209-264-0985	1968	L	HS/GED/ATB	Y	Y	Y	Y	18
35	Galen C of Med & Dental Assist, Modesto, 1604 Ford Ave Ste 10, Modesto										
36	95350	209-527-5100		1968	L	HS/GED/ATB	Y	N	N	Y	18
37	Glendale Career C, Oceanside, 2204 El Camino Real, Oceanside 92054	800-498-1818	760-450-0396	1996	L	HS/GED/ATB	Y	Y	Y	Y	None
38	Hacienda La Puente Adult Ed, La Puente, 14101 E Nelson Ave, La Puente										
39	91746	626-934-2801	626-855-3169	1971	U	HS/GED	Y	N	N	Y	18
40	HCH Inst for Hypnotherapy & Psychospiritual Trainings,										
41	3702 Mount Diablo Blvd, Lafayette 94549	925-283-3941	925-283-9044	1976	L	HS	N	N	N	Y	18
42	Healing Arts Inst, Roseville, 7525 Auburn Blvd Ste 9, Citrus Heights 95610	916-725-3999		1990	U	HS/GED	N	N	N	Y	18
43	Healing Hands Sch of Holistic Health, 125 W Mission Ste 212, Escondido										
44	92025	760-746-9364		1993	M	*	N	N	N	Y	None
45	Hospitality, Intl Trade, and Global Security Training,										
46	3870 Murphy Canyon Rd 310, San Diego 92123	858-292-9755	858-292-8008	1983	M	HS/GED/ATB	N	N	Y	Y	18
47	Hypnotherapy Training Inst, 4730 Alta Vista Ave, Santa Rosa 95404	707-579-9023	707-578-1033	1973	U	HS/GED	N	N	N	N	18
48	Imperial Valley ROP, 687 State St, El Centro 92243	760-482-2600	714-482-2750	1981			N	N	N	N	16
49	The Inst of Professional Practical Therapy, 1835 S La Cieniga Blvd Ste 260,										
50	Los Angeles 90035	310-836-8811	310-836-8857	1995	M	None	N	N	N	Y	18
51	Inst of Psycho-Structural Balancing, 5817 Uplander Way, Culver City										
52	90230	310-342-7130	310-342-7135	1980	U		Y	N	N	Y	18
53	Intl Acad of Cosmetology, 4085 Tweedy Blvd, South Gate 90280	323-249-0270		1974	U	10th Grade	Y	N	Y	Y	18
54	Intl Acad/Precision Haircutting, San Francisco, 638 Minna St Loft 12,										
55	San Francisco 94103	415-934-9204	415-934-0635	1982	M	*	N	N	N	N	
56	Intl Christian Ed C, 3807 Wilshire Blvd 730, Los Angeles 90010	213-368-0316	213-368-0318	1991	M	HS/GED/ATB	N	N	N	Y	18
57	Intl Sch of Cosmetology, 13613 Hawthorne Blvd, Hawthorne 90250	310-973-7774	310-355-1158	1977	M	10th Grade	Y	Y	N	Y	16
58	IPPT Sch of Massage, 1835 S La Cienega Blvd Ste 260, Los Angeles										
59	90035	310-836-8811	310-836-8857	1996	M	None	N	N	Y	Y	18
60	Kali Inst for Massage & Somatic Therapies, 746 E Main St, Ventura 93001	805-648-6204		1993	U		N	N	N	Y	
61	Kensington C, 2428-D N Grand Ave, Santa Ana 92705	714-542-8086	714-245-2425	1991	M	HS/GED	Y	N	N	Y	None
62											

*Additional information in Appendix

Line Number	Regis/Enrollment Application Fee	Courses Start	Tuition for Each Program	Mandatory Fees	Full-time	Part-time	Bureau of Indian Affairs	JTPA/WIA	Fed. Aviation Admin.	Immigration/Naturalization Service	Social Security Admin.	Veterans Admin.	Voc. Rehab.	Fed. Pell Grants	FSEOG	FWS	Fed. Perkins Loans	Fed. Stafford Loans	Scholarships	Deferred Payment	Job Counseling	Job Placement	Personal Counseling	Housing	Mobility Impaired Services	Mobility Impaired Programs
1	100	Quarterly	2100	None	No	100	N	N	N	N	N	N	N	N	N	N	N	N	Y	Y	Y	N	Y	N	Y	N
2	75	*	7500-11400	*	36	101	N	Y	N	N	N	Y	Y	Y	N	N	N	N	N	Y	Y	Y	Y	N	Y	Y
3																										
4	75	Open	1695-7395	None	40	35	Y	N	N	N	N	N	Y	Y	N	N	N	N	N	Y	Y	Y	Y	N	N	N
5																										
6			69-1200		3000		N	Y	N	N	N	N	Y	Y	N	N	N	N	N	Y	Y	N	Y	N	Y	N
7	75	Every 6 Wks	*	1000-1200	80	No	Y	Y	N	N	Y	Y	Y	Y	N	N	N	N	N	Y	Y	N	Y	N	N	N
8	250	Bimonthly	8600-11100	None	85	No	Y	Y	N	N	Y	Y	Y	Y	N	N	N	N	N	N	Y	Y	Y	N	N	N
9																										
10	50	October	3000	200-300	14	No	N	N	N	N	N	N	N	N	N	N	N	N	N	Y	Y	Y	Y	N	Y	N
11	100	Monthly	8000-15000	None	229	No	N	N	N	N	N	N	Y	Y	Y	N	N	N	N	Y	Y	Y	Y	N	N	N
12	75	Open	13800	1100	100	No	N	Y	N	N	N	N	Y	Y	N	N	N	N	N	Y	Y	Y	Y	N	N	N
13	75	Open	8998-10000	?	300		N	Y	N	N	N	Y	Y	Y	N	N	N	N	N	Y	Y	Y	Y	N	N	N
14																										
15	30	Semester	None	None	10500		N	Y	N	N	N	N	N	N	N	N	N	N	N	N	N	N	N	N	N	N
16	5	*	5-50				N	Y	N	N	N	N	N	N	N	N	N	N	Y	N	Y	Y	Y	N	Y	Y
17		Every 2 Wks	3000-7500		75		N	Y	N	N	N	N	Y	Y	N	N	N	Y	Y	Y	Y	Y	Y	N	Y	Y
18																										
19	100	Monthly	12000-29000	None	720	No	Y	Y	N	Y	Y	Y	Y	Y	Y	N	Y	N	Y	N	Y	Y	Y	N	Y	N
20																										
21	100	Monthly	5244-13886	Varies	430		Y	Y	N	N	N	N	Y	Y	N	N	N	N	Y	Y	Y	Y	Y	N	N	N
22		Monthly	1795		No	400	N	N	Y	Y	Y	Y	Y	N	N	N	N	N	N	N	N	N	Y	N	N	N
23	No	Open	150-300	None			N	N	N	N	N	N	N	N	N	N	N	N	N	N	Y	N	Y	N	N	N
24		Open	8900				Y	Y	Y	Y	Y	Y	Y	Y	Y	Y	Y	Y	Y	Y	Y	Y	Y	N	Y	N
25																										
26	40	Open	950-2221	40	34	525	N	Y	N	N	N	N	Y	Y	N	N	N	N	N	Y	Y	Y	Y	N	Y	Y
27	25	Quarterly	15900-17900	500*	125	No	Y	Y	N	Y	N	Y	Y	Y	N	N	N	N	N	Y	Y	Y	Y	N	N	N
28	85	Every 5-10 Wks	7200-13000	1800-3200	160	90	Y	N	N	Y	Y	Y	Y	Y	Y	Y	Y	Y	Y	Y	Y	Y	Y	N	N	N
29	100	Bimonthly	3138-9215	None	72	1	Y	Y	N	Y	N	Y	Y	Y	Y	N	N	N	N	Y	Y	Y	Y	Y	N	N
30																										
31	75	Weekly	4700		15-20		N	Y	N	N	N	N	Y	N	N	N	N	N	N	N	Y	Y	Y	N	N	N
32																										
33	75	Weekly	4400		15-20		N	Y	N	N	N	N	Y	N	N	N	N	N	N	N	Y	Y	Y	N	Y	Y
34	75	Every 20 Days	7800-8500	300	100	No	Y	Y	N	N	Y	Y	Y	Y	N	N	Y	N	Y	N	Y	Y	Y	N	N	N
35																										
36	75	Monthly	10000	300	100	No	N	Y	N	Y	Y	Y	Y	Y	Y	N	Y	N	Y	Y	Y	Y	Y	N	N	N
37	75		10249-18995	26-47	100	No	N	Y	N	N	N	Y	Y	Y	Y	Y	N	N	Y	N	Y	Y	Y	N	N	N
38																										
39	*	*	10-450	11*	10000	1500	N	Y	N	N	N	Y	Y	N	N	N	N	N	N	N	Y	Y	Y	N	Y	N
40																										
41	75	Quarterly	3400	145*	13	No	N	N	N	N	N	N	N	N	N	N	N	N	Y	Y	N	N	Y	N	N	N
42	100	Monthly	1140-2000	135*	75	175	N	N	N	N	N	N	Y	N	N	N	N	N	N	N	N	N	Y	N	Y	N
43																										
44	200	Quarterly	800-8000		60	60	N	Y	N	Y	Y	Y	Y	N	N	N	N	N	N	N	Y	Y	Y	N	N	N
45																										
46	75	Open	5095-14650*	None	80	No	Y	Y	N	N	N	N	Y	N	N	N	N	N	N	N	Y	Y	N	N	Y	N
47	750*	*	925*	None	No	95	N	Y	N	N	N	N	Y	N	N	N	N	N	N	N	N	N	Y	N	Y	Y
48	None	Varies	None	None	5000		N	Y	N	N	N	Y	Y	N	N	N	N	N	N	N	Y	Y	Y	N	N	N
49																										
50	100	Open	750-5850	None	20	100	N	N	N	N	N	Y	Y	N	N	N	N	N	N	N	Y	Y	N	N	N	N
51																										
52	75	Monthly	1350-5330	5-250*	No	200	N	N	N	N	N	N	Y	N	N	N	N	N	N	Y	N	Y	Y	N	N	N
53	75	2nd Tue/Mo	1500-6770	None	80	100	N	Y	N	N	Y	N	Y	N	N	N	N	N	Y	N	Y	Y	Y	N	N	N
54																										
55	200	Weekly	725-4175*	None	3	1	N	N	N	N	N	N	Y	N	N	N	N	N	N	Y	N	Y	Y	N	N	N
56	50	Open	3540	None			N	Y	N	N	Y	N	Y	Y	Y	Y	Y	Y	Y	Y	Y	Y	Y	Y	Y	Y
57	100	Monthly	2600-10400	600-1525	25	75	N	Y	N	N	N	N	Y	Y	Y	N	Y	N	N	Y	Y	Y	Y	N	Y	Y
58																										
59	100	Monthly	750-5850	None	10	100	N	N	N	N	N	N	N	N	N	N	N	N	N	Y	Y	Y	N	N	N	N
60	95	Every 3 Mos	50-1600	None	No	No	N	N	N	N	N	N	N	N	N	N	N	N	N	N	Y	Y	Y	N	N	N
61	100	Monthly	6395-9995	None	35	15	N	Y	N	N	N	Y	Y	Y	N	N	N	N	N	Y	Y	Y	Y	N	Y	Y
62																										

Ladera Career Paths Training Ctrs (CALIFORNIA)

Line Number	Institution Name and Address	Phone	Fax	Founded	Location	Minimum Education & Admission Requirements	Admissions Exam	Aptitude Testing	References/Letters of Recommendation	Interview	Minimum Age
1	Ladera Career Paths Training Ctrs, 6820 La Tijera Blvd # 217, Los Angeles										
2	90045	310-568-0244	310-568-8202	1982	M	HS/GED	Y	Y	N	Y	16
3	Lancaster Beauty Sch, 44646 N 10th St W, Lancaster 93534	661-948-1672	661-949-7444	1960	L	HS/GED	Y	Y	N	Y	16
4	LaPuente Valley ROP, 18501 E Gale Ave Ste 100, City of Industry 91748	626-810-3300	626-581-9107	1971	L	*	N	N	N	N	16
5	Lola Beauty C, 11883 Valley View St, Garden Grove 92845	714-894-3366	714-893-7747	1990	S	HS	N	Y	N	Y	18
6	Long Beach Sch for Adults, 3701 E Willow St, Long Beach 90815	562-595-8893			U		Y	Y	N	Y	18
7	Los Angeles ORT Tech Inst, 6435 Wilshire Blvd, Los Angeles 90048	323-966-5444		1985	M	HS/GED/ATB	Y	Y	N	Y	18
8	Los Angeles ORT Tech Inst-Sherman Oaks Branch,										
9	15130 Ventura Blvd Ste 250, Sherman Oaks 91403	818-382-6000	818-788-3997	1990	M	HS/GED	Y	Y	N	Y	None
10	Los Angeles Vocational Inst, 3540 Wilshire Blvd Ste 410, Los Angeles										
11	90010	213-480-4882			L	HS/GED	N	N	N	Y	18
12	Maric C, Anaheim, 1360 S Anaheim Blvd, Anaheim 92805	714-758-1500	714-758-1220	1989	L	HS/GED/ATB	Y	Y	Y	Y	18*
13	Maric C, Bakersfield, 1914 Wible Rd, Bakersfield 93304	661-836-6300	661-837-4406		R	HS/GED/ATB*	N	N	N	N	18*
14	Maric C, North Hollywood, 6180 Laurel Canyon Blvd 101, North Hollywood										
15	91606	800-404-9729	818-763-1623	1982	M	HS/GED/ATB	Y	N	N	Y	18
16	Maric C, Sacramento, 4330 Watt Ave Ste 400, Sacramento 95821	916-649-8168	916-649-8344	1976	M	HS/GED/ATB	Y	Y	N	Y	
17	Maric C, Salida, 5172 Kiernan Ct, Salida 95368	209-543-7000	209-543-1755	1970	U	HS/GED/ATB*	Y	N	Y	Y	17
18	Maric C, Stockton, 722 W March Ln, Stockton 95207	209-462-8777	209-462-3219	1971	L	*	Y	Y	Y	Y	17
19	Marinello Sch of Beauty, City of Industry, 1600 S Azusa Ave Ste 244,										
20	City of Industry 91748	626-965-2532		1905	U		Y	N	N	Y	16
21	Marinello Sch of Beauty, Inglewood, 240 S Market St, Inglewood 90301	310-674-8100		1905	U	HS/GED	Y	*	N	Y	17
22	Marinello Sch of Beauty, Los Angeles, 6111 Wilshire Blvd, Los Angeles										
23	90048	323-938-2005		1905	M	HS/GED/ATB	Y	Y	N	Y	17
24	Marinello Sch of Beauty, Los Angeles, 2700 Colorado Blvd Ste 266,										
25	Los Angeles 90041	323-254-6226		1905	S	HS/GED	Y	*	N	Y	18
26	Marinello Sch of Beauty, Reseda, 18442 Sherman Way, Reseda 91335	818-881-2521		1905	U	HS/GED	Y	*	N	Y	17
27	Marinello Sch of Beauty, San Bernardino, 721 W 2nd St E, San Bernardino										
28	92410	909-884-8747		1905	S	HS/GED	Y	*	N	Y	17
29	Martinez Adult Ed, 600 F St, Martinez 94553	925-228-3276	925-228-3276		S	18 yrs old	N	N	N	N	18
30	Massage Ctr, Chatsworth, 21740 Devonshire St, Cahtsworth 91311	818-773-0140	805-370-1491	2006	U	None	N	N	N	N	18
31	Massage Ctr, Thousand Oaks, 171 E Thousand Oaks Blvd Ste 206,										
32	Thousand Oaks 91362	805-495-1353	805-370-1491	1997	U	None	N	N	N	N	18
33	Massage Sch of Santa Monica , 1453 3rd St Promenade 340,										
34	Santa Monica 90401	310-393-7461		1979	M	HS/GED	N	N	Y	Y	18
35	Massage Sch of Santa Monica, Ext, 6422 1/2 Coldwater, North Hollywood										
36	91607	818-763-4912	818-763-4915	1989	L	HS/GED	N	N	N	Y	18
37	McKinnon Inst of Massage, LLC, 2940 Webster St, Oakland 94609	510-465-3488		1973	M	HS	N	N	N	Y	18
38	Meridian Inst, 4201 Wilshire Blvd Ste 515, Los Angeles 90010	323-936-1624	323-936-6947	1995	M	HS/GED	Y	N	N	Y	18
39	Mills-Peninsula Health Svcs, Radiologic Tech, 1783 El Camino Real,										
40	Burlingame 94010	650-696-5519	650-696-5995	1961	R	HS/GED+*	Y	N	Y	Y	18
41	Miss Marty's Hair Acad & Esthetic Inst, 1087 Mission St, San Francisco										
42	94103	415-227-4240	415-252-1147	1957	M	HS/GED	Y	N	Y	Y	18
43	Mojave Barber C, 15505 7th St, Victorville 92395	760-955-2934	760-843-5505	2000	U	HS/GED	Y	N	N	Y	16
44	Moler Barber C, 3815 Telegraph Ave, Oakland 94609	510-652-4177	510-652-4016	1910	M	ATB	Y	Y	N	Y	18
45	Monterey Acad of Hair Design, 2630 El Camino Real, Santa Clara 95051	408-249-2622	408-249-6066	1990	L	HS/GED	N	N	N	Y	16
46	Monterey Inst of Touch, 27820 Dorris Dr, Carmel 93923	831-624-1006	831-626-6916	1983	S	HS/GED	Y	N	Y	Y	18*
47	MTI Bus C, 6006 N El Dorado St, Stockton 95207	888-302-2009	209-474-8705	1968	M	HS/GED/ATB	Y	N	N	Y	18
48	MTI C, Sacramento, 5221 Madison Ave, Sacramento 95841	916-339-1500	916-339-0305	1965	M	HS/GED	Y	Y	N	Y	18
49	Mueller C of Holistic Studies, 4607 Park Blvd, San Diego 92116	619-291-9811	619-543-1113	1976	M	HS*	Y	Y	N	Y	18
50	My-Le's Beauty C, 5972 Stockton Blvd, Sacramento 95824	916-422-0223	916-422-1289	1990	U	HS/GED	Y	Y	N	N	16
51	National Holistic Inst, Emeryville, 5900 Hollis St Ste Q, Emeryville 94608	510-547-6442	510-547-6621	1978	M	HS/GED/ATB	N	N	N	Y	*
52	Natl Holistic Inst, Encino, 15720 Ventura Blvd, Ste 101, Encino 91436	818-788-0824			M	HS/GED/ATB	N	N	N	Y	*
53	Natl Holistic Inst, Petaluma, 1304 Southpoint Blvd Ste 130, Petaluma										
54	94954	800-315-3552			M	HS/GED/ATB	N	N	N	Y	*
55	Natl Holistic Inst, San Francisco, 1665 Market St, San Francisco 94103	800-315-3552			M	HS/GED/ATB	N	N	N	Y	*
56	Northern California Inst of Cosmetology, 644 E14 St, San Leandro 94577	510-635-4375	510-635-4372	2002			N	Y	N	Y	
57	North Orange Co ROP, 385 N Muller St, Anaheim 92801	714-502-5858	714-535-0891	1971	M	HS*	*	*	N	N	14
58	Northwest Lineman C, Oroville, 2009 Challenger Ave, Oroville 95965	208-888-4817	208-888-4275				N	Y	N	N	
59	Opportunities Industrialization Ctr West, 1200 O'Brien Dr, Menlo Park										
60	94025	650-330-6429	650-330-6401		R		Y	Y	N	Y	
61	Pacific C , 3160 Red Hill Ave, Costa Mesa 92626	714-662-4402	714-662-1702	1993	L	HS/GED	Y	N	Y	Y	18
62											

*Additional information in Appendix

Line Number	ADMISSIONS Regis/Enrollment Application Fee	Courses Start	COSTS Tuition for Each Program	Mandatory Fees	ENROLLMENT Full-time	Part-time	GOVERNMENT JOB TRAINING & AID Bureau of Indian Affairs	JTPA/WIA	Fed. Aviation Admin.	Immigration/Naturalization Service	Social Security Admin.	Veterans Admin.	Voc. Rehab.	OTHER FINANCIAL AID Fed. Pell Grants	FSEOG	FWS	Fed. Perkins Loans	Fed. Stafford Loans	Scholarships	Deferred Payment	STUDENT SERVICES Job Counseling	Job Placement	Personal Counseling	Housing	Mobility Impaired Services	Mobility Impaired Programs
1																										
2	75	Quarterly	4600-6500	1190	45	15	N	Y	N	N	Y	Y	Y	Y	Y	N	N	Y	N	Y	Y	Y	N	N	Y	N
3	75	Every 2 Wks	2125-10725	1275	190	20	Y	Y	N	N	N	Y	Y	Y	Y	N	N	Y	N	Y	Y	Y	N	N	Y	N
4	*25	Semester	30-120*	2519			N	Y	N	N	Y	Y	Y	N	N	N	N	N	N	N	Y	Y	Y	N	Y	N
5	No	Weekly	7200	None	41	1	N	N	N	N	N	N	N	Y	Y	N	N	N	N	N	Y	Y	Y	N	N	N
6	20	Quarterly					N	N	N	N	N	N	N	N	N	N	N	N	N	Y	Y	Y	N	N	N	N
7	100	Open	3925-8800	None	400	No	N	Y	N	N	Y	N	Y	Y	Y	Y	Y	Y	Y	Y	Y	Y	Y	N	Y	Y
8																										
9	100	Every 6 Wks	625-6500	None	250	No	N	Y	N	N	Y	Y	Y	Y	Y	Y	Y	Y	Y	Y	Y	Y	Y	N	Y	N
10																										
11	75	Weekly	2200-3500	None	20	12	N	Y	N	N	N	Y	Y	N	N	N	N	N	N	N	Y	Y	Y	N	Y	N
12	75	Every 3-7 Wks	10000-20000	None	220	No	N	Y	N	N	N	N	Y	Y	Y	Y	Y	Y	Y	N	Y	Y	Y	N	Y	N
13	20	Every 4-6 Wks	varies		410	No	N	N	N	N	N	N	N	Y	N	N	N	Y	Y	Y	Y	Y	Y	N	Y	Y
14																										
15	75	Open	10000-37500	None	725	No	N	Y	N	N	Y	N	Y	Y	Y	Y	N	Y	Y	N	Y	Y	Y	N	Y	N
16	20	*	11000-22000	590-1350	434	No	Y	Y	N	N	N	N	Y	Y	Y	Y	Y	Y	Y	Y	Y	Y	Y	N	N	N
17	20	Open	10000-20000	none	680	none	N	Y	N	N	N	N	Y	Y	Y	Y	Y	Y	Y	N	Y	Y	Y	N	N	Y
18	95	Every 4 Wks	11500-12900	600-1200	400	no	Y	Y	N	N	N	Y	Y	Y	Y	Y	Y	Y	Y	Y	Y	Y	Y	N	N	N
19																										
20	75	Every 2 wks	3400-16000	None	39	45	Y	Y	N	Y	N	Y	Y	Y	Y	N	N	Y	N	N	N	Y	Y	N	N	N
21	100	Every 2 wks	3400-16000	75	92	2	Y	Y	N	N	Y	N	Y	Y	Y	N	N	Y	N	N	Y	Y	Y	N	Y	N
22																										
23	75	Every 2 wks	3400-16000	None	70	15	Y	Y	N	N	Y	Y	Y	Y	Y	N	N	Y	N	N	Y	Y	Y	N	Y	N
24																										
25	75	Every 4 Wks	3484-12446		50	20	Y	N	N	N	N	Y	Y	Y	Y	N	N	Y	N	N	Y	Y	Y	N	Y	N
26	75	Every 4 Wks	3400-13600	None	50	33	Y	Y	N	N	Y	N	Y	Y	Y	N	N	Y	N	Y	Y	Y	Y	N	Y	N
27																										
28	75	Every 4 Wks	3500-12500	None	72	32	Y	Y	N	N	Y	N	Y	Y	Y	N	N	Y	N	N	Y	Y	Y	N	Y	Y
29	0-	Quarterly	0-5000	0	700	5000	N	Y	N	N	N	N	Y	Y	N	N	N	N	Y	N	Y	N	Y	N	Y	Y
30		Every 10 Wks	800-2000	None		No	N	N	N	N	N	N	N	N	N	N	N	N	N	N	N	N	N	N	N	N
31																										
32		Every 10 Wks	800-2000	None	32	No	N	N	N	N	N	N	N	N	N	N	N	N	N	N	N	N	N	N	N	N
33																										
34	60	Monthly	40-1512	None	100	500	Y	N	N	N	N	N	Y	N	N	N	N	N	N	N	Y	N	Y	N	N	N
35																										
36	60	Monthly	1512	None	60	350	Y	N	N	N	N	N	Y	N	N	N	N	N	N	Y	Y	N	Y	N	N	N
37	200	Open	1075-1430	None	No	400	N	N	N	N	N	N	Y	N	N	N	N	N	N	Y	N	N	Y	N	N	N
38	75	Every Mon	2200-5000	0	15	No	N	Y	N	N	N	N	Y	Y	N	N	N	Y	N	N	N	Y	Y	N	N	N
39																										
40	50	July	None	1200	16	No	N	N	N	N	N	N	N	N	N	N	N	N	N	N	Y	N	N	N	N	N
41																										
42	75	Monthly	6000-18000	None	125	50	Y	Y	N	Y	Y	Y	Y	Y	N	N	N	Y	N	Y	Y	Y	Y	N	Y	N
43	65	Open	7000	None	55	No	N	Y	N	N	N	N	Y	Y	N	N	N	N	Y	N	Y	Y	Y	N	Y	N
44	125	Open	1000-6000	15	36	No	Y	Y	N	N	N	N	Y	Y	Y	N	Y	N	N	N	Y	Y	Y	N	N	N
45	75	Monthly	840-4525	350-375	70	30	N	Y	N	N	N	N	Y	N	N	N	N	N	N	N	Y	Y	Y	N	Y	N
46	75	Quarterly	2500-5000	275*	No	80-	N	N	N	N	N	N	Y	N	N	N	N	N	N	N	Y	Y	Y	N	N	N
47	150	Monthly	2500-10000	0	150	No	Y	Y	N	N	Y	Y	Y	Y	Y	N	N	N	Y	Y	Y	Y	Y	N	Y	Y
48	75	Every 6 Wks	6000-10000		800	200	Y	Y	N	N	Y	Y	Y	Y	Y	Y	N	Y	Y	N	Y	Y	Y	N	Y	N
49	100	Quarterly	9856-16000	None	38	111	N	N	N	N	N	N	Y	N	N	N	N	N	Y	N	Y	Y	Y	N	Y	N
50	75	Monthly	1700-7450		60	40	N	N	N	N	N	N	N	N	N	N	N	N	N	N	N	N	N	N	N	N
51	50	2 Times/Mo	12875	None	600	No	N	Y	N	N	N	N	Y	Y	Y	N	N	N	N	Y	Y	Y	Y	N	Y	Y
52	50	2 Times/Mo	12875		600	No	N	Y	N	N	N	N	Y	Y	Y	N	N	N	N	Y	Y	Y	Y	N	Y	Y
53																										
54	50	2 Times/Mo	12875		600		N	N	N	N	N	N	Y	Y	Y	N	N	N	N	Y	Y	Y	Y	N	Y	Y
55	50	2 Times/Mo	12875		600		N	N	N	N	N	N	Y	Y	Y	N	N	N	N	Y	Y	Y	Y	N	Y	Y
56	7000	Monthly	3000-7000	0	4	25	N	N	N	N	N	N	N	N	N	N	N	N	N	N	Y	Y	Y	N	N	N
57	20*	Open	None			2400	N	Y	N	N	N	N	Y	N	N	N	N	N	N	N	Y	Y	Y	N	N	N
58		Jan/May/Sept	6550	1465			Y	Y	N	N	N	Y	Y	N	N	N	N	N	Y	N	Y	Y	Y	N	Y	N
59																										
60	0	Open	0	0	400	100	N	N	N	N	N	N	Y	N	N	N	N	N	N	N	Y	Y	N	N	N	N
61	75	Monthly	1080-26900	None	270	No	Y	Y	N	N	Y	Y	Y	Y	Y	N	N	Y	N	Y	Y	Y	N	N	N	N
62																										

Pacific Sch of Massage & Healing Arts (CALIFORNIA)

	GENERAL INFORMATION						ADMISSIONS				
Line Number	Institution Name and Address	Phone	Fax	Founded	Location	Minimum Education & Admission Requirements	Admissions Exam	Aptitude Testing	References/Letters of Recommendation	Interview	Minimum Age
1	Pacific Sch of Massage & Healing Arts, 44800 Fish Rock Rd, Gualala										
2	95445	707-884-3138	707-884-4106	1978	R	HS/GED	N	N	N	Y	18
3	Palo Alto Adult Sch, 50 Embarcadero Rd, Palo Alto 94301	650-329-3752	650-329-8515	1921	U	None	*	N	N	*	18
4	Premiere Career C, 12901 Ramona Blvd Ste D, Irwindale 91706	626-814-2080	626-814-3242	1991	U	HS/GED	Y	Y	Y	Y	18
5	Redstone C, 8911 Aviation Blvd, Inglewood 90301	310-337-4444	310-642-3716		M	HS/GED	Y	N	N	Y	17
6	Redwood Empire Electrical Joint Apprenticeship & Training,										
7	1700 Corby Ave Ste A, Santa Rosa 95407	707-523-3837		1965	U	HS/GED*	Y	Y	Y	Y	18*
8	Rosemead Beauty Sch, 8531 E Valley Blvd, Rosemead 91770	626-286-2147	626-286-6058	1957	M	10th Grade	Y	Y	N	Y	17
9	Rowland Adult & Comm Ed, 2100 Lerona Ave, Rowland Heights 91748	626-965-5975	626-854-1191	1971	U		N	N	N	Y	16
10	Royale C of Beauty, 27485 Commerce Ctr Dr, Temecula 92590	951-676-0833	951-676-0653	1988	U	HS/GED/ATB	Y	Y	Y	Y	16
11	Sacramento Co ROP, 9738 Lincoln Village Dr, Sacramento 95827	916-228-2454			L		N	N	N	N	14
12	Sacramento Job Corps Ctr, 3100 Meadowview Rd, Sacramento 95832	916-394-0770	916-394-2555	1964	M		N	N	N	Y	16
13	Sage C, Moreno Valley, 12125 Day St Bldg L, Moreno Valley 92557	951-781-2727	951-781-0570	1985	L	HS/GED	Y	N	N	Y	18
14	Sage C, San Diego, 2820 Camino del Rio S Ste 100, San Diego 92108	951-781-2727	951-781-0570	1985	L	HS/GED	Y	N	N	Y	18
15	Salon Success Acad, Upland, 1385 E Foothill Blvd, Upland 91786	909-982-4200	909-982-7318	1960	L		Y	Y	N	Y	17
16	San Francisco Inst of Esthetics & Cosmetology, Inc, 1067 Folsom,										
17	San Francisco 94103	415-355-1734		2002	M	HS/GED	Y	Y	Y	Y	18
18	San Francisco Sch of Massage, 1325 Chestnut St, San Francisco 94123	415-474-4600	415-474-4601	1969	M	ATB	N	N	N	Y	18
19	San Joaquin Co Gen Hosp, Sch of Radiologic Tech, PO Box 1020,										
20	500 W Hospital Rd, Stockton 95201	209-468-6233		1959	U	HS/GED	N	N	N	N	18
21	San Luis Obispo Beauty C, 285 South St Ste N, San Luis Obispo 93401	805-543-3305	805-543-2797	1973	U	HS/GED	Y	N	N	Y	17
22	San Mateo Adult Sch, 789 E Poplar Ave, San Mateo 94401	650-558-2100	650-762-0232	1928	U	none	Y	N	N	Y	18
23	Santa Barbara Bus C, 5266 Hollister Ave, Santa Barbara 93111	805-967-9677		1888	L	HS/GED	Y	Y	N	Y	18
24	Santa Barbara Cottage Hosp, Sch of Med Tech, PO Box 689,										
25	Pueblo at Bath Sts, Santa Barbara 93102	805-569-7378	805-569-8223	1965	U	BA/BS	N	N	Y	Y	None
26	Santa Maria Beauty C, 1778 S Broadway, Santa Maria 93454	805-928-1848	805-928-4078	1971	L	HS/GED	Y	N	N	Y	17
27	Sch of Healing Touch, 2881 Castro Valley Blvd Ste 1, Castro Valley 94546	510-886-0893	510-886-0922	1989	R	HS/GED	N	N	N	Y	18
28	Sch of Security Tech, 302 W Katella Ave, Orange 92867	714-633-1366		1991	M	HS/GED	Y	N	N	Y	18
29	Sch of Shiatsu & Massage, PO Box 889, 18424 Harbin Springs Rd,										
30	Middletown 95461	707-987-3801	707-987-9638	1977	R		N	N	N	N	18
31	Sierra C of Beauty, 1340 W 18th St, Merced 95340	209-723-2989		1967	U	HS/GED	Y	Y	N	Y	17
32	Sierra Valley Bus C, 4747 N First St Bldg D, Fresno 93726	559-222-0947	559-222-2973	1973	L	HS/GED	Y	Y	N	Y	None
33	Simi Valley Adult Sch, 1880 Blackstock St, Simi Valley 93065	805-579-6200	805-522-8902	1936	U	None	N	Y	N	N	16
34	Sky Hill Inst, Sch of Wholistic Healing Arts, 127 4th St, Petalima 94952	707-778-9445	707-778-9440	1999	S	HS/GED	N	N	Y	Y	18
35	South Bay Massage C, 120-B S Sepulveda Blvd, Manhattan Beach 90266	310-546-3774	310-798-1639	1998	S	HS/GED/ATB	N	N	N	Y	18
36	South California Sch of Floral Design, 843 S State College Blvd, Anaheim										
37	92806	714-776-7445	714-776-7485	1976	M	None	N	N	N	N	None
38	Sunnyvale-Cupertino Adult Ed Program, 591 W Fremont Ave, Sunnyvale										
39	94087	408-522-2700	408-522-2799		S		N	N	N	N	17 1/2
40	Therapeutic Learning Ctr, 3636 N First St Ste 154, Fresno 93726	559-225-7772		1986	L	HS/GED	N	N	N	Y	18
41	Tri-Cities ROP, 12519 E Washington Blvd, Whittier 90602	562-698-9571	562-945-0687	1974	U		N	N	N	N	16
42	Truck Marketing Inst, 1090 Eugenia Pl Ste 101, Carpinteria 93013	805-684-4558	805-684-2868	1964	U	None	N	N	Y	N	None
43	Twin Lakes C of the Healing Arts, 1210 Brommer St, Santa Cruz 95062	831-476-2152	831-476-6048	1982	U	HS/GED	N	N	N	Y	17-1/2
44	UCLA-Daniel Freeman Paramedic Ed, 333 N Prairie Ave, Inglewood 90301	310-674-7050	310-680-8640	1970	U	HS/GED*	Y	N	Y	Y	18
45	Universal C of Beauty, Compton, 4441 Presidio Dr, Los Angeles 90008	323-299-1737	323-299-4442	1930	M		Y	Y	N	Y	17
46	Valley Hypnosis Ctr, 3769 Tibbetts St Ste C, Riverside 92506	951-781-0282		1982	L	HS/GED	N	N	N	Y	21
47	Victor Valley Beauty C, 16515 Mojave Dr, Victorville 92392	760-245-2522		1971	S	HS/GED	Y	Y	N	Y	16
48	Western Pacific Truck Sch, Modesto, 2316 Nickerson, Modesto 95358	800-333-1233	209-472-1538	1977	L	HS/GED/ATB*	Y	N	N	Y	18
49	Western Pacific Truck Sch, Stockton, 1002 N Broadway, Stockton 95205	800-333-1233	209-472-1538	1989	L	HS/GED/ATB*	Y	N	N	Y	18
50	West Valley Occ Ctr, 6200 Winnetka Ave, Woodland Hills 91367	818-346-3540	818-346-3858	1965	L		N	N	N	N	16
51	The World Sch of Massage & Holistic Healing Arts, 401 32nd Ave,										
52	San Francisco 94121	415-221-2533		1981	U	HS	N	N	N	N	18*
53	WyoTech, Fremont, 420 Whitney Pl, Fremont 94539	510-490-6900	510-490-8599	1962	U	HS/GED	Y	N	N	Y	18
54	**COLORADO (CO)**										
55	Acad of Beauty Culture, Grand Junction, 2938 North Ave Unit B,										
56	Grand Junction 81504	970-245-1110		2006	U	HS/GED	N	N	Y	Y	17
57	Acad of Natural Therapy, 625 8th Ave, Greely 80631	970-352-1181	970-353-1906	1989	R	HS/GED*	N	N	N	Y	18
58	Boulder C of Massage Therapy, 6255 Longbow Dr, Boulder 80301	303-530-2100	303-530-2204	1975	U	HS/GED	N	N	Y	Y	18
59	Ctr of Advanced Therapeutics, Inc, 1212 S Broadway Ste 200, Denver										
60	80210	303-765-2201	303-765-1663	1995	M	HS/GED	N	N	N	Y	18
61	Collinson Sch of Therapeutics & Massage, 2596 Palmer Park Blvd,										
62	Colorado Springs 80909	719-473-0145		1982	L	None	N	N	N	N	18

Line Number	ADMISSIONS		COSTS		ENROLLMENT		GOVERNMENT JOB TRAINING & AID							OTHER FINANCIAL AID							STUDENT SERVICES					
	Regis/Enrollment Application Fee	Courses Start	Tuition for Each Program	Mandatory Fees	Full-time	Part-time	Bureau of Indian Affairs	JTPA/WIA	Fed. Aviation Admin.	Immigration/Naturalization Service	Social Security Admin.	Veterans Admin.	Voc. Rehab.	Fed. Pell Grants	FSEOG	FWS	Fed. Perkins Loans	Fed. Stafford Loans	Scholarships	Deferred Payment	Job Counseling	Job Placement	Personal Counseling	Housing	Mobility Impaired Services	Mobility Impaired Programs
1																										
2	100*	3 Times/Yr	2000*	None	12	No	N	N	N	N	N	N	N	N	N	N	N	N	N	N	Y	Y	Y	N	N	N
3	0-140	Varies	0-2000	None	0	8000	N	Y	N	N	N	N	N	N	N	N	N	N	Y	Y	N	N	Y	N	N	N
4	75*	Open	6000-27000	*	350	No	Y	Y	N	Y	N	Y	Y	Y	Y	N	N	Y	Y	Y	Y	Y	Y	N	Y	Y
5	100	Every 5 Wks	32136-35704	713-1162	415	No	Y	Y	Y	Y	Y	Y	Y	Y	Y	Y	Y	Y	Y	Y	Y	Y	N	N	N	N
6																										
7	No	September	None	200-400*	195	No	Y	N	N	N	N	Y	Y	Y	Y	N	N	N	Y	Y	N	N	Y	N	N	N
8	75	Monthly	6856	715	100	No	N	Y	N	N	N	N	Y	Y	Y	N	N	N	Y	Y	Y	Y	Y	Y	Y	Y
9	*	Open	*	*		3500	N	N	N	N	N	N	N	N	N	N	N	N	N	N	Y	Y	Y	Y	Y	Y
10	100	Monthly	3000-9220	100	100	75	Y	N	N	N	Y	N	Y	Y	Y	N	N	Y	Y	Y	Y	Y	Y	Y	Y	Y
11	none	Semester	none	none		950-	N	Y	N	N	Y	N	Y	N	N	N	N	N	N	N	N	N	N	N	N	N
12	N/A	Open	None	None	477		N	Y	N	N	N	N	Y	N	N	N	N	N	N	N	Y	Y	Y	Y	Y	Y
13	175*	4 Times/Yr	9240-10200	125*	200	115	N	Y	N	N	N	N	Y	Y	Y	Y	N	Y	Y	Y	Y	Y	Y	Y	N	N
14	175*	4 Times/Yr	9240-10200	125	200	15	N	Y	N	N	N	N	Y	Y	Y	Y	N	Y	Y	Y	Y	Y	Y	Y	N	N
15	100	Monthly	5000-12000		100	100	N	N	N	N	N	N	N	Y	Y	Y	Y	Y	Y	Y	Y	Y	N	N	N	N
16																										
17	75	Every 6 Wks	3500-20000	3500-5000	175	50	N	N	N	N	Y	N	Y	Y	N	N	Y	N	Y	Y	Y	Y	N	N	N	N
18	75	Monthly	1200-8000	*	100	300	Y	N	N	N	N	N	Y	N	N	N	N	N	N	Y	Y	Y	N	N	N	N
19																										
20	*	July	1610	800	28	No	N	N	N	N	N	N	Y	Y	N	N	Y	Y	Y	N	Y	Y	N	N	N	N
21	100	Every 6 Wks	1500-5500	250	85	No	N	N	N	N	N	N	N	N	N	N	N	N	N	N	N	N	N	N	N	N
22	0	Open	0	0		6000	N	Y	N	N	N	N	N	N	N	N	N	N	N	N	Y	Y	Y	N	N	N
23	100	Every 5 Wks	*	100	250	50	Y	Y	Y	Y	Y	Y	Y	Y	Y	Y	Y	Y	Y	Y	Y	Y	Y	Y	Y	Y
24																										
25	No	August	None	400	4	No	N	N	N	N	N	N	N	N	N	N	N	N	N	N	Y	Y	Y	N	N	N
26	100	Every 6 Wks	1112-4480*	450-550*	80	No	Y	N	N	N	N	N	Y	N	N	N	N	N	N	N	Y	N	N	N	Y	Y
27	50	Open	1000-6500	None	No	12	N	N	N	N	N	N	N	N	N	N	N	N	N	N	Y	Y	Y	N	N	N
28	55	Quarterly	3850-7850	None	No	60	N	N	N	N	N	Y	Y	N	N	N	N	N	N	N	N	N	N	N	N	N
29																										
30	100	Open	Varies	None	*	*	N	N	N	N	N	N	N	N	N	N	N	N	N	N	N	N	N	N	N	N
31	100	Bimonthly	2000-7200	400-800	60	10	Y	N	N	N	N	N	N	Y	Y	Y	Y	Y	Y	Y	N	N	N	N	N	N
32	75	Quarterly	9300/yr	75	175	No	Y	Y	Y	Y	Y	Y	Y	N	N	N	N	N	N	N	Y	Y	Y	Y	Y	Y
33	*	*	5-3000		6072	5369	N	N	N	N	N	N	Y	N	N	N	N	N	N	N	Y	Y	Y	Y	Y	Y
34	100	Every 3 Mos	10000-18333	None	20	20	N	N	N	N	N	N	N	N	N	N	N	N	Y	Y	Y	Y	N	N	N	N
35	75	Every 6 Wks	1495	None	No	100	N	N	N	N	N	N	N	N	N	N	N	N	N	N	Y	Y	N	Y	N	N
36																										
37	100	Open	300-1095	380	16	No	Y	Y	N	N	Y	N	Y	N	N	N	N	N	Y	Y	Y	Y	N	N	Y	Y
38																										
39	Varies	Quarterly		$19-$139	32,00		N	Y	N	N	N	N	Y	N	N	N	N	N	Y	N	N	N	Y	N	Y	N
40	100	Bimonthly	500-3150	None	*		N	N	N	N	N	N	N	N	N	N	N	N	N	N	N	N	Y	N	Y	N
41	40	Sept/Jan/July		*			N	Y	N	N	N	N	Y	N	N	N	N	N	Y	N	Y	N	N	N	Y	N
42	No	Open	425-825	None	No	850	N	N	N	N	N	N	N	N	N	N	N	N	N	N	N	N	N	N	N	N
43	50	Quarterly	1800-6500	None	16	50	N	N	N	N	N	N	N	N	N	N	N	N	N	N	N	N	N	N	N	N
44	35	3 Times/Yr	6500-8000	75*	100	No	Y	N	N	Y	Y	Y	Y	N	N	N	N	N	N	N	Y	Y	N	N	N	N
45	50	Open	1276-12000	300	100	No	N	N	N	N	N	N	N	N	N	N	N	N	N	N	Y	Y	N	N	N	N
46	75	3 Times/Yr	950	25	No	No	N	N	N	N	N	N	N	N	N	N	N	N	N	N	Y	Y	N	N	N	N
47	75	Every 2 Wks	2000-9388	450	95	10	Y	Y	N	N	N	Y	Y	Y	Y	N	N	N	Y	Y	Y	Y	N	N	N	N
48	75	Every 2 Wks	4425	275	258		Y	Y	N	N	N	Y	Y	Y	Y	N	N	N	Y	Y	Y	Y	N	N	N	N
49	75	Every 2 Wks	4425	275	250	No	Y	Y	N	N	N	Y	Y	Y	Y	N	N	N	N	Y	Y	Y	N	N	N	N
50	Varies	Open	*	*	5000	9000	N	Y	N	N	Y	N	Y	N	N	N	N	N	Y	N	Y	Y	Y	N	Y	N
51																										
52	*	Monthly	500-16000	None	50	40	N	N	N	N	Y	N	Y	Y	Y	N	N	Y	Y	Y	Y	Y	N	N	N	N
53		Every 6 Wks	12776-32156	*	1204	No	Y	N	N	N	Y	Y	Y	Y	Y	Y	N	Y	Y	Y	N	Y	N	N	N	N
54	**COLORADO (CO)**																									
55																										
56	200	*	4990-13990		60	No	N	N	N	N	N	N	Y	Y	N	N	N	N	Y	Y	Y	Y	N	N	N	N
57	0	*	14000	None	58	No	N	N	N	N	N	N	Y	Y	N	N	N	Y	Y	Y	Y	Y	Y	Y	Y	N
58	75	Quarterly	13160*	*	151	45	Y	Y	N	Y	Y	Y	Y	N	N	N	N	N	Y	Y	Y	Y	N	N	Y	N
59																										
60	No	Quarterly	7995	1000-1200		40*	N	N	N	N	N	N	N	N	N	N	N	N	Y	Y	Y	Y	N	N	N	N
61																										
62	50	Apr/Oct	5300	None	No	50	N	N	N	N	N	N	N	N	N	N	N	N	N	N	Y	Y	Y	N	N	N

		GENERAL INFORMATION				ADMISSIONS					
Line Number	Institution Name and Address	Phone	Fax	Founded	Location	Minimum Education & Admission Requirements	Admissions Exam	Aptitude Testing	References/Letters of Recommendation	Interview	Minimum Age
1	Colorado Inst of Massage Therapy, 1490 W Fillmore St, Colorado Springs										
2	80904	719-634-7347	719-447-9198	1985	L		N	N	Y	Y	18
3	Colorado Inst of Taxidermy, 708 Royal Gorge Blvd, Canon City 81212	719-276-2883	719-276-3187	1987	S	HS/GED	N	N	N	N	18
4	Colorado Sch of Energy Studies, 1721 Redwood Ave, Boulder 80304	303-443-9847	303-415-1839	1992	U	HS/GED	N	N	N	N	18
5	Colorado Sch of Healing Arts, 7655 W Mississippi Ste 100, Lakewood										
6	80226	303-986-2320	303-980-6594	1986	L	HS/GED	N	N	N	Y	18
7	Colorado Sch of Trades, 1575 Hoyt St, Lakewood 80215	800-234-4594	303-233-4723	1947	L	HS	N	N	N	Y	
8	Concorde Career C, Aurora, 111 N Havana St, Aurora 80010	303-861-1151	303-839-5478	1969	M	HS/GED/ATB	Y	N	N	Y	18
9	Cuttin Up Beauty Acad, 8101 E Colfax Ave, Denver 80220	303-388-5700	303-393-1996	1996		HS/GED	N	N	N	N	17
10	Denver Career C, 500 E 84th Ave, Denver 80229	303-295-0550	303-295-0102	1977	M		Y	N	N	Y	None
11	Everest C, Aurora, 14280 E Jewell Ave Ste 100, Aurora 80012	303-745-6244		1895	M	ATB	Y	N	N	Y	16
12	Guild for Structural Integration, PO Box 1559, 3107 28th St, Boulder 80301	303-447-0122	303-447-0108	1989	U		Y	N	Y	N	21
13	The Holistic Learning Ctr, 32214 Ellingwood Trail Ste 107, Evergreen										
14	80439	303-679-9123	303-679-3389	2000	S	HS/GED	N	N	N	Y	18
15	Inst of Bus & Med Careers, Fort Collins, 1609 Oakridge Dr Ste 102,										
16	Fort Collins 80525	970-223-2669	970-223-8740	1987	L	HS/GED	Y	N	N	Y	18
17	Inst of Therapeutic Massage of Western Colorado, 1938 North 1st, #6,										
18	Grand Junction 81501	970-255-8037	970-424-5013	1999	U	HS/GED	N	N	Y	Y	18
19	Int Beauty Acad, Colorado Springs, 3650 Austin Bluffs Pkwy Ste 174,										
20	Colorado Springs 80918	719-598-4188	719-264-9003	1974	L	HS/GED	Y	N	N	Y	16
21	IntelliTec C, Colorado Springs, 2315 E Pikes Peak Ave Ste 100,										
22	Colorado Springs 80909	719-632-7626	719-632-7451	1965	L	HS/GED	N	N	N	Y	17
23	IntelliTec C, Grand Junction, 772 Horizon Dr, Grand Junction 81506	970-245-8101		1984	U	HS/GED	N	N	N	Y	
24	IntelliTec Med Inst, 2345 N Academy Blvd, Colorado Springs 80909	719-596-7400	719-596-2464	1966	L	HS/GED	N	N	N	Y	16
25	Massage Therapy Inst of Colorado, 1441 York St Ste 301, Denver 80206	303-329-6345		1986	M	HS/GED	N	N	Y	Y	18
26	Modern Inst of Reflexology, 7063 W Colfax Ave, Denver 80214	303-237-1530		1981	M	12th Grade*	N	N	N	N	16
27	MountainHeart Sch of Bodywork , PO Box 575, 719 5th 1 , Crested Butte										
28	81224	800-673-0539	970-349-0473	1997	R	HS/GED	N	N	Y	Y	18
29	Pickens Tech C, 500 Airport Blvd, Aurora 80011	303-344-4910	303-326-1277	1971	L	HS/GED	N	N	N	N	16
30	Rocky Mountain Inst of Healing Arts, 137 E 10th St, Durango 81301	970-385-5142	970-247-2080	2001	S	*	N	N	Y	Y	18
31	Rolf Inst, 5055 Chaparal Ctr 103, Boulder 80301	303-449-5903		1976	U		Y	N	N	N	18
32	Stone Clan Ed Ctr Sch of Massage, 736 6530 Rd, Montrose 81401	970-252-8385		2002	R	HS/GED	N	N	Y	Y	18
33	Toni & Guy Hairdressing Acad, Colorado Springs, 332 Main St,										
34	Colorado Springs 80911	719-390-9898		1993	L	HS/GED	Y	N	N	Y	17
35	Xenon Intl, 2231 S Peoria, Aurora 80014	303-752-1560	303-752-0218	1988	M	HS/GED	Y	N	N	Y	17
36	**CONNECTICUT (CT)**										
37	Allstate Commercial Driver Training Sch, 11 Constitution Blvd S, Shelton										
38	06484	203-922-8252		1976	S	*	N	N	N	Y	18
39	Branford Hall Career Inst, Windsor, 995 Day Hill Rd, Windsor 06095	860-683-4900	860-683-4907	1969	U	HS/GED	Y	N	N	Y	18
40	Bridgeport Hosp, Sch of Nursing, 200 Mill Hill Ave, Bridgeport 06610	203-384-3022		1884	U	HS/GED*	Y	Y	Y	N	None
41	Connecticut Culinary Inst, Farmington, 85 Sigourney St, Hartford 06105	860-895-6100	860-895-6101	1987	U	HS/GED/ATB	Y	N	N	Y	None
42	Connecticut Sch of Electronics, 221 W Main St, Branford 06405	203-315-1060	203-315-1065	1947	S	HS/GED	Y	N	N	Y	16
43	Danbury Hosp-Sch of Radiologic Tech, 24 Hospital Ave, Danbury 06810	203-739-7182		1961	U	HS/GED+*	Y	N	Y	Y	18
44	The Hartford Conservatory, 834 Asylum Ave, Hartford 06105	860-246-2588		1890	U	HS/GED*	Y	Y	Y	Y	17
45	Inst of Aesthetic Arts & Sci, 800 Main St Ste 110, Southbury 06488	203-262-6070	203-264-6276	1987	S	HS/GED	N	N	N	Y	17
46	Intl Inst of Cosmetology, 632 Silas Deane Hwy, Wethersfield 06109	860-571-0330	860-571-8517	2002	U	HS	Y	N	Y	Y	16
47	Leon's Inst of Hair Design, Bridgeport, 111 Wall St, Bridgeport 06604	203-333-1465	203-333-9360	1934	L	HS	N	N	N	N	16
48	New England Sch of Hairdressing, Inc., 100 Shield St, West Hartford 06110	860-953-1777	860-953-1779	1966	S	8th Grade	N	Y	N	Y	16
49	New England Tractor Trailer Training Sch, 32 Field Rd, Somers 06071	860-749-0711	860-749-4471	1965	S	HS/GED	Y	N	N	Y	18
50	Porter & Chester Inst, Stratford, 670 Lordship Blvd, Stratford 06615	203-375-4463		1946	U	HS/GED	Y	N	N	Y	19
51	Porter & Chester Inst, Watertown, 320 Sylvan Lake Rd, Watertown 06779	860-274-9294	860-274-3075	1946	L	HS/GED	Y	N	N	Y	
52	Sawyer Sch, Hartford, 141 Washington St, Hartford 06106	860-247-4440	860-247-4466	1916	U	GED/ATB	Y	N	N	Y	
53	Stratford Sch for Aviation Maintenance Tech, 200 Great Meadow Rd,										
54	Sikorsky Memorial Airport, Stratford 06615	203-381-9250	203-381-0764	1972		HS/GED	Y	N	N	Y	19
55	Westlawn Inst of Marine Tech, PO Box 6000, 75 Greenmanville Ave,										
56	Mystic 06355	860-572-7900	860-572-7939	1930		HS*	N	N	N	N	*
57	Windham Tech High Sch, 210 Birch St, Willimantic 06226	860-456-3879		1927	S	HS/GED	Y	N	N	N	*
58	**DELAWARE (DE)**										
59	Beebe Med Ctr, Sch of Nursing, 424 Savannah Rd, Lewes 19958	302-645-3251	302-645-3488	1921	R	HS/GED	N	Y	N	N	None
60	Schilling-Douglas Sch of Hair Design, 70 Amstel Ave, Newark 19711	302-737-5100		1977	S	HS/GED	N	N	N	Y	16
61											
62											

*Additional information in Appendix

Line Number	Regis/Enrollment Application Fee	Courses Start	Tuition for Each Program	Mandatory Fees	Full-time	Part-time	Bureau of Indian Affairs	JTPA/WIA	Fed. Aviation Admin.	Immigration/Naturalization Service	Social Security Admin.	Veterans Admin.	Voc. Rehab.	Fed. Pell Grants	FSEOG	FWS	Fed. Perkins Loans	Fed. Stafford Loans	Scholarships	Deferred Payment	Job Counseling	Job Placement	Personal Counseling	Housing	Mobility Impaired Services	Mobility Impaired Programs
1																										
2	50	Every 3 Mos	7600	None	141	10	Y	Y	N	Y	N	Y	Y	N	N	N	N	N	Y	N	Y	Y	Y	N	Y	N
3	150	*	1500-1700	*	*		N	Y	N	N	N	Y	Y	N	N	N	N	N	Y	N	N	N	N	Y	Y	N
4	100*	Yearly	110-130*	None	No	50	N	N	N	N	N	N	Y	N	N	N	N	N	N	Y	N	N	Y	N	N	N
5																										
6	50	Quarterly	790-11000	1200	203	37	N	Y	N	N	Y	N	Y	Y	N	N	N	N	Y	N	Y	N	Y	N	Y	N
7	25*	Monthly	18000	3154*	130	No	Y	Y	N	N	Y	N	Y	N	N	N	N	N	N	N	N	Y	N	N	Y	N
8	100	Every 6-8 Wks	9492-33187	600*	650	no	N	N	N	N	N	N	N	Y	Y	N	Y	Y	Y	N	Y	Y	Y	N	Y	N
9	50	Monthly	9000-14000		17	4	N	N	N	N	N	Y	Y	Y	N	N	N	N	N	N	N	N	N	N	N	N
10	20-25	Every 10 Wks	12500-30500	None	331	no	Y	Y	N	N	Y	N	Y	Y	Y	Y	Y	Y	Y	Y	Y	Y	Y	N	Y	N
11	25	Monthly/Qtrly	4-15000	275-475	450	250	Y	Y	N	Y	N	Y	Y	Y	Y	N	Y	N	Y	Y	Y	Y	Y	N	Y	N
12	50	Bimonthly	2500-6900	None	20	No	N	N	N	N	N	N	N	N	N	N	N	N	N	N	N	N	N	N	N	N
13																										
14	25	Every 3 Mos	5600	325	18	4	N	Y	N	N	N	N	Y	N	N	N	N	N	N	N	N	N	N	N	N	N
15																										
16	75	Every 5 Wks	18425-29150		420	No	Y	Y	N	Y	N	Y	Y	Y	Y	N	Y	Y	Y	Y	Y	Y	Y	N	Y	Y
17																										
18	No	Open	6000-9000	None	20	No	N	N	N	N	N	N	N	N	N	N	N	N	N	N	N	N	N	N	Y	N
19																										
20	150	Monthly	5025-13985	None	80	70	Y	Y	N	N	Y	Y	Y	Y	Y	N	Y	Y	Y	Y	Y	Y	Y	N	Y	Y
21																										
22	No	Every 6 Wks	10000-21000	None	325	No	Y	Y	N	Y	Y	Y	Y	Y	Y	Y	Y	Y	Y	N	Y	Y	Y	N	Y	N
23	None	Every 6 Wks	9900	190	217	No	N	Y	N	N	N	Y	Y	Y	Y	Y	Y	Y	Y	Y	N	Y	N	N	N	N
24	No	Every 6 Wks	4800-15360	None	273	No	Y	Y	N	N	Y	N	Y	Y	Y	Y	Y	Y	Y	Y	Y	Y	N	N	N	N
25	25	Jan/May/Sept	7900	1156	52	No	Y	Y	N	N	Y	N	Y	Y	Y	N	N	Y	Y	Y	Y	Y	N	N	Y	N
26	No	Open	110	35	No	300	N	N	N	N	N	N	N	N	N	N	N	N	N	Y	Y	N	Y	N	Y	Y
27																										
28	75	June 1/Dec 1	500-8000	140	20	6	N	Y	N	N	N	N	Y	N	N	N	N	N	Y	N	Y	Y	Y	N	N	N
29	No	Quarterly	1800-3000	300-400	750	300	N	Y	N	N	Y	N	Y	N	N	N	N	N	N	N	Y	Y	Y	N	Y	Y
30	50	Sept/Apr	1800-9500*	None	16	14	N	N	N	N	N	N	N	N	N	N	N	N	N	N	N	N	N	N	N	N
31	300	Quarterly	14000-16000	none			N	N	N	N	N	N	N	N	N	N	N	N	N	N	N	N	N	N	N	N
32	550	Every 6 Mos	8000	1000	14	14	N	Y	N	N	N	N	Y	N	N	N	N	N	N	N	Y	Y	Y	N	Y	N
33																										
34	100	Bimonthly	12187	1550	132	No	Y	Y	N	Y	Y	Y	Y	Y	N	N	N	N	Y	N	Y	Y	N	N	N	N
35	100	Bimonthly	4800-14400	None	112		N	N	N	N	N	N	Y	Y	Y	N	N	Y	Y	N	Y	Y	Y	N	Y	N
36	**CONNECTICUT (CT)**																									
37																										
38	300	Monthly	1000-4500	None	150	50	N	Y	N	N	N	Y	Y	N	N	N	N	N	N	Y	Y	Y	N	N	N	N
39	75	Bimonthly	14000-15500		300	100	Y	Y	N	Y	Y	Y	Y	Y	Y	Y	Y	Y	Y	N	Y	Y	Y	Y	N	N
40	25	September	4776-13600*	555-2000*	250	No	N	Y	N	N	N	Y	Y	Y	Y	Y	Y	Y	Y	Y	Y	Y	Y	Y	N	N
41	100	Quarterly	13900-21900	1430	475	60	N	Y	N	N	Y	Y	Y	Y	Y	Y	Y	Y	Y	N	Y	Y	Y	Y	N	N
42	50	4 Times/Yr	7000-18000	None	150	100	N	Y	N	N	Y	Y	Y	Y	Y	Y	Y	Y	Y	Y	Y	Y	N	Y	N	Y
43	50	September	3500/Yr	900	24	No	N	N	N	N	N	N	Y	N	N	N	N	N	N	N	Y	N	N	N	N	N
44	50	Semester	11840	1125	45	15	N	N	N	N	N	Y	Y	Y	N	N	N	N	N	N	Y	Y	N	N	N	N
45	175	Bimonthly	3600	1270	12	12	N	N	N	N	N	N	N	N	N	N	N	N	N	N	Y	Y	N	N	N	N
46	100	Bimonthly	*	*			N	N	N	N	N	N	N	N	N	N	N	N	N	N	Y	Y	N	N	N	N
47	100	Monthly	7500	500			N	Y	N	N	Y	Y	Y	Y	N	N	N	N	N	N	Y	Y	Y	N	Y	N
48	1132*	*	2000-11132*	None	40	20	Y	Y	N	Y	Y	Y	Y	Y	Y	N	N	Y	Y	N	Y	Y	Y	N	Y	N
49	25	Every 2 Wks	3695-2295	150		200	Y	Y	N	N	N	Y	Y	N	N	N	N	N	N	N	Y	Y	N	N	Y	N
50	50	Quarterly	15000-21000	None	300	No	N	Y	N	N	N	Y	Y	Y	Y	Y	Y	Y	Y	Y	Y	Y	N	N	N	N
51	50	Quarterly	13998-21480	405-1502			N	Y	N	N	N	Y	N	N	N	N	Y	N	Y	N	N	N	N	N	N	N
52	100	Every 6 Wks	17300		280		Y	Y	N	Y	Y	Y	Y	Y	N	N	N	N	N	N	Y	Y	Y	N	Y	N
53																										
54	50	Sept/Mar/Dec	5400/ 2 yrs	1350	29	No	N	Y	N	N	N	Y	Y	N	N	N	N	N	N	N	Y	N	Y	N	N	N
55																										
56	150	Open	9500	None	0	260	N	N	N	N	N	N	N	N	N	N	N	N	N	N	Y	Y	Y	N	N	N
57	No	September	1350/Sem	50	550	No	N	N	N	N	Y	Y	N	Y	N	N	N	N	N	N	Y	Y	Y	N	N	N
58	**DELAWARE (DE)**																									
59	*	August	3900/Yr	800	60	No	N	N	N	N	N	N	N	Y	N	N	N	Y	N	Y	Y	Y	Y	N	N	N
60	100	Quarterly	1000-12000	500-1000	86	28	N	Y	N	N	Y	Y	Y	Y	Y	N	N	Y	N	Y	Y	Y	Y	N	N	N
61																										
62																										

Line Number	Institution Name and Address	Phone	Fax	Founded	Location	Minimum Education & Admission Requirements	Admissions Exam	Aptitude Testing	References/Letters of Recommendation	Interview	Minimum Age
1	**DISTRICT OF COLUMBIA (DC)**										
2	Potomac Massage Training Inst, 5028 Wisconsin Ave NW, Washington 20016	202-686-7046	202-966-4579	1976	M	HS/GED	N	N	Y	Y	18
3	**FLORIDA (FL)**										
4	Acad of Healing Arts Massage & Facial Skin Care, 3141 S Military Trail,										
5	Lake Worth 33463	561-965-5550	561-641-2603	1983	M	HS/GED/ATB	N	N	Y	Y	16*
6	Acad of Professional Careers, Winter Park, 114 S Semoran Blvd Ste 1,										
7	Winter Park 32792	407-673-8477	407-673-3404	2001	R		N	Y	N	Y	16
8	American Inst, 416 E Atlantic Blvd, Pompano Beach 33060	954-781-2468	954-946-0924	1987	U	HS/GED/ATB	N	N	Y	Y	18
9	Angels Nail & Skincare Acad, Inc, 8405 N Himes Ave Ste 104, Tampa										
10	33614	813-930-9663	813-930-8743	1996	M		N	N	N	N	16
11	Angley C, Deland, 230 N Woodland Blvd Ste 310, Deland 32720	386-740-1215	386-740-2077	1995	U	HS/GED/ATB	Y	N	N	Y	17
12	ASM Beauty World Acad, 6423 Stirling Rd, Davie 33314	954-321-8411	954-321-8683	1986	U	HS/GED*	N	Y	Y	Y	16*
13	ATI Career Training Ctr, Fort Lauderdale, 2890 NW 62nd St, Ft Lauderdale										
14	33309	954-973-4760		1979	M	HS/GED	N	N	N	Y	16
15	Atlantic Tech Ctr-Coconut Creek Campus, 4700 Coconut Creek Pkwy,										
16	Coconut Creek 33063	754-321-5100	754-321-5134	1973	S	None	Y	N	N	Y	16
17	Audio Recording Tech Inst, 4525 Vineland Rd Ste 201B, Orlando 32811	407-423-2784	407-367-2578	1990	M	HS/GED	N	N	N	Y	18
18	Aveda Inst, St Petersburg, 235 Third St S, St Petersburg 33701	727-820-3177	727-820-3179		L		N	N	Y	Y	16
19	Bene's Intl Sch of Beauty, inc, 7127 US Hwy 19 N, New Port Richey 34652	727-848-8415	727-846-0269	1976	S	HS/GED	N	N	N	Y	16
20	Bhakti Academe Sch of Intuitive Massage & Healing, 146 4th Ave N,										
21	Safety Harbor 34695	727-724-9727		1996	M	HS/GED	N	N	Y	Y	18
22	Bradford-Union Area Career Tech Ctr, 609 N Orange St, Starke 32091	904-966-6764			S		Y	N	N	N	
23	Ctr for Management & Executive Leadership, 4500 Palm Coast Pkwy SE,										
24	Palm Coast 32137	386-446-7136	386-446-7133	1978	U		N	N	Y	N	
25	Central Florida Inst, Palm Harbor, 30522 US Hwy 19 N, Palm Harbor 34684	888-831-8303	727-781-9421		L	HS/GED	Y	Y	N	Y	18
26	Central Florida Inst, Palm Harbor, 30522 US Hwy 19 N Ste 300,										
27	Palm Harbor 34684	727-786-4707	727-781-9421	1996	M	HS/GED	*	N	N	Y	18
28	C of Bus & Tech, Miami, 8230 W Flagler St, Miami 33144	786-693-8812	305-485-4411	1989	M	HS/GED	N	N	N	Y	18
29	Coral Ridge Training Sch, 2740 E Oakland Pk Blvd, Ft Lauderdale 33308	954-561-2022	954-561-6355	1986		HS/GED	Y	Y	N	Y	17
30	Cortiva Inst/Humanities Ctr Sch of Massage, 4045 Park Blvd, Pinellas Park										
31	33781	727-541-5200		1981	M	HS/GED	N	N	Y	Y	19*
32	Delta Connection Acad, 2700 Flight Line Ave, Sanford 32773	407-330-7020	407-328-2811	1989	L	HS/GED*	N	N	N	N	17
33	Dynasty Acad, 7563 W Oakland Park Blvd, Lauderhill 33319	954-741-7399		1984	M		N	N	Y	Y	16
34	Educating Hands Sch of Massage, 120 SW 8th St, Miami 33130	305-285-6991		1983	M	HS/GED	Y	N	Y	Y	18
35	Erwin Tech Ctr, 2010 E Hillsborough Ave, Tampa 33610	813-231-1800	813-231-1820	1979	S	HS/GED*	Y	Y	Y	Y	16*
36	Fashion Focus Hair Acad, 2184 Gulf Gate Dr, Sarasota 34231	941-921-4877	941-924-2850	1988	L	HS/GED	N	N	N	Y	16
37	First Coast Tech Inst, 2980 Collins Ave, St Augustine 32084	904-824-4401		1965	U	Varies	Y	Y	N	N	16
38	Flight Safety Acad, 2805 Airport Dr, Vero Beach 32960	772-564-7650	772-564-7660	1967	U	HS	N	Y	N	N	18
39	Florida Acad of Massage & Skin Care, 4391 Colonial Blvd, Fort Myers										
40	33966	239-489-2282	239-489-4065	1992	U	HS/GED	N	N	N	Y	17
41	Florida Career C, 3375 Commerce Pkwy, Miramar 33025	954-499-8888	954-983-2707	1982	L	HS/GED	N	N	N	Y	18
42	Florida Inst of Animal Arts, 3776 Howell Branch Rd, Winter Park 32792	407-657-5033		1996	S	HS/GED	N	N	N	Y	18
43	Florida Med Training Inst, Coconut Creek, 4400 W Sample Rd Ste 134,										
44	Coconut Creek 33073	954-979-6500	954-979-6872	1999	R		*	N	N	N	18
45	Florida Sch of Massage, 6421 SW 13th St, Gainesville 32608	352-378-7891		1973	L	HS/GED	N	N	Y	Y	19
46	Galen Health Inst Inc., Tampa Campus, 9549 Koger Blvd,										
47	Gadsden Bldg Ste 100, St Petersburg 33702	727-577-1497	727-576-4372	1989	L	HS/GED	Y	N	N	Y	18
48	Galiano Career Acad, 1140 E Altamont Dr Ste 1020, Altamonte Springs										
49	32701	407-331-7443			L	HS/GED/ATB	Y	N	N	Y	16
50	George Stone Vo-Tech Ctr, 2400 Longleaf Dr, Pensacola 32526	850-941-6200		1968	L	ATB	N	Y	N	Y	16
51	George T Baker Aviation Sch, 3275 NW 42nd Ave, Miami 33142	305-871-3143		1939	M	ATB	N	N	N	Y	17
52	Halifax Med Ctr, Sch of Radiologic Tech, 303 Clyde Morris Blvd,										
53	Daytona Beach 32114	386-254-4075	386-254-4231	1965	L	HS/GED	N	Y	Y	Y	18
54	Helicopter Adventures, 365 Golden Knights Blvd, Titusville 32780	321-385-2919	321-267-1061	1987	U	HS/GED*	N	N	N	N	17
55	Hollywood Inst of Beauty Careers, 2642 Hollywood Blvd, Hollywood 33020	954-922-5505		2000		HS/GED	N	N	N	N	16
56	Installer Inst, 1524 Ridgewood Ave, Holly Hill 32117	800-354-6782	386-672-5771	1992	U	HS/GED	Y	N	N	N	16
57	Intl Acad, South Daytona , 2550 S Ridgewood Ave, South Daytona 32119	386-767-4600	386-756-4447	1981	U	HS/GED	N	N	Y	Y	16*
58	Intl Inst of Reflexology, 5650 1st Ave N, St Petersburg 33710	727-343-4811		1940	S		N	N	N	N	None
59	Intl Sch of Health & Beauty, 3714 W Oakland Park Blvd, Lauderdale Lakes										
60	33311	954-741-0088	954-741-4598	1979	M	HS/GED	N	N	N	Y	16
61	Key C, 225 E Dania Beach Blvd Ste 130 , Dania Beach 33004	954-923-4440	954-923-9226	1975	S	HS/GED*	Y	N	N	Y	17
62	La Belle Beauty Sch, 775 W 49th St 5, Hialeah 33012	305-558-0562	305-362-0665	1973	L	None	N	Y	N	Y	16

*Additional information in Appendix

Line Number	ADMISSIONS		COSTS		ENROLL-MENT		GOVERNMENT JOB TRAINING & AID							OTHER FINANCIAL AID							STUDENT SERVICES					
	Regis/Enrollment Application Fee	Courses Start	Tuition for Each Program	Mandatory Fees	Full-time	Part-time	Bureau of Indian Affairs	JTPA/WIA	Fed. Aviation Admin.	Immigration/Naturalization Service	Social Security Admin.	Veterans Admin.	Voc. Rehab.	Fed. Pell Grants	FSEOG	FWS	Fed. Perkins Loans	Fed. Stafford Loans	Scholarships	Deferred Payment	Job Counseling	Job Placement	Personal Counseling	Housing	Mobility Impaired Services	Mobility Impaired Programs
1	DISTR																									
2	100*	Feb/Aug	8190	None	No	150	N	N	N	N	N	Y	Y	Y	Y	Y	Y	Y	Y	Y	Y	Y	N	N	Y	Y
3	FLORIDA (FL)																									
4																										
5	50	Monthly	1150-10975	None	150	No	Y	Y	N	Y	N	Y	Y	Y	N	N	N	Y	N	Y	Y	Y	Y	N	Y	Y
6																										
7	50	Monthly	275-5663	None	56	23	N	N	N	N	N	Y	Y	N	N	N	N	Y	N	Y	Y	Y	N	Y	Y	N
8	100*	Monthly	9800	0	200	No	N	N	N	N	N	Y	Y	Y	Y	N	N	N	Y	Y	Y	Y	Y	Y	Y	Y
9																										
10		Open	1000-1550	75			N	N	N	N	N	N	N	N	N	N	N	N	N	N	N	N	N	N	N	N
11	125	Monthly	800-10000	300/Qtr	120	No	N	Y	N	N	N	Y	Y	Y	Y	N	Y	Y	Y	Y	Y	Y	Y	N	Y	N
12	100	Weekly on Mon	875-7700	*	5	80	N	Y	N	Y	N	Y	Y	Y	N	N	N	N	Y	N	Y	Y	Y	N	N	N
13																										
14	100	Every 10 Wks	18205-23295	None	325	No	N	Y	N	Y	Y	Y	Y	Y	Y	N	Y	Y	Y	Y	Y	Y	Y	N	Y	Y
15																										
16	20	Quarterly	736-6255	None	1443	2114	Y	Y	N	N	N	Y	Y	Y	Y	N	N	N	Y	Y	Y	Y	Y	N	Y	Y
17	75	Monthly	18225	None	72	No	N	N	N	N	N	N	N	N	N	N	N	Y	N	N	N	Y	N	N	Y	Y
18	50	Every 9 Wks	11500-11900	None	125	No	N	N	N	N	N	Y	Y	N	N	N	N	N	Y	Y	Y	Y	Y	N	N	N
19	200	Bimonthly	2760-15000	200	150	0	N	N	N	N	Y	Y	Y	Y	Y	N	N	Y	Y	Y	Y	Y	N	N	N	N
20																										
21	No	Open	4000	*	40		N	N	N	N	N	N	Y	N	N	N	N	N	N	N	N	Y	N	Y	N	N
22		August	1.71/Hr	None	No	No	N	Y	N	N	N	Y	Y	Y	N	N	Y	N	Y	N	Y	Y	Y	N	Y	Y
23																										
24	*	Weekly	Weekly*		*		N	N	Y	N	Y	N	N	N	N	N	N	N	N	N	Y	N	N	N	N	N
25	50	Open	10000-25000		400		N	N	N	N	Y	N	Y	Y	N	N	N	N	Y	N	Y	Y	Y	N	Y	N
26																										
27	50	Open	650-13969	None	300	No	N	Y	N	N	N	Y	N	N	N	N	N	N	Y	Y	Y	Y	N	N	N	N
28	100	Bimonthly	327/sem/cr	125	450	No	N	Y	N	N	N	Y	Y	Y	Y	N	Y	Y	Y	Y	Y	Y	N	N	N	N
29	50	Monthly	300-6000	None	32	5	N	Y	N	Y	N	N	Y	Y	Y	N	N	Y	Y	Y	Y	Y	Y	N	Y	N
30																										
31	100*	Jan/Apr/July/Oct	9950	*	65	55	N	Y	N	N	N	Y	Y	Y	Y	N	N	N	Y	Y	Y	Y	N	N	N	N
32	150*	Monthly	6500-60600	*	320	No	N	Y	N	N	N	Y	Y	N	N	N	N	N	N	N	Y	Y	Y	N	N	N
33	50	Weekly	750-2750	None	10	8	N	N	N	N	N	Y	Y	N	N	N	N	N	N	N	Y	Y	Y	N	N	N
34	150	Quarterly	7500	195-390*	100	10	N	N	N	Y	N	N	Y	N	N	N	N	N	N	Y	Y	Y	Y	N	N	N
35	15	Varies	1.82/Clock Hr	15-142	1200	500	Y	Y	N	N	N	Y	Y	Y	Y	Y	Y	Y	Y	Y	Y	Y	N	N	Y	N
36	150	Monthly	2300-9500	200-1175	58	39	N	Y	N	N	Y	Y	Y	Y	N	N	N	Y	Y	Y	Y	Y	Y	N	Y	N
37	20	Open	Varies		1200	1500	N	N	N	N	N	Y	Y	N	N	N	Y	N	Y	Y	Y	Y	Y	N	Y	Y
38	*	Monthly	2000-50000	None	varies	varie	N	N	Y	Y	Y	Y	Y	N	N	N	N	N	Y	Y	Y	Y	Y	N	N	N
39																										
40	150	*	3900-4900*	295-325*			N	Y	N	N	N	N	Y	N	N	N	N	N	N	N	N	Y	N	N	Y	Y
41	100*	Every 6 Wks	12240-32980	100-400	2900	200	N	N	N	Y	Y	Y	N	Y	Y	Y	N	Y	N	Y	Y	Y	N	N	Y	N
42	150	Monthly	5900-8850	1000	65	23	N	N	N	N	N	Y	Y	Y	Y	Y	N	N	Y	Y	Y	Y	N	N	N	N
43																										
44	150	*	*	*	252	None	N	Y	N	N	N	Y	N	N	N	N	N	N	N	N	Y	N	Y	N	N	N
45	100	Jan/May/Sept	7500	700*	170	No	N	Y	N	Y	N	Y	Y	N	N	N	N	N	N	Y	Y	Y	N	N	Y	N
46																										
47	150	*	14400	150	270	No	N	Y	N	N	N	Y	N	Y	Y	N	N	Y	Y	Y	Y	Y	Y	N	Y	N
48																										
49	50	Open	7760-9400	500-1050	280	No	N	Y	N	N	N	Y	Y	Y	Y	N	N	N	Y	N	N	Y	N	N	N	N
50	No	Open	*1.97/Hr	None	400	250	Y	Y	N	N	N	Y	Y	Y	Y	Y	Y	Y	Y	Y	Y	Y	N	N	N	N
51	No	Open	700-2800*	None	520	580	N	Y	N	N	N	Y	Y	Y	N	N	N	N	Y	N	Y	Y	N	N	N	N
52																										
53	20	January	700/Qtr	400-500*	30	No	N	N	N	N	N	N	N	N	N	N	N	N	N	N	Y	N	N	N	Y	Y
54	150*	Open	12000-44000	None	80	20	N	N	N	Y	N	N	N	N	N	N	N	N	N	N	Y	Y	Y	N	N	N
55	100	Every Mon	995-3890	None	40	20	N	N	N	N	N	N	Y	N	N	N	N	N	Y	Y	N	N	N	N	N	N
56	100	10 Times/Yr	349-1049	400*	18	4	N	N	N	N	N	N	Y	N	N	N	N	N	Y	Y	N	Y	N	N	N	N
57	100*	Every 5 Wks*	2400-15000	300-1775	175	175	N	N	N	Y	N	Y	Y	Y	Y	N	N	N	Y	Y	Y	Y	N	Y	N	N
58		Open	350	*			N	N	N	N	N	Y	Y	N	N	N	N	N	N	N	Y	Y	N	N	N	N
59																										
60	150	Weekly	500-11000	None	84	18	N	Y	N	N	N	Y	Y	Y	Y	N	Y	Y	Y	Y	Y	Y	Y	N	N	N
61	35	Monthly	8985/Yr	265	108	9	N	Y	N	Y	N	Y	Y	Y	Y	N	Y	Y	Y	Y	Y	Y	Y	N	N	N
62	100	Monthly	9436	100	50	200	N	N	N	N	N	N	Y	Y	Y	N	N	Y	N	Y	Y	Y	Y	N	N	N

Lake Tech Ctr (FLORIDA)

Line Number	Institution Name and Address	Phone	Fax	Founded	Location	Minimum Education & Admission Requirements	Admissions Exam	Aptitude Testing	References/Letters of Recommendation	Interview	Minimum Age
1	Lake Tech Ctr, 2001 Kurt St, Eustis 32726	352-589-2250		1968	U	*	Y	N	N	N	16
2	Lee Co High Tech Central, 3800 Michigan Ave, Fort Myers 33916	239-334-4544		1967	L	1 Yr HS	Y	N	*	*	16
3	Lincoln C of Tech, 2410 Metrocentre Blvd, West Palm Beach 33407	561-842-8324	561-842-9503	1982	L	ATB	N	N	N	Y	17
4	Loraine's Acad, 1012 58th St N, Tyrone Garden Ctr, St Petersburg 33710	888-393-5015	727-347-6491	1966	U	HS/GED/ATB	N	N	N	Y	16
5	Manatee Tech Inst, 5603 34th St W, Bradenton 34210	941-751-7900		1964	L	*	Y	N	Y	Y	16
6	Margate Sch of Beauty, 5281 Coconut Creek Pkwy, Margate 33063	954-972-9630	954-972-1546	1977	S	10th Grade	Y	N	N	N	16
7,8	Marion Co Sch of Radiologic Tech, 1014 SW 7th Rd, Community Ed Ctr, Ocala 34474	352-671-7200		1976	U	HS/GED	Y	Y	Y	Y	18
9	Maya's Sch of Beaute, Inc, 3754 Central Ave, St Petersburg 33711	727-432-2148	727-906-0152	1995	S	HS/GED	Y	Y	Y	Y	16
10	McFatter Tech Ctr, 6500 Nova Dr, Davie 33317	754-321-5742		1985	M	Varies	Y	N	N	Y	16
11	Melbourne Beauty Sch, 686 N Wickham Rd, Melbourne 32935	321-259-0001	321-259-8683	1982	S	HS/GED/ATB	Y	Y	N	Y	16
12,13	Mercy Hospital-Miami, Sch of Practical Nursing, 3663 S Miami Ave, Miami 33133	305-285-2777	305-285-2671	1981	M	HS/GED	Y	Y	Y	Y	None
14	Miami Lakes Ed Ctr, 5780 NW 158 St, Miami Lakes 33014	305-557-1100	305-557-7391	1970	M	ATB	N	Y	N	Y	16
15	National Aviation Acad, 6225 Ulmerton Rd, Clearwater 33760	727-531-2080		1970	M	HS/GED	Y	N	Y	Y	17
16	North Florida Cosmetology Inst, Inc, 2424 Allen Rd, Tallahassee 32312	850-878-5269		1990	R	HS/GED	N	N	N	Y	
17,18	Okaloosa Applied Tech Ctr, 1976 Lewis Turner Blvd, Fort Walton Beach 32547	850-833-3500	850-833-3466	1975	S	None	N	N	N	N	16
19	Orlando Tech, 301 W Amelia St, Orlando 32801	407-246-7060	407-317-3372	1933	M	HS/GED	Y	Y	Y	Y	16
20	Palm Beach Nail Sch, 740 S Military Trail, West Palm Beach 33415	561-683-5454	561-712-0055	1996			N	N	N	Y	16
21	Phoenix East Aviation, Inc, 561 Pearl Harbor Dr, Daytona Beach 32114	386-258-0703	386-254-6842	1972	U	HS*	N	N	N	Y	17
22	Pinellas Tech Ed Ctr, Clearwater, 6100 154th Ave N, Clearwater 33760	727-538-7167	727-524-4445	1963	U	ATB	Y	N	N	N	16
23	Riverside Hairstyling Acad, 3530 Beach Blvd, Jacksonville 32207	904-398-0502		1988	M	HS	N	Y	Y	Y	16
24	Sarasota Co Tech Inst, 4748 Beneva Rd, Sarasota 34233	941-924-1365		1966	L	Varies	N	Y	N	Y	18
25	Sarasota Sch of Massage Therapy, 1932 Ringling Blvd, Sarasota 34236	941-957-0577		1978	U	HS/GED	N	N	Y	Y	18
26,27	Soothing Arts Healing Therapies Career Training, 310 Mountain Dr, Destin 32541	850-269-0820	850-269-2620	1999	S	HS/GED	N	N	N	Y	17
28	Southwest Florida C, Tampa, 3910 Riga Blvd, Tampa 33619	813-630-4401	813-630-4272	1974	L	HS/GED	Y	N	N	Y	
29	Space Coast Health Inst, 1070 S Wickham Rd, West Melbourne 32904	321-308-8000	321-722-3997	1991	R	HS/GED	N	N	Y	Y	18
30,31	Stenotype Inst of Jacksonville, Orlando, 1636 W Oakridge Rd, Orlando 32809	407-816-5573	407-816-6358	1940	L	HS/GED	N	N	N	N	
32	Suwannee-Hamilton Tech Ctr, 415 Pinewood Dr SW, Live Oak 32064	386-364-2750	386-364-4698	1968	S	HS/GED/ATB*	Y	N	*	N	16
33	Tampa Gen Hosp-Sch of Med Tech, PO Box 1289, Tampa 33601	813-844-7985	813-844-4160	1957	U	*	N	N	Y	Y	None
34,35	Trendsetters Florida Sch of Beauty & Barbering, 5808 Normandy Blvd Ste 7, Jacksonville 32205	904-781-1587	904-693-0638	2001	M	HS/GED/ATB	N	N	N	Y	16
36	Tulsa Welding Sch, Jacksonville, 3500 Southside Blvd, Jacksonville 32216	904-646-9353	904-646-9956	2001	M	HS/GED/ATB	*	N	N	Y	18
37	Washington-Holmes Tech Ctr, 757 Hoyt St, Chipley 32428	850-638-1180	850-638-6177	1967	R	HS/GED*	Y	N	N	N	
38	Webster C, Pasco Campus, 2127 Grand Blvd, Holiday 34690	727-942-0069		1978	U	HS/GED	N	N	N	N	
39,40	West Boca Med Ctr, Sch of Radiologic Tech, 21644 State Rd 7, Boca Raton 33428	561-488-8173	561-488-8379	1988	U	HS/GED	Y	Y	Y	Y	18
41	Westside Tech, 955 E Story Rd, Winter Garden 34787	407-905-2000	407-905-2029		R		Y	N	N	N	16
42	Winter Park Tech, 901 Webster Ave, Winter Park 32789	407-622-2900	407-975-2435	1975	U	HS/GED*	Y	N	N	Y	16
43	Withlacoochee Tech Inst, 1201 W Main St, Inverness 34450	352-726-2430		1968	R		Y	N	N	N	16
44	WyoTech, Daytona, 470 Destination Daytona Ln, Ormond Beach 32174	386-255-0295		1972	L	HS/GED/ATB	N	N	N	N	16

GEORGIA (GA)

Line Number	Institution Name and Address	Phone	Fax	Founded	Location	Minimum Education & Admission Requirements	Admissions Exam	Aptitude Testing	References/Letters of Recommendation	Interview	Minimum Age
46	Acad of Hair Arts & Design, 3819 Norwich St, Brunswick 31520	912-267-9761		1989	U	HS/GED	N	N	Y	Y	17
47	Altamaha Tech C, Jesup, 1777 W Cherry St, Jesup 31545	912-427-5800	912-427-1901	1989	R	HS/GED	Y	N	*	*	17
48,49	ASHA Sch of Massage, 7094 Peachtree Industrial Blvd Bldg 4, Norcross 30071	770-368-2661	404-633-1270	1991	M	HS/GED	N	N	Y	Y	18
50,51	Brown C of Court Reporting & Med Transcription, 1740 Peachtree St, Atlanta 30309	404-876-1227	404-876-4415	1972	M	HS/GED	Y	N	N	Y	None
52	Central Georgia Tech C, 3300 Macon Tech Dr, Macon 31206	478-757-3400	478-757-3454	1966	U	HS/GED	Y	Y	N	N	16
53	Chattahoochee Tech C, 980 S Cobb Dr, Marietta 30060	770-528-4545			M	HS/GED	Y	N	N	N	
54	Cobb Beauty C, Inc, 3096 Cherokee St, Kennesaw 30144	770-424-6915	770-425-8280	1980	U	HS/GED	N	N	Y	Y	16
55	Columbus Tech C, 928 Manchester Expwy, Columbus 31904	706-649-1821	706-649-7492	1961	L	HS/GED	Y	Y	N	Y	16
56,57	DeKalb Med Ctr-Decatur, Sch of Radiography, 2701 N Decatur Rd, Decatur 30033	404-501-5306	404-501-1883	1962	L	HS/GED*	Y	Y	Y	Y	18
58	East Central Tech C, 667 Perry House Rd, Fitzgerald 31750	229-468-2000		1966	S	HS/GED*	Y	N	N	N	16*
59,60	Empire Beauty Sch, Dunwoody, 4719 Ashford-Dunwoody Rd Ste 205, Dunwoody 30338	770-671-1448					N	N	N	N	
61,62	Empire Beauty S, Gwinnett Co, 1455 Pleasant Hill Rd Ste 105, Lawrenceville 30044	770-564-0725					N	N	N	N	

*Additional information in Appendix

Line Number	Regis/Enrollment Application Fee	Courses Start	Tuition for Each Program	Mandatory Fees	Full-time	Part-time	Bureau of Indian Affairs	JTPA/WIA	Fed. Aviation Admin.	Immigration/Naturalization Service	Social Security Admin.	Veterans Admin.	Voc. Rehab.	Fed. Pell Grants	FSEOG	FWS	Fed. Perkins Loans	Fed. Stafford Loans	Scholarships	Deferred Payment	Job Counseling	Job Placement	Personal Counseling	Housing	Mobility Impaired Services	Mobility Impaired Programs
1	10	Quarterly	1.92/Hr	*	673	139	Y	Y	N	N	N	Y	Y	Y	N	N	N	N	Y	N	Y	Y	Y	N	Y	N
2	15	Open	120-940	None	900	No	Y	Y	N	N	N	Y	Y	Y	N	N	N	N	N	N	Y	Y	Y	N	Y	Y
3	125	Quarterly	10500-59500	1500-3200	1300	10	N	N	N	N	N	Y	Y	Y	Y	Y	Y	Y	Y	Y	Y	Y	Y	N	Y	Y
4	150	Monthly	985-15530	366-3450	107	77	Y	Y	N	Y	Y	Y	Y	Y	Y	Y	Y	Y	Y	Y	Y	Y	Y	N	Y	Y
5	15	Quarterly	250-570/Qtr	50-150/Qtr	650	1600	Y	Y	N	Y	Y	Y	Y	Y	N	N	N	N	N	Y	Y	Y	Y	N	Y	Y
6	100*	Weekly	625-5500	None	300	100	N	N	N	N	N	N	Y	Y	Y	N	N	N	N	Y	Y	Y	Y	N	Y	Y
7																										
8	No	August	6000	500	38	No	N	Y	N	N	N	Y	N	N	Y	N	N	N	N	N	Y	Y	Y	N	Y	Y
9	200	Open	7000		2		N	Y	N	N	N	Y	Y	Y	N	N	N	N	N	N	Y	Y	Y	N	N	N
10	20	Quarterly	1.80/Hr	Varies	2700	No	Y	Y	N	N	N	Y	Y	Y	N	N	N	N	N	N	Y	Y	N	N	Y	N
11	100	Open	1445-7800*	None	32	10	N	N	N	N	N	N	N	N	N	N	N	N	N	Y	Y	Y	Y	N	Y	Y
12																										
13	50	Aug/Apr	4500/Yr	3000/Yr	90	No	N	N	N	N	N	N	Y	Y	N	N	N	N	Y	Y	Y	Y	Y	N	N	N
14	Yes	Aug/Jan/Apr	1500-4500	17	941	1215	N	Y	N	N	N	Y	Y	Y	Y	Y	N	Y	Y	Y	Y	Y	Y	N	Y	Y
15	150	Every 10 Wks	11250-33750	710	220	No	Y	Y	Y	Y	Y	Y	Y	Y	Y	Y	Y	Y	Y	Y	Y	Y	Y	N	N	N
16	150	1st Tues/Mo	2150-10875	None	60	20	N	N	N	N	N	Y	Y	Y	N	N	N	N	Y	Y	N	Y	N	N	Y	N
17																										
18	No	Aug/Jan/June	954/Sem*	None	400	300	Y	N	N	N	N	Y	Y	Y	N	N	N	N	Y	N	Y	Y	Y	N	Y	Y
19	25	Semester	1.92/HR	45-750/Sem	3377	3374	N	Y	N	N	N	Y	Y	Y	N	N	N	N	Y	N	Y	Y	Y	N	Y	Y
20	100	Open	1500	2500	20	70	N	N	N	N	N	Y	Y	N	N	N	N	N	N	N	Y	Y	Y	N	N	N
21	50	Open	8500-46400	None	300	350	N	N	Y	Y	N	Y	N	N	N	N	N	N	N	N	Y	Y	Y	N	N	N
22	15	Quinmester*	85-3438	50	720	225	N	Y	N	N	Y	Y	Y	Y	N	N	N	N	Y	N	Y	Y	Y	N	Y	N
23	150	Monthly	9000	None	100	25	N	N	N	N	N	Y	Y	Y	N	N	N	N	Y	Y	Y	Y	Y	N	Y	Y
24	*	Open	1,59-6.25/Hr*	*	900	6000	Y	Y	N	N	N	Y	Y	Y	Y	N	N	N	Y	Y	Y	Y	Y	N	Y	Y
25	100	*	8325	325*	98	36	N	N	Y	N	Y	Y	Y	Y	N	N	N	Y	Y	Y	Y	Y	N	N	Y	N
26																										
27	150	Spring/Fall	3400-5550	275*	65	5	N	N	N	N	N	Y	Y	N	N	N	N	Y	N	Y	Y	Y	Y	N	Y	N
28	25	Bimonthly	240/credit hour	50-160	519	182	N	Y	N	N	N	Y	N	Y	Y	N	N	Y	Y	Y	Y	Y	Y	N	Y	Y
29	95	Every 4-6 Mos	1500-4990*	370-750*	45	15	N	N	N	N	N	Y	Y	N	N	N	N	Y	N	Y	N	Y	N	N	Y	N
30																										
31	100	Every 8 Wks	11600-14000*	1500*	200	No	N	N	N	N	N	Y	Y	Y	N	N	N	N	N	N	Y	Y	N	N	N	N
32	50	*	1.63/Hr	None	100	100	N	N	N	N	Y	N	Y	N	N	N	N	N	N	N	Y	N	Y	N	N	N
33	15	1st Mon/Aug	2000	90*	4	No	N	N	N	N	N	N	N	N	N	N	N	N	N	N	N	N	N	N	N	N
34																										
35	150	Every 3 Mos	10560		20	13	N	N	N	N	N	Y	Y	Y	N	N	N	N	Y	Y	Y	Y	Y	N	N	N
36	25	Every 3 Wks	6135-11090	1255-1900	156	No	Y	Y	N	N	N	Y	Y	Y	Y	N	N	Y	Y	Y	Y	Y	Y	N	N	N
37								Y	Y	N	N	Y	Y	Y	Y	Y	N	N	N	Y	Y	Y	Y	N	N	Y	Y
38								N	N	N	N	N	N	N	N	N	N	N	N	N	N	N	N	N	N	N
39																										
40	50	1st Mon/Oct	6100	800-1000	84	No	N	N	N	N	N	N	N	N	N	N	N	N	N	N	Y	Y	Y	N	N	N
41	15/25	Open	1000/Sem	*	2133	No	Y	Y	N	Y	Y	Y	Y	Y	Y	N	N	N	Y	Y	Y	Y	Y	N	Y	N
42	15-25*	Open	900-5300	15-25	*	*	N	Y	N	Y	Y	Y	Y	Y	Y	N	N	N	Y	Y	Y	Y	Y	N	Y	N
43	No	Aug/Jan	2100	*	600	250	N	Y	N	N	N	Y	Y	Y	Y	N	N	N	Y	Y	Y	Y	Y	N	N	N
44	No	Every 6 Wks	*	*	450	No	Y	Y	N	Y	N	Y	Y	Y	Y	N	N	N	Y	Y	Y	Y	Y	N	N	Y
45	**GEORGIA (GA)**																									
46	50	Monthly	3250	None	20	No	N	N	N	N	N	N	N	N	N	N	N	N	N	N	Y	Y	Y	N	N	N
47	15	Quarterly	370-2784	81	400	600	N	Y	N	N	N	Y	Y	Y	Y	Y	N	N	Y	N	Y	Y	Y	N	Y	Y
48																										
49	50	Quarterly	10900*	None	54	No	N	N	N	Y	N	Y	Y	N	N	N	N	N	N	Y	Y	Y	N	N	Y	N
50																										
51	75	Quarterly	1000-2900	None	50	160	N	N	N	N	N	Y	Y	Y	Y	N	Y	Y	Y	Y	Y	Y	N	N	N	N
52	15	Quarterly	372	81	3057	2990	N	Y	N	N	N	Y	Y	Y	Y	Y	N	N	N	N	Y	Y	N	N	Y	N
53	15*	Quarterly	1334	53	2500	3500	N	N	N	N	N	Y	Y	Y	Y	N	N	N	Y	N	Y	Y	Y	N	Y	N
54	100	Monthly	7500-11750	100	60	15	N	N	N	N	N	N	Y	Y	N	N	N	N	Y	N	Y	Y	Y	N	N	N
55	51*	Quarterly	*	*	1267	2062	Y	Y	N	Y	Y	Y	Y	Y	N	N	N	N	N	N	Y	Y	Y	N	Y	Y
56																										
57	15	July	1600	200	21	No	N	N	N	N	N	N	N	N	N	N	N	N	N	N	N	N	N	N	N	N
58	15	Quarterly	31-45/Hr	*	700	700	N	Y	N	N	N	Y	Y	Y	Y	Y	N	N	Y	Y	Y	Y	Y	Y	Y	N
59																										
60								N	N	N	N	N	N	N	N	N	N	N	N	N	N	N	N	N	N	N
61																										
62								N	N	N	N	N	N	N	N	N	N	N	N	N	N	N	N	N	N	N

	GENERAL INFORMATION					ADMISSIONS					
Line Number	Institution Name and Address	Phone	Fax	Founded	Location	Minimum Education & Admission Requirements	Admissions Exam	Aptitude Testing	References/Letters of Recommendation	Interview	Minimum Age
1	Empire Beauty Sch, Kennesaw, 425 Ernest W Barrett Pkwy NW Ste H-2,										
2	Kennesaw 30144	770-419-2303					N	N	N	N	
3	Garmon Beauty C, 4643 Lawernceville Hwy NW, Lilburn 30047	770-923-0770		1967	S	HS/GED	N	N	N	Y	16
4	Georgia Inst of Cosmetology, 3529 Atlanta Hwy Ste 105-106, Athens										
5	30605	706-549-6400	706-549-0495	1991	S	HS/GED	N	N	N	Y	17
6	Grady Health Sys, Sch of Radiation & Imaging Tech, PO Box 26095,										
7	80 Jesse Hill Jr Dr SE, Atlanta 30303	404-616-3610	404-616-3512	1940	M	HS/GED+*	N	N	Y	Y	18
8	Gwinnett C, 4230 Lawrenceville Hwy NW Ste 11, Lilburn 30047	770-381-7200		1976	M	HS/GED	Y	N	N	Y	None
9	Interactive C of Tech, Chamblee, 5303 New Peachtree Rd, Chamblee										
10	30341	770-216-2960	770-216-2989	1983	M	HS/GED	Y	N	N	Y	17
11	Intl Sch of Skin & Nails, 5600 Roswell Rd NE, Atlanta 30342	404-843-1005	404-843-1007	1985	M	HS/GED	N	N	N	Y	17
12	Lake Lanier Sch of Massage, 1001 Riverside Dr, Gainesville 30501	770-287-0377	770-297-2849	1994	S	HS/GED	N	N	Y	Y	17
13	Medix Sch, Smyrna, 2108 Cobb Pkwy SE, Smyrna 30080	770-980-0002		1990	M	HS/GED	Y	Y	N	Y	None
14	Michael's Sch of Beauty, 630 North Ave Ste J, Macon 31211	478-741-0030	478-741-0033	1999	L	HS/GED	N	N	N	Y	17
15	Michael's Sch of Beauty - Augusta Campus,										
16	1325 Augusta West Pkwy Ste C, Augusta 30909	706-854-0010	706-650-9513	1999	L		N	N	N	Y	17
17	Middle Georgia Tech C, 80 Cohen Walker Dr, Warner Robins 31088	478-988-6800	478-988-6835	1973	U	*	Y	N	*	N	16
18	North Georgia Tech C, Clarkesville, PO Box 65, Georgia Hwy 197 N,										
19	Clarkesville 30523	706-754-7700	706-754-7777	1943	S	HS/GED	Y	Y	N	N	16
20	Okefenokee Tech C, 1701 Carswell Ave, Waycross 31503	912-287-6584	912-284-2508	1967	S	HS/GED*	Y	N	*	Y	16
21	Pro Way Hair Sch, 5684 Memorial Dr, Stone Mountain 30083	404-299-5156	404-299-5159	1957	U	HS/GED	N	N	N	N	18
22	Rising Spirit Inst of Natural Health, 4536 Chamblee Dunwoody Rd Ste 250,										
23	Atlanta 30338	770-457-2021	770-457-5614	1994	M	HS/GED/ATB	N	N	Y	Y	18
24	Rivertown Sch of Beauty, Barber, Skin Care, Nails,										
25	4747 Hamilton Rd Ste B, Columbus 31904	706-653-9223		1992	L	HS/GED	N	N	N	Y	16
26	Roffler-Moler Hairstyling C, 1311 Roswell Rd, Marietta 30062	770-565-3285	770-477-0136	1968	U	HS/GED	N	N	N	Y	16
27	Savannah River C, 2528 Center W Pkwy Bldg A, Augusta 30909	706-738-5046	706-736-3599	1983	L	HS/GED	Y	Y	N	Y	17
28	Southeastern Beauty, Barber Sch, PO Box 12483, 3448 N Lumpkin Rd,										
29	Columbus 31917	706-687-1054	706-682-8391	1958	U	HS/GED	N	N	N	Y	17
30	Southeastern Beauty Sch, PO Box 12483, 1826 Midtown Dr, Columbus										
31	31917	706-561-5616	706-682-8391	1958	U	HS/GED	N	N	N	Y	17
32	Southeastern Tech C, Vidalia, 3001 E First St, Vidalia 30474	912-538-3100	912-538-3156	1989	S	HS/GED	Y	*	N	N	16
33	Southwest Georgia Tech C, 15689 US Hwy 19 N, Thomasville 31792	229-225-5060	229-225-4330	1947	R	HS/GED	Y	N	N	N	16
34	Swainsboro Tech C, 346 Kite Rd, Swainsboro 30401	478-289-2200	478-289-2263	1963	S	ATB*	Y	N	*	Y	16
35	U Hosp, Sch of Radiography, 1350 Walton Way, Augusta 30901	706-774-5010		1983	L	HS/GED*	N	N	Y	Y	18
36	Vogue Beauty Sch, Hiram, 3655 Macland Rd Ste H, Hiram 30141	770-943-6811	770-943-6899	1992	L	HS/GED/ATB	N	N	N	Y	16
37	**HAWAII (HI)**										
38	Hawaii Inst of Hair Design, 71 S Hotel St, Honolulu 96813	808-533-6596		1942	M	HS/GED	Y	Y	N	Y	17
39	Intercultural Communications C, 1601 Kapiolani Blvd Ste 1000, Honolulu										
40	96814	808-946-2995		1990	L	HS	Y	N	Y	Y	18
41	Maui Acad of the Healing Arts, 310 Ohokas Rd 318, Kihei-Maui 96753	808-879-4266	808-879-4484	1988	S	HS/GED	N	N	N	Y	18
42	Maui Sch of Therapeutic Massage, 1043 Makawaw Ave Ste 207, Makawao										
43	96768	808-572-2277		1995	R	HS/GED	N	N	N	Y	18
44	Med-Assist Sch of Hawaii, 33 S King St 223, Honolulu 96813	808-524-3363	808-524-1562	1974	M	HS/GED	Y	N	Y	Y	17
45	New York Tech Inst of Hawaii, 1375 Dillingham Blvd, Honolulu 96817	808-841-5827	808-841-5829	1962	M	HS/GED	N	Y	N	Y	16
46	Travel Inst of the Pacific, 1314 S King St Ste 1164, Honolulu 96814	808-591-2708	808-591-2709	1973	L	HS/GED	N	N	N	Y	18
47	Windward Sch for Adults, 730 Iliaina St, Kailua 96734	808-254-7955	808-254-7958		R	None	N	Y	Y	Y	17
48	**IDAHO (ID)**										
49	American Acad of Nail Tech & Esthetics, 1600 E Seltice Way Ste C,										
50	Post Falls 83854	208-457-9094	208-457-9319	2005	U	HS/GED	N	N	Y	Y	16.5
51	American Inst of Clinical Massage, 1600 E Seltice Way Ste E, Post Falls										
52	83854	208-773-5890	208-457-9319	1995	U	HS/GED	N	N	Y	Y	18
53	Apollo C, Boise, 1200 N Liberty, Boise 83704	877-521-1680		1980	L	HS/GED	Y	Y	Y	Y	17
54	Cosmetology Sch of Arts & Sci, 529 Overland Ave, Burley 83334	208-678-4454	208-678-0741		S	HS/GED	N	N	N	Y	16.5
55	D & L Acad of Hair Design, 113 Main Ave E, Twin Falls 83301	208-736-4972	208-736-9499	1998	S	10th Grade*	N	N	N	N	16-1/2
56	Eastern Idaho Tech C, 1600 S 25th E, Idaho Falls 83404	208-524-3000		1970	U	HS/GED	Y	N	N		
57	A Gift of Health Sch of Massage, 445 Marjacq Ave, Idaho Falls 83401	208-524-1696		1996	U	HS/GED	N	N	Y	Y	18
58	Headmasters Sch of Hair Design, Boise, 5244 Overland Rd, Boise 83705	208-429-8070	208-429-1886	1984	L		N	N	N	Y	16 1/2
59	The Headmasters Sch of Hair Design, Coeur d' Alene,										
60	317 Coeur d' Alene Ave, Coeur d' Alene 83814	208-664-0541	208-664-1022	1982	S	HS/GED	N	N	N	Y	16-1/2
61	The Headmasters Sch of Hair Design II, 602 Main St, Lewiston 83501	208-743-1512	208-743-9014	1982	S	HS/GED	N	N	Y	Y	16-1/2
62	Headmasters Sch of Hair Design, Lewiston, 602 Main St, Lewiston 83501	208-743-1512	208-743-9014	1981	S	HS/GED	N	N	N	Y	16-1/2

*Additional information in Appendix

Line Number	Regis/Enrollment Application Fee	Courses Start	Tuition for Each Program	Mandatory Fees	Full-time	Part-time	Bureau of Indian Affairs	JTPA/WIA	Fed. Aviation Admin.	Immigration/Naturalization Service	Social Security Admin.	Veterans Admin.	Voc. Rehab.	Fed. Pell Grants	FSEOG	FWS	Fed. Perkins Loans	Fed. Stafford Loans	Scholarships	Deferred Payment	Job Counseling	Job Placement	Personal Counseling	Housing	Mobility Impaired Services	Mobility Impaired Programs
1																										
2							N	N	N	N	N	N	N	N	N	N	N	N	N	Y	Y	Y	Y	Y	N	N
3	400	*	6500		37	37	N	N	N	N	N	N	N	N	N	N	N	N	N	Y	Y	Y	Y	Y	N	N
4																										
5	100	Monthly	17895		124	180	N	N	N	N	N	Y	Y	Y	N	N	Y	Y	Y	Y	Y	Y	Y	N	N	N
6																										
7	35	September	4300/Yr	none	35	No	Y	N	N	N	N	Y	Y	Y	Y	N	Y	Y	Y	Y	Y	Y	Y	Y	Y	N
8	100	Every 6 Wks	1875-14000	None	293	52	Y	Y	N	Y	Y	Y	Y	Y	Y	N	N	Y	N	Y	Y	Y	Y	Y	Y	N
9																										
10	50	Monthly	6000-11600	None	925	40	N	Y	N	Y	Y	Y	Y	Y	Y	N	N	Y	Y	Y	Y	Y	Y	Y	N	N
11	100	Monthly	3685-8695	600-1000	270	175	N	Y	N	Y	Y	Y	Y	Y	N	N	N	N	N	Y	Y	Y	Y	Y	N	N
12	75	Quarterly	6600-7000	*	40	No	N	N	N	N	N	Y	Y	N	N	N	N	N	N	Y	Y	Y	Y	N	N	N
13	150	Every 6 Wks	3800-8200	None	600	no	N	Y	N	Y	N	Y	Y	Y	Y	Y	Y	Y	Y	Y	Y	Y	Y	Y	N	N
14	100	Monthly	9000	1000	18	5	N	N	N	N	N	Y	N	Y	Y	N	Y	Y	N	N	Y	Y	Y	Y	N	N
15																										
16	100	Monthly	7500	400	70	30	N	N	N	N	N	N	N	Y	N	Y	Y	Y	Y	N	Y	Y	Y	N	N	N
17	*	Quarterly	432	46	1460	1207	N	Y	N	N	Y	Y	Y	Y	N	N	N	N	Y	Y	Y	Y	Y	N	Y	*
18																										
19	15	Quarterly	372	90	1600	1066	Y	Y	N	N	Y	Y	Y	Y	Y	Y	N	N	Y	N	Y	Y	Y	Y	Y	Y
20	15	Quarterly	372-516	81	591	1136	N	Y	N	N	Y	Y	Y	Y	Y	Y	N	Y	N	Y	Y	Y	Y	N	Y	Y
21		Bimonthly	11050	100	60	40	N	N	N	N	N	N	N	Y	N	N	N	Y	Y	Y	Y	Y	Y	N	N	N
22																										
23	100	Quarterly	10073	650	103	100	N	N	N	Y	Y	Y	Y	Y	N	N	N	Y	N	Y	Y	Y	Y	N	Y	N
24																										
25	100	Every Tues	7600	*	105	No	N	N	N	N	N	Y	Y	Y	N	N	N	Y	N	Y	Y	Y	Y	N	Y	N
26	100	Monthly	6600	800	72	45	N	N	N	N	N	Y	N	Y	N	N	N	N	Y	N	Y	Y	Y	N	Y	N
27	50	Quarterly	2732-2865	150-250	269	44	N	Y	N	N	Y	Y	Y	Y	Y	Y	N	Y	Y	Y	Y	Y	Y	Y	Y	N
28																										
29	No	Monthly	9750	200-400	56	No	N	N	N	N	Y	Y	Y	Y	N	N	N	Y	N	Y	Y	Y	Y	N	N	N
30																										
31	No	Monthly	9750	200-400	34	No	N	N	N	N	Y	Y	Y	N	N	N	N	Y	N	Y	Y	Y	Y	N	N	N
32	15	Quarterly	31/Qtr Hr	81	550	440	N	Y	N	N	Y	Y	Y	Y	Y	Y	N	Y	Y	Y	Y	Y	Y	N	Y	N
33	20*	Quarterly	372/Qtr	81/Qtr	475	923	Y	Y	N	N	N	Y	Y	Y	Y	Y	N	N	Y	N	Y	Y	Y	N	Y	Y
34	15	Quarterly	36-432/Qtr	81/Qtr	475	189	N	Y	N	N	Y	Y	Y	Y	N	Y	N	Y	Y	Y	Y	Y	Y	N	Y	N
35	20	July	900/Yr	450	12	No	N	N	N	N	N	N	N	N	N	N	N	N	Y	N	Y	Y	Y	N	N	N
36	100	Monthly	11900	100	160	No	N	N	N	N	N	Y	N	Y	Y	N	N	Y	N	N	Y	Y	Y	N	N	N
37	**HAWAII (HI)**																									
38	25	Bimonthly	8662	1297.90*	40	No	Y	N	N	Y	N	Y	Y	Y	N	N	Y	N	Y	N	Y	Y	Y	N	N	N
39																										
40	125	Monthly	770-2000	150	120	60	N	N	N	N	N	Y	N	N	N	N	N	N	Y	N	Y	Y	Y	N	Y	N
41	78	Aug/Mar	4914-5100	350*	25	No	N	N	N	N	N	N	N	N	N	N	N	N	N	N	Y	Y	Y	N	Y	N
42																										
43	50	Sept/Mar	4500	450	32	42	N	Y	N	N	Y	Y	Y	Y	N	N	N	N	Y	Y	N	N	N	N	N	N
44	100	Every 5 Wks	8913.24	400*	145	No	N	Y	N	Y	Y	Y	Y	Y	Y	N	N	Y	Y	Y	Y	Y	Y	N	N	N
45	50	Open	6600	1200	55	55	Y	Y	N	Y	Y	Y	Y	Y	Y	N	N	Y	Y	Y	Y	Y	Y	N	Y	N
46	100	*	3969-14117	None	500	No	Y	Y	N	N	Y	Y	Y	Y	N	N	N	Y	Y	Y	Y	Y	Y	N	Y	N
47	55	Sept/Jan/June	2/HR			3000	N	Y	N	Y	N	Y	N	N	N	N	N	N	N	N	Y	Y	Y	N	Y	Y
48	**IDAHO (ID)**																									
49																										
50	125	*	3500-5200		14		N	Y	N	Y	Y	Y	Y	N	N	N	N	N	Y	N	Y	Y	N	N	Y	Y
51																										
52	100	*	725-7290*	*	37	20	N	Y	N	N	Y	Y	Y	N	N	N	N	Y	N	Y	Y	Y	Y	N	Y	Y
53	*	Open	*	*	510	90	Y	Y	N	N	Y	Y	Y	Y	N	N	N	Y	Y	Y	Y	Y	N	N	Y	N
54	100	Monthly	2720-7220				Y	Y	N	N	Y	Y	Y	Y	N	N	N	N	Y	N	Y	Y	N	N	Y	N
55	50	Quarterly	3500-7550	None	15	No	N	Y	N	N	Y	Y	Y	N	N	N	N	N	Y	N	N	N	N	N	N	N
56	*	Semester	None	*	330	432	Y	Y	N	Y	Y	Y	Y	Y	Y	Y	N	Y	Y	N	Y	Y	N	N	N	N
57	300	January	7000	1000	10	None	N	Y	N	N	N	N	N	N	N	N	N	N	N	N	Y	Y	N	N	N	N
58	100	6 Wks	12000		92	No	N	N	N	N	N	N	N	N	N	N	N	N	N	N	Y	Y	N	N	N	N
59																										
60	100	*	2000-12000	None	200	No	Y	Y	N	Y	Y	Y	Y	Y	N	N	N	Y	Y	Y	Y	Y	Y	N	N	N
61	100	Quarterly	2500-9000	None	35	0	Y	Y	N	N	N	Y	Y	Y	N	N	N	Y	Y	Y	Y	Y	Y	N	Y	Y
62	100	Sept/Jan/June	8000	1000	40	No	Y	Y	N	N	N	N	Y	Y	N	N	N	Y	Y	Y	Y	Y	Y	N	N	N

Moscow Sch of Massage (IDAHO)

Line Number	Institution Name and Address	Phone	Fax	Founded	Location	Minimum Education & Admission Requirements	Admissions Exam	Aptitude Testing	References/Letters of Recommendation	Interview	Minimum Age
1	Moscow Sch of Massage, S 600 Main St, Moscow 83843	208-882-7867	208-883-1834	1994	S	HS/GED	N	N	Y	Y	18
2	Mr Juan's C of Hair Design, 586 Blue Lakes Blvd N, Twin Falls 83301	208-733-7777		1965	S	HS/GED	N	N	Y	Y	16-1/2
3	Northwest Lineman C, Meridian, 7600 S Meridian Rd, Meridian 83642	208-888-4817	208-888-4275	1993	U	HS/GED	N	*	N	N	18
4	Razzle Dazzle C of Hair Design, 120 Holly St, Nampa 83686	208-465-7660	208-463-0643	1985	U	HS/GED	N	N	N	Y	16-1/2
5 6	Sch of Hairstyling/Pocatello Beauty Acad, 141 E Chubbuck Rd, Chubbuck 83202	208-232-9170		1975	U	HS/GED	N	N	Y	Y	16-1/2
7	ILLINOIS (IL)										
8	AAAAA Beauty Acad, 3019 N Sterling Ave, Peoria 61604	309-681-7823		1956	S	GED	N	N	N	Y	
9 10	Advocate Trinity Hosp, Sch of Radiologic Tech, 2320 E 93rd St, Chicago 60617	773-967-5292	773-967-5208	1968	M	HS/GED	Y	Y	Y	Y	18
11	Alvareita's C of Cosmetology, Belleville, 5400 W Main St, Belleville 62226	618-257-9193	618-257-0955	2001	U	HS/GED	Y	Y	N	N	18*
12 13	Alvareita's C of Cosmetology, Edwardsville, 333 S Kansas St, Edwardsville 62025	618-656-2593	618-656-2594	1965	U	HS/GED	Y	Y	N	Y	18*
14	Alvareita's C of Cosmetology, Godfrey, 3048 Godfrey Rd, Godfrey 62035	618-466-8952	618-466-8957	1984	U	HS/GED	Y	Y	N	Y	18*
15 16	American Acad of Massage Therapy, 5900 N Milwaukee Ave, Chicago 60646	773-594-7729		2003			N	Y	Y	Y	18
17 18	Blessing-Rieman C of Nursing & Allied Health Sch of Med Lab Tech, PO Box 7005, Broadway at 11th St, Quincy 62301	217-223-8400		1964	S	HS/GED*	N	N	Y	Y	18
19	Bloomington-Normal Sch of Radiography, 900 Franklin Ave, Normal 61761	309-452-2834		1966	U	HS*	N	N	Y	Y	18
20	Brown Mackie C, Moline, 1527 47th Ave, Moline 61265	309-762-2100	309-762-2374	1890	M	HS/GED	N	N	N	Y	*17
21	Cain's Barber C , 365 E 51st St, Chicago 60615	773-536-4441	773-536-4552	1985	M	HS/GED	N	N	N	Y	16
22 23	Cannella Sch of Hair Design, Blue Island, 12840 Western Ave, Blue Island 60406	708-388-4949	773-321-5134	1984	M	HS/GED/ATB	Y	N	N	Y	16
24	Career Logics Inst of Hairdesign, 1904 Sheridan Rd, Pekin 61554	309-346-1447	309-346-6011	1995	S	8th Grade*	N	Y	N	Y	16
25 26	C of DuPage Sch of Surgical Tech, 550 E Washington St, West Chicago 60185	630-562-2804	630-562-9181	1996	M	HS/GED*	N	N	N	Y	18
27	The C of Office Tech, 1520 W Division St, Chicago 60622	773-278-0042	773-278-0143	1982	M	HS/GED/ATB	*	N	N	Y	17
28	Computer Sys Inst, 8930 Gross Point Rd, Skokie 60077	847-967-5030		1992	M	HS/GED	N	Y	N	N	18
29	Concept C of Cosmetology, 129 N Race St, Urbana 61801	217-344-7550	217-344-8450	1948	U	HS/GED	N	N	Y	Y	18
30	Cosmetology & Spa Inst, 700 E Terra Cotta Ave, Crystal Lake 60014	815-455-5900	815-455-1628	1998	S	HS/GED	N	N	N	N	
31 32	Dorothy Chrysler Sch, Beauty Culture, 307 W Jefferson Ave, Effingham 62401	217-342-2296		1964	R	8th Gr/GED	Y	N	N	N	16
33	Du Quion Beauty C, 202 S Washington St, Du Quion 62832	618-542-9777			R	HS/GED	N	Y	N	Y	16
34	EDUCATORS of Beauty, La Salle, 122 Wright St, La Salle 61301	815-223-7326	815-223-7328	1969	S	HS/GED	Y	N	Y	Y	16
35	EDUCATORS of Beauty, Rockford, 128 S Fifth St, Rockford 61104	815-969-7030	815-969-0830	1994	L	HS/GED	Y	N	Y	Y	16
36	EDUCATORS of Beauty, Sterling, 211 E 3rd St, Sterling 61081	800-642-5169	815-625-0424	1946	S	HS/GED	Y	Y	Y	Y	16
37 38	Empire Beauty Sch, Arlington Heights, 264 W Rand Rd, Arlington Heights 60004	847-830-8359					N	N	N	N	
39	Empire Beauty Sch, Hanover Park, 1166 Lake St, Hanover Park 60133	630-830-6560					N	N	N	N	
40	Empire Beauty Sch, Lisle, 2709 Maple Ave #8, Lisle 60532	630-717-1777					N	N	N	N	
41 42	Environmental Tech Inst, Blue Island, 13010 S Division St, Blue Island 60406	708-385-0707	708-385-0942	1988	U	ATB	N	N	N	Y	17
43 44	Environmental Tech Inst, Itasca, 1101 W Thorndale Ave, Main School Corporate Office, Itasca 60143	630-285-9100	630-285-9101	1985	R	ATB	N	N	N	Y	17
45	Everest C, Merrionette Park, 11560 S Kedzie Ave, Merrionette Park 60803	708-239-0055	708-239-0066		R	HS/GED	Y	N	Y	Y	18
46	Graham Hosp, Sch of Nursing, 210 W Walnut St, Canton 61520	309-647-4086	309-649-5127	1909	S	HS/GED	N	N	Y	Y	17
47 48	Greater West Town Training Partnership, 2021 W Fulton St, Chicago 60612	312-563-9570	312-563-9756	1992	M	7th Grade*	N	Y	Y	Y	18
49	The Hadley Sch for the Blind, 700 Elm St, Winnetka 60093	800-323-4238	847-446-0835	1920		8th Grade*	N	N	N	N	14
50	Hairmasters Inst of Cosmetology, 506 S McClun St, Bloomington 61701	309-827-6971	309-827-5800	1987	U	HS/GED*	Y	N	N	Y	16
51 52	Hair Professionals Acad of Cosmetology, Wheaton, 1145 E Butterfield Rd, Wheaton 60187	630-653-6630	630-653-1759	1985	U	*	Y	Y	N	Y	16
53 54	Hair Professionals Career C, Palos Hills, 10321 S Roberts Rd, Palos Hills 60465	708-430-1755	708-430-2282	1998	S	HS/GED*	N	N	N	Y	16
55 56	Hair Professionals Career C, Sycamore, 2245 Gateway Dr, Sycamore 60178	815-756-3596		1983	S	8th Grade	Y	N	N	Y	16
57 58	Hair Professionals Sch of Cosmetology, PO Box 40 , 5460 Rte 34, Oswego 60543	630-554-2266		1979	S	HS/GED*	Y	N	N	Y	16
59	Illinois Careerpath Inst, 325 N Wells St, Suite 321, Chicago 60610	312-464-1629	312-464-1646		M	HS/GED*	N	N	N	Y	18
60 61	Illinois Sch of Health Careers, Chicago, 220 S State St Ste 600, Chicago 60604	312-913-1230	312-913-1113	1990	M	HS/GED	N	N	N	Y	17
62	Image Designer Sch of Nail Tech, 1045 W Golf Rd, Hoffman Estates 60194	847-519-1696	847-519-1292		U	8th Grade	N	N	N	Y	16

82

*Additional information in Appendix

Line Number	Regis/Enrollment Application Fee	Courses Start	Tuition for Each Program	Mandatory Fees	Full-time	Part-time	Bureau of Indian Affairs	JTPA/WIA	Fed. Aviation Admin.	Immigration/Naturalization Service	Social Security Admin.	Veterans Admin.	Voc. Rehab.	Fed. Pell Grants	FSEOG	FWS	Fed. Perkins Loans	Fed. Stafford Loans	Scholarships	Deferred Payment	Job Counseling	Job Placement	Personal Counseling	Housing	Mobility Impaired Services	Mobility Impaired Programs
1	100	Sept/Feb*	7500	950	48	No	Y	Y	N	N	N	N	Y	N	N	N	N	N	N	Y	Y	Y	Y	N	Y	Y
2	100	*	8000	1855	38	No	N	Y	N	Y	Y	Y	Y	Y	N	N	N	N	N	N	Y	Y	Y	N	N	N
3	15	Jan/May/Sept	7206	1595	100	No	Y	Y	N	N	N	N	Y	N	N	N	N	N	Y	N	Y	Y	Y	N	Y	N
4	150	Every 6 Wks	2207-9857	100-250	56	No	Y	Y	N	N	N	Y	Y	Y	N	N	N	Y	Y	N	Y	Y	Y	N	Y	Y
5																										
6	100	July/Sept/Jan	3000-8250	1050	72	No	Y	Y	N	N	N	Y	Y	Y	N	N	N	Y	Y	Y	Y	Y	Y	N	N	N
7	ILLINOIS (IL)																									
8	500	Monthly	6225		15	20	N	N	N	N	N	N	N	N	N	N	N	N	Y	Y	Y	Y	Y	N	N	N
9																										
10	30	August	3000/Yr	950	29	No	N	N	N	N	N	N	N	Y	N	N	N	N	N	N	Y	Y	N	N	N	N
11	50	Every 8 Wks	9000	700	22	no	N	N	N	N	N	Y	Y	Y	N	N	N	N	N	N	Y	Y	Y	N	N	N
12																										
13	10	Every 8 Wks	9700-10500	1000*	30	12	N	N	N	N	N	N	Y	Y	N	N	N	Y	N	Y	Y	Y	Y	N	N	N
14	10	Every 9 Wks	4000-9700	700	56	No	N	N	N	N	N	Y	Y	Y	N	N	N	Y	N	N	Y	Y	Y	N	N	N
15																										
16	50	Quarterly	5000		10	10	N	N	N	N	N	N	N	N	N	N	N	N	N	N	N	N	N	N	N	N
17																										
18	110	June	11500*	750	8	No	N	Y	N	N	Y	Y	Y	Y	N	N	N	N	N	N	Y	Y	Y	Y	Y	Y
19	15	Annually	1500	150	24	No	N	Y	N	N	N	Y	N	Y	N	N	N	N	N	N	Y	Y	N	N	N	N
20	No	Every 4 Wks	7104-8584	Varies	130	No	Y	Y	N	N	N	Y	Y	Y	Y	N	N	Y	Y	Y	Y	Y	N	N	N	N
21	100	1st Mon/Mo	8150	None	103	31	N	N	N	N	N	Y	N	Y	N	N	N	N	N	Y	N	Y	N	N	N	N
22																										
23	100	Monthly	4600-9250	300-590	15	45	N	Y	N	N	N	N	Y	Y	N	N	N	N	N	N	Y	Y	Y	N	N	N
24	50	Monthly	6900	400	20	10	N	N	N	N	N	N	Y	N	N	N	N	N	N	N	Y	Y	Y	N	N	N
25																										
26	10	January	6000	500-600	29	No	N	N	N	N	N	N	N	Y	Y	Y	Y	N	Y	N	Y	Y	Y	N	N	N
27	50	Bimonthly	1095-15705	None	350	No	N	Y	N	N	N	N	Y	Y	Y	N	N	Y	Y	N	Y	Y	Y	N	N	N
28	35	Open	1500-12000	35	120	130	N	Y	N	N	N	N	Y	Y	Y	N	N	Y	Y	Y	Y	Y	Y	N	Y	Y
29	100	Every 8 Wks	8450	1575	70	15	N	Y	N	N	N	N	N	Y	N	N	N	Y	N	Y	Y	Y	Y	N	Y	Y
30	100	Monthly	13500	1300	115	45	N	Y	N	N	N	N	N	Y	N	N	N	N	N	Y	Y	Y	Y	N	N	N
31																										
32	75	Every Tues	1400	269	14	No	N	Y	N	Y	N	N	N	N	N	N	N	N	N	N	N	N	N	N	N	N
33	100	Monthly	11000	None	25	No	N	Y	N	N	Y	N	Y	Y	Y	N	N	N	Y	Y	Y	Y	N	N	N	N
34	100	Every 5 Wks	11775	1000	58	42	N	Y	N	N	N	Y	N	Y	N	N	N	Y	Y	Y	Y	Y	Y	N	N	N
35	100	*	2500-11775	100-1000	90	No	N	Y	N	N	N	Y	Y	Y	N	N	N	Y	Y	Y	Y	Y	Y	N	N	N
36	100	Every 5 Wks	2500-11775	150-975	60	20	N	Y	N	N	N	Y	Y	Y	N	N	N	Y	Y	Y	Y	Y	Y	N	N	N
37																										
38								N	N	N	N	N	N	N	N	N	N	N	N	N	N	N	N	N	N	N	N
39								N	N	N	N	N	N	N	N	N	N	N	N	N	N	N	N	N	N	N	N
40								N	N	N	N	N	N	N	N	N	N	N	N	N	N	N	N	N	N	N	N
41																										
42	75	Bimonthly	9845-11850	649-667	166	138	Y	Y	N	N	Y	Y	Y	Y	N	N	N	N	N	N	N	N	N	N	N	N
43																										
44	75	Bimonthly	9845-11850	649-667*	270	336	Y	Y	N	N	Y	Y	Y	Y	N	N	N	N	N	N	N	N	N	N	N	N
45	0	Monthly					N	N	N	N	N	N	N	N	N	N	N	N	N	N	N	N	N	N	N	N
46	100	Mid-Aug	8200	350	37	27	N	Y	N	N	N	N	N	Y	Y	Y	N	Y	Y	Y	N	N	N	N	Y	N
47																										
48	No	Every 16 Wks	5800-7200*	None	40	No	N	Y	N	N	N	N	N	N	N	N	N	N	Y	Y	Y	Y	N	N	Y	N
49	No	Open	0-139*	None	No	1000	N	N	N	N	N	N	N	N	N	N	N	N	N	N	N	N	N	N	N	N
50	50	Monthly	2000-9000	100-1000	65	100	N	Y	N	N	N	Y	N	Y	N	N	N	Y	Y	Y	Y	Y	Y	N	N	N
51																										
52	100	Monthly	15488	912	41	97	N	N	N	N	N	N	N	Y	N	N	N	Y	Y	Y	Y	Y	Y	N	N	N
53																										
54	100	Every 5 Wks	2400-16400	None	35	104	Y	Y	N	N	N	Y	Y	Y	N	N	N	Y	Y	N	Y	Y	N	N	N	N
55																										
56	100	Monthly	2700-14000*	100-900*	20	36	N	N	N	N	N	N	N	Y	N	N	N	Y	Y	Y	Y	Y	Y	N	N	N
57																										
58	100	Monthly	15400	1000	21	93	N	N	N	N	N	N	N	Y	N	N	N	Y	Y	Y	Y	Y	N	N	Y	Y
59	25	Bimonthly	2500-8500	*	20	none	N	N	N	N	N	N	N	N	N	N	N	N	N	N	N	N	N	N	N	N
60																										
61	100	Monthly	1000-12350	150-650	529	No	N	Y	N	N	N	Y	Y	Y	N	N	N	Y	Y	N	Y	Y	Y	N	N	N
62	100*	Open	1695-3200	280	20	20	N	N	N	N	N	N	N	N	N	N	N	N	N	N	Y	Y	N	N	Y	N

Line Number	Institution Name and Address	Phone	Fax	Founded	Location	Minimum Education & Admission Requirements	Admissions Exam	Aptitude Testing	References/Letters of Recommendation	Interview	Minimum Age
1	La'James C of Hairstyling, East Moline, 485 42nd Ave, East Moline 61244	309-755-1313	309-755-1346	1963	U	HS/GED	N	N	N	Y	16
2	Lake Land C , 5001 Lake Land Blvd, Mattoon 61938	217-234-5434		1966	R	HS/GED	Y	N	N	N	
3	The Leidecker Inst - Alternative Practioner Acad, 273 E Chicago St, Elgin										
4	60120	847-760-5000		1997		HS/GED	N	N	N	N	18
5	Med Careers Inst, Chicago, 116 S Michigan Ave 2nd Fl, Chicago 60603	312-782-9804	312-782-5407	1977	M	HS/GED*	N	N	N	Y	18
6	Midwest Inst of Massage Therapy, 4715 W Main St, Belleville 62226	618-239-6468	618-239-6977	1997	S	HS/GED	N	N	Y	Y	18
7	Mr John's Sch of Cosmetology, Esthetics & Nails, 1745 E Eldorado,										
8	Decatur 62521	217-423-8173		1967	U	HS/GED	N	N	Y	Y	16
9	Mr John's Sch of Cosmetology & Nails, 1429 S Main St, Jacksonville 62650	217-243-1744	217-243-2783	1998	S	HS/GED	Y	N	Y	Y	*
10	New Image Cosmetology Tech Ctr, 825 W Highway 50, O Fallon 62269	618-624-2099	618-624-2098	1992	U	GED	N	N	N	Y	17
11	Niles Sch of Cosmetology, 8057 N Milwaukee Ave, Niles 60714	847-965-8061	847-965-8090	1975	S	HS/GED/ATB	N	N	N	Y	16
12	Oehrlein Sch of Cosmetology, 100 Meadows Ave, East Peoria 61611	309-699-1561		1973	S	HS/GED	N	N	N	Y	16
13	OSF St Francis, Sch of Histotechnology, 530 NE Glen Oak Ave, Peoria										
14	61637	309-624-9021			L	*	N	N	Y	Y	
15	Pivot Point Intl Acad, 144 E Lake St Ste C, Bloomingdale 60108	847-985-5900	847-866-7040	1963	L	HS/GED	Y	N	Y	Y	16
16	Pivot Point Intl Acad, 1560 Sherman Ave Ste 700, Evanston 60201	847-866-0500	847-866-7040	1963	M	HS/GED	N	Y	N	Y	17
17	Professional Bartenders Sch, 3250 S Harlem Ave, Riverside 60546	773-227-8363	708-442-6232	1951	M	None	N	N	N	Y	21
18	Professional's Choice Hair Design Acad, 2719 W Jefferson St, Joliet 60435	815-741-8224	815-744-4243	1983	U	HS/GED	N	Y	Y	Y	16
19	Rockford Mem Hosp, Sch of Radiologic Tech, 2400 N Rockton Ave,										
20	Rockford 61101	815-971-5480	815-968-3407	1949	L	HS/GED*	N	Y	Y	Y	18
21	Solex Acad, 350 E Dundee Rd Ste 200, Wheeling 60090	847-229-9595	847-229-1919	1995	M	HS/GED	N	N	N	Y	18
22	Soma Inst Natl Sch of Clinical Massage Therapy,										
23	14 E Jackson Blvd Ste 1300, Chicago 60604	312-939-2723	312-939-0171	1998	M	HS/GED	N	N	N	Y	18
24	Spanish Coalition for Jobs, Inc., 2011 W Pershing Rd, Chicago 60609	773-247-0707	773-247-3924	1972	R	HS/GED	Y	N	N	Y	18
25	Sparks C, 131 S Morgan St, Shelbyville 62565	217-774-5112	217-774-2197	1908	R	HS/GED	N	N	N	Y	None
26	St Elizabeth Hosp-Belleville, Sch of Med Tech, 1 Regency Plaza Dr,										
27	Collinsville 62234	618-343-0639	618-343-0687	1969	S	3 Yr Coll	N	Y	Y	Y	None
28	Steven Papageorge Hair Academy, 5228 N Clark St, Chicago 60640	773-561-2376		1941	U	HS/GED/ATB	Y	Y	Y	Y	16
29	St Francis Med Ctr, Sch of Radiologic Tech, 530 NE Glen Oak Ave, Peoria										
30	61637	309-655-2782	309-655-2172	1939	L	HS/GED+*	N	Y	Y	Y	18
31	St John's Hosp/Lincoln Land Com C, 800 E Carpenter St, Springfield										
32	62769	217-544-6464	217-535-3881	1975	L	HS/GED*	Y	N	Y	Y	None
33	Tri-County Beauty Acad, 219 N State St, Litchfield 62056	217-324-9062	217-324-4455	1971	R	HS/GED	N	Y	N	Y	16
34	Trinity C of Nursing & Health Sci, 2122 25th Ave, Rock Island 61201	309-799-7700	309-779-7748	1976	L	HS/GED	N	N	N	N	18
35	Vatterott C, Quincy, 3906 N Marx Ln, Quincy 62301	217-224-0600	217-223-6771	1963	S	HS/GED	Y	N	N	Y	*
36	Vee's Sch of Beauty Culture, 2701 State St, East St Louis 62205	618-274-1751	618-274-1752	1992	S	HS/GED	Y	Y	N	N	16
37	Wellness & Massage Training Inst, 1051 Internationale Pkwy, Woodridge										
38	60517	630-739-9684		1989	S	HS/GED	N	N	N	Y	18
39	**INDIANA (IN)**										
40	Acad of Reflexology & Health Therapy Intl, 8397 E 10th St, Indianapolis										
41	46219	317-897-5111		1990			N	N	N	N	18
42	Alexandria Sch of Scientific Therapeutics, 809 S Harrison St, Alexandria										
43	46001	765-724-9152	765-724-9156	1982	R	HS/GED	N	N	Y	Y	18
44	American C Massage Sch, 100 S Main St, Crown Point 46307	219-661-9099	219-661-8978	1998	S		N	N	N	Y	18
45	Apex Acad of Hair Design, 333 Jackson St, Anderson 46016	765-642-7560	832-550-6794	1948	L	HS/GED*	N	N	N	Y	16
46	Bloomington Hosp, Sch of Surgical Tech, PO Box 1149, Bloomington										
47	47402	812-353-5571		1993	U	HS/GED	N	Y	Y	Y	18
48	CHT Inst for Hair, 1913 W 2nd St, Marion 46953	765-664-4990		1997	S	HS/GED	N	N	N	Y	18
49	Clarian Health Paramedic, 1-65 at 21st St, Indianapolis 46206	317-962-3327	317-962-2102	1974	S	GED	Y	Y	Y	Y	19
50	C of Court Reporting, 111 W 10th St Ste 111, Hobart 46342	219-942-1459	219-942-1631	1984	S	HS/GED	N	N	N	Y	None
51	Comm Hospital E Sch of Radiologic Tech, 1500 N Ritter Ave, Indianapolis										
52	46219	317-355-5867	317-351-7733	1978	U	HS/GED+*	N	N	Y	Y	18
53	Creative Hair Styling Acad, 2549 Highway Ave, Highland 46322	219-838-2004		1969	L	HS/GED	Y	N	N	Y	17
54	Crown C of Cosmetology, 192 W Joliet St, Crown Point 46307	219-663-9444		1980	S	10th Grade	N	N	N	Y	16
55	Good Samaritan Hosp, Radiography Program, 520 S 7th St, Vincennes										
56	47591	812-885-8011	812-885-3445	1956	S	HS/GED+*	Y	Y	Y	Y	18
57	Hair Arts Acad, 933 N Walnut St, Bloomington 47404	812-339-1117	812-339-1559	1984	U	HS/GED	N	N	N	Y	17
58	Hancock Reg Hosp, Sch of Radiologic Tech, 801 N State St, Greenfield										
59	46140	317-468-4468	317-468-4629	1964	S	HS+*	Y	Y	Y	Y	18
60	Indiana Bus C, Anderson, 140 E 53rd Street, Anderson 46013	765-644-7514		1902	S	HS/GED	Y	Y	N	Y	
61	Indiana Bus C, Columbus, 2222 Poshard Dr, Columbus 47203	812-379-9000		1902	S	HS/GED	Y	Y	N	Y	
62											

*Additional information in Appendix

Line Number	Regis/Enrollment Application Fee	Courses Start	Tuition for Each Program	Mandatory Fees	Full-time	Part-time	Bureau of Indian Affairs	JTPA/WIA	Fed. Aviation Admin.	Immigration/Naturalization Service	Social Security Admin.	Veterans Admin.	Voc. Rehab.	Fed. Pell Grants	FSEOG	FWS	Fed. Perkins Loans	Fed. Stafford Loans	Scholarships	Deferred Payment	Job Counseling	Job Placement	Personal Counseling	Housing	Mobility Impaired Services	Mobility Impaired Programs
1	150	Monthly	3595-14490	550-3000	29	No	N	Y	N	N	Y	Y	Y	Y	Y	N	N	Y	Y	Y	Y	Y	Y	N	Y	N
2	None	Jan/June/Aug	2202		3666	1715	N	Y	N	N	Y	Y	Y	Y	Y	Y	Y	Y	Y	Y	Y	Y	Y	Y	N	Y	Y
3																										
4	No	Bimonthly	295-595	None	No	No	N	N	N	N	N	N	N	N	N	N	N	N	N	Y	Y	N	Y	N	N	N
5	95	Open	2220-7420	None	No	225	N	N	N	N	N	Y	Y	N	N	N	N	N	N	N	N	N	N	Y	N	N
6	50	Jan/June/Aug	3000-6000	None	70	No	N	N	N	N	N	Y	Y	Y	Y	N	Y	Y	Y	Y	Y	Y	Y	N	Y	Y
7																										
8	100	Every 5 Wks	3195-13095*	100	36	17	N	Y	N	N	N	Y	Y	Y	Y	N	N	Y	Y	Y	Y	Y	Y	Y	N	Y
9	100	Every 5 Wks	3100-13000	400-1550	25	12	N	N	N	N	N	N	N	Y	Y	N	N	Y	Y	Y	Y	Y	Y	N	N	Y
10	100	Monthly	4000-10500		30	15	N	N	N	N	N	N	N	N	N	N	N	N	Y	N	Y	Y	Y	Y	N	N
11	100	Every 8 Wks	3000-8000	None	17	80	N	Y	N	N	N	Y	N	Y	N	N	N	N	Y	N	Y	Y	Y	N	N	N
12	100	Bimonthly	9850	None	60	No	N	N	N	N	N	Y	N	Y	N	N	N	N	N	N	Y	Y	Y	N	N	N
13																										
14	15	September	1000-2000	None	2	No	N	N	N	N	N	N	N	N	N	N	N	N	N	N	Y	Y	Y	Y	Y	N
15	150	Open	10997-20997				N	N	N	N	N	N	N	Y	Y	Y	Y	Y	N	Y	*	Y	*	N	N	N
16	150	Open	*	*	300	200	N	N	N	N	Y	Y	N	Y	Y	Y	Y	Y	N	N	Y	Y	Y	Y	N	N
17	150	Weekly	995	None	No	18	N	N	N	N	N	N	N	N	N	N	N	N	N	N	N	N	N	N	N	N
18	100	Bimonthly	9060-13600	850	29	41	N	N	N	N	N	Y	N	Y	N	N	N	N	Y	N	Y	Y	Y	Y	N	N
19																										
20	15	June	2000/Yr	500	20	No	N	N	N	N	N	N	N	N	N	N	N	N	N	N	Y	N	Y	Y	N	N
21	50	Monthly	750-7295	None	1500	100	Y	Y	N	Y	N	Y	Y	Y	N	N	N	N	Y	N	Y	Y	Y	N	N	N
22																										
23	50	7 Times/Yr	12000	NA	400	100	N	Y	N	Y	Y	Y	Y	Y	Y	N	N	Y	Y	Y	Y	Y	Y	N	N	N
24	100*	Open	3000-7200	200-700	300	300	N	Y	N	N	N	N	N	Y	Y	Y	Y	Y	Y	N	Y	Y	N	N	Y	N
25	50	Quarterly	6435-13490	None	50	1	N	Y	N	N	N	N	N	Y	N	N	N	Y	N	N	Y	Y	Y	N	N	N
26																										
27	25	August	1750	None	3	No	N	N	N	N	N	N	N	N	N	N	N	N	N	N	N	N	Y	N	Y	N
28	100	Monthly	11400	350	35	40	Y	N	N	Y	Y	Y	Y	Y	Y	N	N	Y	Y	Y	Y	Y	Y	N	N	N
29																										
30	50	January	1500/Yr	450	24	No	N	N	N	N	N	N	N	N	N	N	N	N	N	N	N	N	N	N	N	N
31																										
32	15	August	3997	720	9	1	N	Y	N	N	N	Y	N	Y	N	N	N	Y	Y	N	Y	Y	Y	N	N	N
33	150	Bimonthly	8925	750	25	No	N	Y	N	N	N	Y	N	Y	N	N	N	N	Y	N	Y	Y	Y	N	N	N
34	100	Annually	4905	650	175	75	N	Y	N	Y	Y	Y	Y	Y	Y	Y	Y	Y	Y	Y	Y	Y	Y	N	Y	N
35	100	Every 10 Wks	17640-23520	750	215	No	N	Y	N	N	N	Y	Y	Y	Y	Y	Y	Y	Y	Y	Y	Y	Y	N	Y	N
36	100	Monthly	8350	None	60	6	N	N	N	N	N	N	Y	Y	N	N	N	N	N	N	Y	Y	Y	N	Y	N
37																										
38	125*	Jan/May/Sept	2100-9500	250	160	200	N	Y	N	N	N	Y	Y	N	N	N	N	N	N	Y	N	N	Y	N	N	N
39	**INDIANA (IN)**																									
40																										
41	100	Yearly		100	No	32	N	N	N	N	N	N	N	N	N	N	N	N	N	N	Y	N	Y	N	Y	Y
42																										
43	100	August	7650-11325	None	102	No	N	Y	N	Y	Y	N	Y	N	N	N	N	N	Y	Y	N	N	Y	N	N	N
44	100	Jan/Jun/Sept	6800	None	100		N	Y	N	N	N	Y	N	N	N	N	N	N	Y	Y	Y	Y	Y	N	Y	N
45	100	Open	8000		20		N	N	N	N	N	N	N	Y	N	N	N	N	N	N	Y	Y	Y	N	N	N
46																										
47	No	February	5000	1000*	10	No	N	N	N	N	N	Y	Y	N	N	N	N	N	N	N	N	N	N	N	N	N
48	50	Open	3750	503.50	15	5	Y	N	N	N	N	N	N	Y	N	N	N	N	Y	N	N	N	Y	N	N	N
49	No	August	500-3290	50-300*	20	60	N	Y	N	N	Y	Y	Y	Y	N	N	N	N	Y	Y	Y	Y	Y	N	N	N
50	50*	Oct/June/Feb	275-3300*	75-300	102	92	N	Y	N	N	Y	Y	Y	Y	N	N	N	Y	Y	Y	Y	Y	Y	N	N	N
51																										
52	10	June	6000/2 Yr	800	24	No	N	N	N	N	N	Y	N	N	N	N	N	N	Y	Y	Y	N	Y	N	N	N
53	150	5 Times/Yr	2300-8300	362-1622	80	No	N	N	N	N	N	Y	Y	Y	N	N	N	Y	Y	Y	Y	Y	Y	N	N	N
54	100	Quarterly	6300	500	15	5	N	N	N	N	N	N	N	N	N	N	N	N	N	N	Y	Y	Y	N	N	N
55																										
56	No	2nd Wk/June	2000/Yr	600-650	10	No	N	N	N	N	N	Y	N	Y	N	N	Y	Y	Y	N	Y	Y	Y	N	*	*
57	125	Every 5 Wks*	8110	1267	30	No	N	N	N	N	N	Y	Y	Y	N	N	Y	Y	Y	Y	Y	Y	N	Y	N	Y
58																										
59	25	July	3500/Yr	700-800*	26	No	N	N	N	N	N	Y	N	N	N	N	N	N	Y	N	Y	Y	Y	N	Y	N
60	50	Quarterly	*	*	206		N	Y	N	N	N	Y	Y	Y	Y	Y	N	Y	Y	Y	Y	Y	Y	N	Y	N
61	50	Quarterly	*	*	270		N	Y	N	N	N	Y	Y	Y	Y	Y	N	Y	Y	Y	Y	Y	N	N	Y	N
62																										

Line Number	Institution Name and Address	Phone	Fax	Founded	Location	Minimum Education & Admission Requirements	Admissions Exam	Aptitude Testing	References/Letters of Recommendation	Interview	Minimum Age
1	Indiana Bus C, Downtown Indianapolis, 550 E Washington St, Indianapolis										
2	46204	317-264-5656		1902	M	HS/GED	Y	Y	N	Y	
3	Indiana Bus C, Elkhart, 56075 Parkway Ave, Elkhart 46516	574-522-0397		2008	U		N	N	N	N	
4	Indiana Bus C, Evansville, 4601 Theater Dr, Evansville 47715	812-476-6000		1902	U	HS/GED	Y	Y	N	Y	
5	Indiana Bus C, Fort Wayne, 6413 N Clinton St, Fort Wayne 46825	260-471-7667		1902	L	HS/GED	Y	Y	N	Y	
6	Indiana Bus C, Indianapolis Medical, 8150 Brookville Rd, Indianapolis										
7	46239	317-375-8000		1902	M	HS/GED*	Y	Y	N	Y	None
8	Indiana Bus C, Lafayette, 4705 Meijer Ct, Lafayette 47905	765-447-9550		1902	U	HS/GED	Y	Y	N	Y	
9	Indiana Bus C, Marion, 830 N Miller Ave, Marion 46952	765-662-7497		1902	U	HS/GED	Y	Y	N	Y	None
10	Indiana Bus C, Muncie, 411 W Riggin Rd, Muncie 47303	765-288-8681		1902	U	HS/GED	Y	Y	N	Y	None
11	Indiana Bus C, Northwest, 6300 Technology Center Dr, Indianapolis 46278	317-873-6500		2008	M		N	N	N	N	
12	Indiana Bus C, Terre Haute, 1378 S State Rd 46, Terre Haute 47803	812-877-2100		1902	S	HS/GED	Y	Y	N	Y	None
13	Indian Bus C, Northwest, 6300 Technology Center Dr, Indianapolis 46278	317-873-6500		1902	M	HS/GED	Y	Y	N	Y	
14	Kaplan C, Indianapolis, 7302 Woodland Dr, Indianapolis 46278	317-299-6001		1967	M	HS/GED/ATB	N	*	N	Y	17
15	King's Daughter's Hosp, Sch of Radiologic Tech, PO Box 447,										
16	1 Kings Daughter's Dr, Madison 47250	812-265-5211	812-265-0184	1982	R	HS/GED	Y	Y	Y	Y	18
17	Knox Beauty C, 320 E Culver Rd, Knox 46534	574-772-5500		1981	R	HS/GED	Y	N	N	N	16
18	The Masters of Cosmetology C, 1732 Bluffton Rd, Fort Wayne 46809	260-747-6667		1981	L	HS/GED	N	N	N	Y	18
19	Merrillville Beauty C, 48 W 67th Pl, Merrillville 46410	219-769-2232	219-769-2220	1963	R	HS/GED/ATB	N	N	N	N	17-1/2
20	Midwest Training Inst of Hypnosis, 1504 Kenwood Ave, Fort Wayne 46805	260-484-6727		1986	U	HS/GED	N	N	N	Y	18
21	Parkview Hosp Lab, Clinical Lab Sci, 2200 Randallia Dr, Fort Wayne 46805	260-373-9406	260-373-9418	1956	L	90 Hr Coll*	N	N	Y	Y	None
22	Ravenscroft Beauty C, 6110 Stellhorn Rd, Fort Wayne 46815	260-486-8868	260-486-8864		L	HS/GED	N	N	Y	Y	17
23	Roger's Acad of Hair Design, Evansville (East Branch), 105 Green River Rd,										
24	Evansville 47715	812-402-1100	812-402-4889		L	HS/GED					16
25	Roger's Acad of Hair Design, Evansville (Mt Vernon Ave),										
26	2903 Mt Vernon Ave, Evansville 47712	812-429-0110	812-437-0266	1982	L	HS/GED	N	N	N	N	16
27	Rudae's Beauty C, 5317 Coldwater Rd, Fort Wayne 46825	260-483-2466	260-483-4583	1998	L	HS/GED	N	N	N	N	18
28	St Margaret Mercy Hosp & Health Ctr, Med Tech Program,										
29	5454 Hohman Ave, Hammond 46320	219-932-2300		1971	M	3 Yr Coll	N	N	Y	Y	None
30	Teresa's Sch of Therapeutic Massage, 1104 S Dixon Rd, Kokomo 46902	765-457-0570		2002	S	HS	Y	N	N	Y	18
31	Vincennes Beauty C, 12 S 2nd St, Vincennes 47591	812-882-1086	812-882-2333	1963	S	HS/GED	N	N	N	Y	*
32	**IOWA (IA)**										
33	American C of Hairstyling, Cedar Rapids, 1531 1st Ave SE, Cedar Rapids										
34	52402	319-362-1488	319-861-2427	1900	L	HS/GED	Y	Y	Y	Y	17
35	Ancient Wisdom C - Massage Therapy, 303 McKenzie Ave Ste B,										
36	Council Bluffs 51503	712-256-3600		1995	U	HS/GED	N	N	Y	Y	17
37	Bill Hill's C of Cosmetology, 910 Avenue G, Fort Madison 52627	319-372-6248	319-372-6249	1978	R	HS/GED	N	N	N	Y	18
38	Capri C, Cedar Rapids, 2945 Williams Pkwy SW, Cedar Rapids 52404	319-364-1541	319-366-2075	1966	L	HS/GED*	N	N	N	Y	
39	Capri C, Davenport, 425 E 59th St, Davenport 52807	563-388-6642	563-388-6658	1987	L	HS/GED	N	N	Y	Y	16
40	Capri C, Dubuque, PO Box 873, 395 Main St, Dubuque 52004	563-588-2379	563-588-1988	1966	U	HS/GED*	N	N	Y	Y	18
41	Carlson C of Massage Therapy, 11809 Country Rd X 28, Anamosa 52205	319-462-3402		1984	R	HS/GED	N	N	Y	Y	None
42	C of Hair Design, Waterloo, 722 Water St Ste 201, Waterloo 50703	319-232-9995	319-235-5352	1957	U	HS/GED	N	N	N	Y	16
43	Covenant Med Ctr, Sch of Radiologic Tech, 3421 W 9th, Waterloo 50702	319-272-7296		1986	U	HS/GED	N	Y	Y	Y	18
44	E Q Sch of Hair Design, 536 W Broadway, Council Bluffs 51503	712-328-2613	712-328-0900	1964	U	HS/GED	Y	N	Y	Y	17
45	Faust Inst of Cosmetology, Storm Lake, 1290 N Lake Ave, Storm Lake										
46	50588	712-732-6571	712-732-6571	1980	S	HS/GED	N	N	N	N	None
47	Iowa Sch of Beauty, Des Moines, 3305 70th St, Des Moines 50322	515-278-9939	515-278-0793	1923	U	HS/GED	N	N	Y	Y	18
48	Iowa Sch of Beauty, Marshalltown, 112 Nicholas Dr, Marshalltown 50158	641-752-4223	641-752-4909	1923	S	HS/GED	N	N	Y	Y	17
49	Jennie Edmundson Mem Hosp, Sch Radiologic Tech, 933 E Pierce St,										
50	Council Bluffs 51503	712-396-6746		1945	U	HS/GED+*	Y	N	Y	Y	17
51	La'James C of Hairstyling, Cedar Falls, 6322 University Ave, Cedar Falls										
52	50613	319-277-2150		1984	U	HS/GED	N	N	Y	Y	16
53	La'James C of Hairstyling, Davenport, 3802 E 53rd St, Davenport 52807	563-441-7900	563-441-7903	1986	U	HS/GED	N	N	N	Y	16
54	La'James C of Hairstyling, Mason City, 24 2nd St NE, Mason City 50401	641-424-2161		1933	S	HS/GED	N	N	Y	Y	16
55	La'James Intl C, Fort Dodge, 2419 5th Ave S, Fort Dodge 50501	515-576-3119		1966	S	HS/GED	N	N	Y	Y	16
56	La'James Intl C, Iowa City, 227 E Market-Brewery Sq, Iowa City 52240	319-337-2109		1986	U	HS/GED	N	N	Y	Y	16
57	La'James Intl C, Johnston, 8805 Chambery Blvd, Johnston 50131	515-278-2208		1982	L	HS/GED	N	N	N	Y	16
58	Mercy Med Ctr-N Iowa, Sch of Radiologic Tech, 1000 Fourth St SW,										
59	Mason City 50401	641-422-6079	641-422-5301	1947	S	HS/GED	N	N	Y	Y	18
60	Mercy/St Luke's Hosp, Sch of Radiologic Tech, 1026 A Ave NE,										
61	Cedar Rapids 52402	319-369-7097	319-368-5721	1940	L	HS/GED*	N	Y	Y	Y	18
62	The Salon Professional Academy, 309 Kitty Hawk Dr, Ames 50010	515-956-3781	515-956-3783	1978	S	HS/GED	N	N	Y	Y	None

*Additional information in Appendix

Line Number	Regis/Enrollment Application Fee	Courses Start	Tuition for Each Program	Mandatory Fees	Full-time	Part-time	Bureau of Indian Affairs	JTPA/WIA	Fed. Aviation Admin.	Immigration/Naturalization Service	Social Security Admin.	Veterans Admin.	Voc. Rehab.	Fed. Pell Grants	FSEOG	FWS	Fed. Perkins Loans	Fed. Stafford Loans	Scholarships	Deferred Payment	Job Counseling	Job Placement	Personal Counseling	Housing	Mobility Impaired Services	Mobility Impaired Programs
1																										
2	50	Quarterly	*	*	1486		N	Y	N	N	N	Y	Y	Y	Y	Y	N	Y	Y	Y	Y	Y	N	N	Y	N
3		Quarterly					N	N	N	N	N	N	N	N	N	N	N	N	N	N	N	N	N	N	N	N
4	50	Quarterly	*	*	321		N	Y	N	N	N	Y	Y	Y	Y	Y	N	Y	Y	Y	Y	Y	N	N	Y	N
5	50	Quarterly	*	*	474		N	Y	N	N	N	Y	Y	Y	Y	Y	N	Y	Y	Y	Y	Y	N	N	Y	N
6																										
7	50	Quarterly	*	*	565		N	Y	N	N	N	Y	Y	Y	Y	Y	N	Y	Y	Y	Y	Y	N	N	Y	N
8	50	Quarterly	*	*	325		N	Y	N	N	N	Y	Y	Y	Y	Y	N	Y	Y	Y	Y	Y	N	N	Y	N
9	50	Quarterly	*	*	137		N	Y	N	N	N	Y	Y	Y	Y	Y	N	Y	Y	Y	Y	Y	N	N	Y	N
10	50	Quarterly	*	*	323		N	Y	N	N	N	Y	Y	Y	Y	Y	N	Y	Y	Y	Y	Y	N	N	Y	N
11		Quarterly					N	N	N	N	N	N	N	N	N	N	N	N	N	N	N	N	N	N	N	N
12	50	Quarterly	*	*	263		N	Y	N	N	N	Y	Y	Y	Y	Y	N	Y	Y	Y	Y	Y	N	N	Y	N
13	50	Quarterly	*	*	218		N	Y	N	N	N	Y	Y	Y	Y	Y	N	Y	Y	Y	Y	Y	N	N	Y	N
14	20*	Monthly	10900		700		Y	Y	N	Y	N	Y	Y	Y	Y	N	N	N	N	N	Y	Y	Y	Y	N	Y
15																										
16	25	July 1	2500/Yr	700	6	No	N	N	N	N	N	N	N	N	N	N	N	N	N	N	N	Y	N	N	N	N
17	100	Feb/June/Sept	4550	None	18	37	N	N	N	N	N	N	Y	N	N	N	N	N	N	Y	N	Y	Y	N	N	N
18	250	Feb/June/Oct	9800	3200	95	No	Y	N	N	N	N	N	Y	N	N	N	N	N	N	Y	Y	Y	Y	N	N	N
19	150	Monthly	2300-9500	150	49	58	N	N	N	Y	N	Y	Y	Y	Y	N	N	Y	N	N	N	N	Y	N	N	N
20	200	Open	365-975	None		975	N	N	N	N	N	N	N	N	N	N	N	N	Y	Y	N	Y	N	N	Y	N
21	No	July	2500	500	4	No	N	N	N	N	N	N	N	N	N	N	N	N	N	N	Y	N	Y	N	N	N
22	100	Monthly	3400-9725	None	108	48	N	Y	N	N	N	Y	Y	Y	Y	N	N	Y	Y	Y	Y	Y	N	N	N	N
23																										
24	100	Every 3 Wks	9500	600	89	37	N	N	N	N	N	N	N	N	N	N	N	N	N	N	N	N	N	N	N	N
25																										
26	100	Every 3 Wks	9500	600	89	37	N	Y	N	N	N	Y	Y	Y	Y	N	N	Y	Y	Y	Y	Y	N	N	Y	Y
27	100	Every 5 Wks	8800	1249	91	28	N	N	N	N	N	Y	N	N	N	N	N	Y	N	N	N	Y	N	N	N	N
28																										
29	20	August	2500	35	6	No	N	N	N	N	N	N	N	N	N	N	N	N	N	N	N	N	N	N	N	N
30	100	Apr/Oct	7167-10560		12		N	N	N	N	N	N	Y	N	N	N	N	N	N	Y	Y	Y	Y	N	Y	N
31	100	Jan/June/Aug	8250	100	45	40	N	N	N	N	Y	N	N	N	N	N	N	N	N	N	Y	Y	Y	N	N	N
32	**IOWA (IA)**																									
33																										
34	150	1st Tues/Mo	6480-13500	1150	25	3	N	Y	N	N	N	Y	Y	Y	Y	N	N	N	Y	Y	Y	Y	Y	N	Y	N
35																										
36	50	Every 3 Mos	7390	*	24		N	Y	N	N	Y	N	Y	N	N	N	N	N	N	Y	Y	Y	*	N	Y	N
37	50	5 Times/Yr*	9800	500	30		N	Y	N	N	N	N	Y	N	N	N	N	N	Y	Y	Y	Y	Y	N	N	N
38	50*	Open	3500-13250		175	No	Y	Y	N	N	Y	N	Y	Y	Y	N	N	N	Y	N	Y	Y	N	N	Y	N
39	50	Varies	3200-12500	90-360	120	No	N	Y	N	N	N	Y	Y	Y	Y	N	N	Y	Y	Y	Y	Y	Y	N	N	N
40	50*	Varies/course	4000-13250	None	100	No	N	Y	N	Y	N	Y	Y	Y	Y	N	N	N	Y	N	Y	Y	N	N	Y	N
41	50	*	8000	None	40	20	N	Y	N	N	N	N	Y	N	N	N	N	N	N	N	N	N	Y	N	N	Y
42	100	Open	6200-10450	765-1835	60	No	Y	Y	N	N	N	N	Y	N	N	N	N	N	N	N	N	N	N	N	Y	N
43	15	June	4000	400	20	No	N	N	N	N	N	N	N	N	N	N	N	N	N	N	N	Y	Y	N	N	N
44	50	5 Times/Yr*	13600	950	72	No	N	N	N	N	N	Y	Y	N	N	N	N	N	N	N	N	Y	N	N	N	N
45																										
46	55	Mar/June/Aug/Nov	11350	995	32	No	Y	Y	N	N	N	N	Y	Y	Y	N	N	N	Y	Y	Y	Y	Y	N	Y	N
47	50	5 Times/Yr	13125	1968	175	No	Y	Y	Y	Y	Y	Y	Y	Y	Y	N	N	N	Y	Y	Y	Y	Y	N	Y	N
48	50	Bimonthly	2925-13125	50-1968	40	No	Y	Y	N	N	N	Y	Y	Y	Y	N	N	N	Y	Y	Y	Y	Y	N	Y	N
49																										
50	25	August	2000/Yr	800/Yr	12	No	N	N	N	N	N	N	N	N	N	N	N	N	N	N	Y	N	Y	Y	N	N
51																										
52	150	Bimonthly	3425-13800	550-3200	100	No	N	N	N	N	Y	N	Y	Y	Y	N	N	N	Y	Y	Y	Y	N	N	N	N
53	150	Monthly	14490	3000	60	No	N	N	N	N	N	N	Y	N	N	N	N	N	N	Y	Y	Y	N	N	N	N
54	50	Monthly	14650	2000	115	No	Y	N	N	N	N	N	Y	N	N	N	N	N	N	Y	Y	Y	N	N	N	N
55	150	Monthly	3595-14490	3000	50	No	Y	N	N	N	N	N	Y	N	N	N	N	N	N	Y	Y	Y	N	N	N	N
56	150	Monthly	3595-14490	550-3000	100	No	N	N	N	N	N	N	Y	N	N	N	N	N	N	Y	Y	Y	N	N	N	N
57	150	Monthly	14490	3000	200	No	Y	N	N	N	Y	N	Y	Y	Y	N	N	N	Y	Y	Y	Y	N	N	N	N
58																										
59	20	August	2500/2 Yr	750/books	16	No	N	N	N	N	N	N	N	N	N	N	N	N	N	N	N	N	N	N	Y	Y
60																										
61	15	Annually	2500 per year		37	No	N	N	N	N	N	N	Y	N	N	N	N	N	N	Y	Y	Y	N	N	N	N
62	200	*	4254-18677*	None	140	No	N	Y	N	N	N	Y	Y	Y	Y	N	N	N	Y	N	Y	Y	N	N	N	N

	GENERAL INFORMATION					ADMISSIONS					
Line Number	Institution Name and Address	Phone	Fax	Founded	Location	Minimum Education & Admission Requirements	Admissions Exam	Aptitude Testing	References/Letters of Recommendation	Interview	Minimum Age
1	St Luke's C, Sioux City, 2720 Stone Park Blvd, Sioux City 51104	712-279-3149	712-233-8017	1995	U	HS/GED	N	Y	N	Y	17
2	Total Look Sch of Cosmetology & Massage Therapy, 806 W Third St,										
3	Cresco 52136	563-547-3624	563-547-2862		R	HS/GED	N	N	Y	Y	18
4	Vatterott C, Des Moines, 6100 Thornton Ave Ste 290, Des Moines 50321	515-309-9000	515-309-0366	1969	L	HS/GED	N	Y	Y	Y	
5	**KANSAS (KS)**										
6	Acad of Hair Design, Salina, 115 S 5th St, Salina 67401	785-825-8155	785-825-0417	1967	U	HS/GED	N	N	N	Y	17
7	American Acad of Hair Design, 901 SW 37th St, Topeka 66611	785-267-5800		1980	U	HS/GED	N	N	Y	Y	17
8	BMSI Inst, 8665 W 96th St Ste 300, Overland Park 66212	913-649-3322		1994	M	HS/GED	N	N	Y	Y	18
9	Bryan C, Topeka, 1527 Fairlawn Rd, Topeka 66604	785-272-0889	785-272-4538	1982	L	HS/GED	Y	Y	N	Y	*
10	B-Street Design Sch of Intl Hair Styling, Overland Park, 10324 Mastin St,										
11	Overland Park 66212	913-492-4114	913-492-8597	1991	L	HS/GED	N	N	N	N	17
12	B-Street Design Sch of Intl Hair Styling, Wichita, 1675 S Rock Rd Ste 101,										
13	Wichita 67207	316-681-2288	316-681-2368	1995	L	HS/GED	N	N	N	N	17
14	Crum's Beauty C, 512 Poyntz Ave, Manhattan 66502	785-776-4794	785-776-4482	1956	S	HS/GED	N	N	N	Y	17
15	Hutchinson Comm C, Practical Nursing Program, 925 N Walnut,										
16	McPherson 67460	620-241-4417	620-241-8616	1965	R	HS/GED*	Y	N	Y	Y	
17	Johnson Co Comm C, Overland Park, 12345 College Blvd, Overland Park										
18	66210	913-469-3865	913-469-4474	1969	L	HS/GED	N	N	N	N	16
19	Kansas City Kansas Area Tech Sch, 2220 N 59th St, Kansas City 66104	913-627-4120	913-627-4109	1963	L	HS/GED*	Y	N	N	Y	16
20	Kansas C of Chinese Med, 9235 E Harry St, Wichita 67207	316-691-8822	316-691-8868	1996	L	HS/GED	N	N	Y	Y	18
21	Kansas Massage Inst Inc, 4525 SW 21st, Topeka 66604	785-273-4747	785-273-5152	1996	R	HS*	N	N	N	Y	17
22	KAW Area Tech Sch, 5724 Huntoon St, Topeka 66604	785-273-7140	785-273-7080	1941	L		Y	N	N	N	19
23	LaBaron Hairdressing Acad, Overland Park, 8119 Robinson,										
24	Overland Park 66204	913-642-0077	913-642-0077	1983	L	HS/GED	N	N	N	Y	17
25	Manhattan Area Tech C, 3136 Dickens Ave, Manhattan 66503	785-587-2800	785-587-2804	1965	S	HS/GED/ATB*	Y	N	N	N	
26	North Central Kansas Tech C, PO Box 507, Hwy 24 & Union Dr, Beloit										
27	67420	800-658-4655	785-738-2903	1963	R	HS/GED/ATB	N	Y	N	N	16
28	Northwest Kansas Tech C, PO Box 668, 1209 Harrison, Goodland 67735	785-890-3641	785-899-5711	1964	R	ATB	Y	N	N	N	16
29	Old Town Barber & Beauty C, 1207 E Douglas Ave, Wichita 67211	316-264-4891	316-263-5704	1955	M	HS/GED	N	N	N	Y	17
30	Pinnacle Career Inst, Lawrence, 1601 W 23rd St Ste 200, Lawrence 66046	785-841-9640	785-841-4854	1998	U	HS/GED	Y	N	N	Y	*
31	Salina ATS, 2562 Centennial Rd, Salina 67401	785-309-3100	785-309-3101	1965	S	HS/GED	N	N	N	N	16
32	Vatterott C, Wichita, 3639 Comotara St, Wichita 67226	316-634-0066		1969	L	HS/GED	Y	Y	Y	Y	18
33	Vernon's of Emporia, 720 Commercial St, Emporia 66801	620-343-7060	316-263-9985	1989	S	HS/GED	N	N	N	Y	17
34	Vernon's Kansas Sch of Cosmetology, Wichita, 2531 S Seneca, Wichita										
35	67217	316-265-2629	316-263-9985	1938	L	HS/GED	N	N	N	Y	17
36	Wichita Area Tech C, 301 S Grove, Wichita 67211	316-677-9400	316-677-9555	1965	L	HS/GED*	Y	N	N	N	16
37	Wichita Tech Inst, Wichita, 2051 S Meriden, Wichita 67213	316-943-2241	316-943-5438	1954	L	HS/GED	N	N	N	Y	18
38	Xenon Intl Acad, 3804 W Douglas, Wichita 67203	316-943-5516	316-943-7244	1986	L	HS/GED	Y	N	Y	Y	17
39	**KENTUCKY (KY)**										
40	Appalachian Beauty Sch, 609 Central Ave Ste A, South Williamson 41503	606-237-6650	606-237-6650	1977	R	HS/GED	Y	N	N	Y	
41	Appalachian Beauty Sch, South Williamson, 609 Central Ave,										
42	South Williamson 41503	606-237-6650		1977			N	N	N	N	
43	Bowling Green Tech C, Glasgow, 129 State St, Glasgow 42141	270-901-1201		1957	S	HS/GED	Y	Y	Y	N	18
44	Collins Sch of Cosmetology, 111 W Chester Ave, Middlesboro 40965	606-248-3602		1953	R	HS/GED	N	N	Y	Y	16-1/2
45	Eastern Sch of Hair Design, 451 Big Hill Ave, Richmond 40475	859-623-5472	859-623-9829	1970	S	HS/GED	N	N	N	Y	16
46	Galen C of Nursing, 1031 Zorn Ave Ste 400, Louisville 40207	502-582-2305	502-581-0425	1990	M	HS/GED	Y	N	Y	Y	None
47	Hair Design Sch, Florence, 7285 Turfway Rd, Florence 41042	859-283-2690	859-283-2890	1972	L	HS	N	N	Y	Y	16
48	Hair Design Sch, Louisville, 5120 Dixie Hwy, Louisville 40216	502-447-0111		1972	M	HS/GED*	N	N	Y	Y	16
49	Hair Design Sch, Louisville, 5314 Bardstown Rd, Louisville 40291	502-491-0077		1972	M	HS/GED	N	N	Y	Y	16
50	Hair Design Sch, Louisville, 1049 Bardstown Rd, Louisville 40204	502-459-8150		1987	L	HS/GED	N	N	N	Y	16
51	Jenny Lea Acad of Cosmetology, Harlan, 114 N Cumberland Ave, Harlan										
52	40831	606-573-4276	606-573-9817	1981	R	HS/GED	N	Y	N	Y	16
53	J & M Acad of Cosmetology, 110 A Brighton Pk Blvd, Frankfort 40601	502-695-8001	502-695-9006	1980	S	HS/GED	N	N	N	Y	16
54	KY Tech-Harrison Area Tech Ctr, 327 Webster Ave, Cynthiana 41031	859-234-5286	859-234-0658	1968	R	HS/GED	Y	N	N	Y	16
55	Madisonville Beauty C, 55 Union St, Madisonville 42431	270-821-0923	270-825-8258	1966	S	10th Grade	N	N	N	Y	16
56	Nu-Tek Acad of Beauty, 153 Evans Rd, Mount Sterling 40353	859-498-4460		1973	S	10th Gr*	Y	N	Y	Y	16
57	Ohio Co Area Tech Ctr, 1406 S Main St, Hartford 42347	270-274-9612	270-274-9633	1975	S	10th Gr	N	N	N	N	No
58	Pat Wilson Beauty C, 326 N Main St, Henderson 42420	270-826-5195		1972	S	HS	N	N	N	Y	16
59	Salen Professional Academy, 701 E High St, Lexington 40502	859-266-2024		1959	L	HS/GED	Y	Y	N	Y	16-1/2
60	Southwestern C, Florence, 8095 Connector Dr, Florence 41042	859-282-9999	859-282-7940	1914	S	ATB	N	N	N	Y	17
61	Spencerian C, Louisville, 4627 Dixie Hwy, Louisville 40216	502-447-1000		1892	M	HS/GED	Y	Y	Y	Y	17
62											

*Additional information in Appendix

Line Number	Regis/Enrollment Application Fee	Courses Start	Tuition for Each Program	Mandatory Fees	Full-time	Part-time	Bureau of Indian Affairs	JTPA/WIA	Fed. Aviation Admin.	Immigration/Naturalization Service	Social Security Admin.	Veterans Admin.	Voc. Rehab.	Fed. Pell Grants	FSEOG	FWS	Fed. Perkins Loans	Fed. Stafford Loans	Scholarships	Deferred Payment	Job Counseling	Job Placement	Personal Counseling	Housing	Mobility Impaired Services	Mobility Impaired Programs
1	*	Aug/Jan	12852	600	75	67	Y	Y	N	N	Y	Y	Y	Y	Y	Y	Y	N	Y	Y	Y	Y	Y	Y	N	Y
2																										
3	50	Every 3 Mos	7100-10800	None	20	No	N	N	N	N	N	Y	N	Y	N	N	N	N	N	Y	N	N	Y	N	N	N
4	150	Every 10 Wks	17820-25984	900	212	No	Y	Y	N	N	N	Y	N	Y	N	N	N	N	N	Y	N	N	Y	N	N	N
5	KANSAS (KS)																									
6	100	Bimonthly	5878-9733*	125	74	No	N	N	N	N	Y	Y	Y	Y	Y	Y	Y	N	Y	Y	Y	Y	Y	Y	Y	Y
7	50	Bimonthly	11474	None	60	10	N	N	N	N	Y	Y	Y	Y	Y	Y	N	N	Y	Y	Y	Y	N	N	N	N
8	60	*	9100	1000			N	N	N	N	Y	Y	Y	Y	N	N	N	N	Y	Y	N	Y	N	N	N	N
9	30	Every 6 Wks	18000-20000	None	215	No	Y	Y	N	N	N	Y	Y	Y	N	N	N	N	Y	Y	Y	Y	Y	N	N	N
10																										
11	100	Monthly	6850-11750*		73	37	Y	Y	N	N	Y	Y	Y	Y	Y	Y	Y	Y	Y	Y	Y	Y	Y	Y	N	N
12																										
13	100	Monthly	2100-9940	100	50	30	Y	N	N	N	N	Y	Y	Y	N	N	N	N	Y	Y	Y	Y	Y	N	N	N
14	100	Monthly	1150-9900	35*	66	12	Y	N	N	N	N	Y	Y	Y	N	N	N	N	Y	Y	Y	Y	Y	N	N	N
15																										
16	25	Yearly	1.30/Hr	1700	36*	20	N	N	N	N	N	N	Y	N	N	N	N	N	N	N	Y	Y	N	N	N	Y
17																										
18	No	August	65-153/Cr Hr*	None	5000	1400	Y	Y	N	N	Y	Y	Y	Y	Y	Y	Y	Y	Y	Y	Y	Y	Y	Y	Y	Y
19	No	Quarterly/Yearly	875-3750	55-225	750	2000	Y	Y	N	N	Y	Y	Y	Y	Y	Y	N	Y	Y	Y	Y	Y	Y	Y	Y	Y
20	50	Open	*		50	0	N	Y	N	N	Y	N	Y	N	N	N	N	N	Y	N	N	N	N	N	N	Y
21	25*	Sept/June*	8054	751	14	2	Y	N	N	N	N	N	Y	Y	N	N	N	N	N	N	N	N	N	N	N	N
22		Aug/Jan*	345-3534	50-3500	157	445	N	Y	N	N	N	N	N	Y	N	N	N	N	Y	N	Y	Y	Y	N	N	N
23																										
24	100	Monthly	8600	957.05	20	30	Y	Y	N	N	Y	Y	Y	Y	Y	Y	N	Y	Y	Y	Y	Y	Y	Y	N	N
25	40	*	2000-4200	550-4700	323	78	Y	Y	N	N	Y	Y	Y	Y	Y	Y	N	Y	Y	Y	Y	Y	Y	Y	N	N
26																										
27	50	August	3207	Varies	500	50	Y	Y	N	N	Y	Y	Y	Y	Y	Y	Y	Y	Y	Y	Y	Y	Y	Y	N	N
28	25	Annually	2200-3160	350-660	251	14	Y	Y	N	N	Y	Y	Y	Y	Y	Y	Y	Y	Y	Y	Y	Y	N	N	N	N
29	100	Monthly	6870	None	55	No	Y	Y	N	N	Y	Y	Y	Y	Y	Y	N	N	Y	Y	Y	N	N	N	N	N
30	50	Every 4 Wks	10000-12000	None	130	No	Y	Y	N	N	N	Y	Y	Y	N	N	N	N	Y	Y	Y	Y	Y	N	N	N
31	60	Semester	1157/Sem		60-150	315	Y	Y	N	N	Y	Y	Y	Y	Y	Y	N	Y	Y	Y	Y	Y	Y	N	N	N
32	none	Every 10 Wks	18000	750	270	No	N	N	N	N	N	Y	N	Y	N	N	N	N	N	Y	Y	Y	N	N	N	N
33	100	Monthly	1050-4500	None	9	11	N	N	N	N	N	Y	Y	Y	N	N	N	N	Y	N	Y	Y	Y	N	Y	N
34																										
35	100	Monthly	2100-8700	590	50	61	Y	Y	N	N	Y	Y	Y	Y	Y	Y	Y	Y	Y	Y	Y	Y	Y	N	N	N
36	16	Aug/Jan/June	99-198/Cr Hr*	94	483	1444	Y	Y	N	N	Y	Y	Y	Y	Y	Y	Y	Y	Y	Y	Y	Y	Y	Y	N	N
37	100*	Quarterly	21000	3000	616	none	Y	Y	N	N	Y	Y	Y	Y	Y	Y	N	Y	Y	Y	Y	Y	Y	N	N	*
38	100	Every 10 Wks	2250-12200*	None	150	No	Y	Y	N	N	Y	Y	Y	Y	Y	Y	N	Y	Y	Y	Y	Y	Y	N	N	N
39	KENTUCKY (KY)																									
40	200	Jan/Apr/Sept	7900	200	27	No	N	Y	N	N	N	Y	Y	Y	N	N	N	N	Y	Y	Y	Y	Y	N	N	N
41																										
42	200	Open			19		N	N	N	N	N	N	N	N	N	N	N	N	N	N	N	N	N	N	N	N
43	No	Semester	3200-8280	None	110	150	N	N	N	N	N	Y	Y	Y	Y	Y	Y	Y	Y	Y	Y	Y	Y	N	Y	N
44	100	Monthly	6800	1000	20	No	Y	Y	N	N	Y	Y	Y	N	N	N	N	N	Y	Y	N	N	N	N	N	N
45	100	Bimonthly	1600-4150	465	52	4	N	N	N	N	N	Y	Y	Y	N	N	N	N	N	Y	Y	Y	N	N	N	N
46		Quarterly	225-14400*	990*	No		N	N	N	N	N	Y	Y	Y	N	N	N	N	N	Y	Y	Y	N	N	N	N
47	300	Monthly	10079	200	101	41	N	Y	N	N	Y	Y	Y	Y	Y	Y	Y	Y	Y	Y	Y	Y	Y	N	N	N
48	300	Every 5 Wks	10079	1325	50	22	N	Y	N	N	Y	Y	Y	Y	Y	Y	Y	Y	Y	Y	Y	Y	Y	N	N	N
49	100	Monthly	10079	1525	189	74	N	Y	N	N	Y	Y	Y	Y	Y	Y	Y	Y	Y	Y	Y	Y	Y	N	N	N
50	300	Every 5 Wks	10079	1525	61	16	N	Y	N	N	Y	Y	Y	Y	Y	Y	Y	Y	Y	Y	Y	Y	Y	N	N	N
51																										
52	100	Monthly	2300-8100	150	30	10	N	N	N	N	N	N	N	N	N	N	N	N	N	N	Y	Y	Y	N	Y	Y
53	100	Monthly	2000-8000	400	30	5	N	N	N	N	N	N	N	N	N	N	N	N	N	N	Y	Y	Y	N	Y	Y
54	25	Annually	92/Cr Hr	20	none	525	N	N	N	N	N	Y	Y	Y	N	N	N	N	Y	Y	Y	Y	N	N	N	N
55	150	Open	2000		15	5	N	N	N	N	N	N	N	N	N	N	N	N	N	N	Y	Y	N	N	Y	Y
56	200	Monthly	8100	1050	30	No	N	N	N	N	N	N	N	N	N	N	N	N	N	N	Y	Y	N	N	N	N
57	20	Open	350/Sem		527		N	N	N	N	N	N	N	N	N	N	N	N	N	N	Y	Y	N	N	N	N
58	100	1st Tues/Mo	2000-8000*	None	30	10	N	N	N	N	N	N	N	N	N	N	N	N	N	N	Y	Y	N	N	N	N
59	200	Bimonthly	3990-10990		54	4	Y	Y	N	N	Y	Y	Y	Y	N	N	N	N	Y	Y	Y	Y	Y	N	N	Y
60	100	Monthly	2890-3100	None	215	21	N	N	N	N	N	Y	N	Y	N	N	N	N	Y	Y	Y	Y	Y	N	N	Y
61	100	Quarterly	8980-40410	350-670	900	200	N	N	N	N	N	Y	Y	Y	N	N	N	N	Y	Y	Y	Y	N	N	N	N
62																										

St Joseph Healthcare, Sch of Radiologic Tech (KENTUCKY)

Line Number	Institution Name and Address	Phone	Fax	Founded	Location	Minimum Education & Admission Requirements	Admissions Exam	Aptitude Testing	References/Letters of Recommendation	Interview	Minimum Age
1	St Joseph Healthcare, Sch of Radiologic Tech, 1 St Joseph Dr, Lexington										
2	40504	859-313-2282	859-313-3104	1956	L	HS	N	Y	Y	Y	18
3	Sun Touch Massage Sch, 914 W Broadway ST, Mayfield 42066	270-247-8923	270-247-2876	1996	S	HS/GED	N	N	Y	Y	18
4	Trend Setters Acad of Beauty Culture, Elizabethtown, 622 B Westport Rd,										
5	Elizabethtown 40601	270-765-5243		1984	S	10th Grade	N	N	N	Y	16
6	Trend Setter's Acad of Beauty Culture, Louisville, 7283 Dixie Hwy,										
7	Louisville 40258	502-937-6816	502-937-8484	1974	U	10th Grade	Y	Y	N	Y	16
8	**LOUISIANA (LA)**										
9	Ascension C, 320 E Ascension St, Gonzales 70737	225-647-6609	225-644-0066	1989	S	HS/GED	Y	Y	N	Y	17
10	Aveda Inst, Baton Rouge, PO Box 87073, 2834 S Sherwood Forest Blvd A,										
11	Baton Rouge 70879	225-293-5215	225-293-5788	1977	M	HS/GED	Y	Y	Y	Y	17
12	Aveda Inst New Orleans, 3330 Veterans Memorial Blvd, Metairie 70002	504-454-1400	504-454-1418			HS/GED/ATB	Y	N	Y	Y	16
13	Baton Rouge C, 2834 S Sherwood, Ste B-12, Baton Rouge 70816	225-292-5464			L	HS/GPA*	N	N	Y	Y	
14	Baton Rouge Gen Sch of Nursing, 3616 North Blvd , Baton Rouge 70806	225-387-7623	225-381-6168	1982	U	HS/GED*	Y	N	Y	N	None
15	Central Louisiana Sch of Therapeutic Massage, Inc, 3805 Halsey St Ste A,										
16	Alexandria 71301	318-449-1111	318-445-5498	1995	S	HS/GED	N	N	Y	Y	18
17	Cosmetology Trainiing Ctr, Lafayette, 2516 Johnston St, Lafayette 70503	337-237-6868	337-237-0131	1982	L	HS/GED	N	N	Y	Y	17
18	Demmon Sch of Beauty, 1222 Ryan St, Lake Charles 70601	337-439-9265	337-480-0677	1935	U	HS/GED	Y	Y	N	Y	16
19	Denham Springs Beauty C, 923 Florida Ave SE, Denham Springs 70726	225-665-6188	225-665-1001	1972	S		N	N	N	Y	16
20	Guy's Acad, 1141 Shreveport Barksdale Hwy, Shreveport 71105	318-865-5591	318-869-1038	1954	L	HS/GED	Y	Y	Y	Y	17
21	Lafayette Gen Med Ctr, Sch of Radiologic Tech, 1214 Coolidge Ave,										
22	Lafayette 70503	337-289-8457	337-289-8458	1982	L	HS/GED*	Y	Y	Y	Y	*
23	Louisiana Acad of Beauty, 550 E Laurel St, Eunice 70535	337-457-7627	337-457-1884	1984	S	HS/GED/ATB	N	N	N	Y	16
24	Louisiana Culinary Inst, 5837 Essen Ln, Baton Rouge 70810	225-769-8820	225-769-8792	2003	L	HS/GED	Y	N	Y	Y	17
25	Louisiana Tech C, Baton Rouge Campus, 3250 North Acadian Thruway E,										
26	East Baton Rouge 70805	225-359-9201		1930	M	HS/GED*	Y	N	*	N	16
27	Louisiana Tech C, Northeast Louisiana Campus, 1710 Warren St,										
28	Winnsboro 71295	318-435-2163	318-435-2166	1952	R	Varies	Y	Y	N	Y	16
29	Louisiana Technical C, Baton Rouge, 3250 N Acadian Thruway,										
30	East Baton Rouge 70805	225-359-9201	225-359-9354	1941	R		Y	N	N	N	19
31	North Oaks Sch of Radiologic Tech, PO Box 2668, Hammond 70404	985-345-9805	985-345-9894	1967	U	HS/GED+*	Y	Y	Y	Y	18
32	Opelousas Sch of Cosmetology, 529 E Vine St, Opelousas 70570	337-942-6147	337-942-4499	1953	S	HS/GED	N	N	N	Y	17
33	Pat Goins Monroe Beauty Sch, 3140 Louisville Ave, Monroe 71201	318-322-2500		1988	S	HS	N	N	N	Y	16
34	Pat Goins Ruston Beauty Sch, 213 W Alabama Ave, Ruston 71270	318-255-2717		1964	S	HS	N	N	N	Y	16
35	Remington C - Lafayette Campus, 303 Rue Louis XIV, Lafayette 70508	337-981-4010	337-983-7130	1940	L	HS/GED	Y	Y	N	Y	17
36	Ronnie & Dorman's Sch of Hair Design, 2002 Johnston St, Lafayette 70503	337-232-1806		1967	L	HS/GED	N	N	Y	Y	15-1/4
37	Sowela Tech Comm C, 3820 J Bennett Johnson Ave, Lake Charles 70615	318-491-2698		1938	L		Y	Y	N	N	17
38	**MAINE (ME)**										
39	Bernard's Sch of Hair Fashion, PO Box 1163, 711 Lisbon St, Lewiston										
40	04243	207-783-7250	207-786-8099	1959	S	HS/GED	N	N	Y	Y	17
41	Birthwise Midwifery Sch, 24 S High St, Bridgton 04009	207-647-5968	207-647-5919	1994	R	HS*	N	N	Y	Y	
42	Central Maine Med Ctr C of Nursing & Health Professions, 70 Middle St,										
43	Lewiston 04240	207-795-2858	207-795-2849	1891	U	HS/GED	Y	N	N	Y	None
44	Central Maine Med Ctr, Sch of Radiologic Tech, 300 Main St, Lewiston										
45	04240	207-795-2428	207-795-2476	1949	U	HS/GED*	Y	Y	Y	Y	None
46	Downeast Sch of Massage, 99 Moose Meadow Ln, Waldoboro 04572	207-832-5531	207-832-0504	1980	R	HS/GED*	N	N	Y	Y	18
47	Landing Sch of Boatbuilding & Design, PO Box 1490, Kennebunkport										
48	04046	207-985-7976		1978	S	HS/GED	N	N	Y	Y	None
49	Mercy Hosp-Portland, Sch of Radiologic Tech, 144 State St, Portland										
50	04101	207-879-3545	207-879-2452	1951	U	HS	N	Y	Y	Y	18
51	Mr Bernard's Sch of Hair Fashion, PO Box 1163, 711 Lisbon St, Lewiston										
52	04243	207-783-7765	207-786-8099	1959	U	HS/GED	N	N	N	Y	16
53	Northeast Tech Inst, 51 US Route 1 Ste K, Scarborough 04074	207-883-5130	207-883-6048	1994	R	GED	Y	N	N	Y	18
54	Pierre's Sch of Cosmetology, Portland, 319 Marginal Way, Portland 04101	207-774-1913	207-774-2864	1958	L	HS/GED	N	N	N	Y	16
55	Seacoast Career Sch, 1 Eagle Dr Ste 1, Sanford 04073	207-490-0509	207-490-3242	1996	S	HS/GED	Y	N	N	Y	18
56	**MARYLAND (MD)**										
57	Aaron's Acad of Beauty, 11690 Doolittle Dr, Waldorf 20602	301-645-3681		1969	U	HS/GED	N	N	N	Y	17
58	Acad of Computer Ed (ACE), 7833 Walker Dr Ste 520C, Greenbelt 20770	301-220-2802	301-220-3814	2001	M	HS/GED	N	N	N	Y	18
59	Accu Tech Career Inst, 550 Highland St Ste 100, Frederick 21703	301-694-0211	301-696-0421	1981	L	HS/GED	N	N	N	Y	
60	Aspen Beauty Acad, Laurel, 3535 Fort Meade Rd, Laurel 20724	301-490-8580	301-490-4182	1992	L	HS/GED	Y	N	Y	Y	17
61	Aspen Beauty Acad, Silver Springs, 13639 Georgia Ave, Silver Springs										
62	20906	301-949-5100		1988	L	HS/GED	N	Y	N	Y	17

*Additional information in Appendix

Line Number	ADMISSIONS		COSTS		ENROLLMENT		GOVERNMENT JOB TRAINING & AID							OTHER FINANCIAL AID							STUDENT SERVICES					
	Regis/Enrollment Application Fee	Courses Start	Tuition for Each Program	Mandatory Fees	Full-time	Part-time	Bureau of Indian Affairs	JTPA/WIA	Fed. Aviation Admin.	Immigration/Naturalization Service	Social Security Admin.	Veterans Admin.	Voc. Rehab.	Fed. Pell Grants	FSEOG	FWS	Fed. Perkins Loans	Fed. Stafford Loans	Scholarships	Deferred Payment	Job Counseling	Job Placement	Personal Counseling	Housing	Mobility Impaired Services	Mobility Impaired Programs
1																										
2	35	June	2000/Yr	1000	15	No	N	Y	N	N	Y	Y	N	N	N	N	N	N	Y	Y	Y	Y	Y	N	N	N
3	50	Every 4 Mos	950-6200	None	No	20	N	Y	N	N	N	N	Y	N	N	N	N	N	N	Y	Y	Y	N	N	Y	N
4																										
5	100	5 Times/Yr	3060-9180	None	30	50	N	Y	N	N	Y	Y	Y	Y	N	N	N	Y	Y	Y	Y	Y	N	N	Y	N
6																										
7	100	Bimonthly	9810	100	50	20	N	Y	N	N	Y	Y	Y	Y	Y	N	N	Y	Y	Y	Y	Y	Y	N	N	N
8	**LOUISIANA (LA)**																									
9	100	Quarterly	5900-6900	None	300	No	N	Y	N	N	Y	Y	Y	Y	Y	N	N	Y	Y	Y	Y	Y	Y	N	N	N
10																										
11	200	Bimonthly	15000	1090*	113	0	N	N	N	N	Y	Y	Y	Y	Y	N	N	Y	Y	N	Y	Y	N	N	N	N
12	100*	Monthly	4500-13500	300-1200*		none	N	N	N	N	N	Y	Y	Y	Y	N	N	Y	Y	N	Y	Y	N	N	N	N
13	40	Semester	4800-14000	None	115	No	N	*	N	N	N	Y	Y	Y	N	N	N	Y	Y	N	Y	Y	Y	N	N	N
14	50	January	15460	250/Sem	80	No	N	N	N	N	N	Y	Y	Y	Y	N	N	Y	N	N	Y	N	Y	N	Y	N
15																										
16	100	Jan/June/Nov	4386	None	No	18	Y	Y	N	N	N	N	N	N	N	N	N	N	N	Y	Y	Y	N	N	Y	N
17	100	Monthly	9500	10*	85		N	Y	N	N	N	Y	Y	Y	Y	N	N	Y	Y	N	*	Y	*	N	N	N
18	100	Monthly	5612	100	40	No	N	Y	N	N	N	N	Y	Y	Y	N	N	Y	Y	N	Y	Y	Y	N	N	N
19	100	Monthly	7000	350	75	No	N	N	N	N	N	N	N	Y	Y	N	N	N	N	N	Y	Y	Y	N	N	N
20	100	Every 3 Wks	1942-14220	210-285	74	No	N	Y	N	N	Y	Y	Y	Y	N	N	N	Y	Y	N	Y	Y	Y	N	N	N
21																										
22	30	September	7000/24 Mo	100	6	No	N	Y	N	N	N	N	N	N	N	N	N	N	N	N	Y	Y	Y	N	N	N
23	210	Monthly	4000-8000	565	50	No	Y	N	N	N	Y	Y	Y	Y	N	N	N	Y	Y	Y	Y	Y	Y	N	Y	Y
24	100	*	15000	3000	60	No	N	N	N	N	N	Y	Y	N	N	N	N	N	N	N	Y	Y	Y	N	N	N
25																										
26	5	Semester	1100-1700*	*	900	800	N	N	N	N	Y	Y	Y	Y	N	N	N	Y	Y	Y	Y	Y	Y	Y	Y	Y
27																										
28	5	Semester	23/Cr Hr	*	106	210	N	Y	N	N	N	Y	Y	Y	N	N	N	N	Y	N	Y	Y	Y	N	Y	N
29																										
30	5	Semester	550-600/sem	100-150	700	400	N	Y	N	N	N	Y	Y	Y	N	N	N	Y	Y	N	Y	Y	Y	N	Y	Y
31	335	July	8000/2 Yr	725	30	No	N	N	N	N	N	N	N	Y	N	N	N	N	Y	N	Y	Y	Y	N	N	N
32	100	Monthly	6650	850	33	1	N	N	N	N	N	N	N	Y	N	N	N	Y	Y	Y	Y	Y	Y	N	N	N
33	No	Weekly	2565-7695	163.99-515.86	37	2	Y	N	N	N	N	N	N	Y	N	N	N	Y	Y	N	Y	Y	Y	N	N	N
34	No	Every Tues	2565-7695	161.90-509.10	39	No	Y	N	N	N	N	Y	Y	Y	N	N	N	Y	Y	N	Y	Y	Y	N	N	N
35	50	Monthly/Qtrly	13000-38000	None	375	No	Y	N	N	N	Y	Y	Y	Y	N	N	N	Y	Y	Y	Y	Y	Y	N	Y	Y
36	100	Every Tues	7200	600	16	No	Y	N	N	N	Y	Y	Y	Y	N	N	N	Y	Y	N	Y	Y	Y	N	Y	Y
37	15	Semester	624/sem	96	1500	200	N	Y	Y	Y	Y	Y	Y	Y	N	N	N	Y	Y	N	Y	Y	Y	N	Y	Y
38	**MAINE (ME)**																									
39																										
40	150	Bimonthly	11400	None	80	No	N	N	N	N	N	Y	Y	Y	N	N	N	N	Y	N	Y	Y	Y	N	N	N
41	50	Sept/Mar*	85000/Yr	850*	39	2	N	N	N	N	N	N	N	Y	N	N	N	Y	Y	Y	Y	Y	N	Y	N	N
42																										
43	40	September	170/Cr	1410	113	6	N	N	N	N	N	N	N	Y	Y	N	N	Y	Y	Y	N	N	N	Y	Y	N
44																										
45	20	August	5000-7000	600-800	33	No	N	Y	N	N	N	N	Y	Y	N	N	Y	Y	Y	N	Y	Y	Y	N	N	N
46	150	Sept/Jan	9232-10818	25	100	20	Y	Y	N	N	N	N	Y	N	N	N	N	N	Y	Y	Y	Y	Y	Y	Y	Y
47																										
48	No	Annually	*	*	81	No	N	N	N	N	N	N	N	Y	N	N	N	Y	Y	N	Y	Y	N	N	N	N
49																										
50		July	6050	1300	20	No	N	Y	N	N	Y	Y	Y	Y	N	N	N	N	Y	N	Y	Y	Y	N	N	N
51																										
52	150	Bimonthly	11400	1344	97	No	Y	Y	N	N	Y	Y	Y	Y	N	N	N	Y	Y	Y	Y	Y	Y	N	N	N
53	200	Open	895-15999	None	650	350	N	N	N	N	N	N	N	N	N	N	N	N	N	N	Y	Y	N	N	N	N
54	100	Bimonthly	1850-12850	100	350	No	Y	N	N	N	Y	Y	Y	Y	Y	N	N	Y	Y	N	Y	Y	Y	Y	Y	Y
55	150*	Every 5 Wks	10670	1600	225	No	Y	N	N	N	Y	Y	Y	Y	N	N	N	Y	Y	Y	Y	Y	Y	N	N	N
56	**MARYLAND (MD)**																									
57	100	Monthly	9900	1100	40	18	N	N	N	N	Y	Y	N	Y	N	N	N	Y	Y	Y	Y	Y	Y	N	N	N
58	150	Varies	1595-6995	150			N	Y	N	N	N	Y	Y	N	N	N	N	N	Y	Y	Y	Y	N	N	N	N
59	20	Monthly	6995	None	100	No	N	Y	N	N	N	Y	Y	Y	N	N	N	Y	Y	Y	Y	Y	Y	N	Y	N
60	100	Monthly	7900	None			N	N	N	N	N	Y	N	N	N	N	N	N	N	N	N	Y	N	N	N	N
61																										
62	150	Monthly	7000	450	30	37	N	N	N	N	N	N	N	N	N	N	*	N	Y	Y	Y	Y	Y	N	N	N

		GENERAL INFORMATION				ADMISSIONS					
Line Number	Institution Name and Address	Phone	Fax	Founded	Location	Minimum Education & Admission Requirements	Admissions Exam	Aptitude Testing	References/Letters of Recommendation	Interview	Minimum Age
1	Baltimore Sch of Dog Grooming, 1007 W 41st St, Baltimore 21211	410-889-9070		1972	M	HS/GED	Y	Y	Y	Y	18
2	Baltimore Studio of Hair Design, 318 N Howard St, Baltimore 21201	410-539-1935	410-539-2840	1973	U	HS/GED*	N	Y	N	Y	16
3	Blades Sch of Hair Design, PO Box 226, Sans Souci Plz, California 20619	301-862-9797		1986	U	HS/GED/ATB	N	N	N	Y	16
4	Empire Beauty Schs, Inc, Owings Mills, 9616 Reistertown Rd Ste 105,										
5	Owings Mills 21117	410-581-0317					N	N	N	N	
6	Fame Sch of Nail Design, 3501 Hamilton St, Hyattsville 20782	301-927-3263		1989	U	9th Grade	N	N	N	Y	16
7	The Fila Acad Inc, 6320 Ritchie Hwy, Glen Burnie 21061	410-789-9516	410-789-2204	1974	M	HS/GED	N	N	N	Y	17
8	Holistic Massage Training Inst, 1 E University Pwy Unit 110, Baltimore										
9	21218	410-243-4688		1999	M	HS	N	N	Y	Y	18
10	Holy Cross Hosp of Silver Spring, Sch of Radiography,										
11	1500 Forest Glen Rd, Silver Spring 20910	301-754-7367	301-754-3422	1988	L	HS/GED/+*	N	Y	Y	Y	18
12	Intl Beauty Sch, Bel Air, 227 Archer St, Bel Air 21014	410-838-0845		1965	S	HS/GED/ATB	N	N	N	Y	17
13	Intl Masonry Inst, 837 Buena Vista Ave, Cascade 21703	301-241-5503	301-241-3571	1970	R		N	N	N	Y	18
14	Maryland Beauty Acad, 152 Chartley Dr, Chartley Park Shopping Ctr,										
15	Reisterstown 21136	410-517-0442	410-517-2513	1985	U	HS/GED/ATB	N	*	N	N	16
16	Maryland Beauty Acad of Essex, 505 Eastern Blvd, Baltimore 21221	410-686-4477	410-686-0786	1980	S	HS/GED*	N	*	N	N	16
17	Massage Inst of Maryland, Inc, 816 Frederick Rd, Cantonsville 21228	410-744-9130	410-788-1452	2003	R	HS/GED*	N	N	Y	Y	18
18	National Inst of Health, Blood Bank Specialty Programs, 10 Center Dr										
19	MSC1184, Bldg 10 Rm 1C711, Bethesda 20892	301-496-8335	301-496-9990	1965	L	BS	N	N	Y	Y	None
20	North American Trade Sch, 6901 Security Blvd Ste 16, Baltimore 21244	410-298-4844	410-298-0641	1972	M	HS/GED/ATB	Y	Y	N	Y	16
21	Omega Studio's Sch of Applied Recordings Arts & Sci, 5609 Fishers Ln,										
22	Rockville 20852	301-230-9100	301-230-9103	1977	M	HS/GED*	Y	N	N	Y	
23	Washington Adventist Hosp, Sch of Radiography, 7600 Carroll Ave,										
24	Takoma Park 20912	301-891-6556	301-891-6558	1965	M	HS+*	N	N	Y	Y	18
25	**MASSACHUSETTS (MA)**										
26	Bancroft Sch of Massage Therapy, 333 Shrewsbury St, Worcester 01604	508-757-7923	508-791-5930	1950	L	HS/GED*	N	Y	Y	Y	18
27	Bay State Sch of Tech, 225 Turnpike St Rt 138, Canton 02021	781-828-3434	781-575-0089	1983	S	HS/GED/ATB	Y	Y	Y	Y	18
28	Beauty Creator's Acad, 20 Chelsea St, Everett 02149	617-389-9723	617-389-6352	1960	U		N	N	Y	Y	16
29	Blazing Star Herbal Sch, PO Box 6, Shelburne Falls 01370	413-625-6875		1983	R		N	N	Y	Y	17
30	Blue Hills Reg Tech Sch, 800 Randolph St, Canton 02021	781-828-5800	781-828-3872	1965	S	HS/GED	Y	Y	Y	Y	
31	Bojack Acad of Beauty Culture, 47 Spring St, West Roxbury 02132	617-323-0844	617-323-2818	1976	M	HS/GED	N	N	N	Y	16
32	Branford Hall Career Inst, Springfield, 112 Industry Ave Ste 3, Springfield										
33	01104	413-781-2276		1965	L	HS/GED	Y	N	N	Y	
34	Brockton Hosp, Sch of Nursing, 680 Centre St, Brockton 02302	508-941-7040		1897	L	HS/GED*	*	N	Y	Y	None
35	Butera Sch of Art, 111 Beacon St, Boston 02116	617-536-4623	617-262-0353	1910	M	HS/GED	N	N	Y	Y	17
36	Cape Cod Reg Tech HS, 351 Pleasant Lake Ave, Harwich 02645	508-432-4500	508-432-1343	1975	R	*	N	Y	N	Y	14
37	Catherine Hinds Inst of Esthetics, 300 Wildwood Ave, Woburn 01801	781-935-3344	781-932-6215	1979	S	HS/GED*	N	N	N	Y	18
38	Central Massachusetts Sch of Massage & Therapy, Inc, 200 Main St,										
39	Spencer 01562	508-885-0306	508-885-0672	1970	S	HS/GED*	N	N	Y	Y	18
40	Connecticut Sch of Broadcasting, 73 TV Pl, Needham 02494	781-444-0237	781-444-0406	1964	L	HS/GED	N	N	Y	Y	17
41	Cortiva - MTI, 103 Morse St, Watertown 02472	617-668-1000	617-668-7000	1975	L	HS/GED	N	N	Y	Y	18
42	E.I.N.E., Inc, 1501 Main St, Ste 48, Tewksbury 01876	978-851-4444	978-858-3833	1987	R	HS/GED*	N	N	N	Y	18
43	Empire Beauty Sch,, Malden, 384 Main St, Malden 02148	781-324-3400	781-397-8442	1936	U	HS/GED	N	N	N	Y	16
44	Furniture Inst of Massachusetts, 116 Water St, Beverly 01915	978-922-0615	978-922-0615	1998	U	HS/GED	N	N	Y	Y	17
45	Hallmark Inst of Photography, PO Box 308, At the Airport, Turner Falls										
46	01376	413-863-2478	413-863-4118	1974	S	HS/GED	N	N	Y	Y	None
47	Henri's Sch of Hair Design, 276 Water St, Fitchburg 01420	978-342-6061	978-345-1705	1962	S	HS/GED/ATB	N	N	N	Y	16
48	Intl Auction Sch, 241 Greenfield Road, South Deerfield 01373	413-665-2877			S		N	N	N	N	
49	Kay-Harvey Hairdressing Acad, 11 Central St, West Springfield 01089	413-732-7117			S	HS/GED	N	Y	N	Y	18
50	Kripalu Ctr, Box 793, Lenox 01240	800-848-8702	413-448-3384	1984	S		N	N	Y	Y	18
51	LaBaron Hairdressing Acad, New Bedford, 281 Union St, New Bedford										
52	02740	508-993-1309	508-984-3545	1971	S	HS/GED	N	Y	N	Y	16
53	Lowell Acad Hairstyling Inst, 136 Central St, Lowell 01852	978-453-3235		1933	U	GED/ATB	Y	N	Y	Y	16
54	Mansfield Beauty Sch, Quincy, 200 Parkingway, Quincy 02169	617-479-1090		1962	L	HS/GED/ATB	Y	N	N	Y	16
55	Massachusetts Inst of Therapeutic Massage, 223 Middlesex Turnpike,										
56	Burtington 01803	781-272-3866	781-272-3868	2001	S	HS*	N	N	Y	Y	18
57	Massachusetts Sch of Barbering & Men's Hairstyling, 1585 Hancock St,										
58	Quincy 02169	617-770-4444		1947	U	ATB	N	N	N	Y	16
59	Massage Inst of New England, 22 McGrath Hwy Ste 203, Somerville 02143	617-666-3700		1982	L	HS*	Y	N	Y	Y	18
60	McCann Tech Sch, 70 Hodges Crossroads, North Adams 01247	413-663-5383	413-664-9424	1962	S	HS/GED	Y	Y	Y	Y	17
61	Med Professional Inst, 388 Pleasant St Ste 305, Malden 02148	781-397-6822	781-397-8811	1999	L	HS/GED	Y	N	N	Y	
62											

*Additional information in Appendix

Line Number	Regis/Enrollment Application Fee	Courses Start	Tuition for Each Program	Mandatory Fees	Full-time	Part-time	Bureau of Indian Affairs	JTPA/WIA	Fed. Aviation Admin.	Immigration/Naturalization Service	Social Security Admin.	Veterans Admin.	Voc. Rehab.	Fed. Pell Grants	FSEOG	FWS	Fed. Perkins Loans	Fed. Stafford Loans	Scholarships	Deferred Payment	Job Counseling	Job Placement	Personal Counseling	Housing	Mobility Impaired Services	Mobility Impaired Programs
1	100*	Feb/June/Oct	6250	None	5	No	N	N	N	N	N	N	N	N	N	N	N	N	N	Y	N	Y	N	Y	Y	N	N
2	150	Monthly	10500	1150	72	33	N	Y	N	Y	N	Y	Y	N	N	N	N	Y	N	Y	Y	Y	Y	Y	N	Y	N
3	100	Monthly	12000	1450	40	30	Y	N	N	Y	N	Y	Y	Y	Y	Y	Y	Y	Y	Y	Y	Y	Y	Y	N	Y	N
4																										
5																										
6	75	Every 7 Wks	1750	484.35	No	20	N	N	N	N	N	Y	Y	N	N	N	N	N	N	N	Y	Y	Y	Y	N	N
7	*	Monthly	1550-13950*	447-2200*	55	40	N	Y	N	N	N	Y	Y	N	N	Y	N	Y	Y	Y	Y	Y	Y	Y	N	N
8																										
9	*		6900			8	N	N	N	N	N	N	N	N	N	N	N	N	N	Y	N	Y	N	Y	N	N
10																										
11	30	July	2000	700*	22	No	N	N	N	N	N	N	Y	N	N	N	N	N	N	Y	Y	Y	Y	Y	N	N
12	125*	Bimonthly	1888-8840	125-150	70	No	N	N	N	N	N	N	Y	N	N	N	N	N	N	Y	Y	Y	Y	N	N	N
13	No	Open				No	N	N	N	N	N	N	N	N	N	N	N	N	N	N	N	Y	N	N	N	N
14																										
15		Monthly	11650	None	17	26	N	N	N	N	N	N	N	Y	Y	Y	Y	Y	Y	Y	Y	Y	Y	Y	N	N
16	150	Monthly	1850-10500	250-1000	55	32	N	N	N	N	N	N	N	Y	Y	Y	Y	Y	Y	Y	Y	Y	Y	Y	N	N
17	90	Every 4 Mos	6200	0	5	16	N	N	N	N	N	N	N	*	*	N	Y	N	Y	N	N	Y	N	N	N
18																										
19	No	June/July	None	None	3	No	N	N	N	N	N	N	N	N	N	N	N	N	N	Y	Y	Y	Y	Y	N	N
20	100	Monthly	4300-11000	None	400	30	N	Y	N	Y	Y	Y	Y	Y	Y	Y	Y	Y	Y	Y	Y	Y	Y	Y	Y	Y
21																										
22	100	Quarterly	2200-27000	125-200	No	250	N	N	N	N	N	N	Y	N	N	N	N	N	Y	Y	Y	Y	Y	Y	N	N
23																										
24	25	September	2000/Yr	750	30	No	N	N	N	N	N	Y	N	N	N	N	N	N	N	N	N	N	N	N	N	N
25		**MASSACHUSETTS (MA)**																								
26	50*	Sept/Jan/May	13750	None	100	No	N	Y	N	N	N	Y	Y	N	N	N	N	Y	Y	Y	Y	Y	Y	Y	N	N
27	100	Every 6-8 Wks	5475-13975	None	100	100	N	N	N	N	N	Y	Y	N	N	N	N	Y	Y	Y	Y	Y	Y	Y	N	N
28	110	Bimonthly	8960*		16		N	N	N	N	N	N	N	N	N	N	N	N	N	Y	Y	Y	Y	N	N	N
29	*	Oct/Apr	250-1750	None	No	30	N	N	N	N	N	N	N	N	N	N	N	N	N	N	N	Y	N	N	N	N
30	50*	September	11330-13330	1330	833	No	N	Y	N	N	N	Y	Y	N	N	N	N	Y	Y	Y	Y	Y	Y	Y	Y	Y
31	100	Monthly	1000-7300	None	60	30	N	Y	N	Y	Y	Y	Y	N	N	N	N	N	N	Y	Y	Y	N	N	N	N
32																										
33	75-	Every 10 wks	10000-14000		250	100	N	N	N	N	N	N	N	Y	Y	N	Y	N	N	N	Y	N	N	N	N	N
34	*	August	2769	235	80	60	Y	N	N	N	N	N	N	Y	N	N	N	N	N	Y	Y	Y	Y	N	N	N
35	25	September	16400/yr	50	100	No	N	Y	N	Y	Y	Y	Y	Y	Y	Y	Y	Y	Y	Y	Y	Y	Y	N	N	N
36	No	September	4000*	Varies	725	12	N	Y	N	N	N	N	N	N	N	N	N	N	Y	Y	Y	Y	Y	Y	Y	Y
37	150*	15 Times/Yr	5989-15928	*	140	60	N	Y	N	Y	N	Y	Y	Y	Y	Y	Y	Y	Y	Y	Y	Y	Y	N	Y	N
38																										
39	50	Jan/June	4570-13070*		30	15	N	Y	N	N	Y	N	Y	N	N	N	N	N	Y	Y	N	N	N	Y	N	N
40	50	Mar/July/Nov	11440	50	20	*	N	N	N	N	N	N	Y	N	N	N	N	N	Y	Y	Y	N	N	Y	N	N
41	100	Sept/Jan/Apr/July	10900	1245	No	300	Y	N	N	N	N	Y	N	N	N	N	N	N	Y	Y	N	N	N	N	N	N
42	200*	Monthly	5325-97901	590-1250	12	21	N	N	Y	N	Y	N	Y	Y	N	Y	Y	Y	Y	Y	Y	Y	Y	N	N	N
43	100	Every 6 Wks	11500		50	16	N	N	N	N	N	N	Y	N	N	N	N	N	Y	Y	Y	Y	Y	N	N	N
44	100	September	20000		6	36	N	N	N	N	N	N	N	N	N	N	N	N	N	Y	Y	Y	Y	N	N	N
45																										
46	125*	September	49450	0	230	No	N	Y	N	N	N	Y	Y	Y	Y	N	Y	N	Y	Y	Y	Y	Y	N	N	N
47	100	*	1250-9000*	435-760*	50	20	N	Y	N	Y	Y	Y	Y	Y	Y	N	Y	N	Y	Y	Y	Y	Y	N	N	N
48	50	2 Times/Yr	1000	None			N	N	N	N	N	N	N	Y	N	N	Y	Y	Y	Y	Y	Y	N	N	N	N
49	100	1st Mon/Mo	8000	735*	30	25	N	N	N	N	N	N	N	N	N	N	N	N	N	Y	Y	Y	N	N	N	N
50	50	Open	*				N	N	N	N	N	N	N	N	N	N	N	N	N	N	N	Y	N	N	N	N
51																										
52	100	Monthly	992-5420	None	60	60	N	Y	N	N	Y	Y	Y	Y	Y	N	Y	N	Y	Y	Y	Y	Y	N	N	N
53	50	Monthly	1320-11200	None	54	17	N	N	N	Y	N	Y	Y	N	N	N	N	N	Y	Y	Y	Y	Y	N	N	N
54	*	Monthly	1150-10200*	590-735*	62	20	N	N	N	N	Y	Y	Y	N	N	N	N	Y	Y	Y	Y	Y	Y	N	N	N
55																										
56	25	Jan/May/Sept	8500		20	15	N	Y	N	N	N	N	N	N	N	N	N	N	N	Y	Y	Y	N	N	N	Y
57																										
58	50	1st Tues/Mo	9750	600	25	31	N	N	N	N	N	Y	N	N	N	N	N	N	Y	Y	Y	Y	Y	N	N	N
59	50	Jan/May/Sept	7800-10400	2000	15	15	N	N	N	N	N	N	N	N	N	N	N	N	Y	Y	Y	Y	Y	N	N	N
60	No	September	0-11634	500	70	No	N	N	N	N	N	Y	N	N	N	N	N	N	Y	Y	Y	Y	Y	N	N	N
61	50	Quarterly	650-9300	150-650	19	26	N	Y	N	N	N	Y	Y	N	N	N	N	Y	Y	Y	Y	Y	Y	N	Y	N
62																										

New England Inst of Reflexology & Universal Studies (MASSACHUSETTS)

Line Number	Institution Name and Address	Phone	Fax	Founded	Location	Minimum Education & Admission Requirements	Admissions Exam	Aptitude Testing	References/Letters of Recommendation	Interview	Minimum Age
1	New England Inst of Reflexology & Universal Studies, PO Box 537,										
2	3203C Cranberry Hwy - East Wareham, E Wareham 02538	508-759-2316		1980	S	HS/GED	N	N	Y	Y	18
3	New England Sch of English, 36 John F Kennedy St, Cambridge 02138	617-864-7170	617-864-7282	1990	M		N	Y	N	N	16
4	New England Sch of Floral Design, Rte 123, 88 W Main St, Norton 02766	508-285-7188		1981	R	HS/GED	N	N	N	N	
5	North Bennet Street Sch, 39 N Bennet St, Boston 02113	617-227-0155		1885	M	HS/GED	N	N	Y	Y	16
6	Quincy C, 34 Coddington St, Quincy 02169	617-984-1700		1956	U	HS/GED	N	Y	N	N	None
7	Rhodec Intl (US), 59 Coddington St Ste 104, Quincy 02169	617-472-4942	617-472-3400	1960			N	N	N	N	18
8	Rob Roy Acad, Fall River Campus, 260 S Main St, Fall River 02721	508-672-4751	508-672-4786	1933	U	HS/GED/ATB	N	Y	N	Y	16
9	Rob Roy Acad, New Bedford Campus, 1872 Acushnet Ave, New Bedford										
10	02746	508-995-8711	508-995-8715	1979	U	HS/GED/ATB	N	N	N	Y	16
11	Rob Roy Acad, Taunton Campus, One School St, Taunton 02780	508-822-1405	508-822-1389	1961	U	HS/GED/ATB	N	Y	N	Y	16
12	Rob Roy Acad, Worcester Campus, 150 Pleasant St, Worcester 01609	508-799-2111	508-363-3867	1979	U	HS/GED/ATB	N	N	N	Y	16
13	The Salter Sch, Fall River, 82 Hartwell St, Fall River 02720	508-730-2740	508-730-2812		U	HS/GED	Y	N	N	Y	
14	The Sch of Fashion Design, 136 Newbury St, Boston 02116	617-536-9343		1934	M	HS/GED	N	N	Y	Y	
15	Southeastern Tech Inst, 250 Foundry St, South Easton 02375	508-238-1860	508-230-1558	1967	U	HS/GED	*	N	*	Y	17
16	Spa Tech Inst, Westboro, 227 Turnpike Rd, Westboro 01581	508-836-8864	508-366-8425	2002	S	HS/GED	N	N	N	Y	18
17	WyoTech, Bedford, 150 Hanscom Dr, Bedford 01730	781-274-8448	781-274-8490	1932	U	HS/GED/ATB	N	N	N	N	16
18	**MICHIGAN (MI)**										
19	Alternative Healing Inc, 1725 E Auburn Rd, Rochester Hills 48307	248-852-3044	248-852-4483	1996	M	HS/GED	N	N	N	N	17
20	Ann Arbor Inst of Massage Therapy, 180 Jackson Plaza, Ann Arbor 48103	734-677-4430	734-677-4520	1993	L	HS/GED	N	N	Y	Y	17
21	Barber/Styling C of Lansing, 2101 N East St, Lansing 48906	517-482-8083	517-485-2826	1992	L	HS/GED	N	N	N	Y	17
22	Bayshire Beauty Acad, 917 Saginaw St, Bay City 48708	989-894-0392	989-894-6033	1936	S	HS/GED*	N	N	N	N	16
23	Brighton Inst of Cosmetology, 10543 Citation, Brighton 48116	810-229-5066	810-229-4561	1984	R	9th Grade	N	N	N	N	16
24	Carnegie Inst, 550 Stephenson Hwy Ste 100, Troy 48083	248-589-1078	248-589-1631	1947	M	HS/GED	Y	Y	Y	Y	None
25	Chic Univ of Cosmetology, Portage, 6091 Constitution Blvd, Portage 49024	269-329-3333	269-329-2638		L	HS/GED	N	N	N	N	17
26	David Pressley Professional Sch of Cosmetology, 1127 S Washington St,										
27	Royal Oak 48067	248-548-5090		1959	U	HS/GED	N	N	Y	Y	17
28	Detroit Bus Inst, Downriver, 19100 Fort St, Riverview 48192	734-479-0660	313-479-0738	1976	L	HS/GED	Y	N	N	Y	18
29	Detroit Bus Inst, Southfield, 23077 Greenfield Rd Ste LL28, Southfield										
30	48075	248-552-6300	248-552-7300	1850	M	HS/GED	Y	N	N	N	None
31	Dorsey Bus Sch, Madison Heights, 30821 Barrington Ave, Madison Heights										
32	48071	248-588-9660	248-583-4153	1934	U	HS/GED	Y	N	N	Y	17
33	Dorsey Bus Sch, Southgate, 15755 Northline Rd, Southgate 48195	734-285-5400	734-285-8877	1934	M	HS/GED	Y	N	N	Y	17
34	Dorsey Bus Sch, Wayne, 34841 Veteran's Plz, Wayne 48184	734-595-1540	734-595-6010	1934	M	HS/GED	N	Y	Y	Y	17
35	Douglas J Aveda Inst, Ann Arbor, 333 Maynard St Ste 101, Ann Arbor										
36	48104	877-334-8657		1986	U	HS/GED	N	N	Y	Y	
37	Douglas J Aveda Inst, East Lansing, 331 E Grand River Ave, East Lansing										
38	48823	877-334-8657		1986	U	HS/GED	N	N	Y	Y	*
39	Excel Acad of Cosmetology, Kentwood, 2855 29th St SE, Ste B, Kentwood										
40	49512	616-975-7778	616-975-9765	1988	L	HS/GED	N	N	N	Y	16
41	Excel Acad of Cosmetology, Lansing, 125 N Clippert St Ste C, Lansing										
42	48912	517-333-3232	517-333-3433	1994	L	HS/GED	N	N	N	Y	16
43	Fiser's C of Cosmetology, 329 1/2 E Maumee St, Adrian 49221	517-264-2199	517-263-2754	1977	U	12th Grade	Y	N	N	Y	16
44	Flint Inst of Barbering, Inc, 3214 Flushing Rd, Flint 48504	810-232-4711	810-232-3132	1925	L	HS	Y	Y	N	Y	17
45	French Acad of Cosmetology, Inc, 111 W Exchange St, Spring Lake 49456	616-844-7070	616-846-9542	2004	S	HS/GED	N	N	N	N	16
46	The Gallery C of Beauty, 38132 S Gratiot Ave, Clinton Township 48036	586-783-7358	586-783-7379	1999	M	HS/GED/ATB	N	N	N	Y	16
47	Henry Ford Hosp, Sch of Diagnostic Med Sonography,										
48	2799 W Grand Blvd, Detroit 48202	313-916-3519		1979	M	*	N	N	Y	Y	18
49	Henry Ford Hosp, Sch of Radiologic Tech, 2799 W Grand Blvd, Detroit										
50	48202	313-916-1348	313-916-9119	1957	U	HS	N	N	Y	Y	18
51	Houghton Lake Inst of Cosmetology, PO Box 669,										
52	5921 W Houghton Lake Dr, Houghton Lake 48629	989-422-4573	989-422-2733	1983	R	HS/GED	*	N	N	N	
53	Hurley Med Ctr, Sch of Med Tech, 1 Hurley Plz, Flint 48503	810-257-9130	810-762-7230	1945	L	BS	N	N	Y	Y	None
54	Hurley Med Ctr, Sch of Radiologic Tech, 1 Hurley Plz, Flint 48503	810-257-9835		1948	M	HS/GED*	N	N	Y	Y	18
55	Interlochen Arts Acad, PO Box 199, Marketing & Publications Dept,										
56	Interlochen 49643	231-276-7472	231-276-7464	1962	R	*	N	N	Y	Y	14
57	Irene's Myomassology Inst, 26061 Franklin Rd, Southfield 48033	248-350-1400	248-350-8068	1993	M	HS/GED*	N	N	N	Y	18
58	Kalamazoo Ctr for the Healing Arts, 6350 West KL Ave, Kalamazoo 49009	269-373-0910		1987	L	None	N	N	Y	Y	18*
59	Marquette Gen Hosp, Sch of Radiography, 420 W Magnetic St, Marquette										
60	49855	906-225-4916	906-225-4943	1979	S	HS/GED+*	Y	Y	Y	Y	18
61	Michigan C of Beauty, Monroe, 15233 1/2 S Dixie Hwy, Monroe 48161	734-241-8877	734-241-4629	1972	U	HS/GED	N	N	N	Y	16
62	Michigan Sch of Myomassology, 3116 W 12 Mile Rd, Berkley 48072	248-542-7228	248-542-5830	1993	U	HS/GED	N	N	N	Y	18

*Additional information in Appendix

Line Number	Regis/Enrollment Application Fee	Courses Start	Tuition for Each Program	Mandatory Fees	Full-time	Part-time	Bureau of Indian Affairs	JTPA/WIA	Fed. Aviation Admin.	Immigration/Naturalization Service	Social Security Admin.	Veterans Admin.	Voc. Rehab.	Fed. Pell Grants	FSEOG	FWS	Fed. Perkins Loans	Fed. Stafford Loans	Scholarships	Deferred Payment	Job Counseling	Job Placement	Personal Counseling	Housing	Mobility Impaired Services	Mobility Impaired Programs
1																										
2	200	Open	2300	200	50	20	N	N	N	N	N	N	Y	N	N	N	N	N	N	Y	Y	Y	Y	N	Y	Y
3	125	Monthly	530-1395*	None	250-	35	N	N	N	N	N	N	N	N	N	N	N	N	N	N	N	N	Y	Y	Y	Y
4	200	Every 6 Wks	1776	None	10	No	N	Y	N	N	Y	Y	Y	N	N	N	N	N	N	N	Y	Y	Y	N	N	N
5	150	Sept/Feb	12600-15300	None	150	No	N	N	N	N	N	Y	Y	Y	N	N	N	Y	Y	Y	Y	Y	Y	N	N	Y
6	30*	Open	449-546*	None	1350	2461	N	Y	N	N	N	Y	Y	Y	Y	Y	Y	Y	Y	Y	Y	Y	Y	N	Y	Y
7	None	Open	447-6995			3000	N	Y	N	N	N	N	Y	N	N	N	N	N	N	N	N	N	N	N	N	N
8	100	Monthly	1254-10150	100	54	22	Y	Y	N	Y	N	Y	Y	Y	Y	Y	Y	Y	Y	Y	Y	Y	Y	N	N	N
9																										
10	100	Monthly	1254-10150	100	20	30	Y	Y	N	Y	Y	Y	Y	Y	Y	Y	Y	Y	Y	Y	Y	Y	Y	N	N	N
11	100	Monthly	1254-9650	100	20	30	Y	Y	N	Y	Y	Y	Y	Y	Y	N	Y	N	Y	Y	Y	Y	Y	N	N	N
12	100	Monthly	1254-10650	100	100	100	Y	Y	N	Y	Y	Y	Y	Y	Y	N	Y	N	Y	Y	Y	Y	Y	N	N	N
13		Monthly					N	Y	N	N	N	N	Y	Y	Y	Y	Y	N	N	N	Y	N	N	N	N	N
14	50	Sept/Jan/June	10800	1100	20	52	N	N	N	N	N	N	N	N	N	N	N	N	N	N	Y	Y	Y	N	N	N
15	20	September	4500-9000	800	150	30	N	Y	N	N	Y	N	Y	Y	N	N	N	N	Y	Y	Y	Y	Y	N	Y	Y
16	50	*	11250-12525	1015-1170	40	38	N	N	N	N	N	Y	N	Y	Y	Y	Y	Y	Y	Y	Y	Y	Y	N	N	N
17		Monthly	29900		157	No	N	N	N	N	N	N	N	Y	Y	Y	Y	Y	N	Y	N	Y	N	N	N	Y
18	**MICHIGAN (MI)**																									
19	200	Every 4 Mos	6000	4000*	17	None	N	Y	N	N	N	N	Y	N	N	N	N	Y	Y	Y	N	Y	N	N	Y	N
20	75	Sept/Feb	7800	950	90	No	Y	N	N	N	N	Y	Y	Y	N	N	N	Y	Y	Y	Y	Y	Y	N	Y	Y
21	25	Monthly	4600	900*	40	No	N	N	N	N	Y	Y	Y	N	N	N	N	N	N	N	N	N	N	N	Y	N
22	100	*	1900-6500	15-50	60	23	Y	Y	N	N	N	N	Y	N	N	N	N	N	N	N	Y	Y	Y	N	N	N
23	15	*	3600-9995		60	10	Y	N	N	N	N	N	Y	N	N	N	N	N	N	N	N	N	N	N	N	N
24	495	Quarterly	5135-17440	None	195	150	N	Y	N	N	Y	Y	Y	Y	Y	N	N	Y	Y	Y	Y	Y	Y	N	Y	Y
25	100	Every 6 Wks	11200	1500	100	8	Y	N	N	N	N	Y	Y	Y	Y	N	N	Y	Y	Y	Y	Y	Y	N	Y	N
26																										
27	150	*	3500-8500	None	200	No	N	N	N	Y	N	Y	Y	Y	Y	Y	Y	Y	Y	Y	Y	Y	Y	N	Y	Y
28	20	Quarterly	8040-9900	None	120	10	N	Y	N	Y	Y	Y	Y	Y	Y	Y	Y	Y	Y	Y	Y	Y	Y	N	Y	N
29																										
30	20	Monthly	7970	20	125	No	N	Y	N	N	N	N	Y	Y	Y	Y	Y	Y	Y	Y	Y	Y	Y	N	Y	N
31																										
32	75	Every 6 Wks	2750-17375	None	340	No	N	Y	N	N	Y	N	Y	Y	N	N	N	N	Y	Y	Y	Y	Y	N	Y	N
33	75	Every 6 Wks	3000-16025	None	324	No	N	Y	N	N	Y	N	Y	Y	N	N	N	N	Y	Y	Y	Y	Y	N	Y	N
34	25	Every 6 Wks	2750-13895	None	180	No	N	Y	N	N	Y	Y	Y	Y	N	N	N	Y	Y	Y	Y	Y	Y	N	Y	Y
35																										
36	100	Quarterly	13300	1300	90	89	N	N	N	N	N	N	N	Y	N	N	N	N	Y	N	Y	Y	Y	N	N	N
37																										
38	100	Monthly/Qtrly*	6700-13900	1000-1300	115	85	N	N	N	N	N	N	N	Y	N	N	N	N	Y	N	Y	Y	Y	N	Y	N
39																										
40	250	Every 10 Wks	7450	265	62	5	Y	Y	N	N	N	N	Y	N	N	N	N	N	N	N	Y	Y	Y	N	Y	N
41																										
42	250		2600-6650	265-2600	75	32	Y	Y	N	N	N	Y	Y	Y	N	N	N	N	N	N	Y	Y	Y	N	Y	N
43	100	Every 2-3 Mos	3000-7900	565	22	8	Y	Y	N	N	Y	N	Y	Y	N	N	N	N	N	Y	Y	Y	Y	N	Y	N
44	95	5 Times/Yr*	6000	1048.63*	58	No	Y	Y	N	N	Y	Y	Y	Y	N	N	N	N	N	N	Y	Y	Y	N	N	N
45	215	Every 11 Wks	2580-8750	215	20	11	N	N	N	N	N	N	N	*	*	*	*	*	Y	Y	Y	N	Y	N	N	N
46	0		2100-8500				N	Y	N	N	Y	Y	Y	Y	N	N	N	N	Y	Y	Y	Y	Y	N	N	N
47																										
48	No	Sept/Oct	1000	700	7	No	N	N	N	N	N	Y	N	N	N	N	N	N	N	N	Y	Y	Y	N	N	N
49																										
50	No	September	500	500	40	No	N	N	N	N	N	N	N	N	N	N	N	N	N	N	Y	Y	Y	N	N	N
51																										
52	125	Bimonthly	3000-6500	707	*	*	N	N	N	N	N	N	N	Y	N	N	N	N	Y	Y	Y	Y	Y	N	N	N
53	No	September	None	300	6	No	N	N	N	N	N	N	N	N	N	N	N	N	Y	Y	Y	Y	Y	N	N	N
54	25	August 1	3000	0	15	No	N	N	N	N	N	Y	N	N	N	N	N	N	N	N	Y	Y	Y	N	N	N
55																										
56	*	September	21510*	700	474	No	N	N	N	N	N	N	N	N	N	N	N	N	N	N	N	N	N	N	N	N
57	50	Feb/May/Sept	7566	525	250	10	N	N	N	N	N	N	N	N	N	N	N	N	N	N	Y	Y	N	N	Y	N
58	0	5 Times/Yr	8400	None	100	No	N	N	N	N	N	N	N	N	N	N	N	N	N	N	Y	Y	N	N	N	Y
59																										
60	35	August	2450	850	20	No	Y	N	N	N	Y	N	Y	Y	N	N	N	N	Y	N	Y	Y	Y	N	Y	Y
61	100	Monthly	2300-9500	None	57	100	N	N	N	N	Y	N	Y	Y	N	N	N	N	Y	Y	Y	Y	Y	N	Y	N
62	550	Feb/May/Sept	6000	275*	56	19	N	N	N	Y	N	Y	Y	N	N	N	N	N	Y	Y	Y	Y	Y	N	Y	N

Mr David's Sch of Cosmetology (MICHIGAN)

Line Number	Institution Name and Address	Phone	Fax	Founded	Location	Minimum Education & Admission Requirements	Admissions Exam	Aptitude Testing	References/Letters of Recommendation	Interview	Minimum Age
1	Mr David's Sch of Cosmetology, 4000 S Saginaw St, Flint 48507	810-762-7474	810-762-7554	1955	L	HS/GED	N	N	N	N	16
2	Nuvo C of Cosmetology, 4236 Grand Haven Rd, Norton Shores 49441	231-798-1308					N	N	Y	N	16
3	Providence Hosp-Southfield, Sch of Diagnostic Med Sonography,										
4	16001 W Nine Mile Rd, Southfield 48075	248-849-5385	248-849-5395	1977	U	BS/RT*	N	N	Y	Y	18
5	Providence Hosp-Southfield, Sch of Radiologic Tech, PO Box 2043,										
6	16001 W Nine Mile Rd, Southfield 48037	248-849-3293	248-849-5397	1969	L	HS/GED+*	Y	Y	Y	Y	18
7	Ross Med Ed Ctr, Lansing, 4106 W Saginaw Hwy, Lansing 48917	517-703-9044	517-703-9125	1976	S	HS	Y	N	N	Y	18
8	Ross Med Ed Ctr, Port Huron, 3568 Pine Grove Ave, Port Huron 48060	810-982-0454		1988	U	HS/GED	Y	N	Y	Y	18
9	Sharps Acad of Hairstyling, Grand Blanc, 8166 Holly Rd, Grand Blanc										
10	48439	810-695-6742		1990	R	HS/GED	N	N	N	N	17
11	Specs Howard Sch of Broadcast Arts, 19900 W Nine Mile Rd, Southfield										
12	48075	248-358-9000		1970	M	HS/GED	Y	Y	N	Y	*
13	Spring Renewal Holistic Wellness Ctr, 3493 Blue Star Hwy, Saugatuck										
14	49453	269-857-2602	269-857-2402	2000	S	HS*	N	N	N	Y	17
15	Taylortown Sch of Beauty, 23129 Ecorse Rd, Taylor 48180	313-291-2177		1975	U	9th Grade	Y	Y	Y	Y	16
16	Traverse City Beauty C, 1144 Boon St, Traverse City 49686	231-929-0710		2003	S	HS/GED	N	N	N	Y	17
17	William Beaumont Hosp, Sch of Nuclear Med Tech, 3601 W 13 Mile Rd,										
18	Royal Oak 48073	248-898-1425		1970	M	*	Y	N	Y	Y	18
19	William Beaumont Hosp, Sch of Radiation Therapy, 3601 W 13 Mile Rd,										
20	Royal Oak 48073	248-551-7156		1994	M	HS/GED*	N	N	Y	Y	18
21	William Beaumont Hosp, Sch of Radiologic Tech, 3601 W 13 Mile Rd,										
22	Royal Oak 48073	248-898-6048	248-898-5490	1965	U	HS/GED*	N	N	Y	Y	None
23	Wright Beauty Acad, Battle Creek, 492 Capital Ave SW, Battle Creek										
24	49015	269-964-4016	269-964-3402	1944	U	HS/GED	N	N	N	N	16
25	Wright Beauty Acad, Portage, 6666 Lovers Ln, Portage 49002	269-321-8708	269-321-8712	1976	U	GED	N	N	N	Y	16
26	**MINNESOTA (MN)**										
27	Alexandria Tech C, Alexandria, 1601 Jefferson St, Alexandria 56308	320-762-4520	320-762-4603	1961	S	HS/GED/ATB	N	N	Y	Y	None
28	Art Instruction Schs, 3400 Technology Dr, Minneapolis 55418	612-362-5075	612-362-5260	1914			N	Y	N	Y	14
29	Center Point Massage & Shiatsu Sch & Clinic, 1313 5th St SE Ste 336,										
30	Minneapolos 55414	612-617-9090	612-617-9292	2001	M	HS/GED	N	N	N	Y	18
31	Center Point Massage & Shiatsu Therapy Sch & Clinic,										
32	1313 5th St SE 336, Minneapolis 55414	612-617-9090		1984	M	HS/GED	N	N	N	Y	18
33	Central Beauty Sch, 2933 Pentagon Dr, Minneaplois 55418	651-994-7881		2000	M	HS/GED	N	N	N	Y	16
34	Dakota Co Tech C, 1300 145th St E, Rosemount 55068	651-423-8301		1970	S	HS/GED/ATB	Y	N	N	Y	16
35	Dunwoody C of Tech, 818 Dunwoody Blvd, Minneapolis 55403	612-374-5800	612-374-4128	1914	M	HS/GED	N	N	N	Y	None
36	Hennepin Tech C, Brooklyn Park Campus, 9000 Brooklyn Blvd,										
37	Brooklyn Park 55445	952-995-1300	763-488-2944	1971	U	HS/GED	N	Y	N	N	None
38	Minneapolis Bus C, 1711 W County Rd B Ste 100N, Roseville 55113	651-636-7406		1874	U	HS/GED	N	N	N	Y	*
39	Minnesota Sch of Cosmetology, 7166 N 10th St, Oakdale 55128	651-287-2180		2003	U	HS/GED	Y	N	N	Y	
40	Minnesota W Comm & Tech C, Canby, 1011 W 1st St, Canby 56220	800-658-2535	507-223-5291	1965	R	HS/GED	N	N	N	N	16
41	Regency Beauty Inst, Blaine, 40 County Rd 10, Blaine 55434	763-784-9102	763-784-1008	1965	U	HS/GED	Y	Y	N	Y	16
42	Regency Beauty Inst, Burnsville, 14350 Buckhill Road, Burnsville 55306	952-435-3882	952-435-6594	1959	M	HS/GED	Y	Y	N	Y	16
43	Regency Beauty Inst, Maplewood, 3000 White Bear Ave Ste 27,										
44	Maplewood 55109	651-773-3951	651-773-3974	2003	L		Y	N	N	Y	16
45	Regency Beauty Inst, Waite Park, 110 2nd St S, Waite Park 56387	320-251-0500		1991	L	HS/GED	Y	Y	Y	Y	16
46	Rice Mem Hosp, Sch of Radiologic Tech, 301 Becker Ave SW, Willmar										
47	56201	320-231-4553		1957	S	HS/GED	N	N	Y	Y	18
48	Ridgewater C, Willmar & Hutchinson, PO Box 1097, 2101 15th Ave NW,										
49	Willmar 56201	320-222-5200	320-222-5212	1961	S	HS/GED	N	Y	N	N	*
50	The Salon Professional Acad, 4411 Winnetka Ave N, New Hope 55446	763-536-0772	763-504-2868	2002	M	HS/GED	N	N	Y	Y	16
51	The Salon Professional Acad, 4411 Winnetka Ave N, New Hope 55428	763-536-0772	763-504-2868	2002	U	HS/GED	N	N	N	Y	16
52	Scot Lewis Empire Ed Group, Bloomington, 9749 Lyndale Ave,										
53	Bloomington 55420	952-551-4826		1958	U	HS/GED	Y	N	Y	Y	16
54	Sister Rosalind Gefre Sch & Clinics of Massage, Mankato, 416 S Front St,										
55	Mankato 56001	507-344-0220	507-344-0240	1984	U	HS/GED	N	N	Y	N	18
56	Sister Rosalind Gefre Sch & Clinics of Massage, West Saint Paul,										
57	149 Thompson Ave E Ste 160, West Saint Paul 55118	651-554-3010	651-554-7608	1984	L	HS/GED	N	N	Y	Y	18
58	South Central C, Faribault, 1225 SW Third St, Faribault 55021	507-334-3965		1964	S	HS/GED	N	Y	N	N	16
59	St Cloud Hosp, Sch of Radiologic Tech, 1406 6th Ave N, St Cloud 56303	320-255-5719		1938	U	HS/GED+*	Y	Y	Y	Y	18
60	St Cloud Tech C, 1540 Northway Dr, St Cloud 56303	320-308-5000	320-308-5981	1948	L	HS/GED	N	N	Y	Y	16
61	**MISSISSIPPI (MS)**										
62	Blue Cliff C, 942 Beach Dr, Gulfport 39507	228-896-9727	228-896-8659	1987	U	HS/GED	N	N	Y	Y	18

Additional information in Appendix

Line Number	Regis/Enrollment Application Fee	Courses Start	Tuition for Each Program	Mandatory Fees	Full-time	Part-time	Bureau of Indian Affairs	JTPA/WIA	Fed. Aviation Admin.	Immigration/Naturalization Service	Social Security Admin.	Veterans Admin.	Voc. Rehab.	Fed. Pell Grants	FSEOG	FWS	Fed. Perkins Loans	Fed. Stafford Loans	Scholarships	Deferred Payment	Job Counseling	Job Placement	Personal Counseling	Housing	Mobility Impaired Services	Mobility Impaired Programs
		ADMISSIONS	COSTS		ENROLLMENT		GOVERNMENT JOB TRAINING & AID							OTHER FINANCIAL AID							STUDENT SERVICES					
1	0	Monthly	1800-7000	150-400	100	150	Y	N	N	N	N	N	Y	Y	N	N	N	N	Y	Y	Y	Y	Y	N	Y	N
2	115	Open	2700-8300	515	40	10	N	N	N	N	N	N	Y	Y	N	N	N	N	Y	Y	Y	Y	Y	Y	N	N
3																										
4	No	September*	2500	None	5	No	N	N	N	N	N	N	N	N	N	N	N	N	N	N	N	N	N	N	N	Y
5																										
6	40	September	2500	800*	12	No	N	N	N	N	N	N	N	N	N	N	N	N	N	N	N	N	N	N	N	Y
7	45	*	9385	None	155	No	Y	N	N	N	N	Y	Y	N	N	N	N	N	N	Y	Y	Y	Y	N	N	Y
8	45	Monthly	8250	None	84	0	N	Y	N	N	N	Y	Y	N	N	N	N	N	N	Y	Y	N	N	N	N	N
9																										
10	15	Monthly	6700	100*	5	55	N	N	N	N	N	N	Y	Y	N	N	N	N	Y	Y	N	N	N	N	Y	N
11																										
12	50	Monthly		None	578	No	Y	N	N	N	N	Y	Y	Y	N	N	N	N	Y	Y	Y	Y	Y	Y	N	N
13																										
14	100	Jan/May/Sept	4925	500	15		N	N	N	N	N	N	Y	N	N	N	N	N	N	N	Y	Y	Y	N	N	N
15	100	Monthly	850-9990	100	14	61	Y	N	N	N	N	Y	Y	N	N	N	N	N	N	N	Y	Y	Y	N	N	N
16	150	Every 8-10 Wks	3500-10900	150	20	30	Y	Y	N	N	N	Y	Y	N	N	N	N	N	N	N	Y	Y	Y	N	N	N
17																										
18	40	September	3000	*	10	No	N	N	N	N	N	N	N	N	N	N	N	N	N	N	N	Y	Y	N	N	N
19																										
20	40	September	8512	200-600*	6	No	N	N	N	N	N	N	N	N	N	N	N	N	N	N	N	N	N	N	N	N
21																										
22	40	July/Jan	1000	750	24	No	N	N	N	N	N	N	N	N	N	N	N	N	Y	N	N	N	N	N	N	N
23																										
24	50	5 Times/Yr*	3000-7000	100	40	40	N	N	N	N	N	N	N	N	N	N	N	N	N	N	N	N	N	N	N	N
25	35	Bimonthly	2000-7000	None	80	25	N	N	N	N	N	Y	N	N	N	N	N	N	N	N	N	N	N	N	N	N
26	**MINNESOTA (MN)**																									
27	20	Aug/Jan/May	1900-8550	*	1591	380	Y	Y	N	N	N	Y	Y	Y	N	N	N	N	Y	Y	Y	Y	Y	Y	N	N
28	115	Open	2885	None			N	N	N	N	N	N	N	N	N	N	N	N	N	N	N	N	N	N	N	N
29																										
30	50	Sept/Jan/May	9957-13926	974-2834	75	65	N	Y	N	N	N	Y	Y	N	N	N	N	N	N	N	Y	Y	Y	N	N	Y
31																										
32	50	Every 4 Mos	9957-13926	*	100	75	N	Y	N	N	N	Y	Y	N	N	N	N	N	N	N	Y	Y	Y	N	N	Y
33	150	Weekly	3000-10000	*	17	2	Y	Y	N	N	Y	Y	Y	N	N	N	N	N	N	N	Y	Y	Y	N	N	N
34	20	3 Times/Yr*	2500-10560	16.80/Cr	3010	3714	Y	Y	N	N	N	Y	Y	Y	Y	Y	Y	Y	Y	Y	Y	Y	Y	Y	Y	Y
35	50	Quarterly	2600-5400/Qtr	395	1201	156	Y	Y	N	N	N	Y	Y	Y	Y	Y	Y	Y	Y	Y	Y	Y	Y	N	N	Y
36																										
37	20	Semester	139.76/Cr Hr	0	4653	8725	Y	Y	N	N	N	Y	Y	Y	Y	Y	Y	Y	Y	Y	Y	Y	Y	Y	Y	Y
38	50	September	6580/Sem	50	375	No	N	N	N	N	N	N	N	Y	Y	Y	Y	Y	Y	Y	Y	Y	Y	Y	Y	Y
39	50	Monthly	3150-13950*	500-900*	100	50	Y	Y	N	N	N	Y	Y	Y	Y	Y	Y	Y	Y	Y	Y	Y	N	N	N	N
40	20	Jan, Aug	5000/Yr*	15.85/Cr	150	12	Y	Y	N	N	N	Y	Y	Y	Y	Y	Y	Y	Y	Y	Y	Y	Y	Y	N	N
41	100	Monthly	7000-13500	775-1060	105	25	Y	Y	N	N	N	Y	Y	Y	Y	Y	Y	Y	Y	Y	Y	Y	Y	N	Y	Y
42	100	Every 4 Wks	12900	1234	70	10	Y	Y	N	N	N	Y	Y	Y	Y	Y	Y	Y	Y	Y	Y	Y	Y	N	N	N
43																										
44	100	Monthly	13500	1300	54	0	N	N	N	N	N	Y	Y	Y	Y	Y	Y	Y	Y	Y	Y	Y	Y	N	N	N
45	100	Monthly	12300	1140*	112	No	Y	Y	N	N	N	Y	Y	Y	Y	Y	Y	Y	Y	Y	Y	Y	Y	N	N	N
46																										
47	20	August	6000	None	14	No	N	N	N	N	N	Y	Y	Y	Y	Y	Y	Y	Y	Y	Y	Y	Y	N	N	N
48																										
49	20	Semester	151/credit*		2415	1199	Y	Y	N	N	N	Y	Y	Y	Y	Y	Y	Y	Y	Y	Y	Y	Y	N	N	N
50	200	Bimonthly	15000 or less	200	60	20	N	N	N	N	N	Y	Y	N	N	N	N	N	N	N	Y	Y	N	N	N
51	200	Bimonthly	3229-15990		90		N	N	N	N	N	N	Y	Y	N	N	N	N	Y	Y	Y	Y	Y	N	N	N
52																										
53	100	Every 6 Wks	8000-15000	None	150	50	Y	Y	N	Y	Y	Y	Y	Y	Y	Y	Y	Y	Y	Y	Y	Y	Y	N	N	N
54																										
55	40	Spring/Fall	11800	1700	20	10	N	N	N	N	N	N	N	N	N	N	N	N	N	N	N	N	N	N	N	N
56																										
57	40	Spring/Fall	5885-14577	None	60	75	Y	Y	N	N	N	Y	Y	N	N	N	N	N	N	N	Y	*	Y	Y	N	N
58	20	Fall/Spring	5000-10000*	*	300	300	Y	Y	N	N	N	Y	Y	Y	Y	Y	Y	Y	Y	Y	Y	Y	Y	N	N	Y
59	20	September	4757/Yr		16	No	N	N	N	N	N	N	N	N	N	N	N	N	N	N	Y	Y	N	N	N	N
60	20	Semester	133.86/Cr	13.59/Cr	3949	4491	Y	Y	N	N	N	Y	Y	Y	Y	Y	Y	Y	Y	Y	Y	Y	Y	N	Y	N
61	**MISSISSIPPI (MS)**																									
62	100*	Quarterly	8000-10000	None	200	No	N	N	N	N	N	Y	Y	Y	N	N	N	N	Y	Y	N	Y	N	N	Y	N

Chris' Beauty C (MISSISSIPPI)

Line Number	Institution Name and Address	Phone	Fax	Founded	Location	Minimum Education & Admission Requirements	Admissions Exam	Aptitude Testing	References/Letters of Recommendation	Interview	Minimum Age
1	Chris' Beauty C, 1265 Pass Rd, Gulfport 39501	228-864-2920	228-864-3801	1961	L	HS/GED	Y	Y	Y	Y	17
2	Creations C of Cosmetology, PO Box 2635, 2419 W Main St, Tupelo 38803	662-844-9264	662-842-0388	1984	S	HS/GED	Y	Y	N	Y	17
3	Magnolia C of Cosmetology, 4725 I-55 N, Jackson 39206	601-362-6940	601-362-7405	1983	L	HS/GED	N	N	N	Y	17
4	Mississippi Baptist Med Ctr, Sch of Med Tech, 1225 N State St, Jackson										
5	39202	601-968-3070	601-974-6286	1946	L	BS*	Y	N	Y	Y	None
6	Mississippi C of Beauty Culture, 732 Sawmill Rd, Laurel 39440	601-428-7043	601-428-9710	1952	S	12th/GED	N	N	N	Y	17
7	Mississippi Job Corps Ctr, 400 Harmony Rd, Crystal Springs 39059	601-892-3348		1977	R	*	N	N	N	N	16
8	Traxler's Hair Sch, 2845 Suncrest Dr, Jackson 39212	601-371-3253	601-371-3881	1993	L	HS/GED	N	Y	N	Y	16-1/2
9	**MISSOURI (MO)**										
10	Abbott Acad of Cosmetology Arts & Sci, 2101 Parkway Dr, St Peters 63376	636-447-0100		1980	L	10th Gr/ATB	N	N	Y	Y	17
11	Adam & Eve C of Cosmetology, 214 N Osage, Independence 64050	816-252-0202	816-252-2646	1984	L	10th Grade	N	N	N	Y	17
12	Allied C, S, 645 Gravois Bluffs Blvd, Fenton 63026	636-326-7300	636-326-9446		M	HS/GED	Y	N	N	Y	
13	American C of Tech, 2921 N Belt Hwy, Saint Joseph 64506	816-279-7000		2001		HS/GED	N	N	N	N	17
14	Bolivar Tech C, 2001 W Broadway St, Bolivar 65613	417-777-5062	417-777-8908	2004	R	HS/GED	Y	Y	Y	Y	17
15	Branson Tech C, 1765 Bee Creek Rd, Branson 65616	417-239-1500	417-239-1501	2004	R	HS/GED	N	Y	Y	Y	17
16	Bryan C, Springfield, 237 S Florence Ave, Springfield 65806	417-862-5700		1982	L	HS/GED/ATB	Y	N	Y	Y	
17	Chillicothe Beauty Acad, Inc, 505 Elm St, Chillicothe 64601	660-646-4198	660-646-9983	1962	R	HS/GED	Y	Y	Y	Y	17
18	Class Act I Sch of Cosmetology, 512 Main St, Joplin 64801	417-781-7070	417-781-5787	1985	S	HS/GED	N	N	N	Y	17
19	Cosmetology Concepts Inst, 1611 Burlington St Ste A, Columbia 65202	573-449-7527	573-499-0103	1974	L	HS/GED*	N	N	Y	Y	17
20	Cox Med Ctr, Sch of Clinical Lab Tech, 3801 S National Ave, Springfield										
21	65807	417-269-6633		1938	L	*	N	N	N	Y	None
22	Dillard's Hair & Nail Sch, 6905-B Blue Ridge Extension, Raytown 64133	816-358-6600		1968		HS/GED	N	N	N	Y	17
23	House of Heavilin Beauty C, 2000 SW State Rt 7, Blue Springs 64014	816-229-9000	816-228-4288	1977	U	HS/GED	N	N	Y	Y	17
24	House of Heavilin Beauty C, 12020 Blue Ridge Blvd, Grandview 64030	816-767-8000		1992	L	HS/GED	N	N	Y	Y	17
25	House of Heavilin, Kansas City, 5720 Troost Ave, Kansas City 64110	816-523-2471		1956	M	HS/GED	N	N	Y	Y	17
26	IHM Health Studies Ctr, 2500 Abbott Pl, St Louis 63143	314-768-1234		1977	M	HS/GED	Y	Y	Y	Y	18
27	Independence C of Cosmetology, 815 W 23rd St, Independence 64055	816-252-4247	816-252-3191	1960	M	HS/GED	Y	Y	Y	Y	17
28	Lutheran Med Ctr, Sch of Nursing, 3547 S Jefferson, St Louis 63118	314-577-5850	314-268-6160	1898	L	HS/GED	Y	N	Y	N	None
29	Massage Therapy Training Inst, Kansas City, 9140 Ward Pkwy Ste 100,										
30	Kansas City 64114	816-523-9140	816-523-0741	1988	M	HS/GED	N	N	Y	Y	18
31	Merrell U of Beauty Arts & Sci, 1101-R SW Blvd, Jefferson City 65109	573-635-4433		1985	S	HS/GED	N	N	Y	Y	17
32	Metro Bus C, Cape Girardeau, 1732 N Kingshighway Blvd, Cape Girardeau										
33	63701	573-334-9181	573-334-0617	1981	S	HS/GED	Y	N	N	Y	18
34	Metro Bus C, Jefferson City, 1407 Southwest Blvd, Jefferson City 65109	573-635-6600		1985	S	HS/GED	Y	N	N	Y	None
35	Mineral Area Reg Med Ctr, Sch of Radiologic Tech, 1212 Weber Rd,										
36	Farmington 63640	573-701-7387		1983	R	HS*	N	Y	Y	Y	17
37	Missouri Sch of Barbering & Hairstyling, 1125 N Hwy 67, Florissant 63031	314-839-0310		1893	M	12th Grade	Y	Y	N	Y	17
38	Neosho Beauty C, 116 N Wood St, Neosho 64850	417-451-7216	417-451-8849	1982	S	12th/GED	Y	N	N	Y	17
39	New Dimensions Sch of Hair Design, 621 Kentucky Ave, Joplin 64801	417-782-2875		1991	U	HS/GED	N	N	N	Y	17
40	Nichols Career Ctr, 605 Union St, Jefferson City 65101	573-659-3104	573-659-3154	1976	R	HS/GED	Y	Y	Y	Y	17
41	Paris II Ed Ctr, 6840 N Oak Trafficway, Gladstone 64118	816-468-6666	816-468-7931	1983	M	HS/GED*	Y	N	N	Y	17
42	Patsy & Rob's Acad of Beauty, Cottleville, 5065 Highway N, Cottleville										
43	63304	636-447-0650	636-447-7650	2007	M	10th Grade/ATB	Y	Y	N	Y	17
44	Patsy & Rob's Acad of Beauty, St Ann, 18 Northwest Plz, St Ann 63074	314-298-8804	314-298-3901	1985	M	HS/GED	Y	Y	N	Y	17
45	Research Med Ctr, Sch of Nuclear Med Tech, 2316 E Meyer Blvd,										
46	Kansas City 64132	816-276-4068	816-276-3138	1974	M	BS/RT/MT/RN	N	N	Y	Y	18
47	Research Med Ctr, Sch of Radiologic Tech, 2316 E Meyer Blvd,										
48	Kansas City 64132	816-276-3390	816-276-3138	1928	M	HS/GED+	Y	Y	Y	Y	18
49	Rolla Tech Ctr/Inst, 500 Forum Dr, Rolla 65401	573-458-0160	573-458-0164	1987	S	HS/GED	Y	Y	N	N	18
50	Salem C of Hairstyling Acad, 1051 Kingshighway St Ste 1, Rolla 65401	573-368-3136	573-346-7816	1989	S	HS/GED	N	N	Y	Y	16
51	Sikeston Public Sch, Dept of Health Occ, 135 Plaza Dt Ste 201, Sikeston										
52	63801	573-472-8887	573-472-8810	1963	S	HS/GED	Y	Y	Y	N	17
53	St Charles Sch of Massage Therapy, 2440 Executive Dr Ste 100,										
54	St Charles 63303	636-498-0777	636-498-0708	1997	M	HS/GED	N	N	Y	Y	18
55	St John's Reg Health Ctr, Sch of Radiologic Tech, 1235 E Cherokee St,										
56	Springfield 65804	417-820-2982		1954	L	HS/GED	N	N	N	Y	18
57	St Louis Hair Acad, Inc, 3701 Kossuth Ave, St Louis 63107	314-533-3125	314-531-0918	1988	M	HS/GED	N	N	Y	Y	17
58	Texas Co Tech Inst, PO Box 314, 6915 S Hwy 63, Houston 65483	417-967-5466		1996	R	HS/GED	Y	Y	Y	Y	17
59	**MONTANA (MT)**										
60	Acad of Cosmetology, Inc, 133 W Mendenhall, Bozeman 59715	406-587-1265	406-585-7357	1983	S	HS/GED	N	N	Y	Y	18
61	Acad of Nail, Skin & Hair, Inc, 928 Broadwater Ave Ste C, Billings 59101	406-252-3232		1998	U	HS/GED	N	N	N	N	18
62	Big Sky Somatic Inst, 1802 11th Ave , Helena 59601	406-442-8998	406-442-8273	1996	S	HS/GED*	N	N	N	N	18

*Additional information in Appendix

Line Number	Regis/Enrollment Application Fee	Courses Start	Tuition for Each Program	Mandatory Fees	Full-time	Part-time	Bureau of Indian Affairs	JTPA/WIA	Fed. Aviation Admin.	Immigration/Naturalization Service	Social Security Admin.	Veterans Admin.	Voc. Rehab.	Fed. Pell Grants	FSEOG	FWS	Fed. Perkins Loans	Fed. Stafford Loans	Scholarships	Deferred Payment	Job Counseling	Job Placement	Personal Counseling	Housing	Mobility Impaired Services	Mobility Impaired Programs
	ADMISSIONS		COSTS		ENROLLMENT		GOVERNMENT JOB TRAINING & AID							OTHER FINANCIAL AID							STUDENT SERVICES					
1	102	Bimonthly	2000-7000	500	93	0	N	Y	N	N	Y	Y	Y	Y	Y	N	N	N	Y	Y	Y	Y	Y	N	Y	Y
2	100	Bimonthly	6100	500	50	10	N	N	N	N	N	N	N	Y	N	N	N	N	N	N	Y	Y	Y	N	Y	N
3	100*	Monthly	3150-12000	None	130	No	N	N	N	N	N	N	Y	Y	N	N	N	Y	N	N	Y	Y	Y	N	N	N
4																										
5	1000	September	None		12	No	N	N	N	N	N	N	N	N	N	N	N	N	N	N	Y	Y	N	Y	N	N
6	100	Monthly	7315	None	50	No	N	N	N	N	N	Y	Y	Y	N	N	N	N	N	Y	Y	Y	Y	Y	N	N
7		Open			455	10	N	N	N	N	N	N	N	N	N	N	N	N	N	N	Y	Y	Y	Y	N	N
8	No	Monthly	6750	None	57	No	N	N	N	N	N	N	Y	Y	N	N	N	N	N	N	Y	N	N	N	N	N
9	**MISSOURI (MO)**																									
10	75	Monthly	2200-6400	None	35	25	N	Y	N	N	N	N	N	Y	N	N	N	N	N	Y	Y	Y	Y	N	N	N
11	200	Monthly	1970-6170	125	40	20	Y	Y	N	Y	N	Y	Y	N	N	N	N	N	N	Y	Y	Y	Y	N	Y	Y
12	50				400		N	Y	N	N	N	Y	Y	N	Y	N	N	N	Y	Y	N	Y	N	N	N	N
13		Every 10 Wks	4500-12000		100	30	N	N	N	N	N	N	Y	N	N	N	N	N	Y	Y	Y	Y	Y	N	Y	Y
14	45	3 Times/Yr*	2155-34115	265-310	70	No	N	N	N	N	N	Y	Y	Y	Y	Y	Y	Y	Y	Y	Y	Y	Y	Y	Y	Y
15	45		1000-10000	400-1300	45	30	N	N	N	N	N	Y	Y	Y	Y	Y	Y	Y	Y	Y	Y	Y	Y	Y	N	N
16	30	Every 5 Wks	12000-17000	*	160	No	N	N	N	N	N	Y	Y	Y	N	N	N	Y	N	Y	Y	Y	Y	N	Y	N
17	100	Open	9100	800	8	8	N	N	N	N	N	N	Y	N	N	N	N	N	Y	Y	Y	Y	Y	Y	Y	Y
18	125	Monthly	1400-8250	400-650*	28	No	Y	N	N	N	N	Y	Y	Y	N	N	N	Y	Y	N	Y	Y	N	N	Y	N
19	100	Bimonthly	3800-9390	None	50	no	N	N	N	N	Y	Y	Y	Y	N	N	Y	N	Y	Y	Y	N	N	N	Y	N
20																										
21	No	Jan/June	3000/Yr	None	8	No	N	N	N	N	N	Y	N	N	N	N	Y	Y	Y	N	Y	Y	Y	N	N	N
22	175	Bimonthly	8950	175	40		N	N	N	N	N	Y	N	N	N	N	N	N	N	Y	Y	Y	Y	N	N	N
23	No	Monthly	1500-10750	None	110	No	N	Y	N	Y	Y	Y	Y	Y	N	N	N	Y	Y	Y	Y	Y	Y	N	N	N
24	25	Monthly	1500-10800*	100	60	No	Y	Y	N	Y	Y	Y	Y	Y	N	N	N	Y	Y	Y	Y	Y	Y	N	Y	N
25	25	Monthly	1400-10800	None	70	no	Y	Y	N	Y	Y	Y	Y	Y	N	N	N	Y	Y	Y	Y	Y	Y	N	N	N
26	35	Jan/May/Sept	158/Cr Hr	30-90*	174	1100	N	N	N	N	N	Y	N	Y	Y	Y	N	Y	Y	Y	Y	Y	Y	Y	Y	N
27	100	Varies	3603-10850	25-120	100	15	N	N	N	N	N	Y	Y	Y	Y	N	Y	Y	Y	Y	Y	Y	Y	N	N	N
28	100*	Aug/Jan	15960	3244	145	70	N	N	N	N	N	Y	Y	Y	N	N	Y	Y	Y	Y	Y	Y	Y	N	N	N
29																										
30	75	Quarterly	11000	100	250		N	Y	N	N	N	Y	Y	Y	Y	Y	Y	Y	Y	Y	Y	Y	Y	N	Y	N
31	150	Monthly	1490-9125	None	120	No	N	Y	N	N	N	Y	Y	Y	N	N	Y	Y	Y	Y	Y	Y	Y	N	Y	Y
32																										
33	25	Quarterly	6500-15000	None	125	5	N	Y	N	N	N	Y	Y	Y	N	N	N	Y	Y	Y	Y	Y	N	N	Y	Y
34	25	Quarterly	8685-17370	100	135	25	N	Y	N	N	N	Y	Y	Y	N	N	N	Y	Y	Y	Y	Y	Y	N	Y	Y
35																										
36	15	August	6300	1500	45	No	N	N	N	N	N	N	N	N	N	N	N	N	N	N	Y	Y	Y	N	N	N
37	100	Monthly	9000	1186*	28	No	N	Y	N	N	N	N	Y	Y	Y	N	N	Y	N	Y	Y	Y	Y	N	N	N
38	100	Monthly	1400-8250	100	20	No	Y	N	N	N	N	Y	Y	Y	N	N	N	Y	Y	N	Y	Y	Y	N	N	N
39	125	Monthly	2675-8500	165	35	15	Y	Y	N	N	N	Y	Y	Y	N	N	Y	Y	N	Y	Y	Y	Y	N	Y	Y
40	15*	August	3400-7850	None	72	5	Y	Y	N	N	Y	Y	Y	Y	N	N	Y	Y	Y	Y	Y	Y	Y	N	Y	Y
41	150	Monthly	3800-7825	150	65	25	Y	N	N	N	N	Y	Y	Y	N	N	N	Y	Y	Y	Y	Y	Y	N	Y	N
42																										
43	100	Every 6 Wks	3000-12500	100	40	No	N	Y	N	N	N	Y	Y	Y	N	N	N	Y	Y	Y	Y	Y	Y	N	N	N
44	100	Every 6 Wks	3000-12500	100	100	No	N	Y	N	N	N	Y	Y	Y	N	N	N	Y	Y	Y	Y	Y	Y	N	N	N
45																										
46	20	September	3600	250	7	No	N	N	N	N	N	Y	N	Y	N	N	N	Y	Y	N	N	N	N	Y	N	N
47																										
48	25	Annually	4800/2 Yr	950*	15	No	N	Y	N	N	N	Y	Y	Y	N	N	Y	Y	Y	N	Y	Y	Y	Y	Y	Y
49	100	Aug/Jan	5260-23000	500-2000	300	No	N	Y	N	N	N	Y	Y	Y	N	N	Y	Y	Y	Y	Y	Y	Y	Y	Y	*
50	100	Monthly	7100	100	48	No	N	Y	N	N	N	Y	Y	Y	N	N	N	Y	Y	Y	Y	Y	Y	N	N	N
51																										
52	50	August	8000	250	41	No	N	Y	N	N	N	Y	Y	Y	N	N	Y	Y	Y	Y	Y	Y	Y	N	Y	N
53																										
54	75*	*	10000	350*	40	40	N	Y	N	N	N	Y	Y	Y	N	N	N	Y	N	Y	N	N	N	N	Y	N
55																										
56	30*	July 1	5000	None	33	No	N	Y	N	N	N	Y	Y	Y	N	N	Y	Y	Y	Y	Y	Y	Y	N	N	N
57	100	Every Month	2214-7350	None	10	29	N	N	N	N	N	N	N	Y	N	N	N	Y	N	N	Y	Y	N	N	N	N
58	45*	2 Times/Yr	1000-10000	400-1300	30	60	N	Y	N	N	N	Y	Y	Y	N	N	N	Y	Y	Y	Y	Y	Y	N	Y	Y
59	**MONTANA (MT)**																									
60	165*	Jan/Ma/Aug/Oct	8600	900	40	No	Y	Y	N	N	N	Y	Y	Y	N	N	N	Y	Y	Y	Y	Y	Y	N	N	N
61	125	Monthly	2100-8500		98	None	N	N	N	N	N	Y	Y	Y	N	N	N	Y	Y	Y	N	Y	N	N	N	N
62	100	Jan/June/Sept	2240-13000	300-900	60	No	N	Y	N	N	N	Y	Y	N	N	N	N	N	N	Y	Y	N	N	N	N	N

Blanco, Blanco Cosmetology Sch (MONTANA)

Line	Institution Name and Address	Phone	Fax	Founded	Location	Minimum Education & Admission Requirements	Admissions Exam	Aptitude Testing	References/Letters of Recommendation	Interview	Minimum Age
1	Blanco, Blanco Cosmetology Sch, 901 24th St W, Billings 59102	406-652-2700		1986	R	GED	N	N	N	N	18
2	Butte Acad of Beauty Culture, 303 W Park St, Butte 59701	406-723-8565		1950	U	HS/GED	N	N	N	Y	16
3	Crevier's Sch of Cosmetology, 134 1st St W, Kalispell 59901	406-257-2525	406-257-1153	1958	L	HS/GED	N	N	N	N	18
4	Health Works Inst, 111 S Grand Annex 3, Bozeman 59715	406-582-1555	406-522-0493	2000	S	HS/GED	N	N	Y	Y	18
5	Sage Tech Services, Billings, 3044 Hesper Rd, Billings 59102	406-652-3030		1989	L	HS/GED/ATB*	N	N	N	Y	18
6	**NEBRASKA (NE)**										
7	Alegent Health Sch of Med Assisting, 6901 N 72nd St, Omaha 68122	402-572-2676	402-572-3486	1999	L	HS/GED	Y	N	Y	Y	18
8	Alegent Health Sch of Radiologic Tech, 7500 Mercy Rd, Omaha 68124	402-398-5527	402-398-6650	1950's	L	HS/GED/ACT+*	Y	N	Y	Y	18
9 10	Capitol Sch of Hairstyling & Esthetics, 2819 S 125th Ave Ste 268, Omaha 68144	402-333-3329	402-333-9614	1923	M	HS/GED*	Y	Y	Y	Y	17
11	Joseph's C of Beauty, Beatrice, 618 Court St, Beatrice 68310	402-223-3588	402-223-3932	1967	S	HS/GED	N	N	Y	Y	17
12	Joseph's C of Beauty, Grand Island, 305 W 3rd, Grand Island 68801	308-381-8848	402-475-5390	1984	S	HS/GED	N	N	N	Y	17
13	Joseph's C of Beauty, Hastings, 828 W 2nd St, Hastings 68901	402-463-1357	402-463-1389	1969	S	HS/GED	N	N	N	Y	17
14	Joseph's C of Beauty, Lincoln, 2241 O Street, Lincoln 68510	402-475-5385		1965	L	HS/GED	N	N	Y	Y	17
15 16	Joseph's of Kearney, Sch of Hair Design, 2213 Central Ave, Kearney 68847	308-234-6594	308-236-7548	1965	U	HS/GED	N	N	Y	Y	17
17	La'James Intl C, Fremont, 1660 N Grant St, Fremont 68025	402-721-6500	402-721-6502	1958	S	HS/GED	N	N	N	Y	17
18	North Platte Beauty Acad, 107 W Sixth, North Platte 69101	308-532-4664		1987	S	HS/GED	N	N	Y	Y	17
19	Omaha Sch of Massage Therapy, 9748 Park Dr, Omaha 68127	402-331-3694	402-331-0280	1991	M	HS/GED	Y	N	Y	Y	*
20	Vatterott C, Spring Valley Campus, 11818 I St, Omaha 68137	402-891-9411	402-891-9413	1969	L	HS/GED	N	N	N	Y	17
21	Xenon Intl Academy, 8516 Park Dr, Omaha 68127	402-393-2933	402-393-0104	1987	M	HS/GED	Y	N	N	Y	17
22	**NEVADA (NV)**										
23 24	Acad of Hair Design, Las Vegas, 5191 W Charleston Blvd Ste 150, Las Vegas 89146	702-878-1185		1971	M	HS/GED	Y	N	Y	Y	17
25	American Career Inst, 2340 Pase del Prado, Ste D208, Las Vegas 89102	702-222-3522	702-222-0754	1998	M		N	N	N	N	18
26 27	Baum Healing Arts Ctr, Carson City, 3107 N Deer Run Rd Ste 6, Carson City 89701	775-884-1145	775-884-9010	1997	U		N	N	N	Y	18
28	Carson City Beauty Acad, 1851 S Roop St Ste A, Carson City 89701	775-885-9977	775-885-9976	1988	L	HS/GED/ATB	N	N	N	Y	16
29 30	European Massage Therapy Sch, 8751 W Charleston Blvd Ste 295, Barcelone Ctr, Las Vegas 89117	702-202-2455	702-202-2454	1996	M	HS	N	N	N	Y	18
31 32	Nevada Career Inst, East Campus, 3025 E Desert Inn Rd, Las Vegas 89121	702-893-3300		1993	L	HS/GED	Y	N	N	Y	
33 34	Nevada Career Inst, West Campus, 3231 N Decatur Blvd, Las Vegas 89130	702-893-3300		2004	L	HS/GED	Y	N	N	Y	
35 36	Nevada Sch of Massage Therapy, 2381 E Windmill Ln Ste 14, Las Vegas 89123	702-456-4325	702-456-9910	1987	M	HS/GED	N	N	N	Y	18
37	Northwest Health Careers, 7398 Smoke Ranch Rd, Las Vegas 89128	702-254-7577	702-256-9181	1997	M	HS/GED/ATB*	N	N	N	Y	17
38	Pima Medical Inst, Las Vegas, 3333 E Flamingo, Las Vegas 89121	888-898-9048		1972	M	HS/GED/ATB	Y	Y	*	Y	18*
39	Ralson Sch of Massage, 77 Pringle Way, Reno 89502	775-827-1800	775-827-1886	1988	M		N	N	N	Y	18
40	Reno Tahoe Job Training Acad, 3702 S Virginia St H2, Reno 89502	775-329-5665	775-324-1969	1976	L	None	N	N	N	Y	20-1/2
41	**NEW HAMPSHIRE (NH)**										
42	Continental Acad of Hair Design, 228 Maple St 2nd Fl, Manchester 03103	603-622-5851	603-623-7042	1932	L	HS/GED	N	N	Y	Y	16
43 44	Continental Acad of Hair Design, Hudson, PO Box 2, 102 Derry St, Hudson 03051	603-889-1614	603-883-9546	1973	S	HS/GED	N	N	Y	Y	16
45	Keene Beauty Acad, 800 Park Ave, Keene 03431	603-357-3736	603-357-3736	1964	S	HS/GED	Y	Y	Y	Y	18
46	New England Sch of Hair Design, 12 Interchange Dr, West Lebanon 03784	603-298-5199		1976	S	HS/GED	N	N	N	Y	16
47	New Hampshire Ctr for Canine Studies, Box 447, Gilmanton 03237	603-267-6910		1985	R	*	N	N	N	N	18
48	New Hampshire Inst for Therapeutic Arts, 153 Lowell Rd, Hudson 03051	603-882-3022		1983	U	HS/GED	N	N	N	Y	18
49	North Eastern Inst of Whole Health, 22 Bridge St, Manchester 03101	603-623-5018	603-623-4689	1993	U	HS/GED	N	N	Y	Y	18
50 51	Portsmouth Beauty Sch of Hair Design, 140 Congress St, Portsmouth 03801	603-436-5456	603-590-7220	1961	S	HS/GED	N	N	Y	Y	18
52	**NEW JERSEY (NJ)**										
53	Acad of Massage Therapy, 401 S Van Brunt St Ste 204, Englewood 07631	888-268-7898	201-568-5181	1991	S	HS/GED	N	N	N	Y	18
54	Acad of Professional Hypnosis, 1358 Burnet Ave Ste 1, Union 07083	908-964-4467		1991	U	HS/GED	N	N	N	N	18
55	Artistic Acad, Rte 10 E Powder Mill Plaza, Morris Plains 07950	973-656-1401	973-538-6642	1984	R	HS/GED	N	N	N	Y	17
56	Atlantic Co Inst of Tech, 5080 Atlantic Ave, Mays Landing 08330	609-625-2249	609-625-8622	1908	U	HS/GED	Y	N	N	Y	18
57 58	Body, Mind & Spirit Learning Alliance, 917 Route 166 Suite 2, Toms River 08753	732-349-7153		1996	S	HS/GED	N	N	N	Y	18
59 60	Capri Inst/Cosmetology Training Ctr, Bricktown, 268 Brick Blvd, Bricktown 08723	732-920-3600	732-920-2893	1982	U	HS/GED	N	N	Y	Y	16
61 62	Capri Inst/Cosmetology Training Ctr, Kenilworth, 660 N Michigan Ave, Kenilworth 07033	908-964-1330	908-851-0705	1980	S	HS/GED	Y	Y	N	Y	16

*Additional information in Appendix

Line Number	Regis/Enrollment Application Fee	Courses Start	Tuition for Each Program	Mandatory Fees	Full-time	Part-time	Bureau of Indian Affairs	JTPA/WIA	Fed. Aviation Admin.	Immigration/Naturalization Service	Social Security Admin.	Veterans Admin.	Voc. Rehab.	Fed. Pell Grants	FSEOG	FWS	Fed. Perkins Loans	Fed. Stafford Loans	Scholarships	Deferred Payment	Job Counseling	Job Placement	Personal Counseling	Housing	Mobility Impaired Services	Mobility Impaired Programs
1	650	Bimonthly	4800	195	44		N	Y	N	N	N	N	Y	N	N	N	N	N	N	Y	N	Y	Y	N	N	N
2	150	Every 3 Mos	9000	700	30	No	Y	Y	Y	N	N	N	Y	Y	N	N	N	N	Y	Y	Y	Y	Y	Y	N	N
3	450	*	2500-6000	450-875	45	No	Y	Y	Y	N	N	N	Y	Y	N	N	N	N	Y	N	Y	Y	Y	N	N	N
4	25	*	7900	500*	32	10	N	Y	N	N	N	N	Y	Y	N	N	N	N	Y	N	Y	Y	Y	Y	N	Y
5	No	2 Times/Mo	1750-4500	50*	150	25	Y	Y	N	Y	Y	Y	Y	N	N	N	N	N	N	N						
6	NEBRASKA (NE)																									
7	20	August*	8000	0	20	0	N	Y	N	N	N	N	Y	Y	N	N	N	N	N	N	Y	Y	Y	Y	Y	Y
8	25	August	5582.50		23	None	N	Y	N	N	N	Y	Y	Y	N	N	N	Y	N	Y	Y	Y	Y	Y	N	N
9																										
10	200	Every 3 Mos	2895-15595	400-600*	93	12	Y	Y	Y	N	N	N	Y	Y	N	N	N	Y	Y	Y	Y	Y	Y	N	N	N
11	20	Monthly	15900	1000	15	No	Y	Y	N	N	N	Y	Y	Y	Y	Y	Y	Y	Y	Y	Y	Y	Y	N	N	N
12	20	Monthly	15900	1100	20	none	Y	Y	N	N	N	Y	Y	Y	Y	Y	Y	Y	Y	Y	Y	Y	Y	N	N	N
13	20	Monthly	15900	1100	20	No	Y	Y	N	Y	Y	Y	Y	Y	Y	Y	Y	Y	Y	Y	Y	Y	Y	N	N	N
14	20	Monthly	14900	1100	83	No	Y	Y	N	Y	Y	Y	Y	Y	Y	Y	Y	Y	Y	Y	Y	Y	Y	N	N	N
15																										
16	20	Monthly	15900	1100	42	No	Y	Y	N	Y	Y	Y	Y	Y	Y	Y	Y	Y	Y	Y	Y	Y	Y	N	N	N
17	50	Monthly	9000-13000	1500	78	No	Y	Y	Y	Y	Y	Y	Y	Y	Y	Y	Y	Y	Y	Y	Y	Y	Y	Y	N	N
18	20	Monthly	14900	1080	26	No	Y	Y	N	Y	N	N	Y	Y	Y	Y	Y	Y	Y	Y	Y	Y	Y	N	N	N
19	75	Quarterly	9217	708	85	19	N	Y	N	N	N	N	Y	Y	N	N	N	N	N	N	Y	Y	Y	N	N	N
20	150	Every 10 Wks	20700-38500	250-1400	550	No	N	Y	N	N	N	N	Y	Y	N	N	N	Y	Y	Y	Y	Y	Y	N	Y	N
21	yes	Bimonthly	8000-14500	1500*	130	5	Y	Y	N	N	Y	Y	Y	N	N	N	N	Y	Y	Y	Y	Y	Y	N	Y	N
22	NEVADA (NV)																									
23																										
24	40	Monthly	4375-16500	None	120	20	Y	Y	N	N	Y	Y	Y	Y	N	N	N	N	Y	Y	Y	Y	Y	N	N	N
25	399	Open	150-399				N	N	N	N	N	N	Y	N	N	N	N	N	N	Y	Y	Y	N	N	N	N
26																										
27	100	Jan/Apr/Sept	7200		15	35	N	Y	N	N	N	N	Y	Y	N	N	N	N	Y	Y	Y	Y	Y	N	N	N
28	100	Monthly	3690-14950	390-650	100	No	Y	Y	N	N	N	N	Y	Y	N	N	N	N	Y	Y	Y	Y	Y	N	N	N
29																										
30	100	Bimonthly	7200		None	71	N	N	N	N	N	N	N	N	N	N	N	N	N	N	N	N	N	N	N	N
31																										
32		Monthly	varies		200		N	N	N	N	N	N	N	N	N	N	N	N	N	N	N	N	N	N	N	N
33																										
34		Monthly	varies		50		N	N	N	N	Y	N	Y	N	N	N	N	N	N	N	N	N	N	N	N	N
35																										
36	100	Every 10 Wks	12077	None	150	200	Y	Y	N	N	N	N	Y	Y	Y	Y	Y	Y	Y	Y	Y	Y	Y	Y	Y	N
37	100	Monthly	2000-10000		60	40	N	N	N	N	N	N	N	Y	Y	Y	Y	Y	Y	Y	Y	Y	Y	N	N	N
38	150	Monthly	2385-23715		500	No	N	N	N	N	N	N	N	Y	Y	Y	Y	Y	Y	Y	Y	Y	Y	N	N	Y
39	100*	Open	5750	585*	50	50	Y	Y	N	N	N	Y	Y	Y	Y	Y	Y	Y	N	Y	N	N	N	N	N	N
40	35	Open	500-6700	35	100	100	Y	Y	N	N	N	Y	Y	Y	N	N	N	N	N	Y	Y	Y	Y	N	N	N
41	NEW HAMPSHIRE (NH)																									
42	100	Bimonthly	12250	1250	60	No	N	N	Y	N	N	Y	Y	N	Y	N	N	N	Y	Y	Y	Y	Y	N	N	N
43																										
44	100	Bimonthly	12500	1000	85	1	N	N	N	N	N	N	N	N	Y	N	N	N	N	Y	Y	Y	N	N	N	N
45	100	Bimonthly	7950-12950	100	51	No	N	Y	N	N	N	Y	Y	Y	Y	N	N	N	Y	N	Y	Y	Y	N	N	N
46	100	Every 3 Mos	11500	237	50	19	N	Y	N	N	N	Y	Y	Y	Y	N	N	N	Y	Y	Y	Y	Y	N	N	N
47	*	Monthly	4000-14000	None	3	2	N	N	N	N	N	N	N	N	N	N	N	N	N	Y	Y	Y	Y	N	N	N
48	35	Sept/Jan	9500	1000*	30	No	N	N	N	N	Y	Y	Y	N	N	Y	N	Y	Y	Y	Y	N	Y	N	N	N
49	50	Mar/Sept	9000	900	150	No	N	Y	N	N	Y	Y	Y	N	Y	Y	Y	Y	Y	N	Y	Y	Y	N	N	N
50																										
51	200*	Bimonthly	13000	1000	65	No	N	N	N	N	N	N	N	N	N	N	N	N	Y	N	Y	Y	Y	N	Y	N
52	NEW JERSEY (NJ)																									
53	125	Bimonthly	7000-13000	125	120	no	N	Y	N	N	N	N	Y	N	N	N	N	N	Y	Y	Y	Y	N	Y	N	Y
54	No	Sept/Feb	1785	None			N	N	N	N	N	N	N	N	N	N	N	N	N	N	N	N	N	N	N	N
55	100	Quarterly	5425-13020	690-825	170	50	N	Y	N	N	N	N	Y	Y	Y	N	N	N	Y	N	Y	Y	N	N	N	N
56	10	September	3000-7000	0-2000	350	700	N	Y	N	N	N	N	Y	Y	Y	Y	Y	Y	Y	Y	Y	Y	Y	Y	N	Y
57																										
58	75	Oct/Mar	5100	325	40	30	N	Y	N	N	N	N	Y	N	N	N	N	N	N	N	N	N	Y	N	N	N
59																										
60	150	Monthly	2400-12500	136	175	75	N	Y	N	N	N	N	Y	Y	Y	Y	N	N	Y	Y	Y	Y	Y	N	N	N
61																										
62	150	Monthly	2400-1250	130	120	40	N	Y	N	N	N	Y	Y	Y	Y	N	N	N	Y	Y	Y	Y	Y	Y	N	N

Line Number	Institution Name and Address	Phone	Fax	Founded	Location	Minimum Education & Admission Requirements	Admissions Exam	Aptitude Testing	References/Letters of Recommendation	Interview	Minimum Age
1	Central Career Sch, 126 Corporate Blvd, South Plainfield 07080	908-412-8600	908-412-8601	1995	L	HS/GED	Y	Y	N	Y	17
2	Comm Inst for Career Advancement, 36 Butler St, Elizabeth 07206	908-558-2411	908-558-1053	2000	M	HS/GED/ATB	Y	N	N	Y	18
3	The Cooper Health Sys, Sch of Radiologic Tech, 1 Cooper Plz, Camden										
4	08103	856-342-2397		1960	M	HS/GED	N	N	Y	Y	17
5	Cumberland Co Tech Ed Ctr, 601 Bridgeton Ave, Bridgeton 08302	856-451-9000	856-451-8487	1969	R	HS/GED*	N	N	N	N	13
6	Dahn Healing Inst of Massage Therapy, 297 Kinderkamack Rd Ste 200,										
7	Oradell 07649	201-225-9000	201-225-0086	1999	S	HS/GED	N	N	N	Y	18
8	Divers Acad Intl, 2500 S Broadway, Camden 08104	800-238-3483		1975	M	HS/GED	N	Y	N	N	18
9	Ducret Sch of Arts, 1030 Central Ave, Plainfield 07060	908-757-7171	908-757-2626	1926	L	HS/GED	N	N	N	Y	16
10	ELS Language Ctrs, 400 Alexander Park, Princeton 08540	609-750-3500	609-750-3597	1961		*	N	N	N	N	*
11	Empire Beauty Sch, Bordentown, 610 US Highway 206, Bordentown 08505	609-298-1058					N	N	N		
12	Empire Beauty Sch, Cherry Hill, 2100 Route 38, Plaza Cherry Hill,										
13	Cherry Hill 08002	856-667-8326					N	N	N		
14	Empire Beauty Sch, Laurel Springs, 1305 Blackwood Clementon Rd,										
15	Laurel Springs 08021	856-435-8100					N	N	N		
16	Essex Group Inst for Massage & Bodywork, PO Box 41, Cedar Grove										
17	07009	973-571-9801	973-571-9821	1995	R	HS/GED	N	N	N	Y	18
18	European Acad of Cosmetology, 1126 Morris Ave, Union 07083	908-686-4422	908-687-0947	1981	S	HS/GED	N	N	N	Y	17
19	Fashion Design Training Studio, 39 Ferry St, Newark 07105	973-817-7756		1993	M	HS/GED	N	N	N	Y	13
20	Healing Hands Inst for Massage Therapy, 41 Bergenline Ave, Westwood										
21	07675	201-722-0099	201-722-0690	1990	L	HS	N	N	Y	Y	18
22	Health Choices Holistic Massage Sch, 170 Township Line Rd, Hillsborough										
23	08844	908-359-3995	908-359-3902	1984	R	HS/GED	N	N	N	Y	18
24	Helene Fuld Sch of Nursing in Camden County, PO Box 1669, College Dr,										
25	Blackwood 08012	856-481-9100	856-481-9110	1894	S	HS/GED	Y	Y	Y	Y	18
26	Helma Inst of Massage Therapy, 190 Midland Ave, Saddle Brook 07663	973-340-5600	973-478-8748	1981	M	HS/GED	N	N	N	Y	18
27	Hohokus Sch of Trades & Tech Studies, 634 Market St, Patterson 07513	800-646-9353	973-742-5585	1954	U	HS/GED/ATB	N	N	N	Y	17
28	Holy Name Hosp-Sch of Nursing, 690 Teaneck Rd, Teaneck 07666	201-833-3005	201-833-7209	1925	L	HS/GED	Y	Y	Y	Y	18
29	Horizon Inst of Paralegal Studies, 449 N Wood Ave, Linden 07036	908-486-0404	908-925-6150	1978	U	HS/GED	N	N	N	Y	
30	Hudson Area Sch of Radiologic Tech, 176 Palisades Ave, Christ Hospital,										
31	Jersey City 07306	201-795-8246	201-795-5818	1969	S	HS/GED	Y	Y	Y	Y	18
32	Hudson Electrical Inst, Inc, 900 Bergen Ave, Jersey City 07306	201-239-7600	201-239-7108	1994	R	HS/GED	N	N	N	N	18
33	The Inst of Hypnotherapy, 10 Darby Court, Manalapan 07726	732-446-5995		1994	R	HS/GED	N	N	N	N	17
34	Jersey Shore Med Ctr, Sch of Clinical Lab Sci, 1945 State Route 33,										
35	Neptune 07753	732-776-4603	732-776-4592	1947	U	3 Yr Coll	N	N	Y	Y	None
36	Metro Auto Electronics Training Inst, 111 Market St, Kenilworth 07033	908-245-5335	908-245-5119	1994	R	ATB	Y	Y	N	N	16
37	Muhlenberg Reg Med Ctr, Med Imaging & Therapeutic Sci-Nuclear Medicine,										
38	1200 Randolph Rd Ste 1, Plainfield 07060	908-668-2770		1997	U	HS*	N	N	Y	N	None
39	Natural Motion Inst of Hair Design, 2800 Kennedy Blvd, Jersey City 07306	201-659-0303	201-659-2618	1964	L	HS/GED/ATB	N	N	N	Y	16
40	New Jersey Inst of Reflexology, 155 Franklin Ave, Long Branch 07740	732-870-6831		1994	S	HS/GED	N	N	N	Y	18
41	New Jersey Sch of Locksmithing, 392 Summit Ave, Jersey City 07306	201-963-9688		1990	S	HS/GED/ATB	Y	Y	N	Y	17
42	North Jersey Massage Training Ctr, 3699 Rt 46 E, Parsippany 07054	973-263-2229		1980	U	HS/GED	N	N	N	Y	18
43	Omega Inst - Therapeutic Massage Program, 7050 Route 38 E,										
44	Pennsauken 08109	856-663-4299		1985	U	HS/GED*	Y	N	N	Y	17
45	Orange Beauty Sch, 556 Main St, Orange 07050	973-674-9348		1963	L	HS/GED	N	N	N	Y	17
46	Parisian Beauty Acad, 362 State St, Hackensack 07601	201-487-2203	201-487-4079	1949	L	HS/GED	Y	N	N	Y	16
47	Pascack Valley Hosp, Sch of Radiography, 250 Old Hook Rd, Westwood										
48	07675	201-358-3128		1966	S	HS*	Y	Y	N	Y	18
49	Reignbow Beauty Acad, North Plainfield, 121 Watchung Ave,										
50	North Plainfield 07060	908-754-4247	908-754-8911	1985	U	HS/GED	N	N	N	Y	17
51	Reignbow Beauty Acad, Perth Amboy, 312 State St, Perth Amboy 08861	732-442-6007		1970	L	HS/GED	N	N	N	Y	17
52	Seashore Healing Arts Ctr, 505 New Rd Ste 5, Somers Point 08244	609-601-9272	609-601-9273	1987	R		N	N	N	Y	18
53	Shore Beauty Sch, 103 W Washington Ave, Pleasantville 08232	888-237-4673	609-645-0024	1981	S	HS/GED	Y	Y	N	Y	17
54	Shore Mem Hosp, Sch of Radiologic Tech, 1 E New York Ave,										
55	Somers Point 08244	609-653-3924	609-653-3566	1991	S	HS/GED+*	Y	Y	Y	Y	18
56	Star Tech Inst, Lakewood, 1255 Rt 70 Ste 12N, Lakewood 08701	732-901-9710	732-901-0824	1979	U	HS/GED/ATB	N	N	N	Y	18
57	St Francis Med Ctr-Trenton, Sch of Radiologic Tech, 601 Hamilton Ave,										
58	Trenton 08629	609-599-5234	609-599-5529	1948	L	HS/GED+*	Y	Y	Y	Y	18
59	The Stuart Sch of Bus, 2400 Belmar Blvd, Wall 07719	732-681-7200	732-681-7205	1961	S	HS/GED	Y	N	N	Y	18
60	Tech Inst of Camden Co, 343 Berlin Cross Keys Rd, Sicklerville 08081	856-767-7002		1927	R	HS/GED	Y	Y	N	N	18
61	Teterboro Sch of Aeronautics, 80 Moonachie Ave, Teterboro Airport,										
62	Teterboro 07608	201-288-6300	201-288-5609	1947	M	HS/GED	N	N	N	Y	17

*Additional information in Appendix

	ADMISSIONS		COSTS		ENROLL-MENT		GOVERNMENT JOB TRAINING & AID							OTHER FINANCIAL AID							STUDENT SERVICES					
Line Number	Regis/Enrollment Application Fee	Courses Start	Tuition for Each Program	Mandatory Fees	Full-time	Part-time	Bureau of Indian Affairs	JTPA/WIA	Fed. Aviation Admin.	Immigration/Naturalization Service	Social Security Admin.	Veterans Admin.	Voc. Rehab.	Fed. Pell Grants	FSEOG	FWS	Fed. Perkins Loans	Fed. Stafford Loans	Scholarships	Deferred Payment	Job Counseling	Job Placement	Personal Counseling	Housing	Mobility Impaired Services	Mobility Impaired Programs
1	95*	Every 6 Wks	4500-5900	None	150	30	N	Y	N	N	Y	Y	Y	Y	Y	N	N	Y	N	Y	Y	Y	Y	N	Y	Y
2	No	Monthly	4000		50	No	N	Y	N	N	N	Y	Y	N	N	N	N	N	N	N	Y	Y	Y	N	N	N
3																										
4	35	September	4000	300	50	No	N	Y	N	N	Y	Y	Y	N	Y	N	N	Y	Y	Y	Y	N	Y	N	N	N
5	No	Sept/Jan	625-3500	None	775	900	Y	Y	Y	N	Y	Y	Y	N	N	N	N	Y	Y	Y	Y	Y	Y	N	Y	Y
6																										
7	125	Mar/Sept	5200-6200		14	14	N	N	N	N	N	Y	N	N	N	N	N	N	N	N	N	N	N	N	N	N
8	125	Monthly	14400	None	180	No	Y	Y	N	Y	N	Y	Y	Y	Y	N	N	Y	N	Y	Y	Y	N	N	N	N
9	25	Sept/Jan	7500	250	50	50	N	N	N	N	N	Y	Y	Y	Y	N	N	Y	Y	Y	Y	Y	Y	N	Y	Y
10	135	Monthly	1055-1465*	55*	*	*	N	N	N	N	N	N	N	N	N	N	N	N	N	N	N	N	N	N	Y	N
11							N	N	N	N	N	N	N	N	N	N	N	N	N	N	N	N	N	N	N	N
12																										
13							N	N	N	N	N	N	N	N	N	N	N	N	N	N	N	N	N	N	N	N
14																										
15							N	N	N	N	N	N	N	N	N	N	N	N	N	N	N	N	N	N	N	N
16																										
17	200	Jan/May/Sept	2500-5900	325*	No	36	N	N	N	N	N	N	N	N	N	N	N	N	N	N	Y	Y	Y	N	N	N
18	100	Every 6 Wks	2552-12708	None	90	65	N	Y	N	N	Y	N	Y	Y	Y	N	N	Y	Y	Y	Y	Y	Y	N	Y	Y
19		Open	500	5260*	10	20	N	Y	N	N	N	Y	Y	N	N	N	N	N	N	Y	Y	Y	Y	N	N	N
20																										
21	125	Sept/Jan/May	6598	None	80	80	N	Y	N	N	Y	Y	Y	N	N	N	N	N	N	N	Y	Y	Y	N	N	N
22																										
23	200	Spring/Fall	10250	450*	25	20	N	Y	N	N	N	Y	Y	N	N	N	N	N	N	Y	Y	Y	Y	N	N	N
24																										
25	35	Sept/Jan*	4058/Sem*	None	450	No	N	N	N	N	Y	Y	Y	Y	Y	Y	Y	Y	Y	Y	N	N	N	N	N	N
26	125-	Quarterly	7320-13685	550-1055	160	No	N	Y	N	N	N	Y	Y	Y	Y	N	Y	Y	Y	Y	Y	Y	Y	N	N	N
27	25	Open	650-11000		70	20	Y	Y	N	Y	Y	Y	Y	Y	Y	N	N	Y	Y	Y	Y	Y	Y	N	N	N
28	35*	August	15276-23571*	500-1150*	150		N	Y	N	Y	Y	Y	Y	Y	Y	N	Y	Y	Y	Y	Y	Y	Y	N	Y	Y
29	150	Every 2-3 Wks	5300	None	30*	No	N	Y	N	N	N	Y	Y	N	N	N	N	N	N	N	Y	Y	N	Y	N	N
30																										
31	50	September	18500	1000	50	No	N	N	N	N	N	N	N	N	N	N	N	N	N	N	Y	Y	Y	N	N	N
32	25	Every 4 Mos	4000	None	100	12	N	N	N	N	N	N	N	N	N	N	N	N	N	N	N	N	N	N	N	N
33	*	*	495-1980	None	No	12*	N	N	N	N	N	N	N	N	N	N	N	N	N	Y	Y	N	N	N	N	N
34																										
35	35	August	3000	550	8	No	N	N	N	N	N	N	N	N	N	N	N	N	N	N	Y	Y	Y	N	Y	N
36	125	*	2500-12700	734*	30	30	N	N	N	N	N	N	Y	Y	N	N	N	Y	Y	Y	Y	Y	Y	Y	N	N
37																										
38	35	January	15000	None	17	None	N	N	N	N	N	Y	N	Y	N	N	N	Y	N	N	Y	Y	Y	N	N	N
39	100	Monthly	3280-11815	None	125	50	N	Y	N	Y	Y	Y	Y	Y	N	N	N	Y	Y	Y	Y	Y	Y	N	N	N
40	100	Monthly	3300	None			N	N	N	N	N	N	N	N	N	N	N	N	N	N	Y	N	N	N	N	N
41	*		9500	None			N	N	N	N	Y	Y	Y	N	N	N	N	N	N	N	Y	Y	N	N	N	N
42	600	Sept/Feb/*	6000	None	No	200	N	N	N	N	N	N	N	N	N	N	N	N	N	N	Y	Y	Y	N	N	N
43																										
44	25	Open	8000-10000		56	52	N	N	N	N	N	Y	Y	N	N	N	N	N	Y	Y	Y	Y	N	N	N	Y
45	100	Monthly	6285	675	20	25	N	N	N	N	N	N	N	N	N	N	N	N	N	N	Y	Y	Y	N	N	N
46	150	Monthly	2995-14995	130	150	100	N	Y	N	N	Y	Y	Y	Y	Y	N	Y	Y	Y	Y	Y	Y	Y	N	N	N
47																										
48	No	September	5000	1000	12	No	N	N	N	N	N	Y	N	N	N	N	N	N	N	N	N	N	N	N	N	N
49																										
50	200	Monthly	14400	900	45	75	N	N	N	N	Y	Y	Y	N	N	N	N	N	N	Y	Y	Y	Y	N	N	N
51	200	Monthly	14400	675	125	100	N	Y	N	N	Y	Y	Y	Y	Y	N	N	Y	Y	Y	Y	Y	Y	N	N	N
52	150	November	6500	None	23	No	N	N	N	N	N	N	N	N	N	N	N	N	Y	N	Y	Y	Y	N	N	N
53	125	Monthly	2875-8795	None	75	25	N	Y	N	N	Y	Y	Y	Y	N	N	N	Y	Y	Y	Y	Y	Y	N	Y	Y
54																										
55	50	Every 6 Mos	4500/Yr	680*	24	No	N	N	N	N	N	N	N	N	N	N	N	N	N	N	Y	N	Y	N	N	N
56	100	Monthly	7600-14500	None	150	60	N	N	N	N	N	N	N	Y	N	N	N	Y	N	Y	Y	Y	Y	N	Y	Y
57																										
58	50	July	6994	1950	16	No	N	N	N	N	N	N	N	Y	N	N	N	Y	N	N	Y	Y	Y	N	N	N
59	50	Quarterly	3695-10000	675-1025	200	No	N	Y	N	N	Y	Y	Y	Y	N	N	N	Y	Y	Y	Y	Y	N	N	N	N
60	125	September	1000-4000	110	1000	250	N	Y	N	N	Y	Y	Y	N	N	N	N	N	N	N	Y	Y	Y	N	Y	N
61																										
62	75	5 Times/Yr	13555-21301	1270	100	No	Y	Y	N	N	N	Y	Y	Y	Y	N	Y	Y	Y	Y	Y	Y	N	N	N	N

Line Number	Institution Name and Address	Phone	Fax	Founded	Location	Minimum Education & Admission Requirements	Admissions Exam	Aptitude Testing	References/Letters of Recommendation	Interview	Minimum Age
1	Therapeutic Massage Training Ctr, 560 Springfield Ave Ste F, Westfield										
2	07090	908-789-2288	908-789-2268	1988	S	HS/GED	N	N	N	Y	18
3	White Horse Bartending Sch, 409 S White Horse Pike, Berlin 08009	856-767-8646		1982		HS/GED	N	Y	N	N	18
4	**NEW MEXICO (NM)**										
5	Albuquerque Barber C, 601 San Pedro Dr NE Ste 100, Albuquerque 87104	505-266-4900	505-266-4903	1982	R	HS/GED	N	N	N	Y	18
6	The Ayurvedic Inst, 11311 Menaul NE , Albuquerque 87112	505-291-9698	505-294-7572	1984	L	HS/GED	N	N	Y	Y	18
7	Crystal Mtn Sch of Therapeutic Massage,										
8	4775 Indian School Rd NE Ste 102, Albuquerque 87110	505-872-2030		1988	M	HS/GED	N	N	N	Y	17
9	Intl Sch, Sunland Park, PO Box 1919, 141 Quinella Rd, Sunland Park										
10	88063	505-589-1414	505-589-2455	1993	M	GED	N	N	Y	Y	21
11	Massage Therapy Training Inst, Las Cruces, 2701 W Picacho Ave Ste 4,										
12	Las Cruces 88007	575-523-6811	575-523-4330	1999	U	HS/GED	N	N	N	Y	18
13	The Medicine Wheel-A Sch of Holistic Therapies, 4 Road 3641, Aztec										
14	87410	505-327-1914	505-327-2234	1992	S	HS/GED*	N	N	Y	Y	18
15	New Mexico Acad of Healing Arts, 501 Franklin Ave, Santa Fe 87501	505-982-6271		1982	U	HS/GED	N	N	Y	Y	18
16	New Mexico Aveda Inst de Belles Artes, 2614 Pennsylvania St NE Ste G,										
17	Albuquerque 87110	505-244-5333	505-298-4128	1984	M	*	Y	N	Y	Y	17
18	New Mexico Sch of Natural Therapeutics, 202 Morningside SE,										
19	Albuquerque 87108	505-268-6870	505-268-0818	1974	M	HS/GED	N	N	Y	Y	18
20	Olympian U of Cosmetology, Alamogordo, 1810 E 10th St, Alamogordo										
21	83310	505-437-2221	505-437-1375	1957	S	HS/GED	N	N	N	Y	17
22	Olympian U of Cosmetology, Las Cruces, 1460 Missouri Ave Ste 5,										
23	Las Cruces 88001	505-523-7181	505-523-0006	1977	L	HS/GED	N	N	N	Y	17
24	Pima Med Inst, Albuquerque, 2201 San Pedro NE Bldg 3 Ste 100,										
25	Albuquerque 87110	888-898-9048		1972	L	HS/GED/ATB	Y	Y	*	Y	18*
26	**NEW YORK (NY)**										
27	Allen Sch, Brooklyn Campus, 188 Montague St, Brooklyn 11201	718-206-1300	718-523-3661	1961	M	10th Grade*	*	N	N	Y	17
28	Allen Sch, Jamaica Campus, 163-18 Jamaica Ave, Jamaica 11432	718-291-2200		1961	M	**	*	N	N	Y	17
29	American Beauty Inst, Inc, New York, 30 W 32nd St 4th Fl, New York										
30	10001	212-564-9300	212-564-9300	2002	M	HS/GED	N	N	N	Y	17
31	The American Musical & Dramatic Acad, 211 W 61st St, New York 10023	212-787-5300		1964	M	HS*	Y	N	*	Y	*
32	Apex Tech Sch, 635 Avenue of the Americas, New York 10011	212-645-3300		1961	M	HS/GED/ATB	Y	Y	N	Y	17
33	Arnot-Ogden Med Ctr, Sch of Nursing, 600 Roe Ave, Elmira 14905	607-737-4153	607-737-4116	1889	U	HS/GED*	Y	N	Y	Y	*
34	Arnot-Ogden Med Ctr, Sch of Radiologic Tech, 600 Roe Ave, Elmira 14905	607-737-4289	607-737-4116	1953	U	HS/GED	N	Y	Y	Y	17
35	Berk Trade & Bus Sch, 383 Pearl St Fl 5, Brooklyn 11201	718-625-6037	718-625-6299	1940	M	HS/GED/ATB	N	N	N	Y	17
36	Brittany Beauty Sch, Bronx, 210 E 188th St Fl 2, Bronx 10458	718-220-0400	718-220-4463	1968	U	HS/GED/ATB	Y	N	N	N	16 1/2
37	Bryant & Stratton C, Syracuse, 953 James St, Syracuse 13203	315-472-6603	315-474-4383	1854	U	None	Y	N	N	Y	None
38	CAPRI Cosmetology Learning Ctr, 251 N Rt 59, Nanuet 10954	845-623-6339	845-623-6298	1963	U	HS/GED/ATB	*	Y	N	Y	17
39	Career Inst of Health & Tech, Garden City, 200 Garden City Plz Ste 519,										
40	Garden City 11530	516-877-1225	516-877-1959	1988	S	HS/GED/ATB	*	N	Y	Y	
41	Champlain Valley Physicians Hosp Med Ctr, Radiologic Tech Prog,										
42	75 Beekman St, Plattsburgh 12901	518-562-7510	518-562-7486	1965	S	HS/GED	N	Y	Y	Y	16
43	Circle in the Square Theatre Sch, 1633 Broadway, New York 10019	212-307-0388		1961	M	HS/GED*	*	N	Y	Y	
44	The C of Westchester, 325 Central Ave, White Plains 10606	914-948-4442		1915	U	HS/GED/ATB	Y	Y	N	Y	18
45	Commercial Driver Training, 600 Patton Ave, West Babylon 11704	631-249-1330	631-249-0428	1961	M	HS/GED*	N	Y	N	Y	18
46	Continental Sch of Beauty Culture, Rochester, 633 Jefferson Rd,										
47	Rochester 14623	585-272-8060		1961	L	HS/GED/ATB	N	Y	N	Y	17
48	Culinary Acad of Long Island, 125 Michael Drive, Syosset 11791	516-364-4344	516-364-1894	1996	U	HS/GED/ATB	N	N	N	Y	17
49	Dance Theatre of Harlem, 466 W 152nd St, New York 10031	212-690-2800		1969	M	HS/GED*	Y	N	N	Y	*
50	Elmira Bus Inst, 303 N Main St, Langdon Plaza, Elmira 14901	800-843-1812	607-733-7178	1858	S	HS/GED	N	Y	N	Y	17
51	Elmira Bus Inst, Vestal, 4100 Old Vestal Rd, Vestal 13850	800-843-1812			U	HS/GED	N	Y	N	Y	17
52	Empire Beauty Sch, Brooklyn, 2384 86th St, Brooklyn 11214	718-373-2400					N	N	N	N	
53	Empire Beauty Sch, Manhattan, 22 W 34th St, New York 10001	212-967-1717					N	N	N	N	
54	Empire Beauty Sch, Queens, 38 15 Broadway, Queens 11103	718-726-8383					N	N	N	N	
55	Faxton-St Luke's Healthcare, Sch of Radiography, PO Box 479,										
56	Champlain Ave, Utica 13503	315-624-6136		1952	S	HS/GED	N	Y	Y	Y	17
57	Finger Lakes Sch of Massage, 1251 Trumansburg Rd, Ithaca 14850	607-272-9024	607-272-4271	1992	U	HS/GED	N	N	Y	Y	18
58	Gloria Francis Beauty Inst, Two Nelson Ave, Hicksville 11801	516-822-5546	516-931-8323	1981			Y	N	N	Y	17
59	Hair Design Inst at 5th Ave, 6711 5th Ave, Brooklyn 11220	718-745-1000	718-745-3018	1964	M	HS/GED/ATB	*	N	N	Y	17
60	Hudson Valley Sch of Advanced Aesthetic Skin Care, 256 Main St,										
61	New Paltz 12561	845-255-0013	845-230-6257	1998	R	HS/GED	Y	Y	N	N	18*
62	Hudson Valley Sch of Massage Therapy, 72 Vineyard Ave, Highland 12589	845-691-2547	845-230-3295	2001	R	HS/GED	Y	Y	N	Y	18*

*Additional information in Appendix

Line Number	ADMISSIONS: Regis/Enrollment Application Fee	Courses Start	COSTS: Tuition for Each Program	Mandatory Fees	ENROLLMENT: Full-time	Part-time	GOV: Bureau of Indian Affairs	JTPA/WIA	Fed. Aviation Admin.	Immigration/Naturalization Service	Social Security Admin.	Veterans Admin.	Voc. Rehab.	Fed. Pell Grants	FSEOG	FWS	Fed. Perkins Loans	Fed. Stafford Loans	Scholarships	Deferred Payment	Job Counseling	Job Placement	Personal Counseling	Housing	Mobility Impaired Services	Mobility Impaired Programs
1																										
2	125*	Sept/Mar	4950	150*	No	14*	N	Y	N	N	N	Y	Y	N	N	N	N	N	N	N	Y	Y	N	N	Y	N
3	75	Every 2 Wks	500*	110*			N	N	N	N	N	N	N	N	N	N	N	N	N	N	N	Y	N	N	N	N
4	**NEW MEXICO (NM)**																									
5	75	Every Tues	1500-8000	85-900	40	None	N	Y	N	N	N	Y	Y	Y	N	N	N	Y	Y	N	N	Y	N	N	N	N
6	100	Oct/Jan*	4900-7500	None	50	No	N	N	N	N	N	Y	N	N	N	N	N	N	N	Y	N	N	Y	N	N	N
7																										
8	250	Quarterly	6000-6500	160*	20	No	Y	N	N	N	N	Y	Y	Y	N	N	N	Y	Y	N	Y	Y	Y	N	N	N
9																										
10	No	Open	5640	None	48	No	N	Y	N	N	N	Y	Y	Y	N	N	N	Y	Y	N	Y	Y	Y	N	N	N
11																										
12	300	Jan/Mar/July/Sept	5300		60	15	N	Y	N	N	N	Y	Y	Y	N	N	N	Y	N	N	Y	Y	Y	N	Y	N
13																										
14	100	Open	7000-10000	975-2500	12	No	N	Y	N	N	N	Y	Y	N	N	N	N	N	N	N	Y	N	Y	N	N	Y
15	75	Every 6 Mos	5500-10000	500*	75	30	N	Y	N	Y	N	Y	Y	N	N	N	N	N	N	N	N	Y	Y	N	N	N
16																										
17	100	*	3288-9652	273-652	54																					
18																										
19	50	*	7000		22	32	N	Y	N	N	N	Y	Y	N	N	N	N	N	N	*	N	Y	N	N	Y	N
20																										
21	100	Weekly	4090-12400	115	28	No	Y	Y	N	N	N	N	N	Y	Y	N	N	Y	Y	Y	Y	Y	Y	N	N	N
22																										
23	100	Weekly	4090-12400	115	80	No	Y	Y	N	N	N	Y	Y	Y	Y	N	Y	Y	Y	Y	Y	Y	Y	N	N	N
24																										
25	150	Monthly	6030	*	500	No	Y	Y	N	N	N	Y	Y	Y	Y	N	Y	Y	Y	N	Y	Y	N	N	N	Y
26	**NEW YORK (NY)**																									
27	100	Open	1395-13455	None	300	150	N	N	N	N	N	N	N	Y	N	N	N	Y	Y	Y	Y	Y	N	N	N	N
28	100	Open	1395-12117	None	300	150	N	Y	N	N	N	Y	N	Y	N	N	Y	Y	Y	Y	Y	Y	N	N	N	N
29																										
30	100	Bimonthly	330-6965	30-100	40	35	N	N	N	N	N	N	N	N	N	N	N	N	N	N	N	N	N	N	N	N
31	50	Feb/July/Oct	23940/Yr	300/Yr	1000	No	N	N	N	N	N	N	N	Y	Y	Y	Y	Y	Y	N	Y	Y	Y	Y	N	N
32	100	Every 5 Wks	14773-21079	5	603	256	N	Y	N	Y	Y	Y	N	Y	Y	Y	Y	Y	Y	Y	N	N	Y	N	N	N
33	50	September	28000/3 Yr	1100	43	3	N	Y	N	N	Y	Y	N	Y	Y	Y	Y	Y	Y	Y	N	N	Y	N	N	N
34	125*	August	8370/2 Yr	630	14	No	N	Y	N	N	Y	Y	N	Y	Y	Y	Y	Y	Y	Y	Y	Y	Y	N	N	N
35	30	Every 8 Wks	6800	200	85		N	Y	N	N	Y	Y	Y	Y	Y	Y	Y	Y	N	N	Y	Y	Y	N	N	N
36	100	Monthly	11000	500*	90	60	N	Y	N	N	N	Y	Y	Y	Y	Y	Y	Y	Y	Y	Y	Y	Y	N	N	N
37	25	Jan/May/Sept	12450/yr	200/Yr	585	171	Y	Y	N	N	N	Y	Y	Y	Y	Y	Y	Y	Y	Y	Y	Y	Y	N	N	N
38	100	Monthly	1500-12000	600	50	30	N	Y	N	N	Y	Y	Y	Y	Y	Y	Y	Y	Y	Y	Y	Y	Y	N	N	N
39																										
40	50	Open	4000-18000	*	750	350	N	Y	N	N	N	Y	Y	Y	Y	N	N	Y	Y	Y	Y	Y	N	N	N	Y
41																										
42	100	July	6000	400	28	No	N	Y	N	N	Y	Y	Y	Y	N	N	N	N	N	N	Y	N	Y	N	N	N
43	25	September	10000-10350	25	96		N	N	N	N	N	N	N	Y	Y	Y	Y	Y	Y	Y	N	N	N	N	N	N
44	40	Bimonthly	Varies	810	716	114	N	Y	N	N	N	N	N	Y	Y	Y	Y	Y	Y	Y	Y	Y	Y	N	N	N
45	No	Monthly	2895-5795	None	214	80	N	Y	N	N	N	N	N	N	N	N	N	N	N	N	Y	Y	Y	N	N	N
46																										
47	100	Monthly	2300-9200	700-715	225	60	Y	Y	N	N	N	Y	Y	Y	Y	Y	Y	Y	Y	Y	Y	Y	Y	N	N	N
48	100	Open	9990-16500	None	300	175	N	Y	N	N	N	N	Y	Y	Y	N	Y	Y	Y	Y	Y	Y	Y	N	N	N
49	*	Oct/Feb/July	237-2200*		30	500	N	N	N	N	N	N	N	Y	Y	Y	N	Y	Y	Y	N	N	Y	N	N	Y
50	100	Oct/Feb/June	275/Cr	*	337	112	N	Y	N	N	Y	Y	Y	Y	N	N	Y	Y	Y	Y	Y	Y	N	N	N	Y
51	0	Feb/June/Oct	275/cr	200	500	0	N	Y	N	N	Y	Y	Y	Y	N	N	N	Y	Y	Y	Y	Y	N	N	N	Y
52							N	N	N	N	N	N	N	N	N	N	N	N	N	N	N	N	N	N	N	N
53							N	N	N	N	N	N	N	N	N	N	N	N	N	N	N	N	N	N	N	N
54							N	N	N	N	N	N	N	N	N	N	N	N	N	N	N	N	N	N	N	N
55																										
56	30	Annually	5000/Yr	1200/Yr	30	No	N	N	N	Y	Y	Y	N	N	N	N	N	Y	Y	Y	Y	Y	Y	N	N	N
57	50	*	12100-13900	735-935*	74	No	Y	N	N	N	N	N	Y	Y	N	N	N	Y	Y	N	N	Y	N	N	N	N
58	100	Open	4600	395	16	16	N	N	N	N	N	N	N	N	N	N	N	Y	Y	N	Y	Y	Y	N	N	N
59	100	Bimonthly	9960	None	70	40	N	N	N	N	Y	Y	Y	Y	Y	N	N	Y	Y	Y	Y	Y	N	N	N	N
60																										
61	150*	Monthly	11000-15000		30	20	N	N	N	N	N	N	N	N	N	N	N	N	N	N	Y	Y	N	N	Y	Y
62	*	Jan/May/Sept	14000-15000		50	30	N	N	N	N	N	N	N	N	N	N	N	N	N	N	Y	Y	N	N	Y	Y

	GENERAL INFORMATION						ADMISSIONS				
Line Number	Institution Name and Address	Phone	Fax	Founded	Location	Minimum Education & Admission Requirements	Admissions Exam	Aptitude Testing	References/Letters of Recommendation	Interview	Minimum Age
1	Hunter Bus Sch, Levittown, 3601 Hempstead Tpke, Levittown 11756	516-796-1000		1970	M	ATB	Y	N	N	Y	18
2	Inst of Audio Research, 64 University Pl, New York 10003	212-777-8550	212-677-6549	1969	M	HS/GED	N	N	N	Y	17
3	Island Drafting & Tech Inst, 128 Broadway, Amityville 11701	631-691-8733	631-691-8738	1957	S	HS/GED	N	Y	N	Y	18
4	John Paul's Hair, Nails, & Skin Care Inst, Ballston Spa, 2144 Saratoga Ave,										
5	Ballston Spa 12020	518-583-3700	518-885-8606	2004		HS/GED	N	N	N	Y	18*
6	John Paul's Hair, Nails, & Skin Care Inst, Latham, 638 Columbia St Ext Ste 1,										
7	Latham 12110	518-783-0808	518-785-3905	2006	S	HS/GED	N	N	N	Y	17
8	Learning Inst for Beauty Sci, Hauppauge, 544 Rt 111, Hauppauge 11788	631-724-0440	631-360-3217	1941	S	HS/GED/ATB	N	Y	N	Y	17
9	Leon Studio One Sch of Hair Design, 5221 Main St, Williamsville 14221	716-631-3878	716-631-1382	1998	L	HS/GED/ATB	N	N	N	Y	17
10	Long Island Beauty Sch, Hempstead, 173 A Fulton Ave, Hempstead 11550	516-483-6259	516-489-5880	1941	U	HS/GED/ATB	N	Y	N	Y	17
11	Long Island Bus Inst, Commack, 6500 Jericho Tpke, Commack 11725	631-499-7100	631-499-7114	1968	S	HS/GED	Y	N	N	Y	16
12	Long Island Bus Inst, Flushing, 13618 39th Ave, Flushing 11354	631-499-7100	631-499-7103	2001	M	HS/GED	Y	N	N	Y	16
13	Long Island C Hosp, Sch of Radiologic Tech, 339 Hicks St, Brooklyn 11201	718-780-1681		1957	M	HS/GED*	Y	Y	Y	Y	18
14	Long Island Reflexology Ctr, 14 E Broadway, Port Jefferson 11777	631-474-3137	631-287-2795	1985	R	HS/GED	N	N	N	N	18
15	Marion S Whelan Sch of Practical Nursing, Geneva Gen Hosp,										
16	196 North St, Geneva 14456	315-787-4005	315-787-4770	1956	S	HS/GED*	N	N	Y	Y	17
17	MarJon Sch of Beauty Culture, 1154 Niagara Falls Blvd, Tonawanda 14150	716-836-6240	716-836-3571	1973	U	HS/GED	N	N	N	Y	17
18	Martha Graham Sch of Contemporary Dance, 316 E 63rd St, New York										
19	10065	212-838-5886	212-838-0339	1925	M	None	N	N	N	N	16
20	Memorial Sloan-Kettering Cancer Ctr, Sch of Cytotechnology,										
21	1275 York Ave, C594, New York 10021	212-639-5900		1961	M	BS	N	N	Y	Y	None
22	Merce Cunningham Dance Studio, 55 Bethune St 11 Fl, New York 10014	212-255-8240	212-633-2453	1959	M	HS*	N	N	*	N	18
23	Mid Way Paris Beauty Sch, 54-40 Myrtle Ave, Ridgewood 11385	718-418-2790	718-418-2730	1967	U	HS/GED/ATB	N	N	N	Y	17
24	Modern Welding Sch, 1842 State St, Schenectady 12304	518-374-1216	518-374-1288	1936	U	HS/GED/ATB	N	Y	N	Y	18
25	National Tractor Trailer Sch, Liverpool, PO Box 208, 4650 Buckley Rd,										
26	Liverpool 13088	800-243-9300	315-453-7336	1971	U	HS/GED/ATB	N	N	N	Y	18*
27	Neighborhood Playhouse Sch of Theatre, 340 E 54th St, New York 10022	212-688-3770		1928	M	HS/GED	N	N	Y	Y	18
28	New York Eye & Ear Infirmary Allied Health Program in										
29	Ophthalmology/Orthoptics, 310 E 14th St, New York 10003	212-979-4375	212-979-4564	1976	M	4 Yr Coll	N	N	Y	Y	None
30	New York Inst of Beauty, 11 Oval Dr Ste 180, Islandia 11749	631-582-4737		1997	L	HS/GED/ATB	N	N	N	N	17
31	New York Inst of English and Bus, 248 W 35th St, New York 10001	212-725-9400	212-381-8820	1979	U	HS/GED*	Y	Y	N	Y	16
32	New York Intl Beauty Sch LTD, 500 Eighth Ave 8th Fl, New York 10018	212-868-7171	212-868-7181	1990	M	HS/GED/ATB	Y	N	Y	Y	17
33	New York Sch for Med & Dental Asst, 33-10 Queens Blvd, Long Island City										
34	11101	718-793-2330		1966	M	HS/GED	N	N	N	Y	17
35	Northern Westchester Sch of Hairdressing & Cosmetology, 19 Bank St,										
36	Peekskill 10566	914-739-8400		1983	S	HS/GED	N	*	N	Y	17
37	Olean Bus Inst, 301 N Union St, Olean 14760	716-372-7978	716-372-2120	1961	R	HS/GED	N	N	N	N	None
38	Onondaga Sch of Therapeutic Massage, Rochester,										
39	302 N Goodman St Ste 200, Rochester 14607	585-241-0070	585-241-0117	1997	L	HS/GED	N	N	Y	Y	
40	The Orlo Sch of Hair Design , 232 N Allen St, Albany 12206	518-459-7832		1984	L	HS/GED	N	N	N	Y	17
41	Phillips Hairstyling Inst, 709 E Genesee St, Syracuse 13210	315-422-9656	315-422-4371	1971	U	HS/GED	N	N	N	Y	17
42	Ridley-Lowell Bus & Tech Inst, Binghamton, 116 Front St, Binghamton										
43	13905	607-724-2941	607-724-0799	1850	L	HS/GED	N	Y	N	Y	16
44	Ridley-Lowell Bus & Tech Inst, Poughkeepsie, 26 S Hamilton St,										
45	Poughkeepsie 12601	845-471-0330		1998	L	HS/GED	N	N	N	Y	17
46	Shear Ego Intl Sch of Hair Design, 525 Titus Ave, Rochester 14617	585-342-0070	585-342-0863	1986	U	HS/GED/ATB	*	N	N	Y	17
47	St Elizabeth Med Ctr, Sch of Radiography, 2209 Genesee St, Utica 13501	315-798-8258		1945	U	HS*	Y	N	Y	Y	17
48	St James Mercy Hosp, Sch of Radiologic Sci, 411 Canisteo St, Hornell										
49	14843	607-324-8265	607-324-8214	1950	R	HS	Y	Y	Y	Y	18
50	Studio Jewelers, Ltd, 32 E 31st St, New York 10016	212-686-1944	212-689-7923	1979	M	HS/GED	N	N	N	Y	17
51	Utica Sch of Commerce, Utica, 201 Bleecker St, Utica 13501	800-321-4872	315-733-9281	1896	U	HS/GED	N	Y	Y	Y	None
52	Wilson Tech Ctr, 17 Westminster Ave, Western Suffolk BOCES, Dix Hills										
53	11746	631-667-6000		1948	L	*	*	N	*	*	
54	Winthrop U Hosp, Program /Radiography, 259 1st St, Mineola 11501	516-663-2536		1955	L	HS/GED+*	Y	Y	Y	Y	18
55	**NORTH CAROLINA (NC)**										
56	American Acad of Hair Styling Inc, 206 S Myrtle School Rd, Gastonia										
57	28052	704-867-7981	704-867-7984		R		N	N	N	N	
58	American Holistic U, PO Box 7220, Kill Devil Hills 27948	540-997-0325		2003			N	N	N	Y	21
59	American Inst of Applied Sci, 100 Hunter Pl, Youngsville 27596	919-554-2500	919-556-6784	1916		HS/GED	N	N	Y	N	18
60	Brookstone C of Bus, Greensboro, 424 Gallimore Dairy Rd, Greensboro										
61	27409	336-668-2627		1984	L	HS/GED	Y	N	N	Y	*
62											

*Additional information in Appendix

Line Number	Regis/Enrollment Application Fee	Courses Start	Tuition for Each Program	Mandatory Fees	Full-time	Part-time	Bureau of Indian Affairs	JTPA/WIA	Fed. Aviation Admin.	Immigration/Naturalization Service	Social Security Admin.	Veterans Admin.	Voc. Rehab.	Fed. Pell Grants	FSEOG	FWS	Fed. Perkins Loans	Fed. Stafford Loans	Scholarships	Deferred Payment	Job Counseling	Job Placement	Personal Counseling	Housing	Mobility Impaired Services	Mobility Impaired Programs
1	50	Monthly	1800-10600	None	200	160	N	Y	N	Y	Y	Y	Y	Y	Y	Y	N	Y	Y	Y	Y	Y	N	N	N	N
2	100	Monthly	13950	100	455	150	N	N	N	Y	Y	Y	Y	Y	N	N	N	Y	N	Y	Y	Y	Y	N	Y	N
3	25	Quarterly	415/Cr	175/Sem	275	170	Y	Y	N	Y	Y	Y	Y	Y	Y	N	Y	Y	Y	Y	Y	Y	Y	N	Y	N
4																										
5	100	Every Mon	2500-11500		35	34	N	N	N	N	N	N	N	N	N	N	N	N	N	Y	N	N	N	N	N	N
6																										
7	100	Every Mon	2500-9500	400-1900*	10	8	N	N	N	N	N	N	N	N	N	N	N	N	N	*	Y	Y	Y	N	N	N
8	100	Monthly	8500-9500	None	75	85	Y	N	Y	N	Y	Y	Y	Y	N	N	N	Y	Y	N	Y	Y	Y	N	N	N
9	100	Monthly	9900	700	60	40	N	N	N	N	N	N	N	Y	N	N	N	Y	Y	Y	Y	Y	Y	N	N	N
10	100	Monthly	10000	435	75	64	N	N	N	N	Y	Y	Y	Y	Y	N	N	Y	Y	Y	Y	Y	Y	N	N	N
11	50	Semester	11700	300-675	36	229	N	Y	N	Y	Y	Y	Y	Y	Y	N	Y	Y	N	Y	Y	Y	Y	N	Y	Y
12	50	Semester	11700	300-675	697	16	N	Y	N	Y	Y	Y	Y	Y	Y	N	Y	Y	N	Y	Y	Y	Y	N	Y	Y
13	50	2nd Wk/Sept	8000/Yr	600	24	No	N	N	N	N	N	Y	N	Y	Y	N	Y	Y	N	Y	N	N	N	N	N	N
14	No	Every 6 mos	2500	None	No	6	N	N	N	N	N	N	N	N	N	N	N	N	N	N	Y	Y	N	N	N	N
15																										
16	20	September	6800	1000	40	No	Y	N	N	N	N	Y	Y	Y	Y	N	N	N	N	Y	Y	Y	Y	N	N	N
17	100	Monthly	8000	600	39	35	Y	Y	N	N	Y	Y	Y	Y	Y	N	N	N	Y	Y	Y	Y	Y	Y	N	N
18																										
19	25	Open	3000-4000	50*	250	500	N	N	N	N	N	N	N	N	N	N	N	N	Y	Y	Y	Y	Y	N	N	N
20																										
21	50	August	8000	None	4	No	N	N	N	N	N	N	N	N	N	N	N	N	N	N	N	N	N	N	Y	N
22	50	Open	100-1000		20	20	N	N	N	N	N	N	N	Y	Y	Y	N	N	Y	Y	N	N	N	N	N	N
23	100	Monthly	10500	500*			N	Y	N	Y	N	Y	Y	Y	Y	Y	N	N	N	Y	Y	Y	Y	N	N	Y
24	100	Open	1208-10350	100	80	25	Y	Y	N	N	Y	Y	Y	Y	N	N	N	N	N	Y	Y	Y	Y	N	N	N
25																										
26	25	Monthly	1995-6995	450	400	75	Y	N	N	N	Y	Y	Y	Y	N	N	N	Y	Y	Y	Y	Y	Y	N	N	N
27	35	June/Sept*	2000-12500*	100	100	No	N	N	N	N	N	N	N	Y	Y	N	N	Y	Y	Y	Y	Y	N	Y	N	N
28																										
29	No	September	5000/2 Yr	None	4	No	N	N	N	N	N	N	N	N	N	N	N	N	N	N	Y	Y	Y	N	N	N
30	100	Monthly	800-5995	200-300	40	60	N	N	N	N	N	N	N	N	N	N	N	N	N	N	Y	Y	Y	N	N	N
31	100	Bimonthly	6276-20600		450	200	N	N	N	N	Y	N	N	Y	N	N	N	N	N	Y	Y	Y	Y	N	Y	N
32	100	Monthly	11000	595	200	75	Y	N	N	N	N	Y	Y	Y	Y	N	N	Y	Y	Y	Y	Y	Y	N	N	N
33																										
34	100	Monthly	8400	None	240	130	N	N	N	N	N	Y	Y	Y	Y	N	N	N	Y	Y	Y	Y	Y	N	N	N
35																										
36	100	Monthly	10000	875	30	35	N	N	N	N	Y	Y	Y	Y	Y	N	N	Y	Y	Y	Y	Y	Y	N	Y	Y
37	25	Aug/Jan	5000*	105	110	15	Y	Y	N	N	N	Y	Y	Y	Y	Y	Y	Y	Y	Y	Y	Y	Y	Y	Y	N
38																										
39	50	Jan/July/Aug	12000	None	37	52	Y	N	N	N	N	N	N	N	N	N	N	N	N	Y	Y	Y	N	N	N	N
40	100	Monthly	9400	None	70	30	N	Y	N	N	Y	Y	Y	Y	N	N	N	N	Y	Y	Y	Y	Y	N	N	N
41	100	Monthly	7000	975	90	10	Y	Y	N	N	N	Y	Y	Y	Y	N	N	Y	Y	Y	Y	Y	Y	N	N	N
42																										
43	50	Quarterly	6200-12150	None	75	50	N	Y	N	N	N	Y	N	Y	N	N	N	N	N	Y	Y	Y	Y	N	N	N
44																										
45	25	Quarterly	5500-12500	50	113	103	N	Y	N	N	N	Y	Y	Y	N	N	N	N	Y	Y	Y	Y	Y	N	N	N
46	100	Monthly	750-7500	200-1000	100	40	Y	Y	N	N	Y	Y	Y	Y	N	N	N	Y	Y	Y	Y	Y	N	N	Y	Y
47	10	September	3750	1100	26	No	N	N	N	N	Y	Y	Y	Y	Y	N	N	N	N	Y	N	Y	Y	N	N	N
48																										
49	25	August	4600/Yr	50	16	No	N	N	N	N	N	Y	N	Y	N	N	N	Y	Y	Y	Y	Y	N	N	N	N
50	No	Monthly	150-7200	None	75	100	N	Y	N	N	Y	Y	Y	Y	N	N	N	N	N	Y	Y	Y	Y	N	N	N
51	No	*	5400/Sem	210/Sem	375	50	Y	Y	N	N	Y	Y	Y	Y	Y	N	N	Y	Y	Y	Y	Y	Y	N	N	Y
52																										
53	Varies	Sept/Feb/July	0-20000	None	*	*	N	Y	Y	N	Y	Y	Y	N	N	N	N	Y	Y	N	Y	Y	Y	N	Y	Y
54	50	September	4500/Yr	700+	22	No	N	N	N	N	N	N	N	N	N	N	N	N	N	N	N	N	N	N	N	N
55	**NORTH CAROLINA (NC)**																									
56																										
57	7500	Every Tues	6500		12	6	N	N	N	N	N	N	Y	N	N	N	N	N	N	Y	Y	Y	N	Y	N
58	50	Open	3750-7450				N	N	N	N	N	N	N	N	N	N	N	N	N	N	N	N	N	N	N	N
59	25*	Open	87-1072	None	600	No	N	Y	N	N	N	Y	Y	N	N	N	N	N	N	Y	N	N	N	N	N	N
60																										
61	25	Every 5 Wks	7350-14850	30-500	235	No	N	N	N	N	N	N	N	Y	Y	Y	Y	N	N	N	Y	Y	Y	N	N	N
62																										

Carolinas C of Health Sci (NORTH CAROLINA)

	GENERAL INFORMATION					ADMISSIONS					
Line Number	Institution Name and Address	Phone	Fax	Founded	Location	Minimum Education & Admission Requirements	Admissions Exam	Aptitude Testing	References/Letters of Recommendation	Interview	Minimum Age
1	Carolinas C of Health Sci, PO Box 32861, 1200 Blythe Blvd, Charlotte										
2	28232	704-355-5043	704-355-9336	1990	M	HS/GED*	Y	N	N	N	17
3	Cheveux Sch of Hair Design, 4781 Gum Branch Rd #1, Jacksonville 28540	910-455-5767	910-455-7081	1982	S	HS/GED/ATB	N	N	N	Y	16
4	Dudley Cosmetology U, 900B E Mountain St, Kernersville 27284	336-996-2030		1989	S	HS/GED	N	N	Y	N	17
5	Empire Beauty Sch, Concord, 10075 Weddington Rd , Concord 28027	704-979-3500					N	N	N	N	
6	Empire Beauty Sch, Matthews, 11032 E Independence Blvd, Matthews										
7	28105	704-845-8064					N	N	N	N	
8	Hairstyling Inst of Charlotte, 209-B S Kings Dr, Charlotte 28204	704-334-5511	704-347-8994	1975	M	HS/GED	N	N	Y	Y	18
9	King's C, Charlotte, 322 Lamar Ave, Charlotte 28204	704-372-0266	704-348-2029	1901	L	HS/GED	Y	N	Y	Y	17
10	Leon's Beauty Sch, 1305 Coliseum Blvd, Greensboro 27403	336-274-4601	336-370-9107	1963	L	HS/GED	Y	Y	N	Y	16
11	Maria Parham Med Ctr Sch of Med Tech, 566 Ruin Creek Road,										
12	Henderson 27536	252-436-1295		1968	S	HS	Y	N	Y	Y	18
13	Mercy Sch of Nursing, 1921 Vail Ave, Charlotte 28207	704-379-5840	704-379-5141	1906	M	HS	Y	N	Y	N	None
14	Moses Cone Health Sys, Sch of Radiologic Tech, 1200 N Elm St,										
15	Greensboro 27401	336-832-7620	336-832-7465	1957	L	HS	N	Y	Y	Y	18
16	Mr David's Sch of Hair Design, 4348 Market St, Wilmington 28403	910-763-4418		1969	L	HS/GED	N	N	N	Y	18
17	Natural Touch Sch of Esthetics & Massage, Hickory, 1722 Tate Blvd SE,										
18	Hickory 28602	828-267-1901	828-267-1902	1994	L	HS/GED	N	N	Y	Y	18
19	Natural Touch Sch of Massage, Greensboro, 1-A Wendy Ct, Greensboro										
20	27409	336-808-0178		1994	L	HS/GED	N	N	Y	Y	19
21	Presbyterian Hosp, Sch of Radiologic Tech, PO Box 33549,										
22	200 Hawthorne Ln, Charlotte 28233	704-384-5104		1973	M	HS/GED*	N	N	Y	Y	18
23	Presbyterian Hosp, Sch of Surgical Tech, PO Box 33549,										
24	200 Hawthorne Ln, Charlotte 28233	704-384-4299	704-384-3456	1970	M	HS/GED	N	N	Y	N	None
25	Southeastern Sch of Neuromuscular Massage,										
26	4 Woodlawn Green Ste 200, Charlotte 28217	704-527-4979	704-527-3104	1994	M	HS/GED*	Y	Y	Y	Y	18*
27	Therapeutic Massage Training Inst, 726 East Blvd, Charlotte 28203	704-338-9660		1987	M	HS/GED	N	N	Y	Y	18
28	Watts Sch of Nursing, 2828 Croasdaile Dr Ste 200, Durham 27705	919-470-7348	919-383-4014	1895	L	HS/GED	Y	N	Y	N	None
29	The Whole You Sch of Massage & Bodywork, 143 Woodview Dr,										
30	Rutherfordton 28139	828-287-0955	828-287-0067	1990	S	HS/GED	N	N	N	Y	18
31	Wilkes Reg Med Ctr, Radiologic Tech, PO Box 609, North Wilkesboro										
32	28659	336-651-8433	336-667-0740	1957	R	HS	Y	Y	Y	Y	18
33	Winston-Salem Barber Sch, 1531 Silas Creek Pkwy, Winston Salem 27127	336-724-1459		1935	L	HS/GED	N	N	N	Y	16
34	**NORTH DAKOTA (ND)**										
35	Josef's Sch of Hair Design, Grand Forks, 2011 S Washington St,										
36	Grand Forks 58201	701-772-2728	701-772-3645	1960	R	HS/GED*	N	N	N	N	17
37	Moler Barber C of Hairstyling, 16 8th St S, Fargo 58103	701-232-6773		1923	U	HS/GED	N	N	N	Y	None
38	R.D. Hairstyling C, 124 N 4th St, Bismarck 58501	701-223-8804	701-222-2237	1961	U	HS/GED	N	N	N	N	
39	Sister Rosalind Gefre Schs & Clinics of Massage, Fargo,										
40	1519 First Ave S Ste A, Fargo 58103	651-554-3013	651-554-7608	1983	L	HS/GED	N	N	Y	Y	18
41	Trinity Hosp Sch of Radiologic Tech, Box 5020, 407 3rd St SE, Minot										
42	58701	701-857-5620		1960	S	HS+*	N	N	Y	Y	18
43	**OHIO (OH)**										
44	Akron Inst, 1600 S Arlington Ste 100, Akron 44306	330-724-1600	330-724-9688	1970	M	HS/GED	Y	Y	N	Y	
45	American Inst of Alternative Med, 6685 Doubletree Ave, Columbus 43229	614-825-6278		1994	M	*	N	N	Y	Y	18
46	ATS Inst of Tech, 230 Alpha Park, Highland Heights 44143	440-449-1700	440-449-1389		U	HS/GED	Y	N	N	Y	17
47	Aveda Fredric's Inst, 3654 Edwards Rd, Cincinnati 45208	513-533-0700	513-533-0275	1999	R	HS/GED	Y	N	Y	Y	
48	Beatrice Acad of Beauty Corp, 10500 Cedar Ave, Cleveland 44106	216-421-2313	216-421-2314	1949	M	HS/GED	N	N	N	Y	16
49	Brown Mackie C, Cincinnati, 1011 Glendale-Milford Rd, Cincinnati 45215	513-771-2424	513-771-3413	1927	M	HS/GED	N	Y	N	Y	18
50	Carnegie Inst of Integrative Med & Massotherapy, 1292 Waterloo Rd,										
51	Mogadore 44260	330-630-1132		1995	M	HS/GED	N	N	N	N	18
52	Casal Aveda Inst, Austintown, 6000 Mahoning Ave, Austintown 44515	330-792-6504	330-792-6509	2003	L	HS/GED	Y	N	Y	Y	18
53	Central Sch of Practical Nursing, Cleveland, 4600 Carnegie Ave, Cleveland										
54	44103	216-391-8434		1937	S	HS/GED	Y	Y	Y	Y	18
55	Choffin Sch of Accredited Dental Assisting, 200 E Wood St, Youngstown										
56	44503	330-744-8749		1990	L	HS/GED	Y	Y	Y	Y	18
57	Choffin Sch of Surgical Tech, PO Box 550, 200 E Wood St, Youngstown										
58	44501	330-744-8763		1988	U	HS/GED	Y	Y	Y	Y	None
59	Christ Hosp, Sch of Perfusion Sci, 2139 Auburn Ave, Cincinnati 45219	513-585-1106		1985	M	BS	N	N	Y	Y	None
60	Cleveland Clinic Health Sys, Diagnostic Imaging, 18901 Lake Shore Blvd,										
61	Euclid 44119	216-692-8708			U	HS/GED*+	N	N	N	Y	18
62											

Additional information in Appendix

Line Number	Regis/Enrollment Application Fee	Courses Start	Tuition for Each Program	Mandatory Fees	Full-time	Part-time	Bureau of Indian Affairs	JTPA/WIA	Fed. Aviation Admin.	Immigration/Naturalization Service	Social Security Admin.	Veterans Admin.	Voc. Rehab.	Fed. Pell Grants	FSEOG	FWS	Fed. Perkins Loans	Fed. Stafford Loans	Scholarships	Deferred Payment	Job Counseling	Job Placement	Personal Counseling	Housing	Mobility Impaired Services	Mobility Impaired Programs
1																										
2	50	Semester	210/Cr	200	268	702	Y	Y	N	N	Y	Y	Y	Y	Y	N	Y	Y	N	Y	Y	Y	Y	Y	Y	N
3	100	Monthly	1500-6850*	*	31	6	N	Y	N	N	N	N	Y	Y	N	N	N	Y	N	Y	Y	Y	Y	N	Y	N
4	100	Monthly	1600-9000	None	29	2	N	Y	N	N	Y	Y	Y	N	N	N	N	*	N	N	Y	N	N	N	N	N
5							N	N	N	N	N	N	N	N	N	N	N	N	N	N	N	N	N	N	N	N
6																										
7							N	N	N	N	N	N	N	N	N	N	N	N	N	N	N	N	N	N	N	N
8	200	Monthly	7000-14000	950-1450*	38	1	N	Y	N	N	Y	Y	Y	N	N	N	N	N	N	N	Y	Y	Y	Y	N	Y
9	50	Sept/Mar/July	5980	None	537	No	Y	N	N	N	Y	Y	Y	Y	Y	Y	Y	Y	Y	Y	Y	Y	N	Y	N	N
10	100	Bimonthly	5750	700	75	35	N	Y	N	N	Y	Y	Y	Y	N	N	N	N	N	N	Y	Y	N	Y	N	N
11																										
12	100	September	2000	600	10	No	N	Y	N	N	Y	Y	Y	N	N	N	N	N	Y	Y	N	Y	N	Y	N	N
13	50	Aug/May/Jan	7000	500	140	No	N	Y	N	N	N	Y	Y	N	N	N	N	Y	Y	N	Y	N	Y	N	N	N
14																										
15	125*	July	1000	600	20	No	N	N	N	N	N	N	N	N	N	N	N	N	Y	N	Y	Y	Y	Y	N	N
16	125	*	6625	None	18	No	N	N	N	N	Y	Y	Y	Y	N	N	N	Y	Y	Y	Y	Y	Y	N	N	N
17																										
18	75	Sept/Feb	6800*		30	50	N	Y	N	N	N	N	Y	N	N	N	N	N	Y	Y	Y	Y	Y	N	N	N
19																										
20	75	Sept/Feb	6800*	150	28	32	N	Y	N	N	N	N	Y	N	N	N	N	N	Y	N	Y	N	N	N	Y	N
21																										
22	35	August	2310	870	20	No	N	N	N	N	N	N	N	N	N	N	N	N	N	N	Y	Y	Y	N	Y	N
23																										
24	30	August	3745	475	19	No	N	N	N	N	N	N	Y	N	N	N	N	N	N	Y	N	N	N	N	N	N
25																										
26	100	Every 3 Mos	6500	720	95	20	Y	Y	N	N	N	N	Y	N	N	N	N	N	Y	N	Y	Y	*	N	N	N
27	350	2 Times/Yr	7650	None	32	4	N	N	N	N	N	N	Y	N	N	N	N	N	Y	Y	Y	Y	N	N	N	N
28	25	Jan/Aug	23500	None	120	No	N	Y	N	N	Y	Y	Y	Y	N	N	N	Y	Y	Y	N	N	Y	N	Y	N
29																										
30	50	Feb/Aug	5400	580*	No	32	N	Y	N	N	N	N	Y	N	N	N	N	N	N	Y	Y	N	Y	*	Y	Y
31																										
32	No	Mid-June	1350/Yr	1500*	17	No	N	Y	N	N	Y	Y	Y	N	N	N	N	N	Y	N	Y	Y	Y	N	N	N
33	20	Monthly	5400	450	40	0	N	Y	N	N	N	Y	Y	N	N	N	N	N	N	Y	Y	Y	N	N	N	N
34	**NORTH DAKOTA (ND)**																									
35																										
36	100	*	2000-7000*	295-436	75	No	Y	Y	N	N	N	Y	Y	Y	N	N	N	Y	N	N	Y	Y	N	N	N	N
37	100	2nd Mon/Mo	6074	None	15	No	Y	Y	N	Y	Y	Y	Y	Y	N	N	N	Y	N	Y	Y	Y	N	N	N	N
38	100	*	4000-12995	None	50	1	Y	Y	N	Y	Y	Y	Y	Y	N	N	N	Y	N	Y	Y	Y	N	N	N	N
39																										
40	40	2 Times/Yr*	4868-11800	800*	310	81	Y	Y	N	N	N	Y	Y	N	N	N	N	N	N	N	Y	Y	N	N	N	N
41																										
42	25	July	*	600/2 Yr	12	No	N	N	N	N	N	N	N	N	N	N	N	N	N	N	N	N	N	Y	N	N
43	**OHIO (OH)**																									
44	25	Bimonthly	8140-9289	25	620	No	N	N	N	N	N	N	Y	Y	Y	N	N	Y	N	Y	N	Y	N	Y	N	N
45	50*	Quarterly	9712-36890	10*	100	163	N	N	N	N	N	N	Y	Y	N	N	N	Y	N	Y	N	N	N	Y	N	N
46	50	Quarterly	6000-27000	60	349	40	N	Y	N	N	N	Y	Y	Y	N	N	N	Y	N	Y	Y	Y	Y	N	N	N
47	350		16000	*	121	No	N	N	N	N	N	N	N	N	N	N	N	N	N	N	Y	Y	N	N	N	N
48	No	Monthly	3650	400	25	No	N	N	N	N	N	Y	Y	N	N	N	N	N	N	Y	Y	Y	Y	Y	N	N
49	0	Monthly	208/Cr Hr	15/Cr Hr	1100	No	Y	N	N	Y	Y	Y	Y	Y	Y	Y	Y	Y	Y	Y	Y	Y	Y	N	N	N
50																										
51	No	*	5900-8500	75	150	50	Y	Y	N	N	Y	Y	Y	Y	Y	Y	Y	Y	N	N	Y	Y	N	N	N	N
52	180*	Varies	1705-13000	680-2000	115	No	N	Y	N	N	Y	Y	Y	Y	N	N	N	Y	N	Y	Y	Y	N	N	N	N
53																										
54	125	Mar/Sept	9125	125	88	No	N	N	N	N	N	N	Y	Y	N	N	N	Y	N	Y	Y	N	Y	N	Y	N
55																										
56	25	September	4550	1000	24	0	Y	Y	N	N	N	N	Y	Y	N	N	Y	Y	N	Y	Y	Y	N	N	N	N
57																										
58	50	August	5380	1120	25	No	Y	Y	N	N	N	Y	Y	Y	N	N	N	Y	N	Y	Y	Y	Y	N	Y	Y
59	50	September	16000	None	4	No	N	N	N	N	N	N	N	N	N	N	N	N	N	N	Y	Y	Y	N	Y	Y
60																										
61	20	August	6000	200	37	0	N	N	N	N	N	N	N	Y	N	N	N	Y	N	N	Y	Y	Y	N	N	N
62																										

Line Number	Institution Name and Address	Phone	Fax	Founded	Location	Minimum Education & Admission Requirements	Admissions Exam	Aptitude Testing	References/Letters of Recommendation	Interview	Minimum Age
1 2	Cleveland Inst of Dental-Medical Asst, Cleveland, 2450 Prospect Ave 2nd Fl, Cleveland 44115	216-241-2930		1968	M	HS/GED	Y	N	N	Y	*
3 4	Cleveland Inst of Dental-Medical Asst, Lyndhurst, 5564 Mayfield Rd, Lyndhurst 44124	440-473-6273	440-473-0530	1985	U	HS/GED	Y	N	N	Y	*
5 6	Cleveland Inst of Dental-Medical Asst, Mentor, 5733 Hopkins Rd, Mentor 44060	440-946-9530	440-951-1109	1967	U	HS/GED	Y	N	Y	Y	None
7	Cleveland Inst of Electronics, 1776 E 17th St, Cleveland 44114	216-781-9400		1934		HS/GED	N	N	N	N	18
8	Eastern Hills Acad of Hair Design, 7681 Beechmont Ave, Cincinnati 45255	513-231-8621	513-231-8213	1968	R	HS/GED/ATB*	N	N	N	Y	16
9	ETI Tech C, Niles, 2076-86 Youngstown-Warren Rd, Niles 44446	330-652-9919		1989	U	HS/GED	Y	N	N	Y	18
10	Firelands Reg Med Ctr, Sch of Nursing, 1912 Hayes Ave, Sandusky 44870	419-557-7111	419-557-7116	1905	S	HS/GED	Y	Y	Y	Y	None
11	Gallipolis Career C, 1176 Jackson Pike Ste 312, Gallipolis 45631	740-446-4367	740-446-4124	1962	R	HS	Y	N	N	Y	
12	Gerber's Akron Beauty Sch, 33 Shiawassee Ave, Fairlawn 44333	330-867-6200		1946	L	HS/GED*	Y	N	Y	Y	18
13 14	Good Samaritan C of Nursing & Health Sci, 375 Dixmyth Ave, Cincinnati 45220	513-872-2631		1897	M	HS/GED	Y	N	N	Y	None
15 16	Hannah E Mullins Sch of Practical Nursing, 230 N Lincoln Ave Ste 3, Salem 44460	330-332-8940	330-332-8941	1957	S	HS/GED	Y	N	Y	N	18
17	Healing Arts Inst, Perrysburg, 340 Three Meadows Dr, Perrysburg 43551	419-874-4496		1997	R	HS/GED	Y	N	Y	Y	18
18	Hobart Inst of Welding Tech, 400 Trade Square E, Troy 45373	800-332-9448	937-332-5200	1930	S	HS/GED*	N	N	N	N	16
19	Inner State Beauty Sch, 5150 Mayfield Rd, Lyndhurst 44124	440-442-4500	440-442-4630	1961	S	11th Grade	Y	N	N	Y	16
20	Inst of Med & Dental Tech, 375 Glensprings Dr Ste 201, Cincinnati 45246	513-851-8500	513-851-8822	1977	M	HS/GED	Y	N	N	Y	17
21	Integrated Touch Therapy, Inc for Animals, PO Box 652, Circleville 43113	740-474-6436	740-474-6436	1998	R	HS/GED	N	N	N	Y	*
22	Intl Acad of Hair Design, Cincinnati, 8419 Colerain Ave, Cincinnati 45239	513-741-4777		1983	S	HS/GED	Y	N	N	Y	18
23	Intl Acad of Naturopathy, 4759 Cornell Rd Ste D, Cincinnati 45241	513-530-9147		1992	M	HS/GED*	N	N	Y	Y	18
24	Intl C of Broadcasting, 6 S Smithville Rd, Dayton 45431	937-258-8251	937-258-8714	1968	L	HS/GED	Y	Y	Y	Y	18
25	Mahoning Co Career & Tech Ctr, 7300 N Palmyra Rd, Canfield 44406	330-729-4000	330-729-4050	1972	U	None	N	N	N	N	18
26	Marion Tech C, 1467 Mount Vernon Ave, Marion 43302	740-389-4636		1971	R	HS/GED	*	Y	N	N	18
27 28	Marymount Sch of Practical Nursing, 12300 McCracken Rd, Garfield Heights 44131	216-587-8160		1952	U	HS/GED	Y	N	N	Y	18
29 30	MetroHealth Med Ctr, Dietetic Internship, 2500 MetroHealth Dr, Cleveland 44109	216-778-5316	216-778-8363		S	BS/BA	N	N	Y	N	None
31	Moler, Hollywood Beauty C, 130 E 6th St, Cincinnati 45202	513-621-5262		1953	M	10th Grade	Y	N	N	Y	18
32	National Beauty C, Canton, 4642 Cleveland Ave NW, Canton 44709	330-499-9444		1955	U	12th Grade	N	Y	N	Y	16
33 34	National Inst of Massotherapy, Akron, 3681 Manchester Rd Ste 304, Akron 44319	330-867-1996	330-869-6422	1991	U	HS/GED	N	N	N	Y	18
35	Nationwide Beauty Acad, 5050 N High St, Columbus 43214	614-888-1092	614-888-0725		U	HS/GED	N	N	Y	Y	18
36	Ohio Acad of Holistic Health, Box D, 2380 Bellbrook Ave, Xenia 45385	937-708-3232	937-708-3521	1987	S	HS/GED	Y	N	Y	Y	18
37 38	Ohio Acad A Paul Mitchell Partner Sch, 10735 Ravenna Rd, Twinsburg 44087	330-963-0119	330-963-0059	2003		HS/GED	N	N	N	Y	17
39	Ohio Bus C, Sandusky, 5202 Timber Comons Dr, Sandusky 44870	419-627-8345	419-627-1958	1982	S	HS/GED	Y	N	N	Y	
40 41	Ohio Ctr for Broadcasting, Valley View, 9000 Sweet Valley Dr, Valley View 44125	216-447-9117	216-642-9232	1986	S	HS/GED	N	N	N	Y	18
42	Ohio Inst of Photography & Tech, 2029 Edgefield Rd, Dayton 45439	937-294-6155	937-294-2259	1971	L	HS/GED	Y	N	Y	Y	17
43	Ohio Tech C, 1374 E 51st St, Cleveland 44103	216-881-1700		1969	M	GED	Y	Y	N	Y	17
44 45	Paramount Beauty Acad/Paramount Inst of Esthetics, 1745-11th St, Portsmouth 45662	740-353-2436	740-354-6134	1945	S	HS/GED/ATB	N	Y	N	Y	16
46 47	Parma Comm Gen Hosp, Emergency Med Tech-Paramedic, 7300 State Rd, Parma 44134	440-743-4970	440-743-4966	1984	R	*	N	N	Y	Y	18
48	Reflexology Sci Inst, 1170 Old Henderson Rd Ste 206, Columbus 43220	614-457-5783		1983	R	HS/GED	N	N	N	N	18
49	Rhodes State C, 4240 Campus Dr, Lima 45804	419-995-8320		1971	S	HS/GED	N	Y	N	N	None
50	Salon Schs Group, 1720 E Broad St, Columbus 43203	614-252-5252	614-252-5304		M	HS/GED	N	N	N	Y	
51	Sch of Advertising Art, 1725 E David Rd, Kettering 45440	937-294-0592	937-294-5869	1983	S	HS/GED	N	N	N	Y	None
52	The Spa Sch, 5050 N High St, Columbus 43214	614-888-1092	614-888-0725			HS/GED	N	N	Y	Y	18
53	Stautzenberger C, Strongsville, 12925 Pearl Rd, Strongsville 44136	440-846-1999	440-846-2164		U	HS/GED	N	N	N	Y	
54	TDDS Tech Inst, 1688 N Pricetown Rd SR 534, Lake Milton 44429	330-538-2216	330-538-0609	1973	R	HS/GED/ATB	Y	Y	Y	Y	18
55	Tech Ed C, 2745 Winchester Pike, Columbus 43232	614-456-4600	614-456-4640	1965	L	HS/GED/ATB	Y	N	N	Y	17
56	Tiffin Acad of Hair Design, 104 E Market St, Tiffin 44883	419-447-3117	419-447-5840	1962	S	HS/GED	Y	N	N	Y	18
57	Toledo Acad of Beauty Culture, East, 3341 Navarre Ave, Oregon 43616	419-478-6660	419-478-5259	1950	S	HS/GED	N	N	N	Y	18
58	Toledo Acad of Beauty Culture, North, 5020 Lewis Ave, Toledo 43612	419-478-6660	419-478-5259	1950	L	HS/GED	N	N	N	Y	18
59	Toledo Acad of Beauty Culture, South, 1554 Byrne Rd, Toledo 43614	419-478-6660	419-478-5259	1950	L	HS/GED	N	N	N	Y	18
60	Tri County Beauty C, 155 Northland Blvd, Cincinnati 45246	513-671-8340	513-671-8449		R	HS/GED/ATB*	N	N	N	Y	16
61 62	Tri-State Semi Driver Training, Inc, Middletown, 6690 Germantown Rd, Middletown 45042	513-424-1237	513-424-6261	1969	L	HS/GED/ATB	N	N	N	Y	21

*Additional information in Appendix

Tri-State Semi Driver Training, Inc, Middletown (OHIO)

Line Number	Regis/Enrollment Application Fee	Courses Start	Tuition for Each Program	Mandatory Fees	Full-time	Part-time	Bureau of Indian Affairs	JTPA/WIA	Fed. Aviation Admin.	Immigration/Naturalization Service	Social Security Admin.	Veterans Admin.	Voc. Rehab.	Fed. Pell Grants	FSEOG	FWS	Fed. Perkins Loans	Fed. Stafford Loans	Scholarships	Deferred Payment	Job Counseling	Job Placement	Personal Counseling	Housing	Mobility Impaired Services	Mobility Impaired Programs
1																										
2	100*	Open	8295	700	175	No	Y	Y	N	Y	Y	Y	Y	Y	Y	Y	Y	Y	Y	Y	Y	Y	Y	N	Y	N
3																										
4	100	Bimonthly	7795	700	90	No	N	Y	N	Y	Y	Y	Y	Y	Y	Y	Y	Y	Y	Y	Y	Y	Y	N	N	N
5																										
6	100		7795	700	190	No	N	N	Y	Y	Y	Y	Y	Y	Y	Y	Y	Y	Y	Y	Y	Y	Y	N	N	N
7		Open	1295-3540		3500		N	N	N	N	N	N	N	N	N	N	N	N	N	N	N	N	N	N	N	N
8	50	2 Times/Mo	2900-12995		61	43	N	N	N	N	N	N	N	N	N	N	N	N	Y	Y	Y	Y	Y	N	N	N
9	50	Semester	8034-17640	700-1900	230	41	Y	Y	Y	Y	Y	Y	Y	Y	Y	N	Y	Y	Y	Y	Y	Y	Y	Y	Y	Y
10	100	August	14500-37100	1760	101	25	N	N	N	N	Y	Y	Y	Y	Y	Y	Y	Y	Y	Y	Y	Y	Y	Y	N	Y
11	25*	Quarterly	8640-18000	None	150	10	N	N	N	N	N	N	N	Y	Y	N	Y	Y	Y	N	N	Y	Y	N	N	N
12	100	Monthly	6728	480	40	30	Y	Y	N	N	Y	N	Y	Y	N	N	N	Y	Y	Y	Y	Y	Y	N	N	N
13																										
14	450	Aug/Jan	13797	795	251	92	N	Y	N	Y	Y	Y	Y	Y	N	N	N	Y	Y	Y	Y	Y	Y	N	Y	N
15																										
16	500*	Mar/Sept	7300	1000	38	No	N	Y	N	N	N	N	N	Y	N	N	N	Y	N	N	N	N	N	N	N	N
17	50	Fall/Spring	8550		40	20	N	Y	N	N	N	Y	Y	Y	N	N	N	N	Y	N	Y	Y	N	N	N	N
18	75	Every 2-4 Wks	8070-13795	205-235	198	No	N	Y	N	N	N	Y	Y	Y	N	N	N	Y	Y	Y	Y	Y	Y	N	Y	N
19	100	Monthly	1254-8952	None	80	50	N	Y	N	N	N	Y	Y	Y	N	N	N	N	Y	N	Y	Y	Y	N	Y	N
20	100	Open	7200-8000	None	175	No	N	Y	N	N	N	Y	Y	N	N	N	N	N	Y	N	Y	Y	Y	N	N	N
21	200*	Monthly	525-1199	None			N	N	N	N	N	N	Y	N	N	N	N	N	Y	N	N	N	N	N	N	N
22	175	Bimonthly	12900	1100	110	No	N	Y	N	N	Y	Y	Y	Y	N	N	N	Y	Y	Y	Y	Y	Y	N	N	N
23	100	Sept/Apr	8000-15000	600-1200	25	No	N	N	N	N	N	N	N	N	N	N	N	N	N	N	N	N	N	N	Y	Y
24	100	Semester	7800	500*	115	15	Y	Y	N	N	N	Y	Y	Y	Y	Y	Y	Y	Y	Y	Y	Y	Y	N	N	N
25	No	Open	25-4000	None	750	3000	N	Y	N	N	N	Y	Y	Y	N	N	N	N	N	Y	Y	Y	Y	N	N	N
26	20	Quarterly	101/Cr Hr	*	909	1137	N	Y	N	N	N	Y	Y	Y	Y	Y	Y	Y	Y	Y	Y	Y	Y	N	Y	Y
27																										
28	50	July	4500	300	35	No	N	N	N	N	N	Y	N	N	N	N	N	N	N	*	Y	Y	Y	N	N	N
29																										
30	40	July	300		3	No	N	N	N	N	N	N	N	N	N	N	N	N	N	Y	N	N	N	N	Y	N
31	100	Every 2 Wks	8500	None	135	35	N	Y	N	N	Y	Y	Y	Y	Y	Y	Y	Y	Y	Y	Y	Y	Y	N	N	Y
32	100	2 Times/Mo	8285	None	70	30	N	Y	N	N	N	Y	Y	Y	Y	Y	N	Y	Y	Y	Y	Y	Y	N	N	N
33																										
34	75	Quarterly	11600-16900		60	65	N	N	N	N	N	N	Y	Y	N	N	N	N	N	N	N	Y	Y	N	Y	N
35	250	Bimonthly	10650-11450	None	101	47	N	Y	N	N	N	N	Y	Y	N	N	N	N	N	N	Y	Y	Y	N	Y	Y
36	55	Quarterly	5000-14000	varies	200	50	N	Y	N	N	N	N	Y	N	N	N	N	Y	Y	Y	Y	Y	Y	N	Y	Y
37																										
38	100	Every 7 Wks*	13000	2000	140	25	N	N	N	N	N	N	N	N	N	N	N	N	N	N	N	N	N	N	N	N
39	25*	Quarterly	16005	970	188	27	N	Y	N	N	N	Y	Y	Y	N	N	N	Y	Y	N	N	Y	N	N	N	N
40																										
41	125	Every 3 Mos	14762		200	No	N	N	N	N	N	Y	Y	Y	Y	N	N	N	N	Y	Y	Y	Y	N	N	Y
42	20	Quarterly	9650-33925	None	700	No	Y	Y	N	Y	Y	Y	Y	Y	Y	Y	N	Y	Y	Y	Y	Y	Y	N	N	Y
43	100		*	*	500	No	Y	Y	N	N	N	Y	Y	Y	Y	Y	Y	Y	Y	Y	Y	Y	Y	N	N	N
44																										
45	150	*	2216-10334	None	87	35	N	Y	N	N	Y	Y	Y	Y	N	N	N	Y	Y	Y	Y	Y	Y	N	N	N
46																										
47	25	Monthly	100-3200	None	75	100	N	N	N	N	N	N	N	N	N	N	N	N	N	N	Y	Y	Y	N	N	N
48	50	Semester	1960	None	18	No	N	N	N	N	N	N	N	N	N	N	N	N	N	N	Y	Y	Y	N	N	N
49	45*	Quarterly	1107.60	*	1815	1554	N	Y	N	N	N	Y	Y	Y	Y	Y	Y	Y	Y	Y	Y	Y	Y	N	N	N
50	250	Bimonthly	3450-10550		*	*	N	Y	N	N	N	N	Y	Y	N	N	N	Y	Y	Y	Y	Y	Y	N	N	N
51	100	Aug/Sept	16200-18390	2000/yr	165	No	Y	Y	N	N	N	Y	Y	Y	N	N	N	N	N	N	Y	Y	Y	N	Y	Y
52	100	Bimonthly	7900	None	79	37	N	Y	N	N	N	N	Y	Y	N	N	N	N	N	Y	Y	Y	Y	N	Y	Y
53	25	Quarterly	21000-24000	90/Quarter	112	208	N	Y	N	N	N	Y	N	Y	Y	Y	Y	Y	N	Y	Y	Y	Y	N	Y	Y
54	50*	Weekly/Qtrly	4495-14995	150-1900	580	No	N	Y	N	N	Y	Y	Y	Y	Y	Y	Y	Y	Y	Y	Y	Y	Y	N	Y	Y
55	20	Monthly	7250-8100/Yr	300-600	460	0	Y	Y	N	N	Y	Y	Y	Y	Y	Y	Y	Y	Y	Y	Y	Y	Y	N	Y	Y
56	100	Every 6 Wks	9325	None	74	No	N	Y	N	N	N	Y	Y	Y	N	N	N	N	Y	Y	Y	Y	Y	N	Y	Y
57	200	Monthly	2500-11500	None	24	45	Y	Y	Y	Y	Y	Y	Y	Y	Y	Y	Y	Y	Y	Y	Y	Y	Y	N	Y	Y
58	200	Monthly	2500-11500	None	23	28	Y	Y	Y	Y	Y	Y	Y	Y	Y	Y	Y	Y	Y	Y	Y	Y	Y	N	Y	Y
59	200	Monthly	2500-11500	None	37	64	Y	Y	Y	Y	Y	Y	Y	Y	Y	Y	Y	Y	Y	Y	Y	Y	Y	N	Y	Y
60	50*	2 Times/Mo	2900-12995				N	N	N	N	N	N	N	Y	Y	Y	Y	Y	Y	Y	Y	Y	N	N	*	N
61																										
62		Weekly	3500-4995	None	18	4	N	Y	N	N	N	N	Y	N	N	N	N	N	N	Y	N	Y	N	N	N	N

Trumbull Bus C (OHIO)

Line	Institution Name and Address	Phone	Fax	Founded	Location	Minimum Education & Admission Requirements	Admissions Exam	Aptitude Testing	References/Letters of Recommendation	Interview	Minimum Age
1	Trumbull Bus C, 3200 Ridge Rd, Warren 44484	330-369-3200		1972	U	HS/GED	N	N	N	Y	*
2 3	Western Hills Sch of Beauty & Hair Design, 6940 Glenway Ave, Cincinnati 45211	513-574-3818	513-574-3969		R	HS/GED/ATB*	N	N	N	Y	19
4	Wooster Beauty C, 700 Winkler Dr, Wooster 44691	330-263-9363		1963	S	10th Grade	N	N	Y	Y	16
5	The Youngstown C of Massotherapy, 14 Highland Ave, Struthers 44471	330-755-1406		1995	R	HS/GED	N	N	N	N	18
6	**OKLAHOMA (OK)**										
7	American Broadcasting Sch, Tulsa, 2843 E 51st St, Tulsa 74105	918-293-9100	918-293-2281	1970	L	HS/GED/ATB	N	N	N	Y	18
8	American Inst of Med Tech, 7040 S Yale Ste 100, Tulsa 74136	918-496-0800	918-496-8505	2003	M		Y	Y	Y	Y	
9	Ardmore Intl C of Beauty, Broadlawn Village Ste 14, Ardmore 73401	580-223-0711	580-223-1511	2006		HS/GED	N	N	N	Y	16
10	Broken Arrow Beauty C, 400 S Elm Pl, Broken Arrow 74012	918-251-9660	918-258-3059	1969	U	HS/GED	N	N	N	Y	16
11	Canadian Valley Tech Ctr, Chickasha, 1401 Michigan, Chickasha 73018	405-224-7220	405-222-7549	1972	S		Y	N	N	N	16
12	Central State Acad, 8494 NW Expressway, Oklahoma City 73162	405-722-4499	405-722-4521	1976	M	HS/GED	N	N	N	Y	18
13	Central State Beauty Acad, 8494 NW Expy, Oklahoma City 73162	405-722-4499	405-722-4521	1957	M	HS/GED	N	N	N	Y	16
14	Chisholm Trail Tech Ctr, Rt 1 Box 60, Omega 73764	405-729-8324	405-729-8335	1988	R	HS/GED/ATB	N	Y	N	Y	16
15	Claremore Beauty C, 200 N Cherokee, Claremore 74017	918-341-4370		1969	S	HS/GED	Y	Y	N	Y	16
16	Clary Sage C, 3131 S Sheridan Rd, Tulsa 74145	918-298-8200			M	HS/GED	N	N	N		
17	Comm Care C, 4242 S Sheridan Rd, Tulsa 74145	918-610-0027		1995	M	HS/GED	N	Y	Y	Y	18
18	Enid Beauty C, Inc, 3905 S La Mesa Dr, Enid 73703	580-237-6677		1963	U	HS/GED	N	N	N	Y	17
19	Francis Tuttle Tech Ctr, 12777 N Rockwell Ave, Oklahoma City 73142	405-717-7799	405-717-4790	1979	M	HS/GED/ATB*	Y	N	Y	Y	16
20	Great Plains Tech Ctr, Frederick, 2001 E Gladstone, Frederick 73542	580-335-5525		1985	R		Y	Y	N	Y	*
21	Great Plains Tech Ctr, Lawton, 4500 W Lee Blvd, Lawton 73505	580-355-6371	580-250-5677	1969	L	HS/GED*	Y	Y	N	Y	16
22	Hollywood Cosmetology Ctr, 1708 W Lindsey St, Norman 73069	405-364-3375		1965	U	HS/GED	Y	N	N	Y	17
23 24	Indian Capital Tech Ctr - Tahlequah-Bill Willis Campus, 240 Vo-Tech Rd, Tahlequah 74464	918-456-2594	918-456-0140	1970	S	*	Y	Y	N	N	16
25	Jenks Beauty C, 535 W Main St, Jenks 74037	918-299-0901	918-299-7053	1987	M	HS/GED	N	N	Y	Y	16
26	Kiamichi Tech Ctr, Atoka, PO Box 240 , 1301 W Liberty Rd, Atoka 74525	580-889-7321	580-889-5642	1981	S	HS/GED/ATB	Y	Y	N	Y	16
27	Kiamichi Tech Ctr, McAlester, 301 Kiamichi Dr, McAlester 74501	918-426-0940	918-426-1626	1970	S		N	Y	N	Y	16
28	Meridian Tech Ctr, 1312 S Sangre Rd, Stillwater 74074	405-377-3333	405-377-9604	1975	S	HS/GED/ATB	*	Y	N	Y	16
29 30	Metro Tech Radiography Program, 1720 Springlake Dr, Oklahoma City 73111	405-605-4634	405-424-9403	1946	M	HS/GED/+*	Y	N	N	Y	18
31	Mid-America Tech Ctr, PO Box H, 27438 St Hwy 59, Wayne 73095	405-449-3391		1970	R	None	N	Y	N	N	16
32	Mid-Del Tech Ctr, PO Box 10630, 1621 Maple Dr, Midwest City 73110	405-739-1707		1965	U	None	Y	Y	N	Y	16
33	Moore-Norman Tech Ctr, 4701 12th Ave NW, Norman 73069	405-364-5763		1972	L	None	Y	Y	*	*	16
34	Northwest Tech Ctr, Alva, 1801 S 11th St, Alva 73717	580-327-0344		1972	R	HS/GED*	N	N	N	Y	16
35	Oklahoma Technology Inst, 9801 Broadway Ext, Oklahoma City 73114	405-842-9400	405-842-8021	1996	L	HS/GED/ATB*	N	N	N	Y	17
36	Platt C, Oklahoma City, 309 S Ann Arbor, Oklahoma City 73128	405-946-7799	405-943-2150	1979	M	HS/GED/ATB	*	N	*	Y	18
37	Praxis C of Health Arts & Sci, 8900 N Western Ave, Oklahoma City 73114	405-879-0224		1903	M		N	Y	Y	Y	21
38	Sand Springs Beauty C, PO Box 759, 28 E 2nd St, Sand Springs 74063	918-245-6627	918-241-1822	1977	M	HS/GED	N	N	Y	Y	16
39	Southern Oklahoma Tech Ctr, 2610 Sam Noble Pkwy, Ardmore 73401	580-223-2070	580-224-9441	1966	S	HS/GED*	Y	Y	N	Y	16
40	State Barber & Hair Design C, 2514 S Agnew, Oklahoma City 73108	405-631-8621		1975	L	HS/GED/ATB	N	Y	N	Y	16
41	Tri County Tech Ctr, 6101 SE Nowata Rd, Bartlesville 74006	918-333-2422	918-333-6797	1967	S	HS/GED	Y	Y	*	*	16
42	Tulsa Tech Ctr, PO Box 477200, 6111 E Skelly Dr, Tulsa 74147	918-828-5000	918-828-5009	1965	M	HS/GED	Y	N	N	N	16
43	Tulsa Welding Sch, Tulsa, 2545 E 11th St, Tulsa 74104	800-331-2934	918-587-8170	1949	M	HS/GED/ATB	N	N	N	Y	18
44	Vatterott C, Tulsa, 4343 S 118th E Ave, Tulsa 74146	918-835-8288	918-836-9698	1969	L	HS/GED	Y	N	Y	Y	
45	Woodward Beauty C, 502 Texas, Woodward 73801	580-256-7520		1952	S	8th Grade	N	N	N	Y	16
46	**OREGON (OR)**										
47	Abdill Career C, Inc, 843 E Main St Ste 203, Medford 97504	541-779-8384	541-779-7645	1980	U	HS/GED	Y	N	N	N	18
48	Acad of Hair Design, Salem, 305 Court St NE, Salem 97301	503-585-8122	503-585-0243	1967	L	HS/GED	N	N	N	Y	16
49	Airman's Proficiency Ctr, 3565 NE Cornell Rd, Hillsboro 97124	503-648-2831	503-648-1886	1980	U	HS*	N	N	N	N	16
50	Apollo C, Portland, 2004 Lloyd Ctr, 3rd Floor, Portland 97232	503-761-6100		1976	L	HS/GED/ATB	Y	N		Y	*
51	Australasian C of Health Sci, 5940 SW Hood Ave, Portland 97239	503-244-0726	503-244-0727	1978	M	GED	N	N	N	Y	18*
52	C of Cosmetology, Klamath Falls, 357 E Main St, Klamath Falls 97601	541-882-6644	541-882-6645	1962	S	HS/GED	N	Y	N	Y	16
53	C of Hair Design Careers, 1684 Clay St NE, Salem 97301	503-588-5888		1983		HS/GED	N	N	N	Y	
54	C of Legal Arts, 8909 SW Barbur Blvd Ste 100, Portland 97205	503-223-5100	503-952-0010	1974	M	HS/GED*	N	N	N	Y	*
55 56	Concorde Career Inst, Portland, 1425 NE Irving St Bldg 300, Portland 97232	503-281-4181		1966	M	HS/GED/ATB	Y	N	N	Y	18
57	Cosmetology Careers Unlimited, 2030 NE 42nd Ave, Portland 97213	503-288-6937	360-577-1654	1983	L	HS/GED	Y	Y	N	Y	17
58	Intl Loving Touch Foundation, Inc, PO Box 16374, Portland 97292	503-253-8482	503-256-6753	1992	M	HS/GED	N	N	Y	N	18
59 60	Northwest Nannies Inst, 11830 SW Kerr Pkwy, Ste 330 , Lake Oswego 97035	503-245-5288	503-245-5288	1984	M	HS/GED	N	N	Y	Y	17
61 62	Oregon Sch of Massage, Portland, 9500 SW Barbur Blvd Ste 100, Portland 97219	503-244-3420	503-244-1815	1984	M	HS/GED*	N	N	N	Y	18

*Additional information in Appendix

Line Number	ADMISSIONS		COSTS		ENROLLMENT		GOVERNMENT JOB TRAINING & AID							OTHER FINANCIAL AID							STUDENT SERVICES					
	Regis/Enrollment Application Fee	Courses Start	Tuition for Each Program	Mandatory Fees	Full-time	Part-time	Bureau of Indian Affairs	JTPA/WIA	Fed. Aviation Admin.	Immigration/Naturalization Service	Social Security Admin.	Veterans Admin.	Voc. Rehab.	Fed. Pell Grants	FSEOG	FWS	Fed. Perkins Loans	Fed. Stafford Loans	Scholarships	Deferred Payment	Job Counseling	Job Placement	Personal Counseling	Housing	Mobility Impaired Services	Mobility Impaired Programs
1	75	Quarterly	210/Cr Hr	None	425	60	N	Y	N	N	Y	Y	Y	Y	Y	Y	Y	Y	Y	Y	Y	Y	Y	N	N	N
2																										
3	50	2 Times/Mo	2900-12995				N	N	N	N	N	Y	Y	Y	N	N	N	Y	Y	Y	Y	Y	N	N	*	N
4	100	Bimonthly	1700-9000	None	35	No	N	Y	N	N	N	Y	Y	Y	N	N	N	N	N	N	Y	Y	Y	N	N	N
5	35	Jan/May/Sept	7200-12000	140	75	No	N	Y	N	N	N	Y	Y	Y	N	N	N	Y	N	N	N	N	N	N	N	Y
6	OKLAHOMA (OK)																									
7	No	Weekly	10125	None	50	No	Y	Y	N	N	N	Y	Y	Y	N	N	N	N	Y	Y	Y	Y	Y	Y	N	Y
8	100	Quarterly	8310-18880		70		Y	Y	N	N	N	Y	Y	Y	Y	Y	Y	Y	N	Y	Y	Y	Y	N	N	N
9	100*	Monthly	3600-9500*	*	18		Y	N	N	N	N	N	Y	Y	N	N	N	Y	N	Y	Y	Y	Y	N	N	N
10	75	Varies	3660-9150	675-1468	105	5	Y	Y	N	N	N	Y	Y	Y	N	N	N	Y	N	N	Y	Y	Y	N	Y	N
11	none	Open	1313-16926*	None	98	392	Y	Y	N	N	Y	Y	Y	Y	N	N	N	Y	N	Y	Y	Y	Y	N	Y	Y
12	150	Monthly	3450-9800	None	64	50	Y	Y	N	N	Y	Y	Y	Y	N	N	N	N	N	N	N	Y	N	N	Y	N
13	150	Monthly	9800	None	75	31	Y	Y	N	N	Y	Y	Y	Y	N	N	N	N	N	N	Y	Y	Y	N	Y	N
14	20	Open	1050-7561	None	26	106	Y	Y	N	N	N	Y	Y	Y	N	N	N	Y	N	N	Y	Y	Y	N	Y	Y
15	100	Every 6 Wks	7600	650	20	No	Y	N	N	N	N	N	N	Y	N	N	N	Y	N	N	Y	Y	Y	N	Y	N
16	15		4800-12125	760-3150			Y	N	N	N	N	Y	N	Y	N	N	N	N	N	N	Y	Y	Y	N	Y	N
17	15	Every Mon	8600-16700	720-1430	575	120	Y	Y	N	N	N	Y	Y	Y	N	N	N	Y	N	N	Y	Y	Y	N	Y	N
18	25*	Every 7 Wks		100	35	No	Y	Y	N	N	N	Y	Y	Y	N	N	N	Y	Y	Y	Y	Y	Y	N	N	N
19	No	Monthly	800+*	None	2500	*	N	Y	N	N	N	Y	Y	Y	Y	Y	N	Y	N	Y	Y	Y	Y	N	Y	Y
20		Open	1.25/Hr*	None	130	No	Y	Y	N	N	N	Y	Y	Y	N	N	N	N	N	Y	Y	Y	Y	N	Y	Y
21	No	*	315-5950	1500	1250	1808	Y	Y	N	N	N	Y	Y	Y	Y	N	N	N	N	Y	Y	Y	Y	N	Y	Y
22	100	Monthly	2505-6975*	*	30	No	Y	Y	N	Y	Y	Y	Y	Y	Y	N	N	N	N	N	Y	Y	Y	N	Y	N
23																										
24	No	Semester	1050-2700	None	200	150	Y	Y	N	N	Y	Y	Y	Y	N	N	N	Y	N	N	Y	Y	Y	N	Y	N
25	140	Open	3200-8250	200-590	90	No	Y	Y	N	N	Y	Y	Y	Y	Y	Y	Y	Y	Y	Y	Y	Y	Y	N	Y	N
26	No	Open	1.25-1.75/Hr*	*	73	145	Y	Y	N	N	N	Y	Y	Y	N	N	N	Y	N	N	Y	Y	N	N	Y	N
27	No	Open	1.25/Hr	None	250	350	Y	Y	N	N	N	Y	Y	Y	N	N	N	Y	N	N	Y	Y	Y	N	N	N
28	*	Open	20-3300	None	823	7406	Y	Y	N	N	Y	Y	Y	Y	N	N	N	Y	N	N	Y	Y	Y	N	Y	Y
29																										
30	35*	August	5550		48	No	Y	Y	N	N	N	Y	Y	Y	N	N	N	Y	N	Y	Y	Y	Y	N	Y	N
31	No	Open	1050	None	1000	1500	Y	Y	N	N	Y	Y	Y	Y	N	N	N	Y	Y	Y	Y	Y	Y	N	Y	Y
32	25	Open	1/Hr	None	700	1400	Y	Y	N	N	Y	Y	Y	Y	N	N	N	Y	Y	Y	Y	Y	Y	N	Y	Y
33	10	Weekly	234-1006	50-300	215	848	Y	Y	Y	N	Y	Y	Y	Y	Y	Y	Y	Y	Y	Y	Y	Y	Y	Y	Y	Y
34	No	Open	2000*	None	15	110	Y	Y	Y	N	Y	Y	Y	Y	N	N	N	Y	N	Y	Y	Y	Y	N	Y	Y
35	100	Weekly			40	8	Y	Y	N	N	N	Y	Y	Y	N	N	N	Y	Y	N	Y	Y	Y	N	Y	Y
36	100	Open	7010-19500	None	300	No	Y	Y	N	N	N	Y	Y	Y	N	N	N	N	Y	Y	Y	Y	Y	N	Y	Y
37	0	Monthly	6000	2000	60		N	N	N	N	N	N	N	N	N	N	N	N	N	N	N	Y	N	Y	N	N
38	135	Open	3000-8000	None	60	No	Y	Y	N	N	Y	Y	Y	Y	N	N	N	Y	Y	Y	Y	Y	Y	N	Y	Y
39	25*	Open	475-10680*	25	552	500	Y	Y	N	N	Y	Y	Y	Y	N	N	N	N	N	N	Y	Y	Y	N	Y	Y
40	No	Every Tues	6000	300	10	16	Y	Y	N	N	N	Y	Y	Y	N	N	N	N	N	N	Y	Y	Y	N	N	N
41	*	Quarterly	1200-3000	None	700	3000	Y	Y	N	N	Y	Y	Y	Y	Y	N	N	Y	Y	Y	Y	Y	Y	Y	Y	Y
42	*	*	*	15-400	3200	2200	Y	Y	Y	Y	Y	Y	Y	Y	Y	Y	Y	Y	Y	Y	Y	Y	Y	Y	Y	Y
43	None	Every 3 Wks	6560-11860	1350-2040*	1269	No	Y	Y	N	N	N	Y	Y	Y	Y	Y	Y	Y	Y	Y	Y	Y	Y	N	Y	N
44		Every 10 Wks			200	No	Y	Y	N	N	N	Y	Y	Y	N	N	Y	Y	Y	Y	N	Y	N	N	N	N
45	100	Monthly	3125-6875	100-250	25	No	Y	N	N	N	N	N	N	Y	N	N	N	N	N	N	Y	Y	Y	N	N	N
46	OREGON (OR)																									
47	150*	Every 5 Wks	120/cr	*	100	10	Y	Y	N	N	N	Y	Y	Y	N	N	N	Y	N	N	Y	Y	Y	N	Y	N
48	150	Varies	4995-13200	765-1645	55	No	Y	Y	N	N	N	Y	Y	Y	N	N	N	Y	Y	Y	Y	Y	Y	N	Y	N
49	100	Open	5-44000	None	120	150	Y	Y	Y	N	N	Y	Y	Y	N	N	N	Y	N	N	Y	Y	N	Y	N	N
50	75	Open	*	*	430	No	Y	Y	N	N	N	Y	Y	Y	N	N	N	Y	Y	Y	Y	Y	Y	N	Y	Y
51	*	Monthly	641-6218	None	7500	500	N	N	N	N	N	N	N	N	N	N	N	N	Y	Y	Y	N	N	N	Y	N
52	100	Bimonthly	3000-11960	261-1909	35	3	N	N	N	N	N	N	N	N	N	N	N	N	N	N	N	Y	N	N	N	N
53	150	Monthly	3600-12890		75		Y	Y	N	N	Y	Y	Y	Y	N	N	N	N	N	N	N	Y	N	N	N	N
54	50	Monthly/Qtrly*	7950-9000	None	125	3	Y	Y	N	Y	Y	Y	Y	Y	N	N	N	Y	Y	Y	Y	Y	Y	Y	Y	Y
55																										
56	100	Monthly	2101-9401	1020-1190	562	No	Y	Y	N	N	N	Y	Y	Y	Y	Y	Y	Y	Y	Y	Y	Y	Y	N	Y	N
57	100	Monthly	2700-5400	395-885	No	45	Y	Y	N	N	N	Y	Y	Y	N	N	N	Y	N	N	Y	Y	Y	N	Y	N
58	225	Open	475-600	125*			N	N	N	N	N	N	N	N	N	N	N	N	Y	Y	N	N	N	N	N	N
59																										
60	25	Every 6 Wks	4980	375	40	No	N	Y	N	N	N	Y	Y	N	N	N	N	N	N	Y	Y	Y	N	N	N	N
61																										
62	125*	Quarterly	9550	595*	100	200	Y	Y	N	N	N	N	Y	N	N	N	N	N	N	Y	Y	N	Y	N	Y	Y

Phagan's Central Oregon Beauty C (OREGON)

Line Number	Institution Name and Address	Phone	Fax	Founded	Location	Minimum Education & Admission Requirements	Admissions Exam	Aptitude Testing	References/Letters of Recommendation	Interview	Minimum Age
1	Phagan's Central Oregon Beauty C, 355 NE 2nd St, Bend 97701	541-382-6171	541-385-0782	1980	U	HS/GED/ATB*	N	N	Y	Y	16
2	Phagan's Sch of Beauty, Salem, 622 Lancaster NE, Salem 97301	503-363-6800	503-363-5097	1948	R	HS/GED/ATB	N	N	Y	Y	16
3	Portland Beauty Sch, 8230 NE Siskiyou St Ste 102, Portland 97220	503-255-6303	503-262-8499	1998	M	*	N	Y	N	Y	
4	Roseburg Beauty C, 700 SE Stephens, Roseburg 97470	541-673-5533	541-673-0119	1959	S	HS/GED	N	N	Y	Y	16
5	Valley Med C, Inc., 4707 Silverton Rd, Salem 97305	503-363-9001	503-363-6483	1994	L		N	N	N	N	
6	**PENNSYLVANIA (PA)**										
7, 8	Albert Einstein Med Ctr, Sch of Radiologic Tech, 5501 Old York Rd, Philadelphia 19141	215-456-6234	215-456-3232	1946	U	HS/GED+	Y	Y	Y	Y	18
9	Allied Med & Tech Inst, Scranton, 517 Ash St, Scranton 18509	570-558-1818	570-342-4537	1984	U	HS/GED	Y	N	N	Y	
10	Altoona Beauty Sch, Inc, 1528 Valley View Blvd, Altoona 16602	814-942-3141	814-943-5188	1956	U	HS/GED	N	N	Y	Y	16
11	Antonelli Med & Prof Inst, 1700 Industrial Hwy, Pottstown 19464	610-323-7270	610-323-3065	1986	S	HS/GED	Y	Y	Y	Y	17
12, 13	Armstrong Ctr for Med & Health, Sch of Radiologic Tech, 1 Nolte Dr, Kittanning 16201	724-543-8206	724-543-8652	1958	R	HS/GED+*	N	N	Y	Y	18
14	Automotive Training Ctr, 114 Pickering Way, Exton 19341	610-363-6716		1917	U	HS/GED/ATB	Y	N	N	Y	16
15, 16	Automotive Training Ctr, Warminster, 900 Johnsville Blvd, Warminster 18974	215-259-1900	215-442-1030		M	HS/GED/ATB	Y	N	N	Y	
17, 18	Aviation Inst of Maintenance, Philadelphia, 3001 Grant Ave, Philadelphia 19114	215-676-7700		1946	M	HS/GED	N	N	N	N	17
19	Baltimore Sch of Massage, York Campus, 170 Red Rock Rd, York 17406	717-268-1881	717-268-1991	1981	U	HS/GED*	N	N	Y	Y	18
20	Beaver Falls Beauty Acad, 720 13th St, Beaver Falls 15010	724-843-7700		1955	S	10th/GED/ATB	N	N	N	Y	16
21	Blackstone Career Inst, PO Box 899, 218 Main St, Emmaus 18049	610-967-3323		1890		HS/GED	N	N	N	N	None
22, 23	Bradford Reg Med Ctr, Sch of Radiography, 116 Interstate Pkwy, Bradford 16701	814-362-8292		1978	R	HS/GED*	N	Y	Y	Y	17
24, 25	Brandywine Sch of Nursing (Brandywine Hospital), 215 Reeceville Rd, Coatesville 19320	610-383-8206	610-383-8325	1917	U	HS/GED	Y	Y	Y	Y	None
26, 27	Bucks Co Sch of Beauty Culture, Inc., 1761 Bustleton Pike, Feasterville 19053	877-283-8214	215-357-6485	1974	U	HS/GED	N	N	N	N	18
28	Butler Beauty Sch, 233 S Main St, Butler 16001	724-287-0708	724-431-2396	1939	U	9th Grade/ATB	N	N	N	Y	16
29	Cambria-Rowe Bus C, Indiana, 422 S 13th St, Indiana 15701	724-463-0222		1992	S	HS/GED*	Y	N	N	Y	None
30	Cambria-Rowe Bus C, Johnstown, 221 Central Ave, Johnstown 15902	814-536-5168	814-536-5160	1891	U	HS/GED	Y	N	N	Y	None
31, 32	Career Training Acad, Monroeville, 105 Mall Blvd Ste 300 W, Monroeville 15146	724-337-1000	724-335-7140	1986	S	HS/GED*	*	N	N	Y	*
33, 34	Career Training Acad, New Kensington, 950 Fifth Ave, New Kensington 15068	724-337-1000		1986	S	HS/GED	Y	N	N	Y	17
35, 36	Career Training Acad, Pittsburgh, 1500 Northway Mall Ste 200, Pittsburgh 15237	412-367-4000	412-369-7223	1986	L	HS/GED	N	N	N	Y	18
37, 38	Ctr for Arts & Tech, Brandywine Campus, 1635 E Lincoln Hwy, Coatesville 19320	610-384-6214	484-340-3246	1967	R	HS/GED	Y	Y	Y	N	
39, 40	Central Pennsylvania Sch of Massage, Inc, 336 S Fraser St, State College 16801	888-649-3337	814-234-0440	1995	U	HS/GED	N	N	N	Y	18
41	Central Susquehanna LPN Career Ctr, 1145 N 4th St, Sunbury 17801	570-988-6760		1968	S	HS/GED*	Y	N	Y	N	17
42	Citizens Sch of Nursing, 651 Fourth Ave, New Kensington 15068	724-337-5090	724-334-7708	1912	S	HS/GED	N	Y	Y	Y	17
43, 44	Clarion Co Career Ctr, Sch of Practical Nursing, 447 Career Rd, Shippenville 16254	814-226-5857		1981	R	HS/GED	Y	Y	Y	Y	*
45, 46	Clearfield Co Career & Tech Ctr, Sch of Practical Nursing, 1620 River Rd, Clearfield 16830	814-765-4047	814-765-1844	1970	R	HS/GED	Y	N	Y	Y	18
47	Clearfield Hosp, Sch of Radiologic Tech, PO Box 992, Clearfield 16830	814-768-2230	814-768-2258	1989	S	HS/GED+*	Y	Y	N	Y	18
48, 49	Commonwealth Tech Inst at H G Andrews Ctr, 727 Goucher St, Johnstown 15905	800-762-4211	814-255-5709	1959	U	HS/GED*	N	N	N	N	16
50, 51	Computer Learning Network – Resident Sch, 401 E Winding Hill Rd Ste 101, Mechanicsburg 17055	717-761-1481	717-761-0558	1982	U	HS/GED	N	Y	N	Y	
52, 53	Conemaugh Mem Med Ctr, Sch of Radiologic Tech, 1086 Franklin St, Johnstown 15905	814-534-9582	814-534-9945	1952	S	HS/GED	Y	Y	Y	Y	18
54, 55	Conemaugh Valley Mem Hosp, Program for Surgical Tech, 1086 Franklin St, Johnstown 15905	814-534-9772		1966	U	HS/GED*	N	N	Y	Y	17
56, 57	Conemaugh Valley Mem Hosp, Sch of Nursing, 1086 Franklin St, Johnstown 15905	814-534-9844	814-534-3354	1896	U	HS/GED	Y	Y	Y	Y	18
58, 59	Consolidated Sch of Bus, Lancaster, 2124 Ambassador Cir, Lancaster 17603	717-394-6211		1981	U	HS/GED	N	Y	N	Y	None
60, 61	Consolidated Sch of Bus, York, 1605 Clugston Rd, York City Industrial Park, York 17404	717-764-9550	717-764-9469	1981	U	HS/GED	N	Y	N	Y	
62											

Additional information in Appendix

Line Number	Regis/Enrollment Application Fee	Courses Start	Tuition for Each Program	Mandatory Fees	Full-time	Part-time	Bureau of Indian Affairs	JTPA/WIA	Fed. Aviation Admin.	Immigration/Naturalization Service	Social Security Admin.	Veterans Admin.	Voc. Rehab.	Fed. Pell Grants	FSEOG	FWS	Fed. Perkins Loans	Fed. Stafford Loans	Scholarships	Deferred Payment	Job Counseling	Job Placement	Personal Counseling	Housing	Mobility Impaired Services	Mobility Impaired Programs
1	150	Monthly	3100-11500	834-2931	84	No	N	Y	N	N	N	Y	Y	Y	Y	N	N	Y	Y	Y	Y	Y	Y	N	N	N
2	150	Monthly	5950-12420	1841-3479*	50	10	Y	Y	N	Y	N	Y	Y	Y	Y	N	N	Y	Y	N	Y	Y	Y	N	Y	N
3	100	Monthly	2300-9300		88	24	N	Y	N	N	N	N	N	N	N	N	N	N	N	N	Y	Y	Y	N	Y	Y
4	100	5 Times/Yr	4000-13500	None	37	No	Y	Y	N	N	N	Y	Y	Y	N	N	N	Y	Y	Y	Y	Y	Y	N	N	N
5	50	Quarterly	800-8000	1230-2730	80	15	N	Y	N	N	N	Y	Y	Y	N	N	N	Y	N	N	Y	Y	Y	N	Y	N
6	PENNSYLVANIA (PA)																									
7																										
8	25	September	3032/Yr	600	32	10	N	N	N	N	N	N	N	N	N	N	N	N	N	N	Y	N	Y	N	Y	N
9	50	Open*	9198-9618	75	225	75	Y	Y	N	Y	N	Y	Y	Y	Y	N	N	Y	N	N	Y	N	Y	N	Y	N
10	50	Bimonthly	1700-9038	None	45	25	N	N	N	N	N	Y	Y	Y	N	N	N	Y	Y	Y	Y	Y	N	*	Y	N
11	75	Every 6 Wks	700-8200	270-1400	50	30	N	Y	N	N	Y	Y	Y	Y	Y	N	N	Y	N	N	Y	Y	Y	N	Y	N
12																										
13	25	July	3000/Yr	600-800*	16	No	N	Y	N	N	N	Y	N	N	N	N	N	N	N	N	Y	N	Y	N	N	N
14	150	Monthly	20800-36950	None	240	42	Y	Y	N	N	Y	Y	Y	Y	N	N	N	Y	Y	Y	Y	Y	Y	N	N	N
15																										
16	150	Monthly		18000-34000	425	70	N	Y	N	N	N	N	N	N	N	N	N	N	N	N	Y	Y	N	N	N	N
17																										
18	25	Every 5 Wks	31050	0	225	No	Y	Y	N	Y	Y	Y	Y	Y	Y	N	N	Y	Y	Y	Y	Y	Y	Y	Y	N
19	50	Monthly	*	*	150	150	N	N	N	N	N	Y	N	Y	Y	Y	Y	Y	Y	N	Y	Y	N	N	Y	*
20	100	Every 6 Wks	1900-9700	100-600	55	10	N	Y	N	N	N	Y	Y	Y	N	N	N	Y	N	N	Y	Y	Y	N	N	N
21	None	Open	299-1560	0			N	N	N	N	N	Y	N	N	N	N	N	N	N	Y	N	N	N	N	N	N
22																										
23	25	September	5000/2 Yr	800	10	No	N	Y	N	N	N	Y	N	N	N	N	N	N	Y	N	Y	Y	Y	N	N	N
24																										
25	30	August	15778	1325	68	No	N	N	N	N	N	N	N	Y	N	N	N	Y	N	N	Y	Y	N	*	Y	N
26																										
27	50	Semester	4650-17200	155-1350	55	15	N	N	N	N	Y	N	N	N	N	N	N	N	N	N	Y	Y	N	N	Y	Y
28	100	Open	2100-11700	300-700	45	2	N	N	N	N	N	N	N	Y	N	N	N	Y	Y	N	Y	Y	Y	N	Y	N
29	15	Quarterly	7350-14700*	890-1440*	115	5	Y	Y	N	N	N	Y	Y	Y	N	N	N	Y	Y	N	Y	Y	Y	N	Y	N
30	15	Quarterly	15600	1250	245	5	N	Y	N	N	N	Y	Y	Y	N	N	N	Y	Y	N	Y	Y	Y	N	Y	N
31																										
32	30	Monthly	6550-20442	452-876	150	No	Y	Y	N	N	N	Y	N	Y	Y	N	N	Y	N	N	Y	Y	Y	N	Y	Y
33																										
34	30	Monthly	3300-16500	472-3366	150	No	Y	Y	N	N	N	Y	Y	Y	Y	N	N	Y	Y	N	Y	Y	Y	N	N	N
35																										
36	30	Monthly	7000-15000	3000-6000	85	No	Y	Y	N	N	N	Y	Y	Y	Y	N	N	Y	Y	N	Y	Y	Y	N	Y	N
37																										
38	350*	2 Times/Yr*	12835-15435*	2000	101	51	N	N	N	N	N	Y	Y	Y	N	N	N	Y	Y	N	Y	Y	Y	N	Y	Y
39																										
40	100	Monthly	12915	1897	150	50	N	N	N	N	N	N	N	N	N	N	N	N	N	N	Y	Y	Y	Y	Y	Y
41	250*	Aug/Jan	10743	575	37	43	N	N	N	N	N	N	Y	Y	N	N	N	Y	N	Y	Y	Y	Y	N	Y	N
42	50	August	18000	843/2 Yr	150	No	N	N	N	N	N	Y	N	Y	N	N	N	Y	Y	Y	Y	N	Y	N	N	N
43																										
44	250	Sept/Nov*	11000	655	36	26	N	N	N	N	N	Y	N	Y	N	N	Y	Y	Y	N	Y	Y	Y	N	Y	N
45																										
46	35	Sept*/Jan*	12000		78	No	N	Y	N	N	N	Y	N	Y	N	N	N	Y	Y	N	Y	Y	Y	N	Y	N
47	25	September	2000/Yr	975/Yr	12	No	N	N	N	N	N	Y	Y	N	N	N	N	N	Y	Y	N	Y	Y	N	Y	Y
48																										
49	No	Every 4 Mos	5246-26230	None	271	No	N	N	N	N	N	N	Y	Y	Y	N	N	Y	Y	Y	Y	Y	Y	Y	Y	Y
50																										
51	70						N	N	N	N	N	N	N	Y	N	N	N	Y	N	Y	N	Y	N	N	N	N
52																										
53	17/yr	September	4500/Yr	800	17	No	N	Y	N	N	N	Y	Y	Y	N	N	N	Y	Y	Y	Y	N	Y	N	Y	N
54																										
55	30	August*	24300-26600	1000	9	No	N	Y	N	N	N	Y	Y	Y	N	N	Y	Y	Y	N	Y	Y	Y	*	Y	N
56																										
57	30	August	19636	2741	161	3	N	N	N	N	N	Y	Y	Y	N	N	N	Y	Y	N	Y	Y	Y	N	Y	N
58																										
59	25	Every 6 Wks	11850-19750	1250-2250*	150	15	Y	Y	N	Y	N	Y	Y	Y	N	N	N	N	Y	Y	Y	Y	N	N	Y	Y
60																										
61	25	Every 6 Wks	11850-19750	1250-2250*	150	10	Y	Y	N	Y	N	Y	Y	Y	N	N	N	Y	Y	Y	Y	Y	N	N	Y	Y
62																										

Line Number	Institution Name and Address	Phone	Fax	Founded	Location	Minimum Education & Admission Requirements	Admissions Exam	Aptitude Testing	References/Letters of Recommendation	Interview	Minimum Age
1	Crozer-Chester Med Ctr, Sch of Clinical Neurophysiology,										
2	1 Medical Ctr Blvd, Upland 19013	610-447-2920	610-447-2696	1973	U	HS/GED	N	N	Y	Y	None
3	Dean Inst of Tech, 1501 W Liberty Ave, Pittsburgh 15226	412-531-4433		1947	M	HS/GED	N	N	N	Y	*
4	Delaware Valley Acad of Med & Dental Asst, 3330 Grant Ave, Philadelphia										
5	19114	215-676-1200		1966	M	HS/GED	N	N	N	Y	*
6	DeRielle Cosmetology Acad, 11-17 Railroad Ave, Mechanicsburg 17055	717-697-6497		1991	R	8th Gr*	N	N	Y	Y	14
7	Eastern Ctr for Arts & Tech, Practical Nursing, 3075 Terwood Rd,										
8	Willow Grove 19090	215-784-4835		1966	U	HS/GED	Y	Y	Y	Y	18
9	Empire Beauty Sch, City Center Philadelphia, 1522 Chestnut St,										
10	Philadelphia 19102	215-568-3980					N	N	N	N	
11	Empire Beauty Sch, Exton, 454 W Lincoln Hwy, Exton 19341	610-594-6181					N	N	N	N	
12	Empire Beauty Sch, Hanover, 1000 Carlisle St Ste 4, Hanover 17331	717-633-6201					N	N	N	N	
13	Empire Beauty Sch, Harrisburg, 3941 Jonestown Rd, Harrisburg 17109	717-652-8500					N	N	N	N	
14	Empire Beauty Sch, Lancaster, 1801 Columbia Ave, Lancaster 17604	717-394-8561		1956	U	HS/GED/ATB	N	N	N	Y	17
15	Empire Beauty Sch, Lebanon, 1776 Quentin Rd, Cedar Crest Square,										
16	Lebanon 17042	717-272-3323					N	N	N	N	
17	Empire Beauty Sch, Lehigh Valley, 1634 MacArthur Rd, Whitehall 18052	610-776-8908					N	N	N	N	
18	Empire Beauty Sch, Monroeville, 320 Mall Plaza Blvd, Monroeville 15146	412-373-7727					N	N	N	N	
19	Empire Beauty Sch, North Hills, 4768 McKnight Rd, Pittsburgh 15237	412-367-1765					N	N	N	N	
20	Empire Beauty Sch, Philadelphia , 4026 Woodhaven Rd,										
21	Knights Rd Shopping Ctr, Philadelphia 19154	215-637-3700					N	N	N	N	
22	Empire Beauty Sch, Pottsville, 324 N Centre St, Pottsville 17901	570-622-6060					N	N	N	N	
23	Empire Beauty Sch, Reading, 2302 N 5th St, Reading 19605	610-372-2777					N	N	N	N	
24	Empire Beauty Sch, Shamokin Dam, PO Box 397, Orchard Hills Plz,										
25	Shamokin Dam 17876	570-743-1410					N	N	N	N	
26	Empire Beauty Sch, State College, 208 W Hamilton St, State College										
27	16801	814-238-1961					N	N	N	N	
28	Empire Beauty Sch, Warminster, 435 York Rd, Warminster 18974	215-443-8446					N	N	N	N	
29	Empire Beauty Sch, West Mifflin, 2393 Mountain View Dr, West Mifflin										
30	15122	412-653-2870					N	N	N	N	
31	Empire Beauty Sch, Williamsport, 1808 E 3rd St, Williamsport 17701	570-322-8243					N	N	N	N	
32	Empire Beauty Sch, Wyoming Valley, 3409 Birney Ave, Moosic 18507	570-343-4730					N	N	N	N	
33	Empire Beauty Sch, York, 2592 Eastern Blvd, Kingston Square, York										
34	17402	717-600-8111					N	N	N	N	
35	Episcopal Sch of Nursing, 100 E Lehigh Ave, Philadelphia 19125	215-707-0010		1888	M	HS/GED*	Y	N	N	N	None
36	Erie Bus Ctr, South, 170 Cascade Galleria, New Castle 16101	724-658-9066		1894	S	HS/GED	Y	Y	N	Y	17
37	Erie Inst of Tech, 940 Millcreek Mall, Erie 16565	814-868-9900	814-868-1717	1958	U	HS/GED*	Y	N	N	Y	16
38	Forbes Rd Career & Tech Ctr, 607 Beatty Rd, Monroeville 15146	412-373-8100	412-373-3208	1959	S	None	N	Y	N	Y	15
39	Frankford Hosp, Sch of Nursing, 4918 Penn St, Philadelphia 19124	215-831-6740		1904	M	HS/GED*	Y	Y	Y	*	17
40	Franklin Co Career & Tech Ctr, Practical Nursing Program, 1015										
41	Philadelphia Ave, Chambersburg 17201	717-263-5667		1958	S	HS/GED	Y	Y	Y	Y	*
42	Greater Altoona Career & Tech Ctr, 1500 4th Ave, Altoona 16602	814-946-8469	814-941-4690	1970	S	HS/GED	Y	N	N	Y	16
43	Great Lakes Inst of Tech, 5100 Peach St, Erie 16509	800-394-4548	814-868-1717	1965	L	HS/GED	Y	N	N	Y	16*
44	Hazleton Area Career Ctr, 1451 W 23rd St, Hazleton 18202	570-459-3178		1969	S	HS/GED	Y	Y	Y	Y	18
45	Health Options Inst, 1926 Second St, Bethlehem 18020	610-419-3535	610-419-3525	1984	S	None	N	N	N	N	18
46	ITT Tech Inst, Pittsburgh , 10 Parkway Ctr, Pittsburgh 15220	412-937-9150	412-937-9425	1992	U	HS/GED	Y	N	N	Y	None
47	Jameson Mem Hosp, Sch of Nursing, 1211 Wilmington Ave, New Castle										
48	16105	724-656-4052	724-656-4179	1895	R	HS/GED	Y	N	Y	Y	16
49	JNA Inst of Culinary Arts, 1212 S Broad St, Philadelphia 19146	215-468-8800		1986	M	HS/GED	N	N	Y	Y	18
50	Keystone Natl HS, 420 W 5th St, Div of Knowledge Learning Corp,										
51	Bloomsburg 17815	570-784-5220	570-784-2129			8th Grade	N	N	N	N	None
52	Keystone Tech Inst, 2301 Academy Dr, Harrisburg 17112	717-545-4747		1980	U	HS/GED	N	N	N	Y	18
53	Kittanning Beauty Sch, 120 Market St, Kittanning 16201	724-548-2031		1981	R	9th Grade/ATB	N	N	N	Y	15
54	Lancaster Co Career Tech Ctr, Practical Nursing, PO Box 527,										
55	1730 Hans Herr Dr, Willow Street 17584	717-464-7063	717-464-9518	1958	L	HS/GED	Y	N	N	Y	None
56	Lancaster Gen C of Nursing & Health Sci, Sch of Nuclear Med Tech,										
57	410 N Lime St, Lancaster 17602	717-544-5668	717-544-5970	2001	L	*	N	N	Y	N	18
58	Lancaster Sch of Cosmetology, 50 Ranck Ave, Lancaster 17602	717-299-0200	717-299-0202	1979	S	HS/GED	N	N	N	Y	18
59	Lansdale Sch of Bus, 201 Church Rd, North Wales 19454	215-699-5700		1918	S	HS/GED	Y	Y	Y	Y	None
60	Lansdale Sch of Cosmetology, 215 W Main St, Lansdale 19446	215-362-2322	215-362-8015	1982	U	HS/GED	N	Y	Y	Y	16
61	Laurel Bus Inst, PO Box 877, 11 E Penn St, Uniontown 15401	724-439-4900	724-439-3607	1985	S	HS/GED	Y	Y	N	Y	*
62											

Line Number	ADMISSIONS		COSTS		ENROLLMENT		GOVERNMENT JOB TRAINING & AID							OTHER FINANCIAL AID							STUDENT SERVICES					
	Regis/Enrollment Application Fee	Courses Start	Tuition for Each Program	Mandatory Fees	Full-time	Part-time	Bureau of Indian Affairs	JTPA/WIA	Fed. Aviation Admin.	Immigration/Naturalization Service	Social Security Admin.	Veterans Admin.	Voc. Rehab.	Fed. Pell Grants	FSEOG	FWS	Fed. Perkins Loans	Fed. Stafford Loans	Scholarships	Deferred Payment	Job Counseling	Job Placement	Personal Counseling	Housing	Mobility Impaired Services	Mobility Impaired Programs
1																										
2	No	September	4500	600	12	No	N	Y	N	N	N	Y	N	N	N	N	N	N	Y	N	Y	Y	Y	N	Y	N
3	50	Quarterly	7050-17500	None	125	120	Y	Y	N	N	Y	Y	Y	Y	Y	N	N	Y	N	Y	Y	Y	Y	N	Y	N
4																										
5	250	Open	12500	None	185	No	N	Y	N	N	Y	Y	Y	Y	N	N	N	N	N	N	Y	Y	N	N	Y	N
6	75	Odd months*	3000-15000		15	15	N	N	N	N	N	N	Y	N	N	N	N	N	Y	Y	Y	Y	Y	N	N	N
7																										
8	75	*	9350	150-575*	50	100	N	N	N	N	N	Y	Y	Y	N	N	N	N	N	N	N	N	N	N	N	N
9																										
10							N	N	N	N	N	N	N	N	N	N	N	N	N	N	N	N	N	N	N	N
11							N	N	N	N	N	N	N	N	N	N	N	N	N	N	N	N	N	N	N	N
12							N	N	N	N	N	N	N	N	N	N	N	N	N	N	N	N	N	N	N	N
13							N	N	N	N	N	N	N	N	N	N	N	N	N	N	N	N	N	N	N	N
14	100	Every 6 Wks	5100-10625	75-1245	80	20	N	Y	N	N	Y	Y	Y	Y	Y	N	N	Y	Y	Y	Y	Y	N	N	Y	N
15																										
16							N	N	N	N	N	N	N	N	N	N	N	N	N	N	N	N	N	N	N	N
17							N	N	N	N	N	N	N	N	N	N	N	N	N	N	N	N	N	N	N	N
18							N	N	N	N	N	N	N	N	N	N	N	N	N	N	N	N	N	N	N	N
19							N	N	N	N	N	N	N	N	N	N	N	N	N	N	N	N	N	N	N	N
20																										
21							N	N	N	N	N	N	N	N	N	N	N	N	N	N	N	N	N	N	N	N
22							N	N	N	N	N	N	N	N	N	N	N	N	N	N	N	N	N	N	N	N
23							N	N	N	N	N	N	N	N	N	N	N	N	N	N	N	N	N	N	N	N
24																										
25							N	N	N	N	N	N	N	N	N	N	N	N	N	N	N	N	N	N	N	N
26																										
27							N	N	N	N	N	N	N	N	N	N	N	N	N	N	N	N	N	N	N	N
28							N	N	N	N	N	N	N	N	N	N	N	N	N	N	N	N	N	N	N	N
29																										
30							N	N	N	N	N	N	N	N	N	N	N	N	N	N	N	N	N	N	N	N
31							N	N	N	N	N	N	N	N	N	N	N	N	N	N	N	N	N	N	N	N
32							N	N	N	N	N	N	N	N	N	N	N	N	N	N	N	N	N	N	N	N
33																										
34							N	N	N	N	N	N	N	N	N	N	N	N	N	N	N	N	N	N	N	N
35	30*	*	5190-6000	600	125	75	N	Y	N	N	N	Y	Y	Y	N	N	N	Y	Y	Y	Y	Y	Y	N	N	N
36	25	Trimester	6012-12525		85	5	N	Y	N	N	Y	Y	Y	Y	N	N	N	Y	Y	Y	Y	Y	Y	N	Y	N
37	125	Quarterly	*	*	180	5	N	Y	N	N	N	Y	Y	Y	Y	N	N	Y	Y	Y	Y	Y	Y	N	Y	N
38	No	Fall	None	None	34	800	N	Y	N	N	Y	Y	Y	N	N	N	N	N	N	N	Y	Y	Y	N	Y	N
39	50	2 Times/Yr	2750/Sem*	90/Sem	242	No	Y	N	N	N	Y	Y	Y	Y	Y	N	Y	Y	Y	N	Y	Y	N	N	N	N
40																										
41	20	Feb/Aug	8600-10300	800	76	No	N	Y	N	N	N	Y	Y	Y	N	N	N	Y	Y	N	Y	Y	Y	N	N	N
42	10*	August	4500-8700	None	220	350	Y	Y	N	Y	N	Y	Y	Y	N	N	N	Y	Y	Y	Y	Y	Y	N	Y	Y
43	125	Varies	*	*	250	80	N	Y	N	N	N	Y	Y	Y	Y	Y	Y	Y	Y	N	Y	Y	Y	N	Y	N
44	30	Sept/Jan*	8400	2050*	45	No	N	Y	N	N	N	Y	Y	Y	N	N	N	Y	Y	Y	Y	Y	Y	N	Y	N
45	100	Jan/June/Oct	2997-7997	108-262*	No	200	N	N	N	N	N	N	Y	N	N	N	N	N	Y	N	Y	Y	Y	N	Y	N
46	100	Quarterly	368/Cr Hr	400	450	No	N	Y	N	N	N	Y	Y	Y	N	N	N	N	N	N	Y	Y	N	N	Y	Y
47																										
48	25	August	17686	1698	57	42	N	Y	N	N	Y	Y	Y	Y	N	N	N	Y	Y	N	Y	N	Y	N	N	N
49	75	Quarterly	8500-17000	None	76	3	N	Y	N	N	N	Y	Y	Y	Y	Y	Y	Y	Y	Y	Y	Y	Y	N	N	N
50																										
51	No	Open	*	None			N	N	N	N	N	N	N	N	N	N	N	N	N	N	N	N	N	N	N	N
52	20	*	9650/Yr	2750/Yr	181	No	Y	Y	N	Y	Y	Y	Y	Y	Y	N	Y	Y	Y	N	Y	Y	Y	N	Y	Y
53	100	Open	2000-8700	400-600	18	No	Y	N	N	N	N	Y	Y	N	N	N	N	Y	Y	N	Y	Y	N	N	N	N
54																										
55	50	Every 4 Mos	8770-9277*	1465	170	69	Y	N	N	N	N	Y	Y	Y	N	N	N	Y	Y	N	Y	Y	N	N	Y	Y
56																										
57	350	August	13000	2000	20	No	N	Y	N	N	N	Y	Y	Y	N	N	N	Y	Y	Y	N	Y	Y	N	Y	N
58	100	Bimonthly	3500-9000	None	80	60	N	Y	N	Y	N	Y	Y	Y	N	N	N	Y	Y	Y	Y	Y	N	N	Y	N
59	30	Every 10 Wks	7440-17360	None	200	250	N	Y	N	Y	N	Y	Y	N	N	N	N	Y	Y	Y	Y	Y	N	N	Y	N
60	125	Varies	11250	1271	36	34	N	Y	N	N	N	Y	Y	N	N	N	N	N	Y	Y	Y	Y	Y	N	N	N
61	55	Sept/Feb/June	5000-25000	1015-3444	300	10	N	Y	N	Y	Y	Y	Y	Y	N	N	Y	Y	Y	Y	Y	Y	N	N	N	Y
62																										

Lawrence Co Career &Tech Ctr - Practical Nursing Prgm (PENNSYLVANIA)

Line Number	Institution Name and Address	Phone	Fax	Founded	Location	Minimum Education & Admission Requirements	Admissions Exam	Aptitude Testing	References/Letters of Recommendation	Interview	Minimum Age
1	Lawrence Co Career &Tech Ctr - Practical Nursing Prgm, 750 Phelps Way,										
2	New Castle 16101	724-658-3583	724-654-8465	1968	R	HS/GED	Y	Y	N	N	18
3	Lehigh Valley C, 2809 E Saucon Valley Rd, Centervalley 18034	610-791-5100	610-791-7810	1869	L	HS/GED	Y	Y	N	Y	17
4	Lehigh Valley Healing Arts Acad, 5412 Shimerville Rd, Emmaus 18049	610-965-6165		1986	L	HS/GED*	N	N	Y	Y	18
5	Lenape Area Voc, Tech Sch of Practical Nursing, 83 Glade Dr, Kittanning										
6	16201	724-545-7311		1981	R	HS/GED	Y	N	Y	Y	17
7	Levittown Beauty Acad, LLC, 8919 New Falls Rd, Levittown 19054	215-943-0298	215-943-0966	1964	S	12th/GED	N	N	N	Y	16
8	Massage Therapy Inst of Western Pennsylvania, 4398 William Penn Hwy,										
9	Murrysville 15668	724-327-1194			S	HS/GED	N	N	N	Y	18
10	Miffin-Juniata Career & Tech Ctr, Practical Nursing, 700 Pitt St, Lewistown										
11	17044	717-248-3933	717-248-5148	1969	S	HS/GED	Y	Y	Y	Y	18
12	Natl Acad of Massage Therapy & Healing Sci, 1744 Sumneytown Pk,										
13	Kulpsville 19443	215-412-4121		2002	R	HS/GED	N	N	N	Y	18
14	New Castle Beauty Sch, 314 E Washington St, New Castle 16101	724-654-6611	724-431-2396	1957	U	9th Grade/ATB	N	N	N	Y	16
15	Newport Bus Inst, 941 W 3rd St, Williamsport 17701	570-326-2869	570-326-2136	1955		HS/GED	N	N	N	N	
16	Newport Bus Inst, Lower Burrell, 945 Greensburg Rd, Lower Burrell 15068	724-339-7542	724-339-2950	1895	R	HS/GED	N	N	N	Y	17
17	Northeastern Hosp, Sch of Nursing, 2301 E Allegheny Ave, Philadelphia										
18	19134	215-291-3172	215-291-5939	1923	M	HS/GED/+*	Y	N	Y	N	None
19	Northern Tier Career Ctr, Rd #1 Box 157A, Towanda 18848	570-265-8111	570-265-3002	1976	R		Y	N	N	N	
20	Ohio Valley Gen Hosp, Sch of Nursing, 25 Heckel Rd, McKees Rocks										
21	15136	412-777-6204		1901	S	HS/GED*	Y	N	Y	Y	17
22	Pace Inst, 606 Court St, Reading 19601	610-375-7223		1982	S	HS/GED	N	Y	Y	Y	17
23	Penn Commercial, Inc, 242 Oak Spring Rd, Washington 15301	724-222-5330	724-222-4722	1929	R	HS/GED	Y	N	N	Y	None
24	Pennsylvania Acad of Cosmetology Arts & Sci, DuBois, 19 N Brady St,										
25	DuBois 15801	814-371-4151	814-371-8219	1967	S	HS/GED/ATB	N	N	N	Y	16
26	Pennsylvania Gunsmith Sch, 812 Ohio River Blvd, Pittsburgh 15202	412-766-1812	412-766-0855	1949	M	HS/GED	N	N	N	N	17
27	Pennsylvania Inst of Taxidermy, 118 Indus Pk Rd, Ebensburg 15931	814-472-4510	814-472-4545	1983	R	HS/GED	Y	N	Y	Y	18
28	Pittsburgh Sch of Massage Therapy, 3600 Laketon Rd, Pittsburgh 15235	800-860-1114		1986	M	HS/GED	N	N	Y	Y	18
29	Pittsburgh Tech Inst, 1111 McKee Rd, Oakdale 15071	412-809-5250		1946	U	HS/GED	N	N	N	Y	17
30	The PJA Sch, 7900 W Chester Pike, Upper Darby 19082	610-789-6700	610-789-5208	1981	L	HS/GED	Y	Y	N	Y	None
31	Pottsville Hosp & Warne Clinic, Sch of Nursing, 420 S Jackson St,										
32	Pottsville 17901	570-621-5035	570-621-5066	1895	S	HS/GED	Y	Y	Y	Y	None
33	Professional Sch of Massage, 131 E Maple Ave, Langhorne 19047	215-750-0700		1996	U	HS/GED	N	N	Y	Y	18
34	Pruonto's Hair Design Inst, Inc, 705-12th St, Altoona 16602	814-944-4494	814-944-7080	1960	U	HS/GED	N	Y	N	Y	16
35	PSC Acad, 2200 E State St, Hermitage 16148	724-347-4503	724-347-5431	1980	S	HS/GED	N	N	N	Y	16
36	Reading Hosp & Med Ctr, Sch of Radiologic Tech, PO Box 16052, Reading										
37	19612	610-988-5396	610-988-8400	1951	U	HS/GED	Y	Y	Y	Y	17
38	Schuylkill Inst of Bus & Tech, Ste H2, 118 S Centre St, Pottsville 17901	570-622-4835	570-622-6563	1977	R	HS/GED	N	N	N	Y	18
39	Schuylkill Tech Ctrs, 101 Technology Dr, Frackville 17931	570-874-1034	570-874-4028	1967	S	HS/GED	Y	N	N	Y	18
40	Sewickley Valley Hosp, Sch of Nursing, Bldg #3, Ste 101, 420 Rouser Rd,										
41	Moon Township 15108	412-269-7520	412-269-7517	1916	U	HS/GED	Y	Y	Y	Y	17
42	Sharon Reg Health Sys, Sch of Radiography, 740 E State St, Sharon										
43	16146	724-983-5603	724-983-5614	1959	S	HS/GED*	Y	N	Y	Y	18
44	South Hills Sch of Bus & Tech, State College, 480 Waupelani Dr,										
45	State College 16801	814-234-7755		1970	S	HS/GED	Y	Y	Y	Y	None
46	St Luke's Sch of Nursing, Diploma Program, 801 Ostrum St, Bethlehem										
47	18015	610-954-3401	610-954-3412	1884	U	HS/GED	Y	N	Y	N	18
48	St Margaret, Sch of Nursing, 221 Seventh St, Pittsburgh 15238	412-784-4980	412-784-4994	1910	U	HS/GED	Y	N	N	N	18
49	Synergy Healing Arts Ctr & Massage Sch, 13593 Monterey Ln,										
50	Blue Ridge Summit 17214	717-794-5778	717-794-5528	1996	R	HS/GED	N	Y	Y	Y	18
51	Triangle Tech, Pittsburgh, 1940 Perrysville Ave, Pittsburgh 15214	412-359-1000	412-359-1012		U	HS/GED	N	N	N	Y	None
52	UPMC-Sch of Radiologic Tech, 3434 Forbes Ave, Murdock Bldg Ste 206,										
53	Pittsburgh 15213	412-647-3528	412-647-3713	1950	U	HS/GED	Y	N	Y	Y	18
54	UPMC Shadyside Sch of Nursing, 5230 Centre Ave, Pittsburgh 15232	412-623-2950		1884	L	HS/GED	Y	Y	Y	Y	None
55	Vet Tech Inst,, 125 Seventh St, Pittsburgh 15222	412-391-7021		1958	M	HS/GED	Y	N	N	Y	17
56	The Vision Academy - Paul Mitchell Partner Sch, 1921 Union Blvd,										
57	Allentown 18109	610-437-4626	610-437-2379	1952	L	12th/GED/ATB*	N	Y	Y	Y	16
58	Washington Hosp, Radiologic Program, 155 Wilson Ave, Washington										
59	15301	724-223-3326	724-250-4417	1955	S	HS/GED*	Y	N	Y	Y	18
60	Washington Hosp, Sch of Nursing, 155 Wilson Ave, Washington 15301	724-223-3167	724-229-2256	1897	S	HS/GED	Y	N	N	Y	17
61	Western Area Career & Tech Ctr, Sch of Practical Nursing,										
62	688 Western Ave, Canonsburg 15317	724-746-2890	724-746-2608	1984	U	HS/GED	Y	N	Y	Y	17

*Additional information in Appendix

Line Number	Regis/Enrollment Application Fee	Courses Start	Tuition for Each Program	Mandatory Fees	Full-time	Part-time	Bureau of Indian Affairs	JTPA/WIA	Fed. Aviation Admin.	Immigration/Naturalization Service	Social Security Admin.	Veterans Admin.	Voc. Rehab.	Fed. Pell Grants	FSEOG	FWS	Fed. Perkins Loans	Fed. Stafford Loans	Scholarships	Deferred Payment	Job Counseling	Job Placement	Personal Counseling	Housing	Mobility Impaired Services	Mobility Impaired Programs
1																										
2	25	Feb/Sept	9900	235*	50	No	N	Y	N	N	N	Y	Y	Y	N	N	N	Y	Y	Y	Y	Y	Y	N	Y	N
3	50	Quarterly	25200-29520	550	540	153	N	Y	N	Y	Y	Y	Y	Y	Y	Y	N	Y	Y	N	Y	Y	N	N	Y	Y
4	150	Every 3 Mos	8085*		40	40	N	Y	N	N	N	N	Y	N	N	N	N	N	N	Y	Y	Y	Y	N	N	N
5																										
6	250	*	9450	900	45	35	N	Y	N	N	N	Y	Y	Y	N	N	N	Y	Y	Y	Y	N	Y	N	Y	N
7	100	Monthly	4000-11000	500*	65	50	N	Y	N	Y	Y	Y	Y	Y	N	N	N	Y	Y	Y	Y	Y	Y	N	Y	N
8																										
9	25	Open	5400	150	50	5	N	N	N	N	N	N	N	N	N	N	N	N	N	N	N	N	N	N	N	N
10																										
11	135	Sept/Mar	10982	1500	45	No	Y	Y	N	N	N	Y	Y	Y	N	N	N	N	N	Y	Y	Y	N	N	Y	N
12																										
13	45	Bimonthly	6700	500	40	40	N	Y	N	N	N	N	N	N	N	N	N	N	N	N	Y	Y	Y	N	N	N
14	100	Open	2000-8700	500-700	19	0	N	Y	N	N	Y	Y	Y	N	N	N	N	N	N	N	Y	Y	N	Y	N	N
15	25	Quarterly	3100/term*	*	79	No	N	Y	N	N	N	N	Y	N	N	N	N	N	N	Y	Y	Y	Y	N	N	N
16	25	Quarterly	5750-23000	1125-3750	75	1	Y	Y	N	N	N	N	Y	N	N	N	N	Y	Y	Y	Y	Y	N	N	Y	Y
17																										
18	45	May/Jan	17699	None	100	No	N	Y	N	N	N	Y	Y	Y	Y	N	N	Y	Y	Y	Y	Y	Y	N	N	N
19		September	9676	1665	30	No	N	Y	N	N	N	N	N	N	N	N	N	N	N	N	N	N	N	N	N	N
20																										
21	50*	September	24700*	150*	65	No	N	Y	N	N	N	Y	Y	Y	N	N	N	Y	Y	Y	Y	Y	Y	N	N	N
22	10	Open	*	*	195	20	Y	Y	N	Y	Y	Y	Y	Y	Y	N	Y	Y	Y	Y	Y	Y	Y	N	Y	N
23	100	Quarterly	2880-17950	*	425	3	N	Y	N	N	N	N	Y	Y	Y	Y	N	Y	Y	Y	Y	Y	N	N	Y	Y
24																										
25	100*	Every 6 Wks	4200-9876	1420*	44	6	N	Y	N	N	N	Y	Y	Y	N	N	N	Y	Y	Y	Y	Y	Y	N	N	N
26	50	Monthly	18600	4350	50	No	Y	Y	N	Y	Y	Y	Y	Y	Y	Y	N	N	N	Y	Y	Y	Y	N	Y	Y
27	150	Jan/May/Aug	17500	5650	35	No	N	Y	N	N	Y	Y	Y	Y	Y	Y	N	Y	Y	Y	Y	Y	Y	N	Y	Y
28	150	Quarterly	7300	150-450	75	10	N	N	N	N	N	N	Y	N	N	N	N	Y	Y	Y	N	Y	Y	N	Y	N
29	No	Jan/July/Oct	3850-4690	None	2000	No	N	Y	N	N	N	N	Y	Y	Y	N	N	Y	Y	Y	Y	Y	Y	N	Y	N
30	50	Open	10580/Yr	None	125	85	N	Y	N	N	N	N	Y	N	N	N	N	Y	Y	Y	Y	Y	Y	N	N	N
31																										
32	25	September	8895*	345	99	No	N	Y	N	N	N	Y	Y	Y	Y	Y	N	Y	Y	Y	Y	Y	Y	N	Y	Y
33	50	Jan/May/Sept	1000-6100	None	No	50	N	N	N	N	N	N	N	N	N	N	N	N	N	Y	Y	Y	Y	N	N	N
34	100	Bimonthly	2300-9125	None	50	10	N	Y	N	N	Y	Y	Y	Y	N	N	N	N	N	Y	Y	Y	Y	N	Y	N
35	200	Monthly	1600-10000	vary*	30	No	N	Y	N	N	N	Y	Y	Y	N	N	N	Y	N	Y	Y	Y	N	N	N	N
36																										
37	30	August	6600-8400	1200*	40	No	N	N	N	N	N	N	N	Y	N	N	N	Y	Y	Y	Y	Y	Y	Y	N	N
38	50	Quarterly	5000-21000	200-475	80	No	N	N	N	N	Y	N	Y	Y	N	N	N	Y	Y	N	Y	Y	N	N	Y	N
39	25	*	500-11440	*	100+	200+	N	Y	N	N	N	N	Y	Y	N	N	N	Y	Y	N	Y	Y	Y	N	Y	Y
40																										
41	50	August	15500	2720	73	11	N	Y	N	N	N	Y	Y	Y	N	N	N	Y	Y	Y	Y	Y	Y	N	Y	N
42																										
43	25	Fall	2500/ yr	0	10	No	N	Y	N	N	N	Y	N	N	N	N	N	N	N	Y	N	Y	N	N	N	Y
44																										
45	25	August	12219	75	580	68	Y	Y	N	Y	Y	Y	Y	Y	N	N	N	Y	Y	Y	Y	Y	N	N	Y	N
46																										
47		August			138	No	N	N	N	N	N	N	N	N	N	N	N	N	N	N	Y	Y	Y	N	N	N
48	110	June/Feb	5320/Yr	625	163	No	N	Y	N	N	Y	Y	Y	Y	N	N	N	Y	Y	Y	Y	Y	Y	N	Y	N
49																										
50	100	Every 12-18 mos	7000	1194		40	N	N	N	N	N	N	Y	N	N	N	N	Y	Y	Y	Y	Y	Y	N	*	*
51	75	Feb/June/Oct			300	None	N	Y	N	N	N	Y	Y	Y	Y	Y	N	Y	Y	Y	N	Y	N	N	N	N
52																										
53	25	July	3000/Yr	35	49	No	N	Y	N	N	N	N	Y	N	N	N	N	Y	Y	Y	Y	Y	N	N	Y	N
54	40	Sept/Mar	15000	None	300	150	N	Y	N	N	N	Y	Y	Y	N	N	N	Y	Y	Y	Y	Y	N	N	N	Y
55	50	Quarterly	25280	2700	250	no	Y	Y	N	Y	Y	Y	Y	Y	Y	Y	N	Y	Y	Y	Y	Y	N	N	Y	Y
56																										
57	100	Bimonthly	4000-17000	70-120	160	40	Y	Y	N	Y	Y	Y	Y	Y	N	N	N	Y	Y	Y	Y	Y	N	N	N	N
58																										
59	25	September	7300/Yr	900	30	No	N	N	N	N	N	Y	Y	Y	N	N	N	Y	Y	N	N	N	Y	N	N	N
60	75	September	18864	1400	191	6	N	Y	N	N	N	Y	Y	Y	N	N	N	Y	Y	Y	Y	Y	Y	Y	N	N
61																										
62	25	July	7359	1423	48	10	N	Y	N	N	N	Y	Y	Y	N	N	N	Y	N	N	N	N	N	N	N	N

West Penn Hosp, Sch of Nursing (PENNSYLVANIA)

Line Number	Institution Name and Address	Phone	Fax	Founded	Location	Minimum Education & Admission Requirements	Admissions Exam	Aptitude Testing	References/Letters of Recommendation	Interview	Minimum Age
1	West Penn Hosp, Sch of Nursing, 4900 Friendship Ave, Pittsburgh 15224	877-336-8773	412-578-1837	1892	L	HS/GED*	N	N	Y	Y	None
2	Williamson Free Sch of Mechanical Trades, 106 S New Middletown Rd,										
3	Media 19063	610-566-1776	610-566-6502	1888	S	HS/GED	Y	Y	Y	Y	17
4	WyoTech, Blairsville, 500 Innovation Dr, Blairsville 15717	724-459-9500		1966	R	HS/GED	N	N	N	N	
5	**PUERTO RICO (PR)**										
6	Antilles Sch of Tech Careers, San Juan, PO Box 191536, San Juan 00919	787-268-2244	787-268-1873	1970	M	HS	N	N	N	Y	16
7	Antilles Sch of Tech Careers, Santurce, 1851/1905 Ave Fernandez Juncos,										
8	Santurce 00907	787-268-2244	787-268-1873			HS/GED	N	N	N	Y	
9	Automeca Tech C, Ponce Campus, 452 Calle Villa, Ponce 00728	787-840-7880	787-259-2319		L	HS/GED/ATB	Y	N	N	Y	
10	Centro de Capacitaction y Asesocamiento, Caguas, HC-01 Box 29030,										
11	PMB Dept 484, Caguas 00725	787-745-4420	787-258-6533	2000	U	ATB	N	N	N	N	18
12	Colegio de Cinematografia, Artes y Television, Bauamon,										
13	Calle Drive Veve 51 esq Degetau, Bauamon 00960	787-779-2500	787-995-2525	1993	U	HS/GED	N	N	N	Y	
14	Globelle Tech Inst, Marginal 114, Monte Carlo, Veja Baja 00693	787-858-0236	787-855-7423	1987	U	HS/ATB	N	N	N	Y	18
15	Instituto Chaviano de Mayaguez, Calle Ramos Antonini 116 Este,										
16	Mayaguez 00680	787-833-2474	787-832-2774	1975	U	ATB	N	N	N	Y	18
17	Instituto de Banca y Comercio, Mayaguez, 4 Ramo Antonini Este,										
18	Mayaguez 00680	787-833-4647	787-833-4746	1984	L	HS/GED/ATB	*	*	N	Y	18
19	Instituto de Banca y Comercio, San Juan, 1660 Calle Santa Ana, San Juan										
20	00909	787-982-3000	787-982-3085	1975	M	HS/GED/ATB	N	N	N	Y	18
21	J G Guaynabc Tech C, 71st Carazo St, Guaynabo 00969	787-348-3628	787-790-5545	1999	S	HS/GED	N	N	N	Y	18
22	Liceo de Arte y Disenos, 47 Calle Acosta, Caguas 00725	787-743-7447	787-743-7446	1985	L	HS/GED/ATB	N	N	N	Y	18
23	Liceo de Arte y Tech, San Juan, Ave Ponce de Leon 405, San Juan 00918	787-999-2473	787-765-7210	1964	M	HS/GED	N	N	N		
24	Liceo de Arte y Tecnologia, San Juan, PO Box 192346,										
25	Ave Ponce De Leon 405-Piso 4, San Juan 00919	787-754-8250	787-765-7210	1964	M	HS	N	N	N	Y	None
26	MBTI Bus Training Inst, 1256 Ponce de Leon Ave, Santurce 00907	787-723-9403	787-723-9447	1969	U	HS	N	N	N	Y	17
27	Monteclaro Sch of Hosp & Culinary Arts, Box 447, Palmer 00721	787-888-1135	787-888-1252	1996	R	HS/GED	N	N	N	Y	*
28	Nova C de PR, PO Box 55016 Station #1, Bayamon 00960	787-740-5030	787-778-0420	1988	L	HS*	N	N	N	Y	16
29	Ponce Paramedical C, Coto Laurel, PO Box 800106,										
30	1213 Acacia St Villa Flores Urb , Coto Laurel 00780	787-848-1729	787-259-0169	1983	L	HS*	N	N	N	Y	18
31	Ponce Paramedical C, Ponce, 1213 Acacia St Villa Flores, Ponce 00716	787-848-1589	787-259-0169	1983	L	HS/GED*	N	N	N	Y	18
32	Quality Tech & Beauty C, Betances 12 altos calle Parque, Bayamon 00961	787-787-1809	787-785-4666	1984	U	HS/GED/ATB*	N	N	N	Y	18
33	Ryder Mem Hosp, Inc - Sch of Practical Nursing, PO Box 859,										
34	355 Font Martelo, Humacao 000791	787-656-0711	787-656-0709		R	HS/GED	N	N	N	N	
35	Trinity C of Puerto Rico, PO Box 34360, 834 Hostos Ave, Ponce 00734	787-842-0001	787-284-2537	1988	L	HS/GED/ATB	N	N	N	Y	None
36	**RHODE ISLAND (RI)**										
37	Arthur Angelo Sch of Cosmetology & Hair Design, Providence,										
38	151 Broadway, Providence 02903	401-272-4300	401-272-5461	1959	L	HS/GED	N	N	N	Y	17
39	Gibbs C, Cranston, 85 Garfield Ave, Cranston 02920	401-824-5300	401-824-5378	1911	L	HS/GED	Y	Y	N	Y	None
40	Intl Yacht Restoration Sch, 449 Thames St, Newport 02840	401-848-5777	401-842-0669	1993	U	HS/GED	N	N	Y	Y	18
41	MotoRing Tech Training Inst, 54 Water St, East Providence 02914	866-454-6884	401-434-9540	1984	L	HS/GED/ATB	N	N	Y	Y	18
42	New England Tractor Trailer Training Sch,										
43	600 Moshassuck Valley Industrial Hwy, Pawtucket 02860	401-725-1220	401-724-1340	1985	U		Y	N	N	Y	18
44	Paul Mitchell, The Sch, Cranston, 379 Atwood Ave, Cranston 02920	401-946-9920	401-946-9881		R	HS/GED	N	N	N	N	18
45	Rhode Island Hosp, Sch of Diagnostic Imaging, RT Program, Box 162,										
46	3 Davol Sq, Bldg A 4th Fl, Providence 02903	401-528-8531	401-457-0219	1989	U	HS/GED+*	Y	N	Y	Y	18
47	Rhode Island Hosp, Sch of Diagnostic Med Sonography, 3 Davol Sq Bldg A										
48	Box 162, Providence 02903	401-528-8531	401-457-0219	1982	M	RT(R)	N	N	Y	Y	
49	Rhode Island Hosp, Sch of Nuclear Med Tech, 3 Davol Sq Bldg A Box 162,										
50	Providence 02903	401-528-8531	401-457-0219	1970	M	RT	N	N	Y	Y	18
51	**SOUTH CAROLINA (SC)**										
52	Acad of Cosmetology, Charleston, 5117 Dorchester Rd, North Charleston										
53	29418	843-225-4151	843-552-7717	1959	R	10th Gr	Y	Y	Y	Y	16
54	Acad of Hair Tech, 3715 E N St Ste F, Greenville 29615	864-322-0300		1984	L	HS/GED	Y	Y	Y	Y	17
55	AnMed Health Med Ctr, Sch of Radiologic Tech, 800 N Fant St, Anderson										
56	29621	864-521-1249	864-512-1319	1952	U	HS/GED	N	Y	Y	Y	None
57	Charleston Sch of Massage, Inc, 778 Folly Rd Ste 3, Charleston 29412	843-762-7727	843-762-1392	1997	M	HS/GED	N	N	N	Y	18
58	Columbia Beauty Sch, 1824 Airport Blvd, Cayce 29033	803-796-5252	803-791-3883	1963	S	HS/GED	Y	Y	N	Y	17
59	Greenville Tech C, PO Box 5616, 506 S Pleasantburg Dr, Greenville 29606	864-250-8109		1962	L	HS/GED/ATB	Y	Y	N	N	18
60	LeGrand Inst of Cosmetology, Inc, PO Box 2102, 2418 Broad St, Camden										
61	29020	803-425-8449	803-425-8450	1999	S	HS/GED/ATB	N	N	N	Y	17
62	Royal Acad, PO Box 267, 200 W Main St, Clinton 29325	864-833-6976		1985	S	10th Grade	Y	Y	N	Y	16

*Additional information in Appendix

Line Number	Regis/Enrollment Application Fee	Courses Start	Tuition for Each Program	Mandatory Fees	Full-time	Part-time	Bureau of Indian Affairs	JTPA/WIA	Fed. Aviation Admin.	Immigration/Naturalization Service	Social Security Admin.	Veterans Admin.	Voc. Rehab.	Fed. Pell Grants	FSEOG	FWS	Fed. Perkins Loans	Fed. Stafford Loans	Scholarships	Deferred Payment	Job Counseling	Job Placement	Personal Counseling	Housing	Mobility Impaired Services	Mobility Impaired Programs
		ADMISSIONS	COSTS		ENROLLMENT		GOVERNMENT JOB TRAINING & AID							OTHER FINANCIAL AID							STUDENT SERVICES					
1	50	August	9276-15976	1515-2371	120	No	N	N	N	N	N	Y	Y	Y	N	N	N	Y	Y	N	Y	Y	Y	Y	Y	N
2																										
3	No	Semester	None	*	250	No	N	N	N	N	N	N	N	N	N	N	N	N	Y	N	Y	Y	Y	Y	N	N
4		Quarterly			1200		N	N	N	N	N	Y	N	Y	Y	Y	Y	Y	Y	Y	Y	Y	Y	N	Y	Y
5	PUERTO RICO (PR)																									
6	50	Open	4500-10500	350	300	No	N	N	N	N	N	N	Y	Y	Y	Y	Y	N	N	N	Y	Y	Y	N	Y	N
7																										
8	50	Jan/May/Sept	2500	100	233		N	N	N	N	N	Y	Y	Y	Y	Y	Y	N	N	N	N	Y	N	N	N	N
9	44	Jan/Mar/Aug/Oct	5150	None	360	No	N	N	N	N	N	N	N	N	N	N	N	N	N	N	Y	Y	Y	N	N	Y
10																										
11	30	Monthly	4050-8100	253	202	0	N	N	N	N	N	N	N	Y	N	N	N	N	N	N	Y	Y	Y	N	Y	Y
12																										
13	25	Aug/Jan/May	4700-11675		250	125	N	N	N	N	N	Y	Y	Y	Y	Y	N	N	N	N	Y	Y	Y	N	N	N
14	25	Open	5900-6600	None	58	No	N	Y	N	N	N	Y	Y	Y	N	N	N	N	N	N	Y	Y	Y	Y	N	N
15																										
16	25	Open	4000	25	120	no	N	N	N	N	N	N	N	Y	N	N	N	N	N	N	Y	Y	Y	N	N	N
17																										
18	25	Jan/March/Aug/Oc	5000-7800	100	1291	No	N	Y	N	N	Y	N	Y	Y	Y	Y	N	Y	N	N	Y	Y	Y	N	N	N
19																										
20	25	Quarterly	5500-7750	100	15000	No	N	Y	N	N	Y	Y	Y	Y	Y	N	N	Y	Y	Y	Y	Y	N	Y	N	N
21	30		2600		41	None	N	Y	N	N	N	N	N	Y	N	N	N	N	N	N	N	Y	N	Y	N	N
22	50	Quarterly	6875-9100	None	279	No	N	Y	N	N	N	Y	Y	Y	N	N	N	N	Y	N	N	Y	N	N	N	N
23	87	Feb/June/Aug/Nov	8600		900		N	Y	N	N	N	Y	Y	Y	Y	Y	Y	N	Y	N	N	Y	N	N	N	N
24																										
25	25	Quarterly	7350-9800	65	821	No	N	Y	N	N	N	Y	Y	Y	Y	Y	Y	N	N	N	Y	Y	Y	N	N	N
26	35	Quarterly	4900-7375	None	357	No	N	N	N	Y	Y	N	Y	Y	Y	Y	Y	N	Y	N	Y	Y	Y	N	N	N
27	15	August	4176	518	30	No	N	N	N	N	N	N	N	Y	N	N	N	N	N	N	Y	Y	Y	Y	N	N
28	25	Open	4600-11500	25	118	No	N	Y	N	N	N	Y	Y	Y	Y	N	N	N	Y	N	Y	Y	Y	N	N	N
29																										
30	25	*	9302	None	2269	536	N	Y	N	N	N	Y	Y	Y	Y	Y	Y	Y	Y	Y	Y	Y	Y	N	N	N
31	20	*	7500	None	1736	321	N	Y	N	N	N	Y	Y	Y	Y	Y	Y	Y	Y	Y	Y	Y	Y	N	N	N
32	No	Open	5900	105	82	No	N	Y	N	N	N	N	N	Y	N	N	N	N	N	N	Y	Y	Y	N	N	N
33																										
34	0	Jan/July	8000				N	N	Y	N	N	N	N	Y	Y	N	N	N	Y	N	N	N	N	N	N	N
35	15*	Every 4 Mos	7235-7845	435-585	304	No	N	Y	N	N	N	N	Y	Y	Y	Y	N	N	N	N	Y	Y	Y	N	Y	Y
36	RHODE ISLAND (RI)																									
37																										
38	100	Open	2500-11600	100-1100	200	60	Y	Y	N	N	Y	Y	Y	Y	N	N	N	Y	Y	Y	N	Y	Y	N	N	N
39	50	Quarterly	17500-24000	750	600	No	N	Y	N	Y	N	Y	Y	Y	Y	Y	N	Y	Y	Y	Y	Y	Y	Y	N	N
40	*	September	12000-14000	1300*	32	No	N	N	N	N	N	N	Y	Y	Y	N	N	Y	Y	N	Y	Y	N	N	N	N
41	100	Quarterly	9150-11950	None	181	18	N	Y	N	N	Y	N	Y	Y	Y	N	N	Y	Y	Y	Y	Y	Y	N	N	Y
42																										
43	100	Biweekly	4895-6895		105	121	N	N	N	N	N	N	N	N	N	N	N	N	N	N	N	N	N	N	N	N
44	100	Monthly	3825-18100				N	N	N	N	N	Y	N	N	N	N	N	N	Y	N	Y	Y	Y	N	N	N
45																										
46	55	June*	7500		33	18	N	N	N	N	N	N	N	N	N	N	N	N	N	N	N	Y	N	N	N	N
47																										
48	No	July	6500	700	6	no	N	N	N	N	N	N	N	N	N	N	N	N	N	N	N	N	N	N	N	N
49																										
50	No	July	7000	400*	10	No	N	N	N	N	N	N	N	N	N	N	N	N	N	N	Y	Y	Y	Y	Y	N
51	SOUTH CAROLINA (SC)																									
52																										
53	50	Monthly	2750-10000	None	50	48	Y	N	N	N	Y	Y	Y	Y	Y	N	Y	Y	Y	Y	Y	Y	Y	N	Y	Y
54	100	Every 6 Wks	1700-9100	100	98	34	N	N	N	Y	Y	Y	Y	Y	Y	N	N	Y	Y	Y	Y	Y	Y	N	Y	N
55																										
56	50	July	1000/Yr	900*	38	No	N	N	N	N	N	N	N	Y	N	N	N	N	N	N	Y	Y	Y	N	N	N
57	100	Monthly	7180-8200*	None	*		N	N	N	N	N	N	N	Y	N	N	N	N	Y	N	Y	Y	Y	N	N	N
58	150*	Every 6 Wks	8235	615	25	no	N	Y	N	N	N	Y	Y	Y	N	N	N	N	N	N	Y	Y	Y	N	N	N
59	35	Semester	1000-3300	None	6000	9300	Y	Y	N	N	Y	Y	Y	Y	N	N	Y	Y	Y	N	Y	Y	Y	N	Y	Y
60																										
61	100*	Monthly	7700	700*	30	No	N	N	N	N	N	N	N	Y	N	N	N	N	N	N	Y	Y	Y	N	N	N
62	100	*	6300	None	20*		N	Y	N	N	N	N	N	N	N	N	N	N	N	N	Y	Y	Y	N	Y	N

Line Number	Institution Name and Address	Phone	Fax	Founded	Location	Minimum Education & Admission Requirements	Admissions Exam	Aptitude Testing	References/Letters of Recommendation	Interview	Minimum Age
1	York Tech C, 452 S Anderson Rd, Rock Hill 29730	803-327-8000	803-981-7237	1964	S	ATB/Open door	Y	N	N	N	18
2	**SOUTH DAKOTA (SD)**										
3	Headlines Acad, 508 6th St, Rapid City 57701	605-348-4247	605-348-5462	1981	U	HS/GED	N	N	Y	Y	18
4	Lake Area Tech Inst, 230 11th St NE, Watertown 57201	605-882-5284	605-882-6299	1965	S	HS/GED	Y	Y	Y	Y	16
5	McKennan Hosp, Sch of Radiologic Tech, 800 E 21st St, Sioux Falls 57105	605-322-1720		1947	L	HS/GED	Y	N	Y	Y	18
6	Mitchell Tech Inst, 821 N Capital, Mitchell 57301	605-995-3024	605-996-3299	1968	S	HS/GED*	Y	Y	N	N	16
7 8	Rapid City Reg Hosp, Med Radiography Program, PO Box 6000, 353 Fairmont Blvd, Rapid City 57709	605-719-8433		1966	U	*	N	N	Y	Y	18
9 10	Sanford USD Med Ctr, Sch of Radiologic Tech, PO Box 5039, 1305 W 18th St, Sioux Falls 57117	605-333-6466	605-333-1554	1949	L	HS	Y	N	Y	Y	18
11	Southeast Tech Inst, 2320 N Career Ave, Sioux Falls 57107	605-367-7624	605-367-8305	1968	L	HS/GED*	N	N	N	N	16
12	Western Dakota Tech Inst, 800 Mickelson Dr, Rapid City 57703	605-718-2400		1968	S	HS/GED	Y	N	N	N	16
13	**TENNESSEE (TN)**										
14	Arnold's Beauty Sch, 1179 S 2nd St, Milan 38358	731-686-7351	731-686-2161	1940	R	HS/GED/ATB	N	N	N	Y	16
15	Austin's Beauty C, 585 S Riverside Dr #A, Clarksville 37040	931-647-6543		1970	R	HS/GED/ATB	N	N	N	Y	16
16	Bodyworks Sch of Massage, 2752-B N Highland Ave, Jackson 38305	731-664-8704	731-664-0173	1989	S	HS/GED	N	N	Y	Y	18
17	Buchanan Beauty C, 925 Sevier St, Shelbyville 37160	931-684-4080	931-684-9044	2000	S	HS/GED	N	N	N	Y	16
18 19	East Tennessee Sch of Cosmetology, 409 Sweetwater Vonore Rd, Sweetwater 37874	423-337-4225	423-337-4235	1993	R	HS/GED	Y	N	Y	Y	16
20	Hamblen Sch of Beauty, Inc, 133 W Main St, Morristown 37814	423-586-4830	423-317-8107	1954	U	HS/GED	N	N	N	N	16
21	High-Tech Inst, Memphis, 5865 Shelby Oaks Circle, Memphis 38134	901-432-3800		1982	M	HS/GED/ATB	Y	N	Y	Y	
22 23	Jenny Lea Acad of Cosmetology, Johnson City, 222 E Unaka Ave, Johnson City 37601	423-926-9095	423-202-7024	1981	L	HS/GED	N	N	Y	Y	16
24	Knoxville Inst of Hair Design, 1221 N Central St, Knoxville 37917	865-971-1529	865-524-5341	1961	L	HS/GED	N	N	N	Y	17
25	The Massage Inst of Memphis, 3251 Poplar Ave #25, Memphis 38111	901-324-4411		1987	L	HS/GED	N	N	Y	Y	18
26	Nashville Auto-Diesel C, 1524 Gallatin Rd, Nashville 37206	615-226-3990	615-262-8466	1919	M	HS/GED*	Y	N	N	N	17*
27	Nashville C of Med Careers, 1556 Crestview Dr, Madison 37115	615-868-2963	615-868-2299	1976	L	HS/GED	N	N	N	N	17
28 29	Nashville Gen Hosp, Sch of Radiologic Tech, 1818 Albion St, Nashville 37208	615-341-4440	615-341-4906	1957	M	HS/GED	N	Y	Y	Y	18
30 31	North Central Inst Sch of Aviation Maintenance, 168 Jack Miller Blvd, Clarksville 37042	931-431-9700		1988	L	HS/GED	Y	N	N	N	None
32	Queen City C, 1594 Ft Campbell Blvd, Clarksville 37042	931-645-2361	931-551-4955	1984	U	HS/GED*	N	N	N	Y	16
33 34	Seminary Extension Independent Study Inst, 901 Commerce S Ste 500, Nashville 37203	615-242-2453		1951		HS/GED	N	N	N	N	16
35	Shear Acad, 780 West Ave, Crossville 38555	931-456-5391	931-456-5391	1997	S	HS/GED	N	N	N	Y	17
36 37	Tennessee Acad of Cosmetology, I, LLC, 7041 Stage Rd Ste 101, Memphis 38133	901-382-9085	901-389-7406	1984	M		N	N	N	Y	16
38 39	Tennessee Acad of Cosmetology, Memphis, 7041 Stage Rd, Ste 101, Memphis 38133	901-382-9085		1985	M	HS/GED	N	N	N	Y	16
40 41	Tennessee Acad of Cosmetology, Memphis, 7020 E Shelby Dr 104, Memphis 38125	901-757-4166	901-388-7406	1985	M	HS/GED	N	N	N	Y	16
42 43	Tennessee Tech Ctr at Athens, PO Box 848, 1635 VoTech Dr, Athens 37371	423-744-2814	423-744-2817	1965	S	HS/GED*	N	N	N	Y	18
44 45	Tennessee Tech Ctr at Covington, PO Box 249, 1600 Hwy 51 S, Covington 38019	901-475-2526	901-475-2528	1966	U	None	N	N	N	N	18
46	Tennessee Tech Ctr at Crossville, 910 Miller Ave, Crossville 38555	931-484-7502		1967	S	None	N	N	N	N	18
47	Tennessee Tech Ctr at Dickson, 740 Hwy 46, Dickson 37055	615-441-6220		1965	S	Varies	N	N	*	*	18
48 49	Tennessee Tech Ctr at Harriman, PO Box 1109, 1745 Harriman Hwy, Harriman 37748	865-882-6703	865-882-5038	1971	R	HS/GED/ABT	N	N	N	N	18
50	Tennessee Tech Ctr at Hartsville, 716 McMurry Blvd, Hartsville 37074	615-374-2147	615-374-2149	1965	R	HS/GED/ATB	N	*	*	Y	18
51	Tennessee Tech Ctr at Hohenwald, 813 W Main St, Hohenwald 38462	931-796-5351	931-796-4892	1967	S		N	N	N	Y	18
52 53	Tennessee Tech Ctr at Livingston, PO Box 219, 740 High Tech Dr, Livingston 38570	931-823-5525		1966	S	HS/GED	N	N	N	N	18
54	Tennessee Tech Ctr at McMinnville, 241 Vo-Tech Dr, McMinnville 37110	931-473-5587	931-473-6380	1967	S		N	N	N	N	18
55 56	Tennessee Tech Ctr at Memphis, Aviation Division, 3435 Tchulahoma Rd, Memphis 38118	901-543-6180		1969	M	HS/GED	Y	N	N	N	18
57	Tennessee Tech Ctr at Morristown, 821 W Louise Ave, Morristown 37813	423-586-5771		1966	S	HS/GED*	*	N	*	N	18
58 59	Tennessee Tech Ctr at Murfreesboro, 1303 Old Fort Pkwy, Murfreesboro 37129	615-898-8010	615-893-4194	1968	U	ATB	N	Y	N	Y	18
60	Tennessee Tech Ctr at Newbern, 340 Washington St, Newbern 38059	731-627-2511	731-627-2310	1965	R	HS/GED*	N	Y	Y	Y	17
61 62	Tennessee Tech Ctr, Oneida/Huntsville, 355 Scott High Dr, Huntsville 37756	423-663-4900		1967	S	GED*	N	N	N	Y	18

*Additional information in Appendix

Line Number	ADMISSIONS		COSTS		ENROLLMENT		GOVERNMENT JOB TRAINING & AID							OTHER FINANCIAL AID							STUDENT SERVICES					
	Regis/Enrollment Application Fee	Courses Start	Tuition for Each Program	Mandatory Fees	Full-time	Part-time	Bureau of Indian Affairs	JTPA/WIA	Fed. Aviation Admin.	Immigration/Naturalization Service	Social Security Admin.	Veterans Admin.	Voc. Rehab.	Fed. Pell Grants	FSEOG	FWS	Fed. Perkins Loans	Fed. Stafford Loans	Scholarships	Deferred Payment	Job Counseling	Job Placement	Personal Counseling	Housing	Mobility Impaired Services	Mobility Impaired Programs
1	20	Semester	1450/semester	68	2039	2114	N	Y	N	N	N	Y	Y	Y	Y	Y	N	N	Y	Y	Y	Y	Y	N	Y	Y
2	**SOUTH DAKOTA (SD)**																									
3	250*	Quarterly	6100-8145*	1000*	59*	No	Y	Y	N	N	Y	Y	Y	Y	N	N	N	Y	Y	N	Y	Y	Y	N	N	N
4	40	Semester	74/Hr	40	1120	100	Y	Y	N	N	Y	Y	Y	Y	Y	N	Y	Y	Y	Y	Y	Y	Y	N	N	N
5	25	September	1200/Yr	None	22	No	Y	N	N	N	Y	Y	Y	N	N	N	N	Y	Y	Y	N	N	N	N	N	N
6	35	Aug/Jan	2300-2600	2000	720	80	Y	Y	N	N	Y	Y	Y	Y	Y	Y	Y	Y	Y	Y	Y	Y	Y	N	Y	Y
7																										
8	25	June	1250/Yr	1000	14	No	N	N	N	N	N	Y	Y	N	N	N	N	Y	Y	N	Y	Y	Y	N	N	N
9																										
10	25	July	1000	750	14	No	Y	Y	N	N	Y	Y	Y	N	N	N	N	Y	Y	Y	Y	Y	Y	N	N	N
11	50	Semester	74/Cr	45.75/Cr	1728	473	Y	Y	N	N	N	Y	Y	Y	Y	Y	Y	Y	Y	Y	Y	Y	Y	Y	Y	N
12	20	Fall	69/Cr Hr	50/Cr Hr	829	223	Y	Y	N	N	Y	Y	Y	Y	Y	Y	Y	Y	Y	Y	Y	Y	Y	N	Y	Y
13	**TENNESSEE (TN)**																									
14	100	Bimonthly	8550	100	35	35	N	N	N	N	Y	Y	Y	Y	Y	Y	Y	Y	Y	Y	Y	Y	Y	N	*	*
15	100	Every 2-3 Wks	6975		30	9	N	Y	N	N	Y	Y	Y	Y	N	N	N	N	Y	N	Y	Y	Y	N	N	N
16	75	Sept/Mar	5720		30	1	N	Y	N	N	Y	Y	Y	N	N	N	N	N	N	N	Y	Y	Y	N	Y	N
17		Monthly	2100-10500	150	28	2	N	N	N	N	N	N	Y	Y	N	N	Y	N	Y	N	Y	Y	Y	N	Y	N
18																										
19	3160	Quarterly	550-4400	None	40	No	N	Y	N	N	Y	Y	Y	N	N	N	N	N	Y	Y	N	N	N	N	Y	Y
20	No	Monthly	1410-2670*	None	30	12	N	N	N	N	N	N	Y	N	N	N	N	N	Y	Y	Y	Y	N	N	N	N
21	50	Open	10750-27250		900		N	Y	N	N	N	N	Y	Y	N	N	N	N	Y	Y	Y	Y	Y	N	Y	N
22																										
23	100	Monthly	2500-9795	0	80	0	N	N	N	N	N	Y	Y	Y	Y	Y	N	Y	N	N	Y	Y	Y	N	Y	Y
24	100	Monthly	1700-8500	350-800	48	14	Y	Y	N	Y	Y	Y	Y	N	N	N	N	N	N	N	N	N	N	N	N	N
25	50	Jan/Feb/Aug	8500	700	10	10	N	N	N	N	N	Y	N	Y	N	N	N	N	Y	N	N	N	Y	N	N	N
26	100	Open	20600-33600	None	1831	No	Y	Y	N	N	Y	Y	Y	Y	Y	Y	Y	Y	Y	Y	N	Y	Y	N	Y	N
27	10	Monthly	10500	None	250	No	N	Y	N	N	N	N	Y	Y	Y	Y	N	Y	Y	Y	N	Y	Y	N	Y	N
28																										
29	50*	1st Wk/Oct	9000	2000	56	No	N	N	N	N	N	Y	N	N	N	N	N	N	N	N	Y	Y	Y	N	Y	N
30																										
31	35	Open	275-13800	None	50	195	N	Y	N	N	Y	Y	Y	N	N	N	N	N	Y	Y	Y	Y	Y	N	N	N
32	100	Monthly	5500	914	90	27	Y	Y	N	N	N	Y	Y	Y	N	N	N	N	Y	Y	Y	Y	Y	N	N	N
33																										
34	*	Open	28-31/Cr Hr	40*	No	3729	N	N	N	N	N	N	N	N	N	N	N	N	N	N	N	N	N	N	N	N
35	25	1st Mon/Mo	2725-6000	375	12		N	N	N	N	N	Y	N	Y	N	N	N	N	N	N	Y	Y	N	N	Y	N
36																										
37	100	Weekly	3450-10585		68	53	N	N	N	N	N	N	Y	Y	N	N	Y	Y	Y	Y	Y	Y	Y	N	Y	Y
38																										
39	100	Weekly	4240-10585	None	70	30	N	N	N	N	N	N	Y	Y	N	N	Y	Y	Y	Y	Y	Y	Y	Y	Y	Y
40																										
41	100	Weekly	4474-10585	None	60	40	N	N	N	N	N	N	Y	Y	N	N	N	Y	Y	Y	Y	Y	Y	N	N	N
42																										
43	No	Open	1986	200	200	100	N	Y	N	N	Y	Y	Y	Y	N	N	N	N	Y	Y	Y	Y	Y	N	Y	Y
44																										
45	No	Open	723/trimester	None	93	122	Y	Y	N	N	N	Y	Y	Y	Y	Y	N	Y	Y	Y	Y	Y	Y	N	Y	Y
46	No	Weekly	656/trimester	67/trimester	500	1600	Y	Y	N	N	N	Y	Y	Y	N	N	N	N	Y	Y	Y	Y	Y	N	Y	Y
47	No	Open	2169	None	380	186	Y	Y	N	N	Y	Y	Y	Y	Y	Y	N	Y	Y	Y	Y	Y	Y	N	Y	Y
48																										
49	No	Open	723/Tri	None	240	110	Y	Y	N	N	Y	Y	Y	Y	Y	Y	N	Y	Y	Y	Y	Y	Y	N	Y	Y
50	No	Open	723/trimester	None	168	12	Y	Y	N	N	Y	Y	Y	Y	Y	Y	N	Y	Y	Y	Y	Y	Y	N	Y	Y
51	No	Open	656	67	349	113	Y	Y	N	N	N	Y	Y	Y	Y	Y	N	N	Y	*	Y	Y	Y	N	Y	Y
52																										
53	No	Open	656/trimester	67/trimester	390	145	Y	Y	N	N	N	Y	Y	Y	Y	Y	N	Y	Y	Y	Y	Y	Y	N	Y	Y
54	No	Open	656/trimester	67/trimester	230	27	Y	Y	N	N	Y	Y	Y	Y	Y	Y	N	Y	Y	Y	Y	Y	Y	N	Y	Y
55																										
56	*	Every 3 Mos	*	4861	140	60	N	N	N	N	N	Y	Y	Y	N	N	N	N	Y	Y	Y	Y	Y	N	Y	N
57	No	Open	723/term	600-4500	732	499	N	Y	N	N	N	Y	Y	Y	Y	Y	N	Y	Y	N	Y	Y	Y	N	Y	Y
58																										
59		Open	662	67	300	250	N	Y	N	N	N	Y	Y	Y	Y	Y	N	Y	Y	Y	Y	Y	Y	N	Y	Y
60	No	Open	686/Sem	67/Qtr	180	60	Y	Y	N	N	Y	Y	Y	Y	Y	Y	N	Y	Y	Y	Y	Y	Y	N	Y	Y
61																										
62	No	Open	723/tri	None	125	200	Y	Y	N	N	N	Y	Y	Y	Y	Y	N	Y	Y	N	Y	Y	Y	N	Y	Y

Line Number	Institution Name and Address	Phone	Fax	Founded	Location	Minimum Education & Admission Requirements	Admissions Exam	Aptitude Testing	References/Letters of Recommendation	Interview	Minimum Age
						GENERAL INFORMATION / **ADMISSIONS**					
1	Tennessee Tech Ctr at Paris, 312 S Wilson St, Paris 38242	731-644-7365	731-644-7368	1972	R	HS/GED*	N	N	N	Y	18*
2	Tennessee Tech Ctr at Shelbyville, 1405 Madison St, Shelbyville 37160	931-685-5013	931-685-5016	1964	S	HS	N	N	N	N	18
3	William R Moore C of Tech, 1200 Poplar Ave, Memphis 38104	901-726-1977	901-726-1978	1939	M	HS/GED	N	N	N	Y	18
4	**TEXAS (TX)**										
5	Aims Acad, Carrollton, 1711 S Interstate 35E, Carrollton 75006	972-323-6333	972-323-6315	1987	U	HS/GED	N	N	N	Y	18
6	Allied Health Careers, 5424 W Hwy 290 W Ste 105, Austin 78735	512-892-5210	512-892-2123	1987	L	HS/GED/ATB	Y	N	Y	Y	17
7	American Commercial C, Odessa, 5119 Twin Towers, Odessa 79762	432-362-6768	432-550-0556	1961	U	HS/GED	N	N	N	Y	18
8	American Commercial C, Wichita Falls, 4317 Barnett Rd, Wichita Falls										
9	76310	940-691-0454	940-691-0470	1995	U	HS/GED	N	N	N	Y	17
10	Anamarc Ed Inst, El Paso, 3210 Dyer St, El Paso 79930	915-351-8100	915-351-8300	2000	L	HS/GED	N	N	N	N	
11	Anne King's Hypnosis Training, 109 Smokey River N, Boerne 78006	830-537-5411		1986	R		N	N	N	N	18
12	Baptist Health Sys Sch of Health Professions, 8400 Datapoint Dr,										
13	San Antonio 78229	201-297-9636	201-297-0913	1903	M	HS/GED/+*	Y	N	N	N	18
14	Behold! Beauty Acad, 9937 Homestead Rd, Houston 77016	713-635-5252	713-635-3131	1997	U		N	Y	N	Y	17
15	Bilingual Ed Inst, PO Box 570596, Houston 77257	713-789-4555	713-789-4541	1982			Y	N	Y	Y	12
16	Bradford Sch of Bus, 4669 SW Fwy Ste 300, Houston 77027	713-629-1500		1958	M	HS/GED	N	N	N	Y	None
17	Career Acad, Texarkana, 32 Oaklawn Village, Texarkana 75501	903-832-1021	903-832-1498	1985	U	HS/GED	Y	Y	N	Y	18
18	Career Quest, 5430 Fredericksburg Ste 310, San Antonio 78229	210-366-2701	210-366-0738	1996	M	HS/GED	N	N	Y	Y	17
19	Christus Hosp - St Elizabeth Sch of Med Tech, PO Box 5405,										
20	2830 Calder Ave, Beaumont 77726	409-899-7150	409-899-7991	1965	L	3 Yr Coll	N	N	Y	Y	18
21	Citizens Med Ctr-S of Radiologic Tech, 2701 Hospital Dr, Victoria 77901	361-572-5062	361-572-5091	1966	L	HS+	Y	Y	Y	Y	18
22	Clark Inst of Cosmetology, 1904 Fredericksburg Rd, San Antonio 78201	210-734-5886	210-734-5887	1997	M	HS/GED/ATB	Y	N	N	Y	17
23	Computer Career Ctr, El Paso, 6101 Montana Ave, El Paso 79925	915-779-8031	915-779-8097	1985	M	HS/GED	Y	Y	N	Y	17
24	Concorde Career Inst, Arlington, 601 Ryan Plaza Dr Ste 200, Arlington										
25	76011	817-261-1594	817-461-3443	1991	M	HS/GED	Y	N	N	Y	18
26	Conlee's C of Cosmetology, 402 Quinlan St, Kerrville 78028	830-896-2380	830-896-0470		S	HS/GED	N	N	N	Y	18
27	Cosmetology Career Ctr, A Paul Mitchell Sch, 2389 Midway Rd Ste A,										
28	Carrollton 75006	972-669-0494		1965	M	12th/ATB	N	Y	N	Y	18
29	Covenant Sch of Nursing, 2002 Miami Ave, Lubbock 79410	806-797-0955	806-793-0720	1918	L	HS/GED*	Y	N	Y	Y	None
30	Covenant Sch of Radiologic Tech, 3706 20th St Ste A, Lubbock 79410	806-725-0456		1952	L	HS/GED*	N	N	Y	Y	18
31	Culinary Acad of Austin, 6020 B Dillard Cir, Austin 78752	512-451-5743	512-467-9120	1998	R	HS/GED	N	N	N	Y	18
32	Culinary Inst Alain & Marie Lenorte, 7070 Allensby St, Houston 77022	713-692-0077	713-692-7399	1998	M	HS/GED*	N	Y	N	Y	17
33	Dallas Inst of Funeral Svc, 3909 S Buckner Blvd, Dallas 75227	214-388-5466	214-388-0316	1945	M	HS/GED	N	N	N	N	18
34	David L Carrasco Job Corps Ctr, 11155 Gateway W, El Paso 79935	915-594-0022	915-591-0166	1970	M	None	N	N	N	Y	16
35	Exposito Sch of Hair Design, 3710 Mockingbird Ln, Amarillo 79109	806-355-9111		1977	L	HS/GED	N	N	N	Y	17
36	Faris Computer Sch, 1119 Kent Ave, Nederland 77627	409-722-4072	409-727-0834	1993	S	HS/GED/ATB	N	Y	N	N	17*
37	Fort Worth Beauty Sch, 6785 Camp Bowie Blvd, Ste 100, Fort Worth 76116	817-732-2232	817-732-2232	1957	U	HS/GED/ATB	N	Y	N	Y	17
38	Fort Worth Sch of Massage, 1829 8th Ave, Fort Worth 76110	817-923-9944		1997	L	HS/GED	N	N	Y	Y	18
39	Franklin Beauty Sch, 4965 M L King Blvd, Houston 77021	713-645-9060	713-645-6859	1915	M	HS/GED	Y	N	Y	Y	18
40	Harris Co Hosp District, Sch of Med Radiography, 5656 Kelley St,										
41	LBJ General Hosp, Houston 77026	713-566-4736	713-566-5466	1991	M	HS/GED*	Y	N	Y	Y	18
42	Hendrick Med Ctr, Sch of Radiography, 1900 Pine, Abilene 79601	325-670-2364	325-670-2990	1953	L	HS/GED*	Y	N	Y	Y	18
43	Intl Bus C, Lubbock, 5020 50th St Ste 108, Lubbock 79414	806-797-1933		1898	L	HS/GED*	Y	N	N	Y	17
44	I.T.S. Acad of Beauty, Odessa, 1541 John Ben Sheppard Pkwy, Ste 9,										
45	Odessa 79761	432-367-7500		1964	U	HS/GED*	N	N	N	Y	17
46	Lamar Inst of Tech, PO Box 10043, 855 E Lavaca, Beaumont 77710	409-880-8321	409-839-2083	1990	L	HS/GED	Y	Y	N	N	
47	Language Plus & Language Unlimited, 4110 Rio Bravo Ste 202, El Paso										
48	79902	915-544-8600		1983	L	None	Y	Y	N	Y	16
49	Laredo Beauty C, 3020 N Meadow Ave, Laredo 78040	956-723-2059	956-723-1629	1965	L	HS/GED	N	Y	N	Y	18
50	Manuel & Theresa's Sch of Hair Design, 220 N Main St, Bryan 77803	979-821-2050	979-821-6243		S		N	Y	Y	Y	
51	Memorial Hermann Baptist-Beaumont, Sch of Radiologic Tech,										
52	PO Drawer 1591, 3240 Fannin St, Beaumont 77704	409-212-5726		1951	L	HS	Y	Y	Y	Y	18
53	Memorial Hermann, Radiologic Program, 921 Gessner, Technical Ed Ctr,										
54	Houston 77024	713-242-4861	713-242-3701	1961	M	HS/GED/A&P*	Y	Y	Y	Y	None
55	The Methodist Hosp, Houston, Clinical Lab Sci/Med Tech Program,										
56	6565 Fannin B154, Houston 77030	713-441-2599		1947	M	*	N	N	Y	Y	18
57	Metroplex Beauty Sch, 519 N Galloway, Mesquite 75149	972-288-5485		1979	L	HS/GED/ATB*	N	N	N	Y	17
58	Mid-Cities Barber C, 2345 SW 3rd St 101, Grand Prairie 75051	972-642-1892	972-642-8198	1990	M	HS/GED/ATB	N	N	N	Y	18
59	Milan Inst, Amarillo, 7001 I-40 West, Amarillo 79106	806-353-3500	806-353-7172	2000	L	HS/GED/ATB	Y	Y	N	Y	18
60	Milan Inst of Cosmetology, San Antonio, 605 SW Military Dr,										
61	San Antonio 78221	210-922-5900	210-922-5918	1968	L	HS/GED/ATB	N	N	N	Y	17
62	Mims Classic Beauty C, 5121 Blanco, San Antonio 78216	210-344-2041	210-348-0263	1930	M	HS/GED	N	N	N	Y	17

*Additional information in Appendix

Line Number	Regis/Enrollment Application Fee	Courses Start	Tuition for Each Program	Mandatory Fees	Full-time	Part-time	Bureau of Indian Affairs	JTPA/WIA	Fed. Aviation Admin.	Immigration/Naturalization Service	Social Security Admin.	Veterans Admin.	Voc. Rehab.	Fed. Pell Grants	FSEOG	FWS	Fed. Perkins Loans	Fed. Stafford Loans	Scholarships	Deferred Payment	Job Counseling	Job Placement	Personal Counseling	Housing	Mobility Impaired Services	Mobility Impaired Programs
1	No	Open	656	67	800	350	Y	Y	N	N	Y	Y	Y	Y	Y	Y	N	N	Y	N	Y	Y	Y	N	Y	N
2	No	Open	91-723	None	603	560	Y	Y	N	N	Y	Y	Y	Y	Y	Y	N	N	Y	N	Y	Y	Y	N	Y	Y
3	75	Sept/Jan/Apr	3600/Yr	None	60	120	N	N	N	N	Y	Y	Y	Y	N	N	N	N	N	Y	Y	Y	Y	N	N	N
4	TEXAS (TX)																									
5	100*	Monthly	690-25985*	100-105*	63	12	N	N	N	N	N	N	Y	Y	N	N	N	Y	Y	Y	Y	N	N	N	N	N
6	100	*	17222-29700	200-350*	410	No	N	N	N	N	N	Y	Y	Y	Y	Y	Y	Y	Y	N	Y	Y	N	N	N	N
7	100	Every 5 Wks	9460-11800	100	74	26	N	Y	N	N	Y	Y	Y	Y	N	N	N	Y	Y	Y	Y	Y	Y	N	Y	Y
8																										
9	100	Every 5 Wks	13/Contact Hr	None	95	50	Y	N	N	N	N	N	Y	Y	N	N	N	Y	N	Y	Y	Y	Y	N	Y	N
10			6913-23555		500		N	N	N	N	Y	Y	N	Y	N	N	N	N	N	N	N	N	N	N	N	N
11		Feb/Aug*	600-1800*	None	16*	No	N	N	N	N	N	N	N	N	N	N	N	N	N	N	Y	N	N	Y	N	N
12																										
13	100	Semesters	4000-15000	1100-2500	480	No	N	N	N	N	N	Y	Y	N	N	N	N	N	N	N	Y	Y	Y	N	N	N
14	100	Monthly	6750	420	25	10	N	N	N	N	N	N	Y	Y	Y	N	N	N	N	N	Y	Y	Y	N	Y	N
15	50	Bimonthly	240-2750	None			N	Y	N	Y	Y	Y	N	N	N	N	N	N	N	Y	N	N	N	Y	N	Y
16	50	Bimonthly	12760-27630	None	108	No	N	N	N	N	N	Y	N	Y	N	N	Y	Y	Y	Y	Y	Y	Y	N	Y	N
17	100	Monthly	3880-8200	None	30	26	Y	Y	N	N	N	Y	Y	Y	Y	N	N	Y	Y	Y	Y	Y	N	N	N	N
18	100	Monthly	150-10000	25-1300	200	No	Y	Y	N	N	Y	N	Y	Y	Y	N	N	Y	Y	Y	Y	Y	Y	N	N	N
19																										
20		August	300	350	6	No	N	N	N	N	N	N	N	N	N	N	N	N	N	N	N	N	N	Y	N	N
21	25	July*	1000	200	10	No	N	N	N	N	N	N	N	N	N	N	N	N	N	N	Y	N	N	Y	N	N
22	150	Every 2 Wks	5000	150*	25	25	N	Y	N	N	N	N	Y	N	N	N	N	N	Y	Y	Y	Y	N	N	N	N
23	100	Every 3 Wks*	3500-28000	700-1350	350	25	Y	Y	N	N	Y	Y	Y	Y	Y	N	N	Y	Y	Y	Y	Y	Y	N	Y	Y
24																										
25	100	Monthly	10000-22000	100	750	32	N	N	N	N	N	N	Y	Y	N	N	N	N	N	N	N	N	N	N	N	N
26	100	Monthly	1885-6050	25	34	25	N	N	N	N	N	N	Y	Y	Y	N	N	N	N	N	Y	Y	Y	N	N	N
27																										
28	150	*	5950-16000	100-1500	240	2	N	N	N	N	N	N	Y	Y	N	N	N	N	Y	Y	Y	Y	Y	N	Y	N
29	*	Jan/May/Aug*	3900-6600	1850	261	No	N	Y	N	N	N	Y	Y	Y	N	N	N	Y	Y	Y	Y	Y	Y	N	Y	N
30	No	1st Mon/Aug	6600/2 Yr	600	38	No	N	Y	N	N	N	N	Y	Y	Y	Y	Y	Y	Y	N	Y	Y	N	N	N	N
31	75	Jan/April/July/Oct	12000-25000	1000-2000	31	none	N	Y	N	N	N	N	Y	Y	Y	Y	N	Y	Y	Y	Y	Y	Y	Y	Y	Y
32	100*	Every 10 wks	19000-39000	750-1024*	80	60	N	N	N	N	N	N	Y	Y	Y	N	N	Y	Y	Y	Y	Y	Y	N	Y	Y
33	50	Feb/Aug	14000	None	173	4	Y	Y	N	N	Y	Y	Y	Y	N	N	N	Y	Y	Y	Y	Y	N	N	Y	Y
34	No	Open	None	None	415	No	N	N	N	N	N	N	N	N	N	N	N	N	N	N	Y	Y	Y	N	Y	N
35	100	Monthly	2490-9250	25	45	10	Y	Y	N	N	N	Y	Y	Y	N	N	N	Y	Y	N	N	Y	N	N	N	N
36		Open	8945	100*	13	21	Y	Y	N	N	Y	N	Y	Y	N	N	N	Y	N	N	Y	Y	N	N	N	N
37	100	Every Mon	3200-11550*	139	80	50	N	N	N	N	Y	Y	Y	Y	N	N	N	Y	N	N	Y	Y	Y	N	N	N
38	200	Quarterly	2800	None	24	24	N	N	N	N	N	Y	Y	N	N	N	N	N	Y	Y	Y	Y	Y	N	Y	Y
39	100	Monthly	2500-9000	350*	125	30	N	N	N	N	Y	N	Y	Y	Y	N	Y	Y	Y	Y	Y	Y	Y	N	Y	Y
40																										
41	25	July 1	1800/Yr	150*	44	No	N	N	N	N	N	N	N	N	N	N	N	N	N	N	N	Y	N	N	N	N
42	25	July/Jan	2950	175	40	No	N	N	N	N	N	N	N	N	N	N	N	N	N	N	Y	N	N	N	N	N
43	150	Every 3 Wks	2000-6000	250-720	170	50	N	N	N	Y	N	N	Y	Y	N	N	N	Y	Y	Y	Y	Y	Y	N	Y	Y
44																										
45	100	Weekly	*	100	38	No	Y	Y	N	N	N	N	Y	Y	N	N	N	N	Y	N	Y	Y	Y	N	N	N
46	No	Semester	78/Hr	400	1400	1300	N	Y	N	N	Y	Y	Y	Y	N	N	Y	Y	Y	Y	Y	Y	Y	Y	Y	Y
47																										
48	*	Open	650-5000	None	25	40	N	Y	N	N	N	N	N	N	N	N	N	N	N	Y	N	N	N	N	Y	Y
49	100	Every 8 Wks	6600	750	150	No	N	N	N	N	N	N	N	Y	Y	N	N	N	Y	N	Y	Y	N	N	N	N
50	350	Monthly	10725	25*	50	10	N	N	N	N	N	N	N	Y	Y	Y	Y	Y	Y	Y	N	N	N	N	N	N
51																										
52	No	June	None	4800	48	No	Y	Y	N	N	Y	Y	N	N	N	N	N	N	Y	Y	Y	N	N	N	Y	N
53																										
54	20	July 1	2400/Yr	600	30	No	N	N	N	N	Y	Y	Y	N	N	N	N	N	N	N	Y	Y	Y	N	N	N
55																										
56	No	Annually	None	None	8	No	N	N	N	N	N	N	N	N	N	N	N	N	N	N	N	N	N	N	Y	Y
57	100	Monthly	2500-7050	300-450	31	31	Y	Y	N	N	N	Y	Y	Y	Y	Y	N	Y	Y	Y	N	N	N	N	N	N
58	100*	1st Tues/Mo	4.00/Hr	None	45	26	N	N	N	N	N	N	Y	Y	Y	N	N	N	N	N	Y	Y	Y	N	N	N
59	100	Monthly	9500-10800	None	130	No	N	N	N	N	Y	Y	Y	Y	Y	N	N	Y	Y	Y	Y	Y	Y	N	N	N
60																										
61	100	Monthly	14906	125	120	26	N	Y	N	N	N	N	Y	Y	Y	N	N	N	Y	Y	Y	Y	Y	N	N	N
62	100	Monthly	2100-10000	25-375	65	No	N	N	N	N	Y	Y	Y	Y	N	N	N	N	N	N	Y	Y	Y	N	N	N

Line Number	Institution Name and Address	Phone	Fax	Founded	Location	Minimum Education & Admission Requirements	Admissions Exam	Aptitude Testing	References/Letters of Recommendation	Interview	Minimum Age
1	MTI C of Bus & Tech, Houston, 7277 Regency Sq Blvd, Houston 77036	800-344-1990		1980	M	HS/GED/ATB	Y	Y	Y	Y	18
2	National Inst of Tech, Houston, 255 Northpoint Dr Ste 100, Houston 77060	281-447-7037	281-447-6937	1999	M	HS/GED/ATB*	Y	N	N	Y	18
3	North Texas Professional Career Inst, 6200 Maple Ave, Dallas 75235	214-351-5599	214-351-5599	1984	M	HS/GED	Y	N	N	Y	18
4	The Ocean Corp, 10840 Rockley Rd, Houston 77099	281-530-0202		1969	M	HS/GED	Y	N	N	N	18
5	Ogle Sch of Hair Design, Arlington, 2200 W Park Row Dr Ste 106, Arlington										
6	76013	866-908-9838			M		N	N	Y	Y	17
7	Ogle Sch of Hair Design, Dallas, 6333 E Mockingbird Ln Ste 201, Dallas										
8	75214	866-908-9838			M		N	N	Y	Y	17
9	Ogle Sch of Hair Design, Fort Worth, 5063 Old Granbury Rd, Fort Worth										
10	76133	866-908-9838			M		N	N	Y	Y	17
11	Ogle Sch of Hair Design, Hurst, 720 Arcadia Ste B, Hurst 76053	866-908-9838			M		N	N	Y	Y	17
12	PCI Health Training Ctr, Dallas, 8101 John Carpenter Fwy, Dallas 75247	214-630-0568	214-630-1002	1978	M	HS/GED/ATB	N	Y	N	Y	17
13	PCI Health Training Ctr, Richardson, 1300 International Pkwy, Richardson										
14	75081	214-576-2600	214-630-1002		M	HS/GED/ATB	N	Y	N	Y	17
15	Phoenix Ctr for Holistic Studies, 6600 Harwin Ste 101, Houston 77036	713-974-5976	713-972-9603	1986	L	HS/GED/ATB	N	N	N	Y	16
16	Pinnacle Career Ctr, 2646 South Loop W Ste 415, Houston 77054	713-664-5300	713-664-7951	1987	R	HS/GED	Y	Y	N	Y	18
17	San Antonio Beauty C #3, 4130 Naco Perrin Blvd, San Antonio 78217	210-654-9734	210-646-6403	1975	S		N	Y	N	Y	17
18	Sanford Brown Inst, Dallas, 1250 Mockingbird Ln Ste 150, Dallas 75247	214-459-8490	214-638-6401		M	HS/GED	*	*	*	N	
19	Sch of Automotive Machinists, 1911 Antoine, Houston 77055	713-683-3817		1985	M	HS/GED	Y	Y	N	Y	18
20	South Texas Vo-Tech, 2144 Central Blvd, Brownsville 78520	956-554-3515	956-554-3542	1973	R	HS/GED	N	N	N	Y	17
21	Southwestern Montessori Training Ctr, PO Box 310947 UNT Sta, Denton										
22	76203	940-566-1640	940-566-1640	1974		College degree	N	N	Y	Y	20
23	Southwest Inst of Tech, 5424 Hwy 290 W Ste 200, Austin 78735	512-892-2640	512-892-1045	1958	L	HS/GED*	N	Y	N	Y	17
24	Star C of Cosmetology, Tyler, 520 E Front St, Tyler 75702	903-596-7860	903-596-7867	1991	U	HS/GED/ATB*	N	Y	N	Y	17
25	Sterling Health Ctr, 15070 Beltwood Pkwy, Addison 75001	972-991-9293	972-991-3292	1991	M	HS/GED	N	N	N	N	
26	SW Sch of Bus & Tech Careers, Eagle Pass, 272 Commercial St,										
27	Eagle Pass 78852	830-773-1373		1985	R	HS/GED	N	N	Y	Y	16
28	TechSkills, 110 Wild Basin Rd Ste 310, Austin 78746	512-328-4235		1999	M	HS/GED	N	N	N	Y	*
29	Texas C of Cosmetology, Abilene, 117 Sayles Blvd, Abilene 79605	325-677-0532		1988	L	HS/GED	Y	N	N	Y	17
30	Texas C of Cosmetology, San Angelo, 918 N Chadbourne St, San Angelo										
31	76903	325-659-2622	325-653-5344	1991	U	HS/GED	N	N	N	Y	17
32	Texas Heart Inst at St Luke's Episcopal Hosp, Sch of Perfusion Tech,										
33	PO Box 20345, Mail Code 1-224, Houston 77225	832-355-4026		1972	M	*	N	N	Y	Y	None
34	Texas Massage Inst, Dallas, 7324 Gaston Ave Ste 301, Dallas 75214	214-828-4000	214-828-0065		M	HS/GED	N	N	N	Y	18
35	Texas Massage Inst, Fort Worth, 7324 Gaston Ave Ste 301, Fort Worth										
36	76116	214-828-4000	214-828-0065	1999	L	HS/GED	N	N	N	Y	18
37	U Hosp, Sch of Histologic Tech, 7703 Floyd Curl Dr, San Antonio 78229	210-567-4057		1969	M	AA Degree*	N	N	Y	Y	None
38	**UTAH (UT)**										
39	American Inst of Med & Dental Tech, Provo, 1675 N Freedom Blvd Bldg 3,										
40	Provo 84604	801-377-2900	801-375-3077	1979	L	HS/GED*	N	Y	N	Y	18
41	AmeriTech C, Draper, 1675 N Freedom Blvd Ste 3, Provo 84604	801-377-2900	801-375-3077	1979	U	HS/GED	Y	N	N	Y	18
42	Certified Careers Inst, Salt Lake City, 1385 W 2200 S , Salt Lake City										
43	84119	888-316-3139		1983	L	HS/GED*	Y	N	N	Y	None
44	Dallas Roberts Acad of Hair & Aesthetics, 1700 N State St Ste 18, Provo										
45	84604	801-375-1501			L	HS/GED/ATB	N	N	N	N	16
46	Evan's Hairstyling C, Cedar City, 169 N 100 W, Cedar City 84720	435-586-4486	435-867-0242		R	HS/GED	N	N	N	N	
47	Image Works Acad of Hair Design, 77 E 800 N, Spanish Fork 84660	801-798-0448	801-798-0499	2003	U	HS/GED/ATB	N	N	N	Y	16
48	Myotherapy C of Utah, 1174 E 2700 S 19, Salt Lake City 84106	801-484-7624		1987	L	HS/GED	N	N	Y	Y	18
49	New Horizons Beauty C, 550 N Main 115, Logan 84321	435-753-9779		1989	S	HS/GED	Y	Y	Y	Y	None
50	Ogden-Weber Applied Tech C, 200 N Washington, Ogden 84404	801-627-8300	801-395-3727	1971	U	*	N	N	N	N	16
51	Sherman Kendall's Acad, 2230 S 700 E, Salt Lake City 84106	801-486-0101	801-486-4722	1980	S	HS/GED	N	N	N	Y	16
52	Sherman Kendall's Acad of Beauty Arts & Sci, Midvale, 7353 S 900 E,										
53	Midvale 84047	801-561-5610	801-561-4914	1987	L	HS/GED	N	N	N	Y	16
54	The Skin Inst, LLC, 992 N Westridge Dr Bldg A, Saint George 84770	435-673-7696	435-673-1076	2002	L	HS/GED	N	N	N	Y	17
55	**VERMONT (VT)**										
56	National Midwifery Inst, PO Box 128, Bristol 05443	802-453-3332		1995		HS/GED	N	N	N	Y	18
57	New England Culinary Inst, 56 College St, Montpelier 05602	877-223-6324	802-554-3542	1980	S		N	N	N	N	16
58	O'Briens Training Ctr, 1475 Shelburne Rd, South Burlington 05403	802-658-9591	802-860-0230	1967	U	HS/GED	N	Y	N	Y	*
59	Vermont C of Cosmetology dba The Salon Professional Acad,										
60	400 Corner Stone Dr Ste 220, Williston 05495	802-879-4811	802-879-8611	1964	R	HS/GED	N	N	N	Y	17
61	**VIRGINIA (VA)**										
62	ACT C, Arlington, 1100 Wilson Blvd Ste M780, Arlington 22209	703-527-6660	703-527-6688	1981	M	HS/GED/ATB	Y	N	N	Y	18

*Additional information in Appendix

Line Number	Regis/Enrollment Application Fee	Courses Start	Tuition for Each Program	Mandatory Fees	Full-time	Part-time	Bureau of Indian Affairs	JTPA/WIA	Fed. Aviation Admin.	Immigration/Naturalization Service	Social Security Admin.	Veterans Admin.	Voc. Rehab.	Fed. Pell Grants	FSEOG	FWS	Fed. Perkins Loans	Fed. Stafford Loans	Scholarships	Deferred Payment	Job Counseling	Job Placement	Personal Counseling	Housing	Mobility Impaired Services	Mobility Impaired Programs
1	No	Every 3 Mos*	4500-25000	None	1200	No	N	Y	N	N	N	Y	Y	Y	Y	Y	N	Y	Y	N	Y	Y	N	N	Y	N
2	50	Monthly	8159-10422	437-842	700	No	N	Y	N	N	N	Y	N	Y	Y	Y	Y	Y	Y	Y	Y	Y	Y	N	N	N
3	None	Monthly	8500-17500		200	None	N	Y	N	N	N	N	N	Y	N	N	N	Y	N	N	N	Y	N	N	N	N
4	100	Every 5 Wks	4500-14500	100	190	No	Y	Y	N	N	Y	Y	Y	Y	N	N	N	Y	Y	Y	Y	Y	N	N	N	N
5																										
6	125	Monthly	7875-15000	550-1000			N	N	N	N	Y	Y	Y	Y	Y	N	N	Y	Y	N	Y	Y	Y	N	N	N
7																										
8	125	Monthly	7875-15000	550-1000			N	N	N	N	Y	Y	Y	Y	Y	N	N	Y	Y	N	Y	Y	Y	N	N	N
9																										
10	125	Monthly	7875-15000	550-1000			N	N	N	N	Y	Y	Y	Y	Y	N	N	Y	Y	N	Y	Y	Y	N	N	N
11	125	Monthly	7875-15000	550-1000			N	N	N	N	Y	Y	Y	Y	Y	N	N	Y	Y	N	N	N	N	N	N	N
12	100	Monthly	7170-11950	None	600	No	Y	N	N	N	Y	Y	Y	Y	Y	N	N	Y	Y	Y	Y	Y	Y	N	Y	Y
13																										
14	100	Monthly	7170-11950				Y	N	N	N	Y	Y	Y	Y	Y	N	N	Y	Y	Y	Y	Y	Y	N	Y	Y
15	No	Monthly	2500	None		200	N	N	N	N	N	Y	Y	N	N	N	N	N	N	N	Y	Y	Y	N	N	Y
16	75	Monthly	2070-6075	500	78	No	N	N	N	N	N	Y	Y	N	N	N	N	N	N	N	Y	Y	Y	N	N	N
17	100	Monthly	9589		110	50	N	Y	N	N	N	Y	N	Y	N	N	N	Y	Y	Y	Y	Y	N	N	N	N
18	25-75	Every 4 Wks	13000-34000	1000-2000	600	no	Y	Y	N	Y	Y	Y	Y	Y	Y	Y	N	Y	Y	Y	Y	Y	Y	N	Y	Y
19	100	Every 6 Wks	15400	None	100	No	Y	Y	N	N	Y	Y	Y	Y	Y	Y	Y	Y	Y	Y	Y	Y	Y	N	Y	Y
20	No	Every 6 Wks	4950-10950	None	170	None	N	Y	N	N	N	Y	N	Y	Y	Y	Y	Y	Y	Y	Y	Y	Y	N	Y	N
21																										
22	500	June	3800-6700	300*	43		N	Y	N	N	N	N	N	N	N	N	N	N	Y	Y	N	N	N	N	Y	N
23	100	Every 6 Wks	17068-25600	848-950	53	No	N	N	N	N	Y	Y	N	Y	Y	Y	N	Y	Y	Y	Y	Y	Y	N	N	N
24	100	*	3500-8300	None	87	0	N	N	N	N	N	Y	N	Y	N	N	N	N	N	N	Y	Y	Y	N	N	N
25	55	Bimonthly	4950		150	400	N	N	N	N	N	Y	N	N	N	N	N	N	N	N	Y	Y	Y	N	N	N
26																										
27	100	Open	2400-7125	None	65	No	N	Y	N	N	N	Y	N	Y	Y	N	N	N	Y	Y	Y	Y	Y	N	Y	N
28		Open	1595-7895	None			N	Y	N	N	N	Y	N	Y	N	N	N	N	N	N	Y	Y	Y	N	Y	N
29	100	Monthly	3338-8035	315-715	87	No	N	N	N	N	N	Y	N	Y	Y	N	N	Y	Y	N	Y	Y	Y	N	Y	N
30																										
31	100	Open	2552-7266	250-755	53	No	N	N	N	N	N	N	Y	Y	N	N	N	N	Y	N	Y	Y	N	N	N	N
32																										
33	100	Jan/July	18000	None	10	No	N	N	N	N	N	N	N	N	N	N	N	N	N	*	N	N	*	N	N	N
34		Quarterly	2985*				N	N	N	N	N	N	Y	N	N	N	N	N	N	*	Y	N	Y	N	Y	Y
35																										
36	400	Quarterly	2985	80	75	65	N	N	N	N	N	N	Y	N	N	N	N	N	N	Y	Y	Y	N	N	N	N
37	No	August	1500		4	No	N	N	N	N	N	N	N	N	N	N	N	N	Y	N	N	Y	Y	N	Y	N
38	**UTAH (UT)**																									
39																										
40	50	Every 5 Wks*	8886-17040	None	300	No	Y	Y	N	Y	Y	Y	Y	Y	N	N	N	Y	Y	Y	Y	Y	Y	N	Y	Y
41	50	Every 5 Wks	9219-17840	150	250	0	Y	Y	N	N	N	Y	Y	Y	N	N	N	Y	N	Y	Y	Y	Y	N	N	N
42																										
43	No	Monthly	10615	None	150	400	Y	Y	N	Y	N	Y	Y	Y	Y	N	N	Y	N	Y	Y	Y	Y	N	Y	N
44																										
45	50	Every 7 Wks	9800	1000	67	21	N	N	N	N	N	N	Y	N	N	N	N	Y	N	*	Y	Y	N	N	N	N
46	100	Every 3 Mos	9000	1000*	40	2	Y	N	N	N	Y	Y	Y	Y	Y	N	N	Y	N	N	Y	Y	Y	N	N	N
47	50	Every 8 Wks	13750	13700	42	17	N	N	N	N	N	Y	N	Y	N	N	N	Y	Y	N	Y	Y	N	N	N	N
48	125	Every 10 Wks	8240	925	48	24	Y	Y	N	N	Y	N	Y	Y	N	N	N	Y	N	N	Y	Y	Y	N	N	N
49	100	Semimonthly	5800	200*	35	20	N	N	N	N	N	Y	N	Y	N	N	N	N	N	N	Y	Y	Y	N	N	N
50	40	Open	1.30/hr	50	1292		Y	Y	N	N	Y	Y	Y	Y	Y	Y	N	Y	Y	N	Y	Y	Y	N	N	N
51	100	Monthly	11500	850	60	15	Y	N	N	N	N	N	Y	Y	N	N	N	Y	N	N	Y	Y	N	N	N	N
52																										
53	100	Monthly	11400	None	50	30	Y	N	N	N	N	Y	Y	Y	N	N	N	Y	N	Y	Y	Y	N	N	N	N
54	50*	Jan/May/Sept	7000		37	7	N	Y	N	N	N	N	Y	N	N	N	N	N	N	N	Y	Y	N	N	Y	Y
55	**VERMONT (VT)**																									
56	30	Open	12000	None	80	No	N	N	N	N	N	Y	Y	N	N	N	N	N	N	N	Y	Y	N	N	N	N
57		Quarterly	23835	1350	500		N	N	N	N	N	N	Y	Y	Y	Y	Y	Y	Y	Y	Y	Y	Y	N	Y	N
58	100	Quarterly	12300	100-1000	30	4	N	N	N	N	N	Y	N	Y	Y	N	N	Y	Y	Y	Y	Y	N	N	Y	Y
59																										
60	200	Open	4000-15850	200	59	24	N	Y	N	Y	Y	Y	Y	Y	Y	N	N	Y	N	N	Y	Y	N	N	N	N
61	**VIRGINIA (VA)**																									
62	50	Every 10 Wks	13000-30000	250*	550	No	N	Y	N	N	N	Y	N	Y	Y	Y	Y	Y	N	N	Y	Y	N	N	N	N

							GENERAL INFORMATION	ADMISSIONS			
Line Number	Institution Name and Address	Phone	Fax	Founded	Location	Minimum Education & Admission Requirements	Admissions Exam	Aptitude Testing	References/Letters of Recommendation	Interview	Minimum Age
1	Advanced Fuller Sch of Massage, 195 S Rosemont Rd, Virginia Beach										
2	23452	757-340-3080	757-486-2192	1983	U	HS	N	N	N	Y	18
3	Advanced Tech Inst, 5700 Southern Blvd, Virginia Beach 23462	757-490-1241		1972	M	HS/GED	Y	N	N	Y	
4	AKS Massage Sch, 462 Herndon Pkwy Ste 208, Herndon 20170	703-464-0333	703-464-5999	1992	M	HS/GED	N	N	Y	Y	18
5	Aviation Inst of Maintenance, Manasses, 9821 Godwin Dr, Manasses										
6	20110	703-257-5515	703-257-5523	2001	U	HS/GED	N	N	N	Y	18
7	BarPalma Beauty Careers Acad, 3535-D Franklin Rd, Roanoke 24014	540-982-0089	540-982-0289	1957	L	HS/GED	N	Y	Y	Y	16
8	Bon Secours Sch of Med Imaging, 8550 Magellan Pkwy Ste 1100,										
9	Richmond 23227	804-627-5307	804-627-5304	1971	L	HS/GED	Y	N	Y	Y	18
10	Central Sch of Practical Nursing, Norfolk, 1330 N Military Hwy, Norfolk										
11	23502	757-892-3300	757-892-3305	1968	U	HS/GED*	Y	N	Y	*	*
12	Cosmetology Training Ctr, Fredericksburg, 557 Lafayette Blvd,										
13	Fredericksburg 22401	540-373-1227	540-373-8776	1989	S	HS/GED	Y	Y	Y	Y	
14	Culpepper Cosmetology Training Ctr, 311 S East St Ste 120, Culpepper										
15	22701	540-727-8003	540-727-8096	2004		HS/GED/ATB	N	N	N	N	17
16	Danville Reg Med Ctr, Sch of Nursing, 142 S Main St, Danville 24541	804-799-4510	804-799-3718	1898	U	HS/GED*	N	N	Y	Y	
17	Empire Beauty C, Midlothian, 10807 Hull Street Rd, Midlothian 23112	804-745-9062					N	N	N	N	
18	Empire Beauty Sch, Richmond, 9049 W Broad St Ste 3, Richmond 23294	804-270-2095					N	N	N	N	
19	Graham Webb Intl Acad of Hair, 1621 N Kent St 1617LL, Arlington 22209	703-243-9322	703-525-4356	1987	M	HS/GED	N	N	Y	Y	18
20	The Greater Washington Inst of Massage, Inc, 5587 Guinea Rd, Fairfax										
21	22032	703-425-8686	703-425-8692	2001	L	HS/GED	N	N	Y	Y	16
22	Henrico Co Sch-St Mary's Hosp, Sch of Practical Nursing,										
23	201 E Nine Mile Rd, Highland Spgs 23075	804-328-4095		1967	U	HS/GED	Y	N	Y	Y	*
24	Heritage Inst, Manassas, 8255 Shopper's Sq, Manassas 20111	703-361-7775	703-335-9987	2000	R	HS/GED	N	N	N	Y	17
25	Hick's Acad of Beauty Culture, 904 Loudoun Ave, Portsmouth 23707	757-399-2400		1951	R	HS/GED	N	N	N	Y	18
26	Kee Bus C, Newport News, 803 Dilligence Dr, Newport News 23606	757-873-1111	804-873-0728	1941	U	HS/GED/ATB	N	Y	N	Y	17
27	Medical Radiography Program, Winchester Med Ctr,										
28	220 Campus Blvd Ste 300, Winchester 22601	540-536-7935	540-536-7972	1950	U	HS/GED	Y	Y	Y	Y	18
29	Natural Touch Sch of Massage Therapy, Danville, 291 Park Ave, Danville										
30	24541	434-799-0060	434-799-0438	1994	S	HS/GED	N	N	Y	Y	18
31	Richmond Acad of Massage, 2004 Bremo Rd Ste 102, Richmond 23226	804-282-5003	804-288-7356	1989	M	HS/GED	N	N	Y	Y	17
32	Riverside Sch of Health Careers, 316 Main St, Newport News 23601	757-240-2200		1916	L	HS/GED	Y	Y	Y	Y	18
33	Southside Reg Med Ctr, Sch of Nursing, 801 S Adams St, Petersburg										
34	23803	804-862-5800		1895	S	HS/GED	Y	N	N	N	None
35	Southside Reg Med Ctr-Sch of Radiation Sciences, 801 S Adams St,										
36	Petersburg 23803	804-862-5883	804-862-5171	1956	S	HS/GED*	Y	N	N	Y	18
37	Staunton Sch of Cosmetology, PO Box 2385, 128 E Beverly St, Staunton										
38	24401	540-885-0808	540-213-0266	1956	S	12th/GED	N	N	N	Y	17
39	Suffolk Beauty Acad, 860 Portsmouth Blvd, Suffolk 23434	757-934-0656	757-539-8724	1970	S	HS/GED/ATB	N	Y	N	Y	17
40	Suffolk Public Sch, Obici Hosp, Sch of Practical Nursing, PO Box 1100,										
41	4169 Pruden Blvd, Suffolk 23439	757-934-4826	757-934-4835	1959	U	12th/GED	Y	Y	Y	Y	18
42	Summit Sch of Cosmetology, PO Box 588, 140 S First St 101, Wytheville										
43	24382	276-228-4688	276-228-3433	1983	R	HS/GED	N	Y	Y	Y	17
44	Tidewater Tech, Chesapeake, 932-B Ventures Way, Chesapeake 23320	757-549-2121	757-548-1196	1969	L	HS/GED	N	N	N	Y	18
45	Virginia Beach Tech & Career Ed Ctr, Practical Nursing,										
46	2925 N Landing Rd, Virginia Beach 23456	757-427-5768		1972	M	HS/GED	N	Y	Y	N	None
47	Virginia Career Inst, Richmond, 9210 Arboretum Pkwy Ste 100, Richmond										
48	23236	804-323-1020		1975	L	HS/GED	Y	N	N	Y	None
49	Virginia Sch of Hair Design, 101 W Queens Way, Hampton 23669	757-722-0211		1959	U	HS/GED	Y	Y	Y	Y	16
50	Virginia Sch of Massage, Charlottesville, 2008 Morton Dr, Charlottesville										
51	22903	888-599-2001		1989	U	HS/GED	N	N	N	Y	18
52	**WASHINGTON (WA)**										
53	Aesthetics NW Inst, 1750 124th NE C, Bellevue 98005	425-635-7400		1986	M		N	Y	N	Y	16
54	Ancient Arts Massage Sch & Clinic, 1319 Lee Blvd, Richland 99352	509-943-9589	509-946-6669	1995	R	HS/GED	N	N	Y	Y	18
55	Apollo C, Spokane, 10102 E Knox Ste 200, Spokane 99206	509-532-8888		1998	L		N	Y	Y	Y	18
56	Ashmead C-Massage Therapy, Seattle, 2111 N Northgate Way Ste 218,										
57	Seattle 98133	206-440-3090		1974	M	HS/GED	N	N	N	Y	18*
58	Bates Tech C, 1101 S Yakima Ave, Tacoma 98405	253-680-7000	253-680-7101	1940	L	HS/GED*	Y	Y	N	Y	16
59	Bellevue Beauty Sch, 14045 NE 20th St, Bellevue 98007	425-643-0270		1963	U	HS/GED/ATB	N	Y	N	Y	16
60	Bellingham Beauty Sch, Inc, 4192 Meridian St, Bellingham 98226	360-734-1090	360-734-1597	1968	U	HS/GED	N	N	Y	Y	
61	Bellingham Tech C, 3028 Lindbergh Ave, Bellingham 98225	360-752-7000	360-676-2798	1957	U	HS/GED/ATB	Y	Y	N	N	16
62	B.J.'s Beauty & Barber C, Tacoma, 5239 S Tacoma Way, Tacoma 98409	253-473-4320		1980	L	HS/GED	N	N	N	Y	16

*Additional information in Appendix

Line Number	ADMISSIONS Regis/Enrollment Application Fee	Courses Start	COSTS Tuition for Each Program	Mandatory Fees	ENROLLMENT Full-time	Part-time	Bureau of Indian Affairs	JTPA/WIA	Fed. Aviation Admin.	Immigration/Naturalization Service	Social Security Admin.	Veterans Admin.	Voc. Rehab.	Fed. Pell Grants	FSEOG	FWS	Fed. Perkins Loans	Fed. Stafford Loans	Scholarships	Deferred Payment	Job Counseling	Job Placement	Personal Counseling	Housing	Mobility Impaired Services	Mobility Impaired Programs
1																										
2	100	Every 6 Mos	4100	None	20	60	N	N	N	N	N	Y	Y	N	N	N	N	N	Y	Y	Y	Y	Y	N	N	N
3	100	Monthly	5250-29950	None	650	none	Y	Y	N	Y	Y	Y	Y	Y	Y	Y	Y	Y	Y	Y	N	Y	N	Y	Y	N
4	50*	Jan/June/Sept	8200	215*	80		N	N	N	N	N	Y	N	N	N	N	N	N	N	Y	Y	Y	Y	N	N	N
5																										
6	25	Every 5 Wks	28800	320	110	None	N	Y	Y	N	N	N	N	Y	Y	N	N	N	N	N	Y	Y	Y	N	N	N
7	175	*	1200-9000*	609*	*	*	N	N	N	N	Y	Y	Y	Y	Y	N	N	Y	Y	N	Y	Y	Y	Y	N	N
8																										
9	50	September	9000	2550	50	No	N	N	N	N	N	N	N	N	N	N	N	N	N	N	Y	Y	Y	N	N	N
10																										
11	45*	September	*	*	50-55	No	N	N	N	N	N	N	N	N	N	N	N	N	N	N	Y	Y	Y	N	Y	N
12																										
13	250	Open	5500	None	45	No	N	Y	N	N	Y	Y	Y	N	N	N	N	N	N	N	Y	Y	Y	N	Y	N
14																										
15	50	Monthly	7425	200	10	6	N	Y	N	N	N	Y	Y	Y	N	N	Y	Y	Y	Y	Y	Y	Y	N	Y	Y
16	35*	August	1900/Sem	*	90	No	N	N	N	N	N	N	N	N	N	N	N	N	N	N	N	N	N	N	N	N
17							N	N	N	N	N	N	N	N	N	N	N	N	N	N	N	N	N	N	N	N
18							N	N	N	N	N	N	N	N	N	N	N	N	N	N	N	N	N	N	N	N
19	100	Monthly	12500	1000	200	25	N	N	N	N	N	Y	Y	Y	Y	N	N	Y	Y	Y	Y	Y	Y	N	Y	Y
20																										
21	100	Bimonthly	6900	*	60	60	N	N	N	N	N	N	N	N	N	N	N	N	Y	Y	Y	Y	Y	N	Y	N
22																										
23	No	September	1400-1800	1300	45	85	N	N	N	N	N	N	N	N	N	N	N	N	Y	N	Y	Y	Y	N	N	N
24	No	Every 6 Wks	17050-18750	0	109	81	Y	Y	N	Y	Y	Y	Y	Y	Y	N	N	N	Y	N	Y	Y	Y	N	N	N
25	25	Bimonthly	4500-10650	175	70	25	N	Y	N	N	Y	Y	N	N	N	N	N	Y	Y	Y	Y	Y	Y	N	N	N
26	50	Monthly	7185-10000	None	300	No	N	Y	N	N	N	N	N	Y	Y	Y	Y	Y	Y	N	Y	Y	Y	N	N	Y
27																										
28	325	June	3000/Yr	900	26	No	N	N	N	N	N	N	N	N	N	N	N	N	N	Y	Y	Y	Y	N	N	N
29																										
30	75	Sept/Mar	6000	49	16	32	N	Y	N	N	N	N	N	N	N	N	N	N	Y	Y	Y	Y	Y	N	N	N
31	100	Aug/Feb	4800	652-752*	No	45	N	Y	N	N	N	N	N	N	N	N	N	N	N	N	Y	Y	Y	N	Y	Y
32	30	Varies/program	875-17000	605-795	300	No	N	Y	N	N	Y	Y	Y	N	N	N	N	N	N	Y	Y	Y	Y	N	Y	N
33																										
34	275	Aug/Jan	5550/2 Yr	1150/2 Yr	200	No	N	Y	N	N	Y	Y	Y	Y	Y	Y	Y	Y	Y	Y	Y	Y	Y	N	Y	Y
35																										
36	285*	August	7700-9900	3600	32	No	N	Y	N	N	N	Y	Y	Y	Y	Y	N	Y	Y	N	Y	Y	Y	N	Y	Y
37																										
38		Monthly	10200	None	18	7	N	Y	N	N	N	Y	N	Y	Y	N	N	N	Y	Y	Y	Y	Y	N	N	N
39	150	Every 6 Wks	10300	1150	28	12	N	N	N	N	N	Y	Y	Y	Y	N	N	Y	Y	N	Y	Y	Y	N	N	N
40																										
41	25	February	1650/tuition		25	No	Y	Y	N	N	Y	Y	N	Y	N	N	N	N	Y	Y	Y	Y	Y	N	N	N
42																										
43	60	Quarterly	4000	716.25	16	6	N	N	N	N	Y	Y	N	N	N	N	N	N	Y	N	Y	Y	Y	N	N	N
44	25	Every 5 Wks	22000-25000	100*	220	No	N	Y	N	N	Y	Y	Y	Y	Y	Y	Y	Y	Y	Y	Y	Y	Y	N	Y	N
45																										
46	No	September	2000-6000	1350	18	37	N	N	N	N	N	Y	Y	Y	N	N	N	N	Y	N	Y	Y	Y	N	Y	N
47																										
48	75	Monthly	10400-20075	None	*	*	N	N	N	N	N	Y	Y	N	N	N	N	N	N	N	Y	Y	Y	N	N	N
49	100	Monthly	7080	592	47	60	N	Y	N	N	Y	Y	Y	Y	Y	N	N	N	Y	Y	Y	Y	Y	N	Y	Y
50																										
51	150	*	7625		70	50	N	N	N	N	N	Y	Y	Y	Y	N	N	N	Y	N	Y	Y	Y	N	Y	Y
52	**WASHINGTON (WA)**																									
53		Quarterly	2650-6500	700	20	20	N	Y	N	N	N	N	Y	N	N	N	N	N	N	N	Y	Y	Y	N	N	N
54	100	July/April	8100	120*	25	No	N	Y	N	N	N	Y	Y	N	N	N	N	N	Y	N	Y	Y	Y	N	Y	N
55	75	June/Oct	7575-28000	None	315	No	Y	Y	N	N	Y	Y	Y	Y	Y	N	Y	Y	Y	Y	Y	Y	Y	N	Y	N
56																										
57	50	Quarterly	13111-16519	300-1500	290	no	Y	Y	N	N	Y	Y	Y	Y	Y	N	N	Y	Y	Y	Y	Y	Y	N	N	N
58	52	Every Mon	650-7500*	Varies	5500	8000	Y	Y	N	N	Y	Y	N	Y	N	N	N	Y	Y	Y	Y	Y	Y	N	Y	Y
59	100	5 Times/Yr	9850	100	70	No	Y	Y	N	Y	Y	Y	Y	Y	Y	N	N	N	Y	Y	Y	Y	Y	N	N	N
60		*	4550-9900		90		Y	Y	N	N	Y	Y	Y	Y	Y	N	N	Y	Y	N	Y	Y	Y	N	N	N
61	35	Quarterly	920-1100/Qtr	150-355/Qtr	860	1800	Y	Y	N	N	N	Y	Y	Y	Y	N	N	Y	Y	N	Y	Y	Y	N	Y	Y
62	650	Bimonthly	4200-7500	6500-10500	50	8	Y	N	N	N	N	Y	Y	Y	Y	N	N	N	N	N	Y	Y	Y	N	N	N

Bodymechanics Sch of Myotherapy & Massage (WASHINGTON)

Line Number	Institution Name and Address	Phone	Fax	Founded	Location	Minimum Education & Admission Requirements	Admissions Exam	Aptitude Testing	References/Letters of Recommendation	Interview	Minimum Age
	GENERAL INFORMATION					ADMISSIONS					
1	Bodymechanics Sch of Myotherapy & Massage,										
2	3920 Capital Mall Dr SW Ste 404, Physician's Pavilion, Olympia 98502	360-786-8582	360-786-1983	1999	L	HS/GED	Y	N	Y	Y	18
3	Brenneke Sch of Massage, 425 Pontius Ave N 100, Seattle 98109	206-282-1233	206-282-9183	1974	M	HS/GED	N	N	Y	Y	18
4	Cascade Beauty C, LLC, 17160-116th Ave SE, Renton 98058	425-226-2457	425-235-7733	1997			N	N	N	Y	16
5	Chetta's Acad of Hair & Nails, Port Angeles, 1222 E Front St, Port Angeles										
6	98362	360-417-0388	360-417-0454	1995	S	HS/GED	N	N	N	Y	18
7	Clare's Beauty C, 104 N 4th Ave, Pasco 99301	509-547-8871		1962	U	HS/GED	N	N	Y	Y	18
8	Clover Park Tech C, 4500 Steilacoom Blvd SW, Lakewood 98499	253-589-5800	253-589-5637	1942	U	HS	Y	Y	N	Y	18
9	Cortiva Inst - Brian Utting Sch of Massage, 900 Thomas St Ste 200, Seattle										
10	98109	206-292-8055	206-292-0113	1982	M	HS/GED	N	N	Y	Y	18
11	Divers Inst of Tech, 4315 11th Ave NW, Seattle 98127	206-783-5542		1968	M	HS/GED*	N	N	N	Y	18
12	Everest C, Vancouver, 120 NE 136th Ave Ste 130, Vancouver 98684	360-254-3282	360-254-3035	1955	U	HS/GED/ATB	Y	Y	N	Y	18
13	Evergreen Beauty & Barber C, 802 SE Everett Mall Way A, Everett 98208	425-423-9186	425-355-9003	1996	U	HS/GED	N	N	N	Y	16
14	Glen Dow Acad of Hair Design, W 309 Riverside Ave, Spokane 99201	509-624-3244	509-624-3351	1969	U	HS/GED	N	Y	N	Y	17
15	Greenwood Acad of Hair, 8501 Greenwood Ave N, Seattle 98103	206-782-0220	206-782-0222	1960	M	HS/GED	N	N	N	Y	16
16	The Hair Sch, 2941 E Highway 101, Port Angeles 98362	360-452-3048	360-452-9238	1980	S		N	N	N	Y	16
17	Inland Massage Inst, Inc., 111 E Magnesium Rd, Ste F, Spokane 99208	509-465-3033	509-465-3033	1987	M	HS/GED	N	N	Y	Y	18
18	Inst for Therapeutic Learning, PO Box 17229, Seattle 98127	206-783-1838		1988	M	HS/GED	N	N	N	N	18
19	Intl Air & Hospitality Academy, 2901 E Mill Plain Blvd, Vancouver 98661	800-868-1816	360-992-4340	1979	L	HS/GED	N	N	N	Y	17 1/2
20	Kirkland Beauty Sch, 17311 140th Ave NE, Woodinville 98072	425-487-0437	425-489-1972	1980	U	None	Y	Y	N	Y	17
21	Milan Inst of Cosmetology, Everett, 607 SE Everett Mall Way Ste 5, Everett										
22	98208	425-353-8193	425-355-3696	2005	U	HS/GED/ATB	N	N	N	Y	16
23	North American Inst of Neuro-Therapy, 117 E Louisa Ste 188, Seattle										
24	98102	206-322-0633		1986	M	HS/GED	N	N	N	Y	18
25	Perry Tech Inst, 2011 W Washington Ave, Yakima 98903	509-453-0374	509-453-0375	1941	U	HS/GED	N	Y	N	Y	17
26	Pima Med Inst, Renton, 555 S Renton Village Pl, Renton 98057	888-898-9048	425-228-9601	1972	L	HS/GED/ATB	Y	Y	N	Y	18*
27	Pima Med Inst, Seattle, 9709 3rd Ave NE Ste 400, Seattle 98115	206-322-6100	206-324-1985	1972	M	HS/GED*	Y	N	N	Y	17
28	Renton Tech C, 3000 NE Fourth St, Renton 98056	425-235-2352		1942	U	None	Y	N	N	Y	18
29	Stylemasters C of Hair Design, 1224 Commerce, Longview 98632	360-636-2720	360-577-1654	1976	S	None	Y	Y	N	Y	16
30	Tri City Sch of Massage, 26 E 3rd Ave, Kennewick 99336	509-586-6434		1968	U	HS/GED	N	Y	Y	Y	18
31	Vancouver Sch of Beauty, 114 W 6th St, Vancouver 98660	360-694-5601		1965	L	10th grade*	N	N	N	Y	16
32	Yakima Beauty Sch Beauty Works, 401 N 1st St, Yakima 98901	509-248-2288	509-248-1127	1997	U	Diploma/GED	N	N	Y	Y	
33	**WEST VIRGINIA (WV)**										
34	Beckley Beauty Acad, 109 S Fayette St, Beckley 25801	304-253-8326		1976	U	HS/GED	N	N	N	Y	17
35	Bluefield Reg Med Ctr, Med Lab Tech Program, 500 Cherry St, Bluefield										
36	24701	304-327-1596		1945	S	1 Yr Coll	N	N	Y	Y	18
37	Clarksburg Beauty Acad & Sch of Massage Therapy, 120 S 3rd St,										
38	Clarksburg 26301	304-624-6473	304-624-6465	1966	S	HS/GED/ATB	N	N	N	Y	17
39	Garnet Career Ctr, 422 Dickinson St, Charleston 25301	304-348-6195	304-348-6198	1951	L	HS/GED	Y	Y	N	Y	18
40	Huntington Sch of Beauty Culture, 5185 US Rte 60 Ste 115, Huntington										
41	25705	304-736-6289		1964	U	8th Grade	Y	Y	Y	Y	17
42	Marion Co Voc Tech Ctr, 2 N Marion Dr, Farmington 26571	304-986-3590			R	HS/GED	N	N	N	N	None
43	Meredith Manor Intl Equestrain Ctr, 147 Saddle Ln, Waverly 26184	304-679-3128	304-679-3793	1963	R	HS/GED	N	N	N	N	18
44	Monongalia Co Tech Ed Ctr, 1000 Mississippi St, Morgantown 26501	304-291-9240	304-291-9247	1968	U	HS/GED	Y	Y	N	Y	
45	Morgantown Beauty C, Inc, 276 Walnut St, Morgantown 26505	304-292-8475	304-292-7899	1946	U	HS/GED	N	N	Y	Y	*
46	Mountaineer Beauty C, PO Box 547, St Albans 25177	304-727-9999	304-727-8149	1991	S	HS/GED	N	N	Y	Y	17
47	Mountain State C, 1508 Spring St, Parkersburg 26101	304-485-5487	304-485-3524	1888	S	HS/GED	Y	N	N	Y	16
48	Mountain State Sch of Massage, 601 50th St SE, Charleston 25304	304-926-8822		1995	S	HS/GED	N	N	N	N	19
49	Ohio Valley Med Ctr, Radiologic Tech Program, 2000 Eoff St, Wheeling										
50	26003	304-234-8781	304-234-8410	1954	S	HS/+*	N	*	Y	Y	17
51	Putnam Career & Tech Ctr, PO Box 640, Rt 62, Eleanor 25070	304-586-3494	304-586-4467	1968	S		Y	N	N	N	None
52	Scott C of Cosmetology, 1502 Market St, Wheeling 26003	304-232-7798		1991	S	HS/GED	N	N	Y	Y	17
53	SMMC, Sch of Radiography, 2900 1st Ave, Huntington 25702	304-526-1259	304-526-6030	1964	U	HS/GED+*	N	N	N	Y	18
54	United Hosp Ctr-Sch of Radiologic Tech, PO Box 1680,										
55	3 Hospital Plz Rte 19S, Clarksburg 26301	304-624-2895		1960	S	HS/GED*	N	N	Y	Y	18
56	Valley C, Beckley Campus, 713 S Oakwood Ave, Beckley 25801	304-252-9547	304-252-1694	1983	S	HS/GED	Y	N	Y	Y	None
57	Valley C, Princeton, 616 Harrison St, Princeton 24740	304-425-2323	304-425-5890	1986	S	HS/GED	Y	N	Y	Y	None
58	West Virginia Bus C, Inc., 1052 Main St, Wheeling 26003	304-232-0361	304-232-0363	1881	S	HS/GED	Y	N	N	Y	18
59	Wheeling Hosp, Radiology Program, 1 Medical Pk, Wheeling 26003	304-243-3173		1961	U	HS/GED*	Y	Y	Y	Y	17
60	**WISCONSIN (WI)**										
61	Affinity Health Sys Program of Radiologic Tech, 500 S Oakwood Rd,										
62	Oshkosh 54904	920-223-0135		1954	U	HS+*	N	N	N	Y	18

*Additional information in Appendix

Line Number	Regis/Enroll. Application Fee	Courses Start	Tuition for Each Program	Mandatory Fees	Full-time	Part-time	Bureau of Indian Affairs	JTPA/WIA	Fed. Aviation Admin.	Immigration/Naturalization Service	Social Security Admin.	Veterans Admin.	Voc. Rehab.	Fed. Pell Grants	FSEOG	FWS	Fed. Perkins Loans	Fed. Stafford Loans	Scholarships	Deferred Payment	Job Counseling	Job Placement	Personal Counseling	Housing	Mobility Impaired Services	Mobility Impaired Programs
1																										
2	100	Apr/Sept/Jan	12751	275*	50	No	N	N	N	N	N	N	Y	N	N	N	N	N	N	Y	Y	Y	Y	N	N	N
3	100	Sept/Mar	9126-13000	*	40	175	N	Y	N	N	N	Y	Y	Y	N	N	N	N	Y	Y	N	Y	Y	N	N	N
4		Quarterly	2694-6525		50		N	N	N	N	N	N	Y	N	N	N	N	N	N	Y	Y	Y	N	N	N	N
5																										
6	150	Quarterly	11000		20		Y	Y	N	N	Y	Y	Y	N	Y	N	N	Y	Y	Y	Y	Y	N	N	N	N
7	100	2nd Mon/Mo	1600-7686*	350	70	120	N	Y	N	N	N	N	Y	N	N	N	N	N	Y	Y	Y	Y	Y	N	N	Y
8	41.04	Quarterly	596-4820	Varies	1802	6037	Y	Y	Y	Y	Y	Y	Y	Y	Y	Y	Y	Y	Y	N	Y	Y	Y	N	Y	Y
9																										
10	100	Every 3 Mos	12900	1870	No	107	Y	Y	N	Y	Y	Y	Y	Y	Y	N	N	Y	N	N	Y	N	Y	N	N	N
11	100	Monthly	17500	1790-1990	280	No	Y	Y	N	Y	N	N	Y	Y	Y	N	N	Y	N	Y	Y	Y	N	N	N	N
12	25*	Quarterly	11232-22698	975-1950*	340	No	Y	Y	N	Y	Y	Y	Y	Y	Y	N	Y	Y	Y	Y	Y	Y	Y	N	N	N
13	100	1st Tues/Mo	4820-11650*		55	7	N	Y	N	Y	Y	Y	Y	Y	Y	Y	Y	Y	Y	Y	Y	Y	Y	N	N	N
14	100	Monthly	2688-10205	497-1919	122	No	Y	Y	N	Y	Y	Y	Y	Y	Y	N	N	Y	Y	Y	Y	Y	Y	N	N	N
15	100	Open	11600	800	80	30	Y	Y	N	Y	Y	N	Y	Y	N	N	N	Y	N	N	Y	Y	N	N	Y	Y
16	250	Monthly	3500-7700*		20	42	Y	Y	N	Y	N	Y	Y	N	N	N	N	N	N	Y	Y	Y	Y	N	N	N
17	100	Mar/Sept	6625	925	60	No	N	Y	N	N	N	N	N	Y	N	N	N	N	Y	Y	N	Y	N	N	N	N
18	100	Quarterly	2100-2400	145	No	35	N	N	N	N	N	N	N	N	N	N	N	N	N	N	Y	N	Y	N	N	N
19	75	Every 5 Wks	3900-16000	None	720	No	N	N	N	N	N	N	Y	Y	Y	N	N	N	Y	Y	Y	Y	Y	N	N	N
20	150	Bimonthly	8600	875	20	7	N	N	N	N	N	N	N	N	N	N	N	N	N	N	Y	Y	Y	N	N	N
21																										
22	100	Monthly	5697-11604		102	No	N	N	N	N	N	N	N	N	N	N	N	N	Y	Y	Y	Y	N	N	N	N
23																										
24	150	Open	1000	None			N	N	N	N	N	N	Y	N	N	N	N	N	N	N	N	N	N	N	N	N
25	35	*	2135-3138	150-650	426	No	N	Y	N	Y	Y	Y	Y	Y	Y	Y	Y	Y	Y	Y	Y	Y	Y	N	Y	N
26	150	Monthly	2674-9249	*	300	No	Y	Y	N	N	Y	Y	Y	Y	N	N	N	Y	N	Y	Y	Y	Y	N	Y	Y
27	150	Open	2475-24590	315*	300	No	N	Y	N	N	N	N	Y	Y	N	N	N	N	N	N	Y	Y	Y	N	N	N
28	30	Quarterly	770/Qtr	None	4229	*	Y	Y	N	Y	Y	Y	Y	Y	Y	Y	Y	Y	Y	Y	Y	Y	Y	N	N	N
29	100	Monthly	2000-9000	102-925	60	No	Y	Y	N	N	Y	Y	Y	Y	N	N	N	Y	N	Y	Y	Y	N	N	N	N
30	100	Yearly	6400	None	20	No	Y	Y	N	Y	Y	Y	Y	N	N	N	N	N	N	N	N	N	N	N	N	N
31	100	1st Tues/Mo	1700-5600	None	60	40	Y	Y	N	N	Y	Y	Y	N	N	N	N	N	N	N	N	Y	N	N	N	N
32	100		3900-9000	N/A	30	N/A	Y	Y	N	N	Y	Y	Y	Y	N	N	N	N	N	N	Y	Y	N	N	N	N
33	**WEST VIRGINIA (WV)**																									
34	100	Feb/June/Sept	7425	575	45	No	N	N	N	Y	Y	Y	Y	N	N	N	N	N	N	N	Y	N	N	N	N	Y
35																										
36	No	August	1500	500	6	No	N	Y	N	N	N	N	N	N	N	N	N	N	N	N	Y	Y	N	N	N	N
37																										
38	100	Monthly	6100-12100*				N	Y	N	N	N	Y	Y	Y	N	N	Y	N	Y	Y	Y	Y	N	N	N	Y
39	10	*	700-1688*	765	190	206	Y	Y	N	Y	Y	Y	Y	Y	N	N	N	Y	Y	Y	Y	Y	Y	N	Y	*
40																										
41	100	9 Times/Yr	6600	400	100	No	N	Y	N	N	Y	Y	Y	N	N	N	N	N	N	Y	Y	Y	N	Y	N	N
42	50	Aug*	None	*			N	Y	N	N	Y	Y	Y	Y	Y	N	N	Y	Y	Y	Y	Y	Y	N	N	N
43	No	Quarterly	20760	None	80	No	N	Y	N	N	N	N	Y	N	N	N	N	N	N	N	Y	Y	N	Y	N	N
44	50	Semester	450-3400	0-500	125	300	N	Y	N	N	N	N	Y	N	N	N	N	N	N	N	Y	Y	N	N	N	N
45	150	6 Times/Yr	8320	560	68		N	Y	N	N	N	N	Y	Y	N	N	N	N	N	N	Y	Y	Y	N	N	N
46	100	4 Times/Yr*	1500-7500*	5-600*	60	No	N	Y	N	N	N	Y	Y	Y	N	N	N	N	Y	Y	Y	Y	N	Y	N	N
47	Yes	Every 6 Wks	2350/Term	*	238	18	N	Y	N	N	Y	N	Y	Y	Y	Y	Y	Y	N	N	Y	Y	N	N	N	N
48	50	Every 6 Mos	9500-10500	0	28	28	Y	Y	N	N	N	N	Y	Y	N	N	N	N	Y	N	Y	Y	Y	N	N	N
49																										
50	25	July	3000	850	10 per	no	N	Y	N	N	Y	N	Y	N	N	N	N	N	N	N	Y	Y	N	N	N	N
51	30	Aug/Jan	1350-2970	*	150	550	Y	Y	N	N	Y	Y	Y	Y	N	N	N	N	N	Y	Y	Y	N	N	N	N
52	50	Every 13 Wks	10000	900	58	No	N	Y	N	N	Y	N	Y	Y	N	N	N	N	Y	Y	Y	Y	Y	N	N	N
53	yes	July	3000/Sem*	500	40	No	N	N	N	N	Y	N	N	Y	N	N	Y	Y	Y	Y	Y	N	N	N	N	N
54																										
55	No	June	3000/2 Yr	600	30	No	N	Y	N	N	N	N	Y	N	N	N	N	N	Y	Y	Y	Y	N	N	N	N
56	50	Every 2-6 Wks	225/Sem Cr	*	140	No	Y	Y	N	N	N	N	Y	Y	N	N	N	Y	N	Y	Y	Y	N	N	N	N
57	50	Every 2-6 Wks	225/Sem Cr	0	*	No	Y	Y	N	N	Y	N	Y	Y	Y	N	N	Y	N	Y	Y	Y	Y	N	N	N
58	75	Every 6 Wks	9000-16000	100*	120	No	Y	Y	N	N	Y	Y	N	N	N	N	N	N	N	N	Y	Y	N	N	N	N
59	25	July 1	1500/Yr	450	20	No	N	Y	N	N	N	N	N	N	N	N	N	N	N	N	Y	Y	N	N	N	N
60	**WISCONSIN (WI)**																									
61																										
62	3000	June	15000	None	20	No	N	N	N	N	N	Y	N	Y	N	N	Y	Y	Y	Y	Y	Y	Y	N	Y	N

Line Number	Institution Name and Address	Phone	Fax	Founded	Location	Minimum Education & Admission Requirements	Admissions Exam	Aptitude Testing	References/Letters of Recommendation	Interview	Minimum Age
1	Aurora St Luke's Med Ctr Sch of Radiologic Tech, 180 W Grange Ave,										
2	Milwaukee 53207	414-747-4330	414-747-4366	1952	M	HS/GED+*	N	N	Y	Y	18
3	Bellin Hosp, Sch of Radiologic Tech, PO Box 23400, Green Bay 54305	920-433-3497	920-433-5811	1957	L	HS/GED+*	N	N	Y	Y	17
4	Blackhawk Tech C, PO Box 5009, 6004 Prairie Rd, Janesville 53547	608-757-7754	608-757-7740	1912	U	HS/GED	Y	N	N	N	18
5	Columbia/St Mary's, Sch of Diagnostic Ultrasound, 2121 E Newport Ave,										
6	Milwaukee 53211	414-961-3945		1969	M	*	N	N	Y	Y	18
7	Columbia/St Mary's Sch of Radiologic Tech, 2025 E Newport Ave,										
8	Milwaukee 53211	414-961-3817	414-961-4121	1952	M	HS/GED+*	N	N	Y	Y	18
9	Froedtert Hosp, Radiologic Tech, 9200 W Wisconsin Ave, Milwaukee										
10	53226	414-805-4998		1957	M	2 Yr/Coll	N	Y	Y	Y	18
11	Gill-Tech Acad, 230 S McCarthy Rd, Appleton 54914	920-739-8684	920-739-0145	1984	U	HS/GED	N	N	N	Y	18
12	Lakeshore Tech C, 1290 North Ave, Cleveland 53015	920-468-6582	920-693-1363	1911	R		Y	N	N	Y	16
13	Lakeside Sch of Massage Therapy, Milwaukee, 1726 N 1st St 2nd Fl,										
14	Milwaukee 53212	414-372-4345	414-372-5350	1985	M	HS/GED	N	N	Y	Y	18
15	Madison Media Inst, 2702 Agriculture Dr, Madison 53718	608-663-2000		1969	L	HS/GED/ATB	Y	Y	Y	Y	17
16	Martin's C of Cosmetology, Appleton, 525 West Hill Blvd, Appleton 54914	920-832-8686	920-684-1328	1992	U	HS/GED	N	N	N	Y	
17	Martin's Sch of Hair Design, Green Bay, 2575 W Mason St, Green Bay										
18	54304	920-494-1430	920-684-1328	1988	U	HS/GED	N	N	N	Y	None
19	Martin's Sch of Hair Design, Manitowoc, 1034 S 18th St, Manitowoc 54220	920-684-3028	920-684-1328	1983	S	HS/GED	N	N	N	Y	None
20	Milwaukee Career C, 3077 N Mayfair Rd Ste 300, Milwaukee 53222	414-257-2939	414-727-9557	2002	M	HS/GED	Y	N	N	Y	
21	Professional Hair Design Acad, 3408 Mall Dr, Eau Claire 54701	715-835-2345	715-835-2926	1994	U	HS/GED	N	N	N	N	17
22	Sacred Heart Hosp-Eau Claire, Med Tech Program, 900 W Clairemont										
23	Ave, Eau Claire 54701	715-839-3973	715-833-4941	1958	U	BS/BA	Y	N	Y	Y	None
24	Scientific C of Beauty & Barbering, 326 Pearl St, LaCrosse 54601	608-784-4702	608-785-7197	1976	U	HS/GED	N	N	N	Y	18
25	State C of Beauty Culture, Inc, 1930 Grand Ave, Wausau 54403	715-849-5368	715-848-2121	1969	U	HS/GED	N	N	Y	Y	17
26	State Lab of Hygiene, Cytotechnology, 465 Henry Hall, Madison 53706	608-262-2802	608-265-6294	1957	L	*	N	N	Y	Y	*
27	St Joseph's Hosp/Marshfield Clinic, Histotechnician Program, 1000 N Oak										
28	Ave, Marshfield 54449	715-387-7790		1951	S	HS*	N	N	Y	Y	
29	St Luke's Med Ctr-Milwaukee, Diagnostic Med Sonography Program, 180										
30	W Grange Ave, Milwaukee 53207	414-747-4360	414-747-4366	1981	M	HS*	N	N	*	Y	
31	Western Tech C, La Crosse, 400 N 7th St, La Crosse 54602	608-785-9200	608-785-9205	1912	U	HS/GED	Y	Y	N	N	17
32	Wheaton Franciscan Healthcare - All Saints Sch of Radiologic Tech, 3801										
33	Spring St, Racine 53405	262-687-5090		1970	U	HS/GED*+	N	N	N	Y	18
34	Wheaton Franciscan Healthcare - Saint Joseph, Sch of Radiologic Tech,										
35	2400 W Villard Ave, Milwaukee 53209	414-527-5149		1968	M	HS/GED*+	N	N	Y	Y	18
36	Wisconsin C of Cosmetology, 2960 Allied St, Green Bay 54304	920-336-8888		1959	U	HS/GED	N	N	N	Y	18
37	Wisconsin Inst of Natural Wellness, 6211 Durand Ave Ste 101, Racine										
38	53406	262-554-8722	262-554-8722	1995	R	HS/GED	N	N	Y	Y	18
39	Wisconsin Sch of Massage Therapy, N 112 W 16760 Mequon Rd,										
40	Germantown 53022	262-250-1276	262-628-9388	2002	U	HS/GED	N	N	N	Y	18
41	**WYOMING (WY)**										
42	Acad of Hair Design, Casper, 146 N Jackson St, Casper 82601	307-577-0619		1989	U	10th Grade	N	N	N	N	16
43	C of Cosmetology, Gillette, 1211 S Douglas Hwy E2, Gillette 82716	307-682-0242		1973	S	10th Grade*	Y	Y	Y	Y	16
44	Rocky Mountain Acad of Hair Design, 1968 Cy Ave, Casper 82604	307-234-9181	307-234-9181	1978	S	10th Grade	N	N	N	Y	16

*Additional information in Appendix

Line Number	Regis/Enrollment Application Fee	Courses Start	Tuition for Each Program	Mandatory Fees	Full-time	Part-time	Bureau of Indian Affairs	JTPA/WIA	Fed. Aviation Admin.	Immigration/Naturalization Service	Social Security Admin.	Veterans Admin.	Voc. Rehab.	Fed. Pell Grants	FSEOG	FWS	Fed. Perkins Loans	Fed. Stafford Loans	Scholarships	Deferred Payment	Job Counseling	Job Placement	Personal Counseling	Housing	Mobility Impaired Services	Mobility Impaired Programs
1																										
2	25	September	2000	1200	38	No	N	N	N	N	Y	Y	Y	Y	N	N	N	Y	N	N	N	N	Y	N	Y	N
3	25	August	7900	250	16	No	N	N	N	N	N	Y	N	Y	N	N	N	Y	Y	Y	N	Y	Y	N	Y	N
4	30	Aug/Jan/June	97/Credit	155/Sem avg	651	2341	Y	Y	Y	Y	Y	Y	Y	Y	Y	Y	Y	Y	N	Y	Y	Y	Y	N	Y	Y
5																										
6	25	September	3000	1500	6	No	N	N	N	N	N	N	N	N	N	N	N	N	N	N	Y	N	N	N	N	N
7																										
8	25	September	5000/Yr	1000	27	No	N	N	N	N	N	Y	N	N	N	N	N	N	N	N	N	N	N	Y	Y	N
9																										
10	25	September	3000/Yr	700	40	No	Y	N	N	N	N	Y	N	N	N	N	N	N	N	N	Y	Y	Y	N	Y	N
11	100	Bimonthly	13150	None	90	No	Y	N	Y	N	Y	Y	Y	Y	N	N	N	Y	Y	N	Y	Y	Y	N	N	N
12	30	Open	2762	30*	711	2099	Y	Y	N	N	Y	Y	Y	Y	Y	N	Y	Y	Y	Y	Y	Y	Y	Y	Y	Y
13																										
14	1050	Quarterly	7316		50	75	N	Y	N	Y	N	Y	Y	Y	N	N	N	Y	Y	Y	Y	Y	N	N	Y	Y
15	200	Quarterly	9750-19500	None	325	20	Y	Y	N	Y	N	Y	Y	Y	Y	N	N	N	N	N	N	Y	N	N	Y	N
16	100	*	430-12780*	1538*	90	No	Y	Y	N	Y	N	Y	Y	Y	Y	N	N	N	N	N	Y	Y	N	N	Y	N
17																										
18	100	*	430-12780*	90-1538*	136	No	Y	Y	N	Y	N	Y	Y	Y	Y	N	N	Y	Y	Y	Y	Y	Y	N	Y	N
19	100	*	430-12780*	90-1538*	44	0	Y	Y	N	Y	N	Y	Y	Y	Y	N	N	N	N	Y	Y	Y	Y	N	Y	N
20	20-50	*	2500-12000		150		N	Y	N	N	N	Y	Y	Y	N	N	N	Y	Y	Y	Y	Y	N	N	N	N
21	100	*	1800-10000	None	70	30	Y	Y	N	N	N	Y	Y	Y	N	N	N	Y	N	Y	Y	Y	Y	N	N	N
22																										
23	No	August	1200/Yr	100*	4	No	N	N	N	N	N	N	N	N	N	N	N	N	N	N	Y	Y	Y	N	N	N
24	100	*	9500	None	50	No	N	N	N	N	N	N	N	Y	N	Y	N	Y	Y	Y	Y	Y	Y	N	Y	N
25	100	Every 4 Wks	3000-11500	15-900	60	8	Y	N	N	N	N	Y	Y	Y	N	N	N	Y	Y	N	Y	Y	N	N	Y	N
26	25	August	5100	600	12	No	N	N	N	N	N	N	N	N	N	N	N	N	N	N	N	N	N	Y	Y	Y
27																										
28	No	Mar/Sept	*	300*	4	No	N	N	N	N	N	N	N	N	N	N	N	N	N	N	Y	Y	Y	N	N	N
29																										
30	25	September	3400*	800-1000	14	No	N	N	N	N	N	Y	N	Y	N	N	N	Y	N	N	Y	Y	Y	Y	N	N
31	50	3 Times/Yr*	3388	None	3939	5095	Y	Y	N	N	N	Y	Y	Y	Y	Y	Y	Y	Y	Y	Y	Y	Y	Y	Y	Y
32																										
33	No	July	4000	0	18	No	N	N	N	N	N	Y	N	N	N	N	N	N	N	Y	N	N	Y	N	N	N
34																										
35	25*	September*	4000	800	12	No	N	N	N	N	N	N	N	N	N	N	N	N	N	N	N	N	N	N	Y	N
36	100	Monthly	Varies	None	*	*	Y	Y	N	Y	Y	Y	Y	Y	Y	N	N	Y	Y	Y	Y	Y	Y	N	N	N
37																										
38	50	Sept*	7800	None	20	No	N	N	N	N	N	Y	Y	N	N	N	N	N	Y	N	Y	N	Y	N	Y	N
39																										
40	1000	Sept/Mar*	7700		15		N	N	N	N	N	Y	N	N	N	N	N	N	N	Y	N	N	N	N	N	N
41	**WYOMING (WY)**																									
42	250	Quarterly	1500-4750	75*	22	2	Y	N	N	N	N	Y	Y	N	N	N	N	N	N	*	N	N	N	N	N	N
43	100	Bimonthly	2715-6000*	None	18	No	N	Y	N	N	N	N	Y	N	N	N	N	Y	N	N	Y	Y	N	Y	Y	N
44	500	Open	1000-4000*	None	5	1	Y	Y	N	N	N	N	Y	N	N	N	N	N	N	N	Y	Y	Y	N	N	N

ALABAMA (AL)

Bishop State Comm C, Southwest Campus
Tuition: $90 per semester credit hour. Mandatory fees: graduation fee, $40.
Capps C, Foley
Courses start 10 times per year.
Massage Therapy Inst, Inc
Application fee: $50; Registration fee: $500. Courses start: 4 classes a year; Day in Jan.; Night in April. Mandatory fees: books, $200.

ARIZONA (AZ)

Acad of Nail Tech, Phoenix
Admissions: one of these: high school diploma, GED, or 10 high school credits. Registration fee: $200.
Apollo C, Tucson
Admissions: ability to benefit for some programs. High school diploma or GED required for degree programs. Contact school for details on current tuition and fees.
Arizona Sch of Integrative Studies, Clarkdale
Sallie Mae financing available.
Arizona Sch of Integrative Studies, Prescott
Program is a 750 hour program. Sallie Mae Financing available.
Earl's Acad of Beauty
Registration fee, $100.
Fleur De Lis Inst of Landscape Design
Enrollment fee: $50. Accreditation by Accrediting Council for Independent Colleges & School is in process (spring '07).
High-Tech Inst, Phoenix
Registration, enrollment, or application fee: $50 for students living within 60 mile radius, $150 for students outside of 60 mile radius of the school.
Northern Arizona Massage Therapy Inst, Prescott
Other accreditations: International Massage Association Council of Schools, SEVIS (International Student Exchange U.S. Visa Programs). Students spend approximately $400 on books.
Pima Med Inst, Mesa
References or letters of recommendation for radiology program. Minimum age: 18 or written approval of parent or guardian. Courses start monthly with 8 month intervals. Mandatory fees: uniforms, shoes, registration fee, and supplies.
Pima Med Inst, Tucson
References or letter of recommendation for radiology program. Minimum age: 18 or written approval of parent or guardian. Courses start monthly with 8 month intervals. Mandatory fees: uniforms, shoes, registration fee, and supplies.
The Providence Inst
Courses start: Massage, Sept/Mar/May.; Zen Shiatsu, Jan; Yoga Teacher, Jan/July; Personal Trainer, Jan/July. Enrollment: full-time students, 54 per year/18 per program; part-time students, 108 per year/18 per program.
Roberto-Venn Sch of Luthiery
Services for mobility impaired: consultation with student about the facility and programs. Optional Tool Seminar: $175; Optional Amp Class: $985. Mandatory fees: specialized tools $300; the cost of material for the two required student instruments averages about $1425; the cost of your acoustic repair instrument will be $175; Tax (8.1%) will be added to all material purchases.
Tucson C
Admissions exam for no high school diploma or GED. Registration, $75.
Turning Point Beauty C, Inc
Admissions: high school diploma or GED; picture ID, social security card, enrollment application. Tuition: nail technology, $13,600; cosmetology, $5,100. Mandatory fees: cosmetology kit, $1,000 plus $87.00 tax; nail technology, $500, plus $43.50 tax. Both programs have a $150 state board testing and license.

ARKANSAS (AR)

Arkadelphia Beauty C
Tuition: $4,895 Manicure, $5,289 Instructor; $8,025 Cosmetology.
Arkansas Acad of Hair Design II, Paragould
Courses start: 1st & 3rd Tuesday each month.
Arkansas Acad of Hair Design, Jonesboro
Courses start: 1st & 3rd Tuesday each month.
Arkansas Acad of Hair Design, Paragould
Courses start: 1st 7 3rd Tuesday each month.
Arkansas Beauty C
Courses start: 1st Tues. of every month.
Baptist Health - Sch of Histotechnology
Admissions: high school diploma or GED; at least high school chemistry, math, and biology; ACT 16 or better.
Baptist Health Sch Little Rock
Also accredited by ACOTE; Accrediting Council for Occupational Therapy Education.
Baptist Health-Sch of Nuclear Med Tech
Admissions: BS or BA degree, and college courses in algebra, physics, chemistry, and anatomy and physiology. 3&1 program in affiliation with the University of Central Arkansas, Conway, Arkansas.
Blue Cliff Clg
Mandatory fees: program fee $350, application fee $25, graduation fee $50.
Crowley's Ridge Tech Inst
Admissions: high school diploma, GED or recommended ASSET score results from interpretation/assessment.
Jefferson Regional Med Ctr Sch of Nursing
Admissions: high school diploma or GED, ACT 18 on English, math, reading, science. Applicants who exceed or meet criteria are selected first.
Lynndale's Fundamentals-Beauty
Mandatory fees: $225 kit; $250 books; $150 drop fees; $10 state permit.
Mellie's Beauty C
Letters of reference required for ATB students.
UAM College of Tech, McGehee
Admissions: results of ASSET math, reading, and writing tests. High school credit transcript or GED for LPN program. Mandatory fees: books and supplies.

CALIFORNIA (CA)

49er ROP
Interview for job placement.
A2Z Health Net, Inc.
Registration fee, $95.
American Acad of English
Admission: non native speaker of English. Application Fee: $75.
American Acad of Reflexology
Foot, hand, ear reflexology.
American Beauty Acad, Brawley
Participates with Sallie Mae student loan program. Tuition breakdown: Cosmetology: $75 registration fee, $7,995 tuition, $444.37 Kit, $295.85 books, $59.99 clothes for a total of $8,919.44. Manicuring: $75 registration fee, $3,495 tuition, $349.11 Kit, $126.05 books, $59.99 clothes for a total of $4,158.62. Esthetician: $75 registration fee, $4,495 tuition, $308.25 Kit, $126.24 books, $59.99 clothes for a total of $5,114.80. Spanish books are available for an additional $25.50. There are also additional State Board & STRF fees that are mandatory.
American C of California
Personal living expenses, recommend $1,000/mo.
American Inst of Ed
Tuition: permanent/make-up, $3,995; electrology, $8,700. Offers some correspondence courses. Toll-free phone number: 1-888-844-4247.
American Inst of Massage Therapy
Admissions: HS diploma and submit 2 letters of recommendation. Mandatory fees: books, $300; massage table, $200-$800; uniform & supplies, $200.

The American Musical & Dramatic Acad, Los Angeles Campus
Admissions: high school diploma or equivalent, 2.5 GPA, performance audition. Two references or letters of recommendation needed. Minimum age: to enroll, high school graduate. Contact school for tuition specifics.
American U of Health Sci
Admissions: high school diploma for pharmacy tech; BS, BA, for clinical research.
Asian American Intl Beauty C
Courses start: 1st and 3rd Monday of each month.
Bartenders Sch of Santa Rosa
Admissions: 21 years of age, ability to read and write the English language.
California C of Ayurveda
Application fee: $55. Courses start: Jan., Apr., May, June, Sept., Oct. Accredited by California Board of Registered Nursing.
California C of Physical Arts
Courses start: monthly and bi-monthly.
California C of Voc Careers
Courses start: monthly, open enrollment; morning, afternoon and evening.
California Culinary Acad
Tuition: contact the academy for current tuition and fees. Toll free number, 800-229-2433.
Calistoga Massage Therapy Sch
Minimum age 18 or parental consent.
Career C of Cosmetology
Career C of Cosmetology contracts with a community college. 90% of students can get financial aid through them.
Ctr for Hypnotherapy Certification
Admissions: interested in healing and health.
Central Coast C
Courses start: medical assisting, monthly; all other programs, every 6 weeks. Mandatory fees: medical assisting students must have a physical at their own expense before enrolling. Medical assisting students must purchase uniform items.
Champion Inst of Cosmetology
School participates in the Sallie-Mae student loan program.
Chico Beauty C
Tuition: call school (530-343-4201).
City of Hope Natl Med Ctr-Sch of Radiation Therapy Tech
Admissions: ARRT in diagnostic radiology.
Compton Adult Sch
Open Enrollment except for Nurse Assistant & Home Health Aide.,
Computer Tutor Bus & Tech Inst
Services & programs for mobility-impaired students: accessibility, tutoring.
Concorde Career C, San Bernardino
Admissions: ability to benefit for all courses except vocational nurse, respiratory therapy, and surgical technology which require a HS diploma.
Dale Carnegie Training, Oakland
No minimum education required. A training organization, not a college: Dale Carnegie Course (oral communications & public speaking), Sales Advantage Course (principals & practices of selling), Dale Carnegie Leadership Training for Managers.
Fashion Careers C
Activity fee: $500. Student to faculty ratio is 20:1.
Federico Beauty Inst
Admissions: high school diploma, GED and tenth-grade education; attendance at 5-day mini-orientation program.
Glendale Career C, Oceanside
Courses start: monthly, every 6 weeks, and quarterly.
Hacienda La Puente Adult Ed, La Puente
Registration-enrollment fee: varies by course. Mandatory fees: insurance, $11 a year. Check with school for course starting dates.

HCH Inst for Hypnotherapy & Psychospiritual Trainings
Mandatory fees: books, $145. New Work Study program available.

Healing Arts Inst, Roseville
Mandatory fees: text and supplies, $135.

Healing Hands Sch of Holistic Health
Admissions: must be able to read and write. Physically able to give massage.

Hospitality, Intl Trade, and Global Security Training
Tuition: certificate, $5,095; degree, $14,650. Some on-line classes available.

Hypnotherapy Training Inst
Registration, enrollment, or application fee: $750, (credited toward tuition). Courses start: Jan., Mar., June, Aug. Tuition: $925 per level, up to 7 levels.

Inst of Psycho-Structural Balancing
Mandatory fees: books and class materials, $5-$250.

Intl Acad/Precision Haircutting, San Francisco
Tuition: 1 week, $725; 4 weeks, $1,825; 12 weeks, $4,175. Minimum educational requirements: Valid Cosmetologist or Barber License

IPPT Sch of Massage
Satellite campus at 5650 Vineland Avenue, North Hollywood, CA 91601 (818) 998-8995.

LaPuente Valley ROP
Admission requirements: HS students and above. Registration, enrollment, or application fee: $25 for adults only. Costs for materials and books dependent on course.

Long Beach Sch for Adults
Registration,enrollment, or application fee: $20 registration; $20 Independent Learning Center. Courses start: quarterly; Independent Learning Center is open enrollment.

Maric C, Anaheim
Minimum age: 18 with ability to benefit.

Maric C, Bakersfield
Non-HS grads are accepted to non-degree programs. Minimum age: 17 if HS graduate. Tuition depends upon program chosen. Services & programs for mobility impaired students.

Maric C, Sacramento
Courses start: monthly/quarterly.

Maric C, Salida
Minimum educational requirements: HS/GED for degree programs; HS/GED/ATB for non-degree programs.

Maric C, Stockton
Admissions: under age 18 must have high school diploma or GED; 18 or over no requirements.

Marinello Sch of Beauty, Inglewood
Aptitude testing if no HS diploma/GED.

Marinello Sch of Beauty, Los Angeles (2700 Colorado Blvd Ste 266)
Aptitude testing if no high school diploma or GED.

Marinello Sch of Beauty, Reseda
Aptitude testing if no high school diploma or GED.

Marinello Sch of Beauty, San Bernardino
Aptitude testing if no high school diploma or GED.

Massage Sch of Santa Monica
Tuition: CE workshops, $40-$615; massage therapy, $1,512.

McKinnon Inst of Massage, LLC
Admissions: able to read and write English language fluently.

Meridian Inst
Accredited by Associated Bodywork and Massage Professionals and California Dept. of Health Services.

Mills-Peninsula Health Svcs, Radiologic Tech
Admissions: high school diploma or GED plus the following postsecondary courses: human anatomy and physiology with a lab, intermediate algebra, medical terminology, oral communication, critical thinking, human biology, and introduction to computer science. In addition applicants must have completed at least 80 hours of officially documented volunteer service or possess work experience in a health care facility.

Mojave Barber C
Courses start: first Monday of every month.

Monterey Inst of Touch
Minimum age: 18 or with parental consent, 17. Mandatory fees: books, $160; reg fee $75; final fee $70.

Mueller C of Holistic Studies
Minimum educational requirement: HS diploma or equivalent including a transcript.

National Holistic Inst, Emeryville
Minimum age: 18 or permission from parent.

Natl Holistic Inst, Encino
Minimum age: 18 or parental permission. Services for mobility-impaired (accessible classrooms).

Natl Holistic Inst, Petaluma
Minimum age: 18 or parental permission. Services for mobility-impaired (accessible classrooms).

Natl Holistic Inst, San Francisco
Minimum age: 18 or parental permission. Services for mobility-impaired (accessible classrooms).

North Orange Co ROP
Programs are for high school juniors, seniors, and adults; may be out of school youth. Tests for English and math levels for certain medical classes. English and Math learning labs to upgrade skills. Fees vary by courses. No fee for HS students; adults pay for uniforms, books, supplies, and clearances when applicable. Registration/appli-cation fee of $20 for adults only. Apprenticeship programs in Masonry, Plastering, Plumbing, Sheet metal.

Pacific Sch of Massage & Healing Arts
Tuition cost includes registration fee.

Palo Alto Adult Sch
Admissions examination: depends on the program. Interview: depends on the program. Some programs are Open Entry.

Premiere Career C
Registration fee: $75. Mandatory fees: medical clearances for medical assistant, vocational nursing, surgical tech, and hospital central service tech, $800.

Redwood Empire Electrical Joint Apprenticeship & Training
Admissions: high school diploma or equivalent; 1 year high school algebra with passing grade of C or better; or 1 semester of college algebra or completion of on line course. www.njat.org. Minimum age: 17 1/2 to apply. Mandatory fees: books, $200-$400 per year.

Rowland Adult & Comm Ed
Registration fees, tuition and fees vary by program. There is a $100 registration fee for the GED.

Sage C, Moreno Valley
Registration: court reporting, $100; legal office assistant, $75. Mandatory fees: court reporting tape fee, $25. Some courses offered online.

San Francisco Sch of Massage
Aptitude test: ESL test. Mandatory fees: books.

San Joaquin Co Gen Hosp, Sch of Radiologic Tech
Registration, enrollment, or application fees are included in the tuition.

Santa Barbara Bus C
Contact school for the specific costs of the programs.

Santa Maria Beauty C
Tuition: $1,112 manicuring; $4,480 cosmetology. Mandatory fees: $450 manicuring; $550 cosmetology. Kit fees: must add CA sales tax.

Sch of Shiatsu & Massage
Tuition: each 100 hours, $1,700; each 50 hours, $850. Total full-time and short term students: this is a unique program with students attending 1 or 2 weeks full-time. Offers about 10 courses yearly; range of students in each course is 12- 24.

Simi Valley Adult Sch
Courses start in the fall for surgical tech, vocational nurse, X-ray tech, and respiratory therapy; most classes open entry.

Therapeutic Learning Ctr
Total full-time and part-time students varies.

Tri-Cities ROP
Mandatory fees: varies for books, supplies, uniforms.

UCLA-Daniel Freeman Paramedic Ed
Admissions: high school diploma, GED, and EMT-1A for paramedic program. Mandatory fees: lab fee, $75.

Western Pacific Truck Sch, Modesto
Admissions: high school diploma, GED, or pass ability to benefit test; pass DOT physical; acceptable DMV record and pass drug screen.

Western Pacific Truck Sch, Stockton
Admissions: high school diploma, GED, or pass ability to benefit test; pass DOT physical; acceptable DMV record; pass drug screen.

West Valley Occ Ctr
Contact school for tuition and fees as they vary by program.

The World Sch of Massage & Holistic Healing Arts
Minimum age: 18 or high school diploma. Registration, enrollment, or application fee: $100-$1,200.

WyoTech, Fremont
Mandatory fees: $50 refundable tool deposit.

COLORADO (CO)

Acad of Beauty Culture, Grand Junction
Courses start: Every odd numbered month.

Acad of Natural Therapy
Admission: high school diploma or GED; physically able to perform massage and stand for one hour. Courses start: spring, summer, fall, winter; contact school for exact dates.

Boulder C of Massage Therapy
Tuition: $13,160 for a 1000 hour program. Mandatory fees: lab fees, books, supplies, massage table, $1,880.

Ctr of Advanced Therapeutics, Inc
Total part-time students, 40 per quarter.

Colorado Inst of Taxidermy
Courses start every 2. Mandatory fees: lab fees $15 per class. Total full-time students is 10 per class.

Colorado Sch of Energy Studies
Application fee; $100. Tuition: $110-$130 a day.

Colorado Sch of Trades
Application fee: $25. Mandatory fees: health insurance, $154; books & supplies, $3,000.

Concorde Career C, Aurora
Mandatory fees; $350, books; prices vary with program.

The Holistic Learning Ctr
Mandatory fees: books, $275.

Inst of Therapeutic Massage of Western Colorado
School will accept transfer students.

IntelliTec C, Grand Junction
Mandatory fees: books & supplies, $900.

Modern Inst of Reflexology
Admissions: 12th grade reading level. Toll free 1 (800) 533-1837.

Rocky Mountain Inst of Healing Arts
Admissions: receipt of professional bodywork session. Tuition: 825 hour massage therapy program, $8000; 1025 hour massage therapy program, $9500; 200 hour Heartworks Approach Program, $1800.

Rolf Inst
Mandatory fees: testing, $275. Commission on Massage Therapy Accreditation (COMTA) accreditation is in progress; process is not complete.

CONNECTICUT (CT)

Allstate Commercial Driver Training Sch
Admissions: basic English; drivers license.

Bridgeport Hosp, Sch of Nursing
Admissions: high school diploma or GED; 4 years of English; 2 years of math including 1 year algebra; 1 year biology with lab; 1 year chemistry with lab, all within last 7 years of high school. Tuition: surgery tech, $4,776 (10 months); nursing, $13,600 (2 years). Mandatory fees: nursing, $2,000; surgery, $555.

Connecticut Culinary Inst, Farmington
Toll-free phone: 1-800-762-4337.

Danbury Hosp-Sch of Radiologic Tech
Minimum educational requirements: HS diploma/ GED, plus 15 college credits [3 science, 3 math, 3 English/communications, 6 other]. Mandatory fees: $900 for books.

The Hartford Conservatory
Admissions: high school diploma or GED; audition. Semesters start in September and January.

Intl Inst of Cosmetology
Call school for tuition details.

New England Sch of Hairdressing, Inc.
Application fee: $200 non refundable; Enrollment for Cosmetology Program fee: hair $11,132; Deposit required $1132. Minimum deposits: skin care, $260; nail/pedicure care workshops $225; all non refundable. Courses start: Jan., Mar., May, July, Sept., Nov. Tuition: nail course workshops $225; skin care, $4,000; non-refundable deposit, $260.

Westlawn Inst of Marine Tech
Admissions: high school diploma or GED with 2 years of high school math. Minimum age: beyond legal high school age.

Windham Tech High Sch
Minimum age: high school graduate or GED certificate. Mandatory fees: $50 for postsecondary only.

DELAWARE (DE)

Beebe Med Ctr, Sch of Nursing
Registration fee, $200; enrollment fee $300; materials fee $300; application fee, $30.

Schilling-Douglas Sch of Hair Design
Courses start: Sept., Dec., Mar., and June.

DISTRICT OF COLUMBIA (DC)

Potomac Massage Training Inst
Application fee, $100.

FLORIDA (FL)

Acad of Healing Arts Massage & Facial Skin Care
Minimum age: nail technology and cosmetology: 16; massage and esthetics, 18.

American Inst
Registration fee: $100.

ASM Beauty World Acad
Mandatory fees: cosmetology, cosmetology kit $500; nail technology, nail kit $300; esthetics, facial kit $300; full specialist, full specialty kit $500; make up artistry kit, $300; barber, $500; instructor training, instructor's kit $400; massage therapy, $700. Minimum age: 18/massage therapy. Must have HS diploma or GED or take Wonderlic test.

Atlantic Tech Ctr-Coconut Creek Campus
Associate degree in advanced automotive technology is the Toyota T-Ten program.

Bhakti Academe Sch of Intuitive Massage & Healing
Mandatory fees: $250 for books.

Ctr for Management & Executive Leadership
Tuition: $1000-$2000/week including room & board. Total number of students: 3,700 per year. Admission requirements: public sector employees and leaders, and aviation related industries.

Central Florida Inst, Palm Harbor
(30522 US Hwy 19 N)
School has a second location, 6000 Cinderlane Pkwy, Orlando, FL.

Coral Ridge Training Sch
Registration, enrollment, or application fee: $25-$50.

Cortiva Inst/Humanities Ctr Sch of Massage
Must be 19 years of age by graduation. Application fee: $100. Mandatory fees: $295 student fee, $300 book fee.

Delta Connection Acad
Admissions: high school diploma or equivalent, GED certificate; FAA second class medical certif-

icate, English language proficiency. Registration fee: $150. Mandatory fees: books and supplies, $2,500. Deposit, $600. Technical fee, $450.

Educating Hands Sch of Massage
Mandatory fees: books, $195-$390.

Erwin Tech Ctr
Admissions: high school diploma or GED required for court reporting, medical assisting, medical laboratory technician, practical nursing, surgical technology, dental assisting, END tech, massage therapy, medical billing & coding, and phlebotomy. Minimum age: 16 if high school diploma or GED for most programs.

Flight Safety Acad
Registration, enrollment, or application fee: $1,100.

Florida Acad of Massage & Skin Care
Courses start: massage, days, every 8 weeks; massage, evenings, every 11 weeks; skin care, days and evenings, every 5 weeks. Tuition: massage, $4,900; skin care, $3,900. Mandatory fees: books for massage, $325; books for skin care, $295.

Florida Career C
Registration fee, $100.

Florida Med Training Inst, Coconut Creek
Admissions exam required for Paramedic program only. Courses start every 3 months for EMT program; Every 9 months and every 12 months for Paramedic program. Tuition $930 for EMT program; $675 Paramedic program. Mandatory fees $300 EMT Program; $675 Paramedic program.

Florida Sch of Massage
Mandatory fees: books & supplies, $700.

Galen Health Inst Inc., Tampa Campus
Courses start day, Feb., May, Aug., Nov.; night and part-time, Jan., May, Sept.

George Stone Vo-Tech Ctr
$1.97/credit hour is for residents.

George T Baker Aviation Sch
Tuition: $700-$2,800 a trimester.

Halifax Med Ctr, Sch of Radiologic Tech
Mandatory fees: books, fees, uniforms, $400-$500.

Helicopter Adventures
Admissions: high school diploma or equivalent; FAA second class medical. $150 student enrollment fee.

Installer Inst
Mandatory fees: deposit, $400.

Intl Acad, South Daytona
Enrollment: $100. Massage therapy program starts a minimum of 4 times a year.

Intl Inst of Reflexology
Mandatory fees: learning materials, books, charts.

Key C
Admissions: high school diploma or GED and CPAT Admissions Test. Typing test required for court reporting applicants. Annual health insurance: $105. Books & supplies: $850-$1200 annually. Room & Board: $6000. Cooperative housing and apartments for single students are available. Tutoring available.

Lake Tech Ctr
Admissions: academically, physically, and emotionally capable of meeting demands of program chosen. High school diploma or GED required for some programs. Mandatory fees: vary with program.

Lee Co High Tech Central
References or letters of recommendation and interview required for nursing programs.

Manatee Tech Inst
Admissions: Adult students or high school students age 16 or above in most programs. Some programs require a high school diploma.

Margate Sch of Beauty
Registration fee: $100.

McFatter Tech Ctr
Additional accreditations: American Optometric Assoc. Paraoptometric Div.; National Automotive Technicians Education Foundation, Inc.; National Institute for Automotive Excellence; Florida Dental Lab Assoc.; American Assoc. of Medical Assistants

Endowment; State Board of Fire Standards & Training; American Soc. of Health System Pharmacists; and American Welding Society.

Melbourne Beauty Sch
Tuition: nails, $1,445; cosmetology, $7,800.

Miami Lakes Ed Ctr
Mandatory fees according to program.

Okaloosa Applied Tech Ctr
Tuition is for full-time student.

Phoenix East Aviation, Inc
Admissions: HS diploma and able to read, write, and speak the English language. Toll free Phone: 1-800-868-4359.

Pinellas Tech Ed Ctr, Clearwater
Courses start: Jan/Mar/May/Aug/Oct.

Sarasota Co Tech Inst
Registration, enrollment, or application fee; $27.50. Tuition: residents, per contact hour, $1.59; non-residents, per contact hour, $6.25. Mandatory fees: lab fee varies.

Sarasota Sch of Massage Therapy
Courses start: Jan/Mar and June/Sept. Mandatory fees: books, $325.

Soothing Arts Healing Therapies Career Training
Mandatory fees: books, $275.

Southwest Florida C, Tampa
Also accredited by the Florida Board of Massage Therapy.

Space Coast Health Inst
Courses Start: Massage-2 times a yr, Facial & Makeup Specialist-4 times a yr. Tuition: Massage-$4990, Facial-$1500. Mandatory fees: Massage $400-495, Facial $725- 750.

Stenotype Inst of Jacksonville, Orlando
Tuition: $14,000/yr day division; $11,600/yr night division. Mandatory fees: Books/supples $15.00.

Suwannee-Hamilton Tech Ctr
Admissions: high school diploma or GED for LPN and X-ray. References or letters of recommendation for LPN and Radiology Technology. Courses open except for allied health programs.

Tampa Gen Hosp-Sch of Med Tech
Admissions: 16 semester hours of chemistry and 16 of biology; 1 semester of college math; GPA of 2.5 overall and in science; or BS in a science. Mandatory $90 fee covers trainee license and liability insurance.

Tulsa Welding Sch, Jacksonville
Admissions Exam: Yes, ATB only.

Washington-Holmes Tech Ctr
Minimum education requiremnts: HS diploma or GED; TABE test scores. Courses start: Open enrollment except Nursing & Corrections programs. Contact school for current tuition and start dates. Services & programs for the mobility impaired student.

Westside Tech
Mandatory fees: lab fees.

Winter Park Tech
Admissions: high school diploma or GED required for medical coder billing, medical records transcription. Application fee: $15 for academic students, $25 for occupational students. Total full-time and part-time students, 1300.

Withlacooshee Tech Inst
Mandatory Lab fee: $15-$25.

WyoTech, Daytona
Formerly the American Motorcycle Institute (AMI). Contact the school for tuition information.

GEORGIA (GA)

Altamaha Tech C, Jesup
References or letters of recommendation and interview required for certain programs.

ASHA Sch of Massage
Tuition: Certified Massage Therapy (CMT) Program 900 hours, $10,900(all inclusive-tuition, manuals, books, supplies, linens, massage table, everything needed); Certified Somatic Therapist

(CST) Program (Graduate level massage) 400-450 hours, Individual classes $1500-6000. Accreditation pending with the Commission on Massage Therapy Accreditation (COMTA).

Chattahoochee Tech C
Application fee: $15. Tuition: district residents, $389 per quarter; state & nonstate residents, $725 per quarter.

Columbus Tech C
Registration, enrollment, or application fee: $26 a quarter. Mandatory fees: activity fee, $25. Tuition is $36-$51 per credit hour.

DeKalb Med Ctr-Decatur, Sch of Radiography
Admissions: high school diploma or GED; SAT 1400; ACT 19 or Associate degree with 3.0 GPA; BS Degree with 2.4 GPA. Courses start annually in July.

East Central Tech C
Admissions: high school diploma or GED required for accounting, nursing, and medical assisting programs. Minimum age for nursing program: 17. Mandatory fees: registration fee, activity fee, insurance fee, graduation fee.

Empire Beauty Sch, Dunwoody
Contact school for current tuition.

Empire Beauty S, Gwinnett Co
Contact school for current tuition.

Empire Beauty Sch, Kennesaw
Contact school for current tuition.

Garmon Beauty C
Courses Start: Every Monday.

Grady Health Sys, Sch of Radiation & Imaging Tech
Admissions: HS diploma/GED; minimum 2.5 HS GPA; age 19+; SAT math & critical reading total of 850 or ACT 18 composite; ARRT/graduate of Radiologic Technology program; postsecondary education courses in medical terminology, algebra, precalculus, computer science, written communication, verbal communication, radiation physics, medical imaging and processing, and research methodology.

Gwinnett C
Accredited by GA Non-public Postsecondary Education Commission.

Lake Lanier Sch of Massage
$250 books; $300-600 table.

Middle Georgia Tech C
Admissions: reading, math, language, and elementary algebra for some programs; references or letters of recommendation, physical and dental exams required for allied health programs. Registration fee: $26; application fee: $15. All programs are accessible to disabled students; however, none is solely offered to mobility impaired students.

Okefenokee Tech C
Admissions: GED for skilled areas; high school diploma for all others. Mandatory fees: accident insurance, $4 a quarter; student activity fee, $16 a quarter; registration fee, $26. Letters of reference required for the nursing and radiologic technician programs.

Rivertown Sch of Beauty, Barber, Skin Care, Nails
Mandatory fees are included in tuition. School is 11,500 sq ft with a 500+ parking lot.

Southeastern Tech C, Vidalia
Aptitude testing for practical nursing and radiologic technology.

Southwest Georgia Tech C
Application fee, $20.

Swainsboro Tech C
Criminal background check for child development and related care, practical nursing, criminal justice (done during internship), medical assisting. Ability to benefit testing for financial aid.

U Hosp, Sch of Radiography
Admissions: high school diploma or GED; minimum 2.25 GPA; at least 4 of following: algebra, biology, chemistry, physical science, physics; minimum SAT of 800 (must be current; within the last 10 years).

HAWAII (HI)

Hawaii Inst of Hair Design
Mandatory fee include books, tools, & tax.

Maui Acad of the Healing Arts
New location January 2008. Mandatory fees: $50 insurance, $200 books, $100 massage fee.

Maui Sch of Therapeutic Massage
Mandatory fees: books, $250.

Med-Assist Sch of Hawaii
Mandatory fees: books and uniforms, $400.

Travel Inst of the Pacific
Courses start every 5-10 weeks.

IDAHO (ID)

American Acad of Nail Tech & Esthetics
Nail classes (400 hrs) start every 2 1/2 - 3 months, $3,500 tuition. Esthetics classes (700 hrs) start every 6 months; $5,200 tuition.

American Inst of Clinical Massage
Courses start and tuition: introduction program every 3 months, (150) hours, $725; licensing program 15 months long, 900 hours, $7,290. Mandatory fees included above.

Apollo C, Boise
Contact school for details on current tuition and fees.

Cosmetology Sch of Arts & Sci
Tutoring available for the mobility-impaired student.

D & L Acad of Hair Design
Admissions: completed 10th grade. High school diploma or GED encouraged.

Eastern Idaho Tech C
Registration fee: $817 a semester; application fee: $10; Mandatory fees: insurance fee of $47; computer access fee: $15.

The Headmasters Sch of Hair Design, Coeur d' Alene
Courses start: please call or see web-site.

Moscow Sch of Massage
Courses start: 9 month program, Sept - June; 12 month program starts late Feb., ends following Jan.

Mr Juan's C of Hair Design
Courses start Jan., Mar., June, Sept., Nov.

Northwest Lineman C, Meridian
Aptitude Testing: for California campus only.

Sch of Hairstyling/Pocatello Beauty Acad
Tuition: nails, $3,000; cosmetology, $8,050.

ILLINOIS (IL)

Alvareita's C of Cosmetology, Belleville
Minimum age: 18 years of age and high school graduate.

Alvareita's C of Cosmetology, Edwardsville
Minimum age: 18 years of age and high school graduate. $1,000 downpayment required. Evening program is $10,500.

Alvareita's C of Cosmetology, Godfrey
Minimum age: 18 years of age and high school graduate.

Blessing-Rieman C of Nursing & Allied Health Sch of Med Lab Tech
Admissions: high school diploma or GED and 32 semester hours of approved college courses and eligibility for Associate degree upon completion of degree. Tuition listed does not include the cost of the prerequisite courses.

Bloomington-Normal Sch of Radiography
Admissions: HS Graduate, upper half of high school class, ACT score of 18. Strong math & science background. United States citizen or permanent resident. Application deadline: Sept. 1.

Brown Mackie C, Moline
Minimum age of 17 w/HS diploma or GED.

Career Logics Inst of Hairdesign
Admissions: high school diploma, GED, or eighth grade with aptitude testing.

C of DuPage Sch of Surgical Tech
Admissions: high school diploma or GED; college anatomy/physiology, medical terminology within the past 5 years with a passing grade. Registration, enrollment, or application fee: $100 deposit only if accepted, nonrefundable.

The C of Office Tech
Some programs require admissions exam.

EDUCATORS of Beauty, Rockford
Courses start every 5 weeks for days; every 6 weeks for nights.

Empire Beauty Sch, Arlington Heights
Contact school for current tuition.

Empire Beauty Sch, Hanover Park
Contact school for current tuition.

Empire Beauty Sch, Lisle
Contact school for current tuition.

Environmental Tech Inst, Blue Island
Mandatory fees: supplies and books, $649-$667.

Environmental Tech Inst, Itasca
Mandatory fees: books and supplies, $649-$667.

Greater West Town Training Partnership
Admissions: 7th grade level; math and reading. Tuition: $5,800-$7,200 unless eligible for Federal Grant, if so, no cost to student.

The Hadley Sch for the Blind
The Hadley School for the Blind offers tuition-free distance education courses to blind and visually impaired individuals, and their family members and and affordable tuition classes for blindness service providers. The four program areas are: Adult Continuing Education, High School, Family Education, and the Hadley School for Professional Studies. Courses are available in braille, large print, on audiocassette, and online. All programs require that you be able to read and understand courses written in English at the high school level.

Hairmasters Inst of Cosmetology
United States citizen or intent to become citizen.

Hair Professionals Acad of Cosmetology, Wheaton
Admissions: high school diploma, GED, or eighth grade; aptitude testing if no high school diploma or GED.

Hair Professionals Career C, Palos Hills
Admissions: high school diploma, GED, or CPAT exam and 8th grade transcript.

Hair Professionals Career C, Sycamore
Tuition: cosmetology, $14,000; nails, $2,700, esthetics, $9,000. Mandatory fees: cosmetology kit, $900; nails $100, esthetics, $100. Registration: Cosmetology $100.

Hair Professionals Sch of Cosmetology
Admissions: HS diploma, GED, or eighth grade. Ability to Benefit test if no HS diploma or GED.

Illinois Careerpath Inst
Admissions: HS diploma or GED; GED must be completed before school is out. Tuition and mandatory fees varies on program.

Image Designer Sch of Nail Tech
Application fee: $100.

Lake Land C
Additional accreditations: American Physical Therapy Association; National Phlebotomy Association; Automotive Service Excellence Master Certified.

Med Careers Inst, Chicago
Admissions: HS diploma or GED for most programs.

Mr John's Sch of Cosmetology, Esthetics & Nails
Tuition: esthetics, $6,195; cosmetology, $11,495; nail technology, $3,195; cosmetology and nail tech, $12,495; cosmetology and esthetics tech, $13,095.

Mr John's Sch of Cosmetology & Nails
Minimum age: high school graduate.

OSF St Francis, Sch of Histotechnology
Admissions: Associate degree or higher, including, 8 semester hours each of biology and chemistry; 4 labs; 3-4 semester hours each of math, English/ communications, and medical terminology.

Pivot Point Intl Acad-Bloomingdale
Job & Personal advising available.

Pivot Point Intl Acad-Evanston
Contact school for details on tuition & mandatory fees. Services available for the mobility impaired student.

Professional's Choice Hair Design Acad
Tuition: 1500 hour program, $13,600; 1000 hour program, $9,060.

Rockford Mem Hosp, Sch of Radiologic Tech
Admissions: high school diploma or GED; plus 4 pre-requisite courses.

Soma Inst Natl Sch of Clinical Massage Therapy
Courses start: contact school for exact dates.

Spanish Coalition for Jobs, Inc.
Registration fee for vocational programs only.

Sparks C
Scholarships through professional organizations.

St Francis Med Ctr, Sch of Radiologic Tech
Admissions: high school diploma or GED, plus 15 hours of prerequisite college level coursework required.

St John's Hosp/Lincoln Land Com C
Admissions: upper 40 percent of high school class with minimum C in algebra and minimum C in science or biology. Minimum GPA 2.50 on 4.0 scale.

Vatterott C, Quincy
Minimum age varies.

Wellness & Massage Training Inst
Registration fee: $100; application fee: $25.

INDIANA (IN)

Apex Acad of Hair Design
dmission requires HS diploma or GED or be a senior in HS with VOC program.

Bloomington Hosp, Sch of Surgical Tech
Mandatory fees: books, $1,000.

Clarian Health Paramedic
Mandatory fees: lab fees, $50; books and uniforms, $300.

C of Court Reporting
Tuition: full time, $3,300; credit hour, $275. Registration fee: $50.

Comm Hospital E Sch of Radiologic Tech
Admission requirements: HS diploma/GED plus 15 college credits minimum in anatomy, physiology, algebra, English writing & communication. Application fee: $10. Radiologic Technology credits can be applied towards an associate degree at specified colleges; contact school for details.

Good Samaritan Hosp, Radiography Program
Admissions: high school diploma/GED plus college level anatomy and physiology I & II with labs; medical terminology for allied health; intermediate algebra/higher math; English composition I; speech/interpersonal communications for a total of 18 college credits. Services and programs for mobility impaired: not currently available, but school will adhere to ADA requirements. Courses start: 2nd week of June.

Hair Arts Acad
Classes start: Every 5 Wks/10 classes/yr.

Hancock Reg Hosp, Sch of Radiologic Tech
Admission requirements: HS diploma plus 15 credit hours of college level work; contact school for exact prerequisites. Mandatory fees: uniforms and textbooks, $700-$800.

Indiana Bus C, Anderson
Tuition and mandatory fees vary by program. Contact school for specifics.

Indiana Bus C, Columbus
Tuition and mandatory fees vary by program. Contact school for specific charges.

Indiana Bus C, Downtown Indianapolis
Tuition and mandatory fees vary by program. Contact school for specifics.

Indiana Bus C, Evansville
Tuition and mandatory fees vary by program. Contact school for specific charges.

Indiana Bus C, Fort Wayne
Tuition and mandatory fees vary by program. Contact school for specific charges.

Indiana Bus C, Indianapolis Medical
Admissions: high school diploma or GED; acceptance into program by college director. Tuition and mandatory fees vary by program. Contact school for specific charges.

Indiana Bus C, Lafayette
Tuition and mandatory fees vary by program. Contact school for specifics.

Indiana Bus C, Marion
Tuition and mandatory fees vary by program. Contact school for specific charges.

Indiana Bus C, Muncie
Tuition and mandatory fees vary by program. Contact school for specific charges.

Indiana Bus C, Terre Haute
Tuition and Mandatory fees vary. Contact school for program specific information.

Indian Bus C, Northwest
Tuition and mandatory fees vary by program. Contact school for specifics.

Kaplan C, Indianapolis
Aptitude testing varies by program. Enrollment fee: $20.

Knox Beauty C
Courses start Feb., June, Sept.

Merrillville Beauty C
Mandatory fees: books and equipment, $60-$100.

Midwest Training Inst of Hypnosis
Offering classroom and correspondence classes in Hypnosis/Hypnotherapy/Medical Hypnosis.

Parkview Hosp Lab, Clinical Lab Sci
Admissions: 90 college credit hours, 2.5/4.0 GPA.

Vincennes Beauty C
Minimum age: 18 by course completion.

IOWA (IA)

Ancient Wisdom C - Massage Therapy
Personal counseling, referral if needed. Mandatory fees are included in the tuition.

Bill Hill's C of Cosmetology
ourses start: first Tuesday of Jan/Apr/June/Aug/Oct.

Capri C, Cedar Rapids
Admission requirements include all HS/college transcripts, completed application, & application fee. $50 application fee and $150 kit deposit one month prior to start of class.

Capri C, Dubuque
Admissions: high school diploma or GED; 2.00 cumulative GPA. Application fee: $50. Courses start: cosmetology, every 2-3 months; massage therapy, 4 times a year; esthetics, 2 times a year. Varies by program.

Carlson C of Massage Therapy
Courses start: full-time programs, Mar., Sept; part-time programs, Oct.

E Q Sch of Hair Design
Courses start: Feb., Apr., June, Aug., Oct.

Iowa Sch of Beauty, Marshalltown
Tuition: instructors, $2,575; nail tech, $2,925; cosmetology, $13,125. Mandatory fees: instructors, $100; nail tech, $777; cosmetology, $1,968.

Jennie Edmundson Mem Hosp, Sch Radiologic Tech
Minimum education required: 15 credit hours college.

Mercy Med Ctr-N Iowa, Sch of Radiologic Tech
HS graduate or GED or one semester of college; chemistry or physics, algebra with GPA 2.5 or higher, biology (required) with GPA 2.5 or higher Application fee: $20. Enrollment fee: $200, becomes part of the first semester tuition.

Mercy/St Luke's Hosp, Sch of Radiologic Tech
Admissions: high school diploma or GED; strong math and science, minimum of 2 years of math, 2 years of science; ACT. Meeting minimum requirements does not guarantee acceptance. Has an affiliation agreement with the local community college for AAS completion.

The Salon Professional Academy
Courses start: Jan., Mar., May, July, Sept., Nov., for cosmetology; Feb., Aug. for massage therapy; twice a year for nail tech; twice a year for esthetics. Tuition: cosmetology, $18,677; night esthetics, $7,795; nail tech, $4,254; massage therapy, $10,113.

St Luke's C, Sioux City
Registration, Enrollment, or Application Fee: enrollment $100; application fee online $50; paper $25.

Total Look Sch of Cosmetology & Massage Therapy
Courses start: every 3 months, Jan., April, July, Oct.

KANSAS (KS)

Acad of Hair Design, Salina
Tuition: $5,878 for 650 hour Esthetics program includes books and equipment; $9,733 for 1500 hour Cosmetology program includes books and equipment.

BMSI Inst
Courses start Jan., July, as well as 6 week increments.

Bryan C, Topeka
Minimum age: high school graduate or GED.

B-Street Design Sch of Intl Hair Styling, Overland Park
Tuition: $6,850 for Esthetics; $11,750 for cosmetology. There are 73 full-time cosmetology students, and 37 part-time esthetics students.

Crum's Beauty C
Additional fees: smock, license fee.

Hutchinson Comm C, Practical Nursing Program
Admissions: high school or GED; American Heart Association Health Care Provider: CPR certification. Total full-time students, 36; plus 20 weekend students.

Johnson Co Comm C, Overland Park
Tuition: $65/credit hour in county students; $153/credit hour out of state students.

Kansas City Kansas Area Tech Sch
Admissions: high school diploma, GED, or admissions test depending on the program.

Kansas C of Chinese Med
Minimum admissions requirements vary by program. Massage: HS/GED. Oriental Medicine: 60 college credits. Tuition may be paid under a school payment plan. Special massage program for the visually impaired. Tutoring available.

Kansas Massage Inst Inc
Admission: HS diploma or equivalent. Courses start: Sept. 1, or first weekend of June.

KAW Area Tech Sch
Courses start: some programs are August start only.

Manhattan Area Tech C
Admissions: minimum education requirements-high school diploma, GED, or ability to benefit is required to be eligible for financial aid, and for entrance into the Practical Nursing Program. Courses start: air conditioning and refrigeration, automotive collision repair, building trades, practical nursing and associate degree nursing, welding tech in Aug.; automotive tech, business and computer aided drafting tech, computer tech, and information and network technology in Aug. and Jan.; electric power and distribution in Jan.

Northwest Kansas Tech C
Admission exams: ASSET, COMPASS upon enrollment.

Pinnacle Career Inst, Lawrence
Minimum age: high school grad.

Wichita Area Tech C
Admissions: high school diploma, GED, or 15 hours of college credit. Tuition: state residents, $99-$198 a credit hour; nonstate residents, $444-$482 a credit hour.

Wichita Tech Inst, Wichita
Registration fee: $100.

Xenon Intl Acad
Tuition and kit: manicuring, $3,100; cosmetology, $12,200; esthetics, $6,850; teacher training, $2,250.

APPENDIX, ADDITIONAL INFORMATION

Programs for mobility impaired: wheelchair bound welcome.

KENTUCKY (KY)

Bowling Green Tech C, Glasgow
Books & supplies; $800 annually. Approved by Kentucky Board of Nursing.

Galen C of Nursing
Tuition: $225/quarter cr hr - $14,400/annual tuition.

Hair Design Sch, Louisville
(5120 Dixie Hwy)
Admissions: high school diploma, GED, or tenth-grade completion with ability to benefit.

Nu-Tek Acad of Beauty
Minimum education requirements: 10th grade HS or equivalent.

Pat Wilson Beauty C
Tuition: manicuring course, $2,000; instructor course, $3,000; cosmetology course, $8,000.

Salen Professional Academy
School was formerly known as the Kaufman Beauty School.

St Joseph Healthcare, Sch of Radiologic Tech
Aptitude testing: ACT 18 or higher.

LOUISIANA (LA)

Aveda Inst, Baton Rouge
Mandatory fees: kit fee, $1,000 plus 9% tax.

Aveda Inst New Orleans
Registration fee of $100. Mandatory fees of $300- $1,200 are for equipment.

Baton Rouge C
Admissions: high school diploma, GPA, BS/BA for degrees. Workforce Investment Act: Core of Engineers.

Baton Rouge Gen Sch of Nursing
Admissions: high school diploma or GED plus 25 semester hours of college in specified courses and Nurse Entrance Test, 50 percentile on composite and 50% on each of the three critical thinking scales.

Cosmetology Trainiing Ctr, Lafayette
Mandatory fee: $10 State Board registration/license/exam fees. Job and Personal Advising available.

Lafayette Gen Med Ctr, Sch of Radiologic Tech
Admissions: high school diploma or GED with minimum 2.5 GPA in science and math; plus 18 college credit hours. Minimum age: 18 by end of first year of enrollment.

Louisiana Culinary Inst
Courses Start: Spring, Summer, Fall by semester.

Louisiana Tech C, Baton Rouge Campus
Admissions: high school diploma or GED for LPN, barbering, and cosmetology. References or letters of recommendation for LPN, business, all assoc. degrees (drafting, auto tech & child care). Tuition: $1200 a year for residents; $2,400 a year for nonresidents. Mandatory fees: $5 for ID card; $5 for parking decal; $5 lab fee per course; $15 testing.

Louisiana Tech C, Northeast Louisiana Campus
Mandatory fees: tech fee per credit, $5; acad. ex. fee per credit, $7; $5, per course; $20, SGA fee; operational fee, $2 per credit; $50, dev. st. if applicable.

Louisiana Technical C, Baton Rouge
Services & programs for the mobility impaired student.

North Oaks Sch of Radiologic Tech
Admissions: high school diploma or GED, plus 15 hours general education college credits including 3 hrs college algebra, 3 hrs communications or IT, 6 hrs biology, zoology, or anatomy 7 physiology, 3 hrs English. Minimum composite score of 19 on ACT. Minimum 2.0 GPA on all High School & College work.

Pat Goins Monroe Beauty Sch
Tuition: manicuring, $2,565; cosmetology, $7,695.

Pat Goins Ruston Beauty Sch
Tuition: manicuring, $2,565; cosmetology, $7,695.

MAINE (ME)

Birthwise Midwifery Sch
School is accredited by the Midwifery Education Accreditation Council (USED approved). Admission requirement: HS diploma; Anatomy & Phyiology recommended. Doula training required. . Mandatory fees: lab and pre credit, $800. Courses start: annually in fall and every other spring.

Central Maine Med Ctr, Sch of Radiologic Tech
Admissions: high school diploma or GED (algebra and 1 other high school math; and chemistry and biology required).

Downeast Sch of Massage
Nationally certified for continuing education. Admissions: high school diploma, GED or ability to benefit and good physical health. Web site: downeastschoolofmassage.net.

Landing Sch of Boatbuilding & Design
Tuition and mandatory fees: call school.

Mercy Hosp-Portland, Sch of Radiologic Tech
Students may also acquire an associate's degree at a local college while participating in this program.

Seacoast Career Sch
Application fee, $150.

MARYLAND (MD)

Aspen Beauty Acad, Laurel
Participates in Sallie Mae loan program.

Aspen Beauty Acad, Silver Springs
Mandatory fee: $450 for kit. Federal Stafford Loans are pending.

Baltimore Sch of Dog Grooming
Registration, enrollment, or application fee: $100 nonrefundable.

Baltimore Studio of Hair Design
Admissions: high school diploma, GED, or in lieu of either of these, completion of ninth grade, and successful completion of aptitude test required.

Empire Beauty Schs, Inc, Owings Mills
Contact school for current tuition.

The Fila Acad Inc
Registration, enrollment, or application fee: hair, $150; skin, $150; nails, $150. Tuition: barber, $13,950; nail tech, $1,550; skin $6,975. Mandatory fees: hair, $2,200; skin, $1,500; nails, $447.

Holistic Massage Training Inst
$600 deposit required.

Holy Cross Hosp of Silver Spring, Sch of Radiography
Admission Requirements: HS diploma/GEd, plus 15 general education college credits. Mandatory fees: includes books & uniforms.

Intl Beauty Sch, Bel Alr
Application fee: $125-$150.

Maryland Beauty Acad
Tuition: nail tech, $1,850; cosmetology, $9,950. Aptitude testing for students with no diploma or GED.

Maryland Beauty Acad of Essex
Admissions: high school diploma, GED, or successful completion of ninth grade. Aptitude testing if no high school diploma or GED.

Massage Inst of Maryland, Inc
Admissions: high school diploma or GED; CPR certificate. Federal Perkins/Stafford Loans: May be in place.

Omega Studio's Sch of Applied Recordings Arts & Sci
Admissions: high school diploma or GED, must take standardized reading test unless student has an associate degree or better.

Washington Adventist Hosp, Sch of Radiography
Minimum Education requirements; HS diploma plus 15 General education college credits.

MASSACHUSETTS (MA)

Bancroft Sch of Massage Therapy
Admissions: high school diploma or GED, 2 personal recommendations, 1 physician's note, 2 years of college study recommended. Application fee $50.

Beauty Creator's Acad
Licensed by the MA Board of Cosmetology. Indicated tuition includes registration, books, & kits.

Blazing Star Herbal Sch
A deposit is required for all programs.

Blue Hills Reg Tech Sch
Admissions: 8th grade; high school diploma for post secondary programs. $50 for post secondary programs. Tuition: free for in district grades 9- 12; post secondary tuition, $4,000 or more.

Brockton Hosp, Sch of Nursing
Minimum Educational requirements: Must have 900 combined score on SATs if 3 yr or less of HS. Admissions exam: TOFEL test for non-citizens if they did not attend grades 1-12. Registration fee: $350. Application fee: $50.

Cape Cod Reg Tech HS
Admissions: middle school graduate. Tuition: adults, $4,000.

Catherine Hinds Inst of Esthetics
Admissions: high school diploma or GED, birth certificate, and current medical form showing student is free from communicable disease. Enrollment fee: $150. Mandatory fees included in tuition.

Central Massachusetts Sch of Massage & Therapy, Inc
Tuition: full massage & spa $13,070, 738 medically oriented hours; massage only $10070, 603 medically oriented hours; spa only $4570, 264 medically oriented hours. Also offers certificate in Spa Ownership/Mgmt.

Connecticut Sch of Broadcasting
Numer of part-time students varies.

E.I.N.E., Inc
In addition to a HS diploma or GED a Birth Certificate and Health Certificate are required for admission. Enrollment and Application fees total $200.

Hallmark Inst of Photography
Enrollment fee, $100; application fee, $25.

Henri's Sch of Hair Design
Cosmetology courses start (days) Jan., Mar., May, July, Sept., Nov.; (nights) Mar., June, Sept., Dec.; manicuring courses start 1st Monday of every month. Tuition: cosmetology, $9,000; manicuring, $1,250. Mandatory fees: cosmetology, $760; manicuring, $435.

Kay-Harvey Hairdressing Acad
Mandatory fees: books and supplies, $735.

Kripalu Ctr
Tuition and fees vary by program. Contact school for current rates.

Mansfield Beauty Sch, Quincy
Registration fee: $50 each for cosmetology and manicuring. Tuition: manicuring, $1,500; cosmetology, $10,200 (tuition payment plan). Mandatory fees: manicuring, $590; cosmetology, $735.

Massachusetts Inst of Therapeutic Massage
Admission requirements: HS diploma or equivalent.

Massage Inst of New England
HS diploma or equivalent accepted. Physical required.

New England Inst of Reflexology & Universal Studies
Other accreditations: International Massage Association, International Council of Reflexologists. CE provider for ARCB, RCB & NCBTMB.

New England Sch of English
Tuition for Two week classes $325-840.

New England Sch of Floral Design
Day program starts every 6 weeks, Evening program starts every 13 weeks. Tuition: 4 week program, $1,120.

Quincy C

Application fee, $30. Courses start: every 7 weeks in several formats, including traditional 15 week semesters. Tuition: $449-$546 per 3 credit course; flat fee for Allied Health.

Southeastern Tech Inst

Admissions exam for LPN and medical and dental assisting only. References or letters of recommendation recommended.

Spa Tech Inst, Westboro

Courses start: Jan., May, June, Sept., Nov.

MICHIGAN (MI)

Alternative Healing Inc

Courses start: fall, winter, spring; 4 month semesters. Mandatory fees are for supplies.

Barber/Styling C of Lansing

Mandatory fees: tools, $900.

Bayshire Beauty Acad

Admissions: high school diploma, GED, or ninth-grade completion. Courses start Sept., Oct., Dec., Jan., April, June.

Brighton Inst of Cosmetology

Courses start: every 2 months for short courses; every 4 months for cosmetology.

Chic Univ of Cosmetology, Portage

Mandatory fees: kit fee, $1500.

David Pressley Professional Sch of Cosmetology

Courses start: Feb., Apr., July, Sept., Nov.

Douglas J Aveda Inst, East Lansing

Minimum age: high school graduate. Courses start: cosmetology, quarterly; esthetics, monthly. Tuition: cosmetology, $13,900; esthetics, $6,700.

Excel Acad of Cosmetology, Lansing

Courses start: every 10 weeks for full-time; 2-3 times a year part-time.

Flint Inst of Barbering, Inc

Courses start: Jan, March, May, July, Sept, Nov. Mandatory fees: books & Tools/usage.

French Acad of Cosmetology, Inc

Check with school for current financial aid opportunities.

Henry Ford Hosp, Sch of Diagnostic Med Sonography

Admissions: applicants must be students or graduates of accredited program in clinically related 2-year allied health program. Acceptance is conditional upon applicant's graduation from allied health program and passing registry exam.

Houghton Lake Inst of Cosmetology

Admission exam only required if transferring in. Full-time & part-time students total 30.

Hurley Med Ctr, Sch of Radiologic Tech

Admissions: high school diploma or GED, 2 terms anatomy and physiology, 1 term medical terminology; physical science or physics, chemistry, college algebra, college English.

Interlochen Arts Acad

Admissions: GPA of 3.0 on a 4.0 scale. Enrollment deposit, $1,000; application fee, $50. Tuition: with boarding, $35,850; tuition only, $21,510.

Irene's Myomassology Inst

Admissions: high school diploma or GED; commitment to personal health & wellness; desire to be of public service. Mandatory fees: books, $525.

Kalamazoo Ctr for the Healing Arts

Minimum age 18 or permission from guardian.

Marquette Gen Hosp, Sch of Radiography

Admission requirements: HS diploma/GED, plus 35 credits of college level general education credits.

Michigan Sch of Myomassology

Mandatory fees: books, $250. Institutional scholarships are based upon Merit.

Providence Hosp-Southfield, Sch of Diagnostic Med Sonography

Admissions: Bachelor's degree or registered radiologic technologist, registered respiratory therapist, RN. Program covers general and vascular sonography.

Providence Hosp-Southfield, Sch of Radiologic Tech

Admissions: high school diploma or GED plus 15 college credits: must have: English, algebra, computer science, humanities, behavioral science, and natural science. Mandatory fee: $800 is for books.

Ross Med Ed Ctr, Lansing

Courses start: days, every 4 weeks; nights, every 5 weeks.

Sharps Acad of Hairstyling, Grand Blanc

Mandatory fees; $100 for books.

Specs Howard Sch of Broadcast Arts

Minimum age: beyond compulsory school age.

Spring Renewal Holistic Wellness Ctr

Admission requirements: HS diploma or equivalent.

Taylortown Sch of Beauty

Tuition: manicuring course (400 hours), $2,250; cosmetology course (1500 hours), $9,990; instructor's course (500 hours), $850.

William Beaumont Hosp, Sch of Nuclear Med Tech

Prerequisite: college level classes, 2 semesters of anatomy and physiology; 2 semesters of chemistry; 1 semester of medical terminology; 1 semester of physics, and 1 semester of English. Mandatory fees: book fees.

William Beaumont Hosp, Sch of Radiation Therapy

Admissions: high school diploma or GED; 2 years of college prerequisite courses. Mandatory fees: books, $600; uniforms, $200.

William Beaumont Hosp, Sch of Radiologic Tech

Admissions: high school diploma or GED, algebra and biology.

Wright Beauty Acad, Battle Creek

Courses start: Jan/Apr/June/Sept/Nov.

MINNESOTA (MN)

Alexandria Tech C, Alexandria

Mandatory fees: technology fee, $5.00 a credit; health services fee, $1.50 a credit; student association fee, $.30 a credit; activity fee, $3.00 a credit.

Center Point Massage & Shiatsu Sch & Clinic

Programs of Study: Shiatsu and Massage therapy are taught separately or together.

Center Point Massage & Shiatsu Therapy Sch & Clinic

Mandatory fees: textbooks, massage table or shiatsu mat, student membership and insurance to professional organization (AMTA).

Central Beauty Sch

Tuition: Manicuring, $3,000; Esthetics, $6,500; Cosmetology, $10,000. Mandatory fees: $852.50, kit; $150 registration. Also offers refresher courses in cosmetology, manicuring, and skin care.

Dakota Co Tech C

Courses start: fall/spring/summer.

Minneapolis Bus C

Minimum age: HS diploma or GED required.

Minnesota Sch of Cosmetology

Tuition: Nail-$3150, Cosmetology-$13950. Mandatory fees: Nail Tech Kit-$500, Cosmetology Kit-$900.

Minnesota W Comm & Tech C, Canby

Tuition: $160/credit.

Regency Beauty Inst, Waite Park

Mandatory fees: kit $925 plus tax (6.5%); lab fee $175.

Ridgewater C, Willmar & Hutchinson

Minimum age: referred by high school officials if under 16. Accredited by CAAHEP Curriculum Review Board of the American Association of Medical Assistants Endowment. Tuition and fees: $150.56 per credit. Apartment rental: approximately $2250.

The Salon Professional Acad-New Hope (4411 Winnetka Ave N)

Courses start: Cosmetology, Jan., Mar., July, Sept., Nov.; Esthetics & nail tech, evenings. Tuition:

$3229 nail tech, $7549 esthetics, $15,990 cosmetology.

Scot Lewis Empire Ed Group, Bloomington

Toll free phone: (800) 964-4134.

Sister Rosalind Gefre Sch & Clinics of Massage, Mankato

Courses start: spring, fall.

Sister Rosalind Gefre Sch & Clinics of Massage, West Saint Paul

Job placement assistance is limited.

South Central C, Faribault

Tuition: certificate, $5,000; AAS degree, $10,000. Mandatory fees included in tuition.

St Cloud Hosp, Sch of Radiologic Tech

Minimum education requirements: HS diploma/ GED plus 15 hours of college level general education.

MISSISSIPPI (MS)

Blue Cliff C

Application fee: $100.

Magnolia C of Cosmetology

Registration fee: $100.

Mississippi Baptist Med Ctr, Sch of Med Tech

Admissions: BS, or 3 + 1 student MT degree program from affiliated colleges. Preference given to MS residents. Three references or letters of recommendation required.

Mississippi Job Corps Ctr

Admissions: Department of Labor-Job Corps program eligibility criteria.

MISSOURI (MO)

Bolivar Tech C

Courses start: fall/spring/summer.

Bryan C, Springfield

Mandatory fees: lab fees.

Class Act I Sch of Cosmetology

Mandatory fees: books and kit, $400-$650.

Cosmetology Concepts Inst

Admissions: high school diploma or GED with completion of tenth grade.

Cox Med Ctr, Sch of Clinical Lab Tech

Admissions: 94 semester hours of college or BS in biological science.

Dillard's Hair & Nail Sch

Mandatory fee is for state exam fee.

House of Heavilin Beauty C-Grandview

Tuition: manicuring, $1,500; cosmetology, $10,800 including books and fees.

IHM Health Studies Ctr

Mandatory fees: lab fee, $30-$90.

Lutheran Med Ctr, Sch of Nursing

Registration fee, $80; application fee, $20.

Mineral Area Reg Med Ctr, Sch of Radiologic Tech

Admissions: high school diploma and 20 credit hours.

Missouri Sch of Barbering & Hairstyling

Mandatory fees: tools, $1186.

Nichols Career Ctr

Application fee: $15.

Paris II Ed Ctr

Admissions: high school diploma or GED. All programs require State Student License.

Research Med Ctr, Sch of Radiologic Tech

Minimum educational requirements include 15 college credit hours (required course work include intermediate algebra, speech, English composition, biological science, medical terminology). Mandatory fees: books, $950.

Rolla Tech Ctr/Inst

Admission exam, ACT. Programs for mobility impaired if needed.

St Charles Sch of Massage Therapy

Courses start: days, March, June, Aug., Nov.; evenings, Apr., Aug. Mandatory fees & supplies: books, $350. Books are included in tuition. The $75 registration, enrollment, or application fee is non-refundable.

St John's Reg Health Ctr, Sch of Radiologic Tech
Application fee: $30.
Texas Co Tech Inst
Application fee, $45 for some classes.

MONTANA (MT)

Acad of Cosmetology, Inc
Application fee, $40; registration fee, $125.
Big Sky Somatic Inst
Admissions: high school diploma or GED; proof of US citizenship.
Crevier's Sch of Cosmetology
Courses start: Jan., Apr., Sept., Nov. Tuition: cosmetology, $6,000; manicuring, $ 2,500. Mandatory fees: cosmetology kit, $875; manicuring kit, $475.
Health Works Inst
Courses start: weekday programs, Mar., Sept.; weekend and evening programs start, Jan. Mandatory fees: approximtly $500; plus equipment, supplies, and textbooks.
Sage Tech Services, Billings
Admissions: high school diploma, GED, or ability to benefit; department of transportation physical & pre-employment drug screen, license, acceptable motor vehicle record. Mandatory fees: books and materials, $50.

NEBRASKA (NE)

Alegent Health Sch of Med Assisting
Courses Start: The last Monday in August.
Alegent Health Sch of Radiologic Tech
Minimum educational requirements: HS/GED/12 cr hr pre-requisites, ACT.
Capitol Sch of Hairstyling & Esthetics
Admissions: high school diploma or GED, birth certificate. Registration fee: $200. Mandatory fees: $200 esthetics kit; $400 costmetology kit.
Omaha Sch of Massage Therapy
Minimum age: high school graduate.
Xenon Intl Academy
Mandatory fees: kit, $1,500.

NEVADA (NV)

Nevada Sch of Massage Therapy
Services for mobility-impaired/accessible classrooms.
Northwest Health Careers
Minimal educational requirements: HS/GED/ATB for massage program; none for the rest.
Pima Medical Inst, Las Vegas
References or letters of recommendation for radiology, respiratory therapy, and veterinary technician programs. Minimum age: 18 or written approval of parent or guardian. Courses start monthly with 8 month intervals. Mandatory fees: uniforms, shoes, registration fee, and supplies.
Ralson Sch of Massage
Registration fee: $100. Mandatory fees: student membership, $70; student ID card, $10; uniform shirts, $40-$80; required books, $425. School approved by State of NV Board of Massage Therapists.

NEW HAMPSHIRE (NH)

New Hampshire Ctr for Canine Studies
Admissions: love to work with dogs. Registration, enrollment, or application fee varies with program.
New Hampshire Inst for Therapeutic Arts
Mandatory fees: books, $300; table, $600; other, $100.
North Eastern Inst of Whole Health
Operation Healing Hands Scholarship: Veterans of both Operation Enduring Freedom and Iraqi Freedom are awarded full tuition to study for a new vocation; also covers spouses of veterans and spouses of troops who have died in service. Veterans must apply with DD-214 form or the equivalent demonstrating proof of military service in Iraq and Afganistan.

Portsmouth Beauty Sch of Hair Design
Registration fee: $200.

NEW JERSEY (NJ)

Body, Mind & Spirit Learning Alliance
Mandatory fees: books, $325.
Central Career Sch
Registration fee, $95.
Cumberland Co Tech Ed Ctr
Admissions: some programs require high school diploma or GED, many do not.
ELS Language Ctrs
Admissions: based on age-which varies by location. Registration fee: $135. Tuition: $1,055-$1,465 every 4 weeks. Total full-time and part-time students varies. Books & supplies: $55. School has mobility impaired accessible classrooms.
Empire Beauty Sch, Bordentown
Contact school for current tuition.
Empire Beauty Sch, Cherry Hill
Contact school for current tuition.
Empire Beauty Sch, Laurel Springs
Contact school for current tuition.
Essex Group Inst for Massage & Bodywork
Mandatory fees: texts, $325.
Fashion Design Training Studio
Mandatory fees: tools and materials, $5,260.
Health Choices Holistic Massage Sch
Mandatory fees: books, $450.
Helene Fuld Sch of Nursing in Camden County
Courses start: days and nights, Sept.; days, Jan. Total tuition: $24,353. Earn either a Diploma in Nursing or an Associate Degree in Applied Scince in Nursing.
Helma Inst of Massage Therapy
Programs for mobility impaired students: tutoring.
Holy Name Hosp-Sch of Nursing
Application fee: $35; deposit to hold seat, $50. Tuition: LPN, $15,276 for two semesters; RN, $23,571 for two years. Mandatory fees: LPN, $500 for one year; RN, $1150 for two years.
Horizon Inst of Paralegal Studies
Total full-time students, 30; 6 hours per week.
The Inst of Hypnotherapy
Registration, enrollment, or application fee: included in tuition costs. Courses start: call or visit web site for dates. Total part-time students, 12 - 15 per class.
Metro Auto Electronics Training Inst
Courses start: Days Start Every - 8 wks, Nights Start Every - 20 wks, Sat. Start Every - 9 months. The mandatory fees are for books and tools.
Muhlenberg Reg Med Ctr, Med Imaging & Therapeutic Sci-Nuclear Medicine
Admissions: high school diploma; college level prerequisites.
New Jersey Inst of Reflexology
American Reflexology Certification Board.
New Jersey Sch of Locksmithing
Courses start: 3 classes per year.
North Jersey Massage Training Ctr
Courses start: Mandatory continuing ed units available year-round.
Omega Inst - Therapeutic Massage Program
Minimum education requirements: HS diploma or GED required for massage program. Entrance exam with grade of 70 or higher required or student may start of academic probation. School is handicapped acessible.
Orange Beauty Sch
Mandatory fees: equipment & books, $675.
Pascack Valley Hosp, Sch of Radiography
Admissions: high school diploma with math and science.
Shore Mem Hosp, Sch of Radiologic Tech
Books & uniforms, $680. Applicants must have successfully completed the following pre-requisite college courses with a grade of "C" or above: Algebra, English Composition I, Anatomy and

Physiology, Introduction to Computers or documentation of information literacy proficiency, & Intro to Psychology or Sociology. Ask about Articulation Agreement with Widener U.
St Francis Med Ctr-Trenton, Sch of Radiologic Tech
Prerequiste college coursework: English Composition I; English Composition II or Speech; Algebra.
Therapeutic Massage Training Ctr
Registration fee: $100; application fee: $25. Book fee: $150. Total part-time students: 14 per class.
White Horse Bartending Sch
Tuition: TAM certification, $110, with book; bartending, mixology DDA certification, $500; plus book, $26.75 plus reg fee of $75; total program $711.75.

NEW MEXICO (NM)

The Ayurvedic Inst
Courses start: Oct., for level I; Jan., for level II.
Crystal Mtn Sch of Therapeutic Massage
Mandatory fees: books: $160.
The Medicine Wheel-A Sch of Holistic Therapies
Admissions: high school diploma or GED; 2.0 GPA. This is a correspondence school.
New Mexico Acad of Healing Arts
Toll free number: 888-808-5188. Mandatory fees: books, $500.
New Mexico Aveda Inst de Belles Artes
Minimum educational requirement: 10th grade completion. Courses start: every 2 mos., every 3 mos.
New Mexico Sch of Natural Therapeutics
Courses start: full-time = 6 months duration, starts twice/year, March and September; part-time mornings = 1 year duration, starts in Oct; part-time evenings =1 year duration, starts in May. Toll fee phone; (800) 654-1675. Deferred payment plan in in-house poans.
Pima Med Inst, Albuquerque
References or letters of recommendation for associate degree programs (radiology, respiratory therapy, nursing). Minimum age: 18 or written approval of parent or guardian. Courses start monthly with 8 month intervals. Mandatory fees: uniforms, shoes, registration fee, and supplies. accreditation from Committee on Accreditation for Respiratory Care is in process.

NEW YORK (NY)

Allen Sch, Brooklyn Campus
Admissions: 10th grade for nursing assistant; high school graduate or GED for medical assistant. Admissions exam for nursing. The Medical Billing & Coding course is totally on-line.
Allen Sch, Jamaica Campus
Admissions: For Nursing Assistant, 10th grade and entrance exam; For Medical Assistant, HS graduate or GED or passing grade on entrance exam; for online Medical Insurance Billing & Coding, HS graduate or GED. The Medical Insurance Billing & Coding is an entirely on online course of study.
The American Musical & Dramatic Acad
Admissions: high school diploma or equivalent, 2.5 GPA, performance audition. Two references or letters of recommendation needed. Minimum age: to enroll, high school graduate.
Arnot-Ogden Med Ctr, Sch of Nursing
Admissions: CEEB or ACT scores, rank upper half of high school, and GPA. Minimum age: high school graduate or GED certificate.
Arnot-Ogden Med Ctr, Sch of Radiologic Tech
Application fee, $25; enrollment fee, $100.
Brittany Beauty Sch, Bronx
Member: American Association of Cosmetology Schools. Mandatory fee: $500 for equipment.
CAPRI Cosmetology Learning Ctr
Admissions exam required if no high school diploma or GED.

Career Inst of Health & Tech, Garden City
Admissions exam for ATB students. Mandatory fees: supplies and laboratory.

Circle in the Square Theatre Sch
Admissions: high school diploma or GED, audition and interview.

Commercial Driver Training
Admissions: high school diploma, GED, or take an aptitude test at school; NYS drivers license.

Dance Theatre of Harlem
Admissions: high school diploma or GED for professional program; placement audition required for admission. Age: 3yrs-23yrs. Tuition: 32 week session $600-$6,000; 6 week summer $550-$1,055. Registration fee: 32 week winter session $50; 6 week summer session $35.

Elmira Bus Inst
Accreditation: Medical Assistant, CAAHEP Accreditation Review Board of the American Association of Medical Assistants Endowment. Requires CPAT exam for English & math assessment. Annual books & supplies: $3000. Mandatory Fee: $100 graduation fee. Public transit serves campus. 100 % of students commute to campus. Web site: www.ebi-college.com.

Elmira Bus Inst, Vestal
Also accredited by American Association of Medical Assistants.

Empire Beauty Sch, Brooklyn
Contact school for current tuition.

Empire Beauty Sch, Manhattan
Contact school for current tuition.

Empire Beauty Sch, Queens
Contact school for current tuition.

Finger Lakes Sch of Massage
Courses start every Jan & July. Part-time programs start in March. Up to 250 transfer credits accepted.

Hair Design Inst at 5th Ave
Admissions exam if no HS diploma or GED.

Hudson Valley Sch of Advanced Aesthetic Skin Care
Minimum age: if younger than 18, the parental consent is required. Application fee: $50; registration fee: $100.

Hudson Valley Sch of Massage Therapy
Registration Fee: $100. Application Fee: $50. Minimum age: if younger than 18, parental consent is necessary.

John Paul's Hair, Nails, & Skin Care Inst, Ballston Spa
Minimum age = 18, unless student already has HS diploma or GED.

John Paul's Hair, Nails, & Skin Care Inst, Latham
Mandatory fees cover kit, equipment and books. Participates in the Sallie Mae Career Loan program. School is accessible for the mobility impaired.

Long Island Bus Inst, Commack
Offers both services and programs for the mobility impaired student.

Long Island Bus Inst, Flushing
Offers both services and programs for the mobility impaired student.

Long Island C Hosp, Sch of Radiologic Tech
Admissions: high school diploma or GED with minimum score of 240; 1 year each of math and science with minimum grade of 70 for each.

Marion S Whelan Sch of Practical Nursing, Geneva Gen Hosp
Admissions: high school diploma or GED and completion of biology.

Martha Graham Sch of Contemporary Dance
Mandatory Fees: $50 semester fee.

Memorial Sloan-Kettering Cancer Ctr, Sch of Cytotechnology
Courses start in August.

Merce Cunningham Dance Studio
Admissions: high school diploma and previous dance training. References or letters of recommendation for international students required.

Mid Way Paris Beauty Sch
Mandatory fees: books & supplies, $500.

National Tractor Trailer Sch, Liverpool
Minimum age: CDLB, 18, CDLA, 21. School toll-free number, 800-243-9300.

Neighborhood Playhouse Sch of Theatre
Courses start: 8 months course, Sept.; 6 weeks course, June. Tuition: Sept., $12,500; June, $2,000.

New York Eye & Ear Infirmary Allied Health Program in Ophthalmology/Orthoptics
Accreditation: American Orthoptic Council.

New York Inst of English and Bus
Admission: those with a 10th grade education may take the CPAT test. School represents itself as the top school in all five boroughs for learning English as a second language. Students attend from all over the world.

New York Intl Beauty Sch LTD
Admissions: high school diploma or GED; or C-PAT admissions exam.

Northern Westchester Sch of Hairdressing & Cosmetology
Admissions: minimum score of 70 on aptitude test.

Olean Bus Inst
Contact school for tuition for specific programs.

Onondaga Sch of Therapeutic Massage, Rochester
Other Financial Aid: Sallie Mae Career Training Loan.

Ridley-Lowell Bus & Tech Inst, Binghamton
Courses start: Jan., Apr., July, Sept.

Shear Ego Intl Sch of Hair Design
Admission exam required only for those qualifying under ability to benefit guidelines.

St Elizabeth Med Ctr, Sch of Radiography
Admissions: high school diploma or GED, upper one-half of class, pass pre-entrance exam, 2 years each of math and science.

Utica Sch of Commerce, Utica
Courses start: fall, spring, summer. Web site: www.uscny.edu.

Wilson Tech Ctr
Admissions: depends on program. Admissions exam for some programs. References or letters of recommendation and interview for licensing programs only. Total full-time and part-time students, 20,000.

Winthrop U Hosp, Program /Radiography
Amission requirements: HS diploma/GED plus 15 college credits. Courses start every September.

NORTH CAROLINA (NC)

American Acad of Hair Styling Inc
AACS-American Association of Cosmetology Schools.

American Holistic U
Applicant for accreditation by American Alternative Medical Association. Self-paced study.

American Inst of Applied Sci
Registration, enrollment, or application fee, $25 a course.

Brookstone C of Bus, Greensboro
Minimum age: beyond high school age.

Carolinas C of Health Sci
Admissions: high school diploma or equivalent, GED; algebra, biology at high school level and some programs require chemistry.

Cheveux Sch of Hair Design
Tuition: manicuring, $1,550; cosmetology, $6,850. Mandatory fees: manicuring, $550; cosmetology, $850.

Dudley Cosmetology U
Private scholarships available. Campus housing is owned by another company.

Empire Beauty Sch, Concord
Contact school for current tuition.

Empire Beauty Sch, Matthews
Contact school for current tuition.

Hairstyling Inst of Charlotte
Tuition: Barbareing, $7,000; cosmetology, $14,000. Books & tools: $950-$1450.

Moses Cone Health Sys, Sch of Radiologic Tech
Application fee, $25 (nonrefundable); acceptance fee, $100.

Mr David's Sch of Hair Design
Courses start: Jan., Mar., June, Aug., Nov.

Natural Touch Sch of Esthetics & Massage, Hickory
Tuition includes table and books.

Natural Touch Sch of Massage, Greensboro
Tuition includes table and books.

Presbyterian Hosp, Sch of Radiologic Tech
Admissions: high school diploma or GED; courses to include anatomy & physiology, intro to computers, English comp, Chemistry, Physics, Alg II, and Geometry; $35 application fee; $75 acceptance fee.

Southeastern Sch of Neuromuscular Massage
Admissions: HS diploma or GED; good moral character and appearance. Medical exam. 18 years old and no criminal record. Personal advising available. Web site: www.southeasternmassageschools.com.

The Whole You Sch of Massage & Bodywork
Mandatory fees: books, $580. Housing: overnight lodging available.

Wilkes Reg Med Ctr, Radiologic Tech
Mandatory fees: books, $1,500.

NORTH DAKOTA (ND)

Josef's Sch of Hair Design, Grand Forks
Admissions: high school diploma, GED, birth certificate. Courses start: Sept., Nov., Jan., Mar., July. Tuition: manicuring, $2,000; cosmetology, $7,000.

R.D. Hairstyling C
Courses start: Jan., Mar., June, Sept., Nov.

Sister Rosalind Gefre Schs & Clinics of Massage, Fargo
Mandatory fees: tests and supplies, $800. Courses start; spring and fall.

Trinity Hosp Sch of Radiologic Tech
Admissions: high school diploma and college background in general education including anatomy, physiology, chemistry, physics, and algebra. Tuition: $2,500/yr in state, $3,000/yr out of state.

OHIO (OH)

American Inst of Alternative Med
Admissions: Western Massage Therapy, high school diploma or GED; Acupuncture and Chinese Massage, 2 years of college or 60 semesters or 90 quarter credits at baccalaurate level. Registration, $50 each quarter; Mandatory fee: student ID, $10. Application fees: Western Massage Therapy, $50; Chinese Massage Therapy, $75; Acupuncture, $100.

Aveda Fredric's Inst
Mandatory fees: kit. Courses start: every 2 or 3 months. Services for mobility-impaired (accessible classrooms).

Carnegie Inst of Integrative Med & Massotherapy
Courses start: Nov., Jan., Mar., May, Oct.

Casal Aveda Inst, Austintown
Application fee: $30; enrollment fee: $150.

Cleveland Clinic Health Sys, Diagnostic Imaging
Admissions: high school diploma or GED and college credit courses with a grade of C or better within 10 years of acceptance in algebra and anatomy & physiology. Also requires college composition, psychology or sociology, ethics and law in healthcare or bioethics passed with a C or better at any time (not necessarily in the last 10 years).

Cleveland Inst of Dental-Medical Asst, Cleveland
Minimum age: must have high school diploma or GED. Application fee, $100.

Cleveland Inst of Dental-Medical Asst, Lyndhurst
Minimum age: must have HS diploma or GED.

Cleveland Inst of Dental-Medical Asst, Mentor
Tutoring available on campus. Courses Start: open depending on program.

Eastern Hills Acad of Hair Design

Admissions requirement: HS Diploma, GED, or completion of 10th grade and pass Ability to Benefit Test. Courses start: twice per month year round.

Gallipolis Career C

Application fee: $25. Admission exam: Wonderlic.

Gerber's Akron Beauty Sch

Admissions: for state aid, 10th grade and age 16; for federal aid, high school diploma or GED.

Hannah E Mullins Sch of Practical Nursing

Accredited by Ohio Board of Nursing. Fees: allpication fee, $50; enrollment fee, $400; testing fee, $50.

Hobart Inst of Welding Tech

Admissions: high school diploma or GED required for financial aid. Must read, write, and understand English; have use of at least one hand and arm, and good eyesight.

Integrated Touch Therapy, Inc for Animals

Minimum age: high school. Registration fee, $200.

Intl Acad of Naturopathy

Admissions: high school diploma or GED; 2.5 GPA. Accredited by American Naturopathic Medical Cert. & Accreditation Board.

Intl C of Broadcasting

Mandatory fees: books, $500. The institution does not provide on campus housing however it does assist students in securing housing.

Marion Tech C

ACT required for nursing program admission. Mandatory Fees: Lab fees vary with course.

Marymount Sch of Practical Nursing

Deferred payment plan: 6 period payments throughout school year.

Nationwide Beauty Acad

Tuition: $10,650 for 1500 hours; $11,450 for 1800 hours.

Ohio Acad A Paul Mitchell Partner Sch

Courses start: every 7 weeks full-time, every 13 weeks part-time.

Ohio Bus C, Sandusky

Application fee, $25.

Ohio Tech C

Contact school for current tuition and fees details.

Paramount Beauty Acad/Paramount Inst of Esthetics

Courses start: first and third Monday of each month.

Parma Comm Gen Hosp, Emergency Med Tech-Paramedic

Admissions: valid driver's license.

Rhodes State C

Registration fee, $20; application fee, $25. Mandatory fees: lab fees may apply. Quarterly tuition given for 12 credit hours.

Salon Schs Group

Total full-time and part-time students: about 600 total.

Stautzenberger C, Strongsville

Also accredited by AVMA. Handicapped accessible; tutoring available.

TDDS Tech Inst

Minimum age: 18 or 21. Application fee: $50.

Tri County Beauty C

Admission requirements; HS diploma, GED, or completion of 10th grade and pass Ability to Benefit Test. Application fee: $50. Course start: twice/month year round. Accessible for the mobility impaired.

Tri-State Semi Driver Training, Inc, Middletown

Open admissions to anyone age 21 or older. Provides Class A and B CDL training.

Trumbull Bus C

Minimum age: high school graduate or have a GED certificate.

Western Hills Sch of Beauty & Hair Design

Admissions requirement: HS Diploma, GED, or completion of 10th grade and pass Ability to Benefit Test. Accessible to the mobility impaired student. Course start: twice per month year round.

OKLAHOMA (OK)

Ardmore Intl C of Beauty

School is a branch of the American Beauty Institute founded in 1985. Enrollment fee is $100. Tuition: $9500 cosmetology, $3600 cosmetology instructor, $3900 nail specialist. Other fees: $150 books, $5 registration for state boards. BIA financial aid for members of the Chickasaw tribe.

Canadian Valley Tech Ctr, Chickasha

Tuition: resident students full-time, $1,312.50/yr.; non-resident students full-time, $16,926/yr.

Chisholm Trail Tech Ctr

Total part-time students: adults, 29, high school students, 96.

Clary Sage C

Services for mobility-impaired (accessible classrooms) students.

Comm Care C

Accreditation candidate with Council on Occupational Education. Mandatory fees: books. Services for mobility-impaired (accessible classrooms).

Enid Beauty C, Inc

Application fee: $25.

Francis Tuttle Tech Ctr

Admissions: high school diploma or GED for medical programs. Tuition: $400 & up (for medical programs) a semester for adult students; no charge for high school students if in district. Total part-time students 30,000.

Great Plains Tech Ctr, Frederick

Minimum age: junior in high school. Tuition: $1.25 an hour for adults.

Great Plains Tech Ctr, Lawton

Admissions: high school diploma or GED for full-time health occupations classes. Courses start annually for health occupations classes; semi-annually for practical nursing; open for other courses.

Hollywood Cosmetology Ctr

Mandatory fees: books and kit.

Indian Capital Tech Ctr - Tahlequah-Bill Willis Campus

Admissions: 9th-12th grade; adult, high school diploma or GED.

Kiamichi Tech Ctr, Atoka

Tuition: $1.25 a hour for district students. Mandatory fees: books, test fees, & supplies.

Meridian Tech Ctr

Admissions: high school diploma or GED for some classes. Admissions exam required for nursing and radiologic technology. Registration: course deposit varies by course.

Metro Tech Radiography Program

Enrollment fee: $35. Minimum educational requirements: HS/GED/Medical terminology & for health care providers BLS, (American Heart Assoc.).

Mid-America Tech Ctr

Courses start by semester for high school students; open for adults.

Moore-Norman Tech Ctr

References or letters of recommendation for practical nursing course only. Interview for RN course only.

Northwest Tech Ctr, Alva

Admissions: high school diploma, GED certificate or work in progress; must be high school junior or senior enrolled in school service area. Tuition: $2,000 a year for full day adult students.

Oklahoma Technology Inst

Admission requirement: If no HS diploma or GED, then must pass the Wonderlic test (ATB). Contact school for tuition information.

Platt C, Oklahoma City

Entrance exam needed for practical nursing, surgical tech. References or letters of recommendation need for practical nursing.

Praxis C of Health Arts & Sci

Courses start: March, September, and monthly.

Southern Oklahoma Tech Ctr

Admissions: high school diploma or GED certificate plus Admissions assessment.

Tri County Tech Ctr

References or letters of recommendation, interview, and registration, enrollment, or application fee for some programs.

Tulsa Tech Ctr

Application fee: $15. Courses Start: Both fixed & open entry. Tuition for post high school ranges from $2.50 to $11 per contact hour. A total of 22,000 part time students.

Tulsa Welding Sch, Tulsa

Books & supplies: $510-590 annually. Lab fees & accident insurance: $840-1450.

OREGON (OR)

Abdill Career C, Inc

Mandatory fees: $150 registration fee; $75 lab fee per program; plus books.

Airman's Proficiency Ctr

Admissions: high school diploma or equivalent: class II medical.

Apollo C, Portland

Minimum age: student may attend under age 18 if accompanied by cosigner and have work permit. Contact school for details on current tuition and fees.

Australasian C of Health Sci

Correspondence school and on campus school. Age: if a student is under 18 a parental signature is required. Registration, enrollment, or application fee: varies by course $65-$150.

C of Legal Arts

Admissions: high school diploma or GED; 2 years of college for paralegal studies. Minimum age: 21 for corrections program. Courses start: court reporting, monthly; all others, quarterly.

Intl Loving Touch Foundation, Inc

Mandatory fees: materials charge, $125.

Oregon Sch of Massage, Portland

Admissions: high school diploma or GED; receive 1 professional massage. Mandatory fees: books, $500; student liability insurance, $95. Registration, Enrollment or Application Fee: $25 application fee, $100 registration fee.

Phagan's Central Oregon Beauty C

Admissions packet available on-line at www.phagans-schools.com.

Phagan's Sch of Beauty, Salem

Mandatory fees: kits, $1841-$3479.

Portland Beauty Sch

Photo ID and Social Security card required for admission. Courses start the first Tuesday of every month.

PENNSYLVANIA (PA)

Albert Einstein Med Ctr, Sch of Radiologic Tech

Admission requires HS diploma/GED plus 15 post secondary credits (minimum of 3 credits math; 3 credits written/oral communication). Alternate Web site for info: www.einstein.edu

Allied Med & Tech Inst, Scranton

Courses start: days, every 5 weeks; nights, every 10 weeks.

Altoona Beauty Sch, Inc

Housing: available off campus, not school owned.

Armstrong Ctr for Med & Health, Sch of Radiologic Tech

Admissions: high school diploma or GED; plus 15 college credit hours completed with at least a C. Required college courses include algebra /higher, college writing or speech. The remaining credits may be from art & humanities, social/behavioral sciences, information systems, and natural sciences. Mandatory fees: books, $600- $800.

Baltimore Sch of Massage, York Campus

Admissions: high school diploma or GED; physicians statement. Call for current tuition & fees.

Blackstone Career Inst

This is an online school. Utilizing a computer with Internet access, students can enter BCI online from a library, school, home, or Internet center.

Bradford Reg Med Ctr, Sch of Radiography

Admissions: high school diploma or GED; SAT 600; 2 science classes and 1 math class with C or better; personal references.

Brandywine Sch of Nursing (Brandywine Hospital)

Housing through affiliation with Immaculata University.

Butler Beauty Sch

Admissions: Ninth grade or ability to benefit. Courses start: Jan., Apr., June, Sept., Nov.

Cambria-Rowe Bus C, Indiana

Admissions: high school diploma or GED; 2.0 GPA for standard admission. Contact school for current tuition. Mandatory fees, approximately: degree, $1,440; diploma, $890; books, $325 a quarter; locker fee, $25; program fee, $150-$300; graduation fee, $50; laptop computer fee, $175- 300 a quarter.

Cambria-Rowe Bus C, Johnstown

Admission Exam: Wonderlic. Books & Supplies: $900 annually. Computer required.

Career Training Acad, Monroeville

Admissions: high school diploma or GED; evaluation essay and health form. Minimum age: high school graduate. Admission exam: for those with marginal GPA.

Ctr for Arts & Tech, Brandywine Campus

Registration fee: $300; application fee: $50. Tuition: in-state, $12,835; out-of-state, $15,435. Rates subject to change; contact school.

Central Susquehanna LPN Career Ctr

Admissions: high school diploma or GED; pre-entrance exam. Registration fee, $250; application fee, $30; entrance exam, $20.

Clarion Co Career Ctr, Sch of Practical Nursing

Minimum age: high school graduate. Courses start: Sept., full-time every year; Nov., part- time, every other year.

Clearfield Co Career & Tech Ctr, Sch of Practical Nursing

Courses start: September-Clearfield; January-Ridgeway.

Clearfield Hosp, Sch of Radiologic Tech

Minimum education requirements; HS/GED and 15 general education college credits with a grade of C or better; math, English, and 3 others.

Commonwealth Tech Inst at H G Andrews Ctr

Admissions: high school diploma or GED for degree programs only.

Conemaugh Valley Mem Hosp, Program for Surgical Tech

Admissions: high school diploma or GED; plus 2.0 GPA in prerequisite classes; anatomy and physiology I & II; introduction to psychology, medical microbiology, and medical micro lab, chemistry & lab. Courses Start: late August. Tuition: $5,295 a semester, in-state; $10,590 a semester, out of state. Mandatory fees: books, lab costs, shoes, $1,000 approximately. Student may earn only a certificate or may earn an associates degree from the University of Pittsburgh. The PELL Grants are administered through the University of Pittsburgh. Housing: Available at the University of Pittsburgh at Johnstown.

Consolidated Sch of Bus, Lancaster

Mandatory fees: lab fees and books, $1,250-$2,250.

Consolidated Sch of Bus, York

Mandatory fees: lab fees and books, $1,250-$2,250.

Dean Inst of Tech

Minimum age: high school graduate.

Delaware Valley Acad of Med & Dental Asst

Minimum age: high school graduate.

DeRielle Cosmetology Acad

Minimum age: 14; 8th grade to attend. Courses start: 1st Wednesday of odd months.

Eastern Ctr for Arts & Tech, Practical Nursing

Mandatory fees: books, $575; uniforms, about $150; graduation fee, $350. Full time courses start in Feb.-Sept. every year. Part time courses start twice a year.

Empire Beauty Sch, City Center Philadelphia

Contact school for current tuition.

Empire Beauty Sch, Exton

Contact school for current tuition.

Empire Beauty Sch, Hanover

Contact school for current tuition.

Empire Beauty Sch, Harrisburg

Contact school for current tuition.

Empire Beauty Sch, Lancaster

Contact school for current tuition.

Empire Beauty Sch, Lebanon

Contact school for current tuition.

Empire Beauty Sch, Lehigh Valley

Contact school for current tuition.

Empire Beauty Sch, Monroeville

Contact school for current tuition.

Empire Beauty Sch, North Hills

Contact school for current tuition.

Empire Beauty Sch, Philadelphia

Contact school for current tuition.

Empire Beauty Sch, Pottsville

Contact school for current tuition.

Empire Beauty Sch, Reading

Contact school for current tuition.

Empire Beauty Sch, Shamokin Dam

Contact school for current tuition.

Empire Beauty Sch, State College

Contact school for current tuition.

Empire Beauty Sch, Warminster

Contact school for current tuition.

Empire Beauty Sch, West Mifflin

Contact school for current tuition.

Empire Beauty Sch, Williamsport

Contact school for current tuition.

Empire Beauty Sch, Wyoming Valley

Contact school for current tuition.

Empire Beauty Sch, York

Contact school for current tuition.

Episcopal Sch of Nursing

Admissions: RN program, 7 college prerequisite courses: anatomy & physiology I, II, intro to psychology, English composition, microbiology, normal nutrition, high school chemistry or intro to chemistry. Registration, $30. Courses start: annually. Admissions: LPN program, high school or GED with algebra & biology courses. Registration, $55. Courses start: variable.

Erie Bus Ctr, South

Admission exam: Wonderlic. File FAFSA for financial aid.

Erie Inst of Tech

Admissions exam: Wonderlic. Tuition & mandatory fees vary by program; contact school for current costs.

Frankford Hosp, Sch of Nursing

Admissions: high school diploma or GED; SAT; mandatory completion of chemistry course. Interview is optional. There are three semesters per year.

Franklin Co Career & Tech Ctr, Practical Nursing Program

Minimum age: must have HS diploma or GED.

Greater Altoona Career & Tech Ctr

$10 application fee.

Great Lakes Inst of Tech

Minimum age 16-18 depending on program. Contact school for current tuition and fees.

Hazleton Area Career Ctr

Courses start alternate Sept. and Jan., every 15-18 months. Summers are off. Mandatory fees: books, uniforms, $2,050.

Health Options Inst

Mandatory fees: books and supplies, $108-$262.

Keystone Natl HS

Provides an online and correspondence accredited high school degree program. Tuition: full-credit

correspondence (one year), $207 a course; correspondence half credit, $209 a course; online courses are $379 full credit (one year) and $279 half credit. Toll-free phone: 1 (800) 255-4937.

Keystone Tech Inst

Courses Start: Every 10 weeks.

Kittanning Beauty Sch

Courses start: Jan.; Apr.; June; Sept.; Nov.

Lancaster Co Career Tech Ctr, Practical Nursing

Courses start: day (12-month program), Jan., May, Sept.; evening (18-month program), Mar., Sept. Tuition: day, $8,770; evening, $9,277.

Lancaster Gen C of Nursing & Health Sci, Sch of Nuclear Med Tech

Admissions: college level courses in anatomy and physiology, chemistry, physics, algebra. Oral and written communication.

Lansdale Sch of Cosmetology

Web site: www.lansdalebeauty.com.

Laurel Bus Inst

Minimum age: 18 or high school graduate.

Lehigh Valley Healing Arts Acad

Admissions: high school diploma or GED; health provider note stating healthy enough to give or receive massage/bodywork. Tuition: $8,085. Four diploma programs: 620 hours Integrated Massage/Bodywork, 200 hour Professional Reflexology, 570 hours Intregal Shiatsu, and 600 hour Clinical Herbalist.

Lenape Area Voc, Tech Sch of Practical Nursing

Courses start: full-time, Sept., Jan.; part- time, Mar.

Levittown Beauty Acad, LLC

Mandatory fees: $500 for kit and books.

Natl Acad of Massage Therapy & Healing Sci

Tuition: $6,700 plus tax. Mandatory fee: $500 for books. Sallie Mae loans are available.

Newport Bus Inst

Tuition: $3,100 per term for 6 terms. Mandatory fees: $150 per term for equipment for 5 terms; $300 computer fee for 5 terms.

Northeastern Hosp, Sch of Nursing

Admission: 9 college pre-req courses required. Tuition: $17,699 per program.

Ohio Valley Gen Hosp, Sch of Nursing

Admissions: high school diploma or GED; high school chemistry, algebra and biology with C or better; GPA 2.5. Application fee, $50; Tuition: $24,700, includes tuition for both nursing and college credits, standardized exams, and graduation fee(s).

Pace Inst

Contact school for tuition information.

Penn Commercial, Inc

Costs: $75.00 grad fee; $150.00 lab fee per qtr

Pennsylvania Acad of Cosmetology Arts & Sci, DuBois

Mandatory fees: books and kit, $1,419.48. Enrollment fee: $100.

Pottsville Hosp & Warne Clinic, Sch of Nursing

Enrollment fee, $75; application fee, $25; acceptance fee, $50. Tuition: 1st year, $10,500 (Penn State University) semesters ; year school of nursing tuition, $8,895.

Professional Sch of Massage

Participates in Sallie-Mae loans.

PSC Acad

Mandatory fees vary by program; include kit, books, and supplies.

Reading Hosp & Med Ctr, Sch of Radiologic Tech

Mandatory fees: books, $1,200.

Schuylkill Tech Ctrs

Courses start: varies by program. Mandatory fees: vary by program. Contact school for specifics.

Sharon Reg Health Sys, Sch of Radiography

Admissions: high school diploma or GED; 2.0 GPA and courses in biology, algebra, and chemistry.

South Hills Sch of Bus & Tech, State College

Mandatory fee is an enrollment fee, $75.

Synergy Healing Arts Ctr & Massage Sch

Services for mobility impaired/Programs for mobility impaired, include accessible and tutoring, no

transportation assistance. Additional programs available: Advanced Intui- medical Massage Certification and NCBTMB Provider for Continuing Ed.

The Vision Academy - Paul Mitchell Partner Sch
Admissions: 12th grade, GED, or 10th grade and ability to benefit.

Washington Hosp, Radiologic Program
Admissions: high school diploma or GED; algebra and biology required.

West Penn Hosp, Sch of Nursing
Admissions: high school diploma or GED; grade C or better required in chemistry and algebra, rank in top two-fifths of graduating class, GPA 2.5 preferred, minimum combined verbal/critical reading and math SAT score of 920 with not less than 400 in either.

Williamson Free Sch of Mechanical Trades
Mandatory Fees: Approx $1,000 for freshman yr.

PUERTO RICO (PR)

Automeca Tech C, Ponce Campus
Courses start: Aug., Oct., Jan., Mar.

Colegio de Cinematografia, Artes y Television, Bauamon
Accredited by Consejo de Educacion General PR, & Consejo de Educacon Superior PR.

Instituto Chaviano de Mayaguez
Admissions exam if no high school diploma.

Instituto de Banca y Comercio, Mayaguez
Admissions exam for ability to benefit students only. Aptitude testing: S.A.B.E. test. Courses start: Jan., Mar., Aug., Oct.

Monteclaro Sch of Hosp & Culinary Arts
Minimum age: 16 to 22.

Nova C de PR
Admissions: high school diploma or equivalent, birth certificate, immunization certificate (21 years or less).

Ponce Paramedical C, Coto Laurel
Admissions: high school diploma or equivalent; vaccination certificate (21 years). Courses start: Associate Degree: Jan., May, and Sept. Technical Programs: Jan., Mar., Aug., and Oct.

Ponce Paramedical C, Ponce
Admissions: high school diploma or GED; admissions fee, $20. Courses start: Jan., May, and Sept., for degree programs; Jan., Apr., Aug., and Oct., for non degree programs.

Quality Tech & Beauty C
Admissions: high school diploma, GED, or ability to benefit; citizenship proof and health certificate.

Trinity C of Puerto Rico
Application fee: $15.

RHODE ISLAND (RI)

Intl Yacht Restoration Sch
One time registration fee: $100. Mandatory fees: tools & materials fees, $1200.

Rhode Island Hosp, Sch of Diagnostic Imaging, RT Program
Admissions: high school graduate or possess GED; plus requireded college level courses with grades 75/C or better in: algebra or math of a higher level; human anatomy or general biology; written/oral communications; and 2 college level general education courses from the following categories: mathematical/logical thinking, written/oral communication, arts & humanities, information systems, social/behavioral sciences, natural sciences. Courses start: June. Total students: 10 evenings, 20 days.

Rhode Island Hosp, Sch of Nuclear Med Tech
Mandatory fees: books, $400.

SOUTH CAROLINA (SC)

Acad of Cosmetology, Charleston
Courses start the second Tuesday of every month. Services & programs for the mobility impaired.

AnMed Health Med Ctr, Sch of Radiologic Tech
Mandatory fees: uniforms, $900.

Charleston Sch of Massage, Inc
Tuition: $7,180-$8,200, and application fee. Total number of students doesn't exceed 16 per class.

Columbia Beauty Sch
Application fee: $50.

LeGrand Inst of Cosmetology, Inc
Enrollment fee: $50; application fee: $50.
Mandatory fees: textbooks, $700.

Royal Acad
Courses start when space is available. Total full-time and part-time students, 20.

SOUTH DAKOTA (SD)

Headlines Acad
Minimum age: cosmetology, 17; massage or nails, 18. Registration, enrollment, or application fee: cosmetology, $225; massage therapy, $250; nails, $200. Tuition: cosmetology, $9,145; massage, $6,100; nails, $2830. Mandatory fees: cosmetology, $1,000, books, and supplies; massage, $1000 books and equipment; nails, Books and supplies $770. Full-time students: cosmetology, 46; massage, 13; nails, 6.

Mitchell Tech Inst
Admissions: high school diploma or GED; standard requirements on COMPASS test (entrance test).

Rapid City Reg Hosp, Med Radiography Program
Admissions: college level pre-req courses, 3.0 GPA.

Southeast Tech Inst
Admissions: HS diploma, GED, or testing.

TENNESSEE (TN)

Arnold's Beauty Sch
Services and programs for the mobility impaired pending student's ability to be able to do the practical course work.

Austin's Beauty C
Candidate status with National Accrediting Commission of Cosmetology Arts & Sciences (NACCA). No admission exam if applicant is a HS graduate.

Buchanan Beauty C
Classrooms accessible for the mobility impaired.

Hamblen Sch of Beauty, Inc
Tuition: manicuring, $1,410; cosmetology, $2,670.

Nashville Auto-Diesel C
Admissions: high school graduate or GED with acceptable transcript. Minimum age: beyond compulsory school attendance.

Nashville Gen Hosp, Sch of Radiologic Tech
Application fee; $50.

Queen City C
Admissions: high school diploma, GED, or tenth grade with 8 credits and ability to benefit test. Proof of age and social security card.

Seminary Extension Independent Study Inst
Registration, enrollment, or application fee: $108-145/course. Mandatory fees: administration fee, $40 per course.

Tennessee Tech Ctr at Athens
Admissions: high school diploma or GED required for nursing & pharmacy tech.

Tennessee Tech Ctr at Dickson
Reference or letters of recommendation and interview, varies.

Tennessee Tech Ctr at Hartsville
Aptitude and references and letters of recommendation for PN and PCT programs.

Tennessee Tech Ctr at Hohenwald
Deferred payment plan for military personnel only; deferred for first trimester only.

Tennessee Tech Ctr at Memphis, Aviation Division
Registration-enrollment fee: $438 a quarter.
Tuition is $3310/4 1/2 trimesters.

Tennessee Tech Ctr at Morristown
Admissions: high school diploma or GED required for practical nursing program. Admissions exam,

Nursing Entrance Exam, and references or letters of recommendation required for practical nursing program only; Technology Foundations testing required for truck driving.

Tennessee Tech Ctr at Newbern
Admissions: high school diploma or GED required for practical nursing program.

Tennessee Tech Ctr, Oneida/Huntsville
Admissions: high school equivalent necessary for practical nursing program.

Tennessee Tech Ctr at Paris
Admissions: high school diploma or GED required for LPN. Minimum age: 18 or out of high school.

TEXAS (TX)

Aims Acad, Carrollton
Registration fee of $100 for each course. Tuition: bartending, $690; culinary, $25,985. Mandatory fees: bartending and lab fees, $100- $105.

Allied Health Careers
Courses start: days, every 6 weeks; nights and afternoons, every 8 weeks. Mandatory fees: books, supplies, scrubs, $200-$350.

Anne King's Hypnosis Training
Courses start: two times a year: end of February, spring; end of August, fall. Tuition; basic, $600; total certificate course, $1,800. Maximum enrollment is 16 students. Additional accreditation: International Medical & Dental Hypnotherapy Association; International Hypnosis Federation.

Baptist Health Sys Sch of Health Professions
Specific academic college prerequisites by program; contact school. Services for mobility-impaired (accessible classrooms).

Citizens Med Ctr-S of Radiologic Tech
Minimum educational requirements: HS diploma, plus 15 specific college credit hours. Course starts: 2nd Thurs. in July.

Clark Inst of Cosmetology
Mandatory fees: uniforms, shoes, cosmetics, rule book of the state, cosmetology tools. School is accessible to the mobity impaired student. Tutoring available.

Computer Career Ctr, El Paso
Courses start every 3 weeks for day classes, every 4 weeks for night classes.

Cosmetology Career Ctr, A Paul Mitchell Sch
Courses start: instructor training, first Monday of every month; cosmetology and manicuring, every 8 weeks; esthetics and night school cosmetology, every 10 weeks.

Covenant Sch of Nursing
Admissions: high school diploma or GED; 31 semester hours prerequisite college courses (9 specific college courses). Application fee, $50. Courses start: 1st Monday in Aug., and 2nd Monday in Jan., for RN program. Last week of May for LVN to RN program.

Covenant Sch of Radiologic Tech
Admissions: high school diploma or GED; college algebra; medical terminology; A & P I & II.

Culinary Inst Alain & Marie Lenorte
Application fee; $100. Admissions: high school diploma or GED; passport or ID picture; completed application. Mandatory fees: graduation fee, $25; tools, $725-$1024.

Faris Computer Sch
Minimum age for financial aid: 17. Mandatory fees: $100, plus $650 for books. Informal personal counseling available. Handicapped accessible.

Fort Worth Beauty Sch
Tuition: manicuring, $3,200; cosmetology, $11,550. ATB test, $75 fee.

Franklin Beauty Sch
Mandatory fees: supplies, $350.

Harris Co Hosp District, Sch of Med Radiography
Admissions: high school diploma with GPA of 2.5 on 4.0 scale or GED with 12 semester hours of college credit with GPA of 2.5 on 4.0 scale. Mandatory fees: $150, first year only.

Hendrick Med Ctr, Sch of Radiography
Admissions: high school diploma or GED; with English, 1301 and math 1314.
Intl Bus C, Lubbock
Admissions: high school diploma or GED; may work on GED while in school.
I.T.S. Acad of Beauty, Odessa
Admissions: high school diploma, GED. Tuition: Instructor Student $4,000; Manicure $4,090; Cosmetology $12,400.
Language Plus & Language Unlimited
Registration, enrollment, or application fee: Varies, none-$100.
Memorial Hermann, Radiologic Program
Educational requirements: college level anatomy, physiology, introduction to algebra (or higher), English comprehension, computer literacy.
The Methodist Hosp, Houston, Clinical Lab Sci/ Med Tech Program
Admissions: eligibility for baccalaureate degree from accredited university. Course requirements: 16 semester hours of biology (microbiology and immunology, 1 semester each), 16 hours of chemistry (organic required), 1 semester of math, and 1 semester of physics suggested.
Metroplex Beauty Sch
Admissions: high school diploma, GED, 7th grade, or ability to benefit.
MTI C of Bus & Tech, Houston
Courses start every 16 weeks for all programs except ESL.
National Inst of Tech, Houston
Admissions: high school diploma or GED; or a qualifying score on an ATB exam.
Sanford Brown Inst, Dallas
Admissions examination/aptitude test/letters of reference required for selected programs only.
Southwestern Montessori Training Ctr
Accredited by MACTE: Montessori Accreditation Council for Teacher Education. Requires college degree for admission. Mandatory fee: $300 Intern fee.
Southwest Inst of Tech
Admissions: high school diploma or GED. Applicants above compulsory high school age admitted with transcript from accredited postsecondary school showing 18 quarter hours or 12 semester hours of credit.
Star C of Cosmetology, Tyler
Admissions: high school diploma, GED, or pass entrance exam test with at least 7th grade education. Courses start: cosmetology, monthly; nail technician, 6 times a year; esthetician, 4 times a year.
Sterling Health Ctr
Massage programs include Sports Massage.
TechSkills
Age: no minimum, but 18 and over preferred. Techskills has 32 campuses nationwide. Call 1 800 NEW SKILLS for the location nearest you.
Texas Heart Inst at St Luke's Episcopal Hosp, Sch of Perfusion Tech
Admissions: baccalaureate degree, GPA 2.5. Tuition: Deferred payment plan: pay in three installments. Personal counseling available through hospital employee assistance program.
Texas Massage Inst, Dallas
Tuition includes: books, supplies, liability insurance. Deferred payment plan: monthly payment plan, interest free and no finance charge.
U Hosp, Sch of Histologic Tech
Prefer AA degrees for admission, but will accept HS with biology, chemistry, and algebra.

UTAH (UT)

American Inst of Med & Dental Tech, Provo
Admissions: high school diploma or GED and GPA of 2.5. Admissions exam and aptitude testing required for dental laboratory technology. Courses start: dental laboratory, Sept, Jan, Apr, June; dental assistant, every 5 wks; medical asst & medical/

dental management, open; surgical tech & pharmacy tech starts every 15 wks.
Certified Careers Inst, Salt Lake City
Admissions: high school diploma or GED, reasonable command of English language, admissions exam and interview also required.
Dallas Roberts Acad of Hair & Aesthetics
In-house payment financing available.
Evan's Hairstyling C, Cedar City
Mandatory fees: $1,000 kit.
New Horizons Beauty C
Mandatory fees: books and uniform, $200.
Ogden-Weber Applied Tech C
Minimum education: Open enrollment; assessment testing for select programs. Courses start: most courses begin each Monday. Accessible to the mobility impaired. Tutoring available. Offerrings include an electrician apprenticeship program.
Sherman Kendall's Acad
Classes start the first Tuesday of every month.
The Skin Inst, LLC
Application fee: $50. Esthetics course is 4-8 mos.

VERMONT (VT)

National Midwifery Inst
Also accredited by the Midwifery Education Accreditation Council.
O'Briens Training Ctr
Minimum age: high school.

VIRGINIA (VA)

ACT C, Arlington
Mandatory fees: administrative fee, $200. Uniform costs are approximately $75.
AKS Massage Sch
Application fee: $50. Mandatory fees: $215 books.
BarPalma Beauty Careers Acad
Courses start: 6 times/year - Jan., Mar., May, Aug., Oct., Nov. Total number of full-time and part-time students varies. Tuition varies by program. Nail Tech: $75 registration, 150 hours, $1200. Cosmetology: $175 registration, 1500 hours, $9609.
Central Sch of Practical Nursing, Norfolk
Admissions: 2 groups, (1) senior in high school; (2) post high school. Admissions exam, references or letters of recommendation, and conference with admission committee. Minimum age: senior in high school. Application fee $45. Tuition: $8,100 includes books, tuition, and uniforms.
Danville Reg Med Ctr, Sch of Nursing
Application fee, $35 (nonrefundable). Admissions fee, $50. Mandatory fees: Syllabus Library, liability insurance, drug testing, activities.
Empire Beauty C, Midlothian
Contact school for current tuition.
Empire Beauty Sch, Richmond
Contact school for current tuition.
The Greater Washington Inst of Massage, Inc
Books $300. Massage therapy program is 600 hours.
Henrico Co Sch-St Mary's Hosp, Sch of Practical Nursing
Minimum age: high school senior.
Richmond Acad of Massage
Mandatory fees: books, $252; table, $400-$500.
Southside Reg Med Ctr-Sch of Radiation Sciences
Admissions: 1 year each high school algebra and biology and either algebra II or geometry. GPA within last seven years of 2.4. Completion of post-secondary medical terminology course. Completion of the following college courses with at least a "C" grade or higher and cumulative GPA of 2.5; 3 cr Composition (College); 3 cr College algebra or computer science; 3 cr Introduction to psychology or sociology; 8 cr. Human anatomy & physiology I & II. Application fee, $35; enrollment fee, $250.
Tidewater Tech, Chesapeake
Mandatory fees: administration fee, $100.

Virginia Career Inst, Richmond
Tuition varies. Admissions exam and interview are also required. Enrollment: 100.
Virginia Sch of Massage, Charlottesville
Courses start: full time, every 2 months; part time, every 3 months.

WASHINGTON (WA)

Ancient Arts Massage Sch & Clinic
Courses start: first Tuesday after Labor Day in Sept. Mandatory fees: insurance, $120.
Ashmead C-Massage Therapy, Seattle
Minimum age: 18 upon graduation.
Bates Tech C
Admissions: high school diploma or GED required for some programs. Tuition: $650-$7500 for 11 months.
Bellingham Beauty Sch, Inc
Courses Start: Jan/Feb/April/July/Sept/Oct.
Bellingham Tech C
Accreditations: Northwest Commission on Colleges & Universities; Commission on Dental Accreditation. Some online courses are available.
Bodymechanics Sch of Myotherapy & Massage
Additional costs; books: $431.
Brenneke Sch of Massage
Mandatory fees: library fee, $25; TIPP Learning Assessment fee, $30; textbooks, $400; massage table, $400-$700; oils and linens, $150; one professional massage each term, $30-$60.
Clare's Beauty C
Tuition: cosmetology, $8,106; barbering, $5,657; instructor training, $2,717.
Divers Inst of Tech
Admissions: high school diploma or GED; physically able. Mandatory fees: $1,600-$1,800 for equipment; $190 for physical exam.
Everest C, Vancouver
Registration fee: $25 per term. Mandatory fees: books, $975-$1,950.
Evergreen Beauty & Barber C
Tuition: barber, $7,790; cosmetology, $11,650; esthetics, $7,640; manicuring, $4,820; therapeutic massage, $8,540.
The Hair Sch
Tuition: $7700 cosmetology; $4000 esthetics; $3600 nail technician; $5500 barber; and $3500 for instructor trainings.
North American Inst of Neuro-Therapy
Correspondence and regular school.
Perry Tech Inst
Courses start: trimester & quarterly.
Pima Med Inst, Renton
Minimum age: 18 or written approval of parent or guardian. Mandatory fees: uniforms, shoes, registration fee, and supplies.
Pima Med Inst, Seattle
References or letters of recommendation for radiology program. Minimum age: 18 or written approval of parent or guardian. Courses start monthly with 8 month intervals. Mandatory fees: $300, plus books.
Renton Tech C
Total part-time students: 11,895.
Vancouver Sch of Beauty
Minimum educational requirement: must be reading at 10th grade level.

WEST VIRGINIA (WV)

Clarksburg Beauty Acad & Sch of Massage Therapy
Tuition: Massage, $6,100; Cosmetology, $12,100. Enrollment: 40 cosmetology students; 15 Masssage students.
Garnet Career Ctr
Courses start: CNA - July, Oct, Jan, April; LPN - June, July; Auto - July, Feb.; Business - July, Oct, Jan, April. Programs for mobility impaired: labs are available.

Marion Co Voc Tech Ctr
Courses start: August; except for certified nursing assistant, which is Aug. and Jan. Mandatory fees: vary according to program.

Morgantown Beauty C, Inc
Minimum age: must be a high school graduate.

Mountaineer Beauty C
Courses start Jan., Mar., July, Oct. Tuition: manicuring, $1,500; cosmetology, $7,500. Mandatory fees: manicuring, $400 for kit and books; student permit fee, $5; state board exam, $25. Cosmetology, $600 for kit, books, and mannequin; student permit fee, $5; state board exam, $25.

Mountain State C
Mandatory fees (first term only): $100 adm/fee, $15 activity fee, $25 online fee.

Ohio Valley Med Ctr, Radiologic Tech Program
Aptitude testing: ACT minimum 17 and no lower than 14 in any one category or SAT Verbal & Math score of 830. Minimum education required: HS plus 15 post secondary college course hours.

Putnam Career & Tech Ctr
References or letters of recommendation required for some programs. Mandatory fees: books, & lab fees for some programs.

SMMC, Sch of Radiography
Admissions: high school diploma or GED; 21 hours prerequisite level 100 or above college credit hrs; ACT scores on composite, math & science, of 19 or above improves chances of admission. tution: $250/credit hr; $3,000/semester.

United Hosp Ctr-Sch of Radiologic Tech
Admissions: high school diploma or GED, copy of high school and college transcripts, observation period and overall GPA of 2.5, ACT or SAT.

Valley C, Beckley Campus
Mandatory fee: $50 graduation fee.

Valley C, Princeton
Mandatory fees: graduation fee, $50. Total full-time students, varies.

West Virginia Bus C, Inc.
Mandatory fees: administrative fee, $100.

Wheeling Hosp, Radiology Program
Admissions: high school diploma, GED, plus 15 general education college credits with a "C" or above in al least 1 math, 2 English, 1 psychology and 1 sociology/social science. ACT minimum score of 17.

WISCONSIN (WI)

Affinity Health Sys Program of Radiologic Tech
Admissions: high school graduate with a minimum of 3.0 GPA plus 15 college/university credits with a GPA of 2.75.

Aurora St Luke's Med Ctr Sch of Radiologic Tech
Admissions: minimum of 15 credits of post-secondary coursework, 11 credits are in mandatory subject areas. A course average of C (2.0) is required; visit www.aurora.org/radtech to view specific prerequisites.

Bellin Hosp, Sch of Radiologic Tech
Admissions: high school diploma, plus 15 credits college level general education courses; must shadow or tour radiology department one hour; need algebra within 5 years prior to application with grade of C or higher. Mandatory fees: textbooks, $1,000.

Blackhawk Tech C
Total part-time students: 3,000.

Columbia/St Mary's, Sch of Diagnostic Ultrasound
Admissions: registered radiographer or BS/AS in healthcare field.

Columbia/St Mary's Sch of Radiologic Tech
Minimum educational requirements: HS diploma or GED plus 15 college credits.

Lakeshore Tech C
Mandatory fees: graduation fee, $15; materials fee varies.

Lakeside Sch of Massage Therapy, Milwaukee
Courses start: Mar., June, Sept., Dec. Requires negative TB skin test. Accredited by Commission on Massage Therapy.

Martin's C of Cosmetology, Appleton
Courses Start: Monthly depending on the course. Costs Tuition: Cosmetology $12,780; Esthetics $5,700; Manicurist $1,735. Mandatory Fees: Cosmetology $1,538; Esthetics $743; Manicurist $490.

Martin's Sch of Hair Design, Green Bay
Courses Start: Monthly depending on the course. Costs Tuition: Cosmetology $12,780; Instructor $430; Esthetics $5,700; Manicurist $1,735; Massage $6,624. Mandatory fees: Cosmetology $1,538; Instructor $90; Esthetics $743; Manicurist $490; Massage $1,049.

Martin's Sch of Hair Design, Manitowoc
Courses Start: Monthly depending on the course. Costs Tuition: Cosmetology $12,780; Instructor $430; Manicurist $490.

Milwaukee Career C
Classes start: IT program is Open; medical programs, some every 2 months, others twice a year.

Professional Hair Design Acad
Courses start: cosmetology, Jan., Apr., July, Sept.; massage, 2 times a year; nails and instructor, varies. Tuition: cosmetology, $10,000; massage, $6,000; nails, $1,800.

Sacred Heart Hosp-Eau Claire, Med Tech Program
Mandatory fees: books, $100.

Scientific C of Beauty & Barbering
Courses start Jan., Apr., June, Sept., Nov.

State Lab of Hygiene, Cytotechnology
Admissions: baccalaureate degree with 20 semester hours in biological science, 20 semester hours in chemistry, and 3 semester hours in math; baccalaureate degree or 3 + 1 academic afilliation. Minimum age: BA required.

St Joseph's Hosp/Marshfield Clinic, Histotechnician Program
Admissions: HS diploma and some college classes. Tuition: students pay tuition through technical/college program. Mandatory fees: books, $300.

St Luke's Med Ctr-Milwaukee, Diagnostic Med Sonography Program
Admissions: high school diploma, plus 2-year allied health program with registry, or BS degree with emphasis on anatomy and sciences with patient care experience. Three references or letters of recom-mendation. Tuition: $3400 for entire 18-month program.

Western Tech C, La Crosse
Courses start: fall/spring/summer.

Wheaton Franciscan Healthcare - All Saints Sch of Radiologic Tech
Educational prerequisites: 15 college credits: 8 anatomy & physiology, 3 algebra, 3 communica-tions, 1 computer course; minimum course grades of C or better.

Wheaton Franciscan Healthcare - Saint Joseph, Sch of Radiologic Tech
Minimum educational requirements: HS diploma/GED, plus 15 college credit courses [math/logical thinking, written/oral communication, arts & humanities, information systems, social/behavioral sciences, natural sciences]. Physical requirements include the ability to: lift 40 pounds, reach a distance of 72 inches from the floor, see to adjust a TV monitor, and hear patient alarm system. Courses start the Tues. after Labor Day. $25 application fee.

Wisconsin C of Cosmetology
Total full-time and part-time students vary.

Wisconsin Inst of Natural Wellness
Courses start: Sept. to Jan.

Wisconsin Sch of Massage Therapy
Evening classes start in Sept.; day classes start in March.

WYOMING (WY)

Acad of Hair Design, Casper
Courses start: Jan., June, Sept. Mandatory fees: board exam, $50; license, $25. Payment plan.

C of Cosmetology, Gillette
Admissions: 10th grade; Compass Test; driver's iicense; birth certificate; proof of education. Tuition: cosmetology, $6,000; nails, $2,715; esthetics, $3,650. Cosmetology instructor course $3,500.

Rocky Mountain Acad of Hair Design
Tuition: nail tech, $1200; esthetician, $1,800; instructor, $3,000; hairstylist, $3,600; cosmetology, $4,000.